합격의 공식 시대에듀

2020년 상/반/기

경기도 공공기관 기출이 답이다

일반상식 + 인적성검사 + NCS

경기도 공공기관 기출상식 + 최신시사상식 + 분야별 일반상식 +
인적성검사 / NCS 실전문제

PREFACE

'경기도 공공기관'
취업을 목표로 한다면 꼭 봐야 할 책!

경기도 공공기관은 서류전형과 면접 등 채용 전 과정을 학력 · 출신지역 등을 고려하지 않는 '블라인드 채용 방식'을 도입하여 2019년 하반기에만 통합 공고를 통해 총 18개 기관에서 160명의 인원을 선발했습니다. 총 160명 모집에 8,595명이 지원해 평균 53.7대 1의 경쟁률을 기록하면서 상반기 평균 경쟁률인 40대 1보다 높은 수치를 기록했는데요.

통합채용이지만 개별 공공기관마다의 채용기준에 따라 일반상식, 인적성검사, 직업기초능력평가(NCS), 전공능력검사, 면접 등의 전형 방식을 다양하게 시행하기에 수험자들은 혼란과 어려움을 겪을 수밖에 없습니다. 이러한 수험생들의 고충을 덜어주기 위해 ㈜시대고시기획에서는 **〈경기도 공공기관 열린채용 일반상식 + 인적성검사 + NCS〉**를 준비했습니다 이 책 한권에 각 경기도 공공기관 출제 특성에 맞는 콘텐츠만을 선별하여 가득 담았습니다.

각양각색의 필기시험전형,
합격의 마스터키를 제시합니다!

그렇다면 공공기관의 각각 다른 필기전형, 어떻게 대비해야 할까요? 전공을 제외한 공통 출제 항목도 인적성검사, 직업기초능력평가(NCS), 국어, 한국사, 영어, 일반상식, 전공종합상식, 문화예술경영 등으로 너무나 천차만별입니다. 해당 공공기관의 후기를 찾아 출제경향을 파악하고 그에 맞는 여러 권의 책을 보기에는 비용도, 시간도 너무 부족합니다.

이에 대한 고민을 조금이라도 덜어주기 위해 이 책 한권에 경기도 공공기관 상식 시험에 출제됐던 최신 기출문제와 주로 다뤄지는 최신시사상식 그리고 꼭 필요한 용어들을 정리해 마무리 학습까지 할 수 있는 분야별 적중예상문제를 선별하여 담았습니다. 또한, 직무능력검사를 대비할 수 있도록 오랜 경험을 통해 축적한 인적성검사와 NCS 기반 직업기초능력평가를 수록하였습니다. 이 외에도 다양한 전형에 대비할 수 있도록 인성검사, 면접 등의 추가 자료를 구성하였습니다.

보다 빠르게, 보다 효율적으로 경기도 공공기관 취업의 문을 열 수 있도록 〈**경기도 공공기관 열린채용 일반상식 + 인적성 + NCS**〉라는 마스터키를 제시합니다. 이를 통해 여러분이 원하는 공공기관의 입사가 이루어지기를 간절히 기원하겠습니다.

SD적성검사연구소 씀

GUIDE

이 책의 구성과 특징

최신기출문제로 출제경향 파악하기

최신기출문제로 본 일반상식 공략비법

일반상식은 공부해야 할 범위가 가장 넓은 부분이기도 합니다. 경기도 공공기관에서 실제 출제되었던 형태와 가장 가깝게 복원한 문제들을 분야별로 선별하고, 분야별 공략비법을 수록함으로써 방향을 잡고 학습을 시작할 수 있도록 하였습니다.

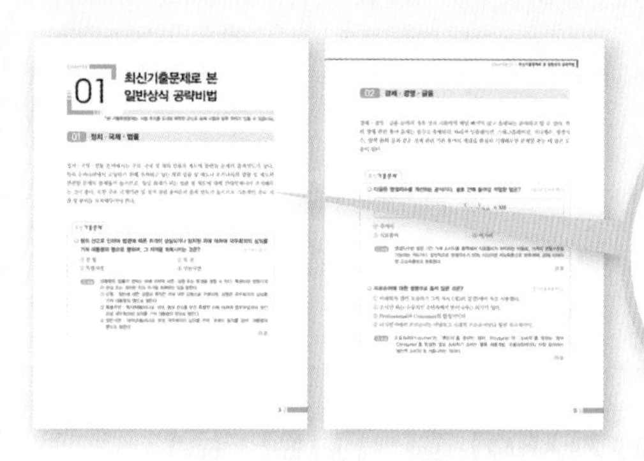

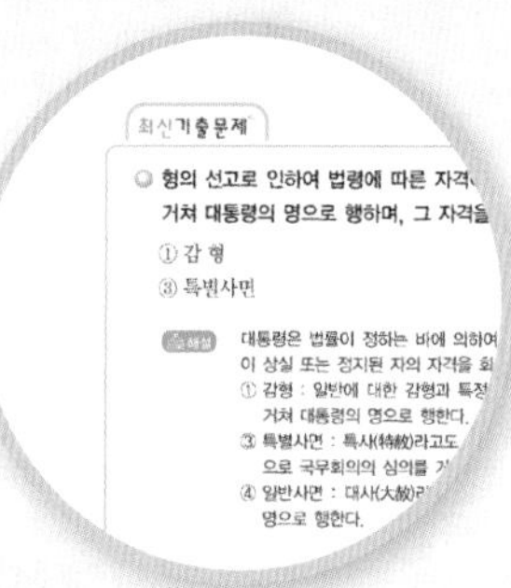

PART
2

최신상식 총정리

주요 국제 Awards / 최신이슈 100 / 자주 출제되는 용어

공공기관의 일반상식은 최근에 이슈되었던 시사상식에 대한 출제비중이 상당히 높은 편입니다. 그렇기 때문에 기출에서 담지 못하는 최신시사와 자주 다뤄지는 용어들을 정리하여 상식 전반을 학습할 수 있도록 하였습니다.

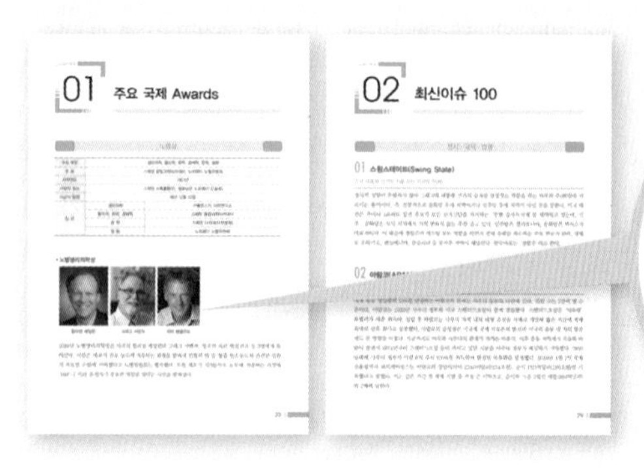

실전문제로 최종 마무리

분야별 일반상식 적중예상문제 / 최신기출복원문제

여러 분야의 출제 빈도가 높은 주제에 대한 분야별 적중예상문제와 각 기관의 통합 기출문제들을 통해 전 범위의 상식 출제 형태를 점검하고 유형을 최대한 익힐 수 있도록 구성하였습니다.

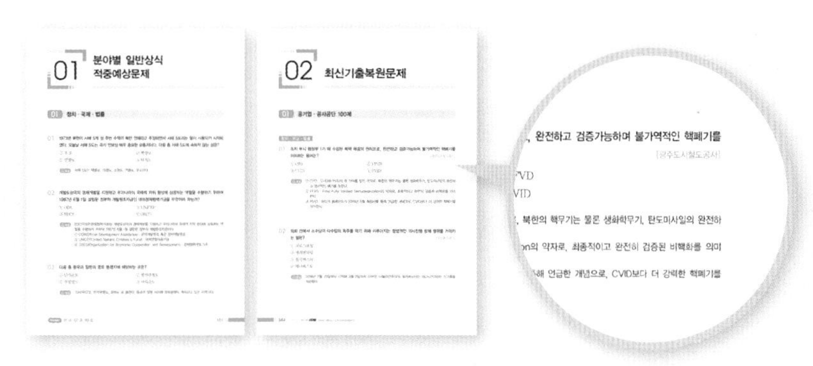

직무능력검사

인적성검사(8개 영역)+직업기초능력평가(5개 영역)

일부 적성검사, 직무능력검사에서 출제될 만한 주요 유형문제를 수록해 전 범위를 빠르고 정확하게 학습할 수 있도록 하였습니다.

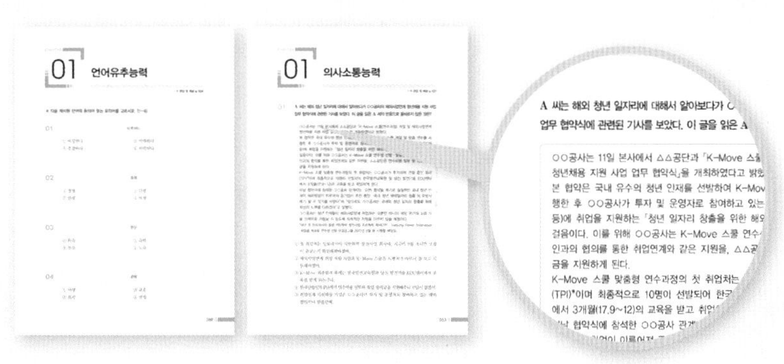

주요사항(2019년 하반기 기준)

기본응시자격

- 거주지 · 학력 제한없음
- 남자의 경우, 병역을 마쳤거나 면제된 자
- 취업보호대상자 우대

※ 채용 기관별 상세 응시자격(채용분야 근무경력 등)은 기관별 채용 홈페이지 내 채용공고 참조

채용 공고 확인 및 접수

- 경기도 공공기관 열린채용 통합 홈페이지(http://gg.saramin.co.kr)
- 각 기관별 중복지원 불가(하나의 기관만 지원 가능)

열린채용 참여 공공기관(18개 기관)

경기도시공사, 경기평택항만공사, 경기관광공사, 경기연구원, 경기신용보증재단, 경기문화재단, 경기도경제과학진흥원, 경기도청소년수련원, 경기콘텐츠진흥원, 경기대진테크노파크, 경기농식품유통진흥원, 경기도 의료원, 경기복지재단, 경기도평생교육진흥원, 경기도일자리재단, 킨텍스, 코리아경기도주식회사, 경기도장애인체육회

※ 2019년 하반기 기준으로 채용 시점에 따라 해당 채용 공고를 통해 참여 공공기관을 꼭 확인하시길 바랍니다.

이 책의 목차

이 책의 목차

PART 1

최신기출문제로 출제경향 파악하기

CHAPTER

01 최신기출문제로 본 일반상식 공략비법

*본 기출복원문제는 시험 후기를 토대로 복원한 것으로 실제 시험과 일부 차이가 있을 수 있습니다.

01 정치 · 국제 · 법률

정치 · 국제 · 법률 분야에서는 주로 국내 및 해외 법률과 제도에 관련한 문제의 출제빈도가 높다. 특히 우리나라에서 도입하기 위해 추진하고 있는 해외 법률 및 제도나 우리나라의 법률 및 제도와 관련된 문제의 출제율이 높으므로, 항상 화제가 되는 법률 및 제도에 대해 간략하게나마 숙지해두는 것이 좋다. 또한 주요 국제기관 및 정치 관련 용어들의 출제 빈도가 높으므로 기본적인 주요 기관 및 용어를 숙지해두어야 한다.

최신기출문제

형의 선고로 인하여 법령에 따른 자격이 상실되거나 정지된 자에 대하여 국무회의의 심의를 거쳐 대통령의 명으로 행하며, 그 자격을 회복시키는 것은? [경기도시공사]

① 감 형　　② 복 권
③ 특별사면　　④ 일반사면

대통령은 법률이 정하는 바에 의하여 사면 · 감형 또는 복권을 명할 수 있다. 복권이란 법정자격이 상실 또는 정지된 자의 자격을 회복하는 일을 말한다.

① 감형 : 일반에 대한 감형과 특정한 자에 대한 감형으로 구분되며, 감형은 국무회의의 심의를 거쳐 대통령의 명으로 행한다.
③ 특별사면 : 특사(特赦)라고도 하며, 형의 선고를 받은 특별한 자에 대하여 법무부장관의 상신으로 국무회의의 심의를 거쳐 대통령의 명으로 행한다.
④ 일반사면 : 대사(大赦)라고도 하며, 국무회의의 심의를 거쳐 '국회의 동의를 얻어' 대통령의 명으로 행한다.

답 ②

◉ 국경일이란 나라의 경사스러운 날을 기념하기 위해 법률로써 지정한 날이다. 다음 중 국경일과 그 날짜의 연결이 잘못된 것은? [경기도시공사]

① 제헌절 – 매년 6월 17일
② 광복절 – 매년 8월 15일
③ 개천절 – 매년 10월 3일
④ 한글날 – 매년 10월 9일

해설 제헌절은 1948년 7월 17일 대한민국 헌법의 제정 · 공포를 경축하는 날이다.

답 ①

◉ 국회의 활동 중 1988년 처음 실시되어 증인, 참고인, 감정인을 채택하여 필요한 증언을 듣는 제도는? [경기도시공사]

① 청문회
② 국정감사
③ 필리버스터
④ 플레비사이트

해설 ② 국정감사 : 국회가 행정부가 한 일을 감시하고 감독하는 등 국정 전반에 관하여 행하는 감사를 말한다.
③ 필리버스터 : 의회에서 다수당이 수적 우세를 이용해 법안이나 정책을 통과시키는 상황을 막기 위해 소수당이 법률이 정한 범위 내에서 의사 진행을 방해하는 행위를 뜻한다.
④ 플레비사이트 : 중대한 정치문제를 결정할 때 국민이 의사결정에 직접적으로 참여하는 국민투표제를 말한다.

답 ①

◉ 공소시효에 대한 설명으로 옳지 않은 것은? [경기도시공사]

① 2015년 7월 24일 살인죄의 공소시효가 폐지되었다.
② 무기징역에 해당하는 범죄의 공소시효는 20년이다.
③ 범인이 형사처분을 면할 목적으로 국외에 있는 경우 그 기간 동안 공소시효는 정지된다.
④ 어떤 범죄사건이 일정한 기간의 경과로 형벌권이 소멸하는 제도이다.

해설 공소시효는 일정한 기간이 경과하면 어떤 범죄 사건의 형벌권을 소멸하도록 하는 제도이다. 2015년 7월 24일 살인죄의 공소시효를 폐지하는 내용이 담긴 형사소송법 개정안(이른바 태완이법)이 통과되었다. 형사소송법 제249조에 따르면 무기징역에 해당하는 범죄의 공소시효는 15년에 해당한다.

답 ②

02 경제 · 경영 · 금융

경제 · 경영 · 금융 분야의 경우 상식 시험에서 매년 빠지지 않고 출제되는 분야라고 할 수 있다. 특히 경제 관련 용어 문제는 필수로 출제된다. 따라서 인플레이션, 스태그플레이션, 지니계수, 엥겔지수, 양적 완화 등과 같은 경제 관련 기본 용어의 개념을 확실히 이해해두면 문제를 푸는 데 많은 도움이 된다.

최신기출문제

다음은 엥겔지수를 계산하는 공식이다. 괄호 안에 들어갈 적절한 말은? [경기도일자리재단]

$$\text{엥겔지수} = \frac{(\quad)}{\text{가계 소비지출 총액}} \times 100$$

① 주거비　② 세 금
③ 식료품비　④ 여가비

해설 엥겔지수란 일정 기간 가계 소비지출 총액에서 식료품비가 차지하는 비율로, 가계의 생활수준을 가늠하는 척도이다. 일반적으로 엥겔지수가 50% 이상이면 저소득층으로 분류하며, 20% 이하이면 고소득층으로 분류한다.

답 ③

프로슈머에 대한 설명으로 옳지 않은 것은? [경기신용보증재단]

① 미래학자 앨빈 토플러가 그의 저서 《제3의 물결》에서 처음 사용했다.
② 소비만 하는 수동적인 소비자에서 벗어나자는 의미가 있다.
③ Professional과 Consumer의 합성어이다.
④ 디지털시대의 프로슈머는 아날로그 시대의 프로슈머보다 훨씬 적극적이다.

해설 프로슈머(Prosumer)는 '생산자'를 뜻하는 영어 'Producer'와 '소비자'를 뜻하는 영어 'Consumer'를 합성한 말로 소비자가 소비는 물론 제품개발, 유통과정에까지 직접 참여하는 '생산적 소비자'로 거듭나자는 의미다.

답 ③

은행이나 보험사가 업무 제휴 협정을 체결하거나 은행이 자회사로 보험사를 세워 은행 업무와 보험사의 업무를 한 곳에서 제공하는 것은? [경기도일자리재단]

① 스튜어드십코드
② 방카슈랑스
③ 리디노미네이션
④ 신디케이트

해설 방카슈랑스(Bancassurance)는 은행(Bank)과 보험(Assurance)을 결합한 말이다.
① 스튜어드십코드 : 투자 수탁자들이 고객의 자금을 투명하게 운용하고 수익률을 높이는 데 목적을 둔 일종의 가이드라인
③ 리디노미네이션 : 지속적인 인플레이션으로 화폐의 액면가가 실질 가치에 비해 많이 높아졌을 경우, 화폐의 액면가를 절하하는 정책
④ 신디케이트 : 동일 시장 내의 여러 기업이 출자하여 공동판매회사를 설립하여 판매하는 조직

답 ②

다음 중 주식시장에서 보유한 주식이나 채권이 없는 상태에서 매도 주문한 경우를 무엇이라 하는가? [경기도일자리재단]

① 공매도
② 숏커버링
③ 블록딜
④ 윈도드레싱

해설 주식이나 채권이 없는 상태에서 매도 주문하는 것을 공매도라고 한다.
② 숏커버링 : 주식시장에서 매도한 주식을 다시 사들이는 것
③ 블록딜 : 주식을 대량으로 보유한 매도자가 대량으로 구매할 매수자에게 장외 시간에 그 주식을 넘기는 거래
④ 윈도드레싱 : 실적이 좋은 주식은 집중 매입하고, 실적이 저조한 주식을 처분하여 투자수익률을 최대한 높이는 행위

답 ①

다음 중 상품의 판매동향을 탐지하기 위해 메이커나 도매상이 직영하는 소매점포를 무엇이라 하는가? [경기도일자리재단]

① 플래그숍
② 안테나숍
③ 숍인숍
④ 로드사이드숍

해설 안테나숍은 의류 등 유행에 따라 매출액이 좌우되기 쉬운 상품에 관해 재빨리 소비자의 반응을 파악하여 상품개발이나 판매촉진책의 연구를 돕는 전략점포를 말한다.

답 ②

03 사회 · 노동 · 환경

사회 · 노동 · 환경 분야의 경우에도 출제율이 높다. 하지만 범위가 너무 넓다보니 대부분의 수험생들이 이 분야에 대한 공부를 가장 난감해한다. 이 분야는 평소에 일반 시사에 대한 관심이 높으면 '이런 문제가 출제될 수 있겠다' 라는 감을 잡을 수 있다. 예를 들어 노동과 관련된 핫 이슈인 '근로시간 단축' 이나 여성의 사회진출을 막는 사회현상을 담은 용어인 '유리천장' 등 당시 이슈가 되는 사회 용어는 그 중요도만큼 출제율이 높아진다. 따라서 평소에 일반 시사에 관심을 가지고, 용어 위주로 숙지해둔다면 문제 풀이에 큰 도움을 받을 수 있다.

그뿐만 아니라 누구나 알 법하지만, 잘 모르는 일반 생활 상식에 관련된 문제도 출제되니, 좀 더 넓은 시야를 가지고 다양한 분야에 관심을 두는 것이 좋다. 특히 지원한 공공기관과 관련된 일반 생활 상식 및 사회제도를 미리 정리해두고 숙지한다면 사회 · 노동 · 환경 분야의 문제 풀이는 어렵지 않을 것이다.

최신기출문제

외모로 사람을 판단하는 외모지상주의를 추구하는 사람들을 일컫는 말은? [경기관광공사]

① 루키족 ② 다운시프트족
③ 그루밍족 ④ 메트로섹슈얼

 ② 다운시프트족 : 경쟁과 속도에서 벗어나 여유 있는 자기만족적 삶을 추구하는 사람들을 일컫는 말
③ 그루밍족 : 패션 및 미용에 투자하는 남자
④ 메트로섹슈얼 : 패션과 외모에 많은 관심을 보이는 남성

답 ①

실제로 일어날 가능성이 없는 일에 대해 마치 요술램프의 요정 지니를 불러내듯 수시로 꺼내보면서 걱정하는 현상은? [경기도일자리재단]

① 서번트증후군 ② 램프증후군
③ 리플리증후군 ④ 롤리타증후군

해설 ① 서번트증후군 : 자폐증이나 지적장애를 가진 사람이 암산, 기억, 음악, 퍼즐 맞추기 등 특정 분야에서 매우 우수한 능력을 발휘하는 현상

③ 리플리증후군 : 자신이 만들어낸 상상에 머물며 마치 그 사람이 된 것처럼 거짓말과 행동을 일삼는 반사회적 인격장애
④ 롤리타증후군 : 성인 남성이 2차 성징 이전의 여아를 성적인 대상으로 보는 것

답 ②

현금 대신 카드를 이용해 거래하는 것이 일반화된 사회를 일컫는 말은? [경기도일자리재단]

① 캐시리스 사회
② 첨단기술 사회
③ 체크리스 사회
④ 디바이스리스 사회

해설 캐시리스 사회(Cashless Society)는 현금을 받지 않는 사회를 의미한다. 그 대신 신용카드 · 체크카드 · 교통카드 또는 모바일 기기를 이용해 결제한다.
③ 체크리스 사회(Checkless Society) : 수표조차 사용할 필요가 없는 사회

답 ①

다음 내용과 관련 있는 지수는 무엇인가? [경기도시공사]

- 다른 사람들과 더불어 잘 살아갈 수 있는 능력을 의미하는 신조어
- 다른 사람을 위한 배려, 봉사 활동 등이 여기에 속함
- 모두가 행복하고 성공하는 것을 추구해 공존의 네트워크를 만들고자 함

① NQ
② IQ
③ EQ
④ MQ

해설 ① NQ(Network Quotient) : 공존지수
② IQ(Intelligence Quotient) : 지능지수
③ EQ(Emotional Quotient) : 감성지수
④ MQ(Moral Quotient) : 도덕지수

답 ①

다음 중 '특례시'에 대한 설명 중 틀린 것은? [경기콘텐츠진흥원]

① 광역지방자치단체와 기초지방자치단체의 중간 형태이다.
② 인구 100만명의 대도시에 부여하는 행정명칭이다.
③ 일반 시와 동일한 법적 지위를 부여받는다.
④ 특례시가 신설되면 현행 8단계 지방자치단체가 9단계로 확대된다.

해설 특례시는 광역지방자치단체와 기초지방자치단체의 중간 형태의 새로운 지방자치단체의 유형으로 인구 100만명의 대도시가 해당된다. 기초자치체의 지위를 유지하면서 광역시급의 행정 · 재정 자치권을 갖게 되는 등 일반 시와 차별화된 법적 지위를 부여받는다. 특례시가 신설되면 지방자치단체의 종류가 '특별시, 광역시, 특별자치시, 도, 특별자치도, 특례시, 시, 군, 구'로 확대된다.

답 ③

다음 중 버려지는 물건을 재활용해 새로운 가치를 가진 제품으로 만드는 것을 뜻하는 말은?

[경기콘텐츠진흥원]

① 리사이클링　　② 에코디자인
③ 탄소라벨　　④ 업사이클링

해설 업사이클링은 Upgrade와 Recycling의 합성어로, 단순한 '재사용'을 넘어 디자인이나 활용도를 더해 '전혀 다른 제품'으로 탄생시켜 사용하는 것을 말한다. 리사이클링은 사전적 의미 그대로 '재활용'이라는 뜻으로, 사용을 다한 본래 모습 그대로 다시 활용하는 것을 말한다.

답 ④

다음과 같은 부류를 가리키는 용어는 무엇인가? [경기도시공사]

- '경제적으로 자립해 조기에 은퇴한다는 것'의 줄인 말
- 심플한 라이프 스타일을 통해 저축금을 빨리 마련하고 조기에 은퇴함으로써 승진, 월급, 은행 대출 등의 고민에서 벗어나고자 함

① 나오머족　　② 좀비족
③ 파이어족　　④ 로하스족

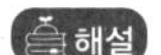

① 나오머족 : 자신만의 능력과 스타일을 갖추고 즐기는 30~40대 여성을 가리키는 말
② 좀비족 : 대기업이나 거대한 조직 내에서 무사안일에 빠져 주체성 없는 로봇처럼 행동하는 사람을 가리키는 말
④ 로하스족 : 건강과 지속적인 성장을 추구하는 생활방식 또는 이를 실천하려는 사람들

답 ③

04 문화 · 예술 · 미디어 · 스포츠

문화 · 예술 · 미디어 · 스포츠 분야는 일부 수험생들이 다른 분야에 비해 출제율이 낮을 것이라 생각하는 분야이다. 하지만 고대 문학, 국내외 영화제, 노벨상, 명화, 스포츠 관련 국제조직 등은 의외로 출제율이 높다.

따라서 국내외 영화제 수상작품 및 수상자, 노벨상 수상자, 미술용어 및 미술사조와 국내외 굵직한 문학 작품 및 작가 등은 숙지해두는 것이 좋다. 또한 스포츠 분야는 올림픽, 월드컵 우승국 등과 관련한 문제가 출제되고, 미디어는 광고 및 언론 용어와 관련된 문제들이 출제된다.

최신기출문제

다음 중 레스토랑 가이드북이 아닌 것은? [경기관광공사]

① 미슐랭 가이드(Michelin Guide)
② 감베로 로쏘(Gambero Rosso)
③ 베이지북(Beige Book)
④ 자갓 서베이(Zagat Survey)

베이지북은 미국의 중앙은행인 연방준비제도이사회가 발표하는 미국의 경제동향종합보고서이다.
① 미슐랭 가이드 : 프랑스 타이어 회사 미슐랭(Michelin)이 매년 발간하는 레스토랑 평가서이다.
② 감베로 로쏘 : 이태리에서 발간되는 미식평가지로, 이태리인의 시각에서 보는 이탈리아 레스토랑의 평가를 알 수 있다.
④ 자갓 서베이 : 미국에서 출간한 가이드북으로 레스토랑뿐만 아니라 호텔, 리조트, 골프, 쇼핑, 음악, 영화 등 전반적인 라이프 스타일 전 부분을 아우르고 있다.

답 ③

다음 중 씨름과 관련 없는 용어는? [경기도일자리재단]

① 품 위
② 샅 바
③ 체 급
④ 개 판

해설
② 샅바 : 씨름할 때 넓적다리와 허리에 매어 상대편의 손잡이로 쓰는 튼튼한 끈
③ 체급 : 선수의 체중에 따라 태백, 금강, 한라, 백두까지 총 4가지 체급으로 나뉨
④ 개판 : 승부가 나지 않거나 분명하지 않을 때 그 판을 다시 함

답 ①

2019년 전 세계 빈곤을 줄이는 데 이바지한 공로를 인정받아 노벨경제학상을 받은 사람으로 적절하지 않은 것은? [경기도시공사]

① 아브히지트 바네르지 ② 에스테르 뒤플로
③ 마이클 크레이머 ④ 제임스 피블스

해설 ④ 제임스 피블스는 2019년 노벨물리학상을 받은 물리학자 중 한 명이다.
2019년 노벨경제학상
2019년 노벨경제학상의 영예는 아브히지트 바네르지, 에스테르 뒤플로와 마이클 크레이머 등 3명에게 돌아갔다. 특히 뒤플로 교수는 노벨경제학상을 수상한 두 번째 여성이다.

답 ④

정식 축구장의 4분의 1 정도 되는 공간에서 5명이 한 팀이 되어 벌이는 간이 축구를 무엇이라 하는가? [경기도일자리재단]

① 풋 살 ② 넷 볼
③ 헐 리 ④ 럭 비

해설 풋살은 실내에서 행해지는 5인제 미니 축구이다.
② 넷볼 : 여성에 맞게 규격과 규칙이 조정된 농구와 흡사한 스포츠다.
③ 헐리 : 스틱과 공을 이용한 야외경기로 하키와 축구, 미식축구가 합쳐진 형태의 스포츠다.
④ 럭비 : 타원형의 볼을 이용하여 손과 발을 자유롭게 쓰며 상대편 진지에 들어가 득점을 얻는 경기다.

답 ①

2019년 봉준호 감독의 〈기생충〉이 황금종려상을 받은 영화제는? [경기도일자리재단]

① 칸 영화제 ② 베니스 영화제
③ 부산국제 영화제 ④ 베를린 영화제

영화 〈기생충〉은 전원백수로 살 길이 막막하지만 사이는 좋은 기택(송강호) 가족의 장남 기우(최우식)가 명문대 학생 친구가 연결시켜 준 고액 과외자리를 수락하며 펼쳐지는 다소 황당한 에피소드를 다룬 작품이다.
① 칸 영화제 : 1945년부터 시작되어 매년 5월 프랑스 남부의 도시 칸에서 열리는 영화제
② 베니스 영화제 : 1932년부터 시작되어 매년 8월 말에서 9월 초에 이탈리아 베네치아에서 열리는 영화제
③ 부산국제 영화제 : 1996년 제1회를 시작으로 매년 10월 초에 열리는 부산 지역을 넘어 한국 영화계의 최대 축제
④ 베를린 영화제 : 1951년부터 시작되어 독일 베를린에서 매년 2월 중순에 열리는 영화제

답 ①

다음 괄호 안에 공통으로 들어갈 말은? [경기도시공사]

- ( ) 먼데이 : 1987년 10월 19일 월요일에 미국 주가가 20% 이상 폭락한 사태
- ( ) 프라이데이 : 미국에서 추수감사절 다음 날인 금요일로, 1년 중 가장 큰 폭의 세일시즌이 시작되는 날

① 블 루　② 블 랙
③ 스 윙　④ 사이버

해설 괄호 안에 들어갈 적절한 단어는 '블랙'이다.

답 ②

박항서 감독이 이끄는 베트남 축구가 2018 아시안 게임에서 4강에 오르면서 전 세계적으로 이목을 끌었다. 다음 중 아시안 게임에서 베트남과 경기를 하지 않은 나라는? [경기관광공사]

① 파키스탄　② 네 팔
③ 일 본　④ 팔레스타인

해설 베트남은 ① 2018년 8월 14일 파키스탄에 0-3 승리, ② 2018년 8월 16일 네팔에 0-2 승리, ③ 2018년 8월 19일 일본에 0-1 승리하여 D조 1위 성적으로 16강에 진출하였다.

답 ④

여우가 호랑이의 위세를 빌린다는 뜻으로, 남의 권세를 빌려 허세를 부림을 비유하여 이르는 말은? [경기도일자리재단]

① 기호지세(騎虎之勢)　② 호가호위(狐假虎威)
③ 와신상담(臥薪嘗膽)　④ 후안무치(厚顔無恥)

해설 ① 기호지세 : 호랑이를 올라타고 달리는 기세로, 중도에서 그만둘 수 없는 형세
③ 와신상담 : 섶에 눕고 쓸개를 씹는다는 뜻으로, 원수를 갚으려고 온갖 괴로움을 참고 견딤
④ 후안무치 : 얼굴이 두껍고 부끄러움이 없다는 뜻으로, 뻔뻔스러워 부끄러워할 줄 모름

답 ②

다음 중 밑줄 친 단어의 사용이 맞지 않는 것은? [경기도시공사]

① 그는 골똘이 생각에 잠겨 창 바깥만 쳐다보고 있다.
② 그 즈음 어머님은 우리에게 방을 바꾸자고 하였다.
③ 과일 장수는 내가 산 귤에 몇 개를 더 얹어 주었다.
④ 그는 당황하지 않고 곰곰이 혼자 대책을 궁리하였다.

해설 '골똘히'는 '한 가지 일에 온 정신을 쏟아 딴생각이 없이'라는 뜻의 부사어이다.

답 ①

다음 중 띄어쓰기가 올바르게 된 것은? [경기도시공사]

① 약속한대로 이행하세요.
② 그저 웃을뿐이다.
③ 책도 볼 만큼 보았다.
④ 쌀, 보리, 콩, 조, 기장들을 오곡(五穀)이라 한다.

해설 '만큼'이 어미 '–은, –는, –을' 뒤에 쓰여 '앞의 내용에 상당한 수량이나 정도임을 나타내는 말'로 쓰이는 경우는 의존 명사이므로 띄어 쓴다.
① '약속한 대로', ② '웃을 뿐이다', ④ '쌀, 보리, 콩, 조, 기장 들을'

답 ③

05 과학 · 컴퓨터 · IT · 우주

과학 · 컴퓨터 · IT · 우주 분야는 주로 우주 과학, 컴퓨터 · IT와 관련된 문제들이 출제된다. 또한 뉴턴의 3법칙과 같은 기본 과학 지식에 대한 문제도 출제되며 게놈, 희토류, 힉스입자와 같이 활발하게 연구 중인 과학 관련 물질에 대한 문제도 자주 출제된다. 따라서 과학 · 컴퓨터 · IT · 우주 분야는 각 분야의 굵직한 내용을 담은 신문기사들을 스크랩해두면서 준비하는 것도 좋은 방법이 될 수 있다.

최신기출문제

영어로 'at'으로 표현하고 전자우편에 사용되는 기호는? [경기도시공사]

① @
② #
③ &
④ ^

해설 전자우편 주소의 '@' 기호는 미국의 컴퓨터 프로그래머 레이 톰린슨이 1971년 세계 최초로 전자우편을 보내면서 처음 썼다.

답 ①

하드웨어나 소프트웨어를 공식적으로 발표하기 전에 오류가 있는지를 발견하기 위해 미리 정해진 사용자 계층들이 써 보도록 하는 것은? [경기도시공사]

① 알파 테스트
② 도핑 테스트
③ 필드 테스트
④ 베타 테스트

해설 베타 테스트에 대한 설명이다.
① 알파 테스트 : 프로그램을 개발한 연구원들이 하는 성능시험으로 개발회사 내부에서 이루어지는 테스트를 말함

답 ④

다음 중 IT용어에 대한 설명으로 옳지 않은 것은? [경기콘텐츠진흥원]

① 5G의 G는 Generation을 의미한다.
② 사물인터넷을 의미하는 IoT는 Internet of Things의 약자이다.
③ 4차 산업혁명은 다보스포럼의 회장 클라우스 슈밥이 정의한 용어이다.
④ AR은 Augmented Reality의 약자로 현실과 격리되어 인공적으로 만들어진 공간을 체험할 수 있는 '증강현실'을 의미한다.

해설
- 5G : '5th Generation Mobile Communication'의 약자로, 최대 20Gbps의 데이터 전송속도와 어디에서든 최소 100Mbps 이상의 체감 전송속도를 제공한다.
- 4차 산업혁명 : 다보스포럼에서 진단한 다가올 산업 변화의 형태이다. 사물 인터넷, 5G, 3D프린팅, 인공지능 등 ICT 기술의 발달로 산업과 노동의 형태는 변화될 것이다.
- 증강현실(AR) : 현실의 이미지나 배경에 3차원 가상 이미지를 겹쳐서 하나의 영상으로 보여주는 기술을 뜻한다.
- 가상현실(VR) : 인공적으로 만들어냈지만 현실과 비슷한 공간을 체험할 수 있는 IT 기술이다. 실제 현실과는 격리된다.

답 ④

PC나 노트북, 휴대폰 등 각종 저장매체 또는 인터넷상에 남아 있는 각종 디지털 정보를 분석해 범죄 단서를 찾는 수사기법은? [경기도일자리재단]

① 디지털 포렌식
② 디지털 디바이드
③ 디지털 컨버전스
④ 디지털 워터마크

해설 PC나 노트북, 스마트폰 등 각종 저장매체 또는 인터넷 상에 남아 있는 각종 디지털 정보를 분석해 범죄 단서를 찾는 수사기업을 디지털 포렌식이라고 한다.

답 ①

다음 중 분자의 확산운동의 예가 아닌 것은? [경기도시공사]

① 부엌에 있는 빵 냄새가 집안 전체에 퍼진다.
② 물에 잉크를 떨어뜨리면 물 전체가 잉크 색깔로 변한다.
③ 바닷물을 염전에 가두어 소금을 얻는다.
④ 향수병의 마개를 열어 두면 멀리서도 향수 냄새를 맡을 수 있다.

해설 ①, ②, ④는 확산현상을 설명한 것이고, ③은 증발현상을 설명한 것이다.

답 ③

06 한국사

한국사는 최근 출제 빈도가 높아지고 있는 분야이다. 주로 고대사나 조선시대사, 근현대사 관련 문제의 출제율이 높다.
고대사는 유물 · 유적 위주로 준비해두는 것이 좋고, 조선시대사는 왕의 업적 및 각 왕대의 정치적 특징과 관련해 알아두는 것이 도움이 되며, 근현대사는 일제강점기 해방운동조직 및 인물을 기본적으로 알아두는 것이 좋다. 한국사능력검정시험 문제가 도움이 될 수 있으므로, 단기에 문제 위주로 공부를 하고 싶다면 기출문제 등을 참고하여 준비하면 좋다.

최신기출문제

다음 유물이 사용되던 시기의 생활상으로 옳지 않은 것은?

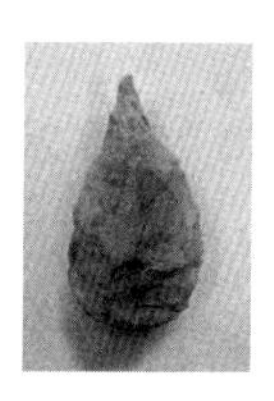

① 주로 동굴이나 강가의 막집에 살았다.
② 무리를 지어 이동생활을 하며 사냥과 채집을 하였다.
③ 계급이 존재하는 불평등 사회였다.
④ 대표적인 도구로 주먹도끼, 슴베찌르개가 있다.

해설 사진은 주먹도끼와 슴베찌르개로 구석기 시대의 대표적 유물이다. 구석기 시대는 경험이 많은 연장자가 무리를 이끌었으나 계급은 존재하지 않는 평등 사회였다.

답 ③

백제 근초고왕의 업적에 대한 다음의 설명 중 옳지 않은 것은?

① 남쪽으로 마한을 멸하여 전라남도 해안까지 확보하였다.
② 북쪽으로는 고구려의 평양성까지 쳐들어가 고국천왕을 전사시켰다.
③ 중국의 동진, 일본과 무역활동을 전개하였다.
④ 왕위의 부자상속제를 확립하였다.

해설 근초고왕은 고구려의 평양성까지 쳐들어가 '고국원왕'을 전사시켰다. 고국천왕은 고구려 제9대 왕이다.

답 ②

중국 당나라의 산둥반도의 등주(登州)에 설치된 신라 사신이나 유학생, 그리고 승려 등이 숙박을 할 수 있는 곳은?

① 신라관
② 신라방
③ 신라소
④ 신라원

해설 신라관 · 신라방 · 신라소 · 신라원은 통일 신라 시대 때, 당나라에 설치한 신라인의 시설들이다. 신라는 삼국을 통일한 후 당나라와 더욱 활발한 교류를 했다.
② 신라방 : 통일신라 때 당나라에 있던 신라인의 집단 거류지
③ 신라소 : 통일신라 때 당나라 신라방에 거주하던 신라인을 다스렸던 관청
④ 신라원 : 통일신라 때 당나라에 있던 신라인의 집단 거주지인 신라방에 세운 절

답 ①

음서 제도와 공음전이 고려 사회에 끼친 영향은?

① 농민층의 몰락을 방지하였다.
② 문벌 귀족 세력을 강화시켰다.
③ 국가 재정의 확보에 공헌하였다.
④ 개방적인 사회 분위기를 낳았다.

해설 문벌 귀족은 고위 관직을 독점하고 음서의 특권으로 승진하였으며, 공음전 등의 경제적 특권을 누리기도 했다.

답 ②

임진왜란의 3대 대첩이 아닌 것은?

① 한산도대첩
② 명량대첩
③ 행주대첩
④ 진주성대첩

해설 임진왜란의 3대 대첩은 한산도대첩, 행주대첩, 진주성대첩이며 이순신의 3대 대첩은 한산도대첩, 명량대첩, 노량대첩이다.

답 ②

조선 후기 균역법에 대한 설명으로 옳은 것은? [경기신용보증재단]

① 농민의 군역 부담을 경감하고자 실시했다.
② 양반도 상민과 동일하게 군포를 부담했다.
③ 특산물 대신 쌀이나 동전으로 납부했다.
④ 소작농을 수취 부담에서 제외시켰다.

해설 균역법은 군역에 대한 농민 부담의 일시적 완화라는 결과를 가져왔다.

답 ①

급진개화파가 주도한 갑신정변의 결과로 가장 적절한 것은? [경기신용보증재단]

① 독립협회가 해산되었다.
② 고종이 러시아 공사관으로 피신하였다.
③ 조청상민수륙무역장정이 체결되었다.
④ 청의 내정간섭이 심화되었다.

해설 급진개화파는 일본의 메이지 유신을 모델로 한 근대적 개혁을 추진하기 위해 갑신정변을 일으켰으나, 청군의 개입으로 3일 만에 실패로 끝난 바 있다.

답 ④

동학 농민군이 제시한 폐정 개혁안에서 주장한 내용으로 적절한 것은? [경기도일자리재단]

① 의회 제도를 도입하여 입헌 군주제를 실시한다.
② 토지는 균등히 나누어 경작한다.
③ 일본은 명성 황후 시해를 사죄해야 한다.
④ 안동 김씨 세도 가문은 물러나야 한다.

해설 폐정 개혁안은 농민의 입장에서 당시 봉건적 지배 체제의 개혁을 주장하였다.

답 ②

의열단에 대한 설명으로 옳지 않은 것은? [경기도일자리재단]

① 1919년 11월 만주 지린성에서 조직된 항일 무력독립운동 단체이다.
② 부산경찰서 폭파사건을 주도했다.
③ 대한민국 임시정부 산하의 의열투쟁단체였다.
④ 〈조선혁명선언〉을 활동 지침으로 삼았다.

해설 ③ 일제 주요 인사를 처단하는 활동을 전개한 한인애국단에 대한 설명이다.

답 ③

전두환 정부 시기 때 있었던 일에 해당하는 것은? [경기도시공사]

① 남북 이산가족 최초 상봉
② 남북기본합의서 채택
③ 남북정상회담 최초 개최
④ 민족 공동체 통일 방안 제안

해설 전두환 정부 때 남북 이산가족 상봉이 최초로 이루어졌다.
② 남북기본합의서 채택 : 노태우 정부
③ 남북정상회담 최초 개최 : 김대중 정부
④ 민족 공동체 통일 방안 제안 : 김영삼 정부

답 ①

다음 사건에 대한 설명으로 옳지 않은 것은? [경기도시공사]

① 4 · 19 혁명 – 1960년 부정선거에 분노한 학생과 시민들이 벌인 선거 무효 시위
② 5 · 16 군사정변 – 1961년 군사정변을 일으켜 정권을 장악한 사건
③ 6월 항쟁 – 1973년 유신헌법 개정을 요구하며 벌인 개헌청원운동
④ 5 · 18 민주화 운동 – 1980년 전라남도 및 광주 시민들이 신군부의 집권 음모를 규탄하고 민주주의의 실현을 요구하며 전개한 민중항쟁

해설 6월 항쟁
1987년 전두환 군사정권이 대통령 간선제의 기존 헌법을 고수하겠다는 〈4 · 13 호헌 조치〉를 발표하자, 이에 반대하는 여론이 들끓는 가운데 대학생 박종철 군 고문치사사건이 조작 · 은폐되었다는 사실이 밝혀지면서 6월 10일을 정점으로 하여 20여 일 동안 전국으로 확산된 민중항쟁이자 민주화 운동이다.

답 ③

PART

2

최신상식 총정리

CHAPTER 01 주요 국제 Awards

노벨상

수상 부문	생리의학, 물리학, 화학, 경제학, 문학, 평화	
주 최	스웨덴 왕립과학아카데미, 노르웨이 노벨위원회	
시작연도	1901년	
시상식 장소	스웨덴 스톡홀름(단, 평화상은 노르웨이 오슬로)	
시상식 일정	매년 12월 10일	
심 사	생리의학	카롤린스카 의학연구소
	물리학, 화학, 경제학	스웨덴 왕립과학아카데미
	문 학	스웨덴 아카데미(한림원)
	평 화	노르웨이 노벨위원회

• 노벨생리의학상

윌리엄 케일린

그레그 서멘자

피터 랫클리프

2019년 노벨생리의학상은 미국의 윌리엄 케일린과 그레그 서멘자, 영국의 피터 랫클리프 등 3명에게 돌아갔다. 이들은 세포가 산소 농도에 적응하는 과정을 밝혀내 빈혈과 암 등 혈중 산소농도와 관련된 질환의 치료법 수립에 기여했다고 노벨위원회는 평가했다. 또한 세포가 저(低)산소 농도에 적응하는 과정에 'HIF-1' 이란 유전자가 중요한 역할을 한다는 사실을 밝혀냈다.

• 노벨물리학상

제임스 피블스

미셸 마요르

디디에 쿠엘로

2019년 노벨물리학상은 캐나다계 미국인 제임스 피블스, 스위스의 미셸 마요르, 디디에 쿠엘로 등 3명의 물리학자에게 돌아갔다. 피블스는 빅뱅부터 현재까지 우주의 역사에 대한 이해의 기초가 된 이론을 정립한 공헌을 인정받아 수상자로 선정됐다. 마요르와 쿠엘로는 1995년 우리 태양계 밖에서 태양과 비슷한 항성 주변을 도는 외계행성을 거느린 페가수스자리 51(51 Pegasi)을 발견해낸 공로로 선정됐다.

• 노벨화학상

존 구디너프

스탠리 휘팅엄

요시노 아키라

2019년 노벨화학상은 미국의 존 구디너프, 영국의 스탠리 휘팅엄, 일본의 요시노 아키라 등 3명이 노벨화학상을 공동 수상했다. 이들은 휴대전화와 노트북, 컴퓨터 등 전자기기 전원으로 사용하는 리튬이온 배터리를 발명 및 개발한 과학자들이다. 스탠리 휘팅엄 교수는 리튬이온 배터리 토대를 만들었고, 구디너프 교수가 이 기술을 발전시켰으며, 요시노 아키라 교수는 리튬이온 배터리의 상용화를 이끌었다.

• 노벨경제학상

아브히지트 바네르지

에스테르 뒤플로

마이클 크레이머

2019년 노벨경제학상의 영예는 아브히지트 바네르지, 에스테르 뒤플로와 마이클 크레이머 등 3명에게 돌아갔다. 이 가운데 뒤플로 교수는 노벨경제학상을 수상한 두 번째 여성이자, 역대 최연소 노벨경제학상 수상자로 기록됐다. 노벨위원회는 "세계 빈곤 경감을 위한 새로운 실험적 접근법이 빈곤 퇴치에 큰 기여를 했다"고 선정 이유를 설명했다.

• 노벨평화상

아비 아흐메드 알리

2019년 노벨평화상은 아비 아흐메드 알리 에티오피아 총리에게 돌아갔다. 100번째 노벨평화상 수상자다. 아비 총리는 에티오피아와 오랫동안 국경분쟁을 벌여온 이웃 에리트레아와의 화해를 주도했다. 노벨위원회는 아비 총리를 수상자로 선정하며 "수십 년간 이어진 유혈 분쟁을 종식시키고 평화를 구축하는 데 결정적인 역할을 했다"고 밝혔다.

• 노벨문학상

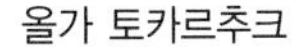
올가 토카르추크

페터 한트케

스웨덴 한림원은 2019년 노벨문학상 수상자로 오스트리아 작가 페터 한트케를 선정했다고 발표했다. 시상을 건너뛴 작년도 수상자는 폴란드 소설가 올가 토카르추크로 선정됐다. 한림원은 한트케가 "인간 체험의 뻗어나간 갈래와 개별성을 독창적 언어로 탐구한 영향력 있는 작품을 썼다"고 평가했다.

세계 3대 영화제

01 베니스 영화제

개최 장소	이탈리아 베네치아
개최 시기	매년 8월 말 ~ 9월 초
시작연도	1932년

〈제76회 수상내역〉

• 황금사자상

〈조커〉

토드 필립스

토드 필립스 감독의 영화 〈조커〉가 황금사자상을 차지했다. 이 작품은 미국의 대형 만화출판사인 DC 히어로 배트맨의 숙적인 조커가 연약한 외톨이에서 확신에 찬 악당으로 변모해가는 악의 기원을 다룬 반(反)영웅 작품이다. 조커 역으로는 배우 호아킨 피닉스가 출연했다.

• 은사자상(심사위원 대상/감독상)

〈더 드레퓌스 어페어〉

로이 앤더슨

은사자상(심사위원 대상)은 로만 폴란스키 감독의 〈더 드레퓌스 어페어〉로 결정됐다. 폴란스키 감독은 미성년자 성폭행 혐의로 40년째 해외 도피 생활 중이다. 최고의 감독에게 수여하는 은사자상(감독상)은 〈어바웃 엔드리스니스〉(스웨덴, 독일, 노르웨이)의 로이 앤더슨 감독이 수상했다.

• 남우주연상/여우주연상

루카 마리넬리

아리안 아스카리드

남우주연상은 〈마틴 에덴〉에 출연한 배우 루카 마리넬리가, 여우주연상은 〈글로리아 문디〉에 출연한 배우 아리안 아스카리드가 수상했다.

02 칸 영화제

개최 장소	프랑스 남부의 도시 칸
개최 시기	매년 5월
시작연도	1946년

〈제72회 수상내역〉

• 황금종려상

〈기생충〉

봉준호

봉준호 감독의 〈기생충〉이 황금종려상을 받았다. 〈기생충〉은 전원 백수인 기택네 장남 기우가 박사장네 고액 과외 선생이 되면서 일어나는 예기치 못한 사건을 다루는 블랙 코미디다. 가난한 가족과 부자 가족 이야기를 통해 보편적 현상인 빈부격차의 문제를 다룬다. 경쟁부문 심사위원장인 알레한드로 곤잘레스 이냐리투 감독은 시상식 직후 열린 기자회견에서 〈기생충〉에 대해 "재밌고 유머러스하며 따뜻한 영화"라고 평했다.

• 심사위원대상/감독상

마티 디옵

장 피에르 · 뤼크 다르덴

심사위원대상은 마티 디옵 감독의 〈애틀란틱스〉가 차지했고, 감독상은 〈영 아메드〉의 장 피에르 · 뤼크 다르덴이 받았다. 마티 디옵은 아프리카계 여성 감독 최초로 칸영화제 경쟁부분에 진출했으며, 〈애틀란틱스〉는 아프리카 청년들의 실업 문제를 몽환적인 분위기로 담아냈다. 〈영 아메드〉는 자신이 믿는 종교의 극단주의자들로부터 선생님을 살해하라는 명령을 받은 13세 소년의 이야기이다.

• 남우주연상/여우주연상

안토니오 반데라스

에밀리 비샴

남우주연상에는 〈페인 앤 글로리〉의 안토니오 반데라스가, 여우주연상에는 〈리틀 조〉의 에밀리 비샴이 선정되었다. 〈페인 앤 글로리〉는 감독 페드로 알모도바르가 주인공 '살바도르 말로'를 통해 자신의 사랑 · 욕망 · 창작 등에 관해 되짚어보는 자전적인 작품이며, 〈리틀 조〉는 향기로 행복을 퍼뜨리는 여성을 그린 심리 공상과학 영화이다.

03 베를린 영화제

개최 장소	독일 베를린
개최 시기	매년 2월 중순
시작연도	1951년

〈제69회 수상내역〉

• 황금곰상

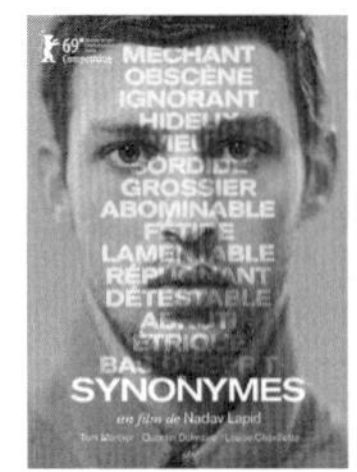

〈시너님즈〉

나다브 라피드

최우수작품상인 황금곰상은 이스라엘의 나다브 라피드 감독이 연출한 영화 〈시너님즈〉(Synonyms)가 수상했다. 이스라엘과 프랑스, 독일이 공동 제작한 〈시너님즈〉는 프랑스 파리로 이주한 이스라엘 전직 군인이 고국행을 결심하면서 벌어지는 이야기를 담고 있다. 주인공은 이 과정을 통해 정체성을 둘러싼 혼란을 겪는다.

• 감독상

〈아이 워즈 앳 홈, 벗〉

앙겔라 샤넬렉

은곰상 감독상은 〈아이 워즈 앳 홈, 벗〉의 감독 앙겔라 샤넬렉이 받았다. 개, 당나귀, 토끼가 등장하는 우화적 상징 장치로 영화의 시작과 끝을 장식하는 이 작품은 시적 아트하우스 영화의 진수를 보여준다. 남편을 잃고 혼자 아이들을 키운 감독의 경험의 단편들이 영상으로 구현된다. 영화는 초등학교 교실에서 진행되는 〈햄릿〉 리허설 장면과 주인공 여성이 일상에서 겪는 에피소드가 교차한다.

• 남자연기상/여자연기상

왕징춘

융메이

은곰상 남자연기자상은 〈소 롱, 마이 선(地久天長, So Long, My Son)〉의 왕징춘(王景春)이, 여자연기자상은 〈소 롱, 마이 선(地久天長, So Long, My Son)〉의 융메이(詠梅)가 받았다.

최신이슈 100

정치 · 국제 · 법률

01 스윙스테이트(Swing State)

미국 대통령 선거의 키를 쥐는 미국의 주(州)

정치적 성향이 뚜렷하지 않아 그때그때 대통령 선거의 승자를 결정짓는 역할을 하는 미국의 주(州)들을 가리키는 용어이다. 즉, 전통적으로 공화당 우세 지역이거나 민주당 우세 지역이 아닌 곳을 말한다. 미국 대선은 주마다 1표라도 앞선 후보가 모든 선거인단을 차지하는 '주별 승자독식제'를 채택하고 있는데, 민주 · 공화당은 각자 지지세가 거의 변하지 않는 주를 갖고 있다. 민주당은 캘리포니아, 공화당은 텍사스가 대표적이다. 이 때문에 경합주가 캐스팅 보트 역할을 하면서 전체 승패를 좌우하는 주요 변수가 된다. 대체로 오하이오, 펜실베니아, 플로리다 등 중서부 지역이 해당한다. 한국어로는 '경합주'라고 한다.

02 아람코(ARAMCO)

세계 최대의 석유생산회사

세계 원유 생산량의 13%를 담당하는 아람코의 본사는 사우디 동부의 다란에 있다. 직원 수는 7만여 명 수준이다. 아람코는 1933년 사우디 정부와 미국 스탠더드오일이 함께 설립했다. 스탠더드오일은 '석유왕' 록펠러가 세운 회사다. 설립 후 아람코는 사우디 지역 내의 대형 유전을 차례로 개발해 짧은 시간에 세계 최대의 산유 회사로 성장했다. 아람코의 급성장은 미국계 국제 석유본의 발전과 미국의 중동 내 지위 향상에도 큰 영향을 미쳤다. 지금까지도 미국과 사우디의 관계가 가까운 이유다. 이후 중동 지역에서 국유화 바람이 불면서 1974년부터 스탠더드오일 등이 가지고 있던 지분을 사우디 정부가 매입하기 시작했다. 1980년대에 사우디 정부가 아람코의 주식 100%를 취득하며 완전한 국유화를 달성했다. 2019년 4월 1일 국제신용평가사 피치레이팅스는 아람코의 영업이익이 2240억달러(254조원), 순익 1111억달러(126조원)를 기록했다고 밝혔다. 이는 같은 기간 전 세계 기업 중 가장 큰 이익으로, 순이익 기준 2위인 애플(594억달러)의 2배에 달한다.

03 분양가상한제

주택의 분양가격을 산정가 이하로 제한하는 규제

분양가격을 안정시켜 아파트 가격을 일정 수준 아래로 공급하도록 규제하는 것으로, 감정평가된 토지비용과 정부가 정한 기본형 건축비에 개별 아파트에 따라 추가된 비용인 가산비용을 더해 분양가의 상한선을 결정하여 그 가격 이하로 분양하도록 하는 제도이다. 기존에는 공공주택과 공공택지지구에 한하여 분양가상한제를 적용하였으나 이를 확대하여 민간택지인 재건축이나 재개발 지역에도 분양가상한제를 적용하여 과도한 분양가격으로 인한 아파트값 상승을 막기 위한 조치다. 2019년 11월 6일 정부는 서울지역 27개 동의 민간택지에 분양가상한제를 적용하는 방안과 조정대상지역을 일부 해제하는 방안을 결정했다. 이로써 민간택지 분양가상한제는 2015년 폐지된 이후 4년 만에 부활하게 됐다. 그러나 민간택지 분양가상한제 지정 후 제외된 지역을 중심으로 매매 가격이 지속적으로 상승하는 풍선효과가 발생하자 정부는 40일 만인 2019년 12월 16일 〈주택 시장 안정화 방안〉을 발표하여 분양가상한제 대상 지역을 대폭 확대했다.

04 화이트리스트(백색국가)

전략물자 수출 시 통관절차 간소화 혜택을 주는 안보상 우호 국가

일본이 첨단 기술과 전자 부품 등을 타 국가에 수출할 때 자국의 안보에 문제가 되지 않는다고 판단하여 허가신청을 면제하거나 간소화하는 국가, 즉 '안전 보장 우호국'을 의미한다. 2019년 7월 4일 일본은 고순도 불화수소(에칭가스), 플루오린 폴리이미드, 포토레지스트 등 3개 품목에 대해 화이트리스트 목록에서 제외해 수출규제에 나섰으며 2019년 8월 2일에는 한국을 '화이트(백색)국가' 목록에서 제외했다. 이에 따라 우리 정부 역시 2019년 8월 12일 일본을 우리의 백색국가에서 제외하기로 결정했다.

일본의 대(對) 한국 수출 규제 반도체 소재 등 3개 품목

품목	내용
에칭가스	- 반도체 세정에 쓰이는 고순도 불화수소 - 일본의 세계시장 점유율 70%(한국의 일본산 수입비중은 95% 이상)
플루오린 폴리이미드	- 불소처리를 통해 열 안정성 등을 강화한 필름 - 디스플레이 제조에 쓰이는 다양한 PI 중 하나 - 일본의 세계시장 점유율 90%
포토레지스트	- 반도체 기판 제작에 쓰이는 감광액 재료 - 일본의 세계시장 점유율 90% - 2019년 7월 4일 규제 발표 후 8월 7일 첫 한국 수출 허가 - 2019년 8월 20일 두 번째 한국 수출 허가

05 한일군사정보보호협정(GSOMIA)

한국과 일본 간에 체결된 군사정보보호협정

2016년 11월에 체결된 것으로, 양국의 1급 비밀을 제외한 정보를 직접 공유한다. 한국은 주로 북 · 중 접경 지역 인적 정보를 일본에 공유하고, 일본은 첩보위성이나 이지스함 등에서 확보한 정보 자산을 한국에 제공한다. 우리나라는 지소미아를 일본과만 맺고 있는 것은 아니라 34개국과 협정을 맺고 있다. 단, 일본과의 세부 내용이 다른데 유효기간 1년에, 90일 전에 협정 종료를 서면 통보하면 종료된다. 문재인 정부는 한일군사정보보호협정에 긍정적인 입장이었던 것으로 알려졌으나 2019년 7월 일본이 일부 품목에 대해 한국 수출규제를 내리면서 입장이 바뀌었다. 2019년 8월 22일 일본의 수출규제 조치에 대한 '맞대응 카드'로 2019년 11월 23일 0시를 기해 한일군사정보보호협정 종료가 발효 예정이었지만, 결국 정부는 지소미아를 언제든 종료할 수 있다는 조건으로 조건부 연장을 발표했다.

06 연동형 비례대표제

정당의 득표율에 따라 의석을 배분하는 제도

총 의석수는 정당득표율로 정해지고, 지역구에서 몇 명이 당선됐느냐에 따라 비례대표 의석수를 조정하는 방식이다. 정당의 득표율에 연동해 의석을 배정하는 방식으로, 예컨대 A정당이 10%의 정당득표율을 기록했다면 전체 의석의 10%를 A정당이 가져갈 수 있도록 하는 것이다. 연동형 비례대표제는 지역구 후보에게 1표, 정당에게 1표를 던지는 '1인 2표' 투표방식이지만, 소선거구에서의 당선 숫자와 무관하게 전체 의석을 정당득표율에 따라 배분한다. 그리고 정당득표율로 각 정당들이 의석수를 나눈 뒤 배분된 의석수보다 지역구 당선자가 부족할 경우 이를 비례대표 의석으로 채우게 된다. 연동형 비례대표제는 '혼합형 비례대표'로도 불리는데, 이를 택하고 있는 대표적 국가로는 독일, 뉴질랜드 등이 있다.

준연동형 비례대표제

원안은 300명의 의석 중 비례대표를 75석으로 늘리는 것을 골자로 하였으나 가결된 수정안은 현행과 같이 300명의 의석 중 지역구 253명, 비례대표 47석을 유지하되 47석 중 30석에만 '연동형 캡'을 적용하여 연동률 50%를 적용하는 것이다. 연동률이 100%가 아닌 50%만 적용하므로 준연동형 비례대표제라고 부른다.

석패율제

지역구와 비례대표에 동시에 출마한 후보 중에서 가장 높은 득표율로 낙선한 후보를 비례대표로 선출하는 제도다. 일본이 지역구 선거에서 가장 아깝게 떨어진 후보를 구제해주자는 취지로 1996년 도입했다.

07 홍콩 범죄인 인도법

홍콩과 범죄인 인도 조약을 체결하지 않은 국가나 지역에도 용의자를 쉽게 넘겨줄 수 있도록 하는 법

중국 본토와 대만, 마카오 등 홍콩과 범죄인 인도 조약을 체결하지 않은 국가나 지역에도 범죄인을 인도할 수 있도록 하는 내용을 담고 있다. 홍콩은 영국, 미국 등 20개국과 인도 조약을 맺었지만 중국, 대만, 마카오와는 이 조약을 체결하지 않았다. 홍콩 시민들은 중국 정부가 부당한 정치적 판단을 바탕으로 홍콩의 반중 인사나 인권운동가를 중국 본토로 송환하는 데 해당 법안을 악용할 수 있다는 점을 우려하며 거세게 반발하고 있다. 홍콩 범죄인 인도법 저지에 대한 홍콩 시위는 2019년 3월 31일부터 시작되어 휴업, 동맹휴학, 파업, 국제연대 등으로 항의가 이어졌는데 2019년 6월에는 100만명이 넘는 시민들이 참여하는 대규모 시위로 확산됐다. 2019년 9월 16일로 100일째를 맞으며 장기화된 시위는 당초 송환법 폐지 요구에서 중국의 정치적 간섭에서 벗어나려는 민주화 운동으로까지 그 성격이 확대됐다.

복면금지법

공공 집회나 시위 때 마스크 · 가면 등의 착용을 금지하는 법으로, 복면 착용으로 신원 확인을 어렵게 하는 것을 금지하는 것이다. 홍콩 정부는 10월 5일부터 '범죄인 인도법' 반대 시위대의 마스크 착용을 금지하는 '복면금지법'을 전면 시행했다. 복면금지법을 시행할 것이라는 소식이 전해지자 홍콩 시내 곳곳에는 시민들이 쏟아져 나와 항의 시위를 벌였다.

홍콩인권법

미국 상원에서 만장일치로 통과된 홍콩인권법은 홍콩인권 · 민주주의법과 홍콩보호법으로 나뉜다. 홍콩인권법은 홍콩의 자치 수준을 미국이 1년에 한 번 평가하고 홍콩의 자유를 억압하는 인물을 제재하는 내용이다. 홍콩보호법은 최루탄과 고무탄, 전기충격기 등 집회 · 군중을 통제하기 위한 일체의 장비를 홍콩에 수출하는 것을 금지하는 것이다.

08 민식이법

어린이보호구역 교통사고 가해자 처벌에 대한 법안과 어린이 교통안전관련법 개정 내용

충남의 한 중학교 앞 어린이보호구역에서 교통사고로 숨진 고(故) 김민식 군의 이름을 딴 법안이다. 2019년 9월 11일, 9살 김민식 군이 사고를 당한 어린이보호구역에는 단속 카메라는커녕 신호등조차 없었다. 이에 따라 발의된 민식이법은 신호등 및 과속 단속 카메라 설치 의무화와 사망 사고 발생 시 3년 이상 징역형으로 가중처벌하는 내용을 담고 있다. 현행법은 스쿨존에서 신호등, 과속 단속 카메라를 필수로 설치하지 않아도 되고, 사고 발생 시 5년 이하의 금고형 또는 2,000만원 이하의 벌금에 처하고 있다. 어린이보호구역은 교통사고 위험으로부터 어린이를 보호하기 위해 필요하다고 인정되는 경우 지정하는 구역이다.

09 고위공직자범죄수사처(공수처)

공직자의 범죄 사실을 수사하는 독립된 기관

검찰 개혁 방안의 하나로, 대통령 · 국회의원 · 법관 · 지방자치단체장 · 검사 등 고위공직자 및 그 가족의 비리를 수사 및 기소할 수 있는 독립기관이다. 검찰이 독점하고 있는 고위공직자에 대한 수사권, 기소권, 공소유지권을 공수처로 넘겨 검찰의 정치 권력화를 막는 데 의의가 있다. 고위공직자범죄수사처(공수처) 설치를 위한 공수처법안은 2019년 12월 30일 국회 본회의를 통과했다. 국회는 본회의에서 제1야당인 자유한국당이 반발의 뜻으로 퇴장한 가운데 '4+1'(더불어민주당 · 바른미래당 · 정의당 · 민주평화당+대안신당) 협의체가 제출한 공수처법 제정안을 의결했다.

고위공직자범죄수사처 설치 및 운영에 관한 법률 주요 내용

수사대상		대통령, 국회의장 · 국회의원, 대법원장 · 대법관, 헌재소장 · 재판관, 검찰총장, 국무총리, 중앙행정기관 · 중앙선관위 · 국회 · 사법부 소속 정무직 공무원, 대통령비서실 · 국가안보실 · 대통령경호처 · 국정원 소속 3급 이상 공무원, 광역자치단체장 · 교육감, 판사 · 검사, 경무관급 이상 경찰, 군 장성 등
수사대상 범죄		직무유기 · 직권남용죄 등 형법상 공무원 직무 관련 범죄, 횡령 · 배임죄, 변호사법 · 정치자금법 · 국정원법 · 국회증언감정법 · 범죄수익은닉규제법 위반 등(수사과정에서 인지한 범죄 포함)
구 성		공수처장 및 차장 각 1명(임기 3년, 중임 불가), 검사 23명(임기 3년, 3번 연임 가능), 수사관 40명(임기 6년, 연임 가능)
권 한	원 칙	수사권, 영장청구권, 검찰 불기소처분에 대한 재정신청권
	예 외	기소권 및 공소유지권(판사 · 검사, 경무관급 이상 경찰 대상)

10 패스트트랙

쟁점 법안의 빠른 본회의 의결을 진행하기 위한 입법 시스템

발의된 국회의 법안 처리가 무한정 미뤄지는 것을 막고, 법안을 신속하게 처리하기 위한 제도이다. 우리나라의 입법 과정은 해당 분야를 담당하는 상임위원회의 의결 → 법제사법위원회의 의결 → 본회의 의결 → 대통령 거부권 행사 여부 결정 순으로 진행된다. 본회의 의석수가 많더라도 해당 상임위 혹은 법사위 의결을 진행시킬 수 없어 법을 통과시키지 못하는 경우가 있는데, 이런 경우 소관 상임위 혹은 본회의 의석의 60%가 동의하면 '신속 처리 안건'으로 지정하여 바로 본회의 투표를 진행시킬 수 있다. 하지만 이를 위해 상임위 심의 180일, 법사위 회부 90일, 본회의 부의 60일, 총 330일의 논의 기간을 의무적으로 갖게 된다.

패스트트랙으로 지정된 사례

- 사회적 참사 특별법
- 유치원 3법
- 2019년 패스트트랙 지정 4개 법안

11 검 · 경 수사권 조정안

정부가 내놓은 수사 · 기소를 분리한 검 · 경 수사권 조정안

경찰이 검찰로부터 1차적 수사권을 받는 내용과 그에 대한 검찰의 견제권한을 보장하는 형사소송법 개정안이다. 검찰이 수사, 기소, 영장청구 권한을 모두 독점하고 있는 현재의 상황에서 경찰과 수사권한을 나누는 방향으로 조정하는 것이다. 특수사건(공직 · 경제 · 선거 · 안보 · 위증 범죄 등)의 경우를 제외하고 모든 사건은 경찰이 1차적으로 수사를 하며 검찰에 송치하지 않고 종결할 수 있다. 검찰은 자신들에게 사건이 송치된 뒤 사건을 수사할 수 있으나, 경찰 단계에서 사건이 불송치된다면 수사할 수 없다. 경찰의 불송치가 불합리적이라면 검찰은 경찰에 보완수사를 요구하거나 해당 경찰의 징계를 요구할 수 있다. 2019년 4월 패스트트랙으로 지정된 검 · 경 수사권 조정안 관련 형사소송법과 검찰청법 개정안이 2020년 1월 13일 국회 본회의를 통과했다.

12 윤창호법

'특정범죄 가중처벌 등에 관한 법률(특가법) 개정안' 및 '도로교통법 개정안'

음주운전 사고로 숨진 윤창호 씨 사망 사건을 계기로 마련된 법안이다. 특가법 개정안은 2018년 11월 29일 국회에서 통과돼 그해 12월 18일부터 시행됐으며, 도로교통법 개정안은 2018년 12월 7일 국회를 통과해 2019년 6월 25일부터 시행되었다.

윤창호법 주요 내용

구 분	현 행	개 정
음주운전 사망 사고	1년 이상 징역	최고 무기징역, 최저 3년 이상 징역
음주운전 적발 기준	음주운전 3회 이상 적발 시 징역 1~3년 또는 벌금 500만~1,000만원	음주운전 2회 이상 적발 시 징역 2~5년 또는 벌금 1,000만~2,000만원
운전면허 정지 기준	혈중알코올농도 0.05~0.10% 미만	혈중알코올농도 0.03~0.08% 미만
운전면허 취소 기준	혈중알코올농도 0.10% 이상	혈중알코올농도 0.08% 이상
운전면허 취소 시 면허 재취득이 제한되는 기간	3년 적용되는 기준 : 3회 이상	3년 적용되는 기준 : 2회 이상

13 슬로벌라이제이션(Slowbalisation)

국제 공조와 통상이 점차 악화되는 상황

영국의 경제 전문 주간지 〈이코노미스트〉가 2019년 진단한 세계 경제의 흐름이다. 글로벌라이제이션(Globalization)의 속도가 점차 늦어진다(Slow)는 의미를 담고 있다. 2008년 미국발 금융위기로 인해 많은 국가들이 자국 산업의 보호를 위해 부분적 보호무역주의를 실시했고, 최근에는 무역전쟁으로까지 이어지면서 이런 진단이 나오게 되었다. 개발도상국의 성장으로 무역 시장의 역할 변화가 이뤄지면서 선진국과 개도국의 관계가 상호 호혜적 관계에서 경쟁적 관계로 변화한 것이 큰 요인이라고 평해진다.

14 한미 방위비분담 특별협정(SMA)

한미가 주한미군 주둔 비용의 분담을 위해 1991년부터 하고 있는 협정

한미 양국은 1991년 제1차 협정을 시작으로 2019년까지 총 10차례의 협정을 맺어왔다. 이 협정은 주한미군 주둔 비용에 관한 방위비분담을 위해 체결하고 있는 특별협정에 기본을 두고 있다. 한미 양국은 2019년 2월 제10차 협정에서 한국이 부담해야 할 주한미군 주둔비를 1조 389억원으로 책정한 바 있으며, 이 협정은 2019년 말까지 유효하다. 이에 따라 2019년 10월에 진행된 '제11차 한미 방위비분담 특별협정(SMA)' 협상에서는 미국이 한국에게 방위비 분담금으로 50억달러(약 5조 8,400억원)를 요구해 논란이 된 바 있다.

15 타운홀미팅(Town Hall Meeting)

누구나 참여하여 자유롭게 의견을 주고받는 회의 방식

정책결정권자 또는 선거입후보자가 지역 주민들을 초대하여 정책 또는 주요 이슈에 대하여 설명하고 의견을 듣는 비공식적 공개회의로, 미국참여민주주의의 토대로 평가된다. 식민지 시대 미국 뉴잉글랜드 지역에서 행해졌던 타운미팅(Town Meeting)으로부터 유래되었다. 당시 뉴잉글랜드 지역에서는 주민 전체가 한자리에 모여 토론을 한 후 투표를 통하여 예산안 · 공무원선출 · 조례제정 등 지역의 법과 정책, 행정 절차에 대한 결정을 내리곤 했다고 한다. 2019년 11월 문재인 대통령은 100분이 넘는 시간 동안 타운홀미팅 형식으로 국민과의 대화를 진행했다.

16 도이머이

1980년대 베트남의 개혁 · 개방 정책

'도이머이'는 베트남어로 '쇄신'이라는 뜻이다. 1986년 베트남 공산당 제6차 대회에서 제기된 슬로건으로 '사회주의 기반의 시장 경제 시스템을 달성하자'는 구호 아래 진행된 개혁을 말한다. 베트남은 1975년 끝난 베트남전에 이어 1979년 발발한 중국과의 국경전쟁, 사회주의 계획경제의 한계로 돌파구를 찾아나섰고, 이런 쇄신 정책을 추진했다. 도이머이의 기본 토대는 토지를 국가가 소유하고 공산당 지배체제를 유지하는 가운데 시장경제를 도입해 경제발전을 도모하는 것을 말한다. 제2차 북미정상회담이 베트남에서 열린 배경 중 하나로 북한이 이러한 혁신 정책을 도입하기 위한 것이라는 분석이 나오면서 다시금 주목을 받고 있다.

베트남 개혁 · 개방 과정

1976년	베트남사회주의공화국 수립
1979년	1979년 중 · 베트남 국경분쟁 승리
1986년	'도이머이(쇄신)' 정책 도입
1991년	중국과의 수교 · 국영기업 민영화 개시
1992년	외국인투자법 개정 · 한국과의 수교
1992년	미국과의 수교, ASEAN 가입
2007년	WTO 가입
2015년	오바마 미국 대통령 베트남 방문

17 홍위병

중국의 문화대혁명 추진을 위해 모택동이 자신을 따르는 학생들을 모아 조직한 집단

1966년 5월 장칭 등에 의해 베이징대학과 칭화대학을 중심으로 조직되어 전국 고등학교 · 대학교 · 군인으로 확대되었다. 1966년 수백만의 홍위병들이 베이징으로 집결하여 모택동과 함께 8회에 걸쳐 대규모 집회를 가졌으며, 전국적으로 그 수는 1,100만명에 육박하였다. 1967년 초에 이르러서는 전국에 걸쳐 촌락과 도시, 성 등의 기존 당 체제를 전복하였다. 그러나 1968년 8월 모택동이 "노동자계급이 모든 것을 지도한다"고 제기하고 노동자선전대와 빈농선전대를 각급 학교에 파견하면서 홍위병 운동은 쇠퇴하기 시작하였고, 1978년 8월 19일 중국 중앙공산당에 의하여 결국 홍위병 조직은 해산되었다.

문화대혁명
모택동에 의해 주도된 사회주의에서 계급투쟁을 강조하는 대중운동이었으며, 그 힘을 빌어 중국공산당 내부의 반대파들을 제거하기 위한 권력투쟁이었다. 모택동은 유소기와 등소평의 새로운 권력이 실세로 떠오르자 권력의 위기를 느꼈고, 부르주아 세력의 타파와 자본주의 타도를 외치면서 홍위병을 조직했다.

18 SLBM(잠수함발사탄도미사일)

잠수함에서 발사되는 탄도미사일

잠수함에 탑재되어 잠항하면서 발사되는 미사일 무기로, 대륙간탄도미사일(ICBM), 다탄두미사일(MIRV), 전략 핵폭격기 등과 함께 어느 곳이든 핵탄두 공격을 감행할 능력을 갖췄는지를 판단하는 기준 중 하나다. 잠수함에서 발사할 수 있기 때문에 목표물이 본국보다 해안에서 더 가까울 때에는 잠수함을 해안에 근접시켜 발사할 수 있으며, 조기에 모든 미사일을 탐지하기가 어렵다는 장점이 있다. 최근 북한이 북미 실무협상을 앞두고 신형 잠수함발사탄도미사일(SLBM) '북극성-3형'을 성공적으로 시험발사했다.

대륙간탄도미사일(ICBM)

대륙간탄도미사일은 대륙간탄도탄이라고도 한다. 미국보다 러시아가 먼저 1957년 8월에 개발하였고, 미국은 1959년에 실용화하였다. 일반적으로 5,000km 이상의 사정거리를 가진 탄도미사일을 말하며, 보통 메가톤급의 핵탄두를 장착하고 있다.

19 데이터 3법

'개인정보보호법, 신용정보법, 정보통신망법 개정안'을 일컫는 말

데이터 3법은 모든 산업에서 개인을 알아볼 수 없게 안전한 기술적 처리(비식별화)를 끝내면 가명·익명 정보를 산업적 연구, 상업적 통계 목적일 경우 개인동의 없이 활용할 수 있도록 하는 것이 골자다. 좀 더 구체적으로 개인정보보호법 개정안은 특정 개인을 식별할 수 없도록 처리한 가명 정보를 본인 동의 없이 통계 작성, 연구 등 목적으로 활용할 수 있도록 했다. 정보통신망법 개정안은 개인정보 관련 내용을 모두 개인정보보호법으로 이관하는 내용이 골자다. 신용정보법 개정안은 상업 통계 작성, 연구, 공익적 기록 보존 등을 위해 가명 정보를 신용 정보 주체의 동의 없이 이용·제공이 핵심이다. 2018년 11월 국회에 발의되었지만 1년 넘게 계류되다가 2020년 1월 9일 국회 본회의에서 통과됐다. 데이터 3법 개정으로 데이터 융합에 따른 혁신 서비스 발굴이 가능해지며, 가명정보와 익명정보를 많은 기업이 사용할 수 있는 근거가 마련됐다.

데이터 3법 주요 내용

개인정보보호법	- 가명정보 데이터, 서비스 개발에 활용 - 개인정보 관리·감독 개인정보보호위로 일원화
신용정보법	- 가명정보 금융분야 빅데이터 분석에 이용 - 가명정보 주체 동의 없이 활용 허용
정보통신망법	온라인상 개인정보 감독기능 개인정보보호위로 이관

20 일국양제(一國兩制)

특별자치구 기본법에 의거한 홍콩 · 마카오에 대한 중국의 통치 방식

한 국가 안에 두 체제가 공존한다는 뜻으로 1980년대 덩샤오핑이 영국으로부터 홍콩을, 포르투갈로부터 마카오를 반환받고자 할 때 제안한 것이다. 반환 이후에도 두 도시의 자유주의 · 자본주의 체제를 보장할 것을 시민들과 상대국에게 보장함으로써 1997년에 홍콩을, 1999년에 마카오를 반환받을 수 있었다. 현재 홍콩과 중국은 중국의 특별자치구 기본법에 의거하여 고도의 자치권을 영유할 수 있으며, 독자적인 외교권을 행사할 수 있게 되어 있다.

21 유치원 3법

유아교육법 · 사립학교법 · 학교급식법 개정안

유치원이 정부 지원금을 부정하게 사용하는 것을 막기 위해 마련된 법으로, 대표 발의자의 명칭을 따서 '박용진 3법'이라고도 한다. 유치원 3법은 2018년 통과가 유력한 것으로 보였지만, 자유한국당의 반대로 국회 교육위원회 법안심사소위에서의 통과가 연이어 무산되면서 불발됐고 패스트트랙으로 지정됐다. 이 법안은 2020년 1월 13일 국회 본회의를 통과했다.

유아교육법 개정안	유치원에 대한 징계 및 중대한 시정명령 시 명칭을 바꿔 재개원을 금지하고, '에듀파인'이라는 회계프로그램 사용 의무화 조항 등을 담았다.
사립학교법 개정안	사립유치원 설립자가 유치원 원장을 겸임하지 못하게 하고, 교비회계에 속하는 수입 · 재산을 교육 목적 이외에 부정하게 사용할 수 없도록 하는 내용을 담고 있다.
학교급식법 개정안	현행 학교급식법 적용 대상에 유치원을 포함시켜 급식 부정 피해를 예방하자는 내용을 골자로 한다. 또 유치원운영위원회 심의 급식업무를 위탁해 유아의 급식 질을 보장하는 내용을 담고 있다.

22 글로벌 호크(Global Hawk)

첩보위성 수준의 정찰 기능을 보유한 고고도 무인기

미국에서 제작되어 공군이 운용하는 정찰용 고(高)고도 무인기다. 20km 상공에서 특수 고성능레이더와 적외선 탐지 장비 등을 통해 지상 0.3m 크기의 물체까지 식별할 수 있다. 한 번 떠서 최대 42시간 작전 비행을 할 수 있으며, 작전 반경이 3,000km에 달해 한반도 밖까지 감시할 수 있다. 주야간은 물론 악천후에도 뛰어난 성능을 발휘한다. 수집된 정보는 인공위성을 통해 실시간으로 지상기지에 전송된다. 미사일을 탑재하고 이동하는 이동식발사차량(TEL) 감시에 용이하다.

경제 · 경영 · 금융

23 영구채(Perpetual Bond)

만기가 정해져 있지만 발행회사의 선택에 따라 만기를 연장할 수 있어 회계상으로 자본으로 인정받는 채권

일반적으로 회사가 부도날 경우 다른 채권보다 상환 순위가 밀리기 때문에 고위험 · 고수익 채권으로 분류된다. 만기를 계속 연장할 수 있지만 정해진 발행회사 선택에 따라 수년 뒤 돈을 갚을 수 있는 콜옵션이 있어 중도 상환이 대부분 이루어진다. 영구채는 주식과 채권의 중간 성격을 띠는 신종자본증권으로, 부채이지만 발행자의 명시적 상환의무가 없다는 측면에서 국제회계기준(IFRS)상 자본으로 인정받고 있다. 따라서 부채비율을 낮출 수 있고, 유상증자와 비교 시 대주주 지분율도 그대로 유지되어 지배구조에 변동 없이 자본 확충을 동시에 꾀할 수 있다는 장점 때문에 최근 대기업들이 자금조달 수단으로 각광받고 있다.

24 ESG펀드

사회책임 투자펀드

환경(Environment), 사회(Social), 지배구조(Governance)의 약자로 기업의 재무적 성과 외에 비재무적인 성과의 평가 등급이 높은 기업에 투자하는 사회책임투자(SRI)의 원칙 중 하나다. ESG를 고려하는 기업에 투자하는 것이 운용성과에도 도움이 된다는 관점에서 만들어졌다. 국내에서 ESG펀드는 SRI(사회책임투자)펀드와 혼용된다. ESG펀드는 SRI의 방법과 범위를 좀 더 구체화하고 명확히 한 펀드다. 국내에서는 2019년 국민연금이 투자대상을 선정할 때 ESG요소를 반영해 적극적 주주권 행사에 활용하겠다고 밝혀 관심을 모은 바 있다.

25 골든크로스(Golden Cross)

주가나 지지율이 약세에서 강세로 전환되는 신호

주식시장에서 특정 주가가 횡보(橫步, 변동이 거의 없어 그래프가 가로 줄처럼 보이는 현상) 구간을 지나 무섭게 상승하는 지점을 뜻하는 용어다. 여기서 파생해 정치에서 추세가 극적으로 전환되는 상황을 나타낼 때도 쓰인다. 대표적으로 대통령이나 정당의 지지율이 상승의 전환점을 맞을 때 이 말이 등장한다. 반대로 지지율이 내리막길을 걷는 전환점은 주식시장에서 약세시장으로의 강력한 전환신호를 나타낸다는 의미의 데드크로스(Dead Cross)로 불린다.

26 신 파일러(Thin Filer)

신용을 평가할 금융 거래 정보가 거의 없는 사람

영어로 얇다는 뜻의 thin, 서류라는 뜻의 file, '~하는 사람'이라는 의미를 가진 접미사 er이 합쳐져 만들어진 용어로, 서류가 얇은 사람을 말한다. 이는 신용을 평가할 수 없을 정도로 금융거래 정보가 거의 없는 사람을 지칭한다. 구체적으로는 최근 2년 동안 신용카드 사용 내역이 없고, 3년간 대출 실적이 없을 때를 가리킨다. 20대 사회 초년생이나 60대 이상 고령층이 주로 이에 해당한다. 신용정보가 부족하다는 이유로 4~6등급의 낮은 신용등급으로 평가되어 대출 금리를 낮게 적용받기 어렵다.

27 오픈뱅킹

하나의 금융앱만 있으면 모든 은행 입출금 계좌의 조회 · 이체가 가능한 서비스

은행이 보유한 결제기능 및 고객데이터를 오픈 API 방식으로 제3자에게 공개하는 것을 말한다. 출금이체 · 입금이체 · 잔액 · 거래내역 · 계좌실명 · 송금인정보 등 핵심 금융서비스를 표준화해 오픈 API 형태로 제공한다. 오픈뱅킹 제도가 정착되면 핀테크 진입이 제약된, 폐쇄적이었던 기존 금융시장의 진입장벽이 낮아지고 비용 부담과 이용자의 불편이 줄어들게 된다. 기존에는 각 은행별로 앱이나 프로그램을 설치해야 이용할 수 있었던 서비스가 오픈뱅킹 시스템에서는 단 하나의 앱으로 가능해진다.

28 펠리컨 경제

국내 대기업과 중소기업이 함께 긴밀하게 협력해 한국의 산업을 발전시키는 경제

부리 주머니에 머리를 담아 자기 새끼에게 먹이는 펠리컨처럼 국내 대기업과 중소기업이 긴밀한 협력을 통해 한국 산업을 발전시키는 경제를 뜻하는 말로, 한국의 소재 부품 장비산업의 자립도를 높이는 것을 의미한다. 정부는 2019년 9월 소재, 부품, 장비 산업에 대한 정부 대책을 발표하고 100대 핵심 전략품목을 1~5년 내 국내에서 공급하는 방안을 추진한다고 밝혔다. 이와 반대되는 개념으로는 가마우지 경제가 있다.

가마우지 경제

중국, 일본 일부 지방의 낚시꾼이 가마우지 새의 목 아래를 끈으로 묶어두었다가 새가 먹이를 잡으면 끈을 잡아당겨 먹이를 삼키지 못하게 해 목에 걸린 고기를 가로채는 낚시방법에 빗댄 용어다. 1980년대 말 일본 경제평론가 고무로 나오키가 〈한국의 붕괴〉라는 책에서 처음 사용하였다.

29 페그제

자국 통화 가치를 달러 가치에 고정하는 제도

각국 화폐 사이의 환율을 일정 수준에 고정시키는 제도이다. 달러 등 기축통화에 대해 자국 화폐의 교환비율을 고정시키고 이 환율로 무한정의 교환을 약속하는 환율 제도로 원래는 19세기 영국 식민지에 적용된 제도였다. 이 제도에서는 한 국가의 통화와 연계되는 통화 사이의 환율은 변하지 않으나 연계된 통화와 다른 통화들 사이의 환율은 변하기에 다른 통화와는 간접적으로 변동환율 제도를 택한 것과 동일한 효과를 가진다.

페그제의 장단점

페그제 장점	페그제 단점
• 환율변동에 대한 불확실성이 제거됨으로써 대외교역과 자본유출입이 원활해진다. • 수입품 가격이 변동해도 자국 물가에 큰 영향을 미치지 않기 때문에 물가가 안정된다.	• 환율변동에 대한 불확실성이 제거됨으로써 대외교역과 자본유출입이 원활해진다. • 수입품 가격이 변동해도 자국 물가에 큰 영향을 미치지 않기 때문에 물가가 안정된다. • 달러의 가치 변동에 영향을 많이 받아 통화 자체의 가치가 적절히 반영되지 못한다. • 국제환투기 세력의 표적이 되기 싶고, 엄청난 손실을 입는 사례가 발생한다.

30 서민형 안심전환대출

주택담보대출을 최소 연 1%대의 낮은 금리로 갈아탈 수 있는 상품

시가 9억원 이하 주택 보유자 중 부부 합산 소득이 8,500만원을 넘지 않는 1주택자가 이용할 수 있다. 신혼부부이거나 2자녀 이상 가구는 1억원의 소득 한도가 적용된다. 대출은 기존 대출 범위 내 최대 5억원까지 가능하다. 주택담보대출비율(LTV) 70%와 총부채상환비율(DTI) 60%를 적용하지만, 중도상환수수료(최대 1.2%)만큼은 증액이 가능하다. 2015년에 공급된 안심전환대출의 대출 금리는 2.53~2.65% 수준이었지만, 2019년 10월부터 본격적으로 공급된 서민형 안심전환대출의 금리는 1.85~2.20% 정도이다.

서민형 안심전환대출 금리

구 분	만기 10년	만기 15년	만기 20년	만기 30년
은행창구	1.95	2.05	2.15	2.20
주택금융공사 홈페이지	1.85	1.95	2.05	2.10

31 볼피피 지수

도널드 트럼프 미국 대통령의 트윗이 채권시장에 미치는 영향을 분석하는 지수

미국투자은행 JP모건체이스가 2019년 9월 발표한 것으로, 트럼프 미국 대통령의 트위터 트윗이 미국 채권시장의 변동성에 미치는 영향력을 지수로 나타낸 것이다. 볼피피(Volfefe)는 변동성(Volatility)과 트럼프 대통령이 이전에 트윗에서 언급한 '코브피피(Covfefe)'를 조합해서 만든 단어이다. 'Covfefe'라는 단어는 지난 2017년 5월 트럼프 대통령이 자신의 트위터 계정에 적은 "계속되는 부정적인 언론의 covfefe에도 불구하고"라는 문장 속에 포함된 의문의 용어다. 2018년 초부터 현재까지 개장시간 중에 나온 트럼프 개인 계정에서 리트윗되지 않은(트럼프 대통령이 직접 작성한) 4,000여 건의 트윗 중 146건이 시장을 움직였던 것으로 나타났다.

32 사모펀드

비공개적으로 소수의 투자자로부터 돈을 모아 기업을 사고파는 것을 중심으로 운영되는 펀드

소수의 투자자로부터 모은 자금을 주식 · 채권 등에 운용하는 펀드로, 49인 이하 투자자에게 비공개로 자금을 모아 투자하는 상품을 말한다. 사모펀드는 자산가를 중심으로 비공개적으로 설정되는 경우가 대부분이어서 가입 기회가 많지 않고 최저 가입액도 많아 문턱이 높은 편이다. 또 금융 당국의 투자자 보호 등의 규제가 가장 느슨하기 때문에 가입자 스스로 상품 구조나 내용을 정확히 파악할 수 있어야 한다. 사모펀드는 절대 수익을 추구하는 전문투자형 사모펀드(헤지펀드)와 회사경영에 직접 참여하거나 경영 · 재무 자문 등을 통해 기업 가치를 높이는 경영참여형 사모펀드(PEF)로 나뉘게 된다.

사모펀드와 공모펀드 차이점

구 분	사모펀드	공모펀드
투자자	49인 이하	다 수
모집방법	비공개	광고 등 공개적인 방법
규 제	증권신고서 제출 의무 없음	상품 출시 전 증권신고서 금감원에 제출 및 승인 필요
투자제한	투자 대상이나 편입 비율 등 제한 있음	제한 없음
투자금액	대개 1억원 고액	제한 없음

33 유턴기업

중국 등 인건비가 저렴한 해외국가로 생산시설을 이전했다가 자국으로 복귀하는 기업

'해외진출기업의 국내복귀 지원에 관한 법률(유턴기업지원법)' 에 따르면 2년 이상 운영하던 국외 제조사업장을 청산하거나 25% 이상 축소하고, 국내에 동일 제품 생산 사업장을 신 · 증설하는 기업을 말한다. 한국은 해외진출기업의 국내 복귀를 촉진하기 위해 2013년 8월부터 '유턴기업지원법' 을 시행하고 있다. 유턴기업으로 선정되면 청산컨설팅 지원, 산업단지 및 경제자유구역 우선입주, 국내입지 · 설비투자 보조금, 고용보조금, 해외인력에 대한 비자지원, 자금융자, 신용보증, 수출보증 등 다양한 지원을 받을 수 있다. 하지만 최근 5년간 해외에서 국내로 돌아온 우리나라의 기업이 연평균 10.4개에 그치면서 법 개정에 대한 목소리가 높아졌고, 이에 따라 국회는 '국외진출기업의 국내 복귀 지원에 관한 법률' (유턴기업지원법) 개정안을 2019년 11월 19일 의결했다.

34 DLS(Derivatives Linked Securities)

기초자산의 가격변동 위험성을 담보로 하는 주식 상품

유가증권과 파생금융계약이 결합된 증권으로 기초자산의 가치변동과 연계한 것이다. 이때 기초자산은 원유, 금, 설탕, 밀가루 같은 각종 원자재와 농산물뿐 아니라 금리, 환율, 탄소배출권, 신용 등 다양하다. DLS는 기초자산이 일정 기간에 정해진 구간을 벗어나지 않으면 약정 수익률을 지급하고, 구간을 벗어가게 되면 원금 손실을 보게 되는 구조이다. 예를 들어 금리 연계 상품이라면 금리가 만기까지 미리 설정한 기준에 머무를 경우 수익률이 보장되는 반면, 금리가 기준치 밑으로 떨어지면 원금을 모두 손실할 수 있다. 최근 일부 은행으로부터 관련 상품을 구입한 일반 투자자들이 단체로 막대한 손해를 입는 사건이 발생하면서 문제가 되었다.

35 항공환경세

온실가스 배출량을 줄이기 위해 국가가 항공기를 이용하는 고객들에게 부과하는 요금

온실가스를 배출하는 항공기 이용을 억제하기 위해 공항을 이용하는 항공편 승객에게 부과하는 요금을 말한다. 이는 공항을 이용하는 모든 항공편 승객에게 부과하는 요금으로 온실가스를 배출하는 항공기 이용을 억제하기 위해 유럽 국가들을 중심으로 도입이 논의되고 있다. 항공기의 이산화탄소 배출량이 다른 교통수단보다 많다는 인식이 확산하면서 이러한 움직임도 본격화했다는 평가다.

36 게이미피케이션

게임적 매커니즘을 활용하여 해결하기 어려운 문제를 재미있게 해결하는 패러다임

2002년 영국의 프로그래머 닉 펠링에 의해 처음 사용되었고, 이후 2011년 미국에서 열린 '게이미피케이션 서밋'을 통해 공식적으로 사용되었다. 게임 외적인 분야에서 문제 해결, 지식 전달, 행동 및 관심 유도 혹은 마케팅을 위해 게임의 '매커니즘(Mechanism)'과 사고방식을 접목시키는 것을 의미한다. 현재는 마케팅, 경영, 교육, 헬스케어 등 다양한 분야에서 활용되고 있으며, 특히 마케팅 분야에서 고객 몰입도 향상을 통해 매출 증대를 목적으로 많이 사용되는 추세이다. 카페에서 도장 10개를 찍으면 무료음료 하나를 제공하는 것도 게임의 방식을 도입한 것이며, 네이버 지식IN의 하수부터 신에 이르는 단계도 게임적인 요소가 적용된 것이라 볼 수 있다.

37 일반특혜관세제도(GSP)

개발도상국에서 수입하는 제품에 무관세 또는 낮은 세율을 부과하는 제도

선진국이 개발도상국으로부터 수입하는 농수산품 · 완제품 및 반제품에 대하여 일반적 · 무차별적 · 비상호주의적으로 관세를 철폐 또는 세율을 인하해주는 제도를 의미한다. 여기서 일반적이라 함은 기존특혜가 몇 개 국가에 국한된 데 비하여, 일반특혜관세제도는 범세계적인 것임을 의미하며, 무차별적 · 비상호주의적이란 지역통합 · 자유무역지역 및 관세동맹으로 동맹에 가입되지 않은 국가들로부터의 수입품에 관세를 부과하는 차별을 배제한다는 것을 내포한다. 특혜 관세의 편익은 ① 경제 개발도상 단계에 있는 국가로서, ② 특혜의 편익을 받기를 희망하는 국가 중에서, ③ 공여국이 적당하다고 인정하는 국가에 대해서 공여된다.

38 살찐 고양이법

기업 임직원의 최고 임금을 제한하는 법안

공공기관 임원의 보수 상한액을 정해 양극화 해소와 소득 재분배를 꾀하는 법령이나 조례이다. 미국의 저널리스트 프랭크 켄트가 1928년 출간한 도서 〈정치적 행태(Political Behavior)〉에서 처음 등장한 용어로, 살찐 고양이는 탐욕스러운 자본가나 기업가를 뜻한다. 지난 2008년 세계 경제를 어려움에 빠트린 글로벌 금융위기를 초래했지만 세금 혜택과 보너스 등으로 큰 이익을 보는 은행가와 기업인을 비난하는 말로 쓰이면서 널리 알려졌다. '살찐 고양이' 조례라 불리는 최고임금법은 2019년 5월 부산시의회가 전국 최초로 도입했으며 경기도의회, 울산시의회, 경남도의회 등이 뒤를 이었다.

39 캐리 트레이드(Carry Trade)

국가별 금리 차이를 이용해 수익을 내고자 하는 투자 행위

금리가 낮은 국가에서 자금을 차입해 이를 환전한 후 상대적으로 금리가 높은 국가의 자산에 투자해 수익을 올리고자 하는 거래를 말한다. 이때 저금리국가의 통화를 '조달통화', 고금리국가의 통화를 '투자통화'라고 부른다. 수익은 국가 간의 금리 또는 수익률 차에 의해 발생하는 부분과 환율 변동으로 인해 발생하는 환차익으로 나누어진다. 캐리 트레이드가 통상적인 금리 차 거래와 구분되는 점은 금리 차에 의한 수익과 환율 변동에 의해 발생하는 수익을 동시에 추구한다는 데 있다.

40 펀슈머

소비하는 과정에서 즐거움을 추구하는 소비자

즐기다(Fun)와 소비자(Consumer)의 합성어로, 일반적으로 필요한 상품을 소비하는 과정을 넘어 소비하는 과정에서 즐거움을 찾는 소비자를 의미한다. 펀슈머는 타인이 보기에는 별로 쓸모가 없더라도, 사용하는 과정에서 '내'가 즐거움을 느낄 수 있다면 제품을 선택하는 경향을 보인다. 펀슈머를 대상으로 한 상품의 특징은 SNS의 공유가 활발해 짧은 기간 내에도 입소문이 난다는 특징이 있다. 바나나맛 우유 화장품, 장난감을 좋아하는 아이 취향의 어른인 키덜트의 등장은 각각 펀슈머를 공략하기 위한 제품과 펀슈머 소비자층의 대표적인 사례로 볼 수 있다.

키덜트족
키드(Kid)와 어덜트(Adult)의 합성어로, 성인이 되었는데도 여전히 어렸을 적의 분위기와 감성을 간직한 사람들을 일컫는다.

41 키 테넌트

이용객이 많이 몰려 집객효과가 뛰어난 핵심 점포

상가나 쇼핑몰 등에서 고객을 끌어들이는 핵심 점포를 의미한다. 키 테넌트의 존재 유무가 쇼핑몰 전체의 유동인구를 좌우할 정도로 상권에 중요한 요인이 된다. 키 테넌트는 뛰어난 집객 능력으로 건물의 가치를 높일 수 있기 때문에 상가 투자의 성공 여부는 키 테넌트에 달려있다고도 볼 수 있으며, 키 테넌트가 죽은 상가도 살려낸다는 말까지 나오고 있다. 영화관이나 서점, SPA, 스타벅스, 기업형 슈퍼마켓(SSM) 등이 키 테넌트의 대표적인 예라고 할 수 있다. 이러한 키 테넌트를 확보한 상업시설은 유동인구를 흡수할 뿐만 아니라 주변 시설의 공실을 줄여 안정적인 임대수익 창출하는 데도 기여하고 있다.

사회 · 노동 · 환경

42 업글인간(Elevate Yourself)

성공보다 성장을 추구하는 새로운 자기계발형 인간

2020년의 트렌드를 예측하는 〈2020 트렌드 코리아〉에서 제시된 개념이다. '업글인간'은 타인과 경쟁하고 승리하기 위한 단순한 스펙이 아닌 삶 전체의 질적 변화를 추구하고자 하는 현대인의 가치관의 변화를 반영한다. 스펙은 타인 지향적이고 업무관련성이 높지만 업그레이드는 '어제의 나보다 내가 나아졌는가?'에 관심을 두는 것으로 이는 업무와 무관하며, 인간으로 내가 얼마나 성장하고 있는가를 매우 중요시한다. 이에 따라 소비하는 아이템 역시 오늘보다 나은 내일의 나를 이끌어낼 수 있는 제품에 주목한다.

43 도시공원일몰제

장기간 공원 조성 사업에 착수하지 못한 부지를 공원용도에서 자동 해제하는 제도

정부나 지방자치단체가 공원 설립을 위해 토지를 도시계획시설로 지정해놓고도 20년이 지나도록 공원조성을 하지 않았을 경우 자동으로 지정이 해제되는 제도를 말한다. 장기미집행시설 실효제라고도 부른다. 사유지를 도시계획시설로 정해놓고 보상 없이 장기간 방치하는 것은 토지 소유자의 재산권을 침해하는 것이라는 1999년 헌법재판소의 헌법불합치 결정에 따라 도입됐다. '국토의 계획 및 이용에 관한 법률' 부칙에서 2000년 7월 1일 이전 지정된 도시계획시설 대상이 원래 목적대로 개발되지 않았다면 2020년 7월 1일부로 그 지정고시를 해제하도록 했다.

44 코로나 바이러스

사람을 포함한 포유동물과 조류를 감염시키며 다양한 질병의 양상을 보이는 바이러스

일반적인 감기부터 사스(SARS · 중증급성호흡기증후군)나 메르스(MERS · 중동호흡기증후군) 등 호흡기 질환을 유발하는 바이러스군이다. 동물과 사람 모두 감염될 수 있는데, 인간 활동 영역이 광범위해지면서 동물 사이에서만 유행하던 바이러스가 생존을 위해 유전자 변이를 일으켜 사람에게 건너오기도 한다. 사스(박쥐와 사향고양이)와 메르스(박쥐와 낙타)가 이런 경우다. 질병관리본부가 신종 코로나바이러스 유전자 염기서열을 분석한 결과, 사스 코로나바이러스와 약 89% 유사한 성질을 보였다고 밝힌 바 있다. 신종 코로나바이러스 역시 동물에서 사람 몸으로 건너온 것으로 추정된다.

45 피미족

더위를 피하는 것처럼 미세먼지를 피하려는 사람들

미세먼지가 일상화됨에 따라 더위를 피하듯 미세먼지를 피하려는 사람들을 지칭하는 말이다. 예를 들어 미세먼지가 심한 날에 야외활동을 줄이고 집이나 대형 쇼핑몰 등 실내에서 머무는 사람, 상대적으로 미세먼지의 영향이 적은 곳으로 피신하는 사람들이다. 그뿐만 아니라 피미족이 증가하면서 추위, 미세먼지 등을 피할 수 있는 실내 복합 쇼핑몰 등이 인기를 끌고 있다. 이에 쇼핑몰로 나들이를 떠나는 것을 뜻하는 '몰들이' 라는 신조어도 등장했다. 또한 2010년 이후 미세먼지 확산으로 인한 관련 질병 환자 또한 급증하면서 아예 도시를 떠나 미세먼지 수치가 낮게 나오는 교외 또는 지방으로 이사하거나, 미세먼지가 없는 외국 이민을 감행하는 이른바 '에어 노마드족' 이 등장해 한층 진화된 피미족의 양상을 보여주고 있다.

46 흑사병

페스트균에 의해 발생하는 급성 열성 감염병

쥐에 기생하는 벼룩에 의해 페스트균(Yersinia Pestis)이 옮겨져 발생하는 급성 열성 감염병으로 국내에서는 4군 감염병으로 관리되고 있다. 흑사병은 1~7일의 잠복기를 거치며 증상으로는 발열, 현기증, 구토 등 전염성이 강하고 사망률도 높다. 인체 감염은 동물에 기생하는 감염된 벼룩에 물리거나, 감염된 동물의 체액 및 혈액 접촉 또는 섭취를 한 경우, (의심) 환자나 사망환자의 체액(림프절 고름 등)과 접촉한 경우, 혹은 폐 페스트 환자의 비말(침방울)에 노출된 경우에도 호흡기를 통해 전파가 가능하다. 페스트균에 감염돼도 2일 이내 조기에 발견하고 항생제를 투여하면 치료가 가능하다.

47 노튜버존

유튜버의 촬영을 금지하는 공간

'노' (No)와 '유튜버존' (Youtuber+Zone)을 합친 단어로 유튜버의 촬영을 금지하는 공간을 뜻한다. 일부 유튜버가 영상을 촬영한다며 허락을 구하지 않고 주방에 들어가거나, 손님과 점원에게 인터뷰를 요청해 피해를 끼치자 식당 측이 이를 금지한 것을 말한다. 아울러 후기 영상을 올려주는 대가로 무료 식사 서비스를 요구하고 시청자 수 확보를 위해 자극적인 연출을 주문하는 유튜버가 늘어나면서 노튜버존을 선언하는 식당이 늘고 있다. 노튜버존에 대해 '노키즈존' 과 같은 차별이라는 일부 의견에 대해서는 아예 들어오지 말라는 것이 아니라 단지 촬영하지 말라는 것이라며, 이를 차별로 생각해서는 안 된다는 입장이다.

48 텐포켓

출산율 저하로 아이를 위해 온 가족이 지갑을 여는 현상

한 명의 자녀를 위해 부모와 친조부모, 외조부모, 이모, 삼촌 등 8명의 어른들이 주머니에서 돈을 꺼낸다는 의미인 에잇 포켓(Eight Pocket)에 주변 지인들까지 합세하는 것을 뜻하는 용어다. 이러한 경향은 출산율이 줄어들고 외둥이가 늘면서 남부럽지 않게 키우겠다는 부모의 마음, 조부모의 마음이 반영된 결과로 볼 수 있다. 텐포켓 현상으로 한 명의 아이를 위해 온 가족이 지갑을 열게 되면서 고가의 프리미엄 완구가 인기를 끌고 있다.

골드 키즈(Gold Kids)
최근의 저출산 현상과 맞물려 왕자나 공주와 같은 대접을 받으며 귀하게 자란 아이들을 의미하는 신조어다.

VIB(Very Important Baby)족
한 명의 자녀를 위해 아낌없이 지갑을 여는 부모를 의미하는 신조어다.

49 고교학점제

고교의 이수 과목을 학생들의 선택에 맡기는 교과 방식

교육부에서 발표한 고교 교육 전면 개편안이다. 대학교에서 강의수강을 하는 것처럼 학생들이 자신들의 진로 계획에 따라 수강하고 싶은 과목을 학기 초에 선택해 수강하는 방식으로 진행된다. 현재 시범학교로 선정된 학교에서 다양하게 고교학점제가 운영되고 있다. 고교학점제는 2021년까지는 학점제의 도입 기반을 마련하기 위해 연구 · 선도학교를 운영하고, 운형 모형 및 제도개선 사항 파악을 추진한다. 2022~2024년까지는 현행 교육과정을 고교학점제에 적합하게 수정해 전국 고등학교를 대상으로 제도를 도입하고, 2025년에는 전국 고등학교에 완성된 형태의 고교학점제를 본격 시행한다.

고교학점제 국외 사례

구 분	미 국	핀란드	영 국	캐나다	프랑스	싱가포르	한 국
졸업요건	학점이수 졸업시험	학점이수 졸업시험	졸업시험	학점이수 졸업시험	졸업시험	학점이수 졸업시험	출석일수
내 신	절대평가	절대평가	절대평가	절대평가	절대평가	절대평가	상대평가
대 입	SAT 고교내신	고교내신 졸업시험 대학별 시험	고교내신 졸업시험	고교내신 졸업시험	고교내신 졸업시험	고교내신 졸업시험	수능시험 고교내신 대학별 시험

50 아프리카돼지열병(ASF ; African Swine Fever)

돼지농가 집단 폐사 사유가 되는 돼지 전염병

아프리카 지역의 야생돼지들이 보균숙주이며, 물렁진드기가 바이러스를 전파시킨다고 알려진 돼지 전염병이다. 돼지과 동물들만 걸릴 수 있는 질병이나, 양돈 돼지가 아프리카돼지열병에 걸릴 경우 치사율이 100%에 이르고 치료제나 백신이 없기 때문에 우리나라에서는 가축전염병예방법에 제1종 법정전염병으로 분류하고 있다. 이 병에 걸린 돼지는 고열(40.5~42℃), 식욕부진, 기립불능, 구토, 피부 출혈 증상 등을 보이다가 보통 10일 이내에 폐사한다. 아프리카돼지열병은 1920년대부터 아프리카에서 발생해왔으며 대부분 사하라 남부 아프리카 지역에 풍토병으로 존재하고 있다. 2018년 8월 중국 랴오닝성 선양에서 아시아 최초로 아프리카돼지열병이 발생했고, 이후 중국 전 지역과 몽골 · 베트남 · 미얀마 등 주변국으로 확산되면서 국내 유입 우려를 높였다. 2019년 9월 17일 경기도 파주시의 한 돼지농장에서 아프리카돼지열병이 처음으로 발생하면서 우리나라도 발생국이 됐다.

구제역

소, 돼지, 양, 사슴 등 발굽이 둘로 갈라진 우제류에 속하는 동물에게 퍼지는 감염병이다. 발굽이 하나인 말이나 당나귀 등의 기제류 동물은 구제역에 걸리지 않는다. 구제역에 걸린 동물은 입안에 물집이 생기고, 침을 많이 흘리며, 발굽이 헐어서 제대로 서 있기가 힘들다. 치사율은 5~55%에 달한다.

51 MZ세대

밀레니얼 세대와 Z세대를 합친 세대

밀레니얼 세대와 Z세대를 합친 합성어로서, 1980년부터 2004년생까지 일컫는 밀레니얼 세대와 1995년부터 2004년 출생자를 뜻하는 Z세대를 합친 말이다. 통계청 인구총조사에 따르면 15~39세에 이르는 이 MZ세대는 1,736만 6,041명으로 국내 인구의 약 33.7%를 차지한다. 〈트렌드 MZ 2019〉에 따르면 이들의 트랜드가 사회 주류 트랜드로 진화하는 데에 걸리는 시간은 1년 내외이다. MZ세대의 등장으로 각 업계에서는 이들을 사로잡기 위한 다양한 마케팅이 등장하고 있다.

밀레니얼 세대

현재 전 세계 노동 인구의 절반을 차지하고 있고, 향후 경제를 이끌어갈 핵심 주도층

Z세대

당장 경제력을 갖춘 세대는 아니지만 사회 진출을 막 시작한 미래 소비의 주역

52 홈루덴스족

밖이 아닌 집에서 주로 여가 시간을 보내는 사람들을 지칭하는 말

집을 뜻하는 '홈(Home)' 과 놀이를 뜻하는 '루덴스(Ludens)' 를 합친 단어로 자신의 주거공간에서 휴가를 즐기는 이들을 가리키는 신조어이다. 홈캉스를 즐기는 사람들의 대표적인 형태라고 말할 수 있다. 홈루덴스족은 취향에 맞는 아이템을 구비해 자신만의 공간을 꾸미는 데 적극적이어서 새로운 소비계층으로 떠오르고 있다. 집에서 휴가를 보내는 '홈캉스족', 내가 하고 싶은 시간에 편안한 장소인 집에서 운동을 즐기는 '홈트(홈+트레이닝)족' 등 '집돌이' 와 '집순이' 를 지칭하는 '홈OO' 이라는 단어가 어느새 익숙해지고 있다.

HMR(Home Meal Replacement ; 가정식 대체식품)
짧은 시간에 간편하게 조리하여 먹을 수 있는 가정식 대체식품을 말한다. 일부 조리가 된 상태에서 가공 · 포장되기 때문에 간단한 조리로 혼자서도 신선한 음식을 먹을 수 있다는 장점이 있다.

53 인터라인

다수의 운항사가 여정을 한 티켓(예약)에 묶는 것

복수의 항공사가 제휴를 맺고 각각 운항하는 노선을 연계해 티켓을 한데 묶어 판매하는 협력 형태를 말한다. 이미 취항 중인 업체 간 이뤄지는 협약이기 때문에 항공사로서는 비용절감 효과를 누리면서 동시에 노선 확대를 꾀할 수 있다. 예를 들어 인천에서 출발해 하와이 호놀룰루로 도착하는 노선을 운항 중인 항공사가, 근방 다른 지역을 취항 중인 항공사와 연계해 티켓을 판매하는 방식이다. 국내에서는 저비용항공사(LCC)들이 해외 항공사와 인터라인을 확대하는 추세에 있다.

54 녹색기후기금(GCF, Green Climate Fund)

개발도상국의 기후변화 대응과 온실가스 감축을 지원하는 국제금융기구

국제연합 산하의 국제기구로서 선진국이 개발도상국들의 온실가스 규제와 기후변화 적응을 위해 세운 특화 기금이다. 2010년 멕시코에서 열린 UN기후변화협약(UNFCCC) 제16차 당사국 총회에서 GCF 설립을 공식화하고 기금 설립을 승인하였다. UN기후변화협약에 따라 만들어진 녹색기후기금은 선진국을 중심으로 2012년에서 2020년까지 매년 1,000억달러씩, 총 8,000억달러의 기금을 조성하여 개발도상국을 지원한다. 본부는 우리나라 인천광역시 송도국제도시에 위치해있다.

55 로맨스 스캠(Romance Scam)

웹상에서 연애 감정을 빌미로 돈을 갈취하는 사기수법

웹상에서 접촉하여 신뢰 관계를 형성한 후 피해자에게 연애 감정을 심어주어 돈을 갈취하는 행위를 가리키는 말이다. 연인관계가 될 것이나 결혼을 약속하여 급전이 필요함을 어필하여 돈을 갈취하는 기존의 '연애사기'가 인터넷상에서 벌어지는 사건을 가리키는 용어로 사용한다. 이메일, 만남 어플 등의 개인 웹서비스를 통해 은밀하게 접근하기도 하지만 유튜브, SNS 등에서 인플루언서로 활동하던 이들이 자신의 펜을 상대로 자행한 뒤 뒤늦게 밝혀져 논란이 되었다.

56 퍼네이션(Fudnation)

'재미있게 할 수 있는 기부' 혹은 '기부하면서 느끼는 재미'

재미(Fun)와 기부(Donation)의 합성어로 쉽고 재밌는 방법으로 기부하는 새로운 형태의 기부 문화를 의미한다. 퍼네이션은 '얼마를 기부하느냐(금액)' 보다 '어떻게 기부하는지(기부 방법)' 에 대한 관심이 커지면서 등장했다. 액수 중심의 틀에 박힌 기부보다 참여자가 흥미와 즐거움을 느끼는 기부문화를 중요시한다. 스마트폰 앱 등을 활용한 퍼네이션은 기존의 번거롭고 부담스러운 기부 방식에서 벗어나 간편하고 재밌게 기부하는 것이 특징이다.

57 직장 내 괴롭힘 금지법

직장 내 괴롭힘을 금지하는 근로기준법으로 2019년 7월 16일부터 시행

직장 내 괴롭힘은 사용자 또는 근로자가 직장에서의 지위 또는 관계 등의 우위를 이용해 업무상 적정범위를 넘어 다른 근로자에게 신체적 · 정신적 고통을 주거나 근무환경을 악화시키는 행위를 의미한다.

'직장 내 괴롭힘' 판단 기준

구분	내용
행위자	• 근로기준법상 규정된 사용자 및 근로자 • 나이, 학벌, 성별, 근속연수, 고용형태 등 모든 관계에서 가능
행위장소	• 반드시 사업장 내일 필요는 없음 • 사내 메신저, SNS 등 온라인도 해당
행위요건	• 직장에서의 지위 또는 관계 등의 우위를 이용할 것 • 업무상 적정범위를 넘을 것 • 신체적 · 정신적 고통을 주거나 근무환경을 악화시키는 행위일 것

58 잡호핑족

자신의 경력을 쌓고 전문성을 발전시키기 위한 목적으로 2~3년씩 직장을 옮기는 사람

잡호핑(Job-hopping)족은 '폴짝폴짝 여기저기 뛰어다닌다'를 뜻하는 영어단어 'hop'에서 유래된 용어로 장기간의 경기불황과 저성장 속에 주기적인 이직을 통해 새로운 활로를 개척하려는 젊은 직장인들을 가리킨다. 최근 자신의 경력을 쌓고 전문성을 높이기 위한 목적으로 2~3년씩 단기간에 직장을 옮기는 '잡호핑족'이 늘고 있다고 한다. 이는 장기간의 경기불황 아래 고용불안이 심화되고 평생 직장의 개념이 사라져가는 사회적 현실을 배경으로 하고 있다고 볼 수 있다.

링크드인(LinkedIn)
유럽과 북미 등지에서 이용 계층이 늘어나고 있는 SNS 형식의 웹 구인구직 서비스이다. 이곳에서는 '1촌 맺기'와 같이 다양한 연결망을 통한 일자리 매칭 서비스를 갖추고 있다.

59 파이어족

경제적으로 자립해 조기에 은퇴한다는 것의 줄인 말

'FIRE'는 'Financial Independence, Retire Early'의 약자이다. 젊었을 때 극단적으로 절약한 후 노후자금을 빨리 모아 이르면 30대, 늦어도 40대에는 퇴직하고자 하는 사람들을 의미한다. 파이어족은 심플한 라이프 스타일을 통해 저축금을 빨리 마련하고 조기에 은퇴함으로써 승진, 월급, 은행 대출 등의 고민에서 벗어나고자 한다. 영국 BBC의 보도에 따르면 파이어족이라는 단어는 〈타이트워드가제트(Tightwad Gazetle)〉라는 한 뉴스레터에서 처음 사용된 후 미국에서 인기를 얻기 시작했다.

60 화이트 불편러

개인의 이익이 아닌 사회의 부조리에 목소리를 내는 사람

화이트 불편러는 화이트(White) + 불편(不便) + -er(~하는 사람)을 합친 신조어이다. 화이트 해커에서 '화이트'가 '선의'를 의미하는 것과 같이 '화이트 불편러'도 불편을 표출하긴 하지만 그것이 개인적인 이익이나 부정적인 여론형성을 위한 것이 아니라 사회의 부조리에 대해 정의로운 목소리를 내는 것을 말한다. 이들의 대표적인 특징은 '정의로운 예민함'이다. 사소해보이는 일이라도 사회적으로 나쁜 영향을 미친다면 소신표현을 통해 문제를 제기하고 해결하고자 한다. 화이트 불편러의 확산 배경에는 SNS의 대중화와 다양한 인터넷 서비스의 발달을 들 수 있는데, 대표적으로 국민청원 청원동참이나 SNS 해시태그 운동이 있다.

과학 · IT

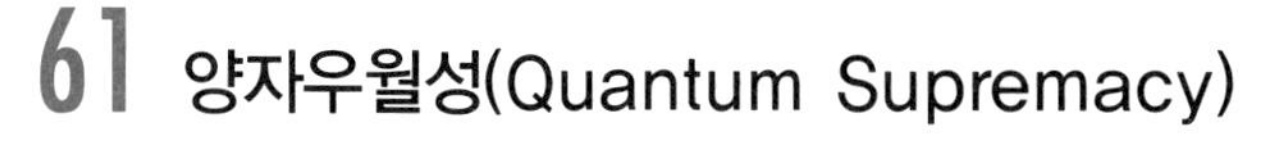

61 양자우월성(Quantum Supremacy)

양자컴퓨터가 기존 슈퍼컴퓨터의 성능을 능가하는 지점

양자컴퓨터는 관측 전까지 양자가 지닌 정보를 특정할 수 없다는 '중첩성'이라는 양자역학적 특성을 이용한 컴퓨터다. 물질 이온, 전자 등의 입자를 이용해 양자를 만든 뒤 여러 개의 양자를 서로 관련성을 지니도록 묶는다. 이렇게 만든 양자를 제어해 정보 단위로 이용한다. 디지털의 정보단위 비트는 0 또는 1의 분명한 하나의 값을 갖지만, 양자정보는 관측 전까지 0이기도 하고 1이기도 하기에 이들이 여럿 모이면 동시에 막대한 정보를 한꺼번에 병렬로 처리할 수 있다. 2019년 11월 구글이 양자컴퓨터로 기존 컴퓨터를 능가하는 연산 성능을 보이는 이른바 '양자우월성'을 달성했다는 논문을 정식 발표하면서 과학계와 공학계에 파장을 일으켰다.

시커모어
존 마르티니스 미국 UC샌타바버라 교수팀과 구글 전문가들이 개발한 현존하는 최고 성능의 슈퍼컴퓨터로, 1만 년 걸리는 난제를 단 200초 만에 풀어버리는 양자컴퓨터 칩을 말한다.

62 단말기 완전자급제

휴대전화 단말기 구입과 개통의 완전한 '이원화' 방안

5G(5세대) 통신 상용화 이후 갈수록 높아지는 가계 통신비 탓에 '단말기 완전자급제' 도입 요구 목소리가 높아지고 있다. 당장 현실적으로 완전자급제를 도입하기는 어려운 만큼, 정부가 단계적인 자급제 활성화에 나서고 있다. 단말기 완전자급제란 휴대전화(스마트폰) 단말기 구입과 이동통신 가입을 완전히 분리하는 것으로, 단말기 구매는 제조사에서, 통신서비스 가입은 이동 통신사에서 별도로 하는 것을 의미한다. 이동통신사 대리점에서 단말기 판매를 금지함으로써 단말기 구매와 개통을 완전히 분리하는 제도다. 이용자에게 단말기 가격 인하와 통신요금 인하의 긍정적 효과를 기대할 수 있지만, 통신사 매장 축소 가능성 등에 대한 우려도 제기된다.

63 콜드체인(Cold Chain)

냉동냉장에 의한 신선한 식료품의 유통방식

신선한 식품의 품질을 보전하여 품질이 높은 상태로 소비자에게 공급하기 위해 유통과정에서 상온보다 낮은 온도를 유지하여 품질이 나빠지는 것을 방지하는 유통근대화 정책이다. 콜드체인은 농축수산물, 식료품부터 화학제품, 의약품, 전자제품, 화훼류에 이르기까지 광범위한 품목에서 적용된다. 콜드체인 시스템을 적절히 활용해 장기간 신선도를 유지할 경우 농 · 축 · 수산물판매 시기를 조절할 수 있어 안정적 유통체계를 확립할 수 있다.

64 딥페이크(Deep Fake)

인공지능을 기반으로 한 인간 이미지 합성 기술

인공지능(AI) 기술을 이용해 제작된 가짜 동영상 또는 제작 프로세스 자체를 의미한다. 적대관계생성신경망(GAN)이라는 기계학습 기술을 사용, 기존 사진이나 영상을 원본에 겹쳐서 만들어낸다. '딥페이크'의 단어 유래 역시 동영상 속 등장인물을 조작한 이의 인터넷 아이디에서 비롯됐다. 2017년 12월 온라인 소셜 커뮤니티 레딧(Reddit) 유저인 '딥페이커즈(Deepfakes)'는 포르노 영상 속 인물의 얼굴을 악의적으로 유명인의 얼굴과 교체 · 합성해 유통시켰다.

65 총유기탄소(Total Oganic Carbon)

유기물에 의한 수질오염도를 측정하는 가장 좋은 방식

총탄소(TC)는 총유기탄소(TOC)와 총무기탄소(TIC)로 구성되며, 이중에서 반응성이 없는 총무기탄소를 제외한 물질을 총유기탄소라고 한다. TOC는 시료의 유기물을 측정하기 위하여 시료를 태워 발생되는 CO_2 가스의 양을 측정하여 수질오염도를 측정한다. 시료를 직접 태워 발생되는 CO_2 가스의 양으로 수질오염도를 측정하는 방식이므로 난분해성 유기물의 측정에 매우 적합하며, 유기물에 의한 수질오염도를 측정하는 가장 좋은 방식이다.

COD와 BOD의 차이

COD는 화학적으로 분해 가능한 유기물을 산화시키기 위해 필요한 산소의 양이며, BOD는 미생물이 유기물을 산화시키는 데 필요한 산소의 양이다.

66 프롭테크(Proptech)

빅데이터 분석, VR 등 하이테크 기술을 결합한 서비스

부동산(Property)과 기술(Technology)의 합성어로, 기존 부동산 산업과 IT의 결합으로 볼 수 있다. 프롭테크의 산업 분야는 크게 중개 및 임대, 부동산 관리, 프로젝트 개발, 투자 및 자금조달 부분으로 구분할 수 있다. 프롭테크 산업 성장을 통해 부동산 자산의 고도화와 신기술 접목으로 편리성이 확대되고, 이를 통한 삶의 질이 향상될 전망이다. 무엇보다 공급자 중심의 기존 부동산 시장을 넘어 정보 비대칭이 해소되어 고객 중심의 부동산 시장이 형성될 것으로 보인다.

핀테크(FinTech)

금융(Finance)과 기술(Technology)이 융합된 신조어로, 금융과 기술을 융합한 각종 신기술을 의미한다. 핀테크의 핵심은 기술을 통해 기존의 금융기관이 제공하지 못했던 부분을 채워주고 편의성 증대, 비용 절감, 리스크 분산, 기대 수익 증가 등 고객에게 새로운 가치를 주는 데 있다.

67 펄프스(PULPS)

핀터레스트, 우버, 리프트, 팰런티어, 슬랙 등 5개 테크기업

이미지 공유 플랫폼 기업 핀터레스트(Pinterest), 세계 1 · 2위 차량공유 서비스 업체인 우버(Uber)와 리프트(Lyft), 빅데이터 전문 기업 팰런티어(Palantir), 기업용 메신저 앱 기업인 슬랙(Slack) 등 5개사를 지칭하는 용어다. 펄프스는 기존 미국 증시의 5대 기술주로서 주목받은 '팡' (FAANG)을 대체할 종목으로 관심을 받고 있다. 이들 업체는 큰 범주에서 모두 공유경제와 4차 산업혁명 관련 종목으로 분류되는데, 향후 미국 증시를 새롭게 이끌 것으로 기대되고 있다.

FAANG

페이스북(Facebook), 애플(Apple), 아마존(Amazon), 넷플릭스(Netflix), 구글(Google)의 이니셜을 딴 것으로 미국증시 기술주를 뜻한다. 5개 기업의 시가 총액은 미국 국내 총생산(GDP)의 13% 정도를 차지한다.

68 메칼프의 법칙(Metcalfe's Law)

통신망 가치는 연결된 사용자 수의 제곱에 비례한다는 법칙

네트워크에 일정 수 이상의 사용자가 모이면 그 가치가 폭발적으로 늘어난다는 이론이다. 결국 신규 네트워크 사용자를 획득할 때 드는 비용은 점점 낮아지는 반면, 기업 가치는 더욱 높아지게 된다. 메칼프의 법칙은 미국의 네트워크장비 업체 3COM의 설립자인 밥 메칼프가 내놓은 이론이다. 그는 회원이 10명인 웹 사이트에 1명이 더 들어오면 네트워크의 비용은 10에서 11로 10%가 늘지만, 웹 사이트의 가치는 100(10의 제곱)에서 121(11의 제곱)로 21%가 증가한다고 보았다.

69 타다(TADA)

(주)VCNC가 운영하는 대한민국의 렌터카 서비스이자 모빌리티 플랫폼

포털사이트 다음의 창업자인 쏘카의 이재웅 대표가 커플 앱 비트윈을 서비스하는 스타트업 VCNC를 인수 및 개발하여 2018년 10월 시작한 렌터카 서비스이다. 이는 11~15인승 승합차의 경우 렌터카 기사 알선을 허용한다는 여객자동차 운수사업법 시행령에 근거해 운영되고 있다. 그러나 택시업계는 여객자동차 운수사업법 시행령에 따른 「11~15인승 승합차」 허용은 장거리 운송 및 여행 산업 활성화를 위한 것일 뿐 단거리 택시 영업은 법 취지에 어긋난다며 2019년 2월 타다를 여객자동차운수사업법 위반 혐의로 고발했다. 이에 검찰은 2019년 10월 28일 렌터카 기반 승합차 호출 서비스 '타다'에 대해 여객자동차운수 사업법 위반이란 결론을 내렸다.

70 AOS알파(Automobile repair cost On-line Service-α)

자동차사고 시 수리비 견적을 사진 한 장으로 실시간 파악할 수 있는 인공지능(AI) 시스템

고객이 사고 현장에서 스마트폰으로 차량 파손 부위를 촬영하면 AI가 손상된 부위의 판독부터 수리비까지 자동으로 산출 · 처리한다. 이에 따라 보상직원의 손해사정 업무시간이 일평균 1일당 30~50분, 현장출동 관련 업무시간은 연간 약 6,000시간 단축될 것으로 예상된다. 보험개발원의 연구결과에 따르면 차량부품 인식 정확도는 99%, 부품손상인식도는 81%로 실무 적용 가능성을 확인했다고 한다. AOS알파가 가동되면 국내에서 자동차보험을 판매하고 있는 보험사 11곳에 모두 도입될 전망이다.

71 탄소중립

지구온난화를 일으키는 탄소의 배출량만큼 탄소 감축 활동을 해 이를 상쇄하는 것

기업이나 개인이 발생시킨 이산화탄소 배출량만큼 이산화탄소 흡수량도 늘려 실질적인 이산화탄소 배출량을 '0(Zero)'으로 만든다는 개념이다. 다시 말하면 대기 중으로 배출한 이산화탄소의 양을 상쇄할 정도의 이산화탄소를 다시 흡수하는 대책을 세움으로써 이산화탄소 총량을 중립 상태로 만든다는 뜻이다. 각 나라에서는 지구온난화의 주범인 이산화탄소의 배출량을 조절하기 위해 탄소중립 운동을 활발히 시행하고 있다.

에코디자인
자원을 효율적으로 디자인에 활용하여 의식주 전반에 걸쳐 친환경적 가치를 실현하는 것을 말한다. 이와 더불어 환경과의 공존과 생활에서의 편리성을 모두 고려해 가장 실용적인 결과를 찾는 것에 목표를 두고 있으며, 크게 업사이클링과 탄소중립으로 나뉜다.

72 RPA 시스템

로봇이 단순 업무를 대신하는 업무자동화 시스템

RPA란 Robotic Process Automation의 줄임말로 사람이 수행하던 반복적인 업무 프로세스를 소프트웨어 로봇을 적용하여 자동화하는 것을 말한다. 즉 저렴한 비용으로 빠르고 정확하게 업무를 수행하는 디지털 노동을 의미한다. RPA를 도입함으로써 기업이 얻을 수 있는 가장 큰 장점은 로봇이 단순 사무를 대신 처리해주는 것에 따른 '인건비 절감'과 사람이 고부가가치 업무에 집중할 수 있는 것에 따른 '생산성 향상'이다.

73 바이오시밀러(Biosimilar)

특허가 만료된 바이오의약품의 복제약

오리지널 바이오의약품과 비슷한 효능을 갖도록 만들지만 바이오 약품의 경우처럼 동물세포나 효모, 대장균 등을 이용해 만든 고분자의 단백질 제품이 아니라 화학적 합성으로 만들어지기 때문에 기존의 특허받은 바이오의약품에 비해 약값이 저렴하다. 즉, 효능은 비슷하게 내지만 성분과 원료는 오리지널 바이오의약품과 다른 '진짜 같은 복제약'인 것이다. 당뇨, 류머티스 관절염과 같은 만성 · 난치성질환의 치료제 분야에서 활용되고 있다.

74 뉴로모픽 반도체

인간의 두뇌 구조와 활동 방법을 모방한 반도체 칩

인공지능, 빅데이터, 머신러닝 등의 발전으로 인해 방대한 데이터의 연산과 처리를 빠른 속도로 실행해야 하는 필요성에 따라 개발되었다. 뇌신경을 모방해 인간 사고과정과 유사하게 정보를 처리하는 기술로 하나의 반도체에서 연산과 학습, 추론이 가능해 인공지능 알고리즘 구현에 적합하다. 또한 기존 반도체 대비 전력 소모량이 1억분의 1에 불과해 전력 확보 문제를 해결할 수 있는 장점이 있다.

구 분	기존 반도체	뉴로모픽 반도체
구 조	셀(저장 · 연산), 밴드위스(연결)	뉴런(신경 기능), 시냅스(신호 전달)
강 점	뉴런(신경 기능), 시냅스(신호 전달)	이미지와 소리 느끼고 패턴 인식
기 능	각각의 반도체가 정해진 기능만 수행	저장과 연산 등을 함께 처리
데이터 처리 방식	직렬(입출력을 한 번에 하나씩)	병렬(다양한 데이터 입출력을 동시에)

75 그로스 해킹(Growth Hacking)

상품 및 서비스의 개선사항을 계속 점검하고 반영해 성장을 꾀하는 온라인 마케팅 기법

그로스 해커라는 개념은 수많은 스타트업이 인터넷 기반 산업 분야에 뛰어들기 시작하면서 본격적으로 쓰이게 되었다. 마케팅과 엔지니어링, 프로덕트 등 다양한 각도에서 생각해낸 창의적 방법으로 고객에게 마케팅적으로 접근해 스타트업의 고속 성장을 추구하는 것을 의미한다. 페이스북(Facebook), 인스타그램(Instagram), 트위터(Twitter), 에어비앤비(AirBnB), 드롭박스(Dropbox) 등이 그로스 해킹 기술을 사용하고 있다.

그로스 해커

2010년대 페이스북, 트위터 등 인터넷에 기반한 스타트업이 본격 성장하기 시작한 미국에서 처음으로 등장했다. Growth(성장), Hacker(해커)의 합성어로 인터넷과 모바일로 제품 및 서비스를 이용하는 소비자들의 사용 패턴을 빅데이터로 분석해 적은 예산으로 효과적인 마케팅 효과를 구사하는 마케터를 의미한다.

76 킬러로봇

기계가 스스로 판단해 적을 살상하는 인공지능(AI) 로봇

전장에서 적군을 살상하는 역할을 담당하는 인공지능(AI) 로봇으로, 감정 없이 기계적 판단에 의해 인간이 프로그램해 놓은 대로 수류탄을 던지거나 총을 쏴 적군을 살상한다. 국제인권감시기구는 킬러로봇을 인간의 관여 없이 자율적으로 공격하는 무기라고 정의한다. 킬러로봇을 두고 찬반양론이 팽팽하게 맞서고 있는 상황인데 찬성하는 측은 인간의 잘못된 판단을 예방할 수 있다고 주장하며, 반대 측은 킬러로봇이 민간인을 살상할 수 있다고 주장한다.

77 코드커팅(Cord-cutting)

유료 방송 시청자가 가입을 해지하고 새로운 플랫폼으로 이동하는 현상

유료 방송 시청에 필요한 케이블을 '끊는' 것을 빗댄 용어로, 인터넷 속도 증가와 플랫폼 다양화를 바탕으로 전 세계적으로 일어나고 있다. 각자 환경과 취향에 맞는 서비스 선택이 가능해지자 소비자들은 유선방송의 선을 끊는 사회적 현상을 보였다. 미국은 넷플릭스, 구글 크롬 캐스트 등 OTT 사업자가 등장하면서 대규모 코드커팅이 발생했다. 우리나라에서는 코드커팅이라는 말보다는 가전제품인 TV가 없다는 의미에서 '제로(Zero)TV'가 일반적으로 사용된다. 코드커팅이나 제로TV 현상은 주로 스마트폰 등 모바일 기기의 확산 때문에 일어난다.

78 OTT(Over The Top)

인터넷으로 미디어 콘텐츠를 이용하는 서비스

'Top(셋톱박스)을 통해 제공됨'을 의미하는 것으로, 범용인터넷을 통해 미디어콘텐츠를 이용할 수 있는 서비스를 말한다. 시청자의 다양한 욕구, 온라인 동영상 이용의 증가는 OTT 서비스가 등장하는 계기가 되었으며, 초고속 인터넷의 발달과 스마트 기기의 보급은 OTT 서비스의 발전을 가속화시켰다. 현재 전 세계적으로 넷플릭스 등에서 OTT 서비스가 널리 제공되고 있으며, 그중에서도 미국은 가장 큰 OTT 시장을 갖고 있다.

넷플릭스(Netflix)
미국에서 DVD 대여 사업으로 출발한 세계 최대의 유료 동영상 스트리밍 서비스 업체이다. 한 달에 일정 금액(약 8~12달러)을 지불하면 영화, TV 프로그램 등의 영상 콘텐츠를 무제한으로 볼 수 있는데, 비교적 저렴한 비용에 전 세계적으로 이용자가 급증했다. 또한 넷플릭스는 콘텐츠의 재전송에 그치지 않고 완성도 높은 자체 제작 콘텐츠를 개발하여 높은 성장률을 보였다.

문화 · 예술 · 미디어 · 스포츠

79 골든글로브상(Golden Globe Award)

영화와 TV 프로그램과 관련해 시상하는 상

미국의 로스앤젤레스에 있는 할리우드에서 한 해 동안 상영된 영화들을 대상으로 최우수 영화의 각 부분을 비롯하여 남녀 주연, 조연 배우들을 선정해 수여하는 상이다. '헐리우드 외신기자협회(HFPA)'는 세계 각국의 신문 및 잡지 기자로 구성되어 있으며, 골든글로브상은 이 협회의 회원 90여 명의 투표로 결정된다. 1944년 시작된 최초의 시상식은 당시 소규모로 개최되었으나 현재는 세계 영화시장에서 막강한 영향력을 행사하고 있다. 약 3시간 동안 진행되는 시상식은 드라마 부문과 뮤지컬 · 코미디 부문으로 나뉘어 진행되며 생방송으로 세계 120여 개 국에 방영되어 매년 약 2억 5,000만명의 시청자들이 이를 지켜본다. 한편, 봉준호 감독의 영화 〈기생충〉이 2020년 1월 5일 열린 제77회 골든글로브 시상식에서 최우수 외국어영화상을 수상하며, 한국 영화 최초의 골든글로브 본상 수상 기록을 달성했다.

80 뉴스큐레이션(News Curation)

뉴스 취향 분석 및 제공 서비스

뉴스 구독 패턴을 분석하여, 사용자의 관심에 맞는 뉴스를 선택해 읽기 쉽게 정리해 제공해주는 서비스이다. 인터넷 뉴스 시대에 기사가 범람함에 따라 피로를 느낀 신문 구독자들이 자신에게 맞는 뉴스를 편리하게 보기 위해 뉴스큐레이션 서비스를 찾고 있다고 한다. 이러한 뉴스큐레이션 작업은 포털에서부터 SNS의 개인에 이르기까지 다양한 주체에 의해 이뤄지고 있으며, 최근에는 뉴스큐레이션만을 전문으로 담당하는 사이트도 생겨나고 있다.

81 플렉스(Flex)

젊은층에서 부를 과시한다는 의미로 유행하는 말

사전적 의미는 '구부리다', '수축시키다'이지만 최근에는 미디어와 소셜네트워크서비스(SNS) 등에서 '과시하다'는 뜻으로 널리 사용되고 있다. 과거 1990년대 미국 힙합 문화에서 주로 '금전을 뽐내거나 자랑하다'는 의미의 속어로 쓰이던 것이 변형된 것으로 보고 있다. 가장 최근에는 20대인 1990년대생을 중심으로 명품 소비 문화가 확산되는 것을 두고 '플렉스'를 즐기기 위한 것이라는 해석이 나오고 있다. 유튜브와 인스타그램 등 SNS에 명품 구매 인증샷을 올리는 것이 일종의 과시 행위라는 것이다.

82 엘로 레이팅(Elo Rating)

게임 등의 실력을 측정하거나 평가하는 방식

미국 물리학자 아르파드 엘로가 고안한 것으로, 체스 등 2명이 벌이는 게임에서 실력 측정 및 평가 산출 방법으로 널리 쓰이고 있다. 상대적 우열관계에서 자신보다 실력이 높은 상대를 이기면 많은 포인트를 얻고, 실력이 낮은 상대에게 패하면 점수가 크게 깎이는 구조다. 2018 러시아월드컵 이후 국제축구연맹(FIFA) 랭킹 산정이 엘로 레이팅 시스템을 기반으로 이뤄지면서 축구팬들 사이에서 관심을 모았다. 세계체스연맹(FIDE)은 1980년부터 공식 랭킹 산정에 엘로 레이팅 시스템을 활용하고 있다.

83 알 바그다디

이슬람 수니파 극단주의 무장단체 이슬람국가(IS)의 수괴

1971년 이라크 수도인 바그다드 북쪽에 위치한 사마라에서 태어났으며, 본명은 '이브라힘 아와드 이브라힘' 으로 알려져 있다. 2014년 6월 IS 수립을 선언하고 스스로를 칼리프로 칭한 뒤 전 세계를 대상으로 한 테러 공격을 자행한 인물이다. 시리아의 락까에 본부를 뒀던 IS는 이전의 다른 무장단체나 테러조직들과는 비교하기 힘들 만큼 위협적인 자금력과 조직 동원력, 군사력을 지니고 있는 것으로 밝혀졌다. 알 바그다디는 2019년 10월 26일 시리아에서 펼쳐진 미군 특수부대의 작전 과정에서 체포될 위기에 몰리자 자폭해 숨졌다.

수니파와 시아파

수니파와 시아파는 이슬람 창시자 무함마드 사후(632년)에 그의 후계자 선정 방식을 놓고 충돌하며 분열한 양대 종파다. 현재 전 세계 이슬람교도 가운데 수니파가 전체의 90%를 차지하는 다수파이고, 나머지 10%가 시아파이다. 또 수니파의 종주국은 사우디아라비아이며, 시아파의 종주국은 이란이다.

84 일루미나티

계몽주의가 대두되던 1776년 프로이센에서 조직된 비밀 결사 조직

1776년 5월 1일 독일 출신 아담 바이스하우프트가 설립한 비밀결사 일루미나티는 '빛을 받아 우주 만물의 법칙을 깨닫는다' 는 정신을 표방한다. 이들은 당시 유럽을 지배하던 가톨릭과 절대왕정에 맞서 계몽주의를 전파하다가 바티칸으로부터 이단으로 규정됐다. 이후 회원 대다수가 빠져나가며 공식적으로 해산한 것으로 알려졌다. 그러나 서구에서 1920년대 일루미나티가 특정 국가를 중심으로 활동하는 자발적 결사 단체로 특정 가문에 의해 관리되어왔다는 설이 광범위하게 유포됐다.

85 치팅데이

식단조절 중 부족했던 탄수화물 보충을 위해 1~2주에 한 번 먹고 싶은 음식을 먹는 날

'몸을 속인다'라는 뜻의 'Cheating'과 '날(日)'이라는 'Day'가 합성된 단어로, 다이어트 기간 동안 먹고 싶은 것을 참고 있다가 부족했던 탄수화물을 보충하기 위해 1~2주에 1회 혹은 정해진 시간마다 1회 정도 먹고 싶은 음식들을 먹는 날을 말한다. 다이어트 기간에는 인체에 에너지를 내는 글리코겐이 급격히 떨어지게 되는데, 치팅데이에 탄수화물 위주의 식단을 구성하면 이러한 부작용을 막는 효과가 있다. 또한 치팅데이를 가지면 스트레스를 크게 받지 않으면서 장기적으로 꾸준히 다이어트를 지속하는 데 도움이 된다.

86 베를린장벽

서베를린을 동베를린과 그 밖의 동독으로부터 분리하는 장벽

동·서 베를린 경계선 약 45.1킬로미터에 걸친 콘크리트 벽으로, 1961년 8월에 동독 정부가 서베를린으로 탈출하는 사람들과 동독 마르크의 유출을 방지하기 위하여 축조하였다. 서베를린을 공산주의 국가 안의 유일한 자본주의 지역이라고 해서 '육지의 섬'이라고 불렀다. 하지만 동독의 관리들은 이 장벽을 반파시스트 보호벽이라고 불렀다. 오랜 기간 동·서 냉전의 상징물로 인식되어온 베를린장벽은 동유럽의 민주화로 1989년 11월 9일에 철거되었다. 동독 정부가 공식적으로 장벽 철거를 시작한 것은 다음 해인 1990년 6월 13일이었다. 다음 달 1일 동독이 서독 통화를 수용하면서 국경에 대한 통제도 공식 종료되었다. 장벽 붕괴의 논리적 결과인 통일은 1990년 10월 3일에 이루어졌고, 역사의 기념물로 남기기로 결정한 약간의 구간과 감시탑을 제외한 모든 시설이 1991년 11월까지 철거되었다.

87 비건 패션

동물의 가죽이나 털을 사용하지 않고 만든 옷이나 가방 등을 사용하는 행위

채식을 추구하는 비거니즘에서 유래한 말로, 동물의 가죽이나 털을 사용하는 의류를 거부하는 패션철학을 뜻한다. 살아있는 동물의 털이나 가죽을 벗겨 옷을 만드는 경우가 많다는 사실이 알려지면서 패션업계에서는 동물학대 논란이 끊이지 않았다. 과거 비건 패션이 윤리적 차원에서 단순한 대용품으로 쓰이기 시작했다면, 최근에는 윤리적 소비와 함께 합리적인 가격, 관리의 용이성까지 더해지면서 트렌드로 자리 잡아가고 있다.

88 미래도서관(Future Library)

인기 작가의 비공개 작품을 모아 2114년 출간하는 노르웨이의 공공예술 프로젝트

2014년부터 100년 동안 매해 1명의 작가를 선정하여 총 100명의 작품을 2114년에 출판하는 공공예술 프로젝트이다. 이 프로젝트의 책들은 노르웨이 오슬로 외곽 숲에서 100년 동안 심은 나무 1,000그루로 만들어진다. 1,000그루의 나무는 노르웨이 오슬로의 노르드마르카(Nordmarka) 숲에 이 프로젝트를 위해 특별히 심어졌다. '미래도서관' 사업의 선정 작가로는 현재까지 캐나다 소설가 '마거릿 애트우드', 영국 소설가 '데이비드 미첼', 아이슬란드 작가 '숀', 터키 작가 '에리프 샤팍' 등이 참여했다.

89 가스라이팅(Gaslighting)

상황조작을 통해 판단력을 잃게 만들어 지배력을 행사하는 것

연극 〈가스등(Gas Light)〉에서 유래한 말로 세뇌를 통해 정신적 학대를 당하는 것을 뜻하는 심리학 용어다. 타인의 심리나 상황을 교묘하게 조작해 그 사람이 스스로 의심하게 만들어 타인에 대한 지배력을 강화하는 행위다. 거부, 반박, 전환, 경시, 망각, 부인 등 타인의 심리나 상황을 교묘하게 조작해 그 사람이 현실감과 판단력을 잃게 만들고, 이로써 타인에 대한 통제능력을 행사하는 것을 말한다.

가스라이팅의 유래

1938년 영국에서 상연된 연극 〈가스등(Gas Light)〉에서 유래됐다. 이 연극에서 남편은 집안의 가스등을 일부러 어둡게 만들고는 부인이 "집안이 어두워졌다"고 말하면 그렇지 않다는 식으로 아내를 탓한다. 이에 아내는 점차 자신의 현실 인지 능력을 의심하면서 판단력이 흐려지고, 남편에게 의존하게 된다. 아내는 자존감이 낮아져 점점 자신이 정말 이상한 사람이라고 생각하게 된다.

90 푸스카스상

국제축구연맹(FIFA)이 한 시즌 동안 가장 뛰어난 골을 기록한 선수에게 수여하는 상

국제대회나 A매치, 그리고 각국의 프로리그에서 나온 멋진 골을 대상으로 한다. 2009년 10월 20일 제정되었으며, 1950년대 헝가리의 레전드인 푸슈카시 페렌츠에서 이름을 빌려왔다. 상의 수여 기준은 슛거리, 팀플레이, 개인기량 등을 종합적으로 고려한다. 행운이나 상대 팀 실수로 인해 나온 골은 후보가 될 수 없으며, 페어플레이를 통해 기록한 골만이 후보에 들 수 있다. 2009년 첫 푸스카스 상은 당시 맨체스터 유나이티드에서 활약하던 크리스티아누 호날두에게 돌아갔다.

91 팜므파탈(Femme Fatale)

프랑스어로 '치명적인 여인'을 뜻하는 용어

'치명적'인을 의미하는 프랑스어 파탈(Fatale)과 '여성'을 의미하는 팜므(Femme)의 합성어이다. 19세기 낭만주의 작가들에 의해 문학작품에 나타나기 시작한 이후 미술·연극·영화 등 다양한 장르로 확산되어, 남성을 죽음이나 고통 등 치명적 상황으로 몰고 가는 '악녀', '요부'를 뜻하는 말로까지 확대·변용되어 사용되고 있다. 남성을 압도하는 섬뜩한 매력과 강인한 흡인력 앞에서 남성은 끝내 파국을 맞을 수밖에 없는 것이 팜므파탈의 속성이다.

옴므파탈
프랑스어로 '남성'을 뜻하는 옴므(Homme)와 '치명적인'이라는 뜻을 가진 파탈(Fatale)의 복합어이다. 말뜻 그대로 하면 '치명적인 남자'이며, 저항할 수 없는 매력으로 상대 여성을 유혹해 파멸시키는 부정적이고 숙명적인 남자를 의미한다.

92 기린 대화법

마셜 로젠버그 박사가 개발한 비폭력 대화법

미국의 심리학자 마셜 로젠버그가 개발한 비폭력 대화법이다. 상대방을 설득시키는 데 '관찰 – 느낌 – 욕구 – 요청'의 네 단계 말하기 절차를 밟는다. 평가하고 강요하기보다는 감상과 부탁을 하여 상대방의 거부감을 줄이는 것이다. 기린은 목이 길어 키가 가장 큰 동물이기에 포유류 중 가장 큰 심장을 지니고 있다. 또한 온화한 성품의 초식동물로 높은 곳에서 주변을 살필 줄 아는 동물이기도 하다. 이런 기린의 성품처럼 상대를 자극하지 않고 배려할 수 있는 대화법이다.

93 인티머시 코디네이터(Intimacy Coordinator)

배우들이 수위 높은 애정 장면을 촬영할 때 성폭력을 감시하는 사람

배우들이 '육체적 친밀함(Intimacy)'을 연기할 때 불쾌감을 느끼거나, 성희롱으로 이어지는 일을 방지하는 직업을 가진 사람을 말한다. 뉴욕타임스는 '미투(Me Too)' 시대를 맞아 방송, 공연계에 이 직종이 새로 등장했다고 보도했다. '인티머시 코디네이터'의 주요 임무는 이런 일이 없도록 현장을 모니터하고 배우들의 기분을 파악하는 것이다. 연기 도중 성희롱이 발생하지 않도록 교육하는 워크숍도 열고 있다.

94 빈지 워칭(Binge Watching)

방송 프로그램이나 드라마, 영화 등을 한꺼번에 몰아보는 현상

'폭식 · 폭음'을 의미하는 빈지(Binge)와 '본다'를 의미하는 워치(Watch)를 합성한 단어로 주로 휴일, 주말, 방학 등에 콘텐츠를 몰아보는 것을 폭식에 비유한 말이다. 빈지 워칭은 2013년 넷플릭스가 처음 자체 제작한 드라마 '하우스 오브카드'의 첫 시즌 13편을 일시에 선보이면서 알려졌고, 이용자들은 전편을 시청할 수 있는 서비스를 선호하기 시작했다. 빈지 워칭 현상은 구독경제의 등장으로 확산되고 있다.

구독경제

신문이나 잡지를 구독하는 것처럼 일정 기간 구독료를 지불하고 상품, 서비스 등을 사용할 수 있는 경제활동을 일컫는 말이다. 이는 소비자의 소비가 소유에서 공유, 더 나아가 구독 형태로 진화하면서 유망 사업 모델로 주목받고 있음을 말해준다.

95 아벨상(Abel Prize)

수학의 노벨상이라 불리는 국제 공로상

노르웨이 수학자 닐스 헨리크 아벨을 기념하기 위해 노르웨이 정부가 2003년 아벨의 탄생 200주년을 맞아 제정한 것으로, 필즈상(Fields Medal)과 함께 수학계에 공로한 인물에 시상하는 상이다. 아벨상이 제정된 지 불과 11년 만에 수학계 최고 권위의 상으로 발전한 이유는 수상자의 평생 업적을 평가 기준으로 삼기 때문이다. 만 40세 이하의 젊은 수학자를 대상으로 하는 필즈상과 달리 아벨상은 수학자가 평생 이룬 업적을 종합적으로 판단해 수상자를 선정한다. 상금도 100만달러(약 10억원)로 800만 크로네(약 13억 4,000만원)를 주는 노벨상에 필적한다. 이는 필즈상보다 50배 정도 많다.

96 드레스덴 인권평화상

독일에서 주최되는 국제 인권평화상

드레스덴 시민들의 자유와 민주주의를 향한 열정과 용기를 기리기 위해 1989년 당시 시민대표 20명을 주축으로 만든 상으로 지난 2012년 제정되어 그동안 중동과 시리아 등 분쟁지역 인권운동가와 종교 지도자들이 이 상을 수상했다. 첫 수상자는 미하일 고르바초프 옛 소련 공산당 서기장이었다. 한국인으로서는 2015년 김문수 전 경기도지사가 북한인권법 최초 발의 등으로 첫 수상의 영예를 안았다. 드레스덴은 독인 통일의 밑거름이 된 '시민봉기'가 최초로 일어났던 동독의 중심 도시로 알려져 있다.

97 쿰브멜라(Kumbh Mela)

인도 힌두교의 종교 축제

가장 큰 규모의 힌두교 순례축제로 쿰브는 '주전자, 항아리'의 뜻이며, 멜라는 '축제'를 가리킨다. 갠지스 강의 하르드와르(Haridwar), 시프라 강의 웃자인(Ujjain), 고다바리 강의 나시크(Nasik), 그리고 갠지스 강, 야무나 강, 사라스와 티 강이 만나는 알라하바드(Allahabad) 4곳에서 12년을 주기로 돌아가며 열린다. 힌두교 경전에 따르면 축제기간 중 음력으로 계산되는 성스러운 기일에 강물에 몸을 담그는 자들은 자신의 죄를 씻어낼 수 있다고 하여 신자들은 죄를 정화하기 위해 이들 강에서 목욕을 한다.

98 트리비아(Trivia)

중요하지 않지만 흥미를 돋우는 사소한 지식

단편적이고 체계적이지 않은 실용 · 흥미 위주의 잡다한 지식을 가리키는 말이다. 라틴어로 'tri'는 '3'을 'via'는 '길'을 의미하여 '삼거리'라는 의미로 사용되던 단어인데, 로마 시대에 도시 어디에서나 삼거리를 찾아볼 수 있었다는 점에서, '어디에나 있는 시시한 것'이라는 뜻으로 단어의 의미가 전이되어 사용되었다. 현대에는 각종 퀴즈 소재로 활용되기 쉬운 상식, 체계적으로 전달하기 어려운 여담 등을 가리킬 때 사용한다.

99 파이(PIE)세대

불확실한 미래보다 지금의 확실한 행복을 위해 소비하는 20 · 30대 청년층

개성(Personality)을 중시하고 자신의 행복과 자기계발에 투자(Invest in myself)하며 소유보다는 경험(Experience)을 위해 소비한다. 파이세대는 현재 우리나라 인구의 약 40%를 차지하며, 그중 절반 이상이 경제활동을 한다. 이들은 불확실한 미래를 위해 저축을 하기보다 월급을 털어 해외여행을 가고, 대출을 받아 수입차를 사는 등 소비지향적인 형태를 보이면서도 자신에게 가치가 없다고 생각하면 결코 지갑을 열지 않는 특징이 있다. 기준은 '나심비'(나의 마음 · 心의 만족 비율)다.

100 셰어런츠(Sharents)

자녀의 일거수일투족을 SNS에 올리는 부모

SNS에서 이루어지는 '공유'라는 의미의 'Share'와 부모를 뜻하는 'Parents'의 합성어이다. 자녀가 아기 때부터 일거수일투족을 SNS에 올리는 부모들을 가리키는 말이다. 영국의 일간지 〈가디언〉은 처음으로 이들을 가리켜 셰어런츠라고 부르기 시작했는데, 아이들의 입장에서는 부모들의 이러한 SNS 활동이 원치 않은 피해를 입게 만들 수 있다는 우려가 동반되기도 했다. 이러한 활동의 경우 너무나 많은 정보를 시간에 관계없이 업로드하는 경우가 많아 'SNS 이웃'까지 피해를 보는 경우가 있다.

자주 출제되는 용어

정치 · 국제 · 법률

01 국가의 3요소

국민 · 영토 · 주권

국가가 존립하기 위해서는 국민(사람)과 영토, 주권(정부)이라는 3가지 요소가 있어야 한다. 그중 주권은 국가의 의사를 결정할 수 있는 권력을 말한다.

02 국민의 4대 의무

근로의 의무, 납세의 의무, 국방의 의무, 교육의 의무

대한민국 헌법은 국민의 기본적 의무에 대해 납세 · 국방 · 교육 · 근로 · 재산권의 행사 · 환경보전의 의무 6가지 의무로 규정하고 있다. 그중 근로의 의무, 납세의 의무, 국방의 의무, 교육의 의무를 국민의 4대 의무라 한다.

03 민주선거의 4대 기본 원칙

보통선거, 평등선거, 직접선거, 비밀선거

- **보통선거** : 만 19세 이상 국민은 성별 · 재산 · 종교 · 교육에 관계없이 선거권을 갖는 제도 ↔ 제한선거
- **평등선거** : 모든 유권자에게 한 표씩 주고, 그 한 표의 가치를 평등하게 인정하는 제도 ↔ 차등선거
- **직접선거** : 선거권자가 대리인을 거치지 않고 자신이 직접 투표 장소에 나가 투표하는 제도 ↔ 대리선거
- **비밀선거** : 누구에게 투표했는지 알 수 없게 하는 제도 ↔ 공개선거

04 선거구(選擧區)

독립적으로 선거를 시행할 수 있는 단위 구역을 의미하며 선거구마다 선출하는 의원의 수에 따라 소선거구, 중선거구, 대선거구로 나뉨

- 소선거구제 : 선거구별 1인을 선출하는 제도로 다수대표제와 연관된다.

장 점	• 군소정당의 난립을 방지하여 정국의 안정 촉진 • 후보자에 대한 판단이 쉬워 정확한 선택 가능 • 투표율이 높고 선거공영제 실시에 유리
단 점	• 사표가 많이 발생함 • 부정선거가 이뤄질 수 있으며 소수당에 불리함

- 중 · 대선거구제 : 선거구별 2~4인을 선출하는 제도로 소수대표제와 연관된다.

장 점	• 사표를 방지할 수 있음 • 지연, 혈연에 의한 당선을 줄이고 신진세력 진출에 용이
단 점	• 선거비용이 증가하고, 관리가 어려움 • 후보자가 난립하고, 후보자에 대한 판단이 어려움

05 우리나라 국회의원 선거 채택제도

직접선거, 소선거구제, 다수대표제, 선거구 법정주의, 비례대표제, 선거공영제, 지역대표제

- 직접선거 : 선거권자가 후보자에게 직접 투표하는 제도
- 소선거구제 : 선거구마다 한 사람의 대표를 선출하는 제도
- 다수대표제 : 한 선거구에서 최다 득표자 한 사람만을 당선시키는 제도
- 선거구 법정주의 : 특정 정당 · 후보자에게 유리하지 않도록 국회가 선거구를 법률로 정함
- 비례대표제 : 각 정당별로 득표비율에 따라 의석을 배정하는 제도
- 선거공영제 : 국가기관(선거관리위원회)이 선거를 관리하는 제도로, 선거의 공정성 확보를 목적으로 하며 선거운동의 기회균등 · 선거비용의 국가부담을 내용으로 한다.
- 지역대표제 : 일정 지역을 기준으로 선거구를 확정하여 대표자를 선출하는 제도

06 보궐선거

지역구 국회의원 · 지역구 지방의회의원, 지방자치단체장 및 교육감의 임시개시 후에 사퇴 · 사망 · 피선거권 상실 등으로 신분을 상실하여 궐원 또는 궐위가 발생한 경우에 실시하는 선거

임기개시 후에 발생한 사유로 인해 실시하는데, 보궐선거의 선거일은 4월과 10월의 마지막 수요일로 법정되어 있다. 임기만료에 의한 지방선거가 있는 때에는 그 임기만료 선거일부터 50일 후 첫 번째 수요일에 실시하고 임기만료에 의한 국회의원 선거 및 대통령 선거가 있는 때에는 선거일에 동시실시한다. 비례대표 국회의원, 비례대표 지방의회의원의 궐원 시에는 보궐선거를 실시하지 않고 의석승계를 하게 된다. 대통령이 궐위된 때에는 보궐선거라고 하지 않고 '궐위로 인한 선거'라 하며, 궐위로 인한 선거에서 당선된 대통령의 임기는 전임자의 잔임기간이 아니라 당선이 결정된 때부터 새로 임기가 개시되어 5년간 재임하게 된다.

재선거

후보자 또는 당선자가 없거나 선거의 전부무효 판결 또는 결정이 있는 때, 당선인이 임기개시 전에 사퇴 · 사망하거나 피선거권이 상실된 때 그리고 선거범죄로 당선이 무효가 된 때에 실시하는 선거이다. 임기개시 전 사퇴 · 사망 · 피선거권 상실이라는 점에서 보궐선거와 구별된다.

07 게리맨더링(Gerrymandering)

집권당에 유리하도록 한 기형적이고 불공평한 선거구 획정

1812년 미국 매사추세츠주지사 게리가 당시 공화당 후보에게 유리하도록 선거구를 재조정하였는데 그 모양이 마치 그리스 신화에 나오는 샐러맨더와 비슷하다고 한 데서 유래한 말이다. 이는 특정 정당이나 후보자에게 유리하도록 선거구를 인위적으로 획정하는 것을 의미하며, 이를 방지하기 위해 선거구 법정주의를 채택하고 있다.

08 대통령의 지위와 권한

대통령은 한 나라의 원수이자 외국에 대해 국가를 대표하는 자로서, 국가 원수로서의 권한과 행정부 수반으로서의 권한을 가짐

선출 방식이나 임기는 나라 또는 정부 형태에 따라 다르다.

- 국가 원수로서의 권한 : 긴급명령권, 조약체결 · 비준권, 국민투표부의권 등
- 행정부 수반으로서의 권한 : 국군통수권, 법령집행권, 국가 대표 및 외교에 관한 권한 등

09 국회에서 하는 일

입법에 관한 일, 재정에 관한 일, 일반 국정에 관한 일

- **입법에 관한 일** : 법률제정, 법률개정, 헌법개정 제안 · 의결, 조약체결 · 비준 동의
- **재정에 관한 일** : 예산안 심의 · 확정, 결산심사, 재정입법, 기금심사, 계속비의결권, 예비비지출승인권, 국채동의권, 국가의 부담이 될 계약의 체결에 대한 동의권
- **일반 국정에 관한 일** : 국정감사 · 조사, 탄핵소추권, 헌법기관구성권, 긴급명령 · 긴급재정경제처분명령 승인권, 계엄해제요구권, 일반사면에 대한 동의권, 국무총리 · 국무위원 해임건의권, 국무총리 · 국무위원 · 정부위원 출석요구권 및 질문권

10 국회의원의 특권

면책특권과 불체포특권

- **면책특권** : 국회의원이 국회에서 직무상 행한 발언과 표결에 대해 국회 외에서 책임을 지지 아니하는 특권을 말한다. 그러나 국회 내에서는 책임을 추궁할 수 있다.
- **불체포특권** : 국회의원은 현행범인 경우를 제외하고는 회기 중에 국회의 동의 없이 체포 또는 구금되지 아니하며, 회기 전에 체포 · 구금된 때에는 현행범이 아닌 한, 국회의 요구가 있으면 회기 중 석방되는 특권을 말한다.

11 언더독효과(Under Dog Effect)

약세 후보가 유권자들의 동정을 받아 지지도가 올라가는 경향

개싸움 중에 밑에 깔린 개(Under dog)가 이기기를 바라는 마음과 절대 강자에 대한 견제심리가 발동하게 되는 현상으로, 선거철에 유권자들이 지지율이 낮은 후보에게 동정표를 주는 현상을 말한다. 여론조사 전문가들은 밴드왜건효과와 언더독효과가 동시에 발생하기 때문에 여론조사 발표가 선거결과에 미치는 영향은 중립적이라고 본다.

밴드왜건효과(Band Wagon Effect)

서커스 행렬을 선도하는 악대 마차를 밴드왜건이라 하는데, 사람들이 무의식적으로 이곳에 몰려들면서 군중이 점점 증가하는 현상에서 나온 표현이다. 선거에서 특정 유력 후보의 지지율이 높은 경우 그 후보자를 지지하지 않던 유권자들까지 덩달아 지지하게 되는 것을 말한다.

12 브래들리효과(Bradley Effect)

미국에서 선거 전 여론조사에서는 높은 지지율을 얻은 유색인종 후보가 실제 선거에서는 조사보다 낮은 득표율을 얻는 현상

여론조사 때는 흑인 등 유색인종 후보를 지지한다고 했던 백인들이 정작 투표에서는 백인 후보를 선택하기 때문에 발생하는 현상이다. 1982년 미국 캘리포니아 주지사 선거에서 민주당 후보였던 흑인 토머스 브래들리가 여론조사와 출구조사에서 백인 공화당 후보에 앞섰지만 실제 선거 결과에서는 브래들리가 패했다. 전문가들은 이 원인으로 백인 일부가 인종편견에 대한 시각을 감추기 위해 투표 전 여론조사에서는 흑인 후보를 지지한다고 거짓진술을 했기 때문이라고 분석했다.

13 석패율제도

당선자와 낙선자의 득표비율

한 후보자가 지역구와 비례대표에 동시에 출마하는 것을 허용하고 중복 출마자들 중에서 가장 높은 득표율로 낙선한 후보를 비례대표로 뽑는 제도이다. 정당의 비례대표 명부 중 특정번호에 지역구후보 3~4명을 올려놓고 같이 등재된 중복 출마자들 중에서 일단 지역구에서 당선된 사람은 제외한 뒤 남은 사람들 중 석패율이 가장 높은 사람이 비례대표로 당선되게 하는 것이다. 이는 일본이 가진 독특한 선거제도로 1996년부터 실시해오고 있으며, 소선거구와 비례대표에 동시에 입후보를 가능하게 만들었다. 지역구 선거에서 가장 아깝게 떨어진 후보를 구제해주자는 것이 기본취지이다.

14 스윙보터(Swing Voter)

선거 등의 투표행위에서 누구에게 투표할지 결정하지 못한 유권자

스윙보터들은 지지하는 정당과 정치인이 없기 때문에 그때그때의 정치상황과 이슈에 따라 투표하게 된다. 이들은 선거에서 큰 영향력을 발휘하기 때문에 선거를 앞둔 정치인들은 스윙보터의 표를 얻기 위해 총력을 다한다. 대부분 이념적으로 중도성향인 이들로, 그 어떤 정당도 자신들을 만족시킬 수 없다고 생각한다. 미국에서는 주로 흑인이나 아시아계 사람들이 스윙보터가 되는 경우가 많다.

15 매니페스토(Manifesto)

정당이나 후보자가 선거공약의 구체적인 로드맵을 문서화하여 공표하는 정책서약서

매니페스토(Manifesto)의 어원은 라틴어의 '마니페스투스(Manifestus)'로 당시에는 '증거' 또는 '증거물'이란 의미로 쓰였다. 훗날 이탈리아로 들어가 '마니페스또(Manifesto)'가 되었는데, '과거 행적을 설명하고, 미래 행동의 동기를 밝히는 공적인 선언'이라는 의미로 사용되었다. 오늘날에는 출마자가 과거에 어떤 비리 사건에 연루된 적이 있으면 그 경위를 밝히고 앞으로는 그런 일이 없을 것이라는 다짐과 함께 구체적인 정책대안을 공약서에 담아서 유권자에게 약속하는 것을 말한다. 유권자는 이를 통해 후보의 정책을 평가하고, 실천가능한 공약과 대안을 제시한 후보가 당선될 수 있는 환경을 만드는데, 우리나라에서는 2006년 지방선거에서 처음 등장했다.

16 포퓰리즘(Populism)

대중의 인기를 달성하려는 목적으로 정책의 현실성이나 가치판단, 옳고 그름 등 본래의 목적을 외면하는 정치형태

'대중영합주의' 혹은 '민중주의'라고도 하며 1870년대 러시아의 브나로드(Vnarod)운동에서 비롯된 정치적 이데올로기이다. 현대의 포퓰리즘은 정치적인 목적으로 일반대중, 저소득계층, 중소기업 등의 지지를 확보하기 위해 본래의 목적을 외면하는 지나친 대중화를 일컫는다.

17 필리버스터(Filibuster)

소수파가 다수파의 독주를 막기 위한 합법적인 의사진행 방해 행위

의회 내에서 긴 발언을 통해 의사진행을 합법적으로 방해하는 행위를 말하는 것으로 고대 로마 원로원에서 카토가 율리우스 카이사르의 입안정책을 막는 데 사용한 것에서 유래했다. 우리나라는 1964년 당시 국회의원 김대중이 김준연 의원의 구속동의안 통과를 막기 위해 5시간 19분 동안 연설을 진행한 것이 최초이다. 그러나 박정희정권 시절 필리버스터가 금지되었다가 2012년 국회선진화법이 도입되면서 부활했다. 2016년 2월 23일 국회 본회의에서 테러방지법의 직권상정을 저지하기 위한 더불어민주당의 릴레이 의사방해연설이 진행돼 화제를 모은 바 있다.

18 스핀닥터(Spin Doctor)

정부 수반에게 유리한 여론 조성을 담당하는 정치 전문가

정부 고위관료와 국민 간의 의사소통을 돕는 전문가로 정책을 시행하기 전에 국민들의 의견을 대통령에게 전달하여 설득하고, 대통령의 의사를 국민에게 설명한다. 이러한 과정에서 대통령에게 유리한 여론을 조성하거나 왜곡할 수도 있다.

19 섀도 캐비닛(Shadow Cabinet)

그림자 내각이라는 의미로, 야당에서 정권을 잡았을 경우를 예상하여 조직하는 내각

19세기 이래 영국에서 시행되어온 제도로, 야당이 정권획득에 대비하여 총리와 각료로 예정된 멤버를 미리 정해두는 것을 말한다. 즉, 야당 최고간부들 사이에 외무·내무·노동 등 전담부서를 나누고 있으며 이는 집권 뒤에도 이어진다. 그리고 정권을 획득하면 그 멤버가 내각을 구성하여 당 운영의 중추가 되는 것이다.

20 레임덕(Lame Duck)

임기 말 권력누수 현상

'절름발이 오리' 라는 뜻으로, 대통령의 임기 만료를 앞두고 대통령의 권위나 명령이 제대로 시행되지 않거나 먹혀들지 않아서 국정운영에 차질이 생기는 일종의 권력누수 현상이다. 레임덕이 발생하기 쉬운 경우는 임기 제한으로 인해 다시 권좌나 지위에 오르지 못하게 된 경우, 임기 만료가 얼마 남지 않은 경우, 집권당이 의회에서 다수 의석을 얻지 못한 경우 등이 있다.

21 게티즈버그 연설(Gettysburg Address)

링컨이 남북전쟁 중이던 1863년 11월 19일, 미국 펜실베니아주 게티즈버그에서 했던 연설

이 연설은 살아남은 사람들이 한층 더 헌신할 것을 결심해야 한다고 말하고, "국민의, 국민에 의한, 국민을 위한 정치를 지상에서 소멸하지 않도록 하는 것"이야말로 그 목적이라고 하였다. 이 연설문은 미국 역사상 가장 많이 인용된 연설 중 하나이자 가장 위대한 연설로 꼽힌다.

22 치킨게임(Chicken Game)

어느 한쪽이 양보하지 않을 경우 양쪽 모두 파국으로 치닫게 되는 극단적인 게임이론

1970년대 미국 청년들 사이에서 유행한 자동차 게임이론에서 유래되었는데, 두 대의 차량이 마주보며 돌진하다가 충돌 직전에 누군가 양보하지 않으면 양쪽 모두 자멸하게 된다는 게임의 이름이다. 1950~1970년대 미국과 소련 사이의 극심한 군비경쟁을 꼬집는 용어로 사용되면서 국제정치학 용어로 정착되었다. 정치나 노사협상, 국제외교 등에서 상대의 양보를 기다리다가 파국으로 끝나는 것 등을 예로 들 수 있다.

23 뉴거버넌스

정부와 민간이 협력하는 국정관리체제

국가 정부의 주도하에 이루어졌던 고전적 거버넌스와 달리 시민사회를 국정운영에 포함시킴으로써 정부와 민간의 협력적 네트워크를 형성하고, 시민사회의 민주적 참여를 중시한다.

24 독트린(Doctrine)

국제사회에서 공식적으로 표방하는 정책상의 원칙

종교의 교리나 교의를 뜻하는 말인 라틴어 'Doctrina'를 어원으로 한다. 정치나 학문 등의 '주의' 또는 '신조'를 나타내는 뜻으로 쓰이거나, 강대국 외교노선의 기본 지침으로 대내외에 천명할 경우에도 사용된다.

25 북방한계선(NLL ; Northern Limit Line)

남한과 북한 간의 해양경계선

해양의 북방한계선은 서해 백령도 · 대청도 · 소청도 · 연평도 · 우도의 5개 섬 북단과 북한 측에서 관할하는 옹진반도 사이의 중간선을 말한다. 1953년 이루어진 정전협정에서 남 · 북한 간의 육상경계선만 설정하고 해양경계선은 설정하지 않았는데, 당시 주한 유엔군 사령관이었던 클라크는 정전협정 직후 북한과의 협의 없이 일방적으로 해양경계선을 설정했다. 북한은 1972년까지는 이 한계선에 이의를 제기하지 않았으나 1973년부터 북한이 서해 5개 섬 주변 수역을 북한 연해라고 주장하며 NLL을 인정하지 않고 침범하여 우리나라 함정과 대치하는 사태가 발생하기도 했다.

26 군사분계선(MDL ; Military Demarcation Line)

휴전협정에 의해 두 교전국 간에 그어지는 군사활동의 경계선

한국의 경우 1953년 7월 유엔군 측과 공산군 측이 합의한 정전협정에 따라 규정된 휴전의 경계선을 말하며, '휴전선'이라 한다. 휴전선의 길이는 약 240km이며, 남북 양쪽 2km 지역을 비무장지대로 설정하여 완충구역으로 둔다. 정전협정 제1조는 양측이 휴전 당시 점령하고 있던 지역을 기준으로 군사분계선을 설정하고 상호 간에 이 선을 침범하거나 적대행위를 하는 것을 금지하고 있다.

27 비무장지대(DMZ ; De-Militarized Zone)

국제조약이나 협약에 의해서 무장이 금지된 지대

비무장지대에는 군대의 주둔이나 무기의 배치, 군사시설의 설치가 금지된다. 주로 적대국의 군대 간에 발생할 수 있는 무력충돌을 방지하거나 운하·하천·수로 등의 국제교통로를 확보하기 위해서 설치된다. 한국의 DMZ는 군사분계선(MDL)을 중심으로 남북 2km, 약 3억평의 완충지대이다.

28 방공식별구역(ADIZ ; Air Defense Identification Zone)

자국 영공에 접근하는 군용기를 미리 식별하기 위해 설정한 임의의 공역

방공식별구역은 국제법적으로 인정되는 것은 아니며, 임의로 선포하는 것이다. 하지만 다른 나라가 이를 인정한 이후에는 해당 공역에 진입하기 전에 미리 비행계획을 제출하고 진입 시 위치 등을 통보해줘야 한다. 2013년 중국이 이어도와 댜오위다오를 포함하는 새로운 CADIZ를 선포한 데 대응하여, 한국도 이어도를 포함하는 KADIZ를 선포한 바 있다.

29 전시작전통제권(WOC ; Wartime Operational Control)

한반도 유사시 주한미군사령관이 한국군의 작전을 통제할 수 있는 권리

평상시에는 작전통제권을 우리가 갖고 있지만 대북정보태세인 '데프콘'이 적의 도발 징후가 포착되는 상황인 3단계로 발령되면 한미연합사령관에게 통제권이 넘어가도록 되어 있다. 다만 수도방위사령부 예하부대 등 일부 부대는 작전통제권의 이양에서 제외돼 유사시에도 한국군이 독자적으로 작전권을 행사할 수 있다.

30 딥 스로트(Deep Throat)

기업이나 정부기관의 직원으로서 조직의 불법 등의 정보를 신고하는 익명의 내부고발자

세계 언론계의 전설적 사건을 터뜨린 밥 우드워드와 연관이 있다. 1972~1973년에 걸쳐 리차드 닉슨 대통령의 몰락을 가져온 워터게이트 사건을 보도한 워싱턴포스트의 밥 우드워드와 칼 번스타인 기자가 취재원을 끝내 밝히지 않은 채 자신들에게 정보를 준 익명의 제보자를 가리켜 '딥 스로트'라는 별명을 붙인 데서 비롯됐다. 이 암호명은 성인영화 전문 제작자인 〈제라드 다미아노〉가 만들어 1972년에 개봉한 포르노 영화 제목 〈딥 스로트〉에서 따온 것이었는데, 워터게이트 사건이 더 유명해지자 '딥 스로트'는 이후 내부고발자, 은밀한 제보자를 가리키는 고유명사로 굳어졌다. 오늘날에는 기업이나 공공기관 등 조직의 불법행위나 부정거래를 신고하거나 외부에 알리는 내부 사람을 지칭하는 고유명사로 사용되고 있다.

스모킹 건(Smoking Gun)

"연기 나는 총"이란 뜻으로 범죄 또는 사건 등을 해결하는 데 사용되는 결정적이고 확실한 증거를 일컫는 말이다. 스모킹 건이란 표현은 영국의 추리소설 작가인 코넌 도일(Arthur Conan Doyle, 1859~1930)이 1893년 발간한 셜록홈스 시리즈의 하나인 〈글로리아 스콧(The Gloria Scott)〉에서 유래했다.

31 개성공단

남북이 합의하여 북측 지역인 개성시 봉동리 일대에 조성한 공업단지

개성공단은 2000년 8월 현대와 북한 조선아태평화위원회가 합의한 사업으로 한국토지공사와 현대아산이 북한으로부터 토지를 50년간 임차해 공장구역으로 건설하고 국내외 기업에 분양해 관리하는 방식으로 전개되었다. 북측은 2002년 11월 남측 기업의 개성공단 진출을 위해 '개성공업지구법'을 제정하여 공포하였고, 2003년 6월 30일에 착공식이 열렸다. 이후 남북은 실질적인 부지조성공사에 들어가 2004년 12월에는 남측의 자본과 기술 그리고 북측의 노동력이 합쳐져 남북합작품 1호를 선보이기도 했으나 2016년 2월 10일 안보상의 이유로 통일부는 '개성공단 전면중단' 조치를 발표했다. 이후 업체들의 피해와 재가동에 대한 논란이 끊이지 않았다.

32 조선노동당

1945년 창당한 북한의 집권당

1945년 10월 10일 창당하여 북한의 국가 · 사회 · 군대를 유일적으로 통제하는 최고의 권력기구이다. 북한 헌법에는 '조선민주주의인민공화국은 조선노동당의 영도 밑에 모든 활동을 진행한다'라고 규정하고 있으며 당 중앙위원회는 당의 노선과 정책 또는 전략전술에 관한 긴급한 문제를 토의 · 결정하기 위해 당대표자회의를 소집할 수 있도록 되어 있다. 북한은 2016년 5월 36년 만에 개최한 제7차 노동당대회에서 김정은을 '당위원장'으로 추대하고 당 규약을 개정하였으며, 당 중앙지도기관 선거 등을 하였다.

북한의 노동당대회

차 수	개최일	주요 의제
제1차	1946. 8. 28	• 당 창립에 대한 보고 • 당 강령 · 규약 · 기관지에 대한 보고 • 당중앙위원회 및 중앙검열위원회 선거
제2차	1948. 3. 27	• 당중앙위원회 사업 결산 보고 • 당 규약 개정, 당 중앙지도기관 선거
제3차	1956. 4. 28	• 당중앙위, 당중앙검사위 사업 총화('조국의 평화적 통일을 위하여' 채택) • 당 규약 개정, 당 중앙지도기관 선거
제4차	1961. 9. 11	• 당중앙위, 당중앙검사위 사업 총화 • 인민경제발전 7개년 계획(1961~1967) • 당 규약 개정, 당 중앙지도기관 선거
제5차	1970. 11. 2	• 당중앙위, 당중앙검사위 사업 총화 • 인민경제발전 6개년 계획(1971~1976) • 당 규약 개정, 당 중앙지도기관 선거
제6차	1980. 10. 10	• 당중앙위, 당중앙검사위 사업 총화(사회주의 건설 10대 전망 목표 제시, 고려민주연방공화국 창립 방안 제안) • 당 규약 개정, 중앙지도기관 선거(김정일 당 정치국 상무위원 선출)
제7차	2016. 5. 6	• 당중앙위, 당중앙검사위 사업총화 • 김정은을 '당위원장'으로 추대 • 당규약 개정, 당 중앙지도기관 선거 • 당 중앙위 위원 · 후보위원 · 당중앙검사위 위원 선거

33 북한의 국무위원회

국가주권의 최고정책적 지도기관

2016년 북한의 헌법 개정으로 기존의 국방위원회가 해체되고 이를 대체하여 보다 더 국정 전반을 관할하는 국무위원회가 신설되었다. 국무위원회는 북한 헌법에 명시되어 있듯이 국가주권의 최고 정책적 지도기관이다. 국무위원회는 위원장, 부위원장, 위원들로 구성하였다가 2019년 4월 헌법을 수정하여 제1부위원장 직책을 신설하였다. 이들은 모두 최고인민회의에서 선출되며 임기는 최고인민회의와 같다.

34 7 · 4 남북공동성명

1972년 남 · 북한의 긴장완화와 통일문제에 관해 서울과 평양에서 동시에 발표한 공동성명

서울에서는 당시 이후락 중앙정보부장, 평양에서는 김영주 노동당 조직지도부장을 대리하여 제2부수상 박성철이 동시에 성명을 발표하였다. 이 성명은 통일의 원칙으로 자주 · 평화 · 민족 대단결의 3대 원칙을 공식 천명하였다. 이 밖에도 상호 중상비방(中傷誹謗)과 무력도발의 금지, 다방면에 걸친 교류 실시 등에 합의하고 합의사항의 추진과 남북 사이의 문제 해결 및 통일문제의 해결을 위해 남북조절위원회를 구성 · 운영하기로 하였다. 그러나 통일논의를 자신의 권력기반 강화에 이용하려는 남 · 북한 권력자들의 정치적 의도로 인해 방향성을 잃게 되었고, 김대중 납치사건(1973년 8월)을 계기로 조절위원회마저 중단되었다.

35 6 · 15 남북공동선언

2000년 당시 김대중 대통령과 북한의 김정일 국방위원장이 합의하여 발표한 공동선언

2000년 6월 13~15일 당시 김대중 대통령은 북한 평양을 방문하여 김정일 국방위원장과 분단 55년 만에 첫 남북정상회담을 갖고 마지막 날인 6월 15일에 6 · 15 남북공동선언을 발표하였다. 합의된 5개항은 통일문제의 자주적 해결, 1국가 2체제의 통일방안 협의, 이산가족 문제의 조속한 해결, 경제협력 등을 비롯한 남북 간 교류의 활성화, 조속한 당국 대화 개최 등이다.

36 10 · 4 남북공동선언

2007년 당시 노무현 대통령과 북한의 김정일 국방위원장이 합의하여 발표한 공동선언

2007년 10월 2~4일까지 평양에서 열린 제2차 남북정상회담 당시 노무현 대통령과 북한의 김정일 국방위원장이 회담을 통해 함께 채택하고 선언한 남북공동선언이다. 6 · 15 남북공동선언의 적극 구현, 상호 존중과 신뢰의 남북관계로 전환, 군사적 적대관계 종식, 한반도 핵(核) 문제 해결을 위한 3자 또는 4자 정상회담 추진, 남북경제협력사업의 활성화, 사회문화 분야의 교류와 협력, 이산가족 상봉 확대 등을 내용으로 한다.

37 4자회담

한반도 평화협정에서 남 · 북한이 협정의 당사자가 되고 미국 · 중국이 관련국으로 참여한 회담

남 · 북한 정전협정은 한국전쟁 후 교전 당사자인 미국(유엔군), 중국, 북한 3자 간에 체결한 것이다. 4자회담은 여기에 한국이 새롭게 참여해 남 · 북한과 미국, 중국 4개국이 기존의 정전협정을 평화협정으로 대체하자는 뜻에서 이루어진 것이다. 1996년 제주에서 열린 '한 · 미 정상회담'에서 당시 김영삼 대통령과 미국 빌 클린턴 대통령이 '한 · 미 공동발표문'을 통해 개최를 제의했다. 1997년 제네바에서 1차 회담을 가지고 1999년까지 6차에 걸쳐 회담이 진행됐지만 주목할 만한 해법이나 성과를 이끌어내지는 못했다.

38 6자회담

북한의 핵문제를 해결하기 위하여 남한 · 북한 · 미국 · 러시아 · 일본 · 중국이 참여한 회담

2002년 10월 북한의 핵 개발 의혹이 제기되면서 2003년 북한은 핵확산금지조약(NPT) 탈퇴를 선언하였고, 북한의 핵포기를 강력하게 주장하는 미국과의 대립 구도가 이루어졌다. 이에 북한의 핵 문제를 평화적으로 해결하고 한반도의 평화체제를 확립하자는 차원에서 6자회담이 제안되었다. 제1차 회담은 2003년 8월 중국 베이징에서 개최되었고, 2007년 9월까지 모두 6차례에 걸쳐 회담이 열렸다. 2007년 제6차 회담에서는 북한이 핵시설을 불능화하고 핵프로그램을 신고하면 미국은 북한을 테러지원국 명단에서 삭제하고 적성국무역법에 따른 제재의 해제 및 중유를 제공하기로 하는 내용의 '10 · 3 합의'가 채택되었다. 그러나 2008년 12월 핵검증의정서 채택 실패로 실행되지는 못했다.

39 재스민 혁명

독재정권에 반대해 일어난 튀니지의 민주화 혁명

2010~2011년까지 튀니지에서 일어난 혁명을 튀니지의 국화에 빗대어 재스민 혁명이라 부른다. 대학 졸업 후 취직을 하지 못하고 무허가 노점상을 하던 한 청년이 경찰의 단속에 걸리자 이에 항의하며 분신자살을 했고, 이 사건을 발단으로 독재정권에 불만이 쌓여 있던 시민들은 전국적인 민주화 시위를 벌였다. 결국 지네 엘아비디네 벤 알리 당시 튀니지 대통령은 사우디아라비아로 망명했다. 이러한 튀니지 혁명은 아프리카 및 아랍권에서 쿠데타가 아닌 민중봉기로 독재정권을 무너뜨린 첫 사례이자 이집트, 알제리, 예멘, 요르단, 시리아 등의 주변국에 민주시위가 점차 확산되는 계기가 되었다.

40 조어도(센카쿠, 댜오위다오) 분쟁

조어도를 둘러싼 일본과 중국 · 대만 간의 영유권 분쟁

조어도는 일본 오키나와에서 약 300km, 대만에서 약 200km 떨어진 동중국해상의 8개 무인도다. 현재 일본이 실효지배하고 있으나 중국과 대만도 영유권을 주장하고 있다. 중국은 조어도가 역사적으로 중국 영토였으며 청일전쟁에서 일본이 대만을 점령하면서 일본의 관할에 포함되었으나 1945년 일본의 태평양전쟁 패전으로 대만이 중국의 일부가 됐으므로 중국의 영토라고 주장한다. 이에 대해 일본은 조어도가 1895년 오키나와 현에 정식 편입되었고 1972년 오키나와 현이 미국으로부터 반환될 때 이 섬들도 같이 반환되었으므로 일본 영토라고 맞서고 있다. 조어도는 지정학적으로 군사전략의 요충지이고 해저자원까지 매장되어 있어 영유권 분쟁은 격화될 수밖에 없었다.

41 고노담화

일본군 위안부 모집에 대해 일본군이 강제 연행했다는 것을 인정하는 내용이 담긴 담화

1993년 8월 4일 당시 일본의 관방장관 고노 요헤이가 위안부 문제와 관련해 일본군 및 관헌의 관여와 징집 · 사역에서의 강제를 인정하고 문제의 본질이 중대한 인권 침해였음을 승인하면서 사죄한 것으로, 일본 정부의 공식 입장이다. 아베 총리는 고노담화를 수정할 필요가 있다고 언급해 논란을 일으키기도 했다.

무라야마 담화

1995년 당시 일본의 무라야마 총리가 식민지 지배와 침략의 역사를 인정하고 사죄하는 뜻을 공식적으로 표명한 담화. 일본이 식민지배에 대해 가장 적극적으로 사죄한 것으로 평가되지만 강제동원 피해자에 대한 배상이나 위안부 문제 등에 대한 언급은 없었다.

42 애치슨라인(Acheson Line, 도서방위선)

1950년 1월 12일 당시 미국의 국무장관 애치슨이 연설에서 언급한 미국의 극동방위선

애치슨(미국의 국무장관)은 1950년 1월 태평양에서의 미국 극동방위선을 한국과 타이완을 제외한 알류샨 열도-일본 오키나와-필리핀을 연결하는 선으로 정하였다. 이 선언으로 미군이 한반도에서 철수하였고 김일성은 이 틈을 이용하여 1950년 6 · 25전쟁(한국전쟁)을 일으켰다. 그 후 이 선언은 미국 공화당으로부터 비난을 받고 폐지되었다.

43 AIIB(Asian Infrastructure Investment Bank)

아시아인프라투자은행

미국과 일본이 주도하는 세계은행(World bank)과 아시아개발은행(ADB) 등에 대항하기 위해 중국의 주도로 설립된 국제은행으로 아시아 · 태평양지역 개발도상국의 인프라 구축을 목적으로 한다. 시진핑 중국 국가주석이 2013년 10월 아시아 순방 중 제안하여 2016년 1월 베이징에서 창립총회를 열고 공식 출범했다. 한국, 인도, 영국, 독일 등 57개국을 창립회원국으로 하고 있으며 초기 자본금의 대부분은 중국이 투자하여 500억달러 규모로 시작되었다.

44 핵확산금지조약(NPT ; Nuclear non-Proliferation Treaty)

핵보유국이 비핵보유국에 핵무기를 이양하거나 비핵보유국이 핵무기를 보유하는 것을 금지하는 조약

1968년 미국, 소련, 영국 등 총 56개국이 핵무기 보유국의 증가 방지를 목적으로 체결하였고 1970년에 발효된 다자조약이다. 핵보유국에 대해서는 핵무기 등의 제3자로의 이양을 금지하고 핵군축을 요구한다. 비핵보유국에 대해서는 핵무기 개발 · 도입 · 보유 금지와 원자력시설에 대한 국제원자력기구(IAEA)의 사찰을 의무화하고 있다. 우리나라는 1975년 86번째로 정식 비준국이 되었으며, 북한은 1985년 가입했으나 IAEA가 임시 핵사찰 이후 특별핵사찰을 요구한 데 반발하여 1993년 3월 NPT 탈퇴를 선언했다. 같은 해 6월 미국과의 고위급회담 후에 탈퇴를 보류하였으나, 2002년에 불거진 북한 핵개발 문제로 2003년 1월 다시 NPT 탈퇴를 선언하였다.

45 파리기후협정(Paris Climate Change Accord)

온실가스 감축목표를 위해 파리에서 체결된 제21차 기후변화협약

2020년에 만료하는 교토의정서체제를 대체하는 기후협약으로, 2015년 12월 12일 파리에서 열린 21차 유엔 기후변화협약 당사국총회 본회의에서 195개 당사국이 채택했다. 교통의정서에서는 선진국만이 온실가스 감축 의무를 부담했지만 파리협정에서는 당사국 모두가 '자국이 스스로 정한 방식'에 따라 의무적인 온실가스 배출 감축을 시행하기로 했다. 그러나 2017년 트럼프 미국 대통령은 파리협정 탈퇴를 선언했고 곧 탈퇴를 공식 통보하여 세계적인 논란을 불러왔다.

46 람사르협약(Ramsar Convention)

물새서식지로서 특히 국제적으로 중요한 습지에 관한 협약

습지의 보호와 지속가능한 이용을 위해 체결한 협약으로 환경올림픽이라고도 불린다. 가맹국은 철새의 번식지가 되는 습지를 보호할 의무가 있으며 국제적으로 중요한 습지를 1개소 이상 보호지로 지정해야 한다. 대한민국은 101번째로 람사르협약에 가입하였으며, 2008년에는 경남 창원에서 람사르협약의 당사국 총회인 '제10차 람사르 총회'를 개최하였다.

47 환태평양경제동반자협정(TPP ; Trans - Pacific Partnership)

아시아 · 태평양 지역 12개국 간 지역 자유무역협정(FTA)

환태평양경제동반자협정(Trans-Pacific Partnership)은 태평양 연안의 광범위한 지역을 하나의 자유무역지대로 묶는 다자간 자유무역협정이다. 미국과 일본이 주도하였으나 미국의 트럼프 대통령이 탈퇴를 선언하면서 2018년 3월 총 11개국이 명칭을 CPTPP로 변경하고 공식서명 절차를 마쳤다.

CPTPP(포괄적 · 점진적 환태평양경제동반자협정)
미국이 환태평양경제동반자협정(TPP)에서 탈퇴를 선언한 후 일본, 캐나다, 멕시코, 호주, 뉴질랜드, 베트남, 말레이시아, 싱가포르, 칠레, 페루, 브루나이 등 11개국이 추진해 출범하였다.

48 자유무역협정(FTA ; Free Trade Agreement)

둘 이상의 국가 간에 수출입 관세와 시장점유율 제한 등의 무역장벽 철폐를 합의하는 조약

국가 간의 자유로운 무역을 위해 무역장벽, 즉 관세 등의 여러 보호벽을 철폐하는 것으로 경제 통합의 두 번째 단계이다. 이로써 좀 더 자유로운 상품거래와 교류가 가능하다는 장점이 있으나 자국의 취약산업 등의 붕괴 우려 및 많은 자본을 보유한 국가가 상대국의 문화까지 좌지우지한다는 점에서 논란이 많다. 상호 간에 관세는 폐지하지만 협정국 외의 다른 나라에 대한 관세를 동일하게 설정할 필요는 없다는 점이 관세동맹과의 차이점이다.

49 양해각서(MOU ; Memorandum Of Understanding)

외교교섭으로 합의한 내용을 확인 · 기록하기 위한 정식계약 체결 이전의 문서

국가 간 정식계약 체결에 앞서 이루어지는 합의서이다. 당사국 사이의 외교교섭 결과에 따라 서로 합의한 사항을 확인 · 기록하거나, 본 조약 · 협정의 후속조치를 목적으로 작성한다. 공식적으로는 법적 구속력을 갖지 않지만 조약과 같은 효력을 갖는다. 포괄적 개념으로는 국가기관 사이, 일반기관 사이, 일반기업 사이 등에서도 다양한 문서의 형태로 이루어질 수 있다.

50 외로운 늑대

자생적 테러리스트

특정 조직이나 이념이 아니라 정부에 대한 개인적 반감을 이유로 스스로 테러에 나선다는 게 특징이다. 이들에 의한 테러는 감행시점이나 방식에 대한 정보의 수집이 어려워 예방이 불가능하다는 점에서 테러조직에 의한 테러보다 더 큰 위협으로 여겨지고 있다. 2000년대 이후 미국에서 탄생한 외로운 늑대는 주로 이슬람계 청년이 많다. 이들이 이민자로서 느끼는 정체성의 혼란 등이 외로운 늑대가 되는 이유가 되기도 한다.

51 법의 체계

헌법 → 법률 → 명령 → 지방자치 법규(조례 · 규칙)

- 헌법 : 국가의 통치조직과 통치작용의 기본원리 및 국민의 기본권을 보장하는 근본 규범
- 법률 : 헌법이 정하는 절차에 따라 국회에서 제정하며 일반적으로 국민의 권리와 의무사항을 규정
- 명령
  - 대통령령 : 법률을 시행하기 위하여 필요한 사항에 관하여 대통령이 발하는 명령
  - 총리령 · 부령 : 국무총리 또는 행정 각부의 장관이 그의 소관 사무에 관하여 법률이나 대통령의 위임에 의거하여 발하는 명령
- 지방자치 법규
  - 조례 : 지방자치단체가 지방의회 의결에 의하여 법령의 범위 내에서 자기의 사무에 관하여 규정한 것
  - 규칙 : 지방자치단체의 장이 법령 또는 조례에서 위임한 범위 내에서 그 권한에 속하는 사무에 관하여 규정한 것

52 기본 6법

헌법, 민법, 형법, 상법, 민사소송법, 형사소송법

- **헌법** : 국민의 기본권을 보장하고 국가의 통치조직과 통치 작용의 기본법칙
- **민법** : 일반인의 사적 생활관계인 재산관계와 가족관계를 규율하는 법률
- **형법** : 범죄와 형벌을 규정한 법률로, 어떤 행위가 범죄이고 이에 대해 어떤 형벌이 부과되는가를 규정
- **상법** : 기업의 생활관계나 기업의 상거래 · 경영에 관한 법률
- **민사소송법** : 사법체계의 권리 실현을 위한 재판 절차를 규정하는 법률
- **형사소송법** : 수사 및 형사재판 절차를 규정한 공법으로 수사의 절차, 재판의 개시, 재판의 절차, 판결의 선고, 선고된 판결에 대한 불복 및 확정 등에 대한 일반적인 법 규정을 망라한 절차법

53 법률 제정 절차

법률안의 제출(국회의원과 정부가 제출) → 법률안의 심의와 의결(국회의장이 상임위원회에 회부) → 상임위원회의 심사 → 법제사법위원회의 체계 · 자구심사 → 전원위원회의 심사 → 본회의 상정(심의 · 의결) → 정부이송 → 대통령의 승인 → 공포

- **제안** : 국회의원 10인 이상 또는 정부가 제안
- **의결** : 제출된 법률안은 소관 상임위원회의 심사를 거쳐 본회의에 회부되고 질의 · 토론을 거쳐 재적의원 과반수의 출석과 출석의원 과반수의 찬성으로 의결
- **공포** : 의결된 법률안은 정부로 이송되어 15일 이내에 대통령이 공포, 법률에 특별한 규정이 없는 한 공포된 날로부터 20일을 경과함으로써 효력 발생

54 신의성실의 원칙

권리의 행사와 의무의 이행은 신의에 좇아 성실히 하여야 한다는 원칙

신의칙은 사법 및 공법에 적용되는 일반원칙으로서 권리의 행사와 의무의 이행에 관한 적정성의 판단기준이자 법률행위의 해석원리이다. 법의 흠결이 있는 경우에 이를 보충하기 위한 수단으로 작용하여야 하는 것으로 강행규범에 반해서는 안 된다. 신의나 성실의 구체적인 내용은 시간이나 장소에 따라 변화되는 것이므로 결국 그 사회의 일반적인 관념에 따라 결정되는 것이다. 이러한 신의칙으로부터 권리남용금지의 원칙, 실효의 원칙, 사정변경의 원칙 등이 파생된다.

55 조세법률주의(租稅法律主義)

조세의 종목과 세율을 법률로써 정해야 한다는 원칙

'법률의 근거 없이 조세를 부과하거나 징수할 수 없다'는 원칙으로, 국민의 재산권 보호와 법률생활의 안정 도모를 목적으로 한다. 그 내용에는 과세요건법정주의, 과세요건명확주의, 소급과세의 금지, 합법성의 원칙 등이 있다.

56 상소(上訴)제도

재판 확정 전에 상급법원에 취소 · 변경을 구하는 불복신청

상소란 법원의 판결에 불복하여 상급법원에 다시 재판을 청구하는 절차이며 항소 · 상고 · 항고 등이 있다.

- 항소(抗訴) : 제1심 판결에 불복하여 고등법원 또는 지방법원 합의부에 다시 재판을 청구하는 절차
- 상고(上告) : 제2심 판결에 불복하여 대법원에 재판을 청구하는 절차
- 항고(抗告) : 법원의 결정이나 명령에 불복하여 상급 법원에 다시 상소하는 절차

57 죄형법정주의(罪刑法定主義)

법률이 없으면 범죄도 없고 형벌도 존재하지 않는다는 원칙

어떤 행위가 범죄가 되고, 그 범죄에 대하여 어떤 처벌을 할 것인가는 미리 성문의 법률에 규정되어 있어야 한다는 원칙이다. 따라서 사회에서 비난받을 만한 행위를 했다 할지라도 그 행위가 법률에 규정되어 있지 않으면 범죄가 되지 않는다는 것이다. 이는 근대 자유주의 인권사상을 배경으로 확립된 것으로 국가기관으로부터 국민의 권리를 보장한다는 데 그 목적이 있다.

58 플리바게닝(Plea Bargaining)

피의자가 혐의를 인정하거나 다른 사람에 대하여 증언을 하면 검찰이 가벼운 범죄로 기소하거나 감형하는 제도

수사에 적극적으로 협조한 피의자에 대해 소추를 면해주거나 형벌을 감해주는 제도로, '유죄협상제도'라고도 한다. 검찰 등 수사기관이 여러 건의 죄를 저지른 피의자를 수사할 때 일단 하나의 혐의로 구속한 뒤 조직범죄의 몸통을 밝힐 수 있도록 피의자와 협상한다. 수사의 편의와 효율성 도모라는 취지이지만 형량을 흥정하는 것은 정의 관념에 위배된다는 비판도 있다.

59 기소유예(起訴猶豫)

검사가 형사 사건에 대하여 범죄의 혐의를 인정하지만 피의자의 연령이나 범행 후의 정황 등을 참작하여 공소를 제기하지 않는 처분

소송조건을 준비하여 범죄의 객관적 혐의가 있는 경우라도 범인의 연령, 지능, 환경, 피해자에 대한 관계, 범행동기와 수단, 결과, 범죄 후의 정황 등의 사항을 참작하여 공소를 제기할 필요가 없을 때 검사는 공소를 제기하지 않을 수 있다. 이 제도는 범행이나 범죄인의 성격 및 행위 등 제반 사항을 참작하여 재판에 회부하지 않고 범죄인에게 기회를 주자는 형사정책상의 배려에서 비롯되었다.

60 특별검사의 임명 등에 관한 법률

상설특별검사제도의 도입 근거를 마련한 법률

대통령 측근이나 고위공직자 등 국민적 관심이 집중된 대형 비리사건에 있어 검찰 수사의 공정성과 신뢰성 논란이 생길 때마다 특별검사제도를 도입 · 운용했다. 그러나 특별검사제도를 도입하기 위한 근거 법률을 제정하는 과정에서 그 도입 여부 및 특별검사의 수사대상, 추천권자 등을 둘러싼 여야 간의 갈등이 끊이지 않았다. 이를 해결하고자 미리 특별검사제도의 발동 경로와 수사대상, 임명 절차 등을 법률로 제정해두고 대상 사건이 발생하면 곧바로 특별검사를 임명하여 최대한 공정하고 효율적으로 수사하기 위해 마련한 법률이다.

〈주요 내용〉

- 수사대상 – 국회가 정치적 중립성과 공정성 등을 이유로 특별검사의 수사가 필요하다고 본회의에서 의결한 사건, 법무부 장관이 이해충돌이나 공정성 등을 이유로 특별검사의 수사가 필요하다고 판단한 사건
- 임명 – 대통령이 특별검사 후보 추천위원회에 2명의 특별검사 후보자 추천을 의뢰하고 추천을 받은 날부터 3일 내에 추천된 후보자 중에서 1명을 특별검사로 임명
- 수사기간 – 준비기간이 만료된 날의 다음 날부터 60일 이내에 담당사건에 대한 수사를 완료하고 공소제기 여부 결정, 대통령의 승인을 받아 한 차례만 30일까지 연장 가능

61 기소독점주의(起訴獨占主義)

공소권을 검사에게 독점시키는 주의

공소를 제기하고 수행할 권한을 검사가 독점하는 것으로 다시 말하면 재판을 받게 할지 여부를 결정할 수 있는 권한을 오직 검사만 갖는다는 뜻이다. 우리나라는 '공소는 검사가 제기하여 수행한다(형사소송법 제246조)' 고 규정하여 기소독점주의와 기소편의주의를 채택하고 있다. 기소독점주의는 공소제기(公訴提起)

의 권한을 검사에게만 부여하는 것이며, 기소편의주의는 형사소송법상 공소의 제기에 관하여 검사의 재량을 허락하고 불기소(기소유예와 무혐의 처분)를 인정하는 제도이다. 2019년 12월 대한민국 본회의에서 "고위공직자범죄수사처(공수처) 설치 및 운영에 관한 법률안"이 통과됨에 따라, 검찰의 기소독점주의가 종전보다 다소 완화될 예정이다.

62 독수독과(毒樹毒果) 이론

고문이나 불법 도청 등 위법한 방법으로 수집한 증거는 증거로서의 능력을 상실한다는 이론

'독이 있는 나무는 열매에도 독이 있다'는 뜻으로 위법하게 수집된 1차적 증거(독수)에 의해 발견된 2차적 증거(과실)의 증거능력을 부정한다는 이론이다. 위법적으로 수집한 증거를 기초로 획득한 2차적 증거를 유죄 인정의 증거로 삼을 수 없지만 2차적 증거수집과 관련된 사정을 전반적으로 고려해 예외적인 경우에는 증거로 사용할 수 있다는 판례가 있다.

63 반의사불벌죄(反意思不罰罪)

피해자의 명시한 의사에 반하여 처벌할 수 없는 죄

범죄는 성립하지만 일정한 범죄에 대해서만은 피해자의 의사를 가장 우선시함에 따라 피해자가 처벌을 원하지 않는다는 명백한 의사표시를 하는 경우 소추할 수 없다. 따라서 이러한 경우 재판을 하지 않으며, 처벌 역시 받지 않게 된다. 재판 진행 중에 의사표시를 할 수도 있는데 이러한 경우에는 공소기각 판결로 재판은 종료된다. 반의사불벌죄로는 명예훼손죄(형법 제307조), 출판물 등에 의한 명예훼손죄(형법 제309조), 폭행죄(형법 제260조 제1항), 존속폭행죄(형법 제260조 제2항), 과실치상죄(형법 제266조) 등이 있다.

64 친고죄(親告罪)

범죄에 대해서 공소를 제기하기 위해서는 피해자의 고소를 필요로 하는 특정 범죄

피해자의 고소가 없으면 수사기관은 가해자에 대해 수사를 개시할 수 없고 기소할 수도 없다. 이러한 점에서 피해자의 고소 없이도 수사나 기소는 할 수 있는 반의사불벌죄와 구별된다. 형사소송법 제230조 제1항은 친고죄에 대해 범인을 알게 된 날로부터 6월을 경과하면 고소하지 못한다고 규정하여 고소기간에 제한을 두고 있다. 친고죄에는 사자(死者)에 대한 명예훼손죄(형법 제308조), 모욕죄(형법 제311조), 비밀침해죄(형법 제316조), 업무상비밀누설죄(형법 제317조) 등이 있다.

65 헌법재판소(憲法裁判所)

헌법에 관한 분쟁이나 법률의 위헌 여부, 탄핵, 정당의 해산 등에 관한 것을 사법적 절차에 따라 해결하는 특별재판소

1987년 이전에는 대법원과 헌법위원회가 헌법재판소의 기능을 담당하였으나 제6공화국 때 개정된 헌법에 의해 1988년 헌법재판소가 출범하였다. 헌법재판소장은 대통령이 국회의 동의를 얻어 임명하며 재판관은 총 9명으로 대통령과 국회, 대법원장이 각각 3명씩 선출하여 대통령이 임명한다. 헌법재판소 재판관의 임기는 6년이며 연임이 가능하고 정년은 만 70세이다. 헌법재판소 재판관은 정당에 가입하거나 정치에 관여할 수 없고, 탄핵 또는 금고 이상의 형의 선고에 의하지 아니하고는 파면되지 않는다.

헌법재판소의 권한

- 탄핵심판 : 국회로부터 탄핵 소추를 받은 자가 있을 경우, 헌법재판소 재판관 6인 이상의 찬성으로 탄핵이 결정된다. 탄핵 결정의 효력은 공직으로부터의 파면에 그친다. 그러나 이로 인해 민·형사상의 책임이 면제되지는 않는다.
- 위헌법률심판 : 법원에서 재판이 진행 중일 때 그 재판과 관련된 법률이 헌법에 반하는지의 여부를 판단하는 것이다. 위헌법률심판을 제청하기 위해서 그 법률은 '재판의 전제'가 되어야 하고, 위헌법률 제청이 결정되면 헌법재판소의 결정이 있을 때까지 재판은 중단된다. 헌법재판소 재판관 6인 이상의 찬성으로 위헌이 결정되며, 그 법률은 효력을 상실한다.
- 정당해산심판 : 정당의 목적이나 활동이 민주적 기본질서에 위배되어 정부가 그 정당의 해산을 제소한 경우 헌법재판소는 재판관 6인 이상의 찬성으로 그 정당의 해산을 결정할 수 있다.
- 권한쟁의심판 : 국가기관 상호 간 또는 국가기관과 지방자치단체 간 및 지방자치단체 상호 간에 그 헌법적 권한과 의무의 범위와 내용에 관하여 다툼이 생긴 경우에 이를 심판한다.
- 헌법소원심판 : 위법한 공권력 발동으로 헌법에 보장된 자유와 권리를 침해당한 국민이 권리를 구제받기 위해 헌법소원을 제기하는 경우 이에 대한 심판을 한다.

66 김영란법

부정청탁 및 금품 등 수수의 금지에 관한 법률

지속적으로 발생하고 있는 공직자의 부패·비리사건으로 인하여 공직에 대한 신뢰 및 공직자의 청렴성이 위기상황에 직면했으나, 효과적으로 규제하기 위한 제도가 부족하다. 이에 김영란 전 국민권익위원장은 공직자 등의 공정한 직무수행을 저해하는 부정청탁 관행을 근절하고, 금품 등의 수수행위를 직무관련성 또는 대가성이 없는 경우에도 제재하도록 하여 공정한 직무수행을 보장하고 공공기관에 대한 국민의 신뢰를 확보하기 위해 이 법률을 발의했다. 위헌 논란으로 헌법소원까지 제기되었지만 2016년 7월 28일 헌법재판소의 합헌 결정에 따라 2016년 9월 28일부터 시행되었다.

〈주요내용〉

- 공직자 등에 대한 부정청탁의 금지
  직접 또는 제3자를 통하여 직무를 수행하는 공직자 등에게 부정청탁을 할 수 없고, 제3자를 위하여 부정청탁을 한 자 또는 제3자를 통하여 부정청탁을 한 자에 대하여 과태료를 부과하며 공직자 등이 부정청탁을 받고 그에 따라 직무를 수행한 경우에는 2년 이하의 징역 또는 2천만 원 이하의 벌금에 처함
- 공직자 등의 금품 등의 수수 금지
  직무 관련 여부 및 기부·후원·증여 등 그 명목에 관계없이 동일인으로부터 1회에 100만 원 또는 매 회계연도에 300만 원을 초과하는 금품 등을 받은 경우에는 3년 이하의 징역 또는 3천만 원 이하의 벌금에 처하고, 직무와 관련하여 대가성 여부를 불문하고 1회에 100만 원 또는 매 회계연도에 300만 원 이하의 금품 등을 받은 경우에는 해당 금품 등 가액의 2배 이상 5배 이하에 상당하는 금액의 과태료를 부과하도록 함
- 위반행위 신고 및 신고자 등의 보호
  위반행위가 발생한 공공기관, 감독기관, 감사원, 수사기관 또는 국민권익위원회에 신고할 수 있도록 함

67 법 적용의 원칙

상위법 우선의 원칙, 특별법 우선의 원칙, 신법 우선의 원칙, 법률불소급의 원칙

- **상위법 우선의 원칙** : 실정법상 상위의 법규는 하위의 법규보다 우월하며, 상위의 법규에 위배되는 하위의 법규는 정상적인 효력이 발생하지 않는다는 원칙이다.
- **특별법 우선의 원칙** : 특정한 사람, 사물, 행위 또는 지역에 국한되는 특별법이 일반법보다 우선적으로 적용된다는 원칙이다.
- **신법 우선의 원칙** : 법률이 새로 제정 또는 개정되어 법률 내용에 충돌이 생겼을 때, 신법이 구법에 우선하여 적용된다는 원칙이다.
- **법률불소급의 원칙** : 새롭게 제정 또는 개정된 법률은 그 법률이 효력을 가지기 이전에 발생한 사실에 대해 소급하여 적용할 수 없다는 원칙으로, 법적 안정성을 반영한 것이다. 형법에서 특히 강조된다.

68 영조물책임

영조물의 하자에 대한 배상책임

영조물은 특정한 공적목적을 달성하기 위한 국가 또는 지방자치단체 등의 인적·물적 시설의 종합체를 의미한다. 국가배상법 제5조 제1항에 따라 도로·하천 등 공공 영조물(營造物)의 설치나 관리의 하자(瑕疵)로 인해 타인에게 손해를 발생하게 했을 때에 국가나 지방자치단체는 그 손해를 배상해야 한다. 이때 국가 등의 배상책임이 성립하기 위해서는 '도로 및 하천 기타 공공의 영조물일 것, 설치 및 관리에 하자가 있을 것, 타인에게 손해가 발생하게 했을 것' 이 요구된다.

69 배타적경제수역(EEZ ; Exclusive Economic Zone)

자원에 대해 독점적 권리를 행사할 수 있는 자국 연안으로부터 200해리까지의 수역

자국 연안으로부터 200해리까지의 수역에 대해 천연자원의 탐사 · 개발 및 보존, 해양환경의 보존과 과학적 조사활동 등 모든 주권적 권리를 인정하는 유엔해양법상의 개념이다. 영해와 달리 영유권은 인정되지 않는다. 따라서 어업행위 등 경제활동의 목적이 없는 외국 선박의 항해와 통신 및 수송을 위한 케이블이나 파이프의 설치는 허용되지만 자원탐사 및 개발, 어업활동 등의 경제활동은 연안국의 허가를 받아야 하며, 이를 위반했을 때는 처벌을 받는다.

70 오픈프라이머리(Open Primary, 예비선거)

미국의 예비선거에서 무소속 유권자나 다른 정당원에게도 투표할 수 있는 자격을 개방하는 방식

미국에서는 본 선거를 치르기 전에 선거구별로 후보자를 선정하는 예비선거(Primary)를 치르는데, 이때 투표 자격에 제한을 두지 않고 무소속 유권자나 다른 정당원에게도 투표할 수 있는 자격을 개방한다. 이러한 방식을 오픈프라이머리라고 한다. 단, 유권자는 한 정당의 예비선거에만 투표할 수 있다. 우리나라에서는 기존의 하향식 공천제도가 안고 있는 문제점을 해소해줄 수 있다는 기대에 따라 2015년 7월 이후 지속적으로 오픈프라이머리가 논의되고 있다.

71 엽관주의(Spoils System)

선거로 정권을 잡은 사람 또는 정당이 관직을 지배하는 인사 관행

"전리품은 승자의 것이다"라고 한 미국 상원의원 마시의 말에서 유래한 것으로, 당시 관직을 선거에서 이긴 정당 혹은 사람의 '전리품'이라 여기게 되면서 이루어진 인사 관행을 말한다. 19세기 미국의 공무원 인사제도는 엽관주의에 따라 선거를 통해 집권한 정당에 의해 이루어졌는데, 이렇게 정당에 대한 기여나 당선자(인사권자)와의 개인적 관계에 의해 관직을 임용하게 됨에 따라 행정능률이 저하되고 행정질서가 교란되는 각종 문제가 발생하면서 실적주의가 대두하게 되었다. 우리나라의 경우는 엽관주의를 지양하고 정권교체에 따른 국가작용의 혼란을 예방하여 일관성 있는 공무수행의 독자성을 유지하기 위해 헌법과 법률에 따라 공무원의 신분이 보장되는 직업공무원제를 채택하고 있다.

경제 · 경영 · 금융

01 경제분석일반

거시적 관점에서 경기, 금리, 통화량, 물가, 환율, 주가의 관계를 분석하는 것

주가는 경기변동의 선행지표이며 경제성장률은 주가와 양(+)의 상관관계를 갖는다.

① 통화량과 주가
- 통화량 증가 → 유동성 풍부 → 명목소득 상승 → 주식수요 증가 → 주가 상승
- 통화량 감소 → 인플레이션 압박 → 주가 하락

② 금리와 주가
- 금리하락 → 자금조달 확대 → 설비투자 확대 → 수익성 상승 → 주가 상승
- 금리상승 → 자금조달 축소 → 설비투자 축소 → 수익성 하락 → 주가 하락

③ 물가와 주가
- 완만한 물가상승 → 기업판매이윤 증가 → 주가 상승
- 급격한 물가상승 → 제조비용 증가 → 실질구매력 감소 → 기업수지 악화 → 주가 하락

④ 환율과 주가
- 환율인하 → 수입증가, 수출감소 → 기업의 수익성 하락 → 주가 하락
- 환율상승 → 수입감소, 수출증가 → 기업의 수익성 증가 → 주가 상승

⑤ 원자재가격과 주가
- 원자재가격 상승 → 제조비용 상승 → 국내제품가격 상승 → 판매하락 → 주가 하락
- 원자재가격 하락 → 제조비용 하락 → 국내제품가격 하락 → 판매상승 → 주가 상승

02 경제성장률

한 나라 경제가 일정 기간 동안 실질적으로 성장하는 비율을 나타낸 것으로 통상 1년 단위로 측정

국가의 실질액의 증가율을 나타내고 있기 때문에 '실질성장률' 이라고도 한다.

$$\text{경제성장률(\%)} = \frac{\text{이번 연도 실질 GDP} - \text{전년도 실질 GDP}}{\text{전년도 실질 GDP}} \times 100$$

03 시장의 종류

완전경쟁시장 · 독점시장 · 과점시장 · 독과점시장 등

- 완전경쟁시장 : 수많은 판매자와 수많은 구매자가 주어진 조건에서 동일한 재화를 사고파는 시장
- 독점적 경쟁시장 : 소수 기업들이 독점적 입장의 강화를 꾀하면서도 서로 경쟁하는 시장
- 독점시장 : 특정 기업이 생산과 시장을 지배하고 있는 시장

04 국내총생산(GDP ; Gross Domestic Product)

일정 기간 동안에 한 나라의 국경 안에서 생산된 모든 최종생산물의 시장가치

- 일정 기간 동안 : 유량개념을 의미하며 보통 1년을 단위로 측정
- 한 나라의 국경 안 : 속지주의 개념으로, 외국인이 국내에서 생산한 것은 포함되지만 내국인이 국외에서 생산한 것은 제외
- 최종생산물 : 중간생산물은 제외
- 시장가치 : 시장에서 거래된 것만 포함

리디노미네이션(Redenomination)
한 나라에서 통용되는 화폐의 액면가(디노미네이션)를 동일한 비율의 낮은 숫자로 변경하는 조치를 말한다. 이전에는 디노미네이션(Denomination)이라 불렸으나 디노미네이션이 화폐, 채권, 주식 등의 액면금액을 의미하는 것이므로 한국은행은 화폐단위 변경을 영어로 표현하려면 '리디노미네이션' 또는 '디노미네이션의 변경'이라는 표현을 사용하도록 독려하고 있다.

05 비경제활동인구

만 15세가 넘은 인구 가운데 취업자도 실업자도 아닌 사람

일을 할 수 있는 능력은 있으나 일할 의사가 없거나, 일할 능력이 없어 노동에 기여하지 못하는 사람을 이르는 말이다. 조사대상 주간 중 취업자도 실업자도 아닌 만 15세 이상인 자로, 집안에서 가사와 육아를 전담하는 가정주부, 학교에 다니는 학생, 일을 할 수 없는 연로자와 심신장애자, 자발적으로 자선사업이나 종교단체에 관여하는 자 등을 말한다.

06 인플레이션(Inflation)

개별상품 및 서비스 가격들의 평균값이 지속적으로 상승하는 현상

화폐가치가 하락하여 물가가 상승하는 현상을 말한다. 예를 들어 100원짜리 사과가 인플레이션으로 인해 300원, 500원으로 가격이 높아지는 것인데, 이는 화폐가 시중에 많이 풀려 화폐가치가 하락하면서 나타난다.

07 리디노미네이션(Redenomination)

한 나라에서 통용되는 화폐의 액면가(디노미네이션)를 동일한 비율의 낮은 숫자로 변경하는 조치

화폐의 가치적인 변동 없이 액면을 동일 비율로 하향 조정하는 것을 말한다. 경제 규모가 커지고 물가가 상승함에 따라 거래되는 숫자의 자릿수가 늘어나는 계산상의 불편을 해소하기 위해 도입한다.

08 스태그플레이션(Stagflation)

경기침체기에 발생하는 인플레이션으로, 저성장 · 고물가의 상태

경기침체를 의미하는 '스태그네이션(Stagnation)'과 물가상승을 의미하는 '인플레이션(Inflation)'을 합성한 용어로, 경제활동이 침체되고 있는 상황에서도 물가는 지속적으로 상승하고 있는 현상이다. 스태그플레이션이 발생할 경우 경제성장과 물가안정 어느 쪽도 달성하기가 힘들어진다.

09 스크루플레이션(Screwflation)

쥐어짤 만큼 어려운 경제상황에서 체감물가가 올라가는 상태

'돌려 조인다', '쥐어짜다'라는 의미의 스크루(Screw)와 인플레이션(Inflation)의 합성어이며, 물가상승과 실질임금 감소, 주택가격 하락과 임시직의 증가 및 주가 정체 등으로 중산층의 가처분 소득이 줄어들었을 때 발생한다. 중산층의 소비가 이루어져야 생산과 고용이 늘어나게 되고 궁극적으로 경제가 성장하기 마련이지만 물가상승과 실질임금 감소 등의 원인으로 중산층이 더 이상 활발한 소비를 하지 않게 되면서 스크루플레이션이 발생한다.

10 버블경제

경제가 실물부문의 움직임을 반영하지 못한 상태로 실제보다 과대평가되었을 때의 경기상태

특정상황이나 투자자산 또는 기업의 가치 등에 있어서 그것이 갖고 있는 내재적 가치에 비해 시장에서 형성된 가격이 과대평가된 것을 말한다. 흔히 시장이 과열되었다고 말하며 비이성적인 투기행위로 본다. 최초의 버블경제로 여겨지는 것은 17세기 네덜란드의 튤립파동이며, 파장이 가장 컸던 사례는 1980년대 일본의 부동산버블이다. 당시 일본에서는 주가가 상승하면서 집값이 실제 자산가치에 비해 폭등하였으나 주가와 지가가 하락하게 되면서(거품이 빠지면서) 일본경제는 1990년대 초부터 침체기로 접어들었다.

11 피구효과(Pigou Effect)

물가 하락 시 화폐의 실질가치는 증대해 결국 완전고용이 실현된다는 이론

경기불황이 심해짐에 따라 물가가 급속히 하락하고 경제주체들이 보유한 화폐량의 실질가치가 증가하게 되어 민간의 자산이 증가하면서 소비 및 총 수요가 증대되는 효과를 말한다. 피구효과는 케인즈 학파의 유동성 함정 논리에 대항하기 위해 고전학파들이 사용하는 논리로, 유동성 함정이 존재한다고 해도 물가가 신축적이라면 극심한 불황에서 자연스럽게 탈출하여 완전고용을 이룰 수 있다고 본다.

12 소비자물가지수(CPI ; Consumer Price Index)

소비자가 구입하는 재화의 가격과 서비스 요금의 변동을 종합적으로 측정하기 위해 작성되는 물가지수

각 가정이 생활을 위해 구입하는 상품과 서비스의 가격 변동을 알아보기 위해 작성하는 통계로, 소비자가 구입하는 수많은 상품과 서비스의 가격수준, 단위, 가격흐름을 지수로 산정하여 누구나 쉽게 알아볼 수 있도록 만든 것이다.

13 소비절벽

경기불황이 이어지면서 소비자들의 불안심리가 커져 소비가 급격하게 줄어드는 현상

30~50대 주력 소비계층이 미래에 대한 대비를 위해 소비를 줄이는 대신 저축 등을 하면서 나타난다. 이런 식으로 주력 소비계층이 지갑을 닫으면서 전체 소비가 감소하고 그로 인해 경제가 더욱 침체되는 결과로 이어진다.

14 통화정책

유통되는 통화량을 조절하면서 경제활동의 수준을 조절하는 중앙은행의 정책

중앙은행이 통화량 및 금리를 조절함으로써 고용 · 물가안정 · 국제수지개선 등의 목표를 달성하기 위한 정책이다. 중앙은행은 재할인정책, 지급준비정책, 공개시장정책 등의 수단을 통해 정책목표를 이루려 한다.

- **경기침체 시** : 중앙은행이 통화량을 늘리거나 이자율을 인하하는 등 확장통화정책을 펴면 투자지출과 소비지출이 증가하여 총수요가 확대되면서 경기회복
- **경기과열 시** : 중앙은행이 시중의 돈을 환수하여 통화량을 줄이거나 이자율을 인상하는 긴축통화정책을 펴면 투자와 소비가 감소하면서 총수요가 줄어들어 경기회복

15 양적완화(Quantitative Easing)

금리인하를 통한 경기부양효과가 한계에 봉착했을 때, 중앙은행이 국채매입 등을 통해 유동성을 시중에 직접 푸는 정책

정책금리가 0%에 근접하거나 혹은 다른 이유로 시장경제의 흐름을 정책금리로 제어할 수 없는 이른바 유동성 저하 상황에 처했을 때, 유동성을 충분히 공급함으로써 중앙은행의 거래량을 확대하는 정책이다. 중앙은행은 채권이나 다른 자산을 사들임으로써 이율을 더 낮추지 않고도 돈의 흐름을 늘리게 된다.

16 총부채상환비율(DTI ; Debt To Income ratio)

총소득에서 부채(빚)의 연간 원리금 상환액이 차지하는 비율

금융부채 상환능력을 소득으로 따져 대출한도를 정하는 방식이다. 은행 등 금융기관이 대출금액을 정할 때 대출자의 상환능력을 검증하기 위해 활용하는 개인신용평가시스템과 비슷한 개념이다. 수치가 낮을수록 빚 상환능력이 양호하거나 소득에 비해 대출규모가 작다는 의미이다.

$$\text{DTI} = \frac{\text{해당 주택담보대출 연간원리금상환액} + \text{기타부채의 연간이자상환액}}{\text{연소득}}$$

17 주택담보대출비율(LTV ; Loan To Value ratio)

집을 담보로 은행에서 돈을 빌릴 때 집의 자산가치를 얼마로 보는가의 비율

주택의 종류 및 주택의 소재 지역에 따라 담보자산의 시가 대비 처분가액 비율이 달라질 수 있다. 이는 과도한 부동산 담보대출을 억제하고 부동산 투기를 막는 데 효과가 있다. 보통 기준시가가 아닌 시가의 일정 비율로 정한다.

$$LTV = \frac{\text{주택담보대출금액} + \text{선순위채권} + \text{임차보증금 및 최우선변제소액임차보증금}}{\text{담보가치}}$$

18 통화스와프(Currency Swap)

다양한 계약 조건에 따라 일정 시점에 통화, 금리 등의 교환을 통해 이뤄지는 금융기법

스와프에는 외국환을 거래하는 외환스와프, 통화를 교환하는 통화스와프, 동일한 통화의 이자를 서로 교환하는 금리스와프 등이 있다. 스와프는 서로의 부채를 교환하여 위험을 회피하려는 것이 목적이다. 국가 간의 통화스와프 협정은 두 나라가 자국 통화를 상대국 통화와 맞교환하는 방식으로 이뤄지며 한 나라에 외환위기가 발생하면 상대국이 즉각 외화를 융통해줌으로써 유동성 위기에서 벗어나고 환시세의 안정을 꾀할 수 있다.

19 코픽스(COFIX)

2010년 2월에 도입된 대출 기준금리

은행의 자본조달 비용을 반영한 주택담보대출 기준금리를 말한다. 은행연합회가 매달 한 번씩 9개 시중은행으로부터 정기예금, 정기적금, 상호부금, CD, 환매조건부채권, 금융채 등 자본조달 상품관련 비용을 종합하여 산출한다. 은행들이 대출금리를 결정할 때 코픽스에 대출자의 신용도를 반영하여 일정한 가산금리(스프레드)를 더한다. 잔액을 기준으로 하는 방법과 신규 취급액을 기준으로 하는 방법이 있다.

20 테킬라효과(Tequila Effect)

한 국가의 금융 · 통화위기가 주변의 다른 국가로 급속히 확산되는 현상

1994년 멕시코의 외환사정 악화로 발생한 경제위기가 브라질, 아르헨티나 등 주변의 중남미국가로 번진 데서 유래했다. 멕시코의 전통 술인 테킬라에 빗댄 표현으로, 한 나라의 경제위기로 인해 주변 국가들이 덩달아 취하는 것처럼 확산된다는 의미에서 만들어졌다. 1997년 태국의 외환위기가 필리핀 · 한국 · 말레이시아 등에 영향을 끼쳐 우리나라가 IMF로부터 구제금융을 받게된 것도 테킬라효과의 하나로 볼 수 있다.

21 거미집 이론

가격과 공급량의 주기적 변동을 나타내는 이론

1934년 미국의 계량학자 W. 레온티에프 등에 의해 거의 완전한 형태로 정식화된 이론이다. 수요의 반응에 대응하여 수요량은 대체로 즉각적인 반응을 보인다고 할 수 있으나 공급량은 반응이 나타나기까지 일정한 시간이 필요하기 때문에 실제 균형가격은 시행착오를 거친 후에야 가능하게 된다. 이를 수요공급곡선상에 나타내면 가격이 마치 거미집과 같은 모양으로 균형가격에 수렴되므로 거미집 이론이라고 부른다.

22 골디락스(Goldilocks)

높은 성장률을 기록하면서도 물가상승 압력이 거의 없는 이상적인 경제상황

영국 동화 〈골디락스와 곰 세 마리〉에 등장하는 소녀 이름에서 유래한 용어이다. 동화에서 여주인공 골디락스는 곰이 끓이고 나간 세 가지의 수프인 뜨거운 것과 차가운 것, 적당한 것 중에서 적당한 것을 먹고 딱딱한 침대, 너무 물렁한 침대, 적당한 침대 중 적당한 침대에 누워 쉬는데 이러한 골디락스를 경제에 비유하여 뜨겁지도 차갑지도 않은, 안정적인 경제 상태를 표현한다. 가격이 아주 비싼 상품과 싼 상품, 중간 가격의 상품을 함께 진열하여 중간 가격의 상품을 선택하게 유도하는 판촉기법을 '골디락스 가격'이라고 하기도 한다.

23 VIX(Volatility Inde-X)

변동성지수

미국 CBOE(시카고 옵션거래소)에서 거래되고 있는 S&P500지수 옵션의 향후 30일간의 변동성에 대한 시장의 기대를 나타내는 것으로 증시에 참여하고 있는 투자자들의 심리를 판단하는 지표가 된다. 증시의 변동성이 커질 것이라는 기대심리가 커질수록 VIX지수는 상승하는데, VIX지수가 계속 상승하게 되면 주가는 하락하게 된다. 변동성 확대에 대한 기대가 크다는 것은 그만큼 투자자들의 심리가 불안하다는 것을 의미한다. 이렇게 VIX지수는 증시지수와 반대로 움직여, 흔히 VIX지수를 '공포지수(Fear Index)' 라고 부른다. 보통 20~30 정도의 수준에 있을 때를 안정적이라고 본다.

24 지니(Gini)계수

빈부격차와 계층 간 소득분포 불균형 정도를 나타내는 수치

각 계층 사이에서 이루어지는 소득 분배가 얼마나 평등한지를 나타내는 수치이며 계층의 빈부격차를 한눈에 보여준다. 저소득층에서 고소득층을 향하는 사람의 수를 누적 백분율로 하여 가로축으로 나타내고 그 사람들의 소득에 대한 누적 백분율을 세로축으로 나타낼 때 그려지는 로렌츠 곡선과 대각선으로 둘러싸인 면적을 대각선 아래쪽의 직각 삼각형의 면적으로 나눈 비율이다. 이 수치가 0에 가까울수록 소득분배가 평등하게 이루어졌다고 평가한다.

25 엥겔계수(Engel' s Coefficient)

총 가계지출액 중에서 식료품비가 차지하는 비율

저소득가계일수록 가계 지출 중 식료품비가 차지하는 비율이 높고, 고소득가계일수록 식료품비가 차지하는 비율이 낮다는 이론이다. 식료품은 필수품이기 때문에 소득수준과 관계없이 반드시 일정한 비율을 소비해야 하며 동시에 어느 수준 이상은 소비할 필요가 없는 재화이다. 따라서 엥겔계수는 소득 수준이 높아짐에 따라 점차 감소하는 경향이 있다. 엥겔은 엥겔지수가 25% 이하이면 소득 최상위, 25~30%이면 상위, 30~50%이면 중위, 50~70%이면 하위, 70% 이상이면 극빈층이라고 정의했다.

$$\text{엥겔계수} = \frac{\text{식료품비}}{\text{총 생계비}} \times 100$$

26 빅맥지수

맥도날드의 빅맥 햄버거 값을 비교해 각국의 통화가치와 통화의 실질 구매력을 평가하는 지수

영국 이코노미스트지는 전 세계적으로 팔리고 있는 맥도날드 햄버거인 빅맥가격을 기준으로 한 빅맥지수를 분기별로 발표하는데, 이것은 '환율은 두 나라에서 동일한 상품과 서비스의 가격이 비슷해질 때까지 움직인다'는 구매력 평가설을 근거로 적정환율을 산출하는 데 활용된다.

27 롱테일 법칙(Long Tail Theory)

전체 제품의 80%에 해당하는 하위의 다수가 20%에 해당하는 상위 상품보다 더 뛰어난 가치를 창출한다는 이론

'롱테일'은 판매곡선에서 판매율이 높아 솟아오른 머리 부분 다음에 낮은 판매율이 길게 이어지는 꼬리 부분을 가리키는 말이다. 잡지의 편집장인 크리스 앤더슨이 "인터넷 비즈니스에 성공한 기업들 상당수가 20%의 머리 부분이 아니라 80%의 꼬리에 기반하여 성공했다"고 주장하면서 대두된 이론이다. 파레토 법칙과 반대되는 이론이라 하여 '역파레토 법칙'이라고도 한다. 80%에 해당하는 비주류 상품들의 매출이 20%에 해당하는 주류 상품 못지않은 경제성을 지니고 있다는 것이다.

28 공유경제

물품을 소유의 개념이 아닌, 서로 대여 및 차용해 쓰는 개념으로 인식하는 경제활동

한번 생산된 제품을 여럿이 공유해 쓰는 협업소비를 기본으로 하여 자동차나 빈방 등 활용도가 떨어지는 물품이나 부동산을 다른 사람과 함께 공유함으로써 자원 활용을 극대화하는 경제활동을 말한다. '공유경제'라는 용어는 2008년 하버드 대학교의 로렌스 레식 교수가 그의 저서 〈리믹스〉에서 처음 사용하면서 등장하였다. 현대사회에 맞춘 합리적인 소비를 하자는 인식에서 부각되었고, 스마트폰의 발달이 활성화에 기여하면서 보편적인 개념으로 발전하였다. 모바일 차량서비스인 '우버', 집을 공유하는 '에어비앤비', 카셰어링 서비스인 '쏘카' 등이 공유경제의 대표적인 사례이다.

29 필립스 곡선

임금상승률과 실업률과의 관계를 나타낸 그래프

경제성장과 안정은 동시에 달성하기 어렵다. 실업을 줄이기 위한 확장정책은 인플레이션을 초래하여 임금

상승률을 높이고, 실업률이 증가하면 임금상승률은 낮아지는데 이러한 관계를 나타낸 곡선이 필립스 곡선이다. 필립스 곡선은 단순히 경험적 관계에서 도출한 것에 불과하지만 완전고용과 물가안정이란 두 가지 경제정책 사이의 모순을 지적함으로써 정책문제의 분석에 큰 공헌을 하였다고 평가된다.

30 한계효용체감의 법칙

한 재화의 소비량이 일정 단위를 넘어서면, 소비량이 증가할수록 그 재화의 한계효용이 지속적으로 감소하는 것

어떠한 재화를 추가적으로 소비함에 있어 얻는 만족도를 의미한다. 즉, 어떤 상품을 한 단위 더 추가적으로 소비함으로써 소비자가 얼마만큼 더 만족을 느낄 수 있는지를 나타내는 것이다. 예를 들어 배가 고픈 사람이 삼각김밥을 먹는다고 가정하면, 처음 하나를 먹을 때의 만족도는 매우 크지만 두 개, 세 개를 추가적으로 계속 먹으면 점점 배가 불러 나중에는 먹기가 싫어져 만족도가 거의 없을 것이다. 이것이 한계효용체감의 법칙이다.

31 가치의 역설(스미스의 역설)

가격과 효용의 괴리 현상

사람이 살아감에 있어 매우 중요하고 반드시 필요한 물이 헐값에 팔리는 데 반해 일상생활에서 거의 쓸모가 없는 다이아몬드는 매우 비싼 가격에 팔린다. 이러한 모순이 발생하는 이유는 다이아몬드의 총 효용은 작지만, 존재량이 매우 적어 한계효용이 높기 때문이다. 반면 물은 총 효용은 크지만, 존재량과 소비량이 매우 많아 한계효용이 0에 가깝기 때문에 가격이 매우 낮은 것이다. 즉, 가치의 역설은 상품가격이 총 효용이 아닌, 한계효용에 의해 결정되기 때문에 물의 총 효용이 다이아몬드의 총 효용보다 훨씬 크다 해도 값은 정반대가 되는 것이다.

32 베블런효과(Veblen Effect)

가격이 오르는데도 오히려 수요가 증가하는 현상(가격은 가치를 반영)

미국의 사회학자이며 사회평론가인 베블런(Thorstein Bunde Veblen)이 1899년 출간한 〈유한계급론〉에서 언급한 것으로, 자신의 성공을 과시하기 위한 상류층의 소비가 반영된 현상이다. 즉, 가격이 오르는데도 불구하고 수요가 줄지 않고 오히려 증가하는 것을 말한다.

33 자물쇠효과(Lock-in Effect)

계속 같은 브랜드의 상품을 구입하는 현상

기존의 제품 및 서비스보다 더 뛰어난 것이 나와도 이미 투자된 비용이나 기회비용, 혹은 복잡함이나 귀찮음으로 인해 타 제품 및 서비스로 옮겨가지 못하게 되는 것을 말한다. 상품을 무상이나 저가로 제공하여 고객을 확보한 후 유료로 전환해도 고객이 기존 상품에 비용을 지불하고 사용하는 경우가 이에 해당한다.

34 제품수명주기(PLC ; Production Life Cycle)

제품이 시장에 나온 후 쇠퇴하기까지의 과정

이 수명주기는 제품의 성격에 따라 다르지만 대체로 도입기 · 성장기 · 성숙기 · 쇠퇴기의 과정으로 나눌 수 있다. 특히 기업이 노력을 전개해야 할 부분은 도입기와 성장기이며, 기업은 성장을 위해서 언제나 성장기에 있을 만한 제품을 라인에 끼워 두고 신제품 개발이나 경영의 다각화를 시도하여야 한다.

- 도입기 : 제품수명주기의 도입기는 신제품이 처음 시장에 선을 보이면서 시작된다. 이 시기의 마케팅활동은 소비자들과 중간 상인들에게 제품의 존재와 제품의 이점을 알리는 데 중점을 두게 되며, 광고와 판매촉진에 많은 투자를 한다.
- 성장기 : 성장기에는 소비자들이 문제의 제품에 대해서 이미 어느 정도 알게 되고, 그 제품을 취급하는 점포도 증가하게 되므로 판매가 급속히 증가한다.
- 성숙기 : 자사 제품의 독특한 점을 부각시켜 자사 제품이 경쟁 제품과 구별되도록 하는 데 주안점을 둔다.
- 쇠퇴기 : 판매부진과 이익감소로 인하여 몇몇 회사는 시장을 떠나고, 남은 회사들은 광고와 판매촉진비를 줄이고 가격을 더 낮추며, 원가 관리를 강화하는 등의 자구책을 강구하게 된다.

35 블랙박스(Blackbox)전략

신기술에 대한 정보를 원천봉쇄하기 위해 특허출원을 하지 않는 전략

신기술을 개발한 기업이 관련된 특허를 출원할 경우 경쟁업체가 이 기술을 참고할 수 있는 가능성이 생기므로 신기술이 공개되는 것을 막기 위해 아예 특허출원을 하지 않은 채 기술을 숨기는 전략을 말한다. 특허출원으로 인한 수입보다 자신들만이 보유한 기술력으로 시장에서 경쟁하는 것이 더 나은 효과를 얻는다는 판단에서 활용되고 있다.

36 솔로이코노미(SOLO Economy)

1인 가구의 소비트렌드 및 그에 맞춘 유통전략

저성장, 이혼율 증가, 고령화, 결혼 기피 현상 등으로 인해 사회의 모습이 변화하면서 1인 가구가 우리나라의 대표적인 가구 형태가 되었다. 통계청에 따르면 1인 가구는 전체의 28.5%(2017년 기준)를 차지한다고 한다. 이처럼 1인 가구가 증가함에 따라 소비문화도 급격하게 변하고 있는데 이러한 현상을 솔로이코노미라 한다. 1인 가구의 소비는 가족을 위한 소비가 아닌 자신을 위한 소비가 주축을 이루고, 주거비나 사교육비에 대한 부담이 상대적으로 적다는 것이 특징이다. 이러한 추세에 맞춰 유통업계 역시 1인 가구의 소비 키워드인 '솔로(S · O · L · O)' 에 맞춘 유통전략을 적극 추진하고 있다.

〈S · O · L · O(솔로)〉

- Self : 1인 가구는 혼자 보내는 시간과 혼자 하는 활동이 많기 때문에 가족에 대한 지출이 적고 취미생활이나 자기계발에 대한 지출을 아끼지 않는다.
- Online : 1인 가구 소비자는 무게가 많이 나가거나 혼자 들기 어려운 부피의 제품들을 주로 온라인으로 구매하는 소비패턴을 갖고 있다.
- Low-price : 할인된 가격을 추구하여 세일기간에 맞춰 구매하는 것을 의미한다. 가격대가 저렴하면서도 효율성을 추구하는 1인 가구의 특성이라고 할 수 있다.
- One-stop : 혼자 소비하기 적당한 양을 간편하게 소비하려는 1인 가구의 소비성향을 바탕으로 편의점은 연매출이 지속적으로 성장하고 있고 식품업계는 1인 가구를 겨냥한 가정간편식을 쏟아내어 간편식 매출이 급증하고 있다.

37 스몰럭셔리(Small Luxury)

작은 사치로 만족을 얻는 소비트렌드

높은 실업률과 경기침체 등의 불황 속에서 비싼 가격의 명품들 대신 음식, 화장품 등 비교적 작은 것으로부터 사치를 부리는 새로운 소비트렌드와 이러한 소비트렌드로부터 나타나는 현상들을 말한다. 한 잔에 5,000원이 넘는 금액의 커피를 마시면 '사치' 라고 생각되지만 어려운 경제상황에서도 삶의 가치를 높이고 싶은 마음은 누구에게나 있다. 이러한 사람들에게 그 커피는 약간의 사치이지만 어려운 삶에서 위로가 되는 것이자 큰 만족을 주는 존재이다. 명품가방이나 구두, 자동차 등에 비하면 적은 금액이나 그 효과는 그에 못지않은 것이다. 이러한 소비트렌드를 반영한 예쁜 인테리어의 안락한 카페들과 다양한 디저트를 접할 수 있는 식음료업계는 호황을 누리고 있다.

38 마케팅믹스 4요소(Marketing mix, 4P's)

마케팅의 목표 달성을 위해 필요한 요소를 최적으로 조합하는 것이다

마케팅믹스란 표적시장에서 마케팅 목표를 달성하기 위해 필요한 요소들의 조합을 말한다. 마케팅믹스는 크게 제품(Product), 가격(Price), 유통(Place), 촉진(Promotion)이라는 4가지 요소로 구성되는데, 이 요소들을 조합해서 마케팅 목표를 달성하는 것이 마케팅믹스의 핵심이다.

39 PPL(Product PLacement, 간접광고)

영화나 드라마의 장면에 상품이나 브랜드 이미지를 노출시키는 광고기법

기업의 상품을 영화나 TV 프로그램 등의 소품으로 배치시키거나 브랜드 로고를 특정 장면에 노출시키는 등의 간접적인 방법으로 홍보하는 광고기법이다. 간접적이지만 그 효과와 영향이 매우 커서 일반광고보다 까다로운 규정을 준수해야 한다.

40 코즈(Cause) 마케팅

기업과 사회적 이슈가 연계되어 상호이익을 추구하는 것

기업이 일방적으로 기부나 봉사활동을 하는 것에서 나아가 기업이 공익을 추구하면서도 이를 통해 실질적인 이익을 얻을 수 있도록 공익과의 접점을 찾는 것이다. 예를 들어 소비자가 물을 구입하면 수익의 일부가 아프리카 어린이들이 마시는 물을 정화하기 위한 비용으로 기부되는 등 소비자의 구매가 기부활동으로 연결되게 하는 것이다.

41 O2O(Online To Offline) 마케팅

온라인과 오프라인이 결합된 마케팅

오프라인을 위한 온라인 마케팅으로 모바일 서비스를 기반으로 한 오프라인 매장의 마케팅 방법이다. 스마트 기기가 이제는 없어서는 안 될 필수품으로 자리 잡으면서 새로운 융합 산업인 'O2O 마케팅' 시장 선점을 위한 주요 기업들의 소리 없는 전쟁이 시작되고 있다.

42 프로슈머(Prosumer) 마케팅

생산자적 기능을 수행하는 소비자를 활용한 마케팅

1980년 앨빈 토플러가 〈제3의 물결〉에서 처음 사용한 용어로 기업의 생산자(Producer)와 소비자(Consumer)의 합성어이다. 즉, 생산자적 기능을 수행하는 소비자를 말하는데 소비자들이 자신들의 욕구에 따라 직접 상품의 개발을 요구하고 심지어 유통에까지 관여하는 마케팅을 말한다.

43 니치(Niche) 마케팅

시장의 빈틈을 공략하는 새로운 상품을 내놓아 경쟁력을 제고시키는 마케팅

'니치(Niche)'란 틈새를 비집고 들어가는 것을 의미하는 것으로 세분화된 시장이나 소비상황을 설명하는 말이기도 하다. 니치 마케팅은 특정한 성격을 가진 소규모의 소비자를 대상으로 판매목표를 설정하는 것인데, 국내에서는 남성 전용 미용실 '블루클럽'이나 '왼손잡이용 가위' 등이 대표적인 니치 마케팅 상품에 해당한다.

44 퍼플카우(Purple Cow) 마케팅

인상적이고 계속 화제가 되는 제품을 개발하여 보는 순간 사람들의 시선을 확 잡아끌어 초기 소비자를 장악하는 마케팅기법

'퍼플카우'는 보는 순간 사람들의 시선을 확 잡아끄는 추천할 만한 제품이나 서비스를 가리키는 말이다. 미국의 저명한 마케팅 전문가 '세스 고딘'은 "우리가 알고 있는 일반적인 소의 이미지가 아니라 눈에 확 띌 수 있도록 소를 보라색으로 바꾸는 것처럼 기존의 제품보다 새롭고 흥미진진해야 살아남을 수 있다"고 강조하며 이 용어를 처음 사용하였다.

45 퍼플오션(Purple Ocean)

레드오션과 블루오션의 장점만을 따서 만든 새로운 시장

레드와 블루를 섞었을 때 얻을 수 있는 보라색 이미지를 사용하여 경쟁이 치열한 레드오션에서 자신만의 차별화된 아이템으로 블루오션을 개척하는 것을 말한다. 포화시장으로 인식되던 감자칩시장에서 달콤한 맛을 가미한 허니버터칩의 등장, 라면시장에서 짬뽕라면, 부대찌개라면 등의 등장이 대표적인 예이다.

46 기업공개(IPO ; Initial Public Offering)

회사가 발행한 주식을 대중에게 분산하고 재무내용을 공시하여 주식회사의 체계를 갖추는 것

형식적으로 주식회사가 일반대중에게 주식을 분산시킴으로써 기업공개 요건을 갖추는 것을 의미한다. 실질적으로 소수의 대주주가 소유한 주식을 일반대중에게 분산시켜 증권시장을 통해 자유롭게 거래될 수 있게 함으로써 자금조달의 원활화를 기하고 자본과 경영을 분리하여 경영합리화를 도모하는 것이다. 법률적으로는, 상장을 목적으로 50인 이상의 여러 사람들을 대상으로 주식을 파는 행위를 말한다.

47 페이퍼 컴퍼니(Paper Company)

회사의 물리적 실체 없이 서류형태로만 존재하는 기업

세금 절감 등의 목적으로 라이베리아, 케이맨제도, 버진아일랜드 등 조세를 부과하지 않는 국가나 지역에 서류상으로만 회사를 등록하여 그 기능을 수행한다. 사업유지를 위해 소요되는 합산소득에 대한 세금과 기업의 활동 및 유지를 위해 소요되는 제반경비를 절감하기 위해 설립되는데 그 실체 파악이 어렵다.

48 리쇼어링(Reshoring)

싼 인건비나 시장을 찾아 해외로 진출한 기업들이 본국으로 되돌아오는 현상

해외에 나가 있는 자국기업들을 각종 세제혜택과 규제완화 등을 통해 자국으로 불러들이는 정책을 말한다. 특히 미국은 리쇼어링을 통해 세계의 패권을 되찾는다는 전략을 추진 중이다.

49 포이즌필(Poison Pill)

적대적 M&A를 방어하기 위한 수단의 하나

일종의 경영권 방어수단으로서 적대적 인수합병(M&A)의 시도가 있을 때 기존 주주들에게 시가보다 싼 가격에 지분을 매수할 수 있도록 권리를 부여함으로써 적대적 M&A 시도자(매수자)의 지분 확보를 어렵게 만드는 것을 말한다. 이러한 권리는 매수기업의 입장에서는 치명적인 독약이 될 수 있어 '독(Poison)' 이라는 표현을 사용한다. 적에게 잡혀 먹히기 전에 독약을 삼킴으로써 공격하려는 상대의 의지를 꺾어버린다는 전략이다.

50 황금낙하산(Golden Parachute)

적대적 M&A를 방어하는 대표적인 전략

인수대상 기업의 경영자가 임기 전에 사임할 경우 일정 기간 동안 보수나 상여금 등을 받을 권리를 미리 고용계약에 기재해 인수비용에 부담을 주는 것이다.

51 리니언시(Leniency)

담합행위를 한 기업들에게 자진신고를 유도하는 자진신고자 감면제

담합 사실을 처음 신고한 업체에게는 과징금 100%를 면제해주고, 2순위 신고자에게는 50%를 면제해주어 기업 상호 간의 불신을 자극하여 담합을 방지하는 효과를 얻을 수 있는 제도이다. 매출액이 클수록 과징금도 커지기 때문에 담합으로 인해 가장 많은 혜택을 본 기업이 자진신고를 하여 처벌을 면할 수 있다는 한계도 있다.

52 콘체른(Konzern)

법률적으로 독립된 기업들이 하나의 기업처럼 결합하는 형태

여러 개의 기업이 주식교환이나 출자 등 금융적 결합에 의해 하나의 기업처럼 수직적으로 결합하는 기업집단을 의미한다. 일반적으로 하나의 거대기업이 계통이 다른 다수의 기업을 지배하기 위해 형성하며 법률적으로는 독립되어 있지만 실질적으로는 결합되어 있는 형태이다. 개개 기업의 독립성을 보장하는 카르텔, 동일산업 내의 기업합동으로 이루어진 트러스트와 구별되며 각종 산업에 걸쳐 독점력을 발휘한다.

53 스톡옵션(Stock Option)

기업이 임직원에게 자기회사의 주식을 일정 수량, 일정 가격으로 매수할 수 있는 권리를 부여하는 제도

자사의 주식을 일정 한도 내에서 액면가보다 낮은 가격으로 매입할 수 있는 권리를 부여한 뒤 일정 기간이 지나면 매입자 임의대로 처분할 수 있는 권한을 부여하는 것이다. 이는 해당 기업의 주가가 상승하면 스톡옵션을 보유한 자가 주식을 매각함으로써 차익금을 남길 수 있기 때문에 임직원의 근로의욕을 진작시키는 수단으로 활용하기도 한다.

54 경영진매수(MBO ; Management Buy Out)

현 경영진이 중심이 되어 회사 또는 사업부를 인수하는 것

일반적인 M&A는 외부 제3자에 의해 이루어지지만 MBO는 회사 내부의 임직원에 의해 이루어진다. 따라서 기존 임직원이 신설회사의 주요 주주이면서 동시에 경영인이 된다. 이는 기존 경영자가 그대로 사업을 인수함으로써 경영의 일관성을 유지하고, 고용안정과 기업의 효율성을 동시에 추구할 수 있다는 장점을 가진다.

55 SDR(Special Drawing Rights)

국제통화기금(IMF)의 특별인출권

IMF가 1969년 국제준비통화인 달러와 금(金)의 문제점 보완을 위해 도입하여 1970년에 정식 채택한 가상통화이자 보조적인 준비자산이다. 회원국들이 외환위기에 처하게 될 때 담보 없이 달러, 유로, 파운드, 엔화 등을 인출할 수 있다. 2015년 위안화가 신규 통화로 편입돼 SDR가치산정도 '5개 통화 시세의 가중평균'으로 결정하는 방식으로 바뀌었다.

56 토빈세(Tobin Tax, 통화거래세)

국제투기자본의 무분별한 자본시장 왜곡을 막기 위해 모든 단기외환거래에 부과하는 세금

노벨경제학상 수상자인 경제학자 제임스 토빈(James Tobin, 1918~2002)이 제안한 것으로, 통화거래세가 거래비용을 높여 변동이 심한 금융시장을 안정화하고 국가의 통화정책에 대한 자율성을 향상시키는 효과가 있음을 주장했다.

57 비트코인(Bitcoin)

각국의 중앙은행이 화폐 발행을 독점하고 자의적인 통화정책을 펴는 것에 대한 반발로 탄생한 사이버머니

2009년 나카모토 사토시가 만든 디지털 통화로, 통화를 발행하고 관리하는 중앙장치가 존재하지 않는 구조이다. 비트코인은 지갑 파일의 형태로 저장되고 이 지갑에는 각각의 고유주소가 부여되며 그 주소를 기반으로 비트코인의 거래가 이루어진다.

이더리움(Ethereum)
2014년 캐나다의 비탈리크 부테린이 개발한 가상화폐로, 비트코인처럼 블록체인을 기반으로 한다. 블록 크기가 1MB로 고정된 비트코인과 달리 블록 크기가 제한돼 있지 않고, 블록이 생성되는 주기(12초)도 비트코인(10분)보다 훨씬 짧다. 이 때문에 한 블록 안에 더 많은 정보를 담을 수 있고, 거래 승인도 신속하게 이뤄진다.

58 랩어카운트(Wrap Account)

고객이 예탁한 재산에 대해 자산구성 · 운용 · 투자자문까지 통합적으로 제공하는 자산종합관리계좌

증권사에서 여러 종류의 자산운용 관련 서비스를 하나로 구성하여 관리하는 종합자산관리방식이다. 고객의 자산구성에서부터 운용 및 투자자문까지 통합적으로 관리해주는데 선진국에서는 보편적인 형태이다. 고객이 돈을 맡기면 증권사에서는 고객의 자산규모와 기호에 맞춰 적절한 운용 배분과 투자종목을 추천하고 일정한 수수료를 받는다.

59 유동성 함정(Liquidity Trap)

기업은 생산 · 투자를 늘리지 않고, 가계의 소비도 늘지 않아 경기가 나아지지 않는 현상

각 경제주체들이 돈을 움켜쥐고 시장에 내놓지 않는 상황이 마치 함정에 빠진 것 같다고 하여 이러한 이름이 붙여졌다. 경제학자 케인스(John Maynard Keynes)가 처음 고안한 것으로 통화당국이 금리를 인하하고 자금을 공급해도 시중금리가 떨어지지 않고, 투자나 수요가 증가하지도 않는 상황을 나타낸다.

60 레버리지 ETF

선물 등 파생상품에 투자해 지수상승률보다 높은 수익률을 추구하는 상장지수펀드

ETF(Exchange Traded Fund, 상장지수펀드)는 인덱스펀드를 거래소에 상장시켜 투자자들이 주식처럼 편리하게 거래할 수 있도록 만든 상품이다. 일반 ETF가 코스피200과 같은 지수와 비슷한 수익률을 내는 것을 목표로 하는 데 비해, 레버리지 ETF는 선물투자 등을 통해 주가지수가 오르면 ETF 수익률이 2배로 오르는 것을 추구하는 상품이다. 레버리지 ETF는 상승장에서는 높은 수익률을 기대할 수 있다는 장점이 있지만, 하락장에서는 손실 위험도 커져 고위험 · 고수익 상품으로 분류된다.

61 사이드카(Side Car)

프로그램 매매 호가 효력 일시정지제도

선물 가격이 전일 종가 대비 5%(코스닥은 6%) 이상 상승 또는 하락한 상황이 1분간 지속하는 경우 선물에 대한 프로그램 매매를 5분간 중단한다. 5분이 지나면 자동으로 해제되며 1일 1회만 발동될 수 있다. 또한 주식시장의 장 마감 40분 전 이후에는 발동할 수 없으므로 2시 50분까지만 발동이 가능하다.

62 서킷브레이커(CB ; Circuit Breaker)

주식시장에서 주가가 급등 또는 급락하는 경우 주식매매를 일시 정지하는 제도

1987년 미국에서 일어난 블랙먼데이 이후 주식시장의 붕괴를 막기 위해 도입한 제도로, 일시적으로 거래를 중단시켜 시장을 안정화시키는 것이다. 우리나라의 경우 3단계(종합주가지수가 전일에 비해 8 · 15 · 20% 이상 등락한 경우)로 나눠 각 단계별로 1일 1회 발동할 수 있다.

63 모라토리엄(Moratorium)

국가가 외국에 대해 채무의 지불을 일정 기간 유예하는 것

외채의 상환시점이 찾아왔지만 상환할 능력이 없어 국가가 채무상환을 일시적으로 연기하겠다고 대외적으로 선언하는 것을 말한다. 모라토리엄이 선언되면 해당 국가는 빚을 갚기 위한 시간을 벌기 위해 정부 차원에서 긴급 발표를 하여 해외 채권자들에게 알리고 협의를 통해 갚아 나가게 된다. 모라토리엄 선언국은 대외 신인도가 크게 떨어지게 되며 구조조정, 세금 인상 등 불이익도 감수해야 한다.

64 차이나리스크(China Risk)

중국경제가 침체되면 중국에 대한 의존도가 높은 기업이나 국가가 타격을 입는 것

중국경제의 침체뿐만 아니라 중국기업들의 성장 역시 우리나라에 큰 리스크가 되고 있는 것도 포함하여 사용한다. 2016년 삼성전자의 갤럭시노트7 발화사건 후 삼성전자가 배터리를 중국기업 ATL제품으로 교체한 것을 두고 중국언론은 중국의 우수성을 인정받은 것으로 평가한 바 있다. 이렇듯 첨단산업에 있어서도 이제 중국은 무시할 수 없는 위협적인 경쟁상대가 되었다.

65 넛 크래커(Nut-cracker)

중국과 일본 사이에 끼여 아무것도 하지 못하는 우리나라의 경제상황

'넛 크래커'는 원래 호두를 눌러서 까는 기계를 뜻하는데 우리나라의 상황을 표현하는 말로 쓰이고 있다. 일본에 비해 품질과 기술력이 뒤처지고, 중국에 비해 가격 경쟁력에서 뒤처지는 상황에 처한 우리나라의 모습과 같다는 것이다. 또한 최근 시장 변화로 '신 넛크래커'라는 용어도 등장했는데, 아베노믹스로 엔화 약세 및 선제적 구조조정으로 경쟁력을 회복한 일본기업과 기술력 및 구매력을 갖춘 중국기업 틈에서 한국 기업이 고전하고 있는 현상을 가리킨다.

66 윔블던효과(Wimbledon Effect)

외국자본이 국내시장을 장악하는 현상

영국의 금융산업이 런던을 중심으로 1980년대 이후 매우 성공적인 성장을 보였던 데 반해, 정작 영국의 금융회사 중에서는 성공한 회사가 거의 없었던 것을 영국이 주최하는 윔블던 테니스 대회에서 영국인이 우승한 전적이 거의 없는 사례에 비유하여 설명한 용어이다.

67 시코노믹스(Chiconomics)

시진핑 중국 주석의 경제정책

시 주석의 경제정책을 일컫는 말이다. 이는 시 주석이 2016년 11월부터 언급하기 시작한 '공급측 개혁'을 핵심으로 하는데, 공급측 개혁이라 함은 '신창타이(중국식 뉴노멀)의 새로운 성장엔진'이라 할 수 있다. 과잉생산력을 해소하는 한편 규제를 완화해 기업활동을 자유롭게 하고, 국영기업이 지배하는 영역에 시장원리를 도입하는 것 등이 핵심이다.

68 아베노믹스(Abenomics)

아베 일본 총리의 경제정책

아베 정권의 정책으로 20년 가까이 일본에 이어져 온 디플레이션과 엔고 현상 탈출을 위해 모든 정책수단을 동원하겠다는 것이다. 아베 총리는 계속된 경기침체를 해소하기 위하여 연간물가상승률 2%를 상한선으로 정하고 과감한 금융완화(통화공급 확대), 엔화 평가절하, 인프라 투자확대 재정정책 등 적극적인 경제성장정책을 추진하고 있다.

69 주가지수연동형 상품(ELD, ELS, ELF)

증권의 한 종류로 고객들이 예탁한 돈을 주가지수의 움직임에 맞춰 이익을 내도록 운용하는 것

구 분	ELD(주가지수연동예금)	ELS(주가지수연동증권)	ELF(주가지수연동펀드)
판매기관	은 행	증권사 (투자매매 · 중개업자)	집합투자업자
상품성격	예 금	증 권	증권펀드
만기수익	지수에 따라 사전에 제시한 수익 확정지급	지수에 따라 사전에 제시한 수익 확정지급	운용성과에 따라 실적배당
예금보호	보 호	비보호 (발행사 신용 중요)	비보호 (실적배당상품)
중도해지	가 능 (원금손실 가능)	제한적 (유가증권시장에서 매도, 원금손실발생 가능)	가 능 (원금손실 가능)
장 점	은행이 제시한 수익보장	증권사가 제시한 수익을 달성할 수 있도록 상품을 구성	추가수익발생 가능
단 점	추가수익 없음	추가수익 없음	제시수익 보장 없음

70 세계 3대 석유

생산량과 거래량이 많고 독점되어 있지 않으며, 가격형성과정이 투명한 석유시장

- 서부 텍사스산 중질유(WTI ; West Texas Intermediate) : 미국 서부 텍사스 부근에서 생산되는 원유로 미국, 캐나다, 멕시코 등 미주지역의 원유 가격의 기준이 된다. 미국 석유시장 자체가 세계 시장의 1/4을 차지하고 있기 때문에 WTI는 국제 유가를 선도하는 가격지표로 가장 많이 사용된다.
- 브렌트유(Brent Oil) : 영국 북해의 브렌트, 티슬 등의 지역에서 생산된다. 유럽과 아프리카 지역의 유가 기준이 되며, 가장 광범위한 지역으로 수출되는 원유이다.
- 두바이유(Dubai Oil) : 중동 두바이 지역에서 생산되는 원유로 중동을 포함한 아시아 · 태평양 지역을 대표하는 원유이다. 현재 우리나라 수입 석유의 약 80%를 차지하고 있으며, 따라서 유가 결정에도 가장 큰 영향을 미치는 원유이다.

71 레몬시장(Lemon Market)

쓸모없는 재화나 서비스가 거래되는 시장

미국에서 '시큼하고 맛없는 과일'로 통용되는 레몬은 '불량품'을 뜻하기도 하는데, 이를 경제 분야에 차용한 표현이다. 정보의 비대칭성으로 소비자들은 판매자보다 제품에 대한 정보가 적을 수밖에 없는데, 소비자들은 자신들이 속아서 구매할 것을 우려해 싼값만 지불하려 하고 이로 인해 저급품만 유통되는 시장을 의미한다.

피치마켓(Peach Market)
가격에 비해 고품질의 상품이나 서비스가 거래되는 시장을 의미한다.

72 블랙스완(Black Swan)

통념상 전혀 예측할 수 없었던 불가능한 일이 일어나는 경우

모든 백조는 흰색이라고 믿었지만 17세기 말 네덜란드의 한 탐험가가 검은 백조를 발견하면서 통념이 부서지는 충격을 받은 데서 유래했다. 2007년 미국의 금융분석가 나심 니콜라스 탈레브가 자신의 저서 〈블랙스완〉에서 증시의 대폭락 가능성과 글로벌 금융위기를 예측하면서 유명해졌다.

화이트스완(White Swan)
반복적으로 일어나는 금융위기 속에서 마땅한 해결책을 제시하지 못하는 상황으로, 역사적으로 되풀이돼온 금융위기를 가리킨다. 미국 뉴욕대 교수 누리엘 루비니가 이름붙인 용어로, 그가 제시한 금융위기의 공통적인 징후는 완화된 통화정책, 금융시스템에 대한 느슨한 감독과 규제, 금융권의 과도한 부채, 민간과 공공부문의 과도한 차입과 부채 등이 있다. 이는 금융위기를 충분히 예측 · 예방할 수 있다고 보는 것으로 블랙스완과 대조된다.

73 창조적 파괴(Creative Destruction)

기술혁신으로 낡은 것을 없애고 새로운 것을 만드는 과정

경제학자인 슘페터(Schumpeter)가 1912년에 발표한 〈경제발전론〉을 통해 제시한 개념이다. 기업가가 현재의 공급과 미래의 수요 간 시차 때문에 생겨나는 불확실성을 부담하며 과감히 생산을 수행하는 것이 경제 성장의 원동력이라 주장하면서 창조적 파괴행위를 강조했다.

74 전시효과(Demonstration Effect)

개인의 소비행동이 사회의 소비수준의 영향을 받아 타인의 소비행동을 모방하는 경향

J.S.듀젠베리에 의해 처음으로 이 용어가 사용되었으며, 시위효과(示威效果)라고도 한다. 그는 가계의 소비지출이 소득수준에 의존한다고 가정한 케인즈 이론은 수정되어야 한다고 했다. 즉, 지금까지 구입해온 재화보다 훨씬 훌륭한 재화를 접할 기회를 가지면 소비자는 소득에 변화가 없더라도 지출을 증가시키거나 소득의 증감에 상관없이 지출을 줄이지 않는다는 것이다.

75 탄력성(Elasticity)

경제량 상호 간의 변동관계를 파악하기 위한 개념

가격의 상대적 변화에 대한 수량의 상대적 변화를 말한다. 이 탄력성의 크기에 따라 화폐액(판매액 또는지출액) 증감이 발생한다. 탄력성이 크다는 것은 가격 변화에 대한 수량 변화가 그만큼 많다는 것을 의미한다. 수요의 가격 탄력성(Ed)은 상품의 가격이 변동할 때 이에 따라 수요량이 어떻게 변동되는지를 나타내는 지표로서 수요의 가격 탄력성 결정기준으로 대체재의 유무, 소득에서 차지하는 비중 등이 있다. 공급의 가격 탄력성(Es)은 상품의 가격이 변동할 때 공급량이 어떻게 변동되는지를 나타내는 지표로서 공급의 가격 탄력성은 생산기간에 따라 다르게 나타난다. 생산기간이 짧은 상품은 가격 변동에 탄력적으로 대응할 수 있으므로 공급의 탄력성이 크다.

76 파레토 효율성(Pareto Efficiency)

다른 사람이 불리해지지 않고는 어느 누구도 유리해질 수 없는 상황

이탈리아 출신 경제학자 빌프레드 파레토(Vilfred Federico Damaso Pareto)가 창안한 개념으로 경제학의 효율성을 대표하는 용어이다. '파레토 최적(Pareto optimality)'이라고도 한다. 이는 경제주체 간의 거래를 통해 더 이상의 파레토 개선이 불가능한 자원배분상태를 말하며, 사회총체적 만족도의 크기가 극대화됨으로써 경제주체들 간 자원배분을 달리해도 더 이상 사회총체적 만족도가 커질 수 없는 상황을 의미한다. 즉, 어떤 경제주체가 새로운 거래를 통해 예전보다 유리해지기 위해서는 반드시 다른 경제주체가 예전보다 불리해져야만 하는 자원배분상태이다.

사회 · 노동 · 환경

01 고령사회(高齡社會)

전체 인구 중에서 65세 이상의 인구가 14% 이상을 차지하는 사회

우리나라는 세계에서 가장 빠르게 고령화가 진행되고 있다. 2000년에 65세 이상 고령인구가 전체 인구의 7%인 '고령화사회'에 진입했고, 이후 2017년 8월 조사에서 65세 이상의 인구가 전체 인구의 14.02%를 차지하며 본격적인 고령사회에 진입했다. 2000년 고령화사회 진입 후 17년 만인데, 고령화 속도가 빠르다는 일본의 경우(24년)와 비교할 때 7년이나 빠른 것이다.

02 노동3권(勞動三權)

헌법상 노동자가 기본권으로 갖는 단결권 · 단체교섭권 · 단체행동권

근로자는 근로조건의 향상을 위하여 자주적인 단결권 · 단체교섭권 및 단체행동권을 가진다(헌법 제33조 제1항).

03 유니언숍(Union Shop)

고용이 확정되면 일정 기간 동안 반드시 노동조합에 가입해야 한다고 명시한 제도

채용된 근로자가 일정 기간 내에 조합에 가입하지 않으면 해고되고, 조합에서 제명 혹은 탈퇴한 근로자는 해고된다. 유니언숍은 채용할 때에는 조합원 · 비조합원을 따지지 않지만 일단 채용되면 반드시 노동조합에 가입해야 한다는 점에서 오픈숍과 클로즈드숍을 절충한 것이다.

04 베버리지 보고서

영국의 사회보장에 관한 문제를 조사 · 연구한 보고서

영국의 경제학자이며 사회보장제도 · 완전고용제도의 주창자인 윌리엄 헨리 베버리지(1879~1963)가 정부의 위촉을 받아 사회보장에 관한 문제를 조사 · 연구한 보고서이다. 이 보고서는 국민의 최저생활의 보장을 목적으로 5대악(결핍, 질병, 무지, 불결, 나태)의 퇴치를 주장하였으며 사회보장제도상의 원칙도 제시했다.

〈사회보장제도상의 6원칙〉
- 포괄성의 원칙(Principle of the comprehensiveness)
- 급여적절성의 원칙((Principle of the benefit adequacy)
- 정액갹출의 원칙(Principle of the flat rate contribution)
- 정액급여의 원칙(Principle of the flat rate benefit)
- 행정통일의 원리(Principle of the administrative uniformity)
- 피보험자분류의 원칙(Principle of the classification)

05 아웃플레이스먼트(Outplacement)

퇴직 또는 해고된 근로자가 일자리를 찾도록 지원하는 활동

해고된 근로자가 단기간에 재취업을 할 수 있도록 실질적인 지원과 컨설팅을 해주는 전직지원서비스, 정년퇴직 등 비자발적인 상황에 의해 퇴직한 근로자가 새로운 일자리를 찾거나 직접 창업을 할 수 있도록 지원하는 서비스 등을 말한다. 구조조정에 대한 거부감을 줄이고 인력을 효율적으로 관리해 기업의 경쟁력을 높일 수 있다는 장점이 있다. 또한 퇴직한 근로자는 자신의 적성을 고려한 새로운 일자리를 구할 가능성이 커져 긍정적이다.

06 실업의 종류

구 분	주요 내용
경기적 실업	경기가 침체됐을 때, 인원 감축의 결과로 나타나는 실업으로, 일할 의사는 있지만 경기악화로 인해 발생하며 비자발적 실업의 한 형태이다. 경기가 회복되면 해소가 가능하지만, 회복될 때까지 긴 시간이 필요하며 경기변동은 주기적으로 발생하는 속성이 있어 경기적 실업은 끊임없이 발생하게 된다.
구조적 실업	경제가 성장함에 따라 산업구조 · 기술 등의 변화가 생기는데 이에 적절하게 대응하지 못해 발생한다. 즉, 경제 구조가 바뀌고 기술혁신 등으로 기술격차가 발생할 때 이에 적응하지 못하는 근로자에게 발생하는 실업유형이다. 경기적 실업과 비교할 때 더 오래 지속되는 속성이 있는 장기적 · 만성적 실업으로, 해결방법은 직업 재훈련 · 산업구조 재편 등이 있다.
기술적 실업	기술진보로 인해서 기계가 노동인력을 대체함에 따라 노동수요가 감소해 발생하는 구조적 실업 형태 중 하나로, 넓은 의미의 구조적 실업에 포함된다. 기술진보의 영향에 민감한 산업에서 발생하며 일반적으로 선진국에서 볼 수 있는 유형이다.
마찰적 실업	구직자, 근로자들이 더 좋은 조건을 찾는 탐색행위로 인해 발생하는 실업으로, 고용시장에서 노동의 수요와 공급 간에 소통이 원활하지 않아 발생한다. 근로자들이 자발적으로 선택해서 발생하는 일시적인 실업유형이므로 자발적 실업에 해당한다.
비자발적 실업	일하고자 하는 의사는 있지만 고용시장의 사정이 어려워 일자리를 구하지 못해 발생한다. 청년실업은 경기상황에 따라 일자리가 충분하지 않기 때문에 발생하는 비자발적 실업이라 할 수 있다.

자발적 실업	일할 능력과 의사를 갖고 있지만 현재의 임금수준이나 복지 등에 만족하지 못하고 다른 곳으로의 취업을 원하기 때문에 발생하는 실업으로, 구조적 실업이나 경기적 실업과 같은 비자발적 실업과는 상반되는 개념이다. 소득수준, 여가시간 활용에 대한 사람들의 관심이 증가하면서 자발적 실업도 늘고 있다.
잠재적 실업	표면적으로는 취업 중이지만 생계유지를 위해 잠시 만족스럽지 않은 직업에 종사하며 계속 구직에 힘쓰는 상태이다. 형식적으로는 취업 중이기 때문에 실업통계에 실업으로 기록되지 않아 위장실업이라고도 한다. 더 나은 곳으로의 이직을 생각하지만 당장의 생계유지 때문에 저소득 · 저생산의 직업에 종사하는 상태를 말한다.

07 부유먼지(구 미세먼지)

눈에 보이지 않는 지름 10㎛(마이크로 미터) 이하의 작은 먼지

공장에서 배출하는 매연, 산업협장에서 발생하는 비산 먼지, 자동차가 배출하는 매연 등으로 인해 생성된다. 보통의 먼지는 코털이나 기관지 점막에서 걸러져 배출되지만 입자가 매우 작은 부유먼지는 걸러지지 않고 신체 내부로 들어와 문제가 된다. 세계보건기구는 이러한 부유먼지를 '1급 발암물질'로 분류하고 있으며 우리나라는 바람을 타고 중국으로부터 전해지는 부유먼지의 영향에 직접적으로 노출돼 있어 그 위험성이 심각하다.

미세먼지(구 초미세먼지)
부유먼지 중에서 지름이 2.5㎛보다 작은 먼지를 말한다. 각종 질환을 일으킬 뿐만 아니라 0.1~2㎛ 크기의 먼지는 햇빛을 가장 잘 산란시켜 앞을 뿌옇게 만든다. 이는 사람의 심리를 불안하게 만드는 요소가 되기도 한다.

08 코브라효과(Cobra Effect)

어떤 문제를 해결하기 위해 추진한 정책이 오히려 상황을 악화시키는 결과를 가져오는 현상

과거 영국이 인도를 식민지배할 때 인도의 코브라를 없애기 위해 추진한 정책에서 유래하였다. 당시 인도에는 코브라가 사람을 해치는 일이 빈번했다고 한다. 이를 해결하기 위해 영국 정부는 코브라를 잡아오면 포상금을 지급하겠다고 발표했는데, 처음에는 코브라가 줄어드는 것 같았지만 시간이 지날수록 코브라는 오히려 증가했다. 포상금을 받기 위해 코브라를 키우는 사람이 생겨났던 것이다. 사실이 밝혀져 정책은 폐기되었지만, 코브라를 키우던 사람들이 이제는 쓸모없어진 코브라를 버리면서 코브라의 수는 더 증가하여 상황은 더 악화되었다고 한다.

09 매슬로우의 동기이론(Maslow's Motivation Theory)

인간의 욕구는 그 중요도별로 일련의 단계를 형성한다는 동기이론

욕구를 강도와 중요성에 따라 5단계로 분류한 아브라함 매슬로우(Abraham H. Maslow)의 이론이다. 하위단계에서 상위단계로 계층적으로 배열되어 하위단계의 욕구가 충족되면 그 다음단계의 욕구가 발생한다고 본다. 욕구는 행동을 일으키는 동기요인이며, 인간의 욕구는 그 충족도에 따라 낮은 단계에서부터 높은 단계로 성장한다는 것이다.

〈매슬로우 욕구 5단계〉

- 1단계 : 생리적 욕구 → 먹고 자는 것, 종족 보존 등 최하위 단계의 욕구
- 2단계 : 안전에 대한 욕구 → 추위 · 질병 · 위험 등으로부터 자신을 보호하는 욕구
- 3단계 : 애정과 소속에 대한 욕구 → 가정을 이루거나 친구를 사귀는 등 어떤 조직이나 단체에 소속되어 애정을 주고받는 욕구
- 4단계 : 자기존중의 욕구 → 소속단체의 구성원으로 명예나 권력을 누리려는 욕구
- 5단계 : 자아실현의 욕구 → 자신의 재능과 잠재력을 충분히 발휘하여 자기가 이룰 수 있는 모든 것을 성취하려는 최고 수준의 욕구

10 칵테일파티효과(Cocktail Party Effect)

'나'와 관계있는 정보에 대해 무의식 중에 주의를 기울이게 되는 현상

칵테일파티에서처럼 여러 사람들이 모여 한꺼번에 이야기하고 있어도 관심 있는 이야기를 골라 들을 수 있는 능력 또는 현상이다. 즉, 다수의 음원이 공간적으로 산재하고 있을 때 그 안에 특정 음원 또는 특정인의 음성에 주목하게 되면 여러 음원으로부터 분리되어 특정 음만 들리게 된다.

11 제노비스 신드롬(Genovese Syndrome)

타인에 대한 무관심

'방관자 효과'라고도 부르는 이 현상은 미국 뉴욕에서 발생한 '키티 제노비스 살해사건'에서 유래됐다. 범죄 현장에서는 주위에 사람이 많을수록 책임감이 약해져 '내가 아니어도 누군가 돕겠지'라는 생각을 하는 경향이 강해진다고 한다. 결국 제노비스 신드롬은 개인의 이기심에서 생겨난 타인에 대한 무관심인 것이다.

12 케빈 베이컨의 법칙

6명만 거치면 세상 사람들이 모두 아는 사이로 연결된다는 6단계 법칙

헐리우드 영화배우 케빈 베이컨이 한 토크쇼에 출연해 다른 배우와 어떤 연결고리로 연결되는지를 보여주면서 케빈 베이컨 6단계 법칙이 만들어졌다. 즉, 전혀 관계없는 사람들도 6단계만 거치면 모두 연결고리를 갖고 있다는 것으로, 넓고도 좁은 세상 속에서 사람 간의 관계를 나타낸다.

13 소시오패스(Sociopath)

잘못된 행동이란 것을 알면서도 그러한 행위를 하는 반사회적인 인격장애의 일종

사회를 뜻하는 '소시오(Socio)'와 병리 상태를 의미하는 '패시(Pathy)'의 합성어로 법규 무시, 인권침해행위 등을 반복해 저지르는 정신질환이다. 범죄를 저지르는 행태 등에서 사이코패스와 혼동되기도 하지만 아무런 자각 없이 범죄를 저지르는 사이코패스와 달리, 소시오패스는 자신의 행동에 대해 인지한다.

14 조현병

'정신분열증'의 순화된 병명

망상, 환청 등 임상적 이상 증상과 함께 사회적 기능에 장애를 일으킬 수도 있는 질환으로 만성적인 경향을 가지는 탓에 환자나 가족에게 고통을 줄뿐만 아니라 불특정인에게 피해가 발생하기도 한다. '강남역 화장실 살인사건' 등으로 병명이 화제가 되었다.

15 퍼플 잡(Purple Job)

여건에 따라 근무시간이나 형태를 조절하는 신축적 근무제도

일정한 시간과 형식을 갖춘 정형적인 근무형태에서 벗어나 가사 · 보육 등의 여건에 맞춰 근무시간을 조절함으로써 원만한 직장생활을 할 수 있도록 지원하는 제도이다. 단기간 근로, 요일제 근무, 재택근무, 탄력근무제 등 다양한 형태가 있으며 근로자의 필요에 따라 주당 15~35시간 범위 내에서 일하고, 근무시간에 따라 보수를 받는다.

16 메디치효과(Medici Effect)

전혀 다른 역량의 융합으로 생겨나는 창조와 혁신의 빅뱅 현상

서로 다른 이질적인 분야들이 결합할 때 각 요소가 지니는 에너지의 합보다 더 큰 에너지를 분출하여 창조적이고 혁신적 시너지를 창출하는 현상을 말한다. 이 용어의 유래는 15세기 중세 이탈리아 피렌체의 메디치 가문이 문학, 철학, 과학 등 여러 분야의 전문가를 후원하면서 자연스럽게 서로 융합돼 시너지를 일으켰다는 데서 나온 말이다.

17 헤일로효과(Halo Effect)

능력 자체보다 인상이나 고정관념 등이 대상(사람, 사물 등) 평가에 큰 영향을 미치는 현상

'후광 효과'라고도 한다. 외적인 특징으로부터 연상되어 나타나는 고정관념을 바탕으로 특정 대상을 완선히 이해했다고 착각하는 현상이다. 특정 사람을 평가할 때 인물이 호감가는 외모를 갖고 있으면 그 사람의 지능이나 성격 또한 좋다고 평가하는 것이다. 특히 기업의 인사고과에서 평가자가 범하기 쉬운 오류로 이를 방지하기 위해서는 선입견이나 편견 등을 제거하고, 종합 평정보다는 평정 요소마다 분석 · 평가해야 한다.

18 배리어프리(Barrier Free)

장애인들의 사회적응을 막는 물리적 · 제도적 · 심리적 장벽을 제거해 나가자는 운동

장애가 있는 사람들이 일상생활에서 겪는 물리적인 장애를 제거한다는 건축학 용어에서 시작해 최근에는 자격, 시험 등의 제도적 · 법률적 장벽과 차별 · 편견 등 마음의 벽까지 허물자는 운동으로 확대됐다. 또한 장애인뿐만 아니라 고령자에까지 적용대상이 확대되고 있다.

19 골드칼라(Gold Collar)

많은 지식과 정보로 고부가가치를 창출하는 전문직 종사자

1985년 카네기멜론대학의 로버트 켈리 교수가 자신의 저서 〈골드칼라 노동자〉라는 책에서 사용하여 알려졌다. 첨단기술 · 통신 · 광고 · 서비스직 등에서 아이디어를 통해 창의적인 부가가치를 창출하여 사업 능력을 발휘하는 지식창조형 전문가들을 말한다. 골드칼라가 되기 위해서는 철저한 자기관리, 폭넓은 시각과 전망, 네트워크 활용, 팀워크, 설득력 등이 절대적으로 요구된다.

20 자메뷔(Jamais vu)

평소 익숙했던 것들이 갑자기 생소하게 느껴지는 현상

이미 경험했거나 잘 알고 있는 상황을 처음 겪는 것처럼 느끼는 기억의 착각을 말한다. 다른 말로 미시감(未視感)이라고 하며, 기억착오의 일종으로 몽환상태에서 나타나는 경우가 많다.

21 플라시보 효과(Placebo Effect)

환자에게 아무런 효험이 없는 약을 진짜 약이라 속이고 먹게 했을 때 환자의 병세가 호전되는 현상

라틴어로 '기쁨을 주다, 즐겁게 하다'라는 의미를 가진 단어를 어원으로 하는데, 어떤 질환에 대해 약효가 전혀 없는 약을 환자에게 효험이 좋은 약이라고 믿도록 하여 먹였을 때 환자의 병세가 호전되는 현상을 말한다.

22 인구보너스 & 인구오너스(Demographic Bonus & Demographic Onus)

총 인구 중에서 생산연령인구의 비중이 높아지는 것을 인구보너스라 하고, 생산연령인구의 비중이 낮아지는 것을 인구오너스라 한다.

- **인구보너스** : 전체 인구에서 생산연령인구(15~64세)의 비중이 증가하여 노동력이 증가하고, 경제성장이 활성화되는 것
- **인구오너스** : 전체 인구에서 생산연령인구의 비중이 하락하여 경제성장이 지체되는 것

23 임금피크제(Salary Peak System)

일정 나이가 지나면 정년은 보장하지만 임금을 삭감하는 제도

임금은 줄어들지만 대신 정년을 보장받을 수 있는 제도이다. 임금피크제는 크게 정년보장형과 정년연장형으로 나뉘며, 우리나라 대다수의 기업들은 정년보장형을 채택하고 있다. 임금피크제를 시행하면 기업의 입장에서는 인건비 절감, 숙련된 인력의 안정적 확보라는 효과를 얻고 근로자는 생활의 안정, 근로기회 확보 등의 효과를 얻을 수 있다.

24 위스타트(We Start)

저소득층 아이들이 가난의 대물림에서 벗어날 수 있도록 복지와 교육의 기회를 제공하는 운동

'복지(Welfare)' 와 '교육(Education)' 의 영문명의 첫 글자와 '출발(Start)' 의 영문명을 합친 것이다. 저소득층 아이들에게 복지와 교육의 기회를 제공함으로써 아이들에게 보다 동등한 삶의 출발선이 주어지도록 하는 활동으로, 지난 2004년 국내에서도 각계 각층의 뜻이 모여 사단법인 '위스타트 운동본부' 가 만들어졌다.

25 연명의료결정법

회생 가능성이 없는 환자가 불필요한 연명치료를 거부하고 삶을 마무리할 수 있도록 돕기 위해 제정된 법률

원명은 '호스피스 · 완화의료 및 임종과정에 있는 환자의 연명의료 결정에 관한 법률' 이라 하며 "존엄사법"이라고도 부른다. 환자가 자기의 결정이나 가족의 동의로 연명치료를 받지 않을 수 있도록 하는 것이다. 연명의료 중단은 회생 가능성이 없고, 치료해도 회복되지 않으며, 급속도로 증상이 악화되어 사망에 임박해 임종 과정에 있는 환자를 대상으로 심폐소생술, 혈액 투석, 항암제 투여, 인공호흡기 착용 등 네 가지 연명의료를 중단하여 존엄하게 죽음을 맞이할 수 있도록 하는 내용을 골자로 하고 있다. 다만 연명의료를 중단하더라도 통증 완화를 위한 의료 행위나 영양분 공급, 물 공급, 산소의 단순 공급은 중단할 수 없다.

26 바나나(Build Absolutely Nothing Anywhere Near Anybody) 현상

지역 이기주의 현상

공해와 수질오염 등을 유발하는 공단, 댐, 원자력 발전소, 핵폐기물 처리장 등 혐오시설의 설치에 대해 그 지역주민들이 집단으로 거부하는 지역 이기주의 현상을 말한다. 님비 현상과 유사한 개념이다.

님투 현상

'Not In my Terms Of Office' 의 머리글자를 따서 만든 용어로, 공직자가 자신의 재임 기간 중에는 원자력 발전소, 쓰레기 매립장, 핵폐기물 처리장 등 주민들이 거부하는 시설의 설치나 사업의 추진을 미루는 것을 말한다. 즉 골칫거리가 될만한 일은 추진하지 않은 채 안일하게 시간만 보내는 태도다.

27 소년법

반사회성을 드러낸 소년에 대한 보호처분 등을 규정하고 있는 법률

반사회성(反社會性)이 있는 소년의 환경 조정과 품행 교정(矯正)을 위한 보호처분 등의 필요한 조치를 하고, 형사처분에 관한 특별조치를 함으로써 소년이 건전하게 성장하도록 돕는 것을 목적으로 제정된 법률이다. 소년법상의 '소년'이란 만 19세 미만의 자를 말하는데, 이들이 사형 또는 무기형에 해당하는 범죄를 저지른 경우라 할지라도 15년의 유기징역 이상을 선고할 수 없다. 그러나 인천 초등학생 살인사건 등 만 19세 미만인 소년들의범죄가 흉악해지면서 소년법의 폐지를 두고 찬반 논란이 끊이지 않고 있다.

28 디지털 디바이드(Digital Devide)

디지털 기기를 사용하는 사람과 사용하지 못하는 사람 사이에 정보격차가 발생하는 것

디지털 기기의 발전과 그에 따른 통신문화의 확산으로, 이를 제대로 활용하는 사람들은 지식축적과 함께 소득까지 증가하는 반면, 경제적 · 사회적인 이유로 디지털 기기를 활용하지 못하는 사람들은 상대적으로 심각한 정보격차를 느끼며 소외감을 느끼게 된다. 모바일 기기가 빠르게 진화할수록 소외계층의 스트레스는 커질 수밖에 없으며, 전문가들은 디지털 디바이드를 극복하지 못하면 사회안정에 해가 될 수 있다고 주장한다.

29 피그말리온효과(Pygmalion Effect)

칭찬과 기대를 받으면 그 기대만큼 성장한다는 교육심리학 이론

그리스 신화에 나오는 조각가 피그말리온의 이름에서 유래한 심리학 용어로, 타인의 기대나 관심으로 인해 능률이 오르거나 결과가 좋아지는 현상을 말한다. 이 효과는 '무언가를 간절히 바라면 결국 그 소망이 이뤄진다'는 상징을 담고 있다.

30 CSR(Coporate Social Responsibility)

기업의 사회적 책임

기업이 경제적 책임이나 법적인 책임을 지는 것 외에도 적극적이고 폭넓은 사회적 책임을 수행해야 하는 것을 말한다. 즉, 기업이 벌어들인 수익의 일부를 사회에 환원함으로써 사회적인 역할을 분담하고 사회발전에 기여해야 하는 의무를 강조하는 것이다.

31 메라비언의 법칙(Mehrabian's Law)

첫인상에서 언어보다 비언어적 요소가 중요하다는 법칙

상대방에 대한 인상이나 호감을 결정하는 데 있어서 목소리는 38%, 보디랭귀지는 55%의 영향을 미치는 반면, 말하는 내용은 겨우 7%만 작용한다는 이론이다. 효과적인 소통에 있어 말보다 '비언어적' 요소가 차지하는 비율이 무려 93%나 된다는 것으로 1971년 메라비언이 자신의 저서 〈침묵의 메시지(Silent Messages)〉에 발표하였다. 현재 설득, 협상, 마케팅, 광고, 프레젠테이션 등 커뮤니케이션과 관련된 모든 분야의 이론이 이를 기반으로 하고 있다.

과학 · 컴퓨터 · IT

01 스마트 그리드(Smart Grid)

집이나 사무실에서 효율적으로 전기를 쓸 수 있게 하는 지능형전력망시스템

기존의 전력망에 정보기술을 접목해 전력 공급자와 소비자가 양방향으로 실시간 정보를 교환함으로써 가장 효율적으로 전력을 생산 · 소비할 수 있는 시스템을 말한다. 전체적인 전력 사용 상황에 따라 5~10분마다 전기요금 단가가 바뀌는 것이 특징이다. 산업통상자원부는 2030년까지 국내 전역에 스마트 그리드 설치를 완료하는 것을 골자로 한 스마트 그리드 확산 사업을 진행 중이다.

02 사물인터넷(IoT ; Internet of Things)

인터넷에 연결된 기기들이 센서 등을 통해 수집한 정보를 가지고 스스로 일을 처리하는 것

사물에 센서를 부착해 실시간 데이터를 인터넷으로 주고받는 기술이나 환경을 의미하는 사물인터넷은 1999년 케빈 애시튼 미국 MIT 교수가 처음 사용했다. 가전기기부터 자동차, 물류, 유통, 헬스케어 등 다양한 분야에서 활용폭이 크다. 가령 어디서나 스마트폰만 있으면 집 안의 전자기기, 가스검침 등을 제어할 수 있다. 물류에서는 상품 등 자산의 위치추적, 현황파악, 원격지 운영관리에 사용이 가능하다.

03 DNA 바코드

고유 DNA 정보를 이용해 생물종을 식별하는 코드

동식물이 보유한 고유의 DNA 정보를 이용해 생물종을 빠르고 정확하게 식별하게 하는 일종의 '유전자 신분증'을 말한다. 보통의 바코드들은 검은선과 흰색의 여백을 이용한 2진법으로 구성된 반면 DNA 바코드는 아데닌, 티민, 구아닌, 사이토신의 4가지 염기 요소를 이용한 4진법을 사용하여 구성한다. 생물체는 비슷한 종이라도 DNA는 모두 다르기에 이렇게 생물이 가지는 고유 유전정보를 이용해 빠르고 정확하게 식별하게 한다. 비행기 충돌사고의 주범인 새의 종류를 판단하거나 마약범죄 단속 등에 활용되고 있다.

04 GMO(Genetically Modified Organism)

유전자 재조합 식품

제초제와 병충해에 대한 내성과 저항력을 갖게 하거나 영양적인 가치와 보존성을 높이기 위해 해당 작물에 다른 동식물이나 미생물과 같은 외래 유전자를 주입하는 등 식물 유전자를 변형하여 생산한 농작물을 일컫는다. 1994년 무르지 않는 토마토를 시작으로 유전자 재조합이 시작되었고, 몬샌토사에 의해 본격적으로 상품화되었다. 우리나라는 현재 세계 2위의 GMO 수입국인데, GMO의 안전성이 검증되지 않아 그 표시 문제가 논란이 되고 있다.

GMO완전표시제

DNA 및 유전자변형 단백질의 잔류와 상관없이 GMO 원료를 표시하는 제도다. 우리나라의 경우 가공 후 제품에 유전자변형 DNA 또는 외래 단백질이 남아있지 않거나 식품의 주요 원재료 함량 중 5위 안에 포함되지 않을 경우 이를 표시하지 않아도 되는 면제 규정이 있다. 시민단체는 GMO의 안전성이 입증되지 않은 만큼 '알 권리'를 보장받아야 한다며 완전표시제 도입을 촉구했다.

05 유전자가위

인간 또는 동식물이 가진 세포의 유전자를 교정하는 데 사용하는 기술

동식물 유전자의 특정 DNA 부위를 자른다고 하여 '가위'라는 표현을 사용하는데, 손상된 DNA를 잘라낸 후에 정상 DNA로 바꾸는 기술이라 할 수 있다. 1 · 2세대의 유전자가위가 존재하며 최근 3세대 유전자가위인 '크리스퍼'가 개발되었다. 크리스퍼는 세균이 천적인 바이러스를 물리치기 위해 관련 DNA를 잘게 잘라 기억해 두었다가 다시 침입했을 때 물리치는 면역체계를 부르는 용어인데, 이를 이용해 개발한 게 크리스퍼 유전자가위인 것이다. 줄기세포 · 체세포 유전병의 원인이 되는 돌연변이 교정, 항암세포 치료제와 같이 다양하게 활용할 수 있다.

〈영국 '세 부모 아이' 시술 첫 승인〉
2016년 4월 세계 최초로 유전자가위 시술을 통해 '세 부모 아이'가 태어났다. 세 부모 체외수정은 미토콘드리아 DNA 결함을 지닌 여성의 난자로부터 핵만 빼내 미토콘드리아가 정상인 다른 여성의 핵을 제거한 난자에 주입한 뒤 정자와 수정시키는 것인데, 생물학적 부모가 3명이 된다는 점에서 윤리성 논란이 끊이지 않았지만 영국 보건당국은 세계 최초로 이른바 '세 부모 아이' 시술을 승인했다. 영국 인간수정 · 배아관리국(HFEA)은 의료진이 미토콘드리아 질환을 자녀에게 물려주지 않기 위해 이른바 '세 부모 체외수정'을 사용하는 것을 승인했다고 영국 언론들이 보도했다.

06 키오스크

터치스크린 방식으로 공공장소에 설치된 정보전달시스템

정보 서비스와 업무의 무인화 · 자동화를 통해 누구나 이용할 수 있도록 한 무인단말기를 말한다. 공공장소에 설치하여 각종 행정절차나 상품정보, 시설물의 이용방법, 인근 지역 관광정보 등을 제공한다. 대부분 터치스크린을 채택하여 단계적으로 쉽게 검색할 수 있다.

07 힉스입자(Higgs Boson)

물질을 구성하는 기본입자에 질량을 부여하는 존재

우주가 막 탄생했을 때 몇몇 소립자들에 질량을 부여한 존재로 알려져 '신의 입자'라 불리는 힉스입자는 우주 탄생의 원리를 설명하기 위한 가설 중 가장 유력한 표준 모형(Standard model)에서 없어서는 안 될 소립자다. 힉스입자의 존재를 증명하기 위해 유럽입자물리학연구소(CERN)는 대형강입자충돌기(LHC)를 통한 실험을 거듭했고 2012년 7월 실험으로 마침내 힉스입자의 존재를 증명했다.

08 랜섬웨어(Ransomware)

컴퓨터 사용자의 파일을 인질로 금전을 요구하는 악성 프로그램

'몸값'을 의미하는 'Ransom'과 '소프트웨어(Software)'의 혼성어로, 사용자의 동의 없이 컴퓨터에 설치되어 사용자의 문서 등 중요 파일을 암호화함으로써 파일을 사용할 수 없게 만든 뒤 이를 인질 삼아 대가를 요구하는 것이다.

09 알파고(AlphaGo)

구글 딥마인드가 개발한 인공지능 바둑 프로그램

프로기사와 맞바둑을 두어 최초로 승리한 바둑 프로그램이다. 2016년 3월 한국기원은 알파고가 정상 프로기사 실력인 입신(入神)의 경지에 올랐다고 명예 프로 9단을 수여하여 언제든지 한국기원에서 개최하는 대회에 참가할 수 있도록 했다. 알파고를 개발한 딥마인드사는 알파고의 알고리즘을 더욱 개발 · 활용하여 기후변화의 예측, 질병 · 건강관리시스템, 스마트폰 개인비서, 무인주행자동차 등 미래의 핵심서비스 용도에 적용시킬 계획이다.

알파고 제로(Alphago zero)
인간의 지식으로부터 전혀 도움을 받지 않았다는 점에서 '0(zero)'을 딴 인공지능 바둑 프로그램 알파고 버전의 명칭이다. 인간 고수들이 둔 기보 16만건을 제공받은 이전 알파고 버전과 달리 인간 기보의 자료 없이 오직 강화학습의 방법론에만 의존한다.

10 핀테크(Fin-Tech)

Finance(금융)와 Technology(기술)의 합성어로, IT를 이용한 금융을 의미

모바일 · SNS · 빅데이터 등의 첨단 IT기술을 활용한 기존 금융기법과 차별화된 새로운 금융기술을 의미한다. 모바일뱅킹, 앱카드, 크라우드 펀딩뿐 아니라 금융기관의 의사결정, 위험 관리, 시스템 통합 등의 전반적 업무에 영향을 주는 기술까지도 핀테크에 포함된다. 현재 전자결제서비스인 삼성페이, 카카오페이, 애플페이 등이 가장 활성화돼 있다.

11 클라우드 컴퓨팅(Cloud Computing)

소프트웨어나 데이터를 컴퓨터 저장장치에 담지 않고 웹 공간에 두어 마음대로 다운받아 쓸 수 있는 인터넷 환경

인터넷상의 서버에 저장해둔 데이터를 언제 어디서나 인터넷에 접속해 다운받을 수 있어서 시 · 공간의 제약 없이 원하는 일을 할 수 있다. 구름(Cloud)처럼 무형인 인터넷상의 서버를 클라우드라고 하며 데이터 저장 · 처리, 콘텐츠 사용 등 각종 서비스를 제공한다. 하드디스크 장애, 바이러스 감염 등으로 자료가 손상 · 손실될 수 있지만 클라우드 컴퓨팅을 활용하면 안전하게 자료를 보관할 수 있고, 저장 공간의 제약도 극복할 수 있다.

12 빅 데이터(Big Data)

데이터의 생성량 · 주기 · 형식 등이 기존 데이터를 넘어서기 때문에 수집 · 저장 · 분석이 어려운 데이터

기존 데이터베이스 관리도구의 데이터 수집 · 저장 · 관리 · 분석의 역량을 넘어서는 대량의 정형 또는 비정형 데이터 세트 및 이러한 데이터로부터 가치를 추출하고 결과를 분석하는 기술을 의미한다. 대규모 데이터의 생성 · 수집 · 분석을 특징으로 하는 빅 데이터는 과거에는 불가능했던 기술을 실현시키기도 하며 전 영역에 걸쳐서 사회와 인류에 가치 있는 정보를 제공하기도 한다.

13 딥러닝(Deep Learning)

인공신경망을 기반으로 데이터를 조합 · 분석 · 분류하는 기계 학습 기술

컴퓨터가 다양한 데이터를 통해 사람처럼 스스로 학습할 수 있도록 인공신경망(ANN ; Artificial Neural Network)을 기반으로 구축한 기계 학습 기술이다. 인간의 두뇌가 방대한 데이터 속에서 패턴을 발견하고 사물을 구분하는 정보처리과정을 모방하여 컴퓨터에 적용시킨 것이다. 이 기술을 적용하면 컴퓨터가 스스로 인지하고 판단할 수 있다. 이 기술은 사진 · 동영상 · 음성정보 등을 분류하는 데 활용되고 있다.

14 빅뱅이론

지금의 우주가 하나의 점에서 대폭발하여 이뤄졌다는 이론

지금도 우주가 팽창하고 있다는 사실로부터 자연스럽게 빅뱅이론이 나왔다. 빅뱅이론 이전에 많은 사람들은 영국의 천문학자 호일이 주장한 정상상태의 우주를 믿어왔는데 정상상태 우주론에서 우주는 영원하고 근본적으로 정적이다. 그러나 프리드먼이 창시한 빅뱅이론에 따르면 우주는 동적이며 팽창하고 있다. 실제로 우주가 팽창하고 있다는 여러 근거들이 관측되기 시작하면서 지금은 정상우주론보다 사람들에게 더 많이 받아들여지게 되었다. 빅뱅이론에 의하면 우주의 나이를 예측할 수 있는데, 허블에 의해 관측된 우주의 팽창속도에서 역으로 우주의 나이를 계산해낼 수 있지만 허블에 의해 계산된 우주의 나이는 20억 년으로, 지구의 나이인 46억 년보다 짧다는 것이 빅뱅이론의 한계이기도 하다.

15 허블 망원경

미 항공우주국(NASA)과 유럽우주국(ESA)에서 개발하고 발사한 우주망원경

허블 망원경은 1990년 4월에 우주왕복선 디스커버리호에 실려 지구 궤도에 진입하여 현재까지 우주관측 활동을 하고 있다. 지구상에 설치된 고성능의 망원경들보다 해상도와 감도가 높으며, 미세한 부분까지 선명하게 관찰이 가능한 광학망원경이다. 허블은 지구 바깥에 존재하므로 대기의 영향을 받지 않을 뿐만 아니라 우주의 빛을 왜곡 없이 관측할 수 있다는 장점이 있다.

16 희토류

원소기호 57~71번의 란탄계 원소 15개, 21번 스칸듐(Sc), 39번 이트륨(Y) 등 총 17개 원소의 총칭

화학적으로 안정되어 있고 건조한 공기에서도 잘 견디며 열 전도성도 높은 희토류는 상대적으로 탁월한 화학적 · 전기적 · 자성적 · 발광적 성질을 갖고 있어 각종 디스플레이와 스마트폰, 카메라 등의 필수 원료로 사용된다. 때문에 희토류는 자원무기화 되기도 한다. 희토류 생산국이 생산량을 제한하거나 가격을 높이면 전량을 수입에 의존하는 우리나라가 큰 타격을 입는 것을 예로 들 수 있다.

17 인슐린(Insulin)

탄수화물의 대사를 조절하는 호르몬

혈액 속의 포도당을 일정하게 유지하는 기능을 하는 호르몬이며, 췌장에서 합성 · 분비된다. 음식을 소화하고 흡수할 때도 순간적으로 혈당이 높아지는데 그 혈당의 양을 조절하는 것이 인슐린의 역할이다. 그러나 인슐린의 합성과 분비가 잘 이루어지지 않으면 제 기능을 못하게 되고 결국 포도당을 함유한 소변을 배설하는 당뇨병에 걸릴 수 있다.

18 도그이어(Dog Year)

정보통신 분야의 눈부신 기술 혁신 속도를 일컫는 말

IT업계의 1년이 보통 사람이 생각하는 7년과 맞먹는다는 말이다. 10년 안팎인 개의 수명을 사람과 비교할 때 개의 1년이 사람의 7년과 같다는 것에 빗대 표현한 것으로, 변화가 극심한 IT 분야는 다른 분야보다 빠른 속도의 혁신이 이루어지고 있음을 나타낸다.

19 비타민(Vitamin)

물질대사와 생리작용을 돕는 유기물로 지용성 · 수용성 비타민

비타민은 적은 양으로도 영양소를 도와 물질대사와 생리작용에 관여한다. 지용성 비타민에는 A, D, E, F, K가 있으며, 수용성 비타민에는 B_1, B_2, B_6, B_{12}, C, L, P 등이 있다. 각 비타민이 부족하면 각종 결핍증이 나타난다.

〈비타민 결핍증〉
- A : 야맹증, 각막건조증
- B_1 : 각기병, 신경염
- B_{12} : 악성빈혈
- C : 괴혈병
- D : 곱추병
- E : 불임증

20 파밍(Pharming)

악성코드에 감염된 PC를 조작해 이용자를 사이트로 유도하여 개인 정보를 빼가는 수법

악성코드에 감염된 사용자의 PC를 조작하여 정상 홈페이지인 것처럼 보이는 가짜 사이트(금융기관, 공공기관 등)로 유도한 후에 개인의 금융정보 등을 탈취한다. 탈취한 개인의 금융정보를 이용하여 범행계좌로 이체를 하는데, 이러한 수법에 의해 13억 원이 무단 이체된 사건이 있었다.

21 로보어드바이저(Robo-Advisor)

스마트폰을 활용한 핀테크(Fin-tech)와 인공지능(AI)을 통한 자산운용

로보어드바이저는 로봇(Robot)과 조언자(Advisor)의 합성어로 컴퓨터 알고리즘을 기반으로 투자자 개인의 성향을 분석해 맞춤형 자산관리나 투자포트폴리오를 작성하는 역할을 한다. 주관적인 판단이 섞인 인간과 달리 객관적으로 판단하므로 신뢰도가 높은 것이 장점이며, 직접 만날 필요가 없으므로 시간과 장소에 구애됨이 없이 컴퓨터나 스마트폰을 통해 서비스를 받을 수 있다는 점에서 편리하다.

22 파놉티콘(Panopticon)

감시자 없이도 죄수들 자신이 스스로를 감시하는 감옥

파놉티콘은 그리스어로 '모두'를 뜻하는 'Pan'과 '본다'는 뜻의 'Opticon'을 합성한 것이다. 계몽시대 공리주의사상가 제러미 벤담이 죄수를 감시할 목적으로 고안한 원형감옥으로, 중앙의 감시탑과 이를 둘러싼 개인감방들로 구성된다. 감시탑 안에서는 감방 속 수감자들의 일거수일투족을 속속들이 들여다볼 수 있다. 1975년 프랑스의 철학자 푸코가 그의 저서 〈감시와 처벌〉에서 컴퓨터 통신망과 데이터베이스를 개인의 사생활 감시 또는 침해 대상으로 비유하여 감시체계의 원리를 재조명하였다.

시놉티콘
'서로 동시에 감시한다'는 뜻으로, 노르웨이 범죄학자 토마스 매티슨(Thomas Mathiesen)은 정보기술의 발전으로 언론과 통신이 발달하면서 기존 소수의 감시자와 다수의 피감시자 간의 경계가 사라지고 모두가 함께(syn-) 서로를 감시하는 상황이 조성된다고 설명했다.

23 디지털워터마크(Digital Watermark)

디지털 콘텐츠에 고유의 코드나 저작자 정보를 입력해 저작권을 보호하는 디지털 기술

디지털 형식의 지적재산에 대한 저작권 보호를 위해 삽입한다. 볼 수 없고 들릴 수 없게 설계되기 때문에 특정 검출기 프로그램을 이용해서만 확인할 수 있다. 디지털워터마크는 정품과 복제품을 구분하고 저작권자의 권리를 보호하며 저작권자의 정보나 원본 여부를 확인하는 역할을 한다.

24 메칼프의 법칙(Metcalfe's Law)

네트워크 효과를 설명하는 이론

네트워크의 가치는 이용자 수의 제곱에 비례하여 폭발적으로 증가한다는 이론이다. 미국의 네트워크장비업체 3COM의 설립자인 밥 메칼프가 주창했는데, 오늘날과 같은 모바일 플랫폼이 발달한 시대에 더 큰 영향력을 발휘하고 있다. 최근 대세로 떠오른 카카오톡, 배달의 민족, 미미박스 등 모바일 플랫폼을 기반으로 서비스를 제공하는 사업에서는 네트워크 구축이 가장 중요한 마케팅이 됨을 대표적인 예로 들 수 있다.

25 커넥티드 카(Connected Car)

IT기술을 자동차에 융합시킨 스마트 자동차

주변 사물들과 인터넷으로 연결돼 운행에 필요한 각종 교통 정보는 물론 다른 차량의 운행 정보도 실시간으로 확인할 수 있는 스마트 자동차를 말한다. 자동차 주행에 필요한 신호등이나 CCTV 등으로부터의 각종 교통정보와 주변의 도로나 차량 등의 운행정보까지 실시간으로 확인하며 주행한다. 주고받는 데이터의 양이 많다보니 초고속 통신망이 필수적으로 요구된다. 2016년 11월에 SK텔레콤과 BMW코리아는 5G 통신망을 이용한 커넥티드 카 'T5'를 공개하고 세계 최초로 미래주행기술을 선보이기도 했다.

26 4차 산업혁명(4IR ; Fourth Industrial Revolution)

기존의 산업과 ICT가 융합되어 이루어진 산업혁명

정보통신기술(ICT)의 융합으로 이뤄지는 차세대 산업혁명을 말한다. 1차 산업혁명은 기계화, 2차 산업혁명은 대량생산, 3차 산업혁명은 정보화 및 자동화라는 특징을 지녔다. 현재의 4차 산업혁명은 기존의 산업에 정보통신기술(ICT)을 융합시켜 능동성을 갖춘다는 점이 특징이다. 인공지능과 공장설비의 결합처럼 '지능적 가상 물리시스템'이 핵심 키워드라 할 수 있는데, 우리나라에서는 '제조업 혁신 3.0 전략'이 같은 선상의 개념이고, 미국에서는 'AMI(Advanced Manufacturing Initiative)', 독일과 중국에서는 '인더스트리(Industry)4.0'이라는 명칭으로 추진하고 있다.

27 QLED(Quantum dot Light Emitting Diodes)

양자점발광다이오드

QLED에서 'Q'는 '퀀텀닷'을 의미한다. 퀀텀닷은 양자점이라고도 하는데, 크기가 10~15nm(나노미터)인 초미세 반도체 결정체를 말한다. 작은 크기의 퀀텀닷은 밝기를 더욱 세밀하게 표현하는 장점을 가지는데, QLED는 퀀텀닷 입자 하나하나가 스스로 빛과 색을 내도록 함으로써 큰 폭의 화질개선 효과를 보여주는 기술이다. 삼성전자는 2017년 세계 최대 가전제품 전시회인 미국 CES에서 TV 신제품에 'QLED TV'라는 이름을 붙여 공개했다.

OLED(Organic Light Emitting Diodes)

유기발광다이오드로, 형광성 유기화합물질을 이용하여 전류를 흐르게 하면 자체적으로 빛을 내는 발광 현상을 이용하는 디스플레이를 말한다. LCD보다 선명하고 보는 방향과 무관하게 잘 보이는 장점을 가진다. 화질의 반응 속도 역시 LCD에 비해 1,000배 이상 빠르지만 제조 공정이 비교적 단순하여 가격도 합리적이다. 휴대폰, 디지털카메라와 같은 소형기기의 디스플레이에 사용된다.

문화 · 예술 · 미디어 · 스포츠

01 블랙 프라이데이(Black Friday)

미국의 최대 쇼핑시즌

매년 11월 마지막 목요일인 추수감사절 다음날로, 미국 각지에서 최대 규모의 쇼핑이 이뤄지는 날을 말한다. 이날 시작되는 쇼핑 시즌은 연말까지 세일이 이어지며, 미국 연간 소비의 약 20%가 이때 이루어진다. 매출장부가 적(Red)자에서 흑(Black)자로 전환된다고 하여 블랙 프라이데이라는 이름이 붙었다.

코리아세일페스타(Korea Sale Festa)
2016년에 시작한 대한민국의 쇼핑관광축제를 말한다. 이 행사는 정부 부처인 산업통상자원부가 직접 참가업체 200여 개의 신청을 받고 진행했다는 점에서 다른 나라의 블랙프라이데이와 조금 차이가 있다. 'FESTA'에는 축제라는 의미뿐만 아니라 'Festival(축제)', 'Entertainment(한류)', 'Shopping(쇼핑)', 'Tour(관광)', 'Attraction(즐길거리)'이 모두 어우러진 축제라는 의미도 담겨 있다고 한다.

02 노벨상(Nobel Prize)

노벨의 유언에 따라 인류복지에 공헌한 사람 · 단체에게 수여하는 상

다이너마이트를 발명한 스웨덴의 화학자 알프레드 노벨(Alfred B. Nobel)은 인류복지에 가장 구체적으로 공헌한 사람들에게 나누어주도록 그의 유산을 기부하였고, 스웨덴의 왕립과학아카데미는 노벨재단을 설립하여 1901년부터 노벨상을 수여하였다. 해마다 물리학 · 화학 · 생리의학 · 경제학 · 문학 · 평화의 6개 부문에서 인류 문명의 발달에 공헌한 사람이나 단체를 선정하여 수여한다. 평화상을 제외한 물리학, 화학, 생리의학, 경제학, 문학상의 시상식은 노벨의 사망일인 매년 12월 10일에 스톡홀름에서, 평화상 시상식은 같은 날 노르웨이 오슬로에서 열린다. 상은 생존자 개인에게 주는 것이 원칙이나 평화상은 단체나 조직에 줄 수 있다.

노벨경제학상
1901년 노벨상을 처음 수여할 때는 평화 · 문학 · 생리의학 · 물리 · 화학의 5개 부문이었는데, 1968년 스웨덴 중앙은행이 은행설립 300주년을 기념하여 노벨경제학상을 제정했다. 기금을 노벨재단에 기탁함에 따라 1969년부터 노벨상은 경제학 부문을 추가한 6개 부문의 시상이 이루어지게 되었다.

03 카피레프트(Copyleft)

지적 창작물에 대한 권리를 모든 사람이 공유할 수 있도록 하는 것

1984년 리처드 스톨먼이 주장한 것으로 저작권(Copyright)에 반대되는 개념이며, 정보의 공유를 위한 조치이다. 카피레프트를 주장하는 사람들은 지식과 정보는 소수에게 독점되어서는 안 되며 모든 사람에게 열려 있어야 한다고 말한다.

04 셰익스피어의 4대 비극

〈햄릿〉, 〈오셀로〉, 〈리어왕〉, 〈맥베스〉

대표적인 4대 비극 중 가장 먼저 발표된 〈햄릿〉은 복수 비극이다. 두 번째 작품 〈오셀로〉는 인간적 신뢰가 돋보이는 작품이다. 세 번째 작품 〈리어왕〉은 혈육 간 유대의 파괴가 우주적 질서의 붕괴로 확대되는 과정을 그린 비극이다. 마지막 작품인 〈맥베스〉에서는 징수의 왕위 찬탈과 그것이 초래하는 비극적 결말을 볼 수 있다.

05 4대 뮤지컬

캣츠 · 레미제라블 · 미스 사이공 · 오페라의 유령

캣 츠	영국의 대문호 T.S 엘리어트의 시 '지혜로운 고양이가 되기 위한 지침서'를 뮤지컬로 만들었다. 시적 상상력을 바탕으로 고양이로 분장한 배우들이 인간 구원이라는 주제를 표현한 작품이다. 30여 개국에서 공연되어 관람객 5천만명에 공연 수입 22억달러를 올리는 등 경이로운 기록을 세웠다.
레미제라블	빅토르 위고의 소설을 뮤지컬화한 작품으로, 나폴레옹 제국 시대 이후 동맹국이 프랑스 왕으로 추대한 샤를르 10세의 시대가 멸망하기까지의 이야기이다. 1987년 뉴욕공연 후, 그 해 토니상에서 작품상, 남우조연상, 여우조연상, 연출상, 극본상, 작사, 작곡상을 비롯한 8개 부문의 상을 수상하였다.
미스 사이공	클로드 미셸 쇤베르크가 작곡하고, 니콜라스 아리트너가 연출한 것으로 베트남전쟁을 배경으로 하여 미군 병사와 베트남 여인의 슬픈 사랑을 애절하게 표현한 작품이다. 1989년 런던에서 초연되었는데 당시 미국의 베트남전쟁 참가를 미화했다는 비난을 받기도 했다.
오페라의 유령	프랑스의 작가 가스통 노와의 원작 소설을 찰스 하트가 뮤지컬 극본으로 만들어 무대에 올린 작품이다. 한때 오페라 작곡가로 명성을 날렸으나 잊힌 천재가 되어버린 '오페라의 유령'이 호숫가에서 은둔생활을 하던 중 미모의 오페라 가수 크리스틴에게 반하지만 결국 사랑은 실패로 끝난다는 내용을 담고 있다. 1988년 토니상에서 작품상을 비롯해 남우주연상, 여우주연상, 연출상, 장치상, 조명상 등을 수상했다.

06 트랜스미디어(Trans Media)

트랜스(Trans)와 미디어(Media)의 합성어로 미디어 간 경계선을 넘어 결합 · 융합하는 현상

장동련 교수가 '횡단, 초월(Trans)'과 '미디어(Media)'를 합성하여 창안한 용어로, '미디어를 초월한 미디어' 즉, 미디어 간의 경계선을 넘어 서로 결합 · 융합되는 현상을 의미한다. 방송 · 신문 · 인터넷 · 모바일 등의 미디어를 유기적으로 연결한 콘텐츠를 제공하며, 시청자의 요구에 다각적으로 반응할 수 있는 양방향 소통이 가능해져 시청자의 편의를 도모할 수 있다. 이는 기술과 감성이 조화를 이룬 미디어 단계를 일컫는다.

07 엠바고(Embargo)

잠정적인 출항 정지 또는 언론보도 유보를 가리키는 말

원래는 국제법상 사용되는 법률용어로 국가 간 분쟁 또는 어떠한 문제가 발생한 상태에서 자국의 항구에 입항하여 정박 중인 외국 선박의 출항을 허가하지 않고 문제해결 시까지 잠정적으로 출항을 정지시켜 억류하여 놓는 것을 가리키는 말이었으며, 언론에서 이를 차용하여 보도를 한시적으로 유보하는 것을 의미하는 용어로도 쓰이게 되었다.

08 스낵컬처(Snack Culture)

스낵처럼 짧은 시간에도 쉽게 즐길 수 있는 새로운 문화 · 예술 콘텐츠의 신개념 소비문화

시간과 장소에 구애받지 않고 즐길 수 있는 스낵처럼 출퇴근 시간이나 점심 시간 등 5~15분의 짧은 시간에 즐길 수 있는 문화 · 예술 콘텐츠의 신개념 소비문화를 말한다. 웹툰, 웹소설과 웹드라마가 대표적인 스낵컬처로 인기를 끌고 있다. 짧은 만큼 진지하거나 의미 있는 내용보다, 재미를 추구하는 스낵처럼 가벼운 콘텐츠가 주를 이룬다. 최근 네이버 · 카카오 · SK커뮤니케이션즈 등 IT업체의 스낵컬처 분야에서의 경쟁이 치열해지고 있다.

09 미디어셀러(Media Seller)

드라마나 영화로 제작된 영상물과 관련된 책

미디어셀러는 영화나 드라마, 예능, CF 등 미디어에 노출된 이후 주목을 받으면서 베스트셀러가 된 책을 말한다. 김용택 시인의 〈어쩌면 별이 너의 슬픔을 가져갈지도 몰라〉가 드라마 '도깨비'의 흥행 이후 종합

베스트셀러 순위에서 연속 1위를 차지하는가 하면 신카이 마코토 감독의 애니메이션 〈너의 이름은〉은 영화의 흥행과 더불어 동명소설 역시 베스트셀러 순위에 진입하기도 했다.

10 판소리

한 명의 소리꾼이 창(소리) · 말(아니리) · 몸짓(너름새)을 섞어가면서 긴 이야기를 노래하는 것

• 판소리의 유파

동편제	전라도 동북 지역의 소리, 단조로운 리듬, 짧고 분명한 장단, 씩씩하고 담백한 창법
서편제	전라도 서남 지역의 소리, 부드럽고 애절한 창법, 수식과 기교가 많아 감상적인 면 강조
중고제	경기도와 충청도 지역의 소리, 동편제와 서편제의 절충형, 상하성이 분명함

• 판소리의 3대 요소

창	판소리에서 광대가 부르는 노래이자 소리로, 음악적인 요소
아니리	창자가 한 대목에서 다음 대목으로 넘어가기 전에 장단 없이 자유로운 리듬으로 말하듯이 사설을 엮어가는 것, 문학적인 요소
발 림	판소리 사설의 내용에 따라 몸짓을 하는 것으로, 춤사위나 형용 동작을 가리키는 연극적 요소, 비슷한 말인 '너름새'는 몸짓으로 하는 모든 동작을 의미

• 판소리 5마당 : 춘향가, 심청가, 흥보가, 적벽가, 수궁가

11 세계 3대 영화제

베니스 영화제 · 칸 영화제 · 베를린 영화제

영화제	특 징
베니스 영화제 (이탈리아)	• 1932년 창설하여 매년 8~9월 열리는 가장 오래된 영화제이다. • 최고의 작품상(그랑프리)에는 '황금사자상'이 수여되고, 감독상에는 '은사자상'이, 남 · 여 주연상에는 볼피컵상이 수여된다. • 2012년 김기덕 감독의 〈피에타〉가 황금사자상을 수상했다.
칸 영화제 (프랑스)	• 1946년 시작되어 매년 5월 개최된다. • 대상은 '황금종려상'이 수여되며 시상은 경쟁 부문과 비경쟁 부문, 주목할 만한 시선 부문 등으로 나뉜다. • 우리나라는 〈춘향뎐(1999)〉으로 경쟁 부문에 최초 진출했다. • 2019년에는 봉준호 감독의 영화 〈기생충〉이 황금종려상을 받았다.
베를린 영화제 (독 일)	• 1951년 창설하여 매년 2월 개최된다. • 최우수 작품상에 수여되는 '금곰상'과, 심사위원 대상 · 감독상 · 남녀 배우상 등에 수여되는 '은곰상' 등이 있다. • 2017년 우리나라의 배우 김민희는 〈밤의 해변에서 혼자〉로 여우주연상을 수상했다.

12 팝아트(Pop Art)

대중문화적 시각이미지를 미술의 영역 속에 수용한 구상미술의 경향

1950년대 영국에서 시작된 팝아트는 추상표현주의의 주관적 엄숙성에 반대하며 TV, 광고, 매스미디어 등 주위의 소재들을 예술의 영역 안으로 받아들인 사조를 말한다. 대중문화 속에 등장하는 이미지를 미술로 수용함으로써 순수예술과 대중예술의 경계를 깨뜨렸다는 평도 있지만, 이를 소비문화에 굴복한 것으로 보는 시선도 있다. 앤디 워홀, 리히텐슈타인 등이 대표적인 작가이다.

13 매스미디어 효과이론

매스 커뮤니케이션이 끼치는 효과의 총체적 크기에 관한 이론으로 '강효과', '중효과', '소효과' 이론으로 나뉜다.

• 강효과 이론 : 매스 커뮤니케이션의 효과가 매우 크다.

이론	내용
탄환이론	• 매스미디어는 고립된 대중들에게 즉각적 · 획일적으로 강력한 영향을 미침 • 피하주사식이론, 기계적 자극 · 반응이론 등으로 불림
미디어 의존이론	• 매스미디어 – 수용자 – 사회는 3원적 의존관계로 이루어짐 • 매스미디어에 대한 수용자의 의존도가 점점 높아지는 현대사회에서 매스미디어가 수용자나 사회에 미치는 효과는 매우 큼
모델링이론	• 반두라의 사회적 학습이론을 바탕으로 함 • 수용자들은 매스미디어의 행동양식을 모델로 삼아서 행동하므로, 매스미디어의 영향력은 매우 강력함
침묵의 나선이론	• 인간은 자신의 의견이 사회적으로 지배적인 여론과 일치되면 이를 적극적으로 표현하지만 그렇지 않으면 침묵하는 경향이 있음 • 매스미디어는 지배적인 여론 형성에 큰 영향력을 행사함
문화계발효과이론	• 조지 거브너가 주장한 이론 • 매스미디어가 수용자에게 현실세계에 대한 정보를 제공함으로써 대중들의 관념을 형성시키며 강력한 영향력 행사

• 중효과 이론 : 매스 커뮤니케이션의 효과는 크지도 작지도 않다.

이론	내용
이용과 충족이론	• 인간은 각자의 필요를 충족시키기 위해 매스미디어를 이용하므로 메시지를 받아들일 준비가 된 사람에게만 영향을 끼침 • '사람들이 매스미디어로 무엇을 하느냐'의 관점에서 연구함
의제설정이론	• 매스미디어는 특정 주제를 강조함으로써 사회의 이슈를 만들고 대중들의 의제 설정에 기여함 • 미디어가 중요하게 다루는 것이 대중에게도 중요한 주제가 됨

• 소효과 이론 : 매스 커뮤니케이션의 효과는 그리 크지 않다.

이론	내용
선별효과이론	• 매스미디어의 효과는 수용자의 능동적 선별에 따라 한정적임 • 수용자는 자신의 가치관과 일치하는 메시지는 받아들이지만 그렇지 않으면 별다른 반응을 보이지 않음
2단계유통이론	• 매스미디어의 영향력은 의견지도자를 거쳐 수용자들에게 전달됨 • 매스미디어보다 대인 접촉이 더 큰 영향력을 발휘함

14 광고의 종류

PPL 광고(Products Placement Advertisement)	• 영화 · 드라마 등에 특정 제품을 노출시키는 간접광고 • 엔터테인먼트 콘텐츠 속에 기업의 제품을 소품이나 배경으로 등장시켜 소비자들에게 의식 · 무의식적으로 제품을 광고하는 것
티저 광고(Teaser-Advertising)	• 처음에는 상품명을 감추거나 일부만 보여주고 궁금증을 유발하며 서서히 그 베일을 벗기는 방법 • 티저는 '놀려대는 사람'이라는 뜻을 지니며 소비자의 구매의욕을 유발하기 위해 처음에는 상품광고의 주요 부분을 감추고 점차 공개하는 것
인포머셜(Infomercial)	• 상품의 정보를 상세하게 제공하여 구매욕구를 유발하는 것 • Information(정보)과 Commercial(광고)의 합성어로, 상품에 관한 정보를 가능한 한 많이 제공함으로써 소비자의 이해를 돕고 관심을 불러일으키는 방법
애드버토리얼(Advertorial)	• 신문 · 잡지에 기사 형태로 실리는 논설식 광고 • 기사 속에 관련 기업의 주장이나 식견 등을 소개하면서 회사명과 상품명을 표현하는 기사광고
POP 광고(Point of Purchase-Advertisement)	• 소비자가 상품을 구매하는 시점에 전개되는 광고 • 포스터나 옥외간판 등 소비자가 상품을 구입하는 장소 주변에서의 광고를 말하고, 이는 직접적으로 구매를 촉진시킴
멀티스폿 광고(Multi-spot Advertisement)	동일한 상품에 대해 비슷한 줄거리에 모델만 다르게 써서 여러 편을 한꺼번에 내보내는 방식. 한 제품에 대해 여러 편의 광고를 차례로 내보내는 시리즈 광고와 구분됨
키치 광고(Kitsch Advertisement)	• 언뜻 보아서는 무슨 내용인지 알 수 없는 광고 • 감각적이고 가벼운 것을 좋아하는 신세대의 취향을 만족시킴
버추얼 광고(Virtual-Advertising)	• 가상의 이미지를 방송 프로그램에 끼워 넣는 '가상광고' • 컴퓨터 그래픽을 이용해 방송 중인 프로그램의 광고의 이미지를 삽입시키는 것으로, 우리나라는 2010년 1월부터 지상파 TV에서 가상광고가 가능해짐
비넷 광고(Vignet-Advertisement)	한 가지 주제에 맞춰 다양한 장면을 짧게 연속적으로 보여줌으로써 강렬한 이미지를 주는 광고기법
트레일러 광고(Trailer-Advertising)	• 메인 광고 뒷부분에 다른 제품을 알리는 맛보기 광고 • 한 광고로 여러 제품을 다룰 수 있어 광고비가 절감되지만 주목도가 분산되므로 고가품에는 활용되지 않음
더블업 광고(Double Effect of Advertisement)	• 특정 제품을 소품으로 활용하여 홍보하는 광고기법 • '광고 속의 광고'라고도 하며 소비자들에게 무의식 중에 잔상을 남겨 광고효과를 유발함
배너 광고(Banner-Advertisement)	• 인터넷 사이트에서 광고내용을 담은 막대 모양의 광고 • 배너 광고를 클릭하면 관련 사이트로 자동 연결되고 방문자 수, 클릭 수 등을 기준으로 광고료가 책정됨
무드 광고(Mood-Advertisement)	• 분위기에 의한 정서적 효과를 노린 광고 • 여성을 대상으로 한 광고에 많이 사용되며 만족감 · 즐거움 등의 전체적인 분위기를 표현하여 그 분위기를 광고하는 상품에 연결시키는 기법
레트로 광고(Retrospective-Advertising)	과거에 대한 향수를 느끼게 하는 추억 광고

15 저널리즘의 유형

매스미디어를 통해 시사적 문제에 대한 보도 및 논평을 하는 언론활동의 유형

유형	내용
가차 저널리즘 (Gotcha journalism)	사안의 맥락과 관계없이 유명인사의 사소한 실수나 해프닝을 흥미위주로 집중 보도하는 저널리즘
경마 저널리즘 (Horse race journalism)	• 경마를 구경하듯 후보자의 여론조사 결과 및 득표상황만을 집중보도하는 선거보도 형태 • 선거에 필요한 본질적인 내용보다는 흥미 위주의 보도
그래프 저널리즘 (Graph journalism)	• 사진 위주로 편집된 간행물 • 사회문제 및 패션 · 문화 등의 소재를 다룸
뉴 저널리즘 (New journalism)	• 1960년대 이후 기존 저널리즘의 관념을 거부하며 등장 • 속보성 · 단편성을 거부하고 소설의 기법을 이용해 심층적인 보도 스타일을 보임
블랙 저널리즘 (Black journalism)	숨겨진 사실을 드러내는 취재활동으로, 약점을 이용해 보도하겠다고 위협하거나 특정 이익을 위해 보도하기도 한다.
비디오 저널리즘 (Video journalism)	• 1명의 저널리스트가 소형 장비를 이용해 취재 · 촬영 · 편집의 전 과정을 담당하는 유형 • 기동성이 높고 각종 문제를 심도 있게 다룰 수 있어 VJ를 통한 외주 제작의 비율이 증가하는 추세
센세이셔널리즘 (Sensationalism)	스캔들, 범죄 기사 등 대중들의 호기심을 자극하는 내용 위주로 보도하는 형태
스트리트 저널리즘 (Street journalism)	• 시민들이 거리의 기자가 되어 언론에 참여하는 형태로, 시민 저널리즘이라고도 함 • 통신 장비의 발달로 1인 미디어의 영향이 더욱 확대
옐로 저널리즘 (Yellow journalism)	• 독자들의 호기심을 자극하고 끌어들이기 위해 선정적 · 비도덕적인 보도를 하는 형태 • 황색언론이라고도 하며 범죄 · 스캔들 · 가십 등 원시적 본능을 자극하는 흥미 위주의 소재를 다룸
제록스 저널리즘 (Xerox journalism)	극비 문서를 몰래 복사하여 발표하는 저널리즘으로, 비합법적인 폭로 기사 위주의 보도 형태
체크북 저널리즘 (Checkbook journalism)	• 유명인사들의 스캔들 기사 등과 관련해 언론사가 거액의 돈을 주고 취재원으로부터 제보를 받거나 인터뷰를 하는 것 • 취재경쟁이 과열되면서 발생한 저널리즘으로, 수표 저널리즘이라고도 함
크로니 저널리즘 (Crony journalism)	영향력 있는 인사에 대한 나쁜 뉴스를 무시하는 언론인들의 윤리 부재 및 관행
파라슈트 저널리즘 (Parashute journalism)	• 현지 사정을 잘 모르는 기자가 선입견에 따라 기사를 제공 • 낙하산 저널리즘이라고도 하며 뉴스거리가 있는 어느 곳이라도 가서 즉각적으로 기사를 작성하는 형태
팩 저널리즘 (Pack journalism)	• 취재 방법 및 시각이 획일적인 저널리즘으로, 신문의 신뢰도 하락을 불러옴 • 정부 권력에 의한 은밀한 제한 및 강압에 의해 양산됨
퍼블릭 저널리즘 (Public journalism)	• 언론인들이 시민들로 하여금 공동체 문제에 참여하도록 유도하여 민주주의의 활성화에 영향을 끼친 것 • 취재원의 다양화 및 여론의 민주화를 가져옴
포토 저널리즘 (Photo journalism)	사진을 중심으로 시사 문제를 보도하는 저널리즘으로 픽토리얼 저널리즘이라고도 함
하이에나 저널리즘 (Hyena journalism)	권력 없고 힘없는 사람에 대해서 집중적인 매도와 공격을 퍼붓는 저널리즘
하이프 저널리즘 (Hipe journalism)	오락만 있고 정보는 전혀 없는 저널리즘
데이터 저널리즘 (Data journalism)	CAR(Computer Asisted Reporting, 컴퓨터 활용 취재보도)을 통해 엄청난 양의 데이터를 수집한 후 통계적으로 분석해 보도하는 저널리즘

16 세계 4대 메이저 테니스 대회

윔블던(Wimbledon) · 전미 오픈(US Open) · 프랑스 오픈(French Open) · 호주 오픈(Australian Open)

4대 메이저 대회 모두 국제테니스연맹(ITF)이 관장하며, 이 4개 대회에서 그해에 모두 우승할 경우 그랜드 슬램(Grand Slam)을 달성했다고 한다.

대 회	내 용
윔블던 (Wimbledon)	가장 오랜 역사를 지닌 테니스 대회이며 정식명칭은 'All England Tennis Championship'으로 전영 오픈이라는 명칭으로도 사용된다. 1877년 제1회 대회가 개최되었고, 1968년 프로들에게 본격적으로 오픈되었다. 경기는 잔디코트에서 진행된다.
전미 오픈 (US open)	1881년 US National Championships라는 이름으로 시작하여 1965년 US 오픈으로 개칭하였다. 시즌 한 해를 마감하는 매년 9월경 개최되며 총 상금이 가장 많은 대회이기도 하다. 경기는 하드코트에서 진행된다.
프랑스 오픈 (French Open)	1891년 출범해서 1968년부터는 프로들에게도 오픈되었다. 경기는 클레이코트에서 진행되며 프랑스 오픈이라는 명칭보다 클레이코트 대회라는 이미지로 더 많이 알려져 있다.
호주 오픈 (Aaustralian Open)	1905년에 개최되었으며 1969년에 프로선수들에게 오픈되었다. 역사가 짧고 상금이 낮아 톱시드의 선수들의 참가가 저조한 편이다. 경기는 하드코트에서 진행된다.

17 우리나라 유네스코 등재유산

인류 전체를 위해 보호되어야 할 필요가 있다고 인정되어 유네스코가 '세계유산 일람표'에 등재한 문화재

구 분	등록현황
세계문화유산	석굴암 · 불국사(1995), 해인사 장경판전(1995), 종묘(1995), 창덕궁(1997), 수원화성(1997), 경주역사유적지구(2000), 고창 · 화순 · 강화 고인돌 유적(2000), 제주화산섬과 용암동굴(2007), 조선왕릉(2009), 안동하회 · 경주양동마을(2010), 남한산성(2014), 백제역사유적지(2015), 산사, 한국의 산지승원(2018), 한국의 서원(2019)
세계기록유산	훈민정음(1997), 조선왕조실록(1997), 직지심체요절(2001), 승정원일기(2001), 해인사 대장경판 및 제경판(2007), 조선왕조의궤(2007), 동의보감(2009), 일성록(2011), 5 · 18 민주화운동 기록물(2011), 난중일기(2013), 새마을운동기록물(2013), KBS 특별생방송 '이산가족을 찾습니다' 기록물(2015), 한국의 유교책판(2015), 조선왕실 어보와 어책(2017), 국채보상운동 기록물(2017), 조선통신사 기록물(2017)
인류무형문화유산	종묘제례 및 종묘제례악(2001), 판소리(2003), 강릉단오제(2005), 강강술래(2009), 남사당놀이(2009), 영산재(2009), 처용무(2009), 제주칠머리당영등굿(2009), 가곡(2010), 대목장(2010), 매사냥(2010), 택견(2011), 줄타기(2011), 한산모시짜기(2011), 아리랑(2012), 김장문화(2013), 농악(2014), 줄다리기(2015), 제주해녀문화(2016), 씨름(2018)

산사, 한국의 산지승원

통도사, 부석사, 봉정사, 법주사, 마곡사, 선암사, 대흥사

한국의 서원

소수서원(경북 영주), 옥산서원(경북 경주), 도산서원(경북 안동), 병산서원(경북 안동), 도동서원(대구 달성), 남계서원(경남 함양), 무성서원(전북 정읍), 필암서원(전남 장성), 돈암서원(충남 논산)

18 올림픽(Olympic)

각 대륙에서 모인 선수들이 여름과 겨울 스포츠 경기를 하는 국제 스포츠 대회

2년마다 하계 올림픽과 동계 올림픽이 번갈아 열리며, 국제올림픽위원회(IOC)가 감독한다. 1894년에 IOC가 창설되어, 1896년에 그리스 아테네에서 제1회 올림픽이 열렸다. 거의 모든 국가가 참여할 정도로 그 규모면에서 세계 최고의 대회이다.

하계 올림픽			동계 올림픽		
회	연 도	개최지	회	연 도	개최지
34회	2028	미국 LA	-	-	-
33회	2024	프랑스 파리			
32회	2020	일본 도쿄			
31회	2016	브라질 리우데자네이루			
30회	2012	영국 런던			
29회	2008	중국 베이징			
28회	2004	그리스 아테네			
27회	2000	호주 시드니	25회	2026	이탈리아 밀라노, 코르티나담페초
26회	1996	미국 애틀랜타	24회	2022	중국 베이징
25회	1992	스페인 바르셀로나	23회	2018	대한민국 평창
24회	1988	대한민국 서울	22회	2014	러시아 소치
23회	1984	미국 LA	21회	2010	캐나다 밴쿠버
22회	1980	소련 모스크바	20회	2006	이탈리아 토리노
21회	1976	캐나다 몬트리올	19회	2002	미국 솔트레이크시티
20회	1972	독일 뮌헨	18회	1998	일본 나가노
19회	1968	멕시코 멕시코시티	17회	1994	노르웨이 릴레함메르
18회	1964	일본 도쿄	16회	1992	프랑스 알베르빌
17회	1960	이탈리아 로마	15회	1988	캐나다 캘거리
16회	1956	호주 맬버른	14회	1984	유고슬라비아 사라예보
15회	1952	핀란드 헬싱키	13회	1980	미국 레이크플래시드
14회	1948	영국 런던	12회	1976	오스트리아 인스부르크
13회	1944	2차 세계대전으로 무산	11회	1972	일본 삿포로
12회	1940		10회	1968	프랑스 그르노블
11회	1936	독일 베를린	9회	1964	오스트리아 인스부르크
10회	1932	미국 LA	8회	1960	미국 스쿼밸리
9회	1928	네덜란드 암스테르담	7회	1956	이탈리아 코르티나담페
8회	1924	프랑스 파리	6회	1952	노르웨이 오슬로
7회	1920	벨기에 앤트워프	5회	1948	스위스 생모리츠
6회	1916	1차 세계대전으로 무산	-	1944	2차 세계대전으로 무산
5회	1912	스웨덴 스톡홀름	-	1940	
4회	1908	영국 런던	4회	1936	독일 가르미슈파르텐키르헨
3회	1904	미국 세인트루이스	3회	1932	미국 레이크플래시드
2회	1900	프랑스 파리	2회	1928	스위스 생모리츠
1회	1896	그리스 아테네	1회	1924	프랑스 샤모니

19 레인코트 프로그램(Raincoat Program)

만일에 대비하여 미리 준비해놓는 프로그램

스포츠나 공연 등의 중계방송이 예정되어 있는데, 날씨나 갑작스러운 사고 등으로 인해 중계를 할 수 없거나 예정 시간보다 단축되었을 때에 대비하여 미리 준비해놓는 프로그램을 말한다.

20 월드컵(FIFA World Cup)

FIFA에 가맹한 축구협회의 남자 축구 국가대표팀이 참가하는 국제축구대회

클럽이나 소속에 상관없이 오직 선수의 국적에 따른 구분으로 하는 축구경기이다. 4년마다 개최되는 월드컵은 올림픽과 달리 단일종목대회이며, 올림픽은 한 도시를 중심으로 개최되는 반면 월드컵은 한 나라를 중심으로 열린다. 대회기간 역시 올림픽이 보통 보름 정도이지만 월드컵은 약 한 달 동안 진행된다.

역대 월드컵 개최국과 우승국

회	연 도	개최국	우승국	준우승국
23회	2026	미국 · 캐나다 · 멕시코	–	–
22회	2022	카타르	–	–
21회	2018	러시아*	프랑스	크로아티아
20회	2014	브라질*	독 일	아르헨티나
19회	2010	남아프리카공화국*	스페인	네덜란드
18회	2006	독 일*	이탈리아	프랑스
17회	2002	한국 · 일본*	브라질	독 일
16회	1998	프랑스*	프랑스	브라질
15회	1994	미 국*	브라질	이탈리아
14회	1990	이탈리아*	서 독	아르헨티나
13회	1986	멕시코*	아르헨티나	서 독
12회	1982	스페인	이탈리아	서 독
11회	1978	아르헨티나	아르헨티나	네덜란드
10회	1974	서 독	서 독	네덜란드
9회	1970	멕시코	브라질	이탈리아
8회	1966	잉글랜드	잉글랜드	서 독
7회	1962	칠 레	브라질	체 코
6회	1958	스웨덴	브라질	스웨덴
5회	1954	스위스*	서 독	헝가리
4회	1950	브라질	우루과이	브라질
3회	1938	프랑스	이탈리아	헝가리
2회	1934	이탈리아	이탈리아	체 코
1회	1930	우루과이	우루과이	아르헨티나

* 대한민국 본선 진출 대회

21 철인 3종경기(트라이애슬론, Triathlon)

수영 · 사이클 · 달리기의 세 가지 종목을 완주하는 시간을 겨루는 종목

인간 체력의 한계에 도전하는 경기로 바다수영(3.9km), 사이클(182km), 마라톤(42.195km) 등 3개 대회 풀코스를 쉬지 않고 이어서 한다. 1978년 하와이에서 처음으로 국제대회가 열렸으며, 2000년 시드니올림픽의 정식 종목으로 채택됐다. 제한 시간은 17시간으로 이 시간 내에 완주하면 '철인(Iron man)' 칭호가 주어진다.

22 트리플 더블(Triple Double)

한 선수가 득점, 어시스트, 리바운드, 스틸, 블록슛 중 세 부문에서 두 자리 수 이상을 기록하는 것

농구의 한 경기에서 한 선수가 득점, 어시스트, 리바운드, 스틸, 블록슛 중 두 자리 수 이상의 기록을 세 부문에서 달성하는 것을 말한다. 네 부문에서 달성하면 '쿼드러플 더블(Quadruple double)' 이라고 하고, 두 개 부문에서 두 자리 수 이상을 달성하는 것은 '더블 더블(Double double)' 이라고 한다.

23 프리에이전트(FA ; Free Agent)

프로야구 등에서 규약에 따라 어떤 팀과도 자유롭게 교섭할 권리를 얻은 선수

한국 프로야구의 경우 9시즌 이상 프로야구에서 활약한 선수에게 FA 자격이 주어진다. 단, 타자는 정규경기 수의 2/3 이상을 뛰어야 하고, 투수는 규정이닝의 2/3 이상을 던져야 한 시즌으로 인정된다. 이렇게 9시즌을 보낸 선수는 FA 자격이 주어져 한국 야구위원회에 FA신청을 할 수 있다.

24 해트트릭(Hat Trick)

1명의 선수가 1경기 동안 3득점을 하는 것

축구나 아이스하키 등의 경기에서 한 선수가 한 게임에서 3득점을 달성하거나 한 팀이 3년 또는 3번의 대회 연속으로 대회 타이틀을 석권했을 때 칭한다. 20세기 초 영국 크리켓 게임에서 3명의 타자를 연속 아웃시킨 투수에게 새 모자를 주어 명예를 칭송하던 것에서 유래했다.

25 문학의 4대 장르(갈래)

시 · 소설 · 희곡 · 수필

문학은 언어의 형태에 따라 운문문학과 산문문학, 전달 방식에 따라 구비문학과 기록문학으로 나뉜다. 보통은 4분법에 의해 시 · 소설 · 희곡 · 수필로 구분하고, 4분법에 평론을 더한 5분법, 평론과 시나리오를 더한 6분법을 적용하기도 한다.

주요 작가와 대표작품

작 가	시 대	작 품
김동인	1920년대	〈감자〉 〈배따라기〉 〈운현궁의 봄〉 〈약한 자의 슬픔〉 〈발가락이 닮았다〉 〈광염소나타〉 〈광화사〉
염상섭		〈표본실의 청개구리〉 〈만세전〉 〈삼대〉 〈두 파산〉
현진건		〈운수 좋은 날〉 〈빈처〉 〈무영탑〉 〈술 권하는 사회〉
주요섭		〈사랑 손님과 어머니〉 〈아네모네 마담〉 〈인력거꾼〉
이 상	1930년대	〈날개〉 〈오감도〉 〈봉별기〉 〈종생기〉 〈권태〉
채만식		〈치숙〉 〈탁류〉 〈태평천하〉 〈레디 메이드 인생〉
김유정		〈봄봄〉 〈동백꽃〉 〈금 따는 콩밭〉
김동리		〈무녀도〉 〈등신불〉 〈사반의 십자가〉 〈바위〉
황순원		〈독짓는 늙은이〉 〈카인의 후예〉 〈학〉 〈소나기〉
이효석		〈메밀꽃 필 무렵〉 〈분녀〉 〈산〉 〈돈〉 〈들〉
최인훈	1960년대	〈광장〉 〈회색인〉 〈서유기〉
이청준		〈서편제〉 〈병신과 머저리〉 〈축제〉 〈매잡이〉
김승옥		〈서울, 1964년 겨울〉 〈무진기행〉
박경리		〈토지〉 〈김약국의 딸들〉 〈불신시대〉
신경림	1970년대	〈농무〉 〈목계장터〉 〈가난한 사랑 노래〉
황석영		〈삼포가는 길〉 〈장길산〉 〈객지〉 〈개밥바라기별〉
조세희		〈난장이가 쏘아올린 작은 공〉
박완서	1980년대	〈엄마의 말뚝〉 〈나목〉 〈그 많던 싱아는 누가 다 먹었을까〉
조정래		〈태백산맥〉 〈아리랑〉
신경숙		〈외딴방〉 〈엄마를 부탁해〉 〈풍금이 있던 자리〉
공지영		〈고등어〉 〈봉순이 언니〉 〈무소의 뿔처럼 혼자서 가라〉

26 핫 미디어 · 쿨 미디어

마셜 맥루한이 정보의 양과 선명의 정도를 기준으로 미디어를 나눈 이론

핫 미디어	정보의 양이 많고 논리적이지만 감정의 전달이 어렵고 수용자의 참여 정도가 약하다. 신문 · 잡지 · 라디오 · 영화 · 사진 등이 대표적이다.
쿨 미디어	정보의 정세도가 낮고 부족하지만 수용자의 높은 참여를 요구한다. TV · 전화 · 만화 등이 대표적이다.

27 비엔날레

2년마다 열리는 국제 미술전

이탈리아어로 '2년마다'라는 뜻으로 미술 분야에서 2년마다 열리는 전시 행사를 일컫는다. 세계 각지에서 여러 종류의 비엔날레가 열리고 있지만, 그중에서도 가장 역사가 길며 그 권위를 인정받고 있는 것은 베니스 비엔날레이다. 1895년에 창설된 베니스 비엔날레는 2년마다 6월에서 9월까지 27개국의 독립 전시관과 가설 전시관을 설치하여 세계 각국의 최신 미술 경향을 소개하는 역할을 담당하고 있다. 우리나라는 1995년 제45회 전시부터 독립된 국가관을 개관하여 참가하고 있다.

- 세계 3대 비엔날레 : 베니스 비엔날레, 상파울루 비엔날레, 휘트니 비엔날레
- 광주 비엔날레 : 1995년 한국 미술문화를 새롭게 도약시키자는 목표로 창설
- 트리엔날레 : 3년마다 열리는 미술행사
- 콰드리엔날레 : 4년마다 열리는 미술행사

28 와하비즘

극단적인 이슬람교리

와하비즘은 엄격한 율법을 강조하는 이슬람 근본주의를 의미하는데 사우디아라비아의 건국이념이기도 하다. 여성의 종속화, 이교도들에 대한 무관용적인 살상 등 폭력적이고 배타적이다. 이슬람국가(IS)와 알카에다, 탈레반, 보코하람, 알샤바브 등 국제적인 이슬람 테러조직들이 모두 와하비즘을 모태로 하고 있다.

29 스쿼시(Squash)

테니스와 월핸드볼(Wall Handball)을 혼합한 운동

공식적으로는 스쿼시 라켓(Squash Rackets)이라 부르는데 이는 라켓과 다르게 딱딱한 공을 사용하지 않고 '찌그러지는(Squashable)' 소프트볼을 사용한다는 의미이다. 게임은 4면이 벽인 코트에서 두 명이(복식은 네 명) 하며 랠리는 한 선수가 상대방의 공을 받아치지 못하거나 실수를 할 때까지 계속된다.

30 교향곡(Symphony)

관현악으로 연주되는 대규모의 기악곡

동시에 울리는 음을 뜻하는 그리스어 심포니아(Symphonia)를 어원으로 하는 18~19세기 고전파 음악의 대표적 장르이다. 보통 소나타 형식의 제1악장, 리트 형식의 제2악장, 미뉴에트나 스케르초 형식의 제3악장, 론도나 소타나 형식의 제4악장으로 구성되어 있다. '교향곡의 아버지'라 불리는 하이든은 성립 초기의 교향곡이라는 장르를 한층 더 완성시키며 106곡의 교향곡을 남겼다. 이후 모차르트, 베토벤, 슈베르트 등의 작곡가들은 교향곡을 더욱 발전시켜 많은 곡들을 작곡했다. 그중에 베토벤의 〈운명〉, 슈베르트의 〈미완성〉, 차이코프스키의 〈비창〉은 세계 3대 교향곡이라 불린다.

31 아타셰

국제올림픽위원회가 대회 개최에 있어 준비를 용이하게 하기 위해 임명하는 수행원

올림픽위원회는 올림픽의 개최에 있어 조직위원회나 각국 대표자 간의 준비를 원활하게 진행하기 위해 각국에 아타셰를 임명한다. 임명된 아타셰는 올림픽 참가국이 여행 계획을 세울 때 조언을 하거나 준비에 필요한 원조를 하며 이의 신청, 입장권 · 초대권 분배, 선수의 숙박 등에 관해 위원회의 중개자로 활동한다.

32 스토브리그(Stove League)

야구 비시즌에 팀 전력 보강을 위해 선수 영입과 연봉 협상에 나서는 것

야구시즌이 끝나고 비시즌 때 선수영입을 위해 선수계약이나 협상 등이 이루어지는 것을 말하는데 팬들이 난로(Stove) 주위에 모여 선수의 소식 등을 이야기하며 흥분하는 모습이 마치 실제의 경기를 보는 것 같다는 데서 붙은 이름이다.

33 옴니채널(Omni – Channel) 쇼핑

소비자가 다양한 경로를 넘나들며 상품을 검색 및 구매할 수 있도록 하는 서비스

온라인 쇼핑몰에서는 오프라인에서 사는 것보다 저렴하게 상품을 구입할 수 있기 때문에 오프라인 쇼핑몰을 통해 직접 물건을 보고, 구입은 온라인 쇼핑몰에서 하는 이른바 '쇼루밍(Showrooming)' 족이 급증했다. 이에 따라 유통업체는 각 유통 채널의 특성을 결합시킨 옴니채널을 내놓게 되었다. 온라인과 오프라인 매장을 결합시켜 고객은 온라인으로 구매하더라도 오프라인에서 상품을 받을 수 있는 환경을 조성한 것이다.

34 콘클라베(Conclave)

가톨릭에서 교황을 선출하는 선거시스템

선거권을 가진 추기경단의 선거회로, 교황 서거 또는 사임 후 추기경들에 의해 진행된다. 교황 선거자인 추기경들이 외부로부터 격리되어 시스티나 성당에 모여 비밀 투표를 반복하는데, 투표자의 3분의 2 이상의 표가 나올 때까지 계속한다. 교황 선거에 참가할 수 있는 추기경은 80살 미만으로 한정된다.

35 아르누보(Art Nouveau)

식물의 잎이나 꽃 등 자연의 형상을 차용한 예술 양식

'새로운 예술' 이라는 의미를 가진 단어로 19세기 말 ~ 20세기 초에 걸쳐 서유럽을 비롯하여 미국까지 널리 유행했던 장식미술을 말한다. 그 명칭은 1895년 파리의 '메종 드 아르누보(Maison de l' Art Nouveau, House of New Art)' 라는 화랑 이름에서 유래한 것이다. 유럽의 전통 예술 양식에 반박하는 당시 미술계의 풍조를 반영하여 과거의 것에서 탈피한 새로운 양식을 창출하고자 하는 운동으로 나타났다. 우아한 곡선을 사용하고, 소재로 꽃을 많이 사용한다는 특징이 있다.

아르데코(Art Deco)

1925년 파리에서 개최된 'Les Art Decoratifs(현대 장식 미술 · 산업 미술 국제전)' 에서 유래해 붙여진 이름으로, 1920 ~ 1930년대 파리를 중심으로 유행한 장식미술의 한 형태를 말한다. 기본적인 형태가 반복되거나 동심원 · 지그재그 무늬 등 기하학적인 형태와 강렬한 색조를 표현한다는 특징이 있다.

36 밀키트(Meal Kit)

반조리 간편식

조리에 필요한 부재료가 모두 들어있어 집에서도 간편하게 조리할 수 있도록 만든 반조리 간편식을 말한다. 미국이나 유럽, 일본 등에서는 이미 보편화되어 있는데, 우리나라의 경우 1인 가구가 급증하면서 혼자서도 간편하게 먹고 즐길 수 있는 식문화가 조성되기 시작한 후 밀키트 시장이 점점 커졌다. 집에서 해먹기에는 재료 준비와 조리과정이 까다롭고 복잡해 음식점에 가야 먹을 수 있는 음식들을 손쉽게 해먹을 수 있고, 적은 양을 만들어 먹기에도 부담이 적어 지속적으로 매출이 상승하고 있다.

37 앙가주망(Engagement)

문학에서 정치나 사회적 문제에 자진해서 적극적으로 참여하는 경향

본래 '계약 · 구속 · 약혼 · 연루됨'을 의미한다. 프랑스의 문학가 사르트르가 그의 논문에서 앙가주망의 개념을 체계적으로 정리하고, 창작은 자유를 실현하는 방식이며 산문은 민주주의를 전제로 한다고 본 이후 실존주의자들이 '사회에 참여하는 문학'이라는 의미로 널리 사용하였다.

38 루핑효과(Looping Effect)

평소에 인지하지 못했던 것을 언론 미디어의 보도가 확산시키는 현상

평소에는 인지하지 못하던 것을 언론 등 미디어의 보도가 인식 · 확산시키는 현상을 말하는 것으로 언론의 책임의식과 신중한 보도태도를 강조한 말이다. 캐나다의 이안 해킹(Ian Haking) 교수가 '만들어진 사람들(Making Up People)'이라는 논문에서 언론이 현실을 보도하는 데 그치는 것이 아니라 보도한 현실이 또 다른 현실을 만들어낸다고 강조하며 사용한 말이다.

39 식스맨(Six Man)

농구 경기에서 주전 5명을 제외한 후보 중 가장 기량이 뛰어난 선수

시합이 시작되면서부터 플레이하는 다섯 명의 선수를 스타팅 멤버라고 하는데 이들은 팀에서 가장 실력이 출중하다고 평가되는 선수들로 구성된다. 경기를 하다가 스타팅 멤버의 체력이 떨어지거나 경기분위기를 바꾸기 위해 다른 선수를 투입하기도 한다. 이렇게 선수를 교체해야할 때 대기선수지만 중요한 순간에 게임에 투입되어 팀의 경기운영을 잘 조절하는 선수를 식스맨이라 한다.

실전문제로 최종 마무리

Chapter ❶ 분야별 일반상식 적중예상문제

1. 정치 · 국제 · 법률
2. 경제 · 경영 · 금융
3. 사회 · 노동 · 환경
4. 문화 · 예술 · 미디어 · 스포츠
5. 과학 · 컴퓨터 · IT · 우주
6. 한국사 · 세계사

Chapter ❷ 최신기출복원문제

1. 공기업 · 공사공단 100제
2. 공기업 · 공사공단 한국사

CHAPTER

01 분야별 일반상식 적중예상문제

01 정치 · 국제 · 법률

01 1973년 북한이 서해 5개 섬 주변 수역이 북한 연해라고 주장하면서 서해 5도라는 말이 사용되기 시작하였다. 오늘날 서해 5도는 국가 안보상 매우 중요한 요충지이다. 다음 중 서해 5도에 속하지 않는 섬은?

① 우 도 ② 백령도
③ 연평도 ④ 덕적도

해설 서해 5도는 백령도, 대청도, 소청도, 연평도, 우도이다.

02 개발도상국의 경제개발을 지원하고 우리나라의 국제적 지위 향상에 상응하는 역할을 수행하기 위하여 1987년 6월 1일 설립된 정부의 개발원조자금인 대외경제협력기금을 무엇이라 하는가?

① ODA ② UNICEF
③ EDCF ④ OECD

EDCF(대외경제협력기금)는 개발도상국의 경제개발을 지원하고 우리나라의 국제적 지위 향상에 상응하는 역할을 수행하기 위하여 1987년 6월 1일 설립된 정부의 개발원조자금이다.
① ODA(Official Development Assistance) : 공적개발원조 혹은 정부개발원조
② UNICEF(United Nations Children's Fund) : 국제연합아동기금
④ OECD(Organization for Economic Cooperation and Development) : 경제협력개발기구

03 다음 중 중국과 일본의 영토 분쟁지에 해당하는 곳은?

① 난사군도 ② 센카쿠열도
③ 쿠릴열도 ④ 시사군도

해설 '댜오위다오, 센카쿠열도, 조어도'로 불린다. 중국과 일본 사이에 영토분쟁이 계속되고 있는 지역이다.

Answer 01 ④ 02 ③ 03 ②

04 출처를 위장하거나 밝히지 않은 의도적인 흑색선전을 무엇이라 하는가?

출제유력

① 마타도어(Matador)　　② 발롱데세(Ballon D' essai)
③ 데마고그(Demagogue)　　④ 매니페스토(Manifesto)

해설 마타도어는 적국 내부를 교란시켜 전의(戰意) 상실, 사기 저하 등을 유발함으로써 국민과 정부, 군대와 국민 간을 이간질할 목적으로 행해지는 흑색선전이다.

05 다음 중 용어 설명이 잘못된 것은?

① WHO – 세계보건기구　　② WTO – 세계무역기구
③ AFB – 아프리카 개발은행　　④ ASEM – 아시아유럽정상회의

해설 아프리카 개발은행은 AFDB이다.
아프리카 개발은행(African Development Bank)
아프리카 지역 저소득 개도국의 경제발전 및 사회발전을 지원하기 위해 코트디부아르 아비잔에 본부를 두고 1964년에 설립되었다. AFDB는 역내국의 경제 및 사회개발사업에 대한 자금지원, 개발재원조달과 공공 및 민간 투자의 촉진, 개발프로젝트와 참가기업에 대한 조사연구 및 선정, 개발사업계획 작성과 자금조달 및 집행에 필요한 기술지원 등을 주요 기능으로 하고 있다.

06 정치인이 정당의 이익을 위해 경쟁세력과 암묵적으로 동의 · 결탁하는 것은 무엇인가?

출제유력

① 미란다　　② 로그롤링
③ 포크배럴　　④ 아그레망

로그롤링(Logrolling)
상호지원을 합의하여 투표거래를 하는 행위로, 의회 내의 로그롤링은 당신이 나의 안건에 대해 찬성 투표를 해주면 내가 당신의 안건에 대해 찬성 투표해 주겠다는 지지 혹은 표의 교환이다.

07 주민소환제에 대한 설명으로 바르지 못한 것은?

① 청구하기 위해서 시 · 도지사는 투표권자 총수의 15%, 시장 · 군수 · 구청장은 투표권자 총수의 10%가 연대 서명해야 한다.
② 주민소환투표안이 공고된 직후부터 투표 결과가 공표될 때까지 해당 공직자의 권한은 모두 정지된다.
③ 투표권자의 3분의 1 이상이 투표하고 유효투표의 과반수가 찬성하면 소환이 확정된다.
④ 소환이 확정되면 그 결과가 공표된 즉시 해당 단체장과 지방의원직은 상실하게 된다.

해설 시 · 도지사는 투표권자 총수의 10%, 시장 · 군수 · 구청장은 투표권자 총수의 15%, 지역구자치구 · 시 · 군의원은 20% 이상이 연대 서명해야 한다.

08 다음 중 우리나라가 채택하고 있는 의원내각제적 요소는?

출제유력

① 대통령의 법률안 거부권　　② 의원의 각료 겸직
③ 정부의 의회 해산권　　④ 의회의 내각 불신임 결의권

우리나라가 채택하고 있는 의원내각제적 요소
대통령제와 의원내각제의 차이는 의회의 내각 불신임권과 행정부의 의회 해산권의 존재여부에 있다. 행정부(대통령)의 법률안 제안권, 의원의 내각 각료 겸직 가능, 국무총리제, 국무회의의 국정 심의, 대통령의 국회 출석 및 의사 표시권, 국회의 국무총리 · 국무위원에 대한 해임 건의권 및 국회 출석 요구 · 질문권 등이 있다.
정부형태의 비교

구 분	대통령제	의원내각제
장 점	• 권력 분립 지향(견제와 균형) • 대통령은 국민에 대해 책임 • 대통령은 국가원수이며 행정부 수반 • 대통령의 법률안 거부권 • 내각은 의결기관이 아닌 심의기관임 • 의회는 행정부를 불신임할 수 없고, 행정부도 의회를 해산할 수 없음 • 정부는 법률안 제안권이 없으며 정부각료의 의회 출석 발언권도 없음 • 정부 각료는 의회 의원을 겸할 수 없음 • 대통령의 임기 동안 정국 안정 • 정책의 계속성 보장 • 국회 다수당의 횡포 견제	• 권력 융합주의 • 의회의 신임(대체로 다수당)에 의해 내각 구성 • 왕, 대통령은 상징적 존재 • 의회는 내각불신임 의결권을 가지고 있음 • 내각은 의회 해산권과 법률안 제안권을 갖고 있음 • 각료는 원칙적으로 의회 의원이어야 하며 의회 출석 발언권을 가짐 • 내각은 의결기관임 • 정치적 책임에 민감 • 국민의 민주적 요청에 충실 • 정국 안정시 능률적 행정
단 점	• 대통령의 강력한 권한으로 독재화의 가능성 있음 • 책임 정치의 실현이 곤란	• 다수당의 횡포 가능성 • 군소 정당 난립시 정국 불안 • 정책의 일관성 · 지속성 결여
공통점	사법부의 독립을 엄격히 보장 → 기본권의 보장	

09 선거에서 약세 후보가 유권자들의 동정을 받아 지지도가 올라가는 경향을 무엇이라 하는가?

출제유력

① 밴드왜건효과　　② 언더독효과
③ 스케이프고트 현상　　④ 레임덕 현상

해설 절대 강자가 지배하는 세상에서 약자에게 연민을 느끼며 이들이 언젠가는 강자를 이겨주기를 바라는 현상을 언더독효과라 한다.
언더독효과와 밴드왜건효과
- **언더독(Under Dog)효과** : 약세 후보가 유권자들의 동정을 받아 지지도가 올라가는 경향을 말한다. 여론조사 전문가들은 밴드왜건과 언더독효과가 동시에 발생하기 때문에 여론조사 발표가 선거 결과에 미치는 영향은 중립적이라고 말한다.
- **밴드왜건(Bandwagon)효과** : 선거에서 유권자들이 승리할 가능성이 큰 후보를 더욱더 지지하게 되는 경향을 말한다.

Answer 04 ① 05 ③ 06 ② 07 ① 08 ② 09 ②

10 **노래, 슬로건, 제복 등을 통해 정치권력을 신성하고 아름답게 느끼는 현상을 무엇이라 하는가?**

① 플레비사이트　　② 옴부즈만
③ 크레덴다　　④ 미란다

해설 미란다(Miranda)
피통치자가 정치권력에 대해 무조건적으로 신성함과 아름다움을 느끼고 예찬하는 비합리적 상황을 가리키는 말로, 원래 이 말은 셰익스피어의 희곡 〈템페스트〉에 나오는 여주인공 프로스페로의 딸 이름에서 따온 것이다. C. 메리엄에 의하면 정치권력은 자신을 유지하기 위한 수단의 하나로 이와 같은 국민들의 심리적 분위기를 조성하려 다양한 상징을 조작하는데 국가적 영웅의 이야기, 국가기념일, 국기(國旗), 제복 등의 형식을 만들어내는 것이 그 예이다.

11 **정당의 대통령 후보를 뽑는 본 경선에 앞서 일정 순위 밖의 열세 후보를 걸러내는 예비 경선을 무엇이라 하는가?**

① 게리맨더링　　② 매니페스토
③ 오픈프라이머리　　④ 컷오프

해설 컷오프는 방송에서 시청자의 관심을 집중시키기 위해 음악이나 이야기를 갑자기 중단하는 것을 뜻하기도 한다.

12 **신설 또는 강화되는 모든 규제는 존속 기한을 설정하고, 기한이 끝나면 자동적으로 규제가 폐기되는 제도를 무엇이라고 하는가?**

① 규제총량제　　② 시한부규제
③ 규제일몰제　　④ 자동규제

해설 규제가 폐기되는 것은 규제일몰제로, 제로베이스(Zero Base) 방식이라고도 한다. 이에 비해 규제총량제는 규제를 신설할 때는 규제 상한선에 맞춰 신설된 만큼 기존의 규제를 폐지하는 제도이다.

13 **우리나라의 기초의원 선거에 대한 설명으로 틀린 것은?** 출제유력

① 선거권은 만 19세 이상의 국민에게 주어진다.
② 지방의회의원 선거의 경우 소선거구제이다.
③ 정당 추천제와 선거권자 추천제를 병행하고 있다.
④ 기초의원 선거의 기탁금은 200만원이다.

시 · 도의원 선거 시 선거구별 1인을 선출하는 소선거구제를 채택하고 있다. 한편, 자치구 · 시 · 군의원 선거의 경우 선거구별로 2~4인을 선출하는 중선거구제를 도입하고 있다.

선거구

독립적으로 선거를 시행할 수 있는 단위 구역을 의미하며 선거구마다 선출하는 의원의 수에 따라 소선거구 · 중선거구 · 대선거구로 나뉜다.

• **소선거구제** : 선거구별 1인을 선출하는 제도로 다수대표제와 연관된다.

장 점	• 군소정당의 난립을 방지하여 정국의 안정 촉진 • 후보자에 대한 판단이 쉬워 정확한 선택 가능 • 투표율이 높고 선거공영제 실시 유리
단 점	• 사표가 많이 발생 • 부정선거가 이뤄질 수 있으며 소수당에 불리함

• **중 · 대선거구제** : 선거구별 2~4인을 선출하는 제도로 소수대표제와 연관된다.

장 점	• 사표를 방지할 수 있음 • 지연 · 혈연에 의한 당선을 줄이고 신진세력 진출에 용이
단 점	• 선거비용이 증가하고 관리가 어려움 • 후보자가 난립하고, 후보자에 대한 판단이 어려움

14 남북 긴장이 고조될 때 발령되는 대비 태세에 관한 설명으로 옳지 않은 것은?

① 인포콘 : 정보 작전 방호 태세, 총 5단계, 사이버 공격이 있거나 예상될 때의 대비 태세
② 데프콘 : 전면전에 대비한 전투 준비 태세, 총 5단계, 평시는 상시적으로 4단계가 적용
③ 워치콘 : 대북 정보 감시 태세, 총 5단계, 평시는 상시적으로 4단계가 적용
④ 진돗개 : 국지 도발에 대비한 방어 준비 태세, 총 5단계, 평시는 상시적으로 4단계가 적용

해설 진돗개는 총 3등급으로 나뉜다. 평시는 3등급인 진돗개 셋이 발령된다.

15 법률 용어인 '인 두비오 프로 레오(In dubio pro leo)'는 무슨 뜻인가?

① 의심스러울 때는 피고인에게 유리하게 판결하라.
② 위법하게 수집된 증거는 증거 능력을 배제해야 한다.
③ 범죄 용의자를 연행할 때 그 이유와 권리가 있음을 미리 알려주어야 한다.
④ 재판에서 최종적으로 유죄 판정되기 전까지는 무죄로 추정한다.

해설 ② 독수독과 이론, ③ 미란다 원칙, ④ 형사 피고인의 무죄 추정

Answer 10 ④ 11 ④ 12 ③ 13 ② 14 ④ 15 ①

16 작은 무질서를 가볍게 여기면 나중에 심각한 범죄를 불러온다는 의미를 담고 있는 범죄 이론은?

① Parkinson's Law
② Broken Window Theory
③ Zero Tolerance
④ Tragedy of Commons

해설 ② Broken Window Theory(깨진 유리창 이론) : 건물주가 깨진 유리창을 방치하면 나중에 이 일대가 무법천지로 변한다는 이론으로 작은 무질서를 가볍게 여기면 나중에 심각한 범죄를 불러온다는 의미
④ Tragedy of Commons(공공재의 비극) : 사익의 극대화가 공익의 극대화를 가져오지 못하고 공멸하게 되는 비극

17 '고문이나 불법 도청 등 위법한 방법으로 수집한 자료는 증거로 쓸 수 없다'는 뜻의 법률 용어는?

출제유력

① 독수독과
② 배상명령
③ 작량감경
④ 기 소

해설 독수독과(毒樹毒果)
고문이나 불법 도청 등 위법한 방법으로 수집한 증거는 증거로 쓸 수 없다는 말로 '독이 있는 나무의 열매도 독이 있다'는 뜻을 가진 법률 용어이다.

18 헌법재판소에서 탄핵결정을 인용하기 위해서는 몇 명 이상의 재판관이 찬성해야 하는가?

① 3명
② 4명
③ 5명
④ 6명

해설 법률의 위헌 결정 , 탄핵 결정, 정당해산 결정, 헌법소원의 인용 결정은 재판관 6인 이상의 찬성이 필요하다.

19 특별 의결 정족수로 옳은 것은?

① 법률안의 재의결은 재적의원 과반수의 출석과 출석의원 과반수의 찬성이 있어야 한다.
② 국무총리 · 국무위원 해임건의는 재적의원 과반수 출석과 2/3 이상의 찬성이 있어야 한다.
③ 헌법개정안 발의는 재적의원 2/3 이상의 찬성이 있어야 한다.
④ 계엄령 해제는 재적의원 과반수의 찬성이 있어야 한다.

해설 ① 법률안의 재의결 : 재적의원 과반수의 출석과 출석의원 3분의 2 이상의 찬성
② 국무총리 · 국무위원 해임건의 : 재적의원 과반수의 찬성
③ 헌법개정안 발의 : 재적의원 과반수의 찬성

20 국회에 관한 내용 중 옳은 것은?

출제유력

① 한 번 부결된 의안은 같은 회기 중 다시 제출할 수 없다.
② 국회의원은 현행범이라 할지라도 회기 중 국회 동의 없이 체포할 수 없다.
③ 임시국회는 대통령 또는 국회 재적의원 3분의 1 이상의 요구로 열린다.
④ 국회의장은 무기명투표로 선거하되 재적의원 3분의 2의 득표로 당선된다.

해설 ① 일사부재의의 원칙을 설명한 것이다.

일사부재의의 원칙

한 번 부결된 안건은 같은 회기 중에 다시 발의하거나 제출하지 못한다는 원칙이다. 소수파에 의한 의사방해를 막기 위한 제도이다.

② 국회의원은 현행범을 제외하고 국회의 동의 없이 체포 · 구금할 수 없다.
③ 임시국회는 대통령 또는 국회 재적의원의 4분의 1 이상의 요구로 열린다.
④ 국회의장은 무기명투표로 선거하되 재적의원 과반수의 득표로 당선된다.

21 다음과 같은 선거 전 부당한 행위에 대한 소송은?

- 선거관련자가 불법적인 선거자금을 조성 · 수수한 행위
- 뇌물 중수뢰 행위
- 상대운동원 폭행

① 민사재판 ② 선거재판
③ 행정재판 ④ 형사재판

선거소송은 선거절차상의 하자를 이유로 그 선거의 전부 또는 일부의 효력을 다투는 소송이다. 반면 정치자금법, 공직선거법을 위반하면 그 해당하는 법조문에 형벌규정이 있다. 형법이 기본적인 처벌법이라면 정치자금법, 공직선거법의 처벌규정은 형사 관련 법률로 포괄적인 형법에 속한다. 그러므로 검사가 조사하고 기소를 하게 된다.

22 다음 중 헌법에서 규정하는 모든 국민의 의무이자 권리인 것은?

① 국 방 ② 모성 보호
③ 납 세 ④ 근 로

해설 모든 국민은 근로의 권리를 가지며(헌법 제32조 제1항), 근로의 의무를 진다(헌법 제32조 제2항).

Answer 16 ② 17 ① 18 ④ 19 ④ 20 ① 21 ④ 22 ④

23 **선거로 정권을 잡은 사람이나 정당이 관직을 지배하는 인사 관행은?** 출제유력

① 실적제
② 스핀닥터
③ 엽관제
④ 다면평가제

엽관제는 정치적 충성도에 따라 공직을 부여하는 것이다.
엽관제
공무원의 임면(任免)을 당파적 충성이나 정신의 정도에 따라 결정하는 정치적 관행으로, 복수정당제도와 긴밀한 관계를 가지며 정권이 바뀔 때마다 공무원들도 따라서 바뀌는 것을 전제로 한 것이다. 이 경우 관직은 선거에 승리한 정당의 전리품처럼 이해되어, 특정 정당의 정치적 봉사에 대한 보상으로 보았다. 그러므로 엽관주의적 인사행정에서는 정권이 바뀌면 기존의 재직자들은 자리를 내놓아야 한다는 교체임용주의의 관념이 지배적이다. 엽관주의와 정실주의는 오늘날 거의 같은 뜻으로 사용되고 있으나 정실주의가 정치적 요인을 중요시하는 엽관주의보다 넓은 개념으로 인식되고 있다.

24 **여성의 참정권을 최초로 보장한 나라는?** 출제유력

① 노르웨이
② 미 국
③ 덴마크
④ 뉴질랜드

해설 여성의 참정권은 뉴질랜드 1893년, 노르웨이 1913년, 덴마크 1915년, 미국 1920년부터 보장하고 있다.

25 **다음 중 의원내각제에 대한 설명으로 옳지 않은 것은?** 출제유력

① 내각은 의회에 대해 연대적으로 책임을 진다.
② 내각의 각료는 의회의 신임 여하에 따라 임명된다.
③ 의회다수파의 횡포 가능성이 존재한다.
④ 정치적 책임에 둔감하다.

의원내각제
- 국회의 다수 의석 정당이 구성하는 내각이 행정권을 가지는 통치제도를 의미한다.
- 정치적 책임에 둔감한 것은 대통령제에 대한 내용이며 의원내각제는 내각불신임권으로 내각의 잘못에 대해 사퇴하도록 할 수 있는 것과는 달리, 대통령제는 잘못에 대해 비판은 할 수 있지만 직접적인 영향력을 행사할 수는 없기 때문에 책임에 민감하지 못할 수 있다는 단점이 존재한다.

26 **다음 중 국제원자력기구(IAEA)에 대한 설명으로 옳지 않은 것은?** 출제유력

① 본부는 스위스 제네바에 있다.
② 한국은 설립연도인 1957년에 가입했다.
③ 원자력의 평화적 이용과 국제적인 공동 관리를 목적으로 한다.
④ 핵무기 비보유국이 핵연료를 군사적으로 전용하는 것을 방지하기 위해 핵무기 비보유국의 핵물질 관리실태를 점검하고 현지에서 직접 사찰할 수 있다.

해설 국제원자력기구(IAEA ; International Atomic Energy Agency)
원자력의 평화적 이용을 위한 연구와 국제적인 공동 관리를 위하여 설립된 국제연합기구로, 본부는 오스트리아의 수도 빈(Wien)에 있다. 국제연합 총회 아래 설치된 준독립기구로서, 전 세계 평화를 위한 원자력의 사용을 촉진 · 증대하기 위해 노력하며, IAEA의 원조가 군사적 목적으로 이용되지 않도록 보장하는 데 설립 목적을 두고 있다. 1970년에 발효된 NPT(핵확산금지조약)에 따라 핵무기 비보유국은 IAEA와 평화적 핵이용활동을 위한 안전협정을 체결해야 하며, IAEA는 핵무기 비보유국이 핵연료를 군사적으로 전용하는 것을 방지하기 위해 현지에서 직접 사찰할 수 있다. 한국은 설립연도인 1957년에 가입했다.

27 **다음 중 '파킨슨의 법칙'에서 비판한 것으로 맞는 것은?**

① 무능한 상위 직급
② 공무원 수의 증가
③ 공공재의 생산
④ 공직자 비리

파킨슨 법칙(Parkinson's Law)
- 영국의 역사학자 시릴 노스코트 파킨슨이 공무원 조직의 비효율성을 지적하기 위해 제기한 이론
- 공무원 수는 업무량과 무관하게 증가하며, 승진을 위해 임의로 부하를 늘리다보면 조직이 비대해질 수밖에 없다는 것이다. 파킨슨은 또 '공무원은 경쟁자를 원하지 않는다', '공무원은 자신들을 위해 업무를 만들어낸다', '예산 심의에 필요한 시간은 예산액에 반비례한다'며 공무원 조직을 신랄하게 비판했다.

28 **검찰이 법원의 구속영장 기각에 불복해 상급법원에 항고하는 제도를 무엇이라 하는가?**

① 영장실질심사제
② 구속영장항고제
③ 구속적부심제
④ 구속전피의자심문제도

해설 구속영장항고제에 대한 설명으로, 독일 · 프랑스 · 일본에서 운용 중이나, 우리나라에는 도입되지 않았다.
영장항고제
검찰이 청구한 영장(令狀)을 법원에서 기각한 경우 검찰이 상급 법원에 재심사를 요청하는 제도이다. 즉, 영장청구를 기각한 법원보다 상급 법원에 이에 대한 판단을 다시 요청하는 것으로 독일 · 프랑스 · 일본 등에서 사용되고 있다.

Answer 23 ③ 24 ④ 25 ④ 26 ① 27 ② 28 ②

29 다음 중 우리나라의 훈장 수여에 대한 내용으로 옳지 않은 것은?

① 최고의 훈장인 무궁화대훈장은 대통령과 영부인, 우방국의 원수와 그 배우자가 수상 대상이 된다.
② 국가안전을 위협하는 죄를 범해 형을 받으면 국무회의의 심의를 거쳐 서훈이 취소될 수 있다.
③ 유족 등 훈장 · 포장을 받지 않은 사람이 훈장 또는 포장을 패용하면 징역형을 받거나 벌금을 내야 한다.
④ 이미 훈장을 받은 사람은 어떠한 경우라도 같은 종류의 같은 등급 또는 하위 등급의 훈장을 다시 받을 수 없다.

해설 이미 받은 훈장과 동일 종류의 동일 등급 또는 그 하위 등급의 훈장을 다시 수여하지 못한다. 다만, 전투에 참가하여 뚜렷한 무공을 세운 경우와 간첩수사로 국가안전보장에 뚜렷한 공을 세운 경우에는 그렇지 않다.

30 우리나라 국민훈장의 이름은 식물에서 유래하였다. 다음 중 1등급 훈장은 무엇인가? 출제유력

① 무궁화장
② 모란장
③ 동백장
④ 목련장

 우리나라의 국민훈장
상훈법에 따른 국민훈장은 정치 · 경제 · 사회 · 교육 · 학술 분야에 공을 세워 국민의 복지향상과 국가발전에 기여한 공적이 뚜렷한 자에게 수여하며, 무궁화장(1등급) · 모란장(2등급) · 동백장(3등급) · 목련장(4등급) · 석류장(5등급)으로 나눈다.

31 다음 중 〈집회 및 시위에 관한 법률〉의 적용을 받지 않는 시위의 유형은?

① 촛불집회
② 1인 시위
③ 옥외집회
④ 평화행진

해설 1인 시위는 집시법의 적용을 받지 않으며, 시위 금지 지역에서도 1인 시위는 가능하다.

32 예비후보자 등록제에 대한 내용으로 옳지 않은 것은? 출제유력

① 선거관리위원회에 예비후보자로 등록하면 공식적인 선거운동을 할 수 있다.
② 예비후보자는 선거사무소를 열고 선거사무원을 선임할 수 있다.
③ 예비후보자는 모든 유권자에게 선거운동 내용이 담긴 e-메일을 보낼 수 있다.
④ 예비후보자로 등록하려면 모든 공직에서 사직해야 한다.

해설 현직 시 · 도지사 및 기초단체장 · 공무원 등이 예비후보자로 등록하려면 사직해야 한다. 단, 국회의원은 제외된다.

33 1950~1954년 미국을 휩쓴 공산주의자 색출 열풍을 가리키는 말로, 당시 미국 상원의원이었던 이 사람이 "미국 내에서 공산주의자들이 암약하고 있으며, 나는 그 명단을 갖고 있다"고 주장한 사건이 계기가 되었는데, 이 사람의 이름을 따서 생긴 용어는 무엇인가?

① 토미즘(Thomism)
② 다위니즘(Darwinism)
③ 쇼비니즘(Chauvinism)
④ 매카시즘(MaCarthyism)

해설 ① 토미즘(Thomism) : 토마스 아퀴나스의 중세철학
② 다위니즘(Darwinism) : 찰스 다윈의 진화론
③ 쇼비니즘(Chauvinism) : 광신적 애국주의, 극단적 배타주의

34 '악법도 법이다'에서 강조하고 있는 법의 이념은?

① 합목적성
② 구체적 타당성
③ 법적 안정성
④ 형평성

해설 소크라테스가 처형되기 전에 남긴 말로, 아무리 불합리한 법이라도 법체계를 따라야 한다는 것이다. 이는 사회 질서를 정립하고 국민 생활의 안정을 보장하는 법적 안정성을 강조하는 표현이다.

35 다음 중 대통령직 인수위원회에 대한 설명으로 틀린 것은?

① 대통령 당선인이 임명한다.
② 대통령 취임 이후 20일까지 존속할 수 있다.
③ 통상 위원장 1인, 부위원장 1인, 24인 이내의 인수위원으로 구성된다.
④ 대통령직 인수위원회는 활동이 끝난 후 활동 경과, 예산 사용 내역을 공개하여야 한다.

해설 대통령직 인수위원회는 대통령 당선인의 원활한 인수를 위한 업무를 담당한다. 대통령 취임 이후 30일까지 존속할 수 있다.

Answer 29 ④ 30 ① 31 ② 32 ④ 33 ④ 34 ③ 35 ②

36 다음 중 우리나라 선거와 관련하여 옳지 않은 것은?

출제유력

① 우리나라 국회의원 정수는 고정되어 있지 않고 법률로 정하도록 되어 있다.
② 무소속 후보는 후보자의 나이 순서대로 기호 순위가 정해진다.
③ 국회의원선거와 지방지치단체의 의회의원 및 장의 선거운동 기간은 14일이다.
④ 후보자의 배우자가 대한민국 국민이 아니어도 선거운동을 할 수 있다.

해설 공직선거에 있어서 후보의 기호선정 방식은 공직선거법 제150조 투표용지의 정당 · 후보자의 게재순위 등에 따라 기호를 정하게 되며, 무소속 후보자 사이의 게재순위는 공직선거법 제150조 제5항 제3호에 따라 관할 선거구 선거관리위원회에서 추첨하여 결정한다.

37 봉기 · 반란 · 각성을 뜻하는 아랍어로 팔레스타인 사람들의 반(反)이스라엘 저항 운동을 뜻하는 것은?

① 인티파다
② 헤즈볼라
③ 탈레반
④ 알카에다

② 레바논의 이슬람교 시아파 교전단체이자 정당조직으로 주로 미국인과 미국 자산, 이스라엘과 이스라엘 사람을 대상으로 테러를 자행한다.
③ 1994년 아프가니스탄 남부 칸다하르주에서 결성된 무장 이슬람 정치단체로 1996년부터 2001년까지 아프가니스탄을 지배하였다.
④ 사우디아라비아 출신의 오사마 빈 라덴이 조직한 국제 테러단체로 2001년 발생한 미국 세계무역센터의 항공기 납치 자살테러사건으로 널리 알려졌다.

38 특정 정당이나 정치인에게 유리하도록 선거구를 획정하는 것으로, 우리나라는 이것을 막기 위해 선거구를 법률로 정하는 선거구 법정주의를 채택하고 있다. 이것은 무엇인가?

① 로그롤링
② 포크배럴
③ 캐스팅보트
④ 게리맨더링

해설 게리맨더링
자기 당에 유리하도록 선거구를 변경하는 것을 말한다. 1812년 미국 매사추세츠주의 주지사였던 엘브리지 게리가 그리스 신화에 나오는 괴물 샐러맨더와 닮은 선거구를 만든 것을 반대파 평론가들이 빗대어 호칭함으로써 생긴 말이다.
① 서로의 안건에 찬성하기로 합의하여 양쪽 모두의 안건을 통과시키는 행위이다.
② 정치인들이 지역주민에 대한 선심사업을 위해 정부의 예산을 최대한 많이 확보하려는 행위로, 정부예산이 특정 집단이나 특정 선거구의원에게 이롭게 배분되는 현상이다.
③ 표결결과의 가부가 동수인 경우에 의장이 가지는 결정권이다.

39 **다음 중 국정조사에 대한 설명으로 틀린 것은?** 출제유력

① 비공개 진행이 원칙이며, 국정조사위원회의 활동결과는 국정보고서 형태로 본회의에 제출된다.
② 재적의원 4분의 1 이상의 요구가 있을 때에는 국정조사를 시행하게 된다.
③ 국정조사위원회는 관련기관에 자료를 요청하거나 그 기관의 보고를 들을 수 있다.
④ 국정 전반에 대한 일반 조사는 인정되지 않는다.

해설 국정조사는 공개를 원칙으로 하고, 비공개를 요할 경우에는 위원회의 의결을 얻도록 한다.

40 **'출처를 위장하여 공개하지 않고 근거 없는 사실 등을 조작해 상대방을 혼란과 위험에 빠뜨리거나 그 내부를 교란시키기 위한 정치적 술책'과 관련이 없는 말은?**

① 흑백선전 ② 살라미
③ 중상모략 ④ 마타도어

해설 마타도어는 '흑백선전, 비밀선전'이라고도 하며 투우사를 뜻하는 스페인어 'Matador(마따도르)'에서 유래하였다. '살라미(Salami)'는 조금씩 얇게 썰어 먹는 이탈리아 소시지를 의미하며, 한번에 목표를 관철시키는 것이 아니라 조금씩 순차적으로 목표를 성취해나가는 방법인 '살라미 전술'과 관련 있다.

41 **대통령제의 요소와 의원내각제의 요소를 결합한 절충식 정부형태는?**

① 일국이체제 ② 연방제
③ 연립내각제 ④ 이원집정부제

이원집정부제
대통령중심제와 내각책임제의 절충식 형태로, 비상시에는 대통령이 행정권을 전적으로 행사하고 평상시에는 총리가 내정 관련 행정권을 행사하며 대통령은 외교 등의 권한만을 가지는 제도이다.

42 **외교상의 중립정책, 즉 일종의 고립주의를 무엇이라 하는가?**

① 먼로주의 ② 글라스노스트
③ 티토이즘 ④ 코스모폴리터니즘

먼로주의(Monroe Doctrine)
미국의 제5대 대통령 J. 먼로가 의회에 제출한 연례교서에서 밝힌 외교방침으로, 유럽으로부터의 간섭을 받지 않기 위해 선언한 외교정책이다.

Answer 36 ② 37 ① 38 ④ 39 ① 40 ② 41 ④ 42 ①

43 다음 중 국회 재적의원 과반수의 찬성이 필요한 것은?

출제유력

① 헌법개정안 의결 ② 대통령 탄핵소추 발의
③ 국회의원 제명 ④ 법률안 거부로 인한 재의결

대통령의 탄핵소추 발의는 재적의원 과반수의 찬성이 필요하고, 대통령의 탄핵소추 의결은 재적의원 2/3 이상의 찬성이 필요하다.
① 헌법개정안 의결은 재적의원 2/3 이상의 찬성이 필요하다.
③ 국회의원 제명은 재적의원 2/3 이상의 찬성이 필요하다.
④ 법률안 거부로 인한 재의결은 재적의원 과반수 출석에 출석의원 2/3 이상의 찬성이 필요하다.

44 핵무기 금지를 달성하기 위한 노력을 인정받아 2017 노벨평화상을 수상한 단체는?

① IAEA ② 그린피스
③ ICAN ④ 하얀헬멧

해설 2017 노벨평화상은 세계 101개국 소속 468개 NGO로 구성된, 핵무기 없는 세상을 지향하는 비정부기구(NGO) 연합체인 핵무기폐기국제운동(ICAN)이 받았다.

45 의원이 소속 정당의 당론과는 상관없이 주관적인 판단으로 투표하는 것을 무엇이라고 하는가?

① 캐스팅보트 ② 크로스보팅
③ 로그롤링 ④ 롤콜방식

① 투표결과 가부동수(可否同數)인 경우에 의장이 던지는 결정권 투표 또는 2대 정당의 세력이 거의 같을 때 그 승패를 결정하는 제3당의 투표를 일컫는 말이다.
③ 주로 의원들이 의회에서 서로의 안건에 대해 찬성 투표를 해주겠다는 지지나 표의 교환 또는 선거운동을 도와주고 그 대가(이권)를 받는 행위 등을 가리키는 말이다.
④ 국제연합에서 채택하고 있는 공개투표방식 중 하나로, 추첨으로 선정된 국가부터 알파벳 순서에 따라 의장이 국가명을 호명하면 해당되는 각국 대표가 찬성 · 반대 · 기권의 의사를 표시하는 방식으로 진행된다.

46 다음의 설명에 해당하는 용어는 무엇인가?

> 정치인 또는 고위관료의 측근에서 대변인 역할을 하는 정치홍보전문가로 입장 · 정책을 정리하여 발표하거나 국민을 설득하는 역할을 한다.

① 스몰딜 ② 미니뱅
③ 스핀닥터 ④ 데탕트

 ① 각 기업에서 사업부 간의 부문별 M&A 사업조정 등의 구조개편을 일컫는다.(↔빅딜)
② 여러 문제들을 현실적이고 쉬운 것부터 해결해나가면서 목표지점에 도달하는 것을 말한다.(↔빅뱅)
④ 국가 간의 대립과 긴장이 완화되어 화해의 분위가 조성되는 상태를 의미한다.

47 다음 중 감사원에 대한 설명으로 옳지 않은 것은?

① 15명 이내의 감사위원으로 구성된다.
② 대통령 직속이지만 직무에 관하여는 독립적인 지위를 갖는다.
③ 감사원장은 국회의 동의를 얻어 대통령이 임명한다.
④ 감사위원의 임기는 4년이다.

 감사원은 감사원장을 포함한 7인의 감사위원으로 구성된다. 대통령 직속기관이지만 행정기관과 공무원 직무를 감찰하는 목적을 수행하기 위해 최대한 독립성을 보장받도록 법률로 규정하고 있다.

48 다음 중 불문법(不文法)이 아닌 것은?

출제유력

① 판례법 ② 조 리
③ 관습법 ④ 규 칙

해설 규 칙
헌법 또는 기타 법률에 근거하여 성립하는 성문법의 일종으로 헌법에 의해 제정되는 국회규칙 · 대법원규칙, 법률에 의해 제정되는 공정거래위원회규칙 · 감사원규칙, 행정기관의 직권으로 제정할 수 있는 행정입법으로서의 행정규칙 등이 있다. 규칙은 헌법 기타 법률에 위반되는 내용을 규정할 수 없다.
① 구체적 법률문제에 대한 동일한 취지의 법원판결이 반복될 경우, 그 판결을 법적규범으로 삼는 것을 말한다. 우리나라는 성문법 국가로 판례의 법원성이 부인된다.
② 사회생활에 있어 건전한 상식으로 판단할 수 있는 사물의 본질적 법칙으로서, 경험 · 사회통념 · 신의성실의 원칙 등으로 대변될 수 있다. 일반적으로 법의 흠결을 보완하는 해석상 · 재판상의 기준으로 적용된다.
③ 일정한 행위가 계속적으로 반복되어 사람들을 구속할 만한 법적 확신을 취득한 자연발생적 규범을 말한다.

49 시진핑 중국 국가 주석이 세운 21세기 육상 및 해상 실크로드 계획은?

① 일대일로
② 샹그릴라 대화
③ 신창타이
④ 시코노믹스

해설 중국에서 시작해 중앙아시아와 이란을 거쳐 지중해 연안으로 이어진 고대 무역로를 따라 경제협력벨트를 형성하고, 바닷길로 중국 · 동남아시아 · 남아시아 · 중동 · 아프리카를 연결시키겠다는 계획이다.

Answer 43 ② 44 ③ 45 ② 46 ③ 47 ① 48 ④ 49 ①

② 아시아안보회의
③ 중국식 '뉴노멀'
④ 시진핑 중국 국가주석의 경제정책

50 국민들이 배심원으로 형사재판에 참여할 수 있는 국민참여재판제도에 관한 내용으로 옳지 않은 것은?

출제유력

① 만 20세 이상의 국민 가운데 무작위로 배심원을 선정한다.
② 만 70세 이상인 국민일 경우 배심원의 면제 사유가 된다.
③ 군인인 경우 직업 등의 사유로 인해 배심원에서 제외된다.
④ 판사는 배심원의 결정과 다른 판결을 내릴 수 없다.

해설 판사는 배심원들이 내린 결정에 반드시 따라야 되는 것이 아니라, 그것을 참고하여 결정을 내린다.

51 법률에 시행일에 관한 규정을 두지 않을 경우 효력발생일은?

① 제정된 날부터 14일　② 제정된 날부터 20일
③ 공포된 날부터 14일　④ 공포된 날부터 20일

해설 법률은 특별한 규정이 없는 한 공포한 날로부터 20일을 경과함으로써 효력을 발생한다(헌법 제53조 제7항).

52 다음이 설명하는 것은 무엇인가?

행정청의 위법 또는 부당한 처분 그밖에 공권력의 행사·불행사 등으로 인한 국민의 권리 또는 이익의 침해를 구제하고, 아울러 행정의 적정한 운영을 도모하기 위하여 이루어지는 행정기관의 심급제도로서, 권력분립과 자율적 행정통제, 사법기능의 보충 및 부담경감, 행정능률의 보장 등에 그 존재이유가 있다. 청구기간은 원칙적으로 처분이 있음을 안 날부터 90일 이내 또는 처분이 있었던 날부터 180일 이내이며, 이는 불변기간이다.

① 항 소　② 행정심판
③ 이의제기　④ 행정소송

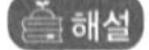
① 제1심 종국판결에 대하여 불복하여 판결의 취소·변경을 구하기 위해 상소하는 것을 말한다.
④ 법원이 행정사건에 대하여 정식의 소송절차에 의하여 행하는 사법작용으로, 행정청의 위법한 처분 그밖에 공권력의 행사·불행사 등으로 인한 국민의 권리 또는 이익의 침해를 구제하고, 공법상의 권리관계 또는 법적용에 관한 다툼을 적정하게 해결하는 것을 그 목적으로 한다.

53 **범인이 유죄를 인정하는 대신에 협상을 통하여 형량을 줄여주거나 조정해주는 제도를 무엇이라 하는가?**

① 선고유예
② 가처분
③ 면소판결
④ 플리바게닝

① 경미한 범죄를 저지른 범인에 대해 일정 기간의 형의 선고를 유예하고 그 유예 기간 동안 사고 없이 지내면 형의 선고를 면하게 해주는 제도이다.
② 권리의 실현이 소송의 지연이나 채무자의 재산 은닉 등으로 어려워질 때, 그 권리를 보장하기 위해 분쟁이 타결되거나 강제집행이 가능해질 때까지 잠정적으로 행하여지는 처분을 말한다.
③ 해당 사건에 대한 공소가 적당하지 못하여, 해당 법원의 소송절차를 종결시키는 재판이다.

54 **각 나라마다 다른 공업규격을 통일하고 물자와 서비스 등의 국제교류를 활발히 하며, 과학 · 경제 · 기술 등의 활동 분야의 협력 증진을 목적으로 활동하는 국제기구는?**

① FAO
② ISO
③ ILO
④ IEA

ISO(국제표준화기구)에 대한 설명이다.
① FAO(유엔식량농업기구) : 세계 여러 나라의 식량과 농산물의 생산, 분배의 개선 등을 목적으로 하는 유엔의 전문기구 중 하나이다.
③ ILO(국제노동기구) : 1919년에 창설되어 사회복지 향상과 노동 조건의 개선 및 노동자의 생활 수준 향상을 목적으로 하는 유엔의 전문기관이다.
④ IEA(국제에너지기구) : 산유국의 공급 감축에 대항하여 세계의 주요 석유소비국들에 의해 만들어진 기구로, 참가국 간에 석유를 긴급 융통하거나 소비의 억제, 대체에너지 개발 등을 목적으로 한다.

55 **다음 중 페르시아만에서 생산되는 석유의 운송로이자 국제 에너지 안보의 중심지가 되는 곳은?**

출제유력

① 지브롤터 해협
② 호르무즈 해협
③ 베링 해협
④ 말라카 해협

해설
호르무즈 해협
페르시아만과 오만만을 연결하는 해협으로 사우디아라비아, 이란, 쿠웨이트 등에서 생산되는 석유가 이 해협을 경유하여 전 세계에 공급된다.

Answer 50 ④ 51 ④ 52 ② 53 ④ 54 ② 55 ②

56 **다음 중 북방한계선(NLL)에 대한 설명으로 옳지 않은 것은?** 출제유력

① 1953년 정전 직후 주한 유엔군 사령관이 북한과의 협의하에 해상경계선을 설정하였다.
② 북한은 북방한계선을 자주 침범하면서 해상경계선의 효력을 부정해왔다.
③ 서해 백령도 · 대청도 · 소청도 · 연평도 · 우도의 5개 섬과 북한 측에서 관할하는 옹진반도 사이의 중간선이다.
④ NLL을 둘러싼 남북의 대립은 연평해전과 서해교전으로 이어져 수십 명의 사망자를 냈다.

해설 북방한계선(NLL ; Northern Limit Line)
1953년 정전 직후 클라크 주한 유엔군 사령관이 북한과의 협의 없이 일방적으로 설정한 해상경계선으로, 북한은 1973년부터 서해 5개 섬 주변 수역을 북한 연해라고 주장하며 NLL을 인정하지 않아 빈번히 북방한계선을 침범하면서 남한 함정들과 대치하는 사태가 벌어지곤 했다.

57 **일본이 위안부 모집을 위해 강제 연행했다는 것을 인정하는 내용이 담긴 담화는?** 출제유력

① 고노담화
② 미야자와담화
③ 무라야마담화
④ 노변담화

해설 고노담화는 1993년 8월 4일 고노 요헤이 관방장관이 위안부 문제와 관련, 일본군 및 관헌의 관여와 징집 · 사역에서의 강제를 인정하고 문제의 본질이 중대한 인권 침해였음을 승인하면서 사죄한 것으로 일본 정부의 공식 입장이다.
② 1982년 역사교과서 파동 시 미야자와 당시 관방장관이 "일본 정부가 책임지고 교과서 기술을 시정하겠다"고 밝힌 내용으로, 일본은 이에 근거해 교과서 검정 기준에 '근린 제국 (배려) 조항'을 집어넣었다.
③ 1995년 일본이 전후 50년을 맞아 식민지 지배와 침략에 대해 총체적인 사죄와 반성의 뜻을 표명한 것이다.
④ 미국의 대통령이었던 루즈벨트가 뉴딜정책에 대한 국민들의 지지를 호소하기 위해 시작한 담화

58 **다음 중 레임덕에 관한 설명으로 옳지 않은 것은?** 출제유력

① 대통령의 임기 만료를 앞두고 나타나는 권력누수 현상이다.
② 대통령의 권위나 명령이 먹혀들지 않아서 국정 수행에 차질이 생긴다.
③ 임기 만료가 얼마 남지 않은 경우나 여당이 다수당일 때 잘 나타난다.
④ 절름발이 오리라는 뜻에서 유래했다.

해설 대통령의 임기 말 권력누수 현상을 나타내는 레임덕(Lame Duck)은 집권당이 의회에서 다수 의석을 얻지 못한 경우에 발생하기 쉽다.

59 다음 중 보기에 대한 설명으로 가장 거리가 먼 것은?

> 기본권을 침해 받은 국민이 직접 헌법재판소에 구제를 제기하는 기본권 구제수단

① 대한민국 국민이면 누구나 청구할 수 있고, 회사와 같은 법인도 청구 가능하다.
② 미성년자도 청구할 수 있으나 부모 등 법정대리인이 소송행위를 대신하여야 한다.
③ 사건이 발생한 날로부터 2년 이내, 기본권 침해 사유를 안 날로부터 1년 이내에 청구해야 한다.
④ 권리구제형 헌법소원과 위헌심사형 헌법소원으로 나뉜다.

해설 헌법소원에 대한 설명이다. 헌법 제111조 제1항 제5호는 헌법재판소 관장사항으로 '법률이 정하는 헌법소원'을 규정하고 있다. 헌법소원의 청구기간은 그 사유가 있은 날로부터 1년 이내, 기본권 침해 사유를 안 날로부터 90일 이내이다.

60 다음 중 유로존 가입 국가가 아닌 것은?

① 에스토니아
② 벨기에
③ 독 일
④ 영 국

해설 유로존(Eurozone)
유럽연합의 단일화폐인 유로를 국가통화로 도입하여 사용하는 국가나 지역을 통칭한다. 에스토니아, 오스트리아, 벨기에, 키프로스, 핀란드, 프랑스, 독일, 그리스, 슬로바키아, 아일랜드, 이탈리아, 룩셈부르크, 몰타, 네덜란드, 포르투갈, 슬로베니아, 스페인 등 총 17개국이 가입했다. 이후 2014년 1월에는 라트비아, 2015년 1월에는 리투아니아가 추가로 유로존에 포함됨에 따라 19개국이 됐다.
• 유로존 불참 국가 : 영국, 스웨덴, 덴마크, 체코, 불가리아, 헝가리, 폴란드, 루마니아, 크로아티아

61 다음 중 댜오위다오(일본명 : 센카쿠열도)에 대한 설명으로 옳지 않은 것은? 출제유력

① 8개 무인도로 구성되어 있다.
② 현재 중국이 점유하고 있으나 일본과 대만이 영유권을 주장하고 있다.
③ 중동과 동북아를 잇는 해상교통로이자 전략 요충지로 주목받고 있다.
④ 2012년 일본의 국유화에 따라 중 · 일 간의 갈등이 격화되었다.

해설 센카쿠열도(중국명 : 댜오위다오)는 현재 일본이 실효지배를 하고 있지만 일본과 중국 간의 영유권 분쟁이 벌어지고 있다.

Answer 56 ① 57 ① 58 ③ 59 ③ 60 ④ 61 ②

62 다음 중 대통령 선거에 대한 설명으로 옳은 것은?

출제유력

① 우리나라 대통령의 임기는 4년 단임이다.
② 대통령 선거에 출마하기 위해서는 선거일 현재 10년 이상 국내에 거주하고 있는 만 40세 이상 국민이어야 한다.
③ 만 19세 이상의 국민에게 투표권이 주어진다.
④ 선거 · 당선의 효력에 관하여 이의가 있는 경우 선거일 또는 당선인 결정일부터 90일 이내에 대법원에 소송을 제기할 수 있다.

해설 우리나라 대통령의 임기는 5년 단임이며 대통령 선거에 출마하기 위해서는 선거일 현재 5년 이상 국내에 거주해야 한다. 또한 선거 · 당선의 효력에 관하여 이의가 있는 경우 선거일 또는 당선인 결정일부터 30일 이내에 대법원에 소송을 제기할 수 있다.

63 다음 보기와 가장 관련이 깊은 것은?

출제유력

> 파랑도, 쑤옌자오, 해양과학기지, 소코트라호

① 조어도 ② 이어도
③ 독 도 ④ 울릉도

해설 우리나라에서는 이어도 혹은 파랑도라고 부르며 쑤옌자오는 중화권에서 부르는 이름이다. 이어도에는 무인종합 해양과학기지가 있으며 제주지방해양수산청은 1987년 소코트라 암초에 '이어도'라 표기했었다.

64 다음 중 정치권력자가 자신의 가족이나 친족들에게 정치적 특혜를 베푸는 것은?

출제유력

① 네오콘 ② 네오뎀
③ 네포티즘 ④ 뉴데모크래츠

네포티즘(Nepotism)
'친족 중용(重用)'주의 또는 '족벌 정치'를 이르는 말로, 중세 로마교황들이 자기 사생아를 '조카(Nephew)'라고 부르면서 등용시키는 것에서 유래했다. 네포티즘은 권력 부패의 온상이자 정실인사의 대명사로 인식되고 있다.

65 다음 중 우리나라 최초의 이지스함은?

① 서애 류성룡함 ② 세종대왕함
③ 율곡 이이함 ④ 권율함

해설 우리나라는 2007년 5월 국내 최초의 이지스함인 '세종대왕함'을 진수시킨 데 이어 2008년 두 번째 이지스함인 '율곡 이이함'을 진수시켰고, 2011년 '서애 류성룡함'까지 총 3척의 이지스함을 보유하고 있다.

66 다음 중 워치콘에 대한 설명으로 옳지 않은 것은?

출제유력

① 정규전에 대비해 발령하는 전투준비태세이다.
② 평상시에는 '4' 수준에 있다가 위기수준이 높아질수록 3, 2, 1로 단계적으로 높아진다.
③ 워치콘 격상을 위해서는 한미 양국 정보당국의 합의가 있어야 한다.
④ 워치콘 1은 정전 이후 아직까지 발령된 적이 없다.

해설 워치콘(Watchcon)은 북한의 군사활동을 감시하는 대북 정보감시태세를 말하며 전투준비태세인 데프콘과는 다른 개념이다.

67 다음 중 외교상의 기피인물을 가리키는 용어는?

출제유력

① 아그레망
② 페르소나 그라타
③ 페르소나 논 그라타
④ 페르소나

해설 페르소나 논 그라타(Persona non grata)
외교사절 파견 시 상대국의 동의(아그레망)를 요청했을 때, 요청받은 국가가 받아들이기를 거부하는 사람을 가리킨다. 아그레망을 요청받은 국가는 이유를 밝히지 않고 그 사람의 파견을 거부할 수 있다.

68 다음 중 석패율제도에 대한 설명으로 옳지 않은 것은?

① 당선자와 낙선자 간에 득표한 비율을 나타낸다.
② 비율이 낮을수록 아깝게 떨어졌다는 것을 의미한다.
③ 일본은 1996년부터 실시해오고 있다.
④ 지역구에서 아깝게 떨어진 후보를 구제함으로써 사표를 축소한다.

해설 석패율이란 낙선한 후보자의 득표수를 당선된 후보자의 득표수로 나눈 백분율이며 비율이 높을수록 아깝게 떨어졌다는 것을 의미한다.

Answer 62 ③ 63 ② 64 ③ 65 ② 66 ① 67 ③ 68 ②

69 다음 중 '아동복지법'과 '소년법'의 적용 나이가 바르게 연결된 것은? (만 나이 기준)

	아동복지법	소년법
①	18세 미만	19세 미만
②	18세 미만	18세 미만
③	19세 미만	18세 미만
④	19세 미만	20세 미만

해설 아동복지법은 만 18세 미만인 사람을 아동으로 규정하고, 소년법은 만 19세 미만인 자를 소년으로 규정하고 있다.

70 다음 중 학문적 성취를 기반으로 하여 현실 정치에 적극적으로 참여하는 교수를 가리키는 말은?

① 폴리테이너
② 소셜테이너
③ 폴리페서
④ 테크노크라트

해설 ① 연예인 출신의 정치인 또는 대중적 인지도를 활용하는 정치인
② 소사회 이슈에 적극적으로 참여하거나 자신의 의견을 밝히는 연예인
④ 정권의 필요에 의해 발탁된 기술 관료

71 다음 보기에 나온 사람들의 임기를 모두 더한 것은? 출제유력

국회의원, 대통령, 감사원장, 대법원장

① 17
② 18
③ 19
④ 20

해설 국회의원(4년) + 대통령(5년) + 감사원장(4년) + 대법원장(6년) = 19

72 정책의 현실성이나 가치판단, 옳고 그름 등 본래의 목적을 외면하고 일반 대중의 인기에만 영합하여 목적을 달성하려는 정치행태를 의미하는 것은? 출제유력

① 네포티즘(Nepotism)
② 포퓰리즘(Populism)
③ 반달리즘(Vandalism)
④ 노비즘(Nobyism)

 네포티즘은 '족벌정치, 친족중용주의'를 말하고, 반달리즘은 '문화유산 파괴행위', 노비즘은 '철저한 개인주의'를 가리킨다.

73 다음 중 전당대회와 같은 정치 이벤트 직후 해당 후보의 지지율이 상승하는 효과는 무엇인가?

① 전시효과
② 컨벤션효과
③ 베블런효과
④ 데킬라효과

 컨벤션효과(Convention Effect)
전당대회나 경선행사와 같은 정치 이벤트 직후 대선 후보나 해당 정당의 지지율이 상승하는 효과로, 일반적으로 후보자가 미디어에 집중적으로 노출되면서 지지율이 크게 오른다.

74 다음 중 피선거권의 연령 제한이 잘못 연결된 것은? (만 나이 기준)

① 대통령 – 40세 이상
② 국회의원 – 25세 이상
③ 지방자치단체의 장 – 30세 이상
④ 지방의회 의원 – 25세 이상

해설 지방의회 의원 및 지방자치단체의 장의 피선거권은 25세 이상의 국민에게 있다.

75 다음 중 정치인들이 지역주민의 인기를 지나치게 의식해 특정 지역구의 선심성 사업에 대한 예산을 확보하려는 행위는?

출제유력

① 포퓰리즘
② 포크배럴
③ 로그롤링
④ 그리드락

 포크배럴(Pork barrel)
지역구의 선심사업을 위해 중앙정부의 예산을 남용하는 행위를 의미한다. 정책보조금을 받기 위해 수단과 방법을 가리지 않는 정치인들의 모습이 마치 '농장에서 농장주가 돼지고기통(구유통)에 고기를 던져줄 때 모여드는 노예 같다'는 뜻에서 유래했다.

Answer 69 ① 70 ③ 71 ③ 72 ② 73 ② 74 ③ 75 ②

76 다음 보기의 괄호 안에 들어가기에 적절한 것은?

> 배타적경제수역(EEZ)이란 자국 연안으로부터 ( )해리까지의 모든 자원에 대해 독점적 권리를 행사할 수 있는 수역이다. 영해와 달리 영유권이 인정되지 않으므로 어업행위 등의 경제활동은 연안국의 허가를 받아야 한다.

① 100 ② 200
③ 300 ④ 400

해설 배타적경제수역은 자국 연안으로부터 200해리까지의 수역에 대해 천연자원의 탐사·개발 및 보존, 해양환경의 보존과 과학적 조사활동 등 모든 주권적 권리를 인정하는 유엔해양법상의 개념이다.

77 다음 중 이슬람 저항운동을 전개하는 팔레스타인의 무장단체는? 출제유력

① 하마스 ② 알카에다
③ 헤즈볼라 ④ 탈레반

해설 하마스(HAMAS)는 이스라엘에 대한 테러 및 무장 투쟁을 전개하는 이슬람 저항운동 단체 겸 정당이다.

78 다음 중 선거에서 누구에게 투표할지 결정하지 못한 유권자를 가리키는 말은? 출제유력

① 로그롤링 ② 매니페스토
③ 캐스팅보트 ④ 스윙보터

① 정치세력들이 상호지원을 합의하여 투표거래나 투표담합을 하는 행위
② 구체적인 예산과 실천방안 등 선거와 관련한 구체적 방안을 유권자에게 제시하는 공약
③ 양대 당파의 세력이 비슷하게 양분화된 상황에서 결정적인 역할을 수행하는 사람

79 쿠릴열도를 둘러싸고 분쟁을 벌이는 국가는? 출제유력

① 일본 – 중국
② 일본 – 러시아
③ 중국 – 러시아
④ 중국 – 대만

해설 일본과 러시아는 쿠릴열도 20개 도서 중 4개 섬에 대한 영유권 분쟁을 벌이고 있다. 이 지역은 전후 구소련이 점령한 곳으로, 일본은 러시아에 대해 강력히 반환을 요청하고 있다.

80 **다음 중 친고죄에 해당하지 않는 것은?** 출제유력

① 비밀침해죄 ② 사자(死者) 명예훼손죄
③ 모욕죄 ④ 협박죄

해설 친고죄란 피해자의 고소가 있어야 공소할 수 있는 범죄로 비밀침해죄, 사자 명예훼손죄, 모욕죄 등이 해당한다. 협박죄는 반의사불벌죄에 해당하는데, 반의사불벌죄란 피해자가 가해자의 처벌을 원하지 않는다는 의사를 표시하면 처벌할 수 없는 범죄이다.

81 **다음 중 교섭단체에 대한 설명으로 옳지 않은 것은?**

① 국회의 원활한 의사진행을 위해 구성한다.
② 소속 국회의원의 20명 이상을 구성 요건으로 한다.
③ 하나의 정당으로만 교섭단체를 구성해야 한다.
④ 교섭단체 구성 시 매년 임시회와 정기회에서 연설을 할 수 있다.

해설 하나의 정당으로 교섭단체를 구성하는 것이 원칙이지만 복수의 정당이 연합해 구성할 수도 있다.

82 **다음 중 공법에 해당하지 않는 것은?**

① 민 법 ② 형 법
③ 소송법 ④ 행정법

해설
- 공법 : 헌법, 형법, 소송법, 행정법, 국제법 등
- 사법 : 민법, 상법 등

83 **다음 중 유엔평화유지군으로서 레바논에 파견된 우리나라 부대의 이름은?**

① 상록수부대
② 동명부대
③ 자이툰부대
④ 단비부대

해설 ① 상록수부대 – 동티모르
③ 자이툰부대 – 이라크
④ 단비부대 – 아이티

Answer 76 ② 77 ① 78 ④ 79 ② 80 ④ 81 ③ 82 ① 83 ②

84 **어느 한 쪽이 양보하지 않을 경우 양쪽 모두 무너지는 극단적인 경쟁을 가리키는 용어는?**

① 죄수의 딜레마 ② 치킨게임
③ 제로섬게임 ④ 침묵의 카르텔

해설 치킨게임(Chicken Game)
1950년대 미국 젊은이들 사이에서 유행하던 게임으로, 도로의 양쪽에서 두 명의 경쟁자가 차를 몰고 돌진하다가 먼저 핸들을 꺾는 사람이 지는 것에서 유래했다. 1950~1970년대 미국과 소련 사이의 극심한 군비경쟁을 꼬집는 용어로 사용되었고, 양쪽 모두 파국으로 치닫게 되는 극단적인 경쟁을 가리킬 때 쓴다.

85 **다음 중 구상권에 대한 설명으로 옳은 것은?**

① 다른 사람의 채무를 갚아준 사람이 그 사람에 대하여 상환을 청구할 수 있는 권리
② 채권자가 채권의 담보로 제공된 목적물에 대해 채무자가 변제를 하지 않을 때 일반채권자에 우선하여 변제를 받는 권리
③ 타인의 토지에 건물이나 수목을 소유하기 위하여 그 토지를 사용할 수 있는 물권
④ 물건을 사실상 지배하는 사람에게 인정되는 물권

해설 ② 저당권, ③ 지상권, ④ 점유권에 대한 설명이다.

86 **다음 중 정부의 정책이 의회의 반대에 부딪혀 추진되지 못하는 상황을 뜻하는 용어는?** 출제유력

① 로그롤링 ② 필리버스터
③ 그리드락 ④ 아그레망

해설 그리드락(Gridlock)
일반적으로 정부와 의회를 각각 다른 당이 장악한 여소야대 정국에서 나타나며 정부의 정책이 의회의 반대에 부딪혀 추진되지 못하는 상황을 의미한다. 독단적인 국정운영을 막을 수 있다는 장점이 있는 반면, 지나친 견제에 몰두할 경우 정국이 교착 상태에 빠질 수 있다.

87 **원어로는 받은 만큼 돌려준다는 '보복'을 뜻하는 전략으로 처음에는 협력으로 시작한 후, 그 다음부터는 상대가 협력하면 나도 협력하고, 상대가 배반하면 나도 배반하는 전략은 무엇인가?**

① 게릴라 ② 팃포탯
③ 제로섬 ④ 내쉬균형

해설 1980년 아나톨 라포포트(Anatol Rapoport)에 의해 고안된 전략으로, 팃포탯(Tit-for-tat)은 '치고받기, 맞대응'이라는 뜻을 가진 단어이다. 다른 말로 '보복 전략'이라고도 한다.

88 **다음 중 국회의 임명동의가 필요 없는 직책은 어느 것인가?**

① 국무총리 ② 대법원장
③ 헌법재판소장 ④ 검찰총장

해설 국회의 임명동의 대상은 국무총리, 감사원장, 대법원장, 대법관, 헌법재판소장이다.

89 **우리나라 국회에 대한 설명으로 옳은 것은?** 출제유력

① 국회의원을 체포 또는 구금하려면 언제나 국회의 동의가 있어야 한다.
② 국회의원의 임기는 5년이다.
③ 국회는 재적의원 과반수의 찬성으로 의결한다.
④ 국회의원 수는 법률로 정하되 200인 이상으로 한다.

해설 ① 현행범인 경우에는 예외이다.
② 국회의원의 임기는 4년이다.
③ 국회는 헌법 또는 법률에 특별한 규정이 없는 한 재적의원 과반수의 출석과 출석의원 과반수의 찬성으로 의결한다. 가부동수인 때에는 부결된 것으로 본다.

90 **야당이 정권을 잡는 경우를 대비하여 각료 후보로 예정해 두는 내각을 뜻하는 용어는?**

① 키친 캐비닛 ② 섀도 캐비닛
③ 이너 캐비닛 ④ 코얼리션 캐비닛

① 대통령의 가까운 지인이나 친구들
③ 내각 안에서도 특히 중요한 소수의 내각
④ 연립 내각

91 **다음 중 소선거구제에 대한 설명으로 옳지 않은 것은?**

① 하나의 선거구에서 1명의 의원을 선출하며 다수대표제의 성격을 띤다.
② 군소정당의 난립을 방지할 수 있다.
③ 한국이나 미국 등의 선거에서 사용된다.
④ 사표의 발생을 줄일 수 있다.

소선거구제
후보자 중 1명에게만 투표하고, 가장 많은 득표를 한 사람이 당선하는 방식이다. 군소정당의 난립을 방지하고 보궐선거를 용이하게 하는 반면, 소수당에 불리하고 사표가 많아진다는 단점이 있다.

Answer 84 ② 85 ① 86 ③ 87 ② 88 ④ 89 ④ 90 ② 91 ④

92 **다음 중 특별검사제에 대한 설명으로 옳지 않은 것은?** 출제유력

① 고위층 권력형 비리나 수사기관이 연루된 사건에 특별검사를 임명해 수사 · 기소권을 준다.
② 특검은 국회에서 대한변호사협회에 추천을 의뢰하고 대한변호사협회는 법조경력 15년 이상된 변호사 중 두 명을 선정, 대통령은 이 중 한 명을 임명한다.
③ 박근혜 전 대통령이 임명한 일명 '최순실 게이트' 수사의 특검은 박영수이다.
④ 특검팀 수사는 준비기간 만료일 다음 날부터 30일 이내이며 1회에 한해 10일 연장할 수 있다.

해설 특검팀 수사는 특검 임명 후 10일 간 준비기간을 두고, 준비기간 만료일 다음 날부터 60일 이내이며 1회에 한해 대통령의 승인을 받아 수사기간을 30일까지 연장할 수 있다.

93 **정당에 대한 설명으로 옳지 않은 것은?**

① 국민의 다양한 요구를 집약하여 법률이나 정책을 직접 결정한다.
② 선거에 후보자를 추천하여 국민의 의사를 대변할 대표자를 배출한다.
③ 정치권력을 획득함으로써 정치를 통해 자신들의 주장을 실현하고자 한다.
④ 개인이나 집단이 표출하는 다양한 의견을 조직화하여 정부에 전달하는 역할을 한다.

해설 정당은 국민의 다양한 요구를 집약하여 법률이나 정책을 제안하기는 하나, 직접 정책을 결정하는 것은 아니다.

94 **테러리즘과 극단주의 조직을 지원하여 안보를 불안하게 했다는 이유로 2017년 아랍권 국가들이 단교를 선언한 국가는?**

① 사우디아라비아 ② 이 란
③ 카타르 ④ 이라크

해설 카타르는 지속적으로 다른 중동 국가들과 다른 노선을 보여 비난을 받아왔다. 그러다 2017년 6월 사우디아라비아의 주도 하에 아랍에미리트, 예멘, 바레인, 이집트, 리비아 등 아랍권 국가들은 카타르와 단교를 선언하기에 이르렀다.

95 **아직 확정되지 아니한 제1심 법원의 판결에 대하여 지방법원단독판사가 선고하는 것은 지방법원본원합의부에, 지방법원합의부가 선고한 것은 고등법원에 하는 불복신청은?**

① 항소(抗訴) ② 항고(抗告)
③ 상고(上告) ④ 상소(上訴)

 ② 결정에 대한 상소를 말하는 것으로 여기에는 일반항고와 재항고가 있다.
③ 항소심의 '판결'에 대해 대법원에 상소하는 것을 말한다.
④ 항소(抗訴), 상고(上告), 항고(抗告)의 내용을 포괄하는 것으로 미확정인 재판에 대하여 상급법원에 불복신청하는 것을 말한다.

96 **국제 수학계에서 인정하는 3대 상이 아닌 것은?**

① 필즈상　　② 아벨상
③ 울프상　　④ 프리츠커상

해설 프리츠커상은 건축가에게 주는 상이다. 수학자에게 주는 상은 필즈상, 아벨상, 울프상이다.

97 **다음 중 뉴거버넌스에 대한 설명으로 옳지 않은 것은?**

① 행정관리 차원에서 교환관계, 임무수행의 비개인화, 권력구조의 이원화 및 공급자 중심적 접근을 중시한다.
② 국가에 대한 국내외 신뢰뿐만 아니라 정책, 기업, 대통령, 정당, 시민단체, 민간 등에 대한 종합적인 신뢰의 확립이 중요한 과제로 등장하고 있다.
③ 시민단체, 제3섹터 또는 민간 등도 정부와 더불어 정책네트워크형 거버넌스의 주체로서 역할을 수행한다.
④ 공공 부문이 하지 않아도 될 영역과 공공 부문이 새로 해야 할 영역에 대해 전면적으로 재검토하는 국가 재창조의 개념을 포함한다.

해설 ①은 Old Governance인 전통적인 정부 모형의 특성에 해당한다.

98 **해상의 안전과 항해의 능률을 위해 해운에 영향을 미치는 사항과 관련된 정부 간 협력 촉진, 해상오염 방지, 해운 관련 법적 문제 해결 등의 임무를 수행하는 유엔 산하의 전문 기구는?**

① FAO　　② ILO
③ IMO　　④ ICAO

해설 IMO(International Maritime Organization, 국제해사기구)는 국제무역에 이용되는 선박에 영향을 미치는 각종 사항들과 관련된 정부 규제 및 실행 분야에서 각국이 협력할 것을 목적으로 설립되었다. 총회, 이사회, 위원회, 사무국으로 구성되며 본부는 영국 런던에 있다.

Answer 92 ④ 93 ① 94 ③ 95 ① 96 ④ 97 ① 98 ③

99 다음의 괄호 안에 해당하는 숫자를 모두 더한 것은?

- 헌법재판관 수 : ( )
- 대법관 임기 : ( )
- 선거 가능한 법정 나이 : 만 ( )세 이상

① 33
② 34
③ 35
④ 36

해설 헌법재판관 : 9명, 대법관 임기 : 6년, 선거 가능한 법정 나이 : 만 18세 이상
∴ 9 + 6 + 18 = 33

100 다음 중 역대 대통령의 업적으로 잘못 연결된 것은?

출제유력

① 박정희 – 새마을 운동
② 김영삼 – 금융실명제 실시
③ 김대중 – 노벨평화상 수상
④ 노무현 – 6 · 15 남북공동선언

해설 6 · 15 남북공동선언은 당시 김대중 대통령과 김정일 국방위원장이 합의하여 발표한 공동선언이다.

101 협상 단계를 잘게 나누어 하나씩 단계별로 해결해 나가는 협상전술을 무엇이라 하는가?

① 살라미 전술
② 쿼터리즘
③ 벼랑끝 전술
④ 니블링 전술

해설 살라미 전술
얇게 썰어먹는 이탈리아 소시지 살라미에서 유래한 말로, 북한이 핵협상 단계를 잘게 나누어 하나씩 이슈화한 뒤 국제사회로부터 최대한의 보상을 얻어내려 하는 것처럼 부분별로 문제를 세분화해 쟁점화한 뒤 차례로 대가를 얻어내면서 이익을 극대화한다.

102 다음 중 사후매수죄와 관련한 설명으로 옳지 않은 것은?

① 후보자의 사퇴를 목적으로 재산상의 이익이나 공사의 직무를 제공하는 것이다.
② 사전 이익제공 못지않게 사후 이익제공 역시 피선거권 행사의 자유를 훼손한다고 보았다.
③ 곽노현 전 교육감이 당선 후 박명기 전 서울교대 교수에게 2억원을 전달했는데, 이를 후보사퇴에 따른 대가로 보았다.
④ 헌법재판소는 사후매수죄 조항에 대해 위헌 결정을 내렸다.

해설 헌법재판소는 대법원이 곽노현 전 서울시교육감에게 유죄 확정 판결을 내렸을 때 적용한 '사후매수죄' 조항에 대해 합헌 결정을 내렸다.

103 2015년 그리스가 유럽 국가 중 처음으로 ○○○을/를 선언했다. 한 국가의 '채무불이행'으로 표현되는 이 용어는 무엇인가?

① 디폴트 ② 사이드카
③ 모라토리엄 ④ 독트린

해설 디폴트(Default)는 한 나라의 정부가 외국에서 빌려온 빚을 상환기간 내에 갚지 못한 채무불이행을 말한다. 모라토리엄(Moratorium)은 채무유예이다.

104 다음 중 오픈프라이머리에 대한 설명으로 옳지 않은 것은? 출제유력

① 공직 후보를 선출할 때 일반 국민이 직접 참여하는 방식이다.
② 투표자들은 정당의 성향을 밝히고, 특정 정당의 예비선거에 투표할 수 있다.
③ 국민에게 인기 있고 명망 있는 인물을 후보로 영입하는 데 유리하다.
④ 정당정치를 약화시키고, 국민들의 영향력을 강화한다.

오픈프라이머리(Open primary)
'국민참여경선제'라고도 하며 선거후보를 결정하는 예비선거에 참여할 수 있는 자격을 당원에 국한시키지 않고 누구에게나 개방한다. 투표자들은 정당의 성향을 밝히지 않고, 특정 정당의 예비선거에 투표할 수 있다.

105 다음 보기에서 설명하는 것은?

> 선거 전 여론조사에서는 우세하였던 비(非)백인 후보가 실제 선거에서는 조사보다 낮은 득표율을 얻는 현상

① 밴드왜건효과 ② 언더독효과
③ 컨벤션효과 ④ 브래들리효과

Answer 99 ① 100 ④ 101 ① 102 ④ 103 ① 104 ② 105 ④

해설 브래들리효과에 대한 설명이다. 백인 유권자들이 여론조사 때는 비(非)백인 후보를 지지한다고 답한 뒤 실제 투표장에서는 백인 후보를 지지하기 때문에 실제 득표율이 낮게 나오는 현상이다.

106 공직자와 그 임기가 바르게 묶이지 않은 것은?

출제유력

① 헌법재판소 재판관 – 6년
② 중앙선거관리위원회 위원 – 6년
③ 대법관 – 6년
④ 감사원장 – 6년

해설 주요 공직자 임기
- 대통령 : 5년
- 국회의원, 감사원장, 감사위원 : 4년
- 일반법관 : 10년
- 헌법재판소 재판관, 중앙선거관리위원회 위원, 대법관, 대법원장 : 6년
- 검찰총장, 국회의장 : 2년

107 스페인에서 분리독립운동으로 중앙정부와 심각한 갈등을 빚은 자치정부는?

① 그라나다　② 쿠르드
③ 카탈루냐　④ 발렌시아

해설 카탈루냐 자치정부는 스페인으로부터 분리 · 독립을 선언해 중앙정부와 갈등이 격화됐고, 스페인 중앙정부는 카탈루냐 자치정부의 자치권을 몰수하고 당분간 카탈루냐를 직접 통치하기로 했다. 이러한 조치에 카탈루냐 자치정부는 강력하게 반발했으며 곳곳에서 대규모 시위가 일어났다.

108 원래는 기상상태를 관측하기 위해 띄우는 시험용 기구였으나, 정치가가 여론의 동향이나 주위의 반향을 살피기 위해 의도적으로 관계 정보를 흘리거나 특정 발언을 하는 것을 가리키는 말은?

① 발롱데세　② 스핀닥터
③ 그리드락　④ 코아비타시옹

해설 요즘처럼 인터넷과 모바일이 발달하여 댓글을 통해 즉각적인 여론을 확인할 수 있는 상황에서 발롱데세가 많아지고 있다.

109 **형사소송법상 영장에 의한 체포에 대한 내용으로 틀린 것은?** 출제유력

① 피의자가 죄를 범하였다고 의심할 만한 상당한 이유가 있고, 정당한 이유 없이 규정에 의한 출석요구에 응하지 아니하거나 응하지 아니할 우려가 있는 때 검사는 관할 지방법원판사에게 청구하여 체포영장을 발부받아 피의자를 체포할 수 있다.
② 지방법원판사가 체포영장을 발부하지 아니할 때에는 청구서에 그 취지 및 이유를 기재하고 서명 날인하여 청구한 검사에게 교부한다.
③ 동일한 범죄사실에 관하여 그 피의자에 대하여 전에 체포영장을 청구하였거나 발부받은 사실이 있는 때에는 다시 체포영장을 청구하는 취지 및 이유를 기재하여야 한다.
④ 체포한 피의자를 구속하고자 할 때에는 체포한 때부터 24시간 이내에 구속영장을 청구해야 한다.

해설 형사소송법 제200조의2(영장에 의한 체포) 참고
체포한 피의자를 구속하고자 할 때에는 체포한 때부터 48시간 이내에 구속영장을 청구하여야 하고, 그 기간 내에 구속영장을 청구하지 아니하는 때에는 피의자를 즉시 석방하여야 한다.

110 **헌법상 대법원장에 대한 설명으로 바르지 못한 것은?**

① 대법원장은 국회의 동의를 얻어 대통령이 임명한다.
② 대법원장의 임기는 6년으로 하며, 중임할 수 있다.
③ 대법관은 대법원장의 제청으로 국회의 동의를 얻어 대통령이 임명한다.
④ 대법원장과 대법관이 아닌 법관의 임기는 10년으로 하며, 법률이 정하는 바에 의하여 연임할 수 있다.

해설 대법원장의 임기는 6년으로 하며, 중임할 수 없다(헌법 제105조 참조).

111 **다음의 헌법의 개정 절차에 대한 설명 중 틀린 것은?** 출제유력

① 헌법개정은 국회재적의원 과반수 또는 대통령의 발의로 제안된다.
② 대통령은 제안된 헌법개정안을 20일 이상 공고하여야 한다.
③ 국회는 헌법개정안이 공고된 날로부터 30일 이내에 의결하여야 하며, 국회의 의결은 재적의원 3분의 1 이상의 찬성을 얻어야 한다.
④ 헌법개정안은 국회가 의결한 후 30일 이내에 국민투표에 붙여 국회의원선거권자 과반수의 투표와 투표자 과반수의 찬성을 얻어야 한다.

해설 국회는 헌법개정안이 공고된 날로부터 60일 이내에 의결하여야 하며, 국회의 의결은 재적의원 3분의 2 이상의 찬성을 얻어야 한다(헌법 제130조 제1항 참고).

Answer 106 ④ 107 ③ 108 ① 109 ④ 110 ② 111 ③

112 국무총리의 헌법상 지위에 관한 설명 중 틀린 것은?

① 국무총리는 중앙행정기관장의 명령이나 처분이 위법 또는 부당하다고 인정할 때에는 대통령의 승인이 없이도 이를 중지 또는 취소할 수 있다.
② 국무총리는 국회의 동의를 얻어 대통령이 임명하되, 국회는 임명동의안이 제출된 날부터 20일 이내에 그 심사 또는 인사청문을 마쳐야 한다.
③ 현행 헌법이 대통령제 정부형태를 취하면서도 국무총리제도를 둔 이유는 부통령제를 두지 않았기 때문이다.
④ 국무총리는 대통령의 명(命)을 받아 행정 각부를 통할하는 대통령의 제1위의 보좌기관이다.

해설 ① 국무총리는 중앙행정기관장의 명령이나 처분이 위법 또는 부당하다고 인정할 때에는 대통령의 승인을 얻어야만 이를 중지 또는 취소할 수 있다.

113 선거운동에 있어서 기회균등을 보장하고 선거비용의 일부 또는 전부를 국가가 부담함으로써, 선거의 공정을 기함과 동시에 자력(資力)이 없는 유능한 후보자의 당선을 보장하려는 제도는? 출제유력

① 석패율제도
② 로그롤링
③ 국민소환제
④ 선거공영제

해설 ① 한 후보자가 지역구와 비례대표에 동시에 출마하는 것을 허용하고 중복 출마자들 중에서 가장 높은 득표율로 낙선한 후보를 비례대표로 뽑는 제도이다.
② 정치세력이 자기의 이익을 위해 경쟁세력의 요구를 수용하거나 암묵적으로 동의하는 정치적 행위를 말한다.
③ 선거로 선출 · 임명한 국민의 대표나 공무원을 국민의 발의에 의하여 파면 · 소환하는 제도이다.

114 다음 설명에 해당하는 미국의 제도는?

> 16세 이전에 부모를 따라 미국에 불법 입국하여 불법체류자 신분이 된 청년들이 학교나 직장에 다닐 수 있도록 추방을 유예하는 프로그램

① LACA ② SACA
③ IACA ④ DACA

해설 2012년 당시 버락 오바마 행정부가 행정명령으로 DACA(Deferred Action for Childhood Arrivals)를 신설한 이후 약 80만 명의 '드리머(Dreamer)'들이 혜택을 받았으나, 2017년 트럼프 행정부는 DACA의 폐지를 공식 발표했다.

115 형법에서는 형사미성년자를 몇 살로 규정하고 있는가? (만 나이 기준) 출제유력

① 14세 미만 ② 15세 미만
③ 16세 미만 ④ 17세 미만

형법 제9조에서 14세가 되지 아니한 형사미성년자의 행위는 벌하지 아니한다고 규정되어 있다. 만 19세 미만의 범죄 또는 범죄자인 소년범(少年犯)은 미성년자이기 때문에 일정한 기준에 따라 형사 처벌을 받지 않거나 보호처분을 받을 수 있다. 만 10세 미만은 '범법소년', 만 10세 이상~만 14세 미만 소년범은 '촉법소년'이라고 부르며 만 14세 이상은 '범죄소년'으로 분류한다.

116 대통령, 국회의원, 지방선거의 피선거권 연령의 합은? 출제유력

① 80 ② 90
③ 100 ④ 110

40(대통령) + 25(국회의원) + 25(지방선거) = 90
선거권과 피선거권

선거권	피선거권
• 만 18세 이상의 국민은 대통령 및 국회의원의 선거권이 있다. • 만 18세 이상으로 선거인 명부작성기준일 현재 – 해당지방자치단체의 관할 구역에 주민등록이 되어 있는 사람 – 해당 지방자치단체의 국내거소신고인명부에 3개월 이상 계속하여 올라 있는 국민 – 영주의 체류자격 취득일 후 3년이 경과한 외국인으로 해당 지방자치단체의 외국인 등록 대장에 올라 있는 사람	• 선거일 현재 5년 이상 국내에서 거주하고 있는 40세 이상의 국민은 대통령의 피선거권이 있다. • 25세 이상의 국민은 국회의원의 피선거권이 있다. • 선거일 현재 계속하여 60일 이상 당해 지방자치단체의 관할구역 안에 주민등록이 되어 있는 주민으로서 25세 이상의 국민은 지방의회의원 및 지방자치단체의 장의 피선거권이 있다.

Answer 112 ① 113 ④ 114 ④ 115 ① 116 ②

02 경제 · 경영 · 금융

01 중국의 위안화 절상으로 인한 결과가 아닌 것은? 출제유력

① 국내 소비자 물가 상승
② 국제 무역수지 악화
③ 중국의 핫머니 유입 증가
④ 위안화의 외환가치 상승

해설 위안화가 절상되면 중국의 핫머니(투기성 단기 유동자금) 유입은 감소한다.

02 IPO에 대한 설명 중 옳지 않은 것은? 출제유력

① 주식공개나 기업공개를 의미한다.
② IPO 가격이 낮아지면 투자가의 투자수익이 줄어 자본조달 여건이 나빠진다.
③ 소유권 분산으로 경영에 주주들의 압력이 가해질 수 있다.
④ 발행회사는 주식 발행가격이 높을수록 IPO 가격도 높아진다.

해설 IPO(Initial Public Offering)는 기업이 일정 목적을 가지고 주식과 경영상의 내용을 공개하는 것을 의미한다. 발행회사는 주식 발행가격이 높을수록 IPO 가격이 낮아지므로 투자가의 투자수익은 줄어 추가공모 등을 통한 자본조달 여건이 나빠진다. 성공적인 IPO를 위해서는 적정수준에서 기업을 공개하는 것이 중요하며 투자자들의 관심을 끄는 것이 필요하다.

03 주식투자에서 특정 기업에 집중함으로써 발생할 수 있는 위험을 피하고, 투자수익을 극대화하기 위해 여러 종목에 분산 투자하는 방법을 무엇이라 하는가?

① 리베이트
② 포트폴리오
③ 베이시스
④ 골든크로스

해설 포트폴리오는 본래 서류가방 또는 자료수집철을 뜻하며 수익을 극대화하기 위해 분산 투자하는 방법이다.
① 지불대금이나 이자의 일부 상당액을 지불인에게 되돌려주는 일이나 돈
③ 정상 시장에서 형성된 현물가격과 선물가격 간의 차이
④ 주가를 예측하는 기술적 분석의 지표로, 중기 이동평균선이 장기 이동평균선을 아래에서 위로 뚫고 올라가는 현상

04 주가가 떨어질 것을 예측해 주식을 빌려 파는 공매도를 했지만 반등이 예상되자 빌린 주식을 되갚으면서 주가가 오르는 현상은?

① 숏 드로잉
② 숏 커트
③ 쇼트키효과
④ 숏 커버링

숏 커버링(Short Covering)
공매도(Short Selling)란 말 그대로 '없는 것을 판다'란 뜻으로 주식이나 채권을 가지고 있지 않은 상태에서 매도주문을 내는 것을 말한다. 이렇게 없는 주식이나 채권을 판 후 결제일이 돌아오는 3일 안에 보다 싼 값으로 주식이나 채권을 구해 매입자에게 돌려주면 된다. 약세장이 예상되는 경우 시세차익을 노리는 투자자가 활용하는 방식이다. 그런데 오히려 강세장이 되어 해당 주식이 오를 것 같으면 손해를 보기 전에 빌린 주식을 되갚게 된다. 그렇게 되면 당연히 주식가격은 더 오르게 되는 것이다.

05 다음의 내용과 관계가 깊은 것은?

> 환율이 1달러당 1,250원일 때 OO날드 OO버거가 미국에서는 2.5달러에 판매되고, 한국에서는 2,500원에 판매된다.

① 원화의 평가절하로 우리나라의 햄버거 구매력 지수가 미국에 비해 상대적으로 낮다.
② 원화의 평가절상으로 우리나라의 햄버거 구매력 지수가 미국에 비해 상대적으로 높다.
③ 미국의 2.5달러를 기준으로 한국에서 판매할 경우 최소한 3천원에 팔아야 한다.
④ 위 조건이라면 한국보다 미국은 대일(對日) 수입이 유리하다.

해설 우리나라의 OO버거 가격 2,500원을 시장 환율 1,250원으로 나누면 2달러가 나온다. 이는 우리나라의 OO버거 가격이 미국의 OO버거 가격보다 0.5달러 싸다는 것, 즉 원화가 저평가되어 있음을 의미한다.

06 소비자를 활용하는 마케팅 기법을 무엇이라고 하는가?

① 프로슈머 마케팅
② 풀 마케팅
③ 심바이오틱 마케팅
④ 노이즈 마케팅

해설 프로슈머 마케팅이란 소비자 아이디어를 제품 개발 등에 활용하는 마케팅을 말한다.
② 광고 · 홍보 활동에 고객들을 직접 주인공으로 참여시켜 벌이는 판매 기법
③ 대기업이 자사의 막강한 영업 조직을 통해 판로가 취약한 영세업체들의 제품을 자사 상표를 붙여 판매하는 새로운 마케팅 기법
④ 상품의 품질과는 상관 없이 오로지 상품을 판매할 목적으로 각종 이슈를 요란스럽게 치장해 구설에 오르도록 하거나, 화젯거리로 소비자들의 이목을 현혹시켜 판매를 늘리는 마케팅 기법

Answer 01 ③ 02 ④ 03 ② 04 ④ 05 ① 06 ①

07 **중세 가톨릭교회 세금징수원에서 유래한 것으로, 상호 · 특허상품 · 노하우를 소유한 자가 계약을 통해 다른 사람에게 상표의 사용권과 제품의 판매권 · 기술 등을 제공하고 그 대가로 가맹비 · 보증금 · 로열티 등을 받는 시스템을 무엇이라고 하는가?**

① OEM　　② ODM
③ 프랜차이즈　　④ 라이선스

해설 프랜차이즈는 프랑스어의 Franc와 Francher로 '자유를 준다'는 의미이다.
① 주문자 상표 부착생산이라고도 하며, 계약에 따라 상대편의 상표를 붙인 부품이나 완제품을 제조하여 공급하는 일종의 하청부 생산을 의미한다.
② 제조업자 개발생산 또는 제조업자 설계생산(Original Design Manufacturing)이라고 한다. 판매업자(주문자)가 건네준 설계도에 따라 단순히 생산만 하는 OEM방식과는 달리, 판매업자가 요구하는 기술을 자체 개발해서 납품하는 생산방식이다.
④ 외국에서 개발된 제품이나 제조 기술의 특허권 또는 그것의 사용을 허가하는 것을 의미한다.

08 **환율이 상승할 때 일어나는 경제적 변화로 틀린 것은?** 출제유력

① 국제수지가 개선된다.
② 국내 물가가 상승한다.
③ 외채상환부담이 증가한다.
④ 수출이 감소된다.

해설 수출이 증가하고 수입이 감소해 국제수지가 개선된다.

09 **국내 시장에서 외국 기업들이 활개를 치고 다니는 반면, 자국 기업들은 부진을 면하지 못하는 현상을 무엇이라 하는가?**

① 윔블던 효과　　② 롱테일 법칙
③ 서킷브레이커　　④ 스핀오프

해설 윔블던 효과란 윔블던 테니스 대회를 개최하는 것은 영국이지만, 우승은 외국 선수들이 더 많이 한다는 데서 따온 말이다. 즉, 개방된 시장을 외국 기업이 석권하는 현상을 뜻한다.
② 롱테일 법칙 : 인터넷 쇼핑몰에서 비인기 상품이 올리는 매출을 모두 합하면 인기상품 매출만큼 커지는 의외의 현상을 말한다. '우수고객(상품) 20%가 전체 매출의 80%를 만든다'는 파레토 법칙과 반대되는 개념이다.
③ 서킷브레이커(Circuit Breakers) : 주식거래를 일시적으로 중단하는 제도로, '주식거래중단제도'라고도 하며, 주가가 폭락하는 경우 거래를 정지시켜 시장을 진정시키는 목적으로 도입됐다.
④ 스핀오프(Spin Off) : 기업 경쟁력 강화를 위해 다각화된 기업이 한 회사를 독립시키는 '회사 분할'을 말한다. 회사 분할은 경영 효율성 증진 및 필요 없는 부분을 정리하려는 목적으로 실시한다.

10 한 사람이 소유하고 있는 모든 주택과 토지를 합하여 일정 금액 이상이 될 때 부과하는 세금을 무엇이라 하는가?

① 종합부동산세 ② 종합토지세
③ 양도소득세 ④ 재산세

해설 종합부동산세에 대한 설명으로, 부동산 과다 보유자에 대한 과세 강화와 부동산 투기 억제, 불합리한 지방세 체계를 개편하기 위해 2005년에 도입되었다.

11 적대적 M&A 방어책 중, 예를 들어 동시 2인 이상의 이사 해임을 결의하는 경우 출석한 주주 의결권의 90% 이상으로 해서 경영권을 방어하는 방법은? 출제유력

① 황금 낙하산 ② 백기사 전략
③ 독약 처방 ④ 초다수 의결제

해설 초다수 의결제란 이사나 감사의 해임 등 경영권 변동과 관련된 안건에 대한 결의 요건을 까다롭게 하는 제도를 말한다.
① 경영진들이 회사에서 밀려날 경우 막대한 보상을 받도록 하는 제도
② 우호적인 제3의 매수희망기업을 찾아서 매수 결정에 필요한 정보 등 편의를 제공해주고 매수오퍼를 하는 전략
③ 위협적인 M&A 세력이 나타났을 때 극단적인 방법을 동원해 주가를 높이거나 대상 기업의 매력을 감소시켜 적대적 M&A를 포기하게 만드는 전략

12 환율제도에 대한 설명 중 틀린 것은? 출제유력

① 고정환율제 – 외환시세의 변동을 전혀 인정하지 않고 고정시켜 놓은 환율제도
② 시장평균환율제 – 외환시장의 수요와 공급에 따라 결정되는 환율제도
③ 복수통화바스켓 – 자국과 교역비중이 큰 복수국가의 통화들의 가중치에 따라 반영하는 환율제도
④ 공동변동환율제 – 역내에서는 변동환율제를 채택하고, 역외에 대해서는 제한환율제를 택하는 환율제도

해설 공동변동환율제는 역내에서는 제한환율제를 채택하고, 역외에 대해서는 공동으로 변동환율제를 채택하는 환율제도이다.

13 다음 중 소득이 증가할 때 소비가 늘어나는 정도를 표현한 경제용어는 무엇인가?

① 유효수요 ② 잉여가치
③ 한계저축성향 ④ 한계소비성향

해설 한계소비성향은 소득의 증가분을 소비의 증가분으로 나눈 값이다.

Answer 07 ③ 08 ④ 09 ① 10 ① 11 ④ 12 ④ 13 ④

14 주객이 전도된 상황을 가리키는 말로 경제에서 선물 매매가 현물시장을 흔들어 직접 영향을 주는 현상을 무엇이라 하는가?

① 레임덕
② 왝더독
③ 언더독
④ 로그롤링

해설 왝더독에 대한 설명으로, '개 꼬리가 몸통을 흔든다(The Tail Wagging The Dog)'는 말에서 나온 것이다.

15 환율이 1,000원에서 1,100원으로 올랐을 때의 결과는? 출제유력

① 외채 상환부담이 줄어든다.
② 내국인의 해외여행이 증가한다.
③ 국내 물가가 상승한다.
④ 무역수지가 악화된다.

해설 환율이 상승하면 수출가격이 낮아져 수출이 증가하고 수입가격이 높아져 수입이 감소한다. 따라서 국제 무역수지가 개선된다. 또한 환율이 올라 동일한 외환과 교환되는 원화가 증가하므로 해외여행비가 증가해 해외여행의 부담이 증가한다.

16 가격 대비 최고의 가치를 안겨주는 상품을 구입하려고 끊임없이 정보를 탐색하려는 소비자는?

① 넥소블리안
② 트윈슈머
③ 크리슈머
④ 트레저 헌터

해설 트레저 헌터는 가격비교 사이트에서 가격을 비교하고, 다른 구매자들의 사용 경험담을 읽어본 뒤 품질을 꼼꼼히 확인하고 결정한다.
① 다음 세대의 귀족이란 뜻으로 품격과 품위를 갖춘 어린아이를 이르는 말
② 인터넷의 사용후기를 참고하여 물건을 구매하는 소비자
③ 창조적 소비자를 의미한다. 이들은 단순히 고객 모니터링이나 단발성 이벤트에 수동적으로 참여하는 것을 넘어 기업의 제품 개발, 디자인, 판매 등에 적극적으로 개입한다. 이제 기업 혼자만의 힘으로는 초 단위로 변화하는 시장의 흐름을 감지하고 대응하는 데 역부족인 만큼 소비자의 힘을 빌려 시장의 변화를 읽고 신속히 가치를 창출해야 하며 경영활동에 있어 스피드가 긴요하다.

17 **국내외 여건에 유동적으로 대처하기 위해 수입품의 일정한 수량을 기준으로 부과하는 탄력관세를 무엇이라 하는가?** 출제유력

① 상계관세 ② 조정관세
③ 할당관세 ④ 계절관세

해설 할당관세는 물자수급을 원활하게 하기 위하여 특정물품을 적극적으로 수입하거나, 반대로 수입을 억제하고자 할 때 사용된다.

18 **미군이 베트남전에서 전쟁을 종료하고 희생을 최소화하면서 빠져나오기 위해 사용했던 전략에서 유래된 말로 금리인상, 흑자예산 등 경기회복 시점에서 사용하는 경제정책은?** 출제유력

① 후퇴전략 ② 출구전략
③ 회복전략 ④ 기만전략

해설 출구전략
경제에서는 경기를 부양하기 위하여 취하였던 각종 완화정책을 정상화하는 것을 말한다. 경기가 침체하면 기준 금리를 내리거나 재정지출을 확대하여 유동성 공급을 늘리는 조치를 취하는데, 이는 경기가 회복되는 과정에서 유동성이 과도하게 공급됨으로써 물가가 상승하고 인플레이션을 초래할 수 있다. 이에 따라 경제에 미칠 후유증을 최소화하면서 각종 비상조치를 정상화하여 재정 건전성을 강화해나가는 것을 출구전략이라 한다.

19 **부자에게서 세금을 거둬 저소득층을 지원하거나, 부유한 지역의 재정을 가난한 지역에 나눠주는 정책을 무엇이라 하는가?**

① 로빈후드세
② 퍼플오션
③ 테뉴어제도
④ 배리어 프리

해설 로빈후드세
고유가로 수익이 늘어난 기업에 추가로 부과하는 세금으로, 2008년 7월 10일 포르투갈 정부가 고유가로 많은 이익을 내고 있는 석유회사 등에 일명 '로빈후드세'로 불리는 초과이득세를 부과할 계획이라고 밝혀 화제가 되었다. 포르투갈 정부가 도입하는 초과이득세는 유가 급등으로 막대한 수익을 얻은 석유회사에 추가로 세금을 매겨 저소득층 복지지원 재원으로 사용하기 때문에 로빈후드세라는 별칭이 붙었다.
② '치열한 경쟁시장(Red Ocean)'과 '무경쟁 신시장(Blue Ocean)'의 중간상태에 위치하는 시장을 말한다.
③ 교수로 임용된 뒤 일정 기간이 지나 연구 성과 등을 심사해 통과한 교수에게는 정년을 보장해주지만, 탈락하면 퇴출시키는 제도이다.

Answer 14 ② 15 ③ 16 ④ 17 ③ 18 ② 19 ①

20 단기투자에 관한 설명 중 틀린 것은?

① 헤지펀드는 주가의 장 · 단기 실적을 두루 고려해 장 · 단기 모두 투자하는 식으로 포트폴리오를 구성하여, 위험은 분산시키고 수익률은 극대화한다.
② 헤지펀드는 원래 조세 회피 지역에 위장거점을 설치하고 자금을 운영하는 투자신탁으로 자금은 투자 위험을 회피하기 위해 펀드로 사용된다.
③ 스폿펀드는 3개월, 6개월 등 일정 기간 내에 정해 놓은 목표수익률이 달성되면 조기상환되는 상품이다.
④ 국내에서도 최근 개인이 자유롭게 설립해 어떤 규제도 받지 않고 투자하는 헤지펀드는 허용되고 있다.

해설 사모투자펀드(PEF ; Private Equity Fund)는 소수의 투자자로부터 모은 자금을 주식 · 채권 등에 운용하는 펀드로, 설립은 가능하지만 설립 주체가 자산운용사로 한정돼 있다.

21 다음 지수 중 구매력 평가지수(PPP)라 볼 수 없는 것은?

① 빅맥지수 ② 콤섹아이팟지수
③ 카페라테지수 ④ 필라델피아 반도체지수

필라델피아 반도체지수
필라델피아 증권거래소(www.phlx.com)에서 주요 반도체기업 16개의 주가를 가중 평균해서 만든 지수 중의 한 가지이다. 또한 필라델피아 증권거래소에서는 이 지수에 대한 지수옵션을 거래하기도 한다.

22 기업이 은행에 예금이 없으면서 양도성예금증서를 발행하는 것을 무엇이라 하는가?

① RP ② 무보증 CP
③ 무보증 CD ④ CR REITs

해설 양도성예금증서는 은행이 기업이나 개인 또는 다른 은행으로부터 돈을 받고 증서를 발행하는 것이며, 무보증 CD는 기업이 은행에 예금이 없으면서 양도성예금증서를 발행하는 것을 말한다.

23 랩어카운트(Wrap Account)에 관한 내용으로 바르지 않은 것은? 출제유력

① 증권사에서 고객이 예탁한 재산에 대해 자산 구성에서부터 운용 및 투자 자문까지 통합적으로 관리해주는 종합금융서비스이다.
② 서비스에 대한 운용수수료는 연 2% 안팎이며, 거래가 없을 때는 수수료를 받지 않는다.
③ 주식은 물론 펀드 · 채권 · 파생상품 · 실물자산 등 투자 대상이 다양해 장세에 유연하게 대응할 수 있다.
④ 수익률이 바로 공개되기 때문에 다양한 랩어카운트와 비교해 선택할 수 있다.

해설 개별계좌별로 관리되다 보니 다른 랩어카운트 상품과의 비교가 불가능하다.

24 주식 시장에서 일반적으로 쓰는 용어로, 주가가 단기간에 과다하게 급락하는 상황을 뜻하는 말은?

① 언더슈팅　② 오버슈팅
③ 언더제트　④ 오버제트

언더슈팅(Under Shooting)
하락 추세의 최저점마저 이탈하는 급격한 하락이 나오는 구간을 말한다. 반면 정부가 정책적으로 통화를 팽창시키면 환율이 상승하게 되는데, 처음에는 균형 수준 이하로 하락했다가 점차 상승(환율하락)하여 새로운 균형수준에 이르게 되는 상태를 오버슈팅(Over Shooting)이라고 한다.

25 다음 중 인플레이션으로 가장 피해를 많이 보는 사람은? 출제유력

① 제조업자　② 채권자
③ 채무자　④ 물가연동 임금자

해설 같은 가격의 채권이라도 인플레이션이 발생하면 그 가치가 이전에 비해 떨어지므로 채권자가 가장 많은 피해를 본다.

26 지주회사에 대한 설명으로 옳지 않은 것은?

① 카르텔형 복합기업의 대표적인 형태이다.
② 둘 이상의 다른 회사(자회사)의 주식을 갖고 있으면서 그 회사의 경영권을 가지고 지휘 · 감독하는 회사를 말한다.
③ 「독점규제 및 공정거래에 관한 법률」에 따라 지주회사는 자산총액 5,000억원 이상, 자산총액 중 자회사 주식가액 합계의 비율이 50% 이상이 되어야 한다.
④ 콘체른형 복합기업의 전형적인 기업집중형태이다.

해설 지주회사는 콘체른형 복합기업의 대표적인 형태로서 모자회사 간의 지배관계를 형성할 목적으로 자회사의 주식 총수에서 과반수 또는 지배에 필요한 비율을 소유 · 취득하여 해당 자회사의 지배권을 갖고 자본적 · 관리기술적인 차원에서 지배관계를 형성하는 기업을 말한다.

27 한 번 또는 몇 번의 거래로 사업이 끝나는 프로젝트 사업을 공동으로 경영하기 위해서 2인 이상이 상호 출자하여 설립하는 것은?

① 합명회사　② 합자회사
③ 유한회사　④ 민법상의 조합

해설 민법상의 조합은 2인 이상이 공동으로 출자하여 공동으로 사업을 경영할 것을 약정함으로써 그 효력이 발생한다고 민법 제703조에 규정하고 있는데, 이것은 한 번의 거래 또는 몇 번의 거래로 사업이 끝나는 프로젝트사업을 공동으로 경영하기 위해서나 공채 · 사채 · 주식 등의 유가증권 공동인수를 통해서 사업의 설립을 돕기 위한 증권인수단을 결정할 때 자주 사용된다.

Answer 20 ④ 21 ④ 22 ③ 23 ④ 24 ① 25 ② 26 ① 27 ④

28 최근 주식회사 경영의 투명성을 확보하기 위한 제도로서 '주식회사의 사외이사'의 기능이 아닌 것은?

출제유력

① 경영자 지배의 독선을 시정한다.
② 경영상태를 객관적으로 평가한다.
③ 책임의 소재가 명백해진다.
④ 이사회의 감사기능을 담당한다.

해설 사외이사제도
회사의 경영을 직접 담당하는 이사 이외에 외부의 전문가들을 이사회 구성원으로 선임하는 제도로 대주주와 관련이 없는 사람들을 이사회에 참가시킴으로써 대주주의 전횡을 방지하려는 데 목적이 있다. 사외이사는 회사의 업무를 집행하는 경영진과도 직접적인 관계가 없기 때문에 객관적인 입장에서 회사의 경영상태를 감독하고 조언하기도 용이하다. 그러나 미국기업의 경우에서 볼 수 있듯이 한국에 있어서도 사외이사들이 회사의 경영에 대하여 감시활동을 제대로 할 수 있을지 그 실효성을 기대하기는 어렵다는 것이 일반적인 지적이다.

29 채권가격의 변동요인에 대한 설명으로 옳지 않은 것은?

출제유력

① 채권가격과 채권수익률은 역의 방향으로 움직인다.
② 채권의 만기가 증가할수록 채권가격의 변동성도 커진다.
③ 일정한 수준의 채권수익률 변동에 따른 채권가격의 변화율은 만기까지의 기간에 비례하여 증가하지 않고 체감하면서 증가한다.
④ 채권가격의 변동은 채권의 만기와 함께 감소한다.

해설 채권가격은 채권수익률이 증가할 경우 만기까지의 기간이 길어질수록 큰 폭으로 커진다.

30 다음 중 예금자보호의 주체가 다른 하나는?

① 은 행
② 새마을금고
③ 증권회사
④ 저축은행

은행, 보험, 증권, 저축은행 등의 예금자보호는 예금자보호법을 근거로 하여 예금보험공사가 그 주체로서 보호하는 반면, 새마을금고 예금자보호는 새마을금고법을 근거로 하여 새마을금고중앙회가 주체가 되어 예금자보호를 한다.

31 돈을 풀고 금리를 낮춰도 투자와 소비가 늘지 않는 현상을 무엇이라 하는가? 출제유력

① 유동성 함정 ② 스태그플레이션
③ 디멘드풀인플레이션 ④ 애그플레이션

해설 경제학자 케인스는 한 나라 경제가 유동성 함정에 빠졌을 때는 금융 · 통화정책보다는 재정정책을 펴는 것이 효과적이라고 주장했다.

32 사회 구성원의 주관적인 가치판단을 반영하여 소득 분배의 불평등도를 측정하는 지표는?

① 지니계수
② 빅맥지수
③ 엥겔계수
④ 앳킨슨지수

해설 불평등에 대한 사회구성원의 주관적 판단을 반영한 앳킨슨지수는 앤토니 앳킨슨 런던정경대 교수가 개발한 불평등 지표로 1에 가까울수록 불평등 정도가 심각하다는 뜻이다.

33 자기주식처분이익은 다음 중 어느 항목으로 분류하는가?

① 영업외수익 ② 특별이익
③ 이익준비금 ④ 기타 자본잉여금

해설 자기주식처분이익은 무조건 기타 자본잉여금에 포함한다.

34 대기업들이 간과하고 있거나 무시하고 있는 시장을 중소기업들이 개척하는 전략은?

① 시장세분화 전략 ② 제품차별화 전략
③ 적소시장 전략 ④ 가격차별화 전략

해설 적소시장 전략
거의 모든 산업에는 대기업과 충돌을 피하는 시장 일부에 소규모 기업들이 존재하고 있는데, 이 소규모 기업들은 그들의 전문화를 통하여 효과적으로 활동할 수 있고, 주요 기업들이 간과하고 있거나 무시하고 있는 시장적소를 차지하고 있다. 시장 적소화는 소비자와 선호를 구축하여 주요 경쟁자의 공격으로부터 자신을 방어할 수 있도록 한다.

Answer 28 ③ 29 ④ 30 ② 31 ① 32 ④ 33 ④ 34 ③

35 **다음은 FTA 독소조항 중 무엇에 대한 설명인가?**

> 한 번 개방된 수준은 어떠한 경우에도 되돌릴 수 없는 조항으로, 예를 들어 한 번 의료보험이 영리화되고 병원이 사유화된 후에는 예전으로 되돌릴 수 없게 되는 것을 의미한다.

① 래칫조항
② 스냅백조항
③ 투자자국가소송제도(ISD)
④ 정부의 입증책임

해설 한미 FTA 독소조항
래칫조항, 금융 및 자본시장의 완전개방, 지적재산권 직접 규제조항, 스냅백조항, 서비스시장의 네거티브방식 개방, 미래의 최혜국 대우조항, 투자자 – 국가제소권(ISD), 비위반 제소, 정부의 입증책임, 간접수용에 의한 손실보상, 서비스 비설립권 인정, 공기업 완전민영화 & 외국인 소유 지분제한 철폐
① 래칫(Ratchet)은 한 쪽 방향으로만 도는 톱니바퀴를 의미하는 것으로, 래칫조항은 '역진방지조항'이라고도 불린다.

36 **달러를 기축통화로 사용하는 이유가 아닌 것은?**

① 전 세계에서 무역량이 가장 많기 때문에
② 국력이 세계 최고이기 때문에
③ 세계 공용어가 영어이기 때문에
④ 세계 금융의 중심이기 때문에

해설 세계에서 영어를 기본적인 공통 언어로 사용하고 있지만, 이것이 달러가 기축통화로 사용되는 이유가 되지는 못한다.

37 **다음 중 지역경제동맹이 아닌 것은?**

① MERCOSUR
② EFTA
③ WTO
④ NAFTA

해설 WTO(World Trade Organization)는 세계무역기구로 지역경제동맹이라 할 수 없다.

38 **다음 중 연결이 잘못된 것은?** 출제유력

① 벌처펀드 – 고위험 고수익
② 인덱스펀드 – 주가지표 연동수익
③ 스폿펀드 – 장기 고수익
④ 뮤추얼펀드 – 회사형 투자신탁

 스폿펀드는 투자신탁회사들이 '일정한 수익률을 올려주겠다'고 가입고객들에게 약속한 후 이 목표수익률을 달성하면 만기 이전이라도 환매수수료 없이 투자자에게 원금과 이자를 돌려주는 초단기 상품이다.
① 저평가된 부동산을 싼 가격으로 매입하기 위해 운용되는 투자기금
② 주가지수에 영향력이 큰 종목들 위주로 펀드에 편입해 펀드 수익률이 주가지수를 따라가도록 운용하는 상품
④ 투자자들이 맡긴 돈을 굴려 수익을 돌려주는 간접투자상품

39 다음에서 각 국가와 주가지수가 바르게 연결되지 않은 것은?

① 한국 – KOSPI　② 독일 – DAX
③ 미국 – Dow-Jones　④ 일본 – Hang Seng

 일본을 대표하는 주가지수는 니혼게이자이 신문사가 발표하는 니케이(Nikkei)지수이고, 항셍(Hang Seng) 지수는 홍콩의 대표적 주가지수이다.
① KOSPI(Korea Composite Stock Price Index) : 국내종합주가지수
② Dax(Deutscher Aktien Index) : 독일주가지수
③ Dow-Jones : 미국의 다우존스 사(社)가 〈월 스트리트 저널〉을 통해 발표하는 주가지수

40 다음 중 바코드로 알 수 없는 것은?

① 국가식별　② 제조업체
③ 상품품목　④ 유통경로

 바코드는 일반적으로 국가식별코드 · 제조업체코드 · 상품품목코드 · 체크디지트로 구성되어 있다.

41 각국의 단기금리의 차이와 환율의 차이에 의한 투기적 이익을 위해 국제금융시장을 이동하는 단기부동 자본을 무엇이라 하는가?

출제유력

① 마진머니(Margin Money)
② 핫머니(Hot Money)
③ 스마트머니(Smart Money)
④ 시드머니(Seed Money)

 핫머니
국제금융시장을 이동하는 단기자금으로, 각국의 단기금리의 차이 · 환율의 차이에 의한 투기적 이익을 목적으로 하는 것과 국내통화 불안을 피하기 위한 자본도피 등 2가지가 있다.

Answer 35 ① 36 ③ 37 ③ 38 ③ 39 ④ 40 ④ 41 ②

42 **선진국에는 기술과 품질에서, 개도국에는 가격 경쟁력에서 밀리는 현상을 무엇이라 하는가?**

① ODM
② BOP
③ 부메랑효과
④ 넛크래커

해설 넛크래커
호두를 양쪽으로 눌러 까는 기계를 말하는데, 외환위기 당시에 한국이 저렴한 비용을 앞세운 중국과 효율적인 기술을 앞세운 일본의 협공을 받아 넛크래커 속에 끼인 호두처럼 되었다는 말에서 유래되었다.

43 **다음 중 주식 우량주를 뜻하는 말은?**

① 레드칩
② 옐로칩
③ 밀레니엄주
④ 블루칩

해설 블루칩
주식시장에서 재무구조가 건실하고 경기변동에 강한 대형 우량주를 말한다. 오랜기간 안정적인 이익을 창출하고 수익성 · 성장성 · 안정성이 높은 종목으로 비교적 고가이며 시장점유율이 높은 업종대표주를 뜻한다.
① 중국 정부와 국영기업이 최대주주로 참여해 홍콩에 설립한 우량 중국 기업들의 주식
② 중저가 우량주로 보통 블루칩에 비해 가격이 낮고 업종 내 위상도 블루칩에 못 미치는 종목군
③ 21세기 인터넷 사회의 산업을 대표하는 기업의 주식들로, 인터넷을 근간으로 하는 정보통신주 · 반도체주 · 인터넷주 등을 통칭

44 **국가의 통화 가치가 평가절하될 경우 나타날 수 있는 현상이 아닌 것은?**

① 수입이 감소한다.
② 물가가 안정된다.
③ 수출기업의 주가가 상승한다.
④ 부채상환에 어려움이 생긴다.

해설 통화의 가치가 평가절하되면 수입원자재의 가격상승으로 인해 물가가 상승한다.
평가절하(환율인상)의 영향
• 원화표시 외채증가로 원리금 상환부담의 가중
• 수출업체의 채산성 향상으로 수출의 증가
• 수입상품의 가격상승으로 수입의 감소
• 수입원자재 가격상승으로 물가의 상승

45 다음 경제이론 중 설명이 잘못된 것은?

출제유력

① 엥겔의 법칙 – 가계소득 지출 중에서 식료품비가 차지하는 비율을 말한다.
② 세이의 법칙 – 수요는 스스로 공급을 창출한다.
③ 슈바베의 법칙 – 근로자의 소득과 주거비에 대한 지출의 관계를 나타낸다.
④ 그레샴의 법칙 – 악화가 양화를 구축한다.

해설 세이의 법칙(Say's Law) : 공급은 스스로 수요를 창출한다.

46 다음 중 리디노미네이션(Redenomination)에 대한 설명으로 옳지 않은 것은?

① 나라의 화폐를 가치의 변동 없이 모든 지폐와 은행권의 액면을 동일한 비율의 낮은 숫자로 표현하는 것을 말한다.
② 리디노미네이션의 목적은 화폐의 숫자가 너무 커서 발생하는 국민들의 계산이나 회계 기장의 불편, 지급상의 불편 등의 해소에 있다.
③ 리디노미네이션은 인플레이션 기대심리를 유발할 수 있다는 문제점이 있다.
④ 화폐단위가 변경되면서 새로운 화폐를 만들어야 하기 때문에 화폐제조비용이 늘어난다.

해설 리디노미네이션은 인플레이션의 기대심리를 억제시키고, 국민들의 거래 편의와 회계장부의 편리화 등의 장점을 갖고 있다.

47 다음의 설명과 관련 있는 것은 무엇인가?

출제유력

- 2009년 11월 당시 미국 오바마 대통령이 중국 방문 시 세계경제의 위기와 선진국 경제의 무역불균형이 심화됨에 따라 위안화 시스템을 개혁해야 한다고 주장하면서 위안화 절상을 촉구하였다.
- 경기회복 시점에 과도하게 풀린 자금이나 각종 완화정책을 인플레이션 등의 부작용을 일으키지 않고 회수하는 것을 말한다.

① 출구전략
② 디레버리지
③ 양적완화정책
④ 통화스와프

해설 출구전략은 일반적으로 좋지 않은 경제상황에서 빠져나갈 때 쓰는 전략으로, 구체적으로는 금리 인상, 은행의 지급준비금 조절 등의 방법이 있다.
② 외부 자금을 지렛대 삼아 자기 자본의 이익률을 높이는 것을 '레버리지(Leverage)'라고 하는데, 이와는 반대로 레버리지를 해소하기 위해 빚을 상환하는 것을 '디레버리지(Deleverage)'라고 한다.
③ 중앙은행이 새로 돈을 찍어내 시중에 통화량을 늘려 유동성을 공급하는 정책을 말한다. 금리를 낮추는 통화정책이 더 이상 금리를 인하할 수 없는 수준에 도달하고, 시중의 자금경색 현상과 경기하강이 멈추지 않는 비정상적인 시장 상황이 지속될 때 추진되는 금융정책이다.
④ 외환 부족 등 유사시 국가 간에 통화를 맞교환하는 것으로, 즉 거래 당사국들이 일정 기간 상품이나 금융자산을 상대국의 것과 바꾸는 것을 말한다.

Answer 42 ④ 43 ④ 44 ② 45 ② 46 ③ 47 ①

48 **수출국이 특정 수출산업에 대해 장려금이나 보조금을 지급하여 수출상품의 가격경쟁력을 높일 경우, 수입국이 그 수입상품에 대해 보조금액에 해당하는 만큼의 관세를 부과하는 것을 무엇이라고 하는가?**

출제유력

① 상계관세　　② 조정관세
③ 탄력관세　　④ 보호관세

② 국민경제에 부정적인 영향을 미칠 우려가 있을 경우에 일시적으로 일정 기간 동안 세율을 조정하여 부과하는 것을 말한다.
③ 국내산업을 보호하고 물가를 안정시킬 목적으로 정부가 국회의 위임을 받아 일정한 범위 내에서 관세율을 가감할 수 있는 권한을 갖는 것을 말한다.
④ 국내의 산업을 보호하고 육성하기 위해 여러 산업의 제품과 동일한 외국의 수입품에 높은 관세를 부과하는 것을 말한다.

49 **은행에서 보험상품을 함께 판매할 수 있게 한 금융서비스는?**

① 랩 어카운트
② 커버드본드
③ 신디케이트론
④ 방카슈랑스

해설
① 증권사가 다양한 금융상품을 투자고객의 성향에 맞게 한 계좌에 담아 운용해주는 '종합자산관리계좌'를 말한다.
② 주택담보대출 자산을 담보로 발행되는 채권의 일종으로, 발행회사에 문제가 생기더라도 담보자산에서 우선적으로 변제받을 수 있어 안전성이 보장되어 있다.
③ 다수의 금융기관으로 구성된 차관단이 공통의 조건으로 차주에게 일정액을 융자하는 중장기 대출방식을 말한다.

50 **BIS비율에 관한 설명 중 올바른 것은?**

출제유력

① 위험자산을 자기자본으로 나눈 값이다.
② 은행의 건전성을 나타내는 지표이다.
③ 이 비율의 계산에 쓰이는 자기자본은 기본자본에서 보완자본을 뺀 것이다.
④ 이 비율이 8% 이하이면 우량은행으로 평가받는다.

해설
BIS비율
국제결제은행(BIS)이 일반은행에 권고하는 위험자산 대비 자기자본비율로 8% 이상이 합격권이며, 자기자본(자본금 + 이익잉여금)을 위험자산(전체 대출 + 투자)으로 나눠 구한다. 8%를 밑돌면 해외에서의 차입과 유가증권 발행이 불가능해지는 등 부실은행 취급을 받는다.

51 **소비재 A를 하나 더 생산하기 위해서 다른 소비재 B가 여러 개 생산된 후 희생되어야 한다면, 이때 추가된 소비재 A의 비용을 B의 수량으로 표시한 것을 무엇이라 하는가?**

① 실질비용 ② 명목비용
③ 가변비용 ④ 기회비용

기회비용
어느 재화의 여러 용도 중 하나만을 선택한 경우, 포기한 나머지 것들에서 얻을 수 있는 이익의 평가액을 말한다. 즉, 한 품목의 생산으로 인해 다른 품목의 생산 기회를 놓치게 된다는 관점에서, 어떠한 품목의 생산비용을 그것 때문에 생산을 포기한 품목의 가격으로 계산한 것을 말한다.

52 **모든 생활용품을 취급하는 대형 할인점이나 슈퍼마켓 · 백화점과는 달리 분야별로 특정한 품목만을 취급하는 전문할인점을 뜻하는 용어는?**

① 컨틴전시 플랜 ② 로스 리더
③ 플래그십 스토어 ④ 카테고리 킬러

① 경영자가 예측하기 어렵고 예측했다 하더라도 단기간에 회복하기 어려운 우발적인 사태가 전개될 경우 어떻게 대처할 것인가를 마련하는 위기관리 경영기법이다.
② 특매상품이나 미끼상품으로, 원가보다 싸게 팔거나 기존의 판매가에서 대폭 할인하여 판매하는 상품을 말한다.
③ 시장에서 성공을 거둔 특정한 브랜드를 중심으로 브랜드의 성격과 이미지를 극대화한 매장을 말한다.

53 **다음 보기에서 설명하는 것과 관련있는 것은?**

- 미국에서 11월 추수감사절의 다음날을 일컫는 용어
- 미국에서 전통적으로 연말 쇼핑시즌을 알리는 시점이나 연중 최대의 쇼핑이 이뤄지는 날
- 2004년 국회에서 노무현 전 대통령에 대한 탄핵이 가결된 후 한국금융시장의 폭락 장세 지칭

① 블랙먼데이
② 블랙프라이데이
③ 화이트먼데이
④ 화이트프라이데이

블랙프라이데이
미국에서 11월 마지막 목요일 추수감사절의 다음날인 금요일을 일컫는 용어로, 블랙프라이데이는 미국에서 연중 최대의 세일이 진행되고 최대의 쇼핑이 이루어지는 날이다. 블랙프라이데이의 소비는 미국 연간 소비의 약 20%가량을 차지하기도 한다. 우리나라에서는 2004년 노무현 전 대통령에 대한 탄핵이 가결된 후 금융시장이 쇼크 상태에 빠진 것을 지칭하기도 한다.

Answer 48 ① 49 ④ 50 ② 51 ④ 52 ④ 53 ②

54 **다음 중 경기부양을 위해 어떤 정책을 내놓아도 경제주체가 반응을 보이지 않는 불안한 경제상황을 빗댄 용어는?** 출제유력

① 유동성 함정　　② 마냐나경제
③ 좀비경제　　④ 자전거경제

해설 ① 경제주체들이 돈을 움켜쥐고 시장에 내놓지 않아 금리를 아무리 낮추어도 실물경제에 아무런 영향을 미치지 못하는 상태
② 일부 경제 전문가들이 미국의 경기회복 전망을 지나치게 낙관하는 것
④ 중국의 고도성장 이면에 내재되어 있는 내부문제로 인해 지속적인 고도성장을 유지해야만 중국경제가 붕괴되지 않는다는 뜻에서 국제금융전문가들이 붙인 명칭

55 **다음 보기에서 설명하는 것과 관계 깊은 용어는?**

- 산업폐기물을 해체 · 재생 · 재가공하는 사업
- 예 농업폐기물을 이용해 플라스틱이나 세제를 만들고, 돼지의 배설물에서 돼지의 먹이를 재생산하는 것 등

① 정맥산업　　② 동맥산업
③ 재생산업　　④ 포크배럴

해설 정맥산업
더러워진 피를 새로운 피로 만드는 정맥의 구실과 같이 쓰고 버린 제품을 수거해서 산업 쓰레기를 해체 · 재생 · 재가공 등 폐기 처리하는 산업이다.

56 **한 국가의 금융 · 통화 위기가 주변의 다른 국가로 급속히 확산되는 현상을 지칭하는 용어는?** 출제유력

① 카페라테효과
② 테킬라효과
③ 카푸치노효과
④ 스필오버효과

해설 테킬라효과(Tequila Effect)
멕시코의 전통 술인 테킬라에 빗대 표현한 것으로, 한 나라의 경제위기로 인해 주변 국가들이 모두 취한 것처럼 금융 · 통화 위기가 급속히 확산된다는 의미에서 만들어졌다. 1997년 태국의 외환위기가 필리핀 · 한국 · 말레이시아 등에 영향을 끼쳐 우리나라가 IMF에 구제금융을 신청한 것도 데킬라효과의 하나로 볼 수 있다.
① 식사 후 마시는 커피 한 잔 값을 아낄 경우 기대 이상의 재산을 모을 수 있다는 뜻의 신조어
③ 거품이 많은 카푸치노처럼 실제보다 과대팽창되는 버블경제 효과
④ 특정지역에 나타나는 현상이나 혜택이 흘러 넘쳐 다른 지역에까지 영향을 미치는 것

57 **다음 중 재정절벽에 대한 설명으로 옳지 않은 것은?** 출제유력

① 정부의 재정 지출이 갑작스럽게 줄거나 중단되면서 경제에 충격을 준다.
② 미국은 2013년 1월부터 자동적으로 시작된 연방정부 지출 삭감과 세금 인상으로 재정절벽이 최대 화두로 떠올랐었다.
③ 재정절벽이 현실화될 경우 세금이 오르고, 정부의 지출 또한 증가한다.
④ 재정절벽은 기업투자와 소비의 위축을 불러오면서 전 세계 경제에 큰 타격을 준다.

해설 재정절벽(Fiscal Cliff)이 발생한 경우 세금이 오르고 정부의 지출이 감소해 국민의 세금부담이 늘고, 기업투자와 소비가 위축되면서 전 세계 경제에 충격을 준다.

58 **다음 중 기업이 공익을 추구하면서도 실질적인 이익을 얻을 수 있도록 공익과의 접점을 찾는 마케팅은?** 출제유력

① 바이럴 마케팅
② 코즈 마케팅
③ 니치 마케팅
④ 헤리티지 마케팅

해설 코즈 마케팅
기업이 일방적으로 기부나 봉사활동을 하는 것에서 나아가 기업이 공익을 추구하면서도 이를 통해 실질적인 이익을 얻을 수 있도록 공익과의 접점을 찾는 것이다. 예를 들어 소비자가 물을 구입하면 수익의 일부가 아프리카 어린이들을 위한 비용으로 기부되는 등 소비자의 구매가 기부활동으로 연결되게 하여 수익과 기부의 접점을 찾는다.

59 **다음 보기에서 설명하는 용어는 무엇인가?**

> • 전체 결과의 80%가 전체 원인의 20%에서 일어나는 현상을 가리킨다.
> • 예 20%의 고객이 백화점 전체 매출의 80%에 해당하는 만큼 쇼핑하는 현상

① 롱테일 법칙
② 파레토 법칙
③ 하인리히 법칙
④ 세이의 법칙

① 역 파레토 법칙이라고도 하며 80%의 비핵심적인 다수가 20%의 핵심 소수보다 더 뛰어난 가치를 창출하는 것
③ 대형사고가 발생하기 전에 반드시 그와 관련된 징후들이 존재한다는 것
④ 공급이 수요를 창출한다는 법칙

Answer 54 ③ 55 ① 56 ② 57 ③ 58 ② 59 ②

60 **다음 중 엥겔계수에 대한 설명으로 옳지 않은 것은?** 출제유력

① 총 가계 지출액 중에서 식료품비가 차지하는 비율을 의미한다.
② 식료품은 소득수준과 관계없이 소비되는 동시에 일정 수준 이상은 소비할 필요가 없다.
③ 엥겔계수는 소득 수준이 높아짐에 따라 점차 증가하는 경향이 있다.
④ 일반적으로 엥겔계수가 50% 이상이면 후진국, 30% 이하일 경우 선진국으로 분류한다.

해설 엥겔(Engel)계수
저소득 가계일수록 가계 지출 중 식료품비가 차지하는 비율이 높고, 고소득 가계일수록 식료품비가 차지하는 비율이 낮게 나타나는 것을 엥겔의 법칙이라 한다. 식료품은 필수품이기 때문에 소득 수준과 상관없이 소비되는 동시에 일정 수준 이상은 소비할 필요가 없다. 따라서 엥겔계수는 소득 수준이 높아짐에 따라 점차 감소하는 경향이 있다. 보통 20% 이상이면 상류, 25~30%는 중류, 30~50%는 하류, 50% 이상이면 최하류(극빈생활)로 분류한다.

61 **경기침체 속에서 물가상승이 동시에 발생하는 상태를 가리키는 용어는?** 출제유력

① 디플레이션
② 하이퍼인플레이션
③ 스태그플레이션
④ 애그플레이션

① 물가가 지속적으로 하락하고 경제활동이 침체되는 현상
② 물가 상승 현상이 통제를 벗어난 초인플레이션 상태
④ 곡물 가격이 상승하면서 일반 물가도 오르는 현상

62 **다음 중 프로젝트 파이낸싱(PF ; Project Financing)의 특징으로 옳지 않은 것은?** 출제유력

① 금융기관이 사업의 수익성과 장래의 현금흐름을 보고 자금을 지원한다.
② 프로젝트 자체를 담보로 장기간 대출을 해준다.
③ 대출을 받는 회사의 사업주가 높은 신용도와 충분한 담보 여력을 갖고 있어야 한다.
④ 본래 석유개발과 같은 고수익 사업을 대상으로 시작되었으나 점차 도로, 공항 등 시설투자 사업으로 확대되었다.

해설 프로젝트 파이낸싱은 회사와 사업을 별도로 분리해 특정 프로젝트의 사업성만을 분석해 자금을 공급하므로 회사의 신용을 보지 않고, 사업주가 충분한 담보 여력이 있어도 아무 소용이 없다.

63 **경영권을 담보로 하여 대주주에게 보유주식을 시가보다 높은 가격에 파는 행위를 무엇이라 하는가?**

① 블랙메일 ② 그린메일
③ 핑크메일 ④ 화이트메일

해설 그린메일(Green Mail)
M&A 용어로, 경영권이 취약한 대주주에게 보유주식을 높은 가격에 팔아 프리미엄을 챙기는 투자자들을 그린메일러(Green Mailer)라고 한다. 경영권을 위협하는 수준까지 특정 회사의 주식을 대량으로 사놓고, 기존 대주주에게 M&A를 포기하는 조건으로 일정한 프리미엄을 붙여 주식을 매입하도록 요구하는 행위이다. 때때로 대주주에게 주식을 매입하도록 협박하는 경우가 있는데, 이런 경우 블랙메일(Black Mail)이라 한다. 한편, 핑크메일이란 고용주가 직원에게 보내는 해고통보 메일이다.

64 **금융시장이 극도로 불안한 상황일 때 은행에 돈을 맡긴 사람들이 대규모로 예금을 인출하는 사태를 무엇이라 하는가?**

① 더블딥
② 디폴트
③ 펀드런
④ 뱅크런

해설 뱅크런(Bank Run)
대규모 예금 인출사태를 의미한다. 금융시장이 불안정하거나 거래은행의 재정상태가 좋지 않다고 판단할 때, 많은 사람들이 한꺼번에 예금을 인출하려고 하면서 은행은 위기를 맞게 된다. 한편, 펀드 투자자들이 펀드에 투자한 돈을 회수하려는 사태가 잇따르는 것은 펀드런(Fund Run)이라 한다.

65 **다음 보기와 관련 있는 마케팅 방법은?**

- 남성 전용 미용실 '블루클럽'
- 모유, 우유 등에 알레르기를 보이는 유아용 분유
- 왼손잡이용 가위

① 니치 마케팅 ② 스텔스 마케팅
③ 앰부시 마케팅 ④ 매스 마케팅

해설 니치 마케팅
마치 틈새를 비집고 들어가는 것처럼 시장의 빈틈을 공략하는 것으로, 시장 세분화를 통해 특정한 성격을 가진 소규모의 소비자를 대상으로 하여 판매목표를 설정한다. 대량생산, 대량판매로 이루어지는 매스 마케팅과 대립되는 개념이다.

Answer 60 ③ 61 ③ 62 ③ 63 ② 64 ④ 65 ①

66 **주택의 매매가와 전세가의 차액을 투자금으로 주택을 매입하는 방식의 투자는?**

① 리 츠 ② 갭 투자
③ 스윙매매 ④ 분산투자

해설 전세를 안고 주택을 매입하는 방식으로 투자를 한 후에 시세 차익을 노리는 투자 기법을 갭 투자라 한다.

67 **고용노동부가 2020년 최저임금을 최종 결정하여 고시했다. 다음 중 2020년 시간급 최저임금은 얼마인가?**

① 6,470원 ② 7,530원
③ 8,350원 ④ 8,590원

해설 2020년 최저임금은 8,590원이다. 2019년 대비 2.9% 인상되었다.

68 **다음 중 총부채상환비율(DTI)에 대한 설명으로 옳지 않은 것은?** 출제유력

① 금융부채 상환능력을 소득으로 따져 대출한도를 정한다.
② 주택담보대출의 연간원리금 상환액을 연소득으로 나눈 비율이다.
③ 은행 등 금융기관이 대출금액을 정할 때 대출자의 상환능력을 검증하기 위해 활용하는 개인신용평가시스템과 비슷한 개념이다.
④ 수치가 낮을수록 빚 상환능력이 양호하다는 의미이다.

해설 DTI는 주택담보대출의 연간원리금 상환액과 기타부채의 연간이자 상환액의 합을 연소득으로 나눈 비율이다.

69 **담합행위를 한 기업들에게 자진신고를 유도하는 리니언시에 대한 설명이다. 다음 괄호 안에 들어갈 말이 바르게 연결된 것은?**

- 담합 사실을 처음 신고한 업체에는 과징금 ( )%를 면제해준다.
- 2순위 신고자에게는 ( )%를 면제해준다.

① 80, 50 ② 80, 40
③ 100, 60 ④ 100, 50

해설 리니언시(Leniency)
자진신고자 감면제도로, 담합행위를 한 기업들에게 자진신고를 유도하여 상호불신을 자극하고, 담합을 방지하려는 제도이다. 담합사실을 처음 신고한 업체에는 과징금 100%를 면제해주고, 2순위 신고자에게는 50%를 면제해준다.

70 다음 중 물가상승과 연동해 농산물의 가격을 산출할 때 사용하는 지수는? 출제유력

① 엥겔지수
② 엔젤계수
③ 패리티지수
④ 슈바베지수

해설 패리티지수
농가가 생산 또는 생활을 위해서 구입하는 재화와 서비스의 변동을 나타내는 것으로, 기준연도의 농가 총 구입가격을 100으로 하여 비교연도(가격 결정시)의 농가 총 구입가격 등락률을 지수로 표시한다. 우리나라에서는 주로 쌀의 고시가격 기준을 계산할 때 사용한다.

71 다음 중 경제고통지수에 대한 설명으로 옳지 않은 것은?

① 국민들이 느끼는 경제적 고통을 계량화하여 수치로 나타낸 것이다.
② 소비자물가 상승률과 실업률을 곱하여 계산한다.
③ 고통지수의 수치가 높다는 것은 경제적 어려움도 크다는 것을 의미한다.
④ 한 나라의 1년간 경제성과를 가늠하는 척도로 널리 활용된다.

해설 경제고통지수(Misery Index)
국민들이 느끼는 경제적 삶의 어려움을 계량화해서 수치로 나타낸 것이다. 특정 기간 동안의 물가상승률과 실업률을 합하여 나타낸다. 수치가 높다는 것은 국민이 느끼는 경제적 어려움도 그만큼 크다는 것이며, 수치가 낮다는 것은 경제적 어려움도 적다는 것이다. 우리나라에서는 LG경제연구원에서 물가상승률, 실업률, 어음부도율, 산업생산증가율을 활용하여 경제고통지수를 발표한다.

72 다음 중 양도성예금증서(CD)에 대한 설명으로 옳지 않은 것은? 출제유력

① 은행의 정기예금에 대해 발행하는 무기명의 예금증서이다.
② 은행과 증권사에서 발행한다.
③ 중도해지는 불가능하나 양도가 자유로워 현금화가 용이하다.
④ 제3자에게 양도가 가능하다.

해설 양도성 정기예금증서(CD ; Certificate of Deposit)
은행이 정기예금에 양도성을 부여한 것으로, 제3자에게 양도가 가능한 무기명 증권이다. 은행에서 발행하고 증권회사와 종합금융회사의 중개를 통해 매매되며 금융시장에서 자유롭게 매매할 수 있다.

Answer 66 ② 67 ④ 68 ② 69 ④ 70 ③ 71 ② 72 ②

73 **다음 중 외국 기업이 자국 이외의 지역에서 현지통화 표시로 발행하는 채권인 외국채의 국가별 연결이 잘못된 것은?**

① 김치본드 – 한국　　② 양키본드 – 미국
③ 사무라이본드 – 일본　　④ 불독본드 – 영국

해설 김치본드는 외국기업이 자금을 조달하기 위해 우리나라에서 달러나 유로화 등의 외화로 발행하는 채권이다. 아리랑본드는 외국기업이 우리나라에서 원화로 발행하는 외국채이며 양키본드와 사무라이본드, 불독본드 역시 이러한 외국채에 해당한다.

74 **다음 중 경기가 회복되는 국면에서 일시적인 어려움을 겪는 상황을 나타내는 것은?**

① 스크루플레이션　　② 소프트 패치
③ 러프 패치　　④ 그린 슈트

해설 소프트 패치(Soft Patch)
경기가 상승하는 국면에서 본격적으로 침체되거나 후퇴하는 것은 아니지만 일시적으로 성장세가 주춤해지면서 어려움을 겪는 현상을 의미한다. 경기가 아주 나쁜 상황은 아니라는 의미에서 이름 붙여졌다.
① 쥐어짤 만큼 어려운 경제상황에서 체감 물가가 올라가는 상태
③ 소프트 패치보다 더 나쁜 경제상황으로, 소프트 패치 국면이 상당기간 길어질 수 있음을 의미
④ 경제가 침체에서 벗어나 조금씩 회복되면서 발전할 조짐을 보이는 것

75 **가격이 오르는데도 수요가 줄어들지 않는 현상은 무엇인가?**

① 전시효과　　② 디드로효과
③ 립스틱효과　　④ 베블런효과

해설 베블런효과(Veblen Effect)
가격이 오르는데도 일부 계층의 과시욕이나 허영심으로 인해 수요가 줄어들지 않고, 오히려 늘어나는 현상을 의미한다. 가격이 비쌀수록 명품 의류, 다이아몬드 등 고가의 제품이 더 잘 팔리는 것이 대표적이다.

76 **미국 양적완화의 방법 중 하나인 오퍼레이션 트위스트를 시행할 때의 결과가 아닌 것은?**

① 단기금리가 하락한다.　　② 기업의 투자를 촉진시킨다.
③ 내수가 활성화된다.　　④ 가계가 주택 매입에 적극성을 띤다.

해설 오퍼레이션 트위스트(Operation Twist)
장기국채를 사들이고 단기국채를 팔아 장기금리 인하를 유도하는 공개시장 조작방식이다. 장기금리가 하락하게 되면 기업은 투자를 늘리고, 가계는 새로 주택을 구입하는 등 내수가 활성화된다.

77 **값싼 가격에 질 낮은 저급품만 유통되는 시장을 가리키는 용어는?** 출제유력

① 레몬마켓 ② 프리마켓
③ 제3마켓 ④ 피치마켓

해설 레몬마켓은 저급품만 유통되는 시장으로, 불량품이 넘쳐나면서 소비자의 외면을 받게 된다. 피치마켓은 레몬마켓의 반대어로, 고품질의 상품이나 우량의 재화 · 서비스가 거래되는 시장을 의미한다.

78 **사모펀드에 대한 보기의 설명 중 괄호 안에 들어갈 알맞은 말은?** 출제유력

> 사모펀드란 소수 투자자들의 자금을 모아 주식이나 채권 등에 운용하는 고수익 기업투자펀드를 의미한다. 제약이 없고 고수익이지만 위험률이 높은 것이 특징이며, 노동력 악화 등의 문제점이 나타난다. '자본시장과 금융투자업에 관한 법률'에서는 ( )인 이하의 투자자를 대상으로 모집한다.

① 30 ② 49
③ 50 ④ 60

해설 사모펀드는 개개인들의 돈을 모아 기업을 사고파는 것을 중심으로 운영되는 펀드이다. '자본시장과 금융투자업에 관한 법률'에서는 49인 이하의 투자자를 대상으로 모집한다.

79 **미국 보스턴 컨설팅 그룹이 개발한 BCG 매트릭스에서 기존 투자에 의해 수익이 계속적으로 실현되는 자금 공급 원천에 해당하는 사업은?**

① 스타(Star)사업 ② 도그(Dog)사업
③ 캐시카우(Cash cow)사업 ④ 물음표(Question mark)사업

해설 스타사업은 수익성과 성장성이 모두 큰 사업이며, 그 반대가 사양산업인 도그사업이다. 물음표사업은 앞으로 어떻게 될지 알 수 없는 사업이다.

80 **치열한 경쟁이 펼쳐지는 기존 시장에서 발상의 전환을 통해 새로운 가치의 시장을 만드는 것을 무엇이라 하는가?** 출제유력

① 레드오션 ② 블루오션
③ 퍼플오션 ④ 그린오션

해설 퍼플오션(Purple Ocean)
치열한 경쟁이 펼쳐지는 기존의 시장(레드오션)과 성장 잠재력을 지닌 새로운 시장(블루오션)을 조합한 것으로, 포화 상태의 기존 시장에서 새로운 아이디어나 기술 등으로 새로운 시장을 만든다는 의미이다.

Answer 73 ① 74 ② 75 ④ 76 ① 77 ① 78 ② 79 ③ 80 ③

81 다음 중 임금상승률과 실업률 사이의 상충관계를 나타낸 것은?

① 로렌츠 곡선
② 필립스 곡선
③ 지니계수
④ 래퍼 곡선

해설 필립스 곡선(Phillips Curve)
실업률과 임금 · 물가상승률의 반비례 관계를 나타낸 곡선으로, 실업률이 낮으면 임금이나 물가의 상승률이 높고, 실업률이 높으면 임금이나 물가의 상승률이 낮다는 것이다. 영국의 경제학자 필립스가 찾아낸 법칙으로, 물가안정과 완전고용이라는 두 가지의 목표는 동시에 달성될 수 없고, 어느 한 쪽을 달성하기 위해서 다른 한 쪽은 희생되어야 함을 의미한다.

82 다음 중 스톡옵션에 대한 설명으로 옳지 않은 것은?

① 일종의 능률급이다.
② 우리나라에서는 1997년 도입되었다.
③ '우리사주조합제도' 와 다르다.
④ 상장 회사만 가능하다.

해설 스톡옵션(Stock Option)
회사가 임직원들에게 일정 기간이 지나면 회사의 주식을 일정 부분 매입 · 처분할 수 있도록 부여한 권한이다. 임직원들의 근로의욕을 고취시키기 위한 일종의 인센티브제도이며 직급 또는 근속연수를 기준으로 하는 '우리사주조합제도'와 달리 능력 중심으로 실시된다. 우리나라에서는 1997년 4월 증권거래법이 개정되면서 도입되었고, 2000년부터 모든 주식회사로 확대되면서 비상장 기업도 스톡옵션 제도를 활용할 수 있게 되었다.

83 다음 보기에서 설명하는 마케팅 방법은 무엇인가?

> 고객들이 자발적으로 상품에 대한 긍정적인 입소문을 내게 만드는 마케팅 기법이다. 저렴한 비용으로 다수의 소비자에게 접근할 수 있다는 장점이 있으며 엄청난 광고효과를 내기도 한다.

① 버즈 마케팅
② 바이러스 마케팅
③ 노이즈 마케팅
④ 다이렉트 마케팅

② 컴퓨터로 자료를 내려받을 때 기업에 대한 홍보 문구나 광고를 끼워 넣어 네티즌들이 이메일이나 다른 전파 가능한 매체를 통해 자발적으로 홍보하도록 하는 방법이다. 컴퓨터 바이러스처럼 확산된다고 하여 이름 붙여졌다.
③ 상품과 관련한 이슈를 만들어 고의적으로 구설수에 휘말리도록 함으로써 소비자들의 관심을 끌고, 판매량을 늘리려는 마케팅 기법이다.
④ 우편발송이나 카탈로그 등을 통해 소비자에게 접근하고, 직접 다가가는 마케팅 기법이다.

84 다음 중 (A)와 (B)에 들어갈 말로 알맞은 것은?

(A) : 여러 선택방안 중 어느 한 가지만을 선택했을 경우 나머지 포기한 방안에서 얻을 수 있는 이익
(B) : 한 번 의사결정을 하고, 실행한 이후에는 어떤 선택을 하든지 회수할 수 없는 비용

① (A) : 매몰비용 (B) : 기회비용
② (A) : 기회비용 (B) : 기회손실
③ (A) : 기회비용 (B) : 매몰비용
④ (A) : 매몰비용 (B) : 기회손실

- 기회비용 : 여러 가능성 가운데 하나를 선택했을 때 이로 인해 포기해야 하는 가치에 대한 비용이다. 한정된 생산요소로 다양한 선택의 기회를 제공하기 때문에 발생하며 기업이 투자를 통해 얻는 이윤은 기회비용보다 많아야 한다.
- 매몰비용 : 한 번 비용이 지출되고 계획이 실행된 후에는 매몰되어 다시는 되돌릴 수 없는 비용을 말한다. 이미 투입된 경비나 시간, 노력 등을 나타내며 합리적인 정책 결정의 제약 요인이 된다.

85 다음 중 마찰적 실업에 대한 설명으로 옳은 것끼리 묶은 것은?

ㄱ. 노동자가 직업을 바꾸는 과정에서 발생한다.
ㄴ. 경기 하강기나 계절에 따라 발생한다.
ㄷ. 일시적이고 단발적인 원인에 의해 발생한다.
ㄹ. 일자리가 있음에도 불구하고 고용정보의 부족으로 인해 발생한다.

① ㄱ, ㄴ
② ㄱ, ㄴ, ㄹ
③ ㄱ, ㄷ, ㄹ
④ ㄱ, ㄴ, ㄷ, ㄹ

마찰적 실업
노동자가 직업을 찾거나 더 나은 직장으로 이동하기 위해 직업을 바꾸는 경우 일시적이고 단발적 원인에 의해 실업이 발생한다. 이는 경기하강기나 계절에 따라 발생하는 경기적 · 계절적 실업과 구분되며 경기 호황기에도 발생할 수 있다. 노동시장에서의 취업정보 부족이나 노동시장의 정보체계가 비효율적인 경우에 발생하며 고용기회에 대한 정보를 합리적으로 운용함으로써 마찰적 실업을 감소시킬 수 있다.

86 다음 중 단기성 외환거래에 부과하는 것으로, 단기자금이 국경을 넘을 때 매기는 세금은 무엇인가?

① 피구세
② 핫머니
③ 토빈세
④ 로빈후드세

① 정부의 정책을 통해 환경오염으로 인한 사회적 비용을 경제주체들에게 부담하도록 하는 것
② 투기적인 이익을 위해 국제금융시장을 돌아다니는 단기자금
④ 막대한 수익을 올리는 기업 또는 개인에게 세금을 부과하여 저소득층에게 지원하는 세금

Answer 81 ② 82 ④ 83 ① 84 ③ 85 ③ 86 ③

87 **다음 중 캐리 트레이드에 대한 설명으로 옳지 않은 것은?** 출제유력

① 금리가 낮은 국가에서 빌린 돈으로 금리가 높은 국가에 투자한다.
② 금리가 낮고 통화가치가 상승할 것으로 예상되는 국가에서 많이 발생한다.
③ 빌린 통화가 달러일 경우 달러 캐리 트레이드, 엔일 경우 엔 캐리 트레이드라고 부른다.
④ 투자 성공시 높은 수익을 거둘 수 있지만 위험성이 크다.

해설 캐리 트레이드(Carry Trade)
금리가 낮은 국가에서 빌린 돈으로 수익률이 높을 것으로 예상되는 국가의 주식이나 채권에 투자하는 것이다. 금리가 낮고 통화가치가 추가로 하락할 것으로 예상되는 국가에서 많이 일어나며 낮은 금리로 빌리기 때문에 투자 성공 시 고수익을 거둘 수 있는 반면 위험성이 존재한다.

88 **다음 중 그리스 국외채권단 중 하나이자 유럽 경제권의 통화 · 금융정책을 담당하는 기관은 무엇인가?**

① 유럽중앙은행(ECB)
② 국제통화기금(IMF)
③ 유럽경제위원회(ECE)
④ 국제부흥개발은행(IBRD)

해설 유럽 경제권을 담당하는 유럽중앙은행에 대한 설명이다. 유럽중앙은행은 유럽통합에 따라 각 회원국의 개별 화폐가 사라지면서 유럽 전체의 통화 · 금융정책을 담당할 목적으로 설립되었으며 독일에 위치하고 있다.

89 **세계 각국의 정 · 재계 수뇌들이 보여 세계경제의 발전에 대해 논의하고 각종 정보를 교환하는 국제민간회의는?**

① 세계사회포럼
② 일대일로정상포럼
③ 다보스포럼
④ 보아오포럼

해설 세계경제포럼(World Economy Forum)이라는 국제민간회의는 매년 스위스의 다보스에서 개최되기 때문에 다보스포럼으로 불린다.

90 **연초에 금연, 다이어트 등 많은 신년계획을 세우지만 이를 지속적으로 추구하지 못하는 것을 현상으로 설명하는 용어는 무엇인가?**

① 역선택
② 기회비용
③ 죄수의 딜레마
④ 시간선호의 비일관성

해설 시간선호의 비일관성(Time-Inconsistency)
시간 흐름에 따라 효용의 변화로 인해 선호가 바뀌는 현상을 '시간선호의 비일관성' 또는 '동태적 비일관성(Dynamic Inconsistency)'이라고 한다.

91 **2009년 1월 나카모토 사토시라는 정체 불명의 프로그래머가 개발한 것으로 각국의 중앙은행이 화폐 발행을 독점하고 자의적인 통화정책을 펴는 것에 대한 반발로 탄생한 사이버머니는?** 출제유력

① 라이트코인(Litecoin) ② 쉐어코인(Sharecoin)
③ 리플코인(Ripplecoin) ④ 비트코인(Bitcoin)

2009년 나카모토 사토시라는 정체 불명의 만든 디지털 통화로, 통화를 발행하고 관리하는 중앙 장치가 존재하지 않는 구조이다. 비트코인은 지갑 파일의 형태로 저장되며, 이 지갑에는 각각의 고유 주소가 부여되고, 그 주소를 기반으로 비트코인의 거래가 이루어진다.

92 **서민경제의 3재(災)라고 불리며 스태그플레이션, 애그플레이션과 함께 물가와 경기를 관련지어 설명한 용어는 무엇인가?** 출제유력

① 스크루플레이션 ② 에코플레이션
③ 매니플레이션 ④ 초인플레이션

스크루플레이션(Screwflation)
스크루(Screw)와 인플레이션(Inflation)의 합성어로 물가상승으로 인해 소비액이 늘어나 경제지표상에는 경기가 회복되는 것처럼 보일 수 있지만, 실질 구매력은 줄어드는 상태이다.

93 **기업이 실적을 발표할 때 시장에서 예상했던 것보다 저조한 실적을 발표하는 것을 가리키는 증권 용어는?**

① 사이드카(Side car) ② 서킷브레이커(Circuit Breaker)
③ 어닝쇼크(Earning Shock) ④ 어닝서프라이즈(Earning Surprise)

어닝쇼크(Earning Shock)는 기업이 실적을 발표할 때 시장에서 예상했던 것보다 저조한 실적을 발표하는 것을 말한다. 반대로 어닝서프라이즈(Earning Surprise)는 시장의 예상치를 훨씬 뛰어넘는 깜짝 실적을 말한다.

94 **크라우드 소싱(Crowd sourcing)에 대한 설명으로 옳지 않은 것은?** 출제유력

① 불특정 다수로부터 아이디어, 자금, 노동력 등을 얻는 방식이다.
② 제품 혁신을 원하는 기업은 집단지성을 활용하기 위해 도입한다.
③ 웹 1.0 시대의 새로운 경영기법으로 각광받고 있다.
④ 군중(Crowd)과 아웃소싱(Outsourcing)의 합성어이다.

Answer 87 ② 88 ① 89 ③ 90 ④ 91 ④ 92 ① 93 ③ 94 ③

 인터넷상에서 정보를 모아 보여주기만 하는 웹 1.0과 달리 웹 2.0은 사용자가 직접 데이터를 다룰 수 있는 것이 특징이다. 크라우드 소싱은 웹 2.0 시대에 각광받는 새로운 경영기법이다.

95 가계부채를 줄이려 제1금융권의 대출을 제한했으나 자금사정이 어려운 기업과 자영업자의 대출수요가 제2금융권으로 이동하는 것 같은 현상을 무엇이라 하는가? 출제유력

① 풍선효과
② 나비효과
③ 톱니효과
④ 전시효과

해설 풍선의 한 곳을 누르면 다른 곳이 나오는 것처럼 하나의 문제가 해결되면 그로 말미암아 다른 문제가 생기는 현상을 풍선효과라고 한다.

96 다음 중 소액 주주의 권리 보호와 관련이 없는 것은?

① 주주제안권
② 섀도보팅
③ 회계장부 열람
④ 집중투표제

해설 섀도보팅(Shadow Voting)이란 정족수 미달로 주주총회가 무산되지 않도록 하기 위한 의결권 대리행사제도이다. 소액주주가 주주총회에 의안을 제출할 수 있는 권리인 주주제안권, 주주의 권리 보호를 위한 기초라 할 수 있는 회계장부 열람, 2명 이상의 이사를 선임할 때 주당 뽑을 이사 수만큼의 투표권을 주는 집중투표제는 모두 소액 주주의 권리를 보호하기 위한 제도이다. 지배주주의 경영권 강화 수단으로 악용된다는 비판 때문에 2018년 1월부터 폐지되었다.

97 다음은 공급의 가격탄력성에 대한 설명으로 틀린 것은? 출제유력

① 공급의 가격탄력성이란 가격의 변화율에 대한 공급량의 변화율을 의미한다.
② 일반적으로 농산물의 공급이 공산품의 공급보다 비탄력적이다.
③ 생산요소의 가격이 급격히 상승할수록 공급은 더 탄력적이 된다.
④ 생산에 소요되는 기간이 단기일수록 공급은 더 탄력적이 된다.

해설 생산량이 증가할 때 생산비가 급격히 상승하는 상품은 비탄력적인 반면, 생산비가 완만하게 상승하는 상품은 보다 탄력적이 된다.

98 **다음에서 스키밍 가격에 대한 설명으로 옳지 않은 것은?** 출제유력

① 높은 경험곡선효과로 인해 생산을 해본 경험이 자꾸 쌓일수록 생산원가가 빨리 떨어질 때 적합하다.
② 단기이익을 실현하는 데 그 목적이 있다.
③ 현재의 이익을 희생했을 경우 나중에 돌아오는 보상이 적거나 없을 때 적당하다.
④ 잠재 구매자들이 가격-품질 연상을 강하게 가지고 있을 때 사용하는 것이 적합하다.

해설 스키밍 가격(Market-Skimming Pricing)
새로운 제품을 처음으로 시장에 내놓을 때 높은 진출 가격을 책정하고 수요층의 확대와 함께 순차적으로 가격을 내리는 전략을 말한다.
① 침투전략 적합상황이다.

99 **최저생계비 대비 1~1.2배의 소득이 있는 계층과 소득은 최저생계비 이하지만 고정재산이 있어 기초생활보장대상자에서 제외된 계층을 합쳐 부르는 말은?**

① 잠재빈곤층
② 비수급빈곤층
③ 차상위계층
④ 기초생활보장층

해설 차상위계층이란 기초생활수급자 바로 위의 계층으로, 잠재빈곤층과 비수급빈곤층을 합하여 이르는 말이다.

100 **다음 부동산 관련 세금 중 '보유세'에 해당하는 것이 아닌 것은?** 출제유력

① 재산세
② 종합부동산세
③ 도시계획세
④ 등록세

 부동산 관련 세금을 보면, 먼저 취득단계에서는 취득세 · 등록세, 여기에 붙는 농어촌특별세와 교육세가 있다. 보유단계에서는 재산세와 종합부동산세가 누진세율로 분리 과세되며 여기에 도시계획세와 공동시설세가 붙는다. 처분단계에서 시세차익을 얻었을 때는 양도소득세를 낸다.

Answer 95 ① 96 ② 97 ③ 98 ① 99 ③ 100 ④

101 소비자의 구매행동을 이끄는 과정을 설명하는 것으로 AIDMA의 원칙이 있다. 이 과정을 순서대로 옳게 나열한 것은?

① 주의 → 흥미 → 기억 → 욕구 → 행동
② 주의 → 흥미 → 욕구 → 기억 → 행동
③ 흥미 → 주의 → 기억 → 욕구 → 행동
④ 흥미 → 주의 → 욕구 → 기억 → 행동

해설 주의(Attention) → 흥미(Interest) → 욕구(Desire) → 기억(Memory) → 행동(Action)

102 다음 중 리디노미네이션(Redenomination, 화폐 단위 변경)의 장점으로 잘못된 것은? 출제유력

① 심리적으로 안정감이 생긴다.
② 자국통화의 대외적 위상이 높아진다.
③ 거래와 회계장부 기장(記帳)이 간편해진다.
④ 지하 퇴장자금의 양성화 촉진이 가능해진다.

해설 심리적 불안감과 저항감이 초래된다.

103 경쟁관계에 있는 업체들의 전략적 제휴나 합작 관계를 통해 형성되는 기업 네트워크는?

① 가상기업
② 아웃소싱
③ 워크아웃
④ 공동관리

해설 가상기업(Virtual Corporation) : 동종업체, 협력업체나 경쟁업체 간에 전략적 제휴나 합작관계를 맺고 이를 통해 형성하는 기업 네트워크로서 특정 목적을 달성한 후에는 해체되는 한시적인 기업형태

104 주택담보인정비율을 의미하는 용어는?

① LTV
② DTI
③ ABS
④ LOI

해설 LTV(Loan To Value ratio)
주택을 담보로 대출받을 때 적용되는 담보가치 대비 대출가능한도, 즉 '주택담보대출비율'을 말한다.
② DTI(Debt To Income ratio) : '총부채 상환비율'로 금융회사에 갚아야 하는 대출금 원금과 이자가 개인의 연소득에서 차지하는 비중
③ ABS(Asset-Banked Securities) : '자산담보부증권'으로 금융회사나 기업이 보유하고 있는 부동산, 회사채, 대출채권, 외상매출채권 등 각종 자산을 기초자산으로 발행하는 증권
④ LOI(Letter Of Intention) : 투자의향서

105 **미국의 경제학자 오쿤이 고안한 '고통지수'를 산출하는 데 쓰이는 지표는?**

① 국내총생산과 신용불량자 비율　② 저축률과 소비율
③ 실업률과 물가상승률　④ 어음부도율과 경제활동인구

고통지수
실업률과 물가상승률을 더한 것으로, 이 지수가 높으면 높을수록 한 나라의 국민들이 체감하는 삶의 고통이 늘어난다는 의미다. 미국의 경제학자 아더 오쿤이 최초로 고안했다.

106 **신주를 발행하여 현재 경영진에 우호적인 투자자에게 매각하는 것을 말하는 적대적 M&A에 대한 방어전략은?**

① 그린메일　② 황금낙하산
③ 분리설립　④ 백지주방어

① 그린메일 : 대상기업의 주식을 매수하여 경영권을 인수하는 것이 아니라 대상기업에 위협을 가하여 높은 가격으로 주식을 되파는 행위이다.
② 황금낙하산 : 적대적인 기업의 인수·합병을 막기 위해 경영진이 퇴직할 때 거액의 퇴직금을 지급하는 등의 방법으로 방어하는 전략을 말한다.

107 **금융시장 가운데 특히 자본시장 부문에서 급성장하고 있는 국가들의 신흥시장을 일컫는 용어는?**

① 니치마켓　② 이머징마켓
③ 요소시장　④ 선물시장

이머징마켓(Emerging Market)
'떠오르는 시장' 또는 '신흥시장' 정도로 번역된다. 주로 금융시장, 더욱 좁게는 자본시장 부문에서 새로 급성장하는 시장을 의미할 때 사용된다. 개발도상국 가운데 상대적으로 경제성장률이 높고 산업화가 빨리 진전되고 있는 나라의 증시를 일컫는다. 이들 증시에 포함되는 국가로는 우리나라를 비롯하여 러시아, 동유럽 국가, 브라질, 중국 등이 대표적이다.

108 **자연채무에 대한 설명으로 틀린 것은?**

① 민법에 규정되어 있지 않지만 학설상으로 인정되고 있다.
② 로마법의 엄격한 소권법체계에서 유래한 것이다.
③ 헌금약속으로 생긴 채무는 자연채무이다.
④ 파산절차에서 면책된 채무는 자연채무가 아니다.

해설 자연채무
채권자가 소송을 통해 변제를 요구할 권리가 없는 빚으로 채무자가 굳이 갚을 필요가 없는 채무이다. 구체적으로 자연채무가 발생하는 경우에는 계약자유의 원칙에 따라 당사자의 특약으로 소구하지 않는다는 약정이

Answer 101 ② 102 ① 103 ① 104 ① 105 ③ 106 ④ 107 ② 108 ④

있는 경우, 채권자가 승소의 종국판결을 받은 후에 소를 취하한 경우, 채권은 존재하고 있으면서 채권자의 패소판결이 확정된 경우, 파산절차에서 면책된 채무, 화의에서 일부 변제된 채무 등이다.

109 통화량 지표 중, 시중의 현금 흐름을 파악할 수 있는 '본원통화'의 구성은?

출제유력

① 화폐발행액 + 비통화금융기관 예수금
② 화폐발행액 + 요구불예금 + 저축성예금
③ 화폐발행액 + 은행의 요구불예금
④ 화폐발행액 + 은행의 지급준비예치금

해설 본원통화는 모든 통화공급의 기초가 되며, 통화관리정책 수행에 중요한 지표로 사용된다. 중앙은행이 발행한 화폐발행액과 금융기관이 중앙은행에 예치한 지급준비예치금을 합한 것으로 측정한다.

110 누적소득분포를 이용하여 소득분배의 불균형을 측정하는 기준으로 널리 사용되는 지표는?

① 허핀달지수
② 피셔지수
③ 지니계수
④ VIX지수

해설 지니계수는 가로축에 인구의 누적백분율을, 세로축에 저소득층부터 소득의 누적백분율을 놓고 곡선을 그려 계산하며 소득분배 불균형을 측정하는 기준으로 널리 사용된다.

111 다음 중 회사 분할의 방법이 아닌 것은?

① 스핀업(Spin-up)
② 스플릿오프(Split-off)
③ 스핀오프(Spin-off)
④ 스플릿업(Split-up)

해설 기업 분할이란 하나의 기업이 실질적으로나 법적으로 독립된 두 개 이상의 기업으로 나누어지는 조직 재편 방식의 하나로, 기업 분할의 유형은 주식 배당형(Spin-off), 주식 교환형(Split-off), 모회사 소멸형(Split-up) 등 크게 세 가지로 나눌 수 있다.

112 어떤 재화가 기펜재가 되기 위한 필요조건은?

출제유력

① 독립재이어야 한다.
② 열등재이어야 한다.
③ 보완재이어야 한다.
④ 소비 지출에서 당재화에 대한 지출 비중이 커야 한다.

해설 기펜재는 가격이 상승하면 오히려 수요량이 증가하는 재화로 열등재 가운데 소득효과가 대체효과보다 큰 경우에 발생하는 재화이다.

113 생활수준을 나타내는 지표로 사용되는 '엥겔계수'는 소비지출 총액에서 차지하는 이것의 지출 비율이다. 이것은 무엇인가? 출제유력

① 옷 구입비　　② 식료품비
③ 주거비　　④ 여행비

해설 가계의 총 소비지출액에서 식료품비가 차지하는 비율로, 소득수준이 높아질수록 전체 소득에서 식료품 관련 지출이 차지하는 비율이 감소한다.

114 누진세제(累進稅制)는 다음 중 어느 조세원칙을 구현하기 위한 것인가?

① 공평의 원칙　　② 국민경제상의 원칙
③ 최소비용의 원칙　　④ 재정정책상의 원칙

해설 누진세제는 소득재분배의 효과를 가져와 공평의 원칙을 실현한다.

115 인플레이션 갭을 제거하기 위한 정책이 아닌 것은?

① 재정지출의 확대　　② 금리인상
③ 건전소비 캠페인　　④ 기업의 생산량 확대

해설 인플레이션 갭은 유효수요가 총 공급을 초과한 정도를 나타낸 것으로, 재정지출의 확대는 디스플레이션 갭을 제거하기 위한 정책이다.

116 환율이 오르게 되면 수입과 수출은 어떻게 되는가?

① 수출은 감소하고 수입은 촉진된다.　　② 수출 및 수입이 둔화된다.
③ 수출은 증가하고 수입은 감소한다.　　④ 수출 및 수입이 촉진된다.

해설 환율 인상은 자국 화폐가치의 평가절하로서 통화의 대외가치를 내리는 것을 말하는데, 이로 인하여 통화의 대외구매력이 약해지므로 수출상품의 외화표시가격도 내리게 된다. 따라서 수출에는 유리하고 수입에는 불리하다.

Answer 109 ④ 110 ③ 111 ① 112 ② 113 ② 114 ① 115 ① 116 ③

117 유로존 국가 중 전면적 구제금융을 받지 않은 국가는?

① 그리스
② 포르투갈
③ 아일랜드
④ 스페인

해설 그리스(2010년 4월)를 시작으로 아일랜드(2010년 11월)와 포르투갈(2011년 4월), 스페인(2012년 7월)이 재정악화로 구제금융을 지원받았다. 이들 중 스페인은 은행부문만 지원을 받았으나, 다른 국가들은 전면적인 구제금융을 지원받았다.

118 정부가 10년 만에 담뱃값을 2,000원 인상하는 금연종합대책을 발표할 당시 인상분에 개별소비세를 포함시킨다고 했는데, 다음 중 개별소비세의 부과대상으로 옳지 않은 것은?

① 소비 촉진 품목
② 고급 내구성 소비재
③ 특정 장소에의 입장행위
④ 특정 장소에서의 영업행위

해설 개별소비세의 과세대상은 사치성 품목, 소비 억제 품목, 고급 내구성 소비재, 고급 오락시설 장소 또는 이용 등이며 과세물품, 특정 장소에의 입장행위, 특정 장소에서의 유흥음식행위, 특정 장소에서의 영업행위 등이 있다.

119 다음에서 설명하는 경제 용어는? 출제유력

> 다이아몬드는 희소하기 때문에 한계효용이 큰 반면, 물은 풍부하기 때문에 한계효용이 적다. 따라서 물의 총 효용이 다이아몬드의 총 효용보다 훨씬 클지라도 값은 정반대가 되는 것이다.

① 가치의 역설
② 기펜의 역설
③ 레온티에프 역설
④ 개발의 역설

해설 가치의 역설
- 애덤 스미스(Adam Smith, 1723~1790)가 도입한 용어로서, 가격과 효용의 괴리 현상을 나타내는 말이다.
- 물과 다이아몬드의 역설이라고도 한다.

120 다음 중 간접세가 아닌 것은? 출제유력

① 개별소비세
② 부가가치세
③ 주 세
④ 법인세

 세금을 납부하는 사람과 실제로 부담하는 사람이 다른 세금인 간접세에는 부가가치세, 개별소비세, 주세, 관세, 교육세, 기름값에 붙는 교통세 등이 포함된다.

121 환경친화적 프로젝트에 투자할 자금을 마련하기 위해 발행하는 특수 목적 채권을 무엇이라 하는가?

① 핑크본드(Pink Bond)
② 그린본드(Green Bond)
③ 블랙본드(Black Bond)
④ 블루본드(Blue Bond)

 친환경 녹색사업을 하기 위해 발행한 채권을 그린본드라 한다. 환경친화적 프로젝트에는 신재생에너지, 지속가능한 폐기물의 관리 및 토지의 이용, 생물의 다양성 보전, 에너지 효율, 정수, 청정운송 등이 있다.

122 다음 중 안테나 숍에 대한 설명으로 틀린 것은?

① 상품의 판매 동향을 탐지하기 위해 메이커나 도매상이 직영하는 소매점포이다.
② 의류 등 유행에 따라 매출액이 좌우되기 쉬운 상품에 관해 소비자의 반응을 재빨리 파악하여 상품개발이나 판매촉진책의 연구를 돕는 전략적인 점포이다.
③ 파일럿 숍이라고도 하며, 주위에서 흔히 볼 수 있는 체인점 본사가 직영하는 점포를 예로 들 수 있다.
④ 백화점이나 제조업체에서 판매하고 남은 재고상품, 비인기상품, 하자상품 등을 매우 싼 가격으로 판매한다.

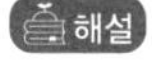 ④ 아웃렛(Outlet)에 관한 설명이다.

안테나 숍(Antenna Shop)
상품의 판매동향을 살피기 위해 실제 판매에 앞서 운영되는 점포 형태로, 신제품이나 신업태 등에 대한 시장조사나 수요조사, 광고 효과 측정 등을 목표로 운영되는 점포이다. 제품기획과 생산에 필요한 정보입수를 우선 과제로 삼는다.

Answer 117 ④ 118 ① 119 ① 120 ④ 121 ② 122 ④

123 대부업체에 대한 설명으로 바르지 못한 것은?

① 대부업체의 이자율 산정 시 수수료와 연체이자도 이자로 본다.

② 대부업체의 최대 이자율은 50%이다.

③ 대부업자가 선이자를 사전에 공제하는 경우에는 그 공제액을 제외하고 채무자가 실제로 받은 금액을 원본으로 하여 이자율을 산정한다.

④ 대부업자가 이자율을 초과하는 부분에 대한 이자계약은 무효로 한다.

해설 대부업 등의 등록 및 금융이용자 보호에 관한 법률 제8조(대부업자의 이자율 제한)

- 대부업자가 개인이나 「중소기업기본법」 제2조 제2항에 따른 소기업(小企業)에 해당하는 법인에 대부를 하는 경우 그 이자율은 연 100분의 27.9 이하의 범위에서 대통령령으로 정하는 율을 초과할 수 없다.
- 제1항에 따른 이자율을 산정할 때 사례금, 할인금, 수수료, 공제금, 연체이자, 체당금(替當金) 등 그 명칭이 무엇이든 대부와 관련하여 대부업자가 받는 것은 모두 이자로 본다. 다만, 해당 거래의 체결과 변제에 관한 부대비용으로서 대통령령으로 정한 사항은 그러하지 아니하다.
- 대부업자가 제1항을 위반하여 대부계약을 체결한 경우 제1항에 따른 이자율을 초과하는 부분에 대한 이자계약은 무효로 한다.
- 채무자가 대부업자에게 제1항에 따른 이자율을 초과하는 이자를 지급한 경우 그 초과 지급된 이자 상당금액은 원본(元本)에 충당되고, 원본에 충당되고 남은 금액이 있으면 그 반환을 청구할 수 있다.
- 대부업자가 선이자를 사전에 공제하는 경우에는 그 공제액을 제외하고 채무자가 실제로 받은 금액을 원본으로 하여 제1항에 따른 이자율을 산정한다.

124 다음 중 경제5단체에 속하지 않는 것은?

출제유력

① 전국경제인연합회 ② 대한상공회의소

③ 한국무역협회 ④ 전국은행연합회

해설 경제5단체

구 분	특 징
전국경제인연합회	1961년 민간 경제인들의 자발적인 의지에 의해 설립된 순수 민간종합경제단체로서 업종별 경제 단체 및 대기업으로 구성
대한상공회의소	각 지역 내 상공업의 개선 · 발전과 지역사회 개발, 전국 상공회의소의 통합 · 조정을 꾀하며 업계의 의견을 대표하여 국가의 상공업 발전에 기여할 목적으로 특별법인 상공회의소법에 의하여 설립된 종합경제단체
한국무역협회	1946년 7월 무역진흥을 위해 설립된 사단법인으로 무역업계의 이익을 대변하고 권익을 옹호하며, 동시에 국가경제 발전에 주도적 역할을 하여 수출 증대에 힘쓴다는 취지 아래 설립되었다.
중소기업협동조합 중앙회	1962년 중소기업협동조합법에 의해 설립된 특수법인 업종별로 조직화된 각급 협동조합을 중심으로 전체 중소기업의 이익을 대변하기 위해 설립
한국경영자총협회	1970년 노사문제를 담당하기 위해 설립된 전국적 조직의 사용자단체

※경제5단체에 전국은행연합회를 더한 것을 경제6단체라고 한다.

125 다음 중 주가연계증권(ELS)에 대한 설명으로 바르지 못한 것은? 출제유력

① 주가 또는 지수의 변동에 따라 만기 지급액이 결정되는 증권이다.
② 투자자는 만기 시에 '원금 + α' 또는 원금의 일정 비율을 받게 된다.
③ 투자자금의 일부는 채권투자를 통해 원금을 일정 부분 보장하고 나머지는 주가지수 또는 개별 종목의 등락에 연동해 수익률을 결정하는 옵션 등으로 구성된 파생상품의 일종이다.
④ 수익이 주가지수의 변동에 연계해서 결정되는 은행판매예금으로, 고객의 투자자금은 정기예금에 넣고 창출되는 이자만 파생상품에 투자하여 추가 수익을 낸다.

해설 주가연계증권(ELS ; Equity Linked Securities)
특정 기업의 주가나 주가지수에 연동해 수익률이 결정되는 상품이다. 주가지수 상승 시 일정한 수익을 얻을 수 있도록 하는 것부터 주가지수 등락구간별 수익률에 차이가 나게 하는 것 등 다양한 유형의 상품이 존재한다. 원금손실정도에 따라 원금 보장형, 원금 부분 보장형, 원금 조건부 보장형으로 분류할 수 있다.
④ 증권사의 주가연계증권(ELS)에 비해 안정성이 높은 주가지수연동예금(ELD ; Equity Linked Deposit)에 대한 설명이다.

126 다음 중 비경제활동인구에 포함되지 않는 사람은?

① 가정주부 ② 학 생
③ 노 인 ④ 현역군인

 경제활동인구와 비경제활동인구

경제활동인구	• 만 15세 이상인 사람들 가운데 일할 능력이 있고 취업할 의사가 있는 인구 • 취업 능력과 의사가 있어도 현실적으로 취업이 불가능한 현역군인, 의무경찰, 기결수 등은 제외
비경제활동인구	• 만 15세 이상 인구 중 취업자도 실업자도 아닌 사람으로서 일할 능력은 있어도 일할 의사가 없거나 아예 일할 능력이 없는 인구 • 가정주부, 학생, 노인, 불구자, 자발적으로 자선사업에 관여하는 사람들도 포함

127 다음 중 지니계수에 대한 설명으로 틀린 것은?

① 지니계수는 계층 간 소득분배가 얼마나 공평하게 이루어졌는지를 나타내는 수치이다.
② 근로소득 · 사업소득의 정도뿐만 아니라 부동산 · 금융자산 등의 자산 분배 정도도 파악할 수 있다.
③ 0과 1 사이의 값을 가지며 값이 0에 가까울수록 소득분배의 불평등 정도가 높다.
④ 가로축에 인원의 저소득층부터 누적백분율을 취하고, 세로축에 누적된 소득금액을 표시하면 로렌츠 곡선이 그려진다.

해설 지니계수는 0과 1 사이의 값을 가지는데, 값이 0에 가까울수록 소득분배의 불평등 정도가 낮다는 것을 의미하며, 일반적으로 0.4가 넘으면 소득분배의 불평등 정도가 심한 것으로 본다.

Answer 123 ② 124 ④ 125 ④ 126 ④ 127 ③

128 코스피(KOSPI) 지수의 기준 시점은?

① 1978년 1월
② 1979년 1월
③ 1980년 1월
④ 1981년 1월

해설 코스피(KOSPI ; Korea Composite Stock Price Index) 지수
증권 시장에 상장된 상장기업의 주식 변동을 기준시점과 비교해 작성한 유가증권시장으로, 1980년 1월 100을 기준으로 하여 우리나라의 전반적인 주가 동향을 나타낸다.

129 다음 재화에 대한 설명 중 바르지 못한 것은?

출제유력

① 필수재는 가격에 탄력적이다.
② 기펜재는 대체효과보다 소득효과가 더 커서, 가격 하락에 따라 수요량이 감소한다.
③ 정상재는 소득이 증가(감소)함에 따라 수요도 증가(감소)하는 재화이다.
④ 베블런재는 사람들의 선호가 가격에 직결되고, 가격에 따라 선호도가 올라가는 것이다.

해설 탄력성(Elasticity)
경제변수 A가 1% 변화할 때 B가 몇 % 변화하는가를 나타내는 수치를 B의 A에 대한 탄력성이라고 한다. 예를 들면 가격변동에 따른 수요량의 변화를 수요의 가격탄력성, 공급량의 변화를 공급의 가격탄력성이라 부른다. 탄력성은 마이너스(-)의 수치를 나타낼 수도 있는데 일반적으로 절대치가 클수록 시장 메커니즘의 기능이 활발하다고 말할 수 있으며, 수요의 가격탄력성의 경우 탄력성이 크면 사치재, 작으면 필수재로 분류하기도 한다.

130 특정 주식의 주당시가를 주당이익으로 나눈 수치로, 주가가 1주당 수익의 몇 배가 되는가를 나타내는 것은?

출제유력

① ROE
② ROA
③ EPS
④ PER

해설 PER(주가수익비율, Price Earning Ratio)
PER이 높다는 것은 주당이익에 비해 주식가격이 높다는 것을 의미하고 PER이 낮다는 것은 주당이익에 비해 주식가격이 낮다는 것을 의미하므로, PER이 낮은 주식은 앞으로 주식가격이 상승할 가능성이 크다.
① ROE(자기자본이익률, Return On Equity)
② ROA(총자산이익률, Return On Assets)
③ EPS(주당순이익, Earning Per Share)

131 다음 보기가 설명하고 있는 공격적 M&A 기법은 무엇인가?

출제유력

> 사전 경고 없이 매수자가 목표 기업의 이사들에게 편지를 보내 매수 제의를 하고 신속한 의사 결정을 요구하는 공개매수전략의 하나이다.

① 그린메일
② 토요일 밤 기습작전
③ 곰의 포옹
④ Turn Around

곰의 포옹(Bear's Hug)
최고경영자 간에 이루어지는 공개매수전략의 방법 중 하나로 마치 곰이 몰래 뒤에서 껴안듯이 공포분위기를 조성하면서 회사의 매수가격과 조건을 제시한다고 하여 이 같은 명칭이 붙었다. 사전 경고 없이 매수자가 목표기업의 이사들에게 편지를 보내어 매수제의를 하고 신속한 의사결정을 요구하기 때문에 목표 기업 이사들이 반대하기 어렵다.
① 기업사냥꾼(Green Mailer)이 상장기업의 주식을 대량 매입한 뒤 경영진을 위협해 적대적 M&A를 포기하는 대가로 자신들이 확보한 주식을 시가보다 훨씬 높은 값에 되사들이도록 강요하는 방법
② 인수자측이 매수당하는 기업에게 방어할 시간을 주지 않기 위해 공휴일인 토요일 저녁에 공개매수를 선언하는 경우. 1980년대 미국에서 잦게 쓰임
④ 넓은 의미로는 기업 회생을 뜻하며, 주식시장에서는 실적이 호전되는 기업을 말함

132 미국의 연방준비제도이사회(FRB)의 양적완화정책의 효과 중 바르지 않은 것은?

① 달러화의 가치가 점진적으로 하락한다.
② 한국 원화가치의 상승압력이 나타날 수 있다.
③ 미국의 채권 가격이 하락한다.
④ 원화가치 상승압력으로 한국금리가 상승할 수 있다.

양적완화 정책의 가장 주요한 수단은 미국 국채를 연방준비제도가 매입하는 것이므로 국채가격이 하락할 이유가 되지는 않는다.
연방준비제도이사회(FRB ; Federal Reserve Board)
- 미국 내 통화정책의 관장, 은행 · 금융기관에 대한 감독과 규제, 금융체계의 안전성 유지, 미 정부 · 국민 · 금융기관 등에 대한 금융 서비스 제공 등의 역할을 한다.
- 1918년에 제정된 연방준비법에 따라 발족되었으며, 본부는 워싱턴에 있다.
- 각 지역 은행장들이 주요 기업가, 경제학자, 시장전문가들의 경제 상황 의견을 종합해 작성하는 베이지 북(Beige Book)을 1년에 여덟 차례 발행한다.

Answer 128 ③ 129 ① 130 ④ 131 ③ 132 ③

133 **다음 중 리엔지니어링(Re-engineering)에 대한 설명으로 틀린 것은?** 출제유력

① 기술의 변화에 더욱 민감하게 된다.
② 1990년 〈하버스 비즈니스 리뷰〉를 통해 마이클 해머 박사가 처음으로 소개했다.
③ 직원의 감축이 필수적으로 요구된다.
④ 노동자의 재교육, 권한 이양, 조직의 재편 등을 함축하는 개념이다.

해설 ③ 작업공정을 세밀하게 검토해 필요없는 부분을 폐지하는 것으로, 직원의 감원이 필수적인 것은 아니다.

134 **사회적 책임을 다하는 기업의 주식에 중점적으로 투자하는 펀드를 무엇이라 하는가?**

① 해외펀드
② 장기주택마련펀드
③ SRI펀드
④ 펀드환매

해설 사회책임투자(SRI ; Socially Responsible Investment)펀드라고 한다.

135 **다음과 같은 현상을 무엇이라 하는가?**

> 서로 관련이 없는 다른 분야를 접목시켜 독창적인 아이디어를 내거나 높은 생산성을 창출시키는 등 큰 시너지 효과를 내는 것

① 링겔만효과
② 사일로효과
③ 메디치효과
④ 헤일로효과

① 링겔만효과 : 집단 속에 참여하는 개인의 수가 늘어날수록 전체성과에 대한 각 개인의 공헌도가 떨어지는 현상을 말한다.
② 사일로효과 : 어떠한 조직 내의 각 부서들이 다른 부서와 벽을 쌓고, 자신이 속한 부서의 이익만을 추구하는 부서이기주의와 같은 현상을 말한다.
④ 헤일로효과 : 인사고과를 평가할 때 어떤 사람에 대한 호의적 또는 비호의적 인상이나 특정 요소로부터 받은 인상이 다른 모든 요소를 평가하는 데 중요한 영향을 미치는 것을 말한다.

136 OPEC(석유수출국기구)과 유사한 천연가스의 생산과 가격을 통제하는 천연가스 카르텔 성격의 가스수출국포럼(GECF)의 회원국에 해당하지 않는 국가는?

① 베네수엘라　② 중 국
③ 이 란　④ 카타르

해설 중국은 가스수출국포럼에 참가하고 있지 않다.

137 소위 정크본드로 불리는 'BB+' 이하 등급의 투자부적격 신용등급 채권에 투자하는 펀드를 무엇이라 하는가?

① 인덱스펀드　② 스폿펀드
③ 엄브렐라펀드　④ 하이일드펀드

해설 고수익 · 고위험 펀드로, 일명 하이일드펀드라고 하며 그레이펀드라고도 부른다.

138 납세자들이 세금을 낸다는 사실을 잘 인식하지 못하고 내는 세금을 무엇이라 하는가?

① 시뇨리지　② 인플레이션 세금
③ 스텔스 세금　④ 버핏세

해설 스텔스 세금은 부가가치세, 판매세 등과 같이 납세자들이 인식하지 않고 내는 세금을 레이더에 포착되지 않고 적진에 침투하는 스텔스 전투기에 빗대 표현한 것이다.

139 다음 중 기업과 기업 간의 거래는 무엇인가?

① EDI　② B2C
③ B2G　④ B2B

해설 ④ B2B(Business To Business) : 기업과 기업 간 거래
① EDI(Electronic Data Interchange) : 기업 간의 거래데이터를 교환하기 위한 표준시스템
② B2C(Business To Customers) : 기업과 소비자 간 거래
③ B2G(Business To Government) : 기업과 정부 간 거래

Answer 133 ③ 134 ③ 135 ③ 136 ② 137 ④ 138 ③ 139 ④

140 **제품의 가격이 인하하면 수요가 줄어들고 오히려 가격이 비싼 제품의 수요가 늘어나는 것을 무엇이라고 하는가?** 출제유력

① 세이의 법칙
② 파레토 최적의 법칙
③ 쿠즈의 U자 가설
④ 기펜의 역설

해설 기펜의 역설(Giffen's Paradox)
한 재화의 가격 하락(상승)이 도리어 그 수요의 감퇴(증가)를 가져오는 현상. 예컨대 쌀과 보리는 서로 대체적인 관계에 있는데, 소비자가 빈곤할 때는 보리를 많이 소비하나 부유해짐에 따라 보리의 수요를 줄이고 쌀을 더 많이 소비하는 경향이 있다. 이러한 경우에는 보리 가격이 도리어 보리 수요의 감퇴를 초래할 가능성이 있다는 것이다. 기펜의 역설을 시현하는 상품을 기펜재(Giffen's Goods)라고 한다.

141 **다음 중 신용등급이 높은 사람의 조건이 아닌 것은?** 출제유력

① 과거 또는 현재 연체 경험이 없다.
② 신용카드 이용금액이 많지만 일시불 위주로 결제한다.
③ 대출이 많아야 두 건 정도이며, 주로 제1금융권에서 받았다.
④ 신용카드가 8~10개로 많으며 골고루 사용한다.

해설 2~3개 정도의 은행 · 카드사를 집중 이용하는 사람이 신용등급이 높다.

142 **주택금융공사가 보증하는 역모기지론에 대한 설명으로 바르지 않은 것은?** 출제유력

① 부부가 모두 만 60세 이상 1세대 1주택자에 한해 가입할 수 있다.
② 9억 원 이하 주택이면 신청 가능하다.
③ 주택 소유자와 배우자가 사망할 때까지 연금을 지급받는다.
④ 집을 판 돈이 대출금보다 부족하면 상속인에게 청구한다.

해설 집값이 떨어져 대출 잔액보다 줄더라도 다른 재산 및 상속인 등에게 청구권을 행사하지는 않는다. 따라서 상속인에게는 아무런 부담이 없다.

143 개발도상국이나 후진국이 선진국의 소비수준의 영향을 받아 그들의 소비패턴을 모방하려는 현상은?

출제유력

① 가격효과
② 전시효과
③ 자산효과
④ 낙인효과

해설 전시효과
소득이 낮은 개인 혹은 개발도상국에서 높은 소비성향을 모방하여 소비지출 수준을 높이는 것으로 시위효과라고도 한다. 이것은 개발도상국이나 후진국의 저축과 자본축적을 저해하는 요인이 된다.
① 물품의 가격 변화가 가져오는 상품의 수요량 변화를 말한다.
③ 자산이 상승하면 소비도 증가하는 효과를 말한다.
④ 사회제도나 규범 등에 근거하여 특정인에 부정적인 낙인을 찍으면 실제로 그렇게 되는 현상을 가리킨다.

144 다음 중 브릭스 국가가 아닌 것은?

① 브라질
② 러시아
③ 인도네시아
④ 남아프리카공화국

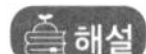

해설 브릭스(BRICS)
빠른 경제성장을 거듭하고 있는 브라질(B), 러시아(R), 인도(I), 중국(C), 남아프리카공화국(S)의 신흥경제 5개국을 일컫는다.

145 전 세계 인구의 약 70%에 해당하지만 그동안 소외되었던 저소득층을 고객으로 하는 새로운 시장을 창출해야 한다는 것으로 스튜어트 하트(Stuart L. Heart)가 주장한 이론은?

① 무어 이론
② 파레토 이론
③ 케빈 베이컨 이론
④ 피라미드 저변 이론

해설 스튜어트 하트(Stuart L. Heart)와 프라할라드(C. K. Prahalad) 교수가 주장한 피라미드 저변 이론은 하루 2달러 이하로 살아가는 저소득층을 고객으로 하는 시장에 관심을 가져야 한다는 이론이다.

Answer 140 ④ 141 ④ 142 ④ 143 ② 144 ③ 145 ④

03 사회 · 노동 · 환경

01 국제앰네스티가 규정하는 사실상의 사형제 폐지국(Abolitionist in practice)으로 분류되기 위해 필요한 사형 미집행 기간은? 출제유력

① 5년
② 10년
③ 20년
④ 30년

해설 국제앰네스티는 10년간 사형이 집행되지 않을 경우, 사실상의 사형제 폐지국으로 인정한다.

02 다음 중 바이오 연료인 바이오에탄올을 뽑아낼 수 있는 식물이 아닌 것은?

① 쌀 겨
② 옥수수
③ 카사바(Cassava)
④ 감 자

해설 바이오에탄올은 녹말(진분) 작물에서 포도당을 얻은 뒤 이를 발효시켜 만들지만, 바이오디젤은 쌀겨와 같은 유지(油脂) 작물에서 식물성 기름을 추출해 만든다.

03 생명을 위협하는 신체적 · 정신적 충격을 경험한 후 불면 · 과민반응 등의 정신장애와 함께 심한 경우 사회복귀가 어려운 질병을 무엇이라 하는가?

① 말로웨이즈증후군
② 외상성 스트레스증후군
③ 뮌하우젠증후군
④ ADHD증후군

해설 PTSD(일명 트라우마), 충격 후 스트레스 장애 · 외상성 스트레스증후군이라고도 한다.

04 노동자가 아닌 사용자 측이 할 수 있는 유일한 쟁의행위는?

① 준법투쟁
② 생산관리
③ 피케팅
④ 직장폐쇄

해설 노사쟁의가 일어났을 때 사용자가 자기의 주장을 관철시키기 위해 공장, 작업장을 폐쇄하는 것이 사용자의 유일한 쟁의행위이다.

05 속도를 중시하는 정보화 시대의 반작용으로, 사회적 지위나 금전적 수입보다 여유 속에서 삶의 만족을 찾는 사람들을 무엇이라 하는가? 출제유력

① 인스피어리언스족
② 다운시프트족
③ 프리터족
④ 로하스족

다운시프트족은 자동차를 저속 기어로 바꾼다는 뜻에서 유래했다.
① 밖에서 하던 활동을 집 안으로 끌어들이는 성향을 가진 사람들
③ 정규직을 갖지 않고 여러 개의 아르바이트로 생계를 꾸려가는 사람들
④ 건강과 지속적인 성장을 추구하는 생활방식 또는 이를 실천하려는 사람(Lifestyles Of Health And Sustainability)

06 사람들은 독감을 일반 감기가 좀 오래가고 심한 것으로 생각한다. 하지만 독감과 감기는 전혀 다른 질병이다. 독감과 감기를 비교한 내용 중 바르지 못한 것은?

① 독감은 인플루엔자 바이러스에 의해 발병하는 '전염병' 인 반면에, 감기는 200종류 이상의 다양한 바이러스에 의해 발생할 수 있는 '급성 호흡기 질환' 이다.
② 감기와 마찬가지로 독감도 콧물과 재채기가 나고 코가 막히는 증상이 생긴다. 하지만 독감은 갑작스러운 고열, 전신근육통, 관절통, 쇠약감 등 전신 증상이 훨씬 심하다.
③ 전염 경로는 다르다. 감기는 기침이나 재채기를 할 때 콧물 등 분비물로 오염되는 반면, 독감은 인구밀도가 높은 곳에서 공기로 전염된다.
④ 감기와 달리 독감은 병이 회복될 즈음에 다시 열이 나고 기침과 누런 가래가 생기는 등 2차 감염에 의한 폐렴이 생길 수 있다.

해설 전염 경로는 비슷하다. 독감과 감기는 기침이나 재채기를 할 때 콧물 등 분비물로 오염되거나 인구밀도가 높은 곳에서 공기로 전염된다.

07 유엔 정부 간 기후변화위원회(IPCC)가 제안한 온실가스 감축 방안이 아닌 것은?

① 에너지 효율 향상
② 프레온가스 금지
③ 신재생에너지 확대
④ 효율적인 조명

해설 프레온가스(CFCs)는 1985년 제정된 몬트리올 의정서에 의해 소비가 제한되어 대부분의 선진국들은 1996년 이미 사용을 중단했으며 개도국들에서도 2010년 사용이 전면 금지됐다.

Answer 01 ② 02 ① 03 ② 04 ④ 05 ② 06 ③ 07 ②

08 유럽연합(EU)이 도입한 화학물질관리제도(REACH)에 대한 내용으로 바르지 못한 것은?

① 화학물질 생산기업들이 사용량과 유해성을 등록 · 평가 · 허가받도록 하는 제도이다.
② 2007년 발효되었으며, 향후 2018년까지 단계적으로 실행된다.
③ 등록 대상 물질 중 연간 100t 이상 사용되는 물질은 추가로 평가 대상이 된다.
④ 발암성 · 돌연변이성으로 분류되는 물질의 10kg 이상은 허가 대상이다.

해설 발암성 · 돌연변이성으로 분류되는 물질은 유통량과 관계없이 모두 허가를 받아야 하는 대상이다.

09 원자력발전에 관한 내용 중 사실과 다른 것은? 출제유력

① 2017년 고리 1호기의 가동이 영구정지되었다.
② 원자력발전의 kW당 발전원가는 화력발전보다 높아서 비효율적 · 비경제적이다.
③ 원자력발전은 kW당 이산화탄소 배출량이 상당히 낮기 때문에 지구 온난화 문제에 있어 화력발전의 대안이 된다.
④ 월성 1~4호기는 가압중수로형 원자로이다.

해설 화력발전보다 원자력발전의 단가가 더 낮아서 효율적이고 경제적이다.

10 사이코패스에 대한 설명으로 옳지 않은 것은?

① 사이코패스 판정도구(PCL-R)는 캐나다 심리학자 로버트 헤어가 개발하였다.
② 한국판 PCL-R도 개발되어 범죄 피의자를 대상으로 정신병질 및 성격장애의 유무를 판단하는 검사 도구로 활용되고 있다.
③ 보통 사이코패스를 '반사회적 인격장애'라고 부르기도 한다.
④ PCL-R은 쉽게 적용이 가능해 일상생활에서도 많이 사용되고 있다.

해설 PCL-R은 심리훈련을 받은 전문가가 대상자와 면담을 통해 점수를 매기는 것으로 일반인의 자가 진단용으로 만든 것이 아니다. 검사자들은 정신병질에 대해 현존하는 임상적 · 경험적 자료를 충분히 접하고, 심리검사와 해석의 기본 원리와 한계를 이해하고 있어야 하며, 그들의 검사가 심리검사에 대한 전문가적 · 법률적 기준에 따라 수행되는 것을 분명히 해야 한다.

11 성공한 남성들이 전업주부보다 고소득 전문직 여성을 아내로 선호하는 추세가 뚜렷해지고 있다. 이런 부부를 무엇이라 하는가?

① 딩크(DINK)족
② 체인지(Change)족
③ 콘트라섹슈얼(Contrasexual)
④ 파워 커플(Power Couple)

 대표적인 파워 커플로는 빌 클린턴-힐러리, 토니 블레어-셰리, 데이비드 베컴-빅토리아 부부 등을 들 수 있다.
② 체인지족 : 남편의 실업 때문에 아내가 가정경제를 책임지고 남편은 육아와 가사에 참여하는 부부를 일컫는 말이다.
③ 콘트라섹슈얼 : 결혼이나 육아에 중점을 두는 전통적인 여성상보다는 사회적 성공과 고소득에 중점을 두는 새로운 여성상이다.

12 **합리적인 소비와 자신만의 가치를 중시하는 성향을 보이는 실속파, 즉 부가가치를 새롭게 깨닫는 사람들을 일컫는 말은?**

① 프라브족　　② 좀비족
③ 여피족　　④ 딩크족

 프라브족(PRAV族)
부가가치를 실현하는 사람들을 뜻하는 신조어이다. 이러한 소비 경향은 영국에서 시작된 움직임으로, 합리적인 소비와 자신만의 가치를 중시하는 실속파를 말한다. 브랜드보다는 최신 유행과 싼 것을 최우선으로 고려하여 구매를 결정하며, 자신만의 개성을 중시한다. 저가의 패션을 선호하지만 싼 가격보다는 상품의 희소가치를 더 중시한다는 점에서 싸구려 패션을 선호하는 차브족(Chav族)과 구별된다.

13 **사하라 사막의 남쪽에 있으며 농 · 어업에 공헌하고 있고, 고대부터 대상의 십자로로서 중시되어온 호수로, 지난 20년간 물이 지속적으로 말라 90%가 고갈되면서 지구 온난화의 심각성을 경고하고 있는 호수는?** 출제유력

① 니아사호　　② 탕가니카호
③ 빅토리아호　　④ 차드호

해설 한때 세계에서 가장 큰 호수였던 차드호는 차드공화국의 수도 은자메나에서 100km 떨어져 있으며, 지구 온난화의 심각성을 단적으로 보여주는 곳이다.

14 **다음 중 우리나라의 공공부조에 대한 설명으로 옳지 않은 것은?** 출제유력

① 국가 및 지방자치단체의 책임하에 생활유지 능력이 없거나 생활이 어려운 국민의 최저생활을 보장하고 자립을 지원하는 제도이다.
② 대표적으로 국민기초생활보장제도가 있다.
③ 사회보장제도의 주요 수단으로서 근로자나 그 가족을 상해 · 질병 · 노령 · 실업 · 사망 등의 위협으로부터 보호하기 위해 실시한다.
④ 필요한 재원은 일반 조세수입으로 충당한다.

Answer 08 ④ 09 ② 10 ④ 11 ④ 12 ① 13 ④ 14 ③

③ 사회보험에 대한 설명이다.
사회보험
국민에게 발생하는 사회적 위험을 보험방식에 의해 대처함으로써 국민건강과 소득을 보장하는 제도이며, 우리나라에서는 국민연금 · 건강보험 · 고용보험 · 산업재해보험 등을 실시하고 있다.

15 다음 중 비정규직 관련법이 규정하고 있는 비정규직 노동자에 해당하지 않는 것은?

① 기간제 근로자
② 단시간 근로자
③ 파견 근로자
④ 무기계약직 근로자

해설 비정규직 관련법에 따르면 비정규직 근로자의 범위에는 기간제 근로자, 단시간 근로자, 파견 근로자가 포함된다.

16 노동조합의 일반적 정의로 옳지 않은 것은?

① 노동조합은 근로자의 자주적인 단체이다.
② 노동조합은 근로조건의 유지 · 개선을 목적으로 하는 단체이다.
③ 노동조합은 근로자의 조직적 단결력에 의해 그 이익을 옹호한다.
④ 노동조합은 노동자의 임금 향상을 도모하는 단체이다.

해설 노동조합
노동조합 및 노동관계 조정법에 따르면 "노동자가 주체가 되어 민주적으로 단결하여 노동조건의 유지 · 개선 및 기타 경제적 · 사회적 지위 향상을 도모하는 조직체 또는 그 연합체"라고 규정하고 있다. 따라서 노동조합은 근로자의 조직적 단결력에 의해 그 이익을 옹호하고, 또 기업에서 근로자의 지위를 향상시키기 위해서 근로자의 자주적 협력에 의하여 결정된 조직이라고 집약할 수 있다.

17 정신적 · 육체적 건강에 해로운 음식이나 행동을 철저히 멀리하는 극단적 절제주의를 의미하는 단어는 무엇인가?

① 노니즘
② 웰빙
③ 그린노마드
④ 로하스

노니즘은 영어의 Non-ism에서 유래했으며 원래의 의미는 극단적 금욕주의로, 정신적 · 육체적 건강에 해로운 음식이나 행동을 철저히 멀리하는 극단적 절제주의를 의미한다.

18 기업의 경영활동이 환경에 미치는 영향이 심각하다는 판단 아래 국제표준화기구(ISO)에서 추진하고 있는 환경경영활동 전반을 표준화한 것으로 기업의 생산 · 소비활동의 전 과정에 대한 환경인증제도는? 출제유력

① ISO 9000　② ISO 9001
③ ISO 9002　④ ISO 14000

해설 ISO 9000 ~ ISO 9003은 제품의 품질에 대한 인증제도이며, ISO 14000은 환경에 대한 인증제도이다.

19 채용당시에는 비조합원이라도 일단 채용이 허락된 이후 정규직원이 되면 반드시 조합에 가입해야 하는 조합원 가입제도의 형태는? 출제유력

① 클로즈드숍　② 오픈숍
③ 유니언숍　④ 에이젼시숍

유니언숍(Union Shop)
클로즈드숍(Closed Shop)과 오픈숍(Open Shop)의 중간 형태로서 고용주는 노동조합 이외의 노동자까지도 자유롭게 고용할 수 있으나, 일단 고용된 노동자는 일정 기간 내에 조합에 가입해야 한다.

20 노동조합의 운영제도에 있어서 숍제도가 양적인 파워를 확보하는 수단이라고 보면, 질적인 확보수단은 다음 중 어느 것인가?

① 단체교섭제도　② 체크오프제도
③ 단결권제도　④ 경영참가제도

체크오프(Check-off)제도는 노동조합의 안정과 독립을 위한 방법으로, 조합비를 징수할 때 급여에서 일괄공제하여 조합에 인도하는 제도이다. 조합원 2/3 이상의 동의가 있으면 조합은 그 세력확보의 수단으로 체크오프의 조항을 둘 수 있다.

21 노사분쟁을 해결하기 위해 실시할 수 있는 조정제도가 아닌 것은?

① 조 정　② 중 재
③ 긴급조정　④ 재알선

해설
① 조정 : 조정위원회가 노사당사자들의 의견을 들어 조정안을 작성 · 제시하고 수락을 권고하는 방법
② 중재 : 중재위원회에서 관계 당사자에 대해 구속력 있는 중재재정을 하는 절차
③ 긴급조정 : 공익과 관련된 것이거나 국민경제를 해칠 수 있는 경우 노동부장관이 결정하는 강제적 절차

Answer 15 ④ 16 ④ 17 ① 18 ④ 19 ③ 20 ② 21 ④

22 **유명한 상표 · 회사 · 제품이름 등으로 인터넷 주소를 선점하는 행위를 무엇이라고 하는가?** 출제유력

① 사이버스쿼팅
② 사이버배팅
③ 폴리스패머
④ SPA

해설 폴리스패머는 정치적 홍보나 선동을 위해 인터넷 포털뉴스, SNS를 통해 무차별로 정보를 배포하는 자를 말한다. 또한 SPA는 의류 기획, 디자인, 생산, 판매 등의 전 과정을 제조회사가 맡는 의류 전문점을 말한다.

23 **다음 중 1978년 첫 상업운전을 시작하여 2017년 6월 19일 '영구정지' 된 대한민국 1호 원전은?**

① 고리 1호기
② 한빛 1호기
③ 한울 1호기
④ 월성 1호기

해설 국내 첫 상업 원전인 고리 1호기는 약 40년의 가동을 마치고, 우리나라의 첫 번째 폐쇄원전이 되었다. 완전 해체까지는 15~20년이 걸릴 것으로 예상된다.

24 **다음 중 우리나라가 UAE에 수출하는 원전 모델명은 무엇인가?**

① OPR 1000
② AP 1000
③ APR 1400
④ MAR 1500

해설 UAE에 수출하는 원전 모델은 APR 1400으로 시간당 1,400kW 전기를 생산할 수 있다. 신울진 1, 2호기와 신고리 3, 4호기는 APR 1400 원자로에 적용되는 원전이다.

25 **완전고용에 대해 바르게 설명한 것은?** 출제유력

① 일자리가 노동자보다 더 많아진 상태
② 실업자가 한 명도 없는 상태
③ 일하고자 하는 사람들이 모두 고용된 상태
④ 비자발적 실업자가 완전히 없어진 상태

해설 완전고용은 일할 의지와 능력을 갖추고 취업을 희망하는 모든 사람이 고용된 상태를 말한다.

26 UN에서 분류하는 고령사회란 총 인구 중 65세 이상의 인구가 얼마 이상인 사회인가? 출제유력

① 5%
② 7%
③ 10%
④ 14%

해설 고령화사회 : 7% 이상, 고령사회 : 14% 이상, 후기고령사회 · 초고령사회 : 20% 이상

27 다음 중 우리나라의 ILO(국제노동기구)협약 비준 사항이 아닌 것은?

① 직업성 암 협약
② 방사선보호 협약
③ 주 40시간 협약
④ 가사노동자 협약

해설 우리나라 ILO협약 비준현황(2019년 8월 기준, 29개 비준)
근로감독 협약, 고용정책 협약, 인적자원 개발 협약, 동등보수 협약, 노동행정 협약, 노동통계 협약, 차별(고용과 직업) 협약, 최저연령 협약, 삼자협의(국제노동기준) 협약, 직업재활과 고용(장애인) 협약, 균등대우(재해보상) 협약, 가족부양 의무 근로자 협약, 가혹한 형태의 아동노동 협약, 최저임금의 결정제도 협약, 최저임금 결정 협약, 고용서비스 협약, 근로자 대표 협약, 화학물질 협약, 석면 협약, 선원신분증명 협약, 산업안전보건 협약, 산업안전보건증진체계 협약, 실업 협약, 주 40시간 협약, 방사선보호 협약, 직업성 암 협약, 해사노동 협약, 어선근로 협약 등

28 국제원자력기구(IAEA)가 정한 원자력 사고나 고장의 분류기준에 따를 때 등급이 가장 낮은 것은?

① 미국 스리마일섬
② 일본 후쿠시마
③ 우쿠라이나 체르노빌
④ 일본 미하마

해설 국제원자력기구(IAEA)에서 정한 8등급의 분류기준

분 류	등 급	사 례	비 고
사 고 (Accident)	7	구소련(現 우크라이나) 체르노빌(1986) 일본 후쿠시마(2011)	위험이 시설 외부로 확대된 경우
	6	구소련(現 러시아) 키시팀(1957)	
	5	미국 스리마일섬(1979) 영국 윈드스케일(1957) 브라질 고미아니아(1987)	
	4	일본 도카이촌(1999)	
사 건 (Incident)	3	–	위험이 시설 내부로 국한된 경우
	2	–	
	1	일본 미하마(1991)	
변 이 (Deviation)	0	–	안전에 이상이 없는 경우

Answer 22 ① 23 ① 24 ③ 25 ③ 26 ④ 27 ④ 28 ④

29 일정한 직업 없이 필요할 때만 일시적으로 일하는 사람들을 지칭하는 용어는?

① 니트족 ② 연어족
③ 프리터족 ④ 캥거루족

해설 프리터족은 'Free'와 'Arbeiter'의 혼성어로, 돈이 필요할 때만 아르바이트로 일하는 사람을 말한다. 일할 의지도 없고 일하지 않는 청년 무직자를 니트족, 독립했다 경제적 어려움으로 다시 집으로 복귀하는 젊은 직장인을 연어족, 부모에 경제적으로 의존하면서 사는 사람을 캥거루족이라 한다.

30 다음 중 국민의 권리이자 의무가 아닌 것은?

① 납 세 ② 교 육
③ 근 로 ④ 환경보전

해설 국민의 기본적인 의무는 국방 · 납세 · 교육 · 근로의 의무가 있다. 한편 국민의 권리인 동시에 의무인 것은 교육 · 근로 · 환경보전의 의무가 속한다.

31 도심의 낙후된 지역이 활성화되자 중산층이 이주해오면서 땅값 및 임대료의 상승으로 기존의 살던 저소득층이 다른 지역으로 쫓겨나는 현상을 무엇이라 하는가?

출제유력

① 리제너레이션 ② 공동화 현상
③ 스프롤 현상 ④ 젠트리피케이션

해설 젠트리피케이션이란 지주계급을 뜻하는 'Gentry'에서 유래한 말로, 낙후된 지역이 다양한 이유로 활성화되어 유명세를 타면서 중산층이 유입되고 비싼 임대료를 감당하지 못한 원주민들은 내몰리는 현상을 말한다. 우리나라의 경우 '망리단길'로 불리는 망원동 일대, 서촌, 성수동 등에서 나타난다.

32 '개구리 소년 실종사건', '화성 연쇄살인 사건' 등은 단서가 없거나 피해자의 신원조차 파악하지 못한 사건들이다. 이와 같이 장기적으로 오리무중인 미해결 사건을 무엇이라고 하는가?

① 골든타임 ② 콜드케이스
③ 서스펜스케이스 ④ 프라이머리케이스

해설 콜드케이스(Cold Case)
단서가 없거나 아예 피해자의 신원조차 파악하지 못한 미해결 사건을 뜻한다. 한국에서는 '개구리소년 실종사건'이 대표적인데 개구리소년 실종사건은 사건이 발생한 지 11년 6개월 만인 2002년 9월에서야 뒤늦게 유골이 발견됐지만 사망원인조차도 밝혀내지 못한 채 2006년 3월 공소시효가 만료됐다.

33 고객과 직접적으로 접촉하는 일이 많기 때문에, 의지를 가지고 미소와 친절 등 특정 감정 상태를 지속적으로 드러내야 하는 노동자를 가리키는 말은?

① 블랙컨슈머　　② 헤비업로더
③ 감정노동자　　④ 얼리어답터

실제 자신이 느끼는 감정을 배제하고 직무를 행해야 하는 감정적 노동을 '감정노동'이라고 한다. 이들은 고객과 직접적으로 접촉하는 일이 많기 때문에 의지를 가지고 미소, 친절 등 특정한 감정 상태를 지속적으로 드러내야 한다. 이로 인해 발생하는 스트레스를 적절하게 해소하지 못할 경우 우울증과 자살로까지 이어질 수 있다.

34 다음은 무엇에 대한 설명인가? 출제유력

> "그들은 우리의 일상 속에서 늘 함께 있다. 이 사실을 인정하고 그들을 알아야 한다"
> −마샤 스타우트−
> 심리학자 마샤 스타우트가 말한 이것은 유전적인 원인으로 잘못을 인지하지 못한다기보다 자라온 환경에 의해 발생한다고 보았다. 잘못을 알면서도 저지르는 반사회적 인격장애로 분류된다.

① 아도니스증후군
② 아스퍼거증후군
③ 사이코패스
④ 소시오패스

사이코패스는 유전적인 원인으로 인해 잘못을 인지하지 못하지만 소시오패스는 잘못을 알면서도 잘못을 저지르는 반사회적 인격장애이다. 자신의 성공을 위해 수단과 방법을 가리지 않고 나쁜 일을 저지르며, 이에 대한 양심의 가책도 전혀 느끼지 않는 특성을 갖는다.
① 아도니스증후군 : 남성들이 외모에 집착하는 것을 말한다. 외모를 중시하는 사회 풍조에 따라 타인에게 인정받고 매력적인 사람이 되기 위해 남성들도 외모에 관심을 갖게 되면서 나타난 현상이다.
② 아스퍼거증후군 : 관심 분야나 활동 분야가 한정되어 있으며 같은 일만 계속 반복하는 증세를 보인다. 사회적인 대인관계에 문제가 생긴다.

35 다음 설명의 현상을 나타내는 말은?

> 사람이 많을수록 어려움에 처한 사람을 돕지 않는 현상으로 1964년 뉴욕의 한 여인이 살해당하는 동안 아무도 구하거나 신고하지 않은 사건에서 유래했다.

① 루키즘　　② 네크로포비아
③ 제노비스 신드롬　　④ 제노포비아

해설
제노비스 신드롬은 목격자가 많을수록 '내가 아닌 다른 사람이 나서겠지'라는 생각에 책임감이 덜 느껴져, 도움이 필요한 사람에게 먼저 손 내밀기보다 방관하게 되는 심리현상을 말한다.

Answer 29 ③ 30 ① 31 ④ 32 ② 33 ③ 34 ④ 35 ③

36 **유럽연합이 개인정보 보호와 자기 통제권 강화를 위한 법안을 입법화하려는 움직임을 보이면서 생겨난 권리로, 온라인상에 남아있는 개인정보를 삭제 요청할 수 있는 이 권리는 무엇인가?** 출제유력

① 잊힐 권리 ② 사라질 권리
③ 삭제할 권리 ④ 정보통제의 권리

해설 생산은 쉽지만 인터넷 환경에서는 정보의 삭제와 파기가 쉽지 않기 때문에 잊힐 권리를 도입해야 한다는 필요성이 제기되었다. 인터넷상에서 특정한 기록을 삭제할 수 있는 권리를 말하며, 자신의 정보가 더 이상 적법한 목적을 위해 필요하지 않을 때 그것을 지울 수 있는 개인의 권리이다.

37 **인터넷상에서의 마녀사냥식 여론몰이를 의미하는 말은 무엇인가?**

① 매카시즘 ② 네카시즘
③ 카파이즘 ④ 아케이즘

해설 네카시즘은 '네티즌(Netizen)'과 '매카시즘(McCarthyism)'의 합성어이며 익명의 인터넷 환경 속에서 어떠한 이슈에 대해 논하다가 특정인에게 가해지는 무차별적인 온라인 폭력으로, 일종의 마녀사냥이다.

38 **다음 중 공공부조에 대한 설명으로 틀린 것은?**

① 행정비용이 많이 든다. ② 낙인효과가 발생한다.
③ 비용효과가 적다. ④ 근로능력이 저하된다.

해설 공공부조
생활유지 능력이 없거나 생활이 어려운 국민의 최저생활을 보장하고 자립을 지원하는 제도이다. 국민은 생존을 위해 보호받을 권리가 있고, 국가는 국민을 보호할 의무가 있기 때문에 공적부조가 필요하다. 공적부조는 사전에 보험료를 내는 것이 아니라 빈곤이나 손실을 당했을 때 신청자의 형편에 따라 급여수준이 달라진다는 점에서 사회보험과는 다르다. 의료보호, 생활보호, 재해구호, 보훈사업 등을 지원한다.

39 **나와 관계있는 정보에 대해서는 나도 모르게 주의를 기울이게 되는 현상은?**

① 코브라효과 ② 허니문효과
③ 풍선효과 ④ 칵테일파티효과

해설 시끄러운 칵테일파티에서도 '나'에 관한 이야기는 주의를 기울여 잘 듣게 된다고 하여 '칵테일파티효과'라 한다.
① 어떤 문제를 해결하기 위해 추진한 정책이 오히려 상황을 악화시키는 결과를 가져오는 현상
② 새 정부에 대한 기대감으로 인해 나타나는 사회 안정
③ 어떤 문제를 해결하면 그로 말미암은 또 다른 문제가 생기는 현상

40 다음에서 공통으로 연상되는 말은?

- 도시나 넓은 지역의 전기가 동시에 모두 끊기는 정전사태
- 조종사가 전투기를 급상승하거나 급선회시킬 때, 일시적으로 시야가 흐려지는 현상
- 실신, 일시적 기억상실을 뜻하는 의학용어

① 화이트아웃 ② 블랙아웃
③ 앨런 튜닝 ④ 바로미터

해설 블랙아웃(Blackout)은 대표적으로 도시나 넓은 지역에서 동시에 전기가 모두 끊기는 최악의 정전사태를 일컫는다.

41 컴퓨터를 초기화시키듯 현실세계에서도 잘못되거나 실수한 부분이 있으면 얼마든지 새로 시작할 수 있다고 착각하는 현상을 가리키는 용어는?

① 리마증후군
② 리셋증후군
③ 베르테르증후군
④ 스톡홀름증후군

리셋증후군은 컴퓨터가 제대로 작동하지 않을 경우 리셋 버튼을 눌러 재부팅하는 기능에서 이름을 따온 질병이다. 실제로 1997년 5월 일본 고베시에서 컴퓨터 게임에 빠진 한 중학생이 리셋증후군에 걸려 토막살인을 저지른 충격적인 사건이 벌어지기도 했다.

42 LOHAS에 대한 설명으로 틀린 것은?

① 라이프스타일이다.
② 2006년부터 우리나라에서 인증제도가 시작됐다.
③ 친환경제품을 소비한다.
④ 사회참여운동이다.

해설 로하스(LOHAS)
공동체 전체의 더 나은 삶을 위해 소비생활을 건강하고 지속가능한 친환경 중심으로 전개하자는 생활양식 · 행동양식 · 사고방식을 뜻한다. 환경보전과 '웰빙'뿐 아니라 건강과 관련된 현재 시점의 개인적 소비행위와 미래에도 지속가능한 경제발전과 소비활동을 연결시키는 데 주안점을 둔다. 이런 점이 사회참여운동으로서 자연의 중요성과 보전의 당위성을 강조하는 '친환경주의'와 다른 점이라고 할 수 있다. 한국표준협회는 2006년 세계 최초로 로하스인증제도를 도입했다.

Answer 36 ① 37 ② 38 ③ 39 ④ 40 ② 41 ② 42 ④

43 **프로 보노에 대한 설명 중 틀린 것은?** 출제유력

① 미국에서는 프로 보노 활동을 하는 이들이 수혜자보다도 많다.
② 한국은 의무규정이 존재하지 않는다.
③ 전문직들의 봉사활동을 의미한다.
④ '공익을 위하여' 라는 뜻을 지닌다.

해설 변호사를 선임할 여유가 없는 개인 혹은 단체에 대해 보수를 받지 않고 법률서비스를 제공하는 것을 말한다. 주로 저소득층이나 형사사건을 맡는다. 라틴어 문구인 '공익을 위하여(Pro bono publico)' 의 약어이다. 우리나라에는 2001년 7월 변호사법을 개정하면서 변호사들이 연간 일정 시간 이상 의무적인 공익활동을 하도록 규정했다.

44 **적극적으로 현실 문제에 참여하여 열정과 힘으로 사회 변화를 이끄는 세대는 무엇인가?**

① N세대 ② P세대
③ M세대 ④ V세대

해설 P세대의 P는 참여(Participation), 열정(Passion), 잠재력(Potential Power), 패러다임의 변화(Paradigm Shifter)의 머리글자이다.
① 네트워크(Network) 세대
③ 모바일(Mobile) 세대 또는 밀레니엄(Millennium) 세대
④ 비비드(Vivid) 세대

45 **세월호 침몰사고로 인해 우리 사회가 얼마나 안전에 소홀했는지가 속속 밝혀졌다. 이와 관련, 사소한 것 하나를 방치하면 그것을 중심으로 범죄나 비리가 확산된다는 이론을 가리키는 말은?**

① 나비효과 ② 아노미 이론
③ 비행하위문화 이론 ④ 깨진 유리창 이론

해설 '깨진 유리창 이론'은 깨진 유리창 하나를 방치해두면, 그 지점을 중심으로 범죄가 확산되기 시작한다는 이론을 말한다. 우리나라의 안전불감증도 깨진 유리창을 방치했기 때문에 계속되어 왔다.

46 **여성들의 영향력 있는 고위직 승진을 가로 막는 회사 내 보이지 않는 장벽을 의미하는 용어는 무엇인가?**

① 그리드락 ② 데드락
③ 로그롤링 ④ 유리천장

해설 유리천장은 충분한 능력을 갖춘 사람이 직장 내 성차별이나 인종차별 등의 이유로 고위직을 맡지 못하는 상황을 비유적으로 이르는 말이다.

47 프랑스의 사회학자 자크 아탈리(Jacques Attali)가 그의 저서 〈21세기 사전〉에서 21세기형 신인류의 모습을 소개하면서 사용한 이 용어는 무엇인가?

① 디지털 노마드　　② 디지털 코쿠닝
③ 디지털 디바이드　　④ 디지털 쿼터

해설 디지털 노마드(Digital Nomad)
자동차와 최첨단 정보통신기기를 가지고 시공간을 넘나드는 21세기형 신인류를 말한다. '유목민, 정착하지 않고 떠돌아다니는 사람'을 뜻하는 노마드(Nomad)라는 용어를 활용해 붙인 이름이다. 인터넷, 모바일컴퓨터, 휴대용 통신기기 등 디지털시스템 덕분에 시간적 · 공간적 제약이 사라진 덕분에 인간의 삶이 정착보다는 유목으로 변모해간다는 것이다.

48 다음 중 중국의 소셜 네트워킹 및 마이크로 블로그 서비스로 '중국판 트위터'라고 불리는 것은?

출제유력

① 믹시(Mixi)　　② 웨이보(Weibo)
③ 아메바 나우(Ameba Now)　　④ 그리(GREE)

해설 ① · ③ · ④는 일본의 소셜 네트워크 서비스이다.

49 고령화사회와 고령사회를 구분하는 노인 인구의 비율이 바르게 연결된 것은? 출제유력

① 14% – 20%　　② 7% – 14%
③ 7% – 20%　　④ 14% – 7%

해설
- 고령화사회 : 65세 이상 인구가 총인구를 차지하는 비율이 7% 이상인 사회
- 고령사회 : 65세 이상 인구가 총인구를 차지하는 비율이 14% 이상인 사회
- 후기 고령사회 : 65세 이상 인구가 총인구를 차지하는 비율이 20% 이상인 사회

50 과자 봉지 속에 충격 및 산화 방지를 위해 사용되는 기체가 너무 많아 과대포장이라는 의미에서 우리나라 과자에 이름 붙여진 용어는?

① 수소과자　　② 헬륨과자
③ 질소과자　　④ 산소과자

해설 우리나라 과자의 과대포장은 오래 전부터 문제가 되어 왔다. 소비자들이 이러한 과대포장을 비꼬아 붙인 이름이 '질소과자'이다.

Answer 43 ② 44 ② 45 ④ 46 ④ 47 ① 48 ② 49 ② 50 ③

51 **청소년을 대상으로 하는 학교 폭력이 증가하는 것으로 나타났다. 다음 중 인터넷상에서 집단적으로 특정인을 따돌리거나 괴롭히는 행위는?**

① 사이버 테러　　② 사이버 불링
③ 스쿨슈팅　　④ 사이버 슬래킹

사이버 불링(Cyber Bullying)
인터넷과 SNS, 휴대전화 등을 이용해 온라인 공간에서 특정 인물을 괴롭히는 행위이다. 최근 학교 폭력도 인터넷 메신저나 휴대전화 문자메시지를 통해 상대방을 24시간 괴롭히는 사이버 불링의 형태로 나타나고 있다. 한편, 스쿨슈팅은 교내 총기범죄를 의미한다.

52 **스마트기기를 사용하는 5 · 60대 인구가 대폭 늘어난 것으로 조사됐다. 다음 중 중장년층을 중심으로 늙지 않고 젊게 살아가려는 욕구가 확산되는 현상을 가리키는 용어는?**

① 샹그릴라증후군　　② 스탕달증후군
③ 쿠바드증후군　　④ 코르사코프증후군

해설 샹그릴라증후군이란 중장년층을 중심으로 노화를 최대한 늦추고 나이에 비해 젊게 살아가려는 욕구가 확산되는 현상을 말한다.
② 스탕달증후군 : 뛰어난 예술작품을 감상하면서 정신적 충동이나 환각을 경험하는 현상
③ 쿠바드증후군 : 남편이 임신 중인 아내와 함께 입덧과 같은 증상을 겪는 것
④ 코르사코프증후군 : 보통 알코올 중독의 결과로 나타나며 시간적 · 공간적 짐작이 어려운 기억력의 장애

53 **현실을 부정하고 스스로 만들어낸 거짓의 세계를 진실이라고 믿으며, 거짓된 말과 행동을 상습적으로 반복하는 반사회적 인격 장애를 가리키는 말은?**

① 앨리스증후군
② 리플리증후군
③ 뮌하우젠증후군
④ 베르테르증후군

해설 리플리증후군(Ripley Syndrome)은 현실을 부정하고 스스로 만들어낸 거짓의 세계를 진실이라고 믿으며, 거짓된 말과 행동을 상습적으로 반복하는 반사회적 인격 장애를 가리킨다. 여러 드라마에서 전형적인 악역 캐릭터로 많이 등장한다.

54 **다음 중 유명인의 자살을 모방하는 현상을 일컫는 말은?** 출제 유력

① 피그말리온효과　　② 스티그마효과
③ 플라세보효과　　④ 베르테르효과

베르테르효과
모방 자살 현상을 뜻하는 용어로, 괴테의 소설 〈젊은 베르테르의 슬픔〉에서 주인공 베르테르가 자살하자 그를 모방하는 젊은이들이 급증하면서 이름 붙여졌다.

55 '어디에든 아무것도 짓지 말라'는 의미로 쓰레기 소각장, 원자력 발전소, 댐 등 자신이 사는 지역권 내에 환경오염 유발 시설 설치를 반대하는 것은?

① 바나나(BANANA) 현상
② 임피(IMFY) 현상
③ 핌피(PIMFY) 현상
④ 노비즘(Nobyism) 현상

해설 'Build Absolutely Nothing Anywhere Near Anybody'의 머리글자를 따서 만든 말로, 지역이기주의와 공공정신의 약화를 의미한다. 님비(NIMBY) 현상과 비슷한 개념이다.

56 제약회사나 의료기기 제조사 등이 의료인에게 견본품 등 경제적 이익을 제공했을 때 지출보고서를 작성하고 이를 관리하게 하는 제도를 무엇이라 하는가?

① 드림액트
② 메디케어
③ 문재인 케어
④ 선샤인 액트

해설 2017년 6월 보건복지부는 의료계의 불법 리베이트와 불필요한 편익을 방지하고 의약품 시장의 투명성을 확보하기 위해 2018년 1월 1일부터 한국판 '선샤인 액트(Sunshine-Act) 제도'를 시행하겠다고 발표했다.

57 다음 괄호 안에 들어갈 알맞은 용어는?

출제유력

( )란/이란 한 나라의 인구가 그 나라의 사용 가능한 자원에 의해 생활할 수 있는 능력을 말한다. 즉, 한 지역이 얼마만큼의 인구를 수용할 능력을 가지고 있는가를 나타낸 것이다.

① 인구피라미드
② 인구부양력
③ 인구센서스
④ 인구오너스

① 인구의 성별 · 연령별 분포를 나타낸 도표
③ 특정 지역의 인구 상태를 알아보기 위해 실시하는 인구주택 총조사
④ 생산연령인구의 비중이 낮아지는 것

Answer 51 ② 52 ① 53 ② 54 ④ 55 ① 56 ④ 57 ②

58 **다음 중 구세군에 대한 설명으로 옳지 않은 것은?**

① 19세기 후반기에 영국의 감리교 목사였던 윌리엄 부스가 창시하였다.
② '세상을 구하는 군대' 라는 명칭처럼 성직자를 '사관', 교인을 '병사, 군우' 라고 부른다.
③ 우리나라에서는 1908년 로버트 호가드 사관이 구세군 선교사업을 시작하였다.
④ 구세군 자선냄비 모금활동은 일제 강점기에 우리나라에서 세계 최초로 시작되었다.

해설 구세군 자선냄비는 1891년 샌프란시스코에서 난파한 배의 생존자를 돕기 위해 시작됐고, 한국에서는 1928년부터 이어지고 있다. 런던에 세계 본영을 두고, 세계 108개 나라에 본영 · 연대 · 소대 · 분대 등의 조직을 운영하고 있다.

59 **인터넷 사용후기를 참조해 물건을 구매하는 소비자를 무엇이라 하는가?** 출제유력

① 넥소블리안
② 트윈슈머
③ 크리슈머
④ 트레저 헌터

해설 트윈슈머(Twinsumer)
다른 구매자들의 후기를 읽고 구매를 결정하는 사람들로 트윈슈머라고 한다. 이들은 가격비교 사이트에서 가격을 비교하고 다른 구매자들의 사용 경험담을 읽어본 뒤 품질을 꼼꼼히 확인하고 결정한다. '트윈(Twin)' 과 소비자를 의미하는 '컨슈머(Consumer)' 의 합성어로 인터넷으로 상품을 구매하고, SNS 활용이 활발해짐에 따라 등장한 새로운 소비 흐름이다.

60 **D. 리즈먼에 의해 '고독한 군중' 또는 '흩어진 모래알' 이라 지칭되는 부류는?** 출제유력

① 현대사회의 하류계층
② 현대사회의 지식계층
③ 현대사회의 대중
④ 현대사회의 노동자

해설 D. 리즈먼은 현대사회의 대중을 '고독한 군중' 이라 불렀다. 리스먼은 미국인의 성격과 미국의 사회의식이 어떻게 형성되고 나타나는지 분석하고자 하였다. 또한 인류의 역사적 사회성격을 인구변동과 관련해 전통지향형(Tradition Directed Type), 내부지향형(Inner Directed Type), 외부지향형(Other Directed Type)의 세 가지로 분류하여 사회가 전통지향형 → 내부지향형 → 외부지향형의 순서로 발전한다고 하였다. 이중 외부지향형은 또래집단이나 친구집단의 영향에 따라 행동하는 현대인으로 타인들과 격리되지 않으려고 노력하지만 내면적인 고립감에 번민하는 사회적 성격을 가지고 있다. 이러한 외부지향형 성격유형이 '고독한 군중' 으로 파악된다.

61 **필수 공익 사업의 노 · 사 양측이 단체협약 등을 둘러싸고 합의된 조정안을 도출해내지 못할 경우 중앙노동위원회가 직권으로 타협안을 제시하는 것을 무엇이라고 하는가?**

① 긴급조정 ② 중재재정
③ 임의조정 ④ 조정명령

해설 현행 노동조합 및 노동관계조정법은 중앙노동위원회가 직권으로 중재안을 제시하는 것을 '중재재정'으로 규정하고 있는데, 이를 우리 사회에서는 편의상 직권중재라고 지칭한다.

62 **인터넷상의 컴퓨터 주소인 도메인을 투기나 판매 목적으로 선점하는 행위는?**

① 사이버스쿼팅 ② 사이버 테러리즘
③ 스피어피싱 ④ 스미싱

해설 사이버스쿼팅은 인터넷상의 도메인 네임을 무단점유하는 것이다.

63 **고소득이나 빠른 승진 등 사회적 성공을 위해 직장에 붙잡혀 사는 것보다 소득이 적더라도 여유 있는 직장생활과 삶의 만족을 중요하게 생각하는 경향이 강한 신세대를 칭하는 말은?**

① 여피족 ② 니트족
③ 예티족 ④ 다운시프트족

해설 ① 여피(YUPPIES)족 : 젊은(Young), 도시화(Urban), 전문직(Professional)의 세 머리글자를 딴 'YUP'에서 나온 말이다.
② 니트(NEET)족 : 'Not in Employment, Education or Training'의 머리글자를 조합한 것으로 일을 하지도 않지만 일할 의지도 없는 청년 무직자를 뜻하는 신조어이다.
③ 예티(YETTIE)족 : 젊고(Young), 기업가적(Entrepreneurial)이며, 기술에 바탕을 둔(Tech-based) 인터넷 엘리트(Internet Elite)를 말한다.

64 **네티즌으로 구성된 사이버 외교사절단으로, 한국과 한국인에 대해 바르게 홍보하는 것을 목적으로 하는 단체는?** 출제유력

① 주빌리 ② 시에라클럽
③ G2K그룹 ④ 반 크

해설 반크(VANK ; Voluntary Agency Network of Korea)
인터넷상에서 한국과 한국인에 대해 바르게 홍보하기 위해 만들어진 사이버 외교사절단으로 온라인을 통해 회원 1명당 5명의 외국인 펜팔 친구를 사귀어 한국의 이미지를 전 세계에 전파하자는 취지로 1999년 출범했다.

Answer 58 ④ 59 ② 60 ③ 61 ② 62 ① 63 ④ 64 ④

65 능력보다 인상이나 고정관념 등이 평가에 큰 영향을 미치는 것을 무엇이라 하는가?

① 헤일로효과 ② 사일로효과
③ 메디치효과 ④ 메기효과

해설 외적인 특징에서 연상되는 고정관념을 바탕으로 그 특정 대상을 완전히 이해했다고 착각하는 현상을 헤일로효과라 한다. 호감이 가는 외모를 가지고 있으면 그 사람의 지능, 성격, 인격 등도 좋다고 평가하는 것이다.

66 다음 보기에서 설명하는 것은 무엇인가?

출제유력

> 최근 환경부가 집단 식중독의 원인으로 알려진 이것을 제거하는 정수처리장치를 개발했다. 겨울에도 유행하는 이것은 사람에게 장염을 일으키는 병원성 바이러스로 주로 비위생적인 물이나 어패류를 통해 감염된다.

① 자바바이러스 ② 노로바이러스
③ 박테리아 ④ 인플루엔자

해설 노로바이러스
비세균성 급성 위장염을 일으키는 바이러스의 한 종류로 굴 등의 조개류에 의한 식중독의 원인이 되기도 하고, 감염된 사람의 분변이나 구토물에 의해 발견되기도 한다. 노로바이러스에 의한 집단 감염은 세계 여러 곳의 학교 등에서 일어나고 노인이나 어린 아이들이 감염되기 쉽기 때문에 주의가 필요하다.

67 스마트폰 등 휴대전화가 없을 때 초조해하거나 불안감을 느끼는 증상을 일컫는 말은?

① 노모포비아(Nomophobia)
② 모노포비아(Monophobia)
③ 제노포비아(Xenophobia)
④ 안드로포비아(Anthrophobia)

해설 '포비아(Phobia)'는 기피증, 혐오감, 공포증, 초조감, 불안감 등의 증상을 일컫는 말로, 모노포비아는 고독 공포증, 제노포비아는 외국인 혐오증(기피증), 안드로포비아는 대인 공포증을 뜻하는 말이다.

68 부자의 부의 독식을 부정적으로 보고 사회적 책임을 강조하는 용어로 월가 시위에서 1대 99라는 슬로건이 등장하며 1%의 탐욕과 부의 집중을 공격하는 이 용어는 무엇인가?

① 뉴비즘 ② 노블레스 오블리주
③ 뉴리치 현상 ④ 리세스 오블리주

 노블레스 오블리주가 지도자층의 책임감을 요구하는 것이라면, 리세스 오블리주는 부자들의 부의 독식을 부정적으로 보며 사회적 책임을 강조하는 것을 말한다.

69 도시에서 생활하던 노동자가 고향과 가까운 지방도시로 취직하려는 현상은?

① U턴 현상
② J턴 현상
③ T턴 현상
④ Y턴 현상

 J턴 현상이란 도시생활에 염증을 느낀 노동자가 자신의 출신지인 지방으로 돌아가려 하지만, 출신지에는 고용기회가 적어 상대적으로 구직활동이 편한 근처의 지방도시로 돌아가는 현상을 말한다.
① 대도시에 취직한 타 지방 출신 노동자가 다시 출신지로 되돌아가는 현상이다. 도시생활 부적응 · 생활비 부담 · 직장의 지방 진출 등이 원인이며, 출신지 근처의 지방도시로 돌아가는 J턴 현상과 구별된다.

70 일과 여가의 조화를 추구하는 노동자를 지칭하는 용어는 무엇인가?

① 골드칼라 ② 화이트칼라
③ 퍼플칼라 ④ 논칼라

 ① 골드칼라(Gold Collar) : 아이디어 노동자
② 화이트칼라(White Collar) : 사무직 노동자
④ 논칼라(Non Collar) : 컴퓨터 작업 세대

71 국제기구 간의 연결이 서로 잘못된 것은? 출제유력

① 기후기구 – WMO
② 관세기구 – WCO
③ 노동기구 – IMO
④ 식량농업기구 – FAO

 IMO는 국제해사기구이며, 국제노동기구는 ILO이다.
ILO(International Labour Organization)
노동조건의 개선과 노동자들의 기본적인 생활을 보장하기 위한 국제노동기구이다. 국제적으로 노동자들을 보호하기 위해 설립돼 1946년 최초의 유엔전문기구로 인정받았으며 국제노동입법 제정을 통해 고용 · 노동조건 · 기술원조 등 노동자를 위한 다양한 활동을 하고 있다.

Answer 65 ① 66 ② 67 ① 68 ④ 69 ② 70 ③ 71 ③

72 정보화시대에 뒤처져서 사람 사이의 단절과 격차가 발생하는 현상을 무엇이라 하는가?

출제유력

① 사이버불링
② 디지털디바이드
③ 사이버슬래킹
④ 네셔널리즘

해설 디지털디바이드(Digital Divide)
디지털 기기의 발전과 이를 제대로 활용하는 사람들은 지식축적과 함께 소득까지 증가하는 반면, 경제적·사회적인 이유로 디지털 기기를 활용하지 못하는 사람은 상대적으로 심각한 정보격차를 느끼게 된다.

73 엘니뇨 현상으로 올바른 설명은?

① 도심 지역의 온도가 다른 지역보다 높게 나타나는 현상
② 예년과 비교할 때 강한 무역풍이 지속돼 일어나는 기후 변동 현상
③ 남미의 페루 연안에서 적도에 이르는 태평양 상의 기온이 상승해 세계 각지에서 홍수 또는 가뭄 등이 발생하는 기상이변 현상
④ 고층 빌딩들 사이에서 일어나는 풍해 현상

해설 엘니뇨 현상
전 지구적으로 벌어지는 대양-대기 간의 기후 현상으로, 평년보다 섭씨 0.5도 이상 해수면 온도가 높은 상태가 5개월 이상 지속되는 이상 해류 현상이다. 이 현상이 크리스마스 즈음해서 발생하기 때문에 작은 예수 혹은 남자 아이라는 뜻에서 유래했다. 엘니뇨가 발생하면 해수가 따뜻해져 증발량이 많아지고, 이로 인해서 태평양 동부 쪽의 강수량이 증가한다. 엘니뇨가 강할 경우 지역에 따라 대규모의 홍수가 발생하기도 하고 극심한 건조 현상을 겪기도 한다.
① 열섬 현상, ② 라니냐 현상, ④ 빌딩풍해 현상

74 다음 중 용어의 설명이 바르게 연결된 것은?

① Me Generation – 자기중심적인 사고를 갖고 행동하는 젊은 세대
② Sprawl – 소도시가 계획적으로 질서 있게 확장하고 발전하는 현상
③ Grand Slam – 테니스에서 한 해에 프랑스 오픈, 호주 오픈, 스웨덴 대회, US 오픈에서 모두 우승하는 경우에 쓰이는 말
④ Hunger Strike – 눈에 띄지 않는 곳에서 단식을 하며 조합원들의 사기를 진작시키는 행위를 뜻하는 말

② 도시의 무질서한 팽창을 말한다.
③ 프랑스 오픈, 호주 오픈, US 오픈, 윔블던에서 모두 우승한 경우 쓰는 말이다.
④ 눈에 띄는 곳에서 단식투쟁을 하는 것을 말한다.

75 **외부 세상으로부터 인연을 끊고 자신만의 안전한 공간에 머물려는 칩거 증후군의 사람들을 일컫는 용어는?** 출제유력

① 딩크족 ② 딘트족
③ 코쿤족 ④ 니트족

① 딩크(DINK)족 : Double Income, No Kids의 준말이다. 자녀 양육에 대한 경제적 부담과 극심한 경제난으로 인해 국내에 딩크족이 늘어나고 있으며 이는 저출산의 원인이 되고 있다.
② 딘트(DINT)족 : Double Income No Time의 준말이다. 맞벌이를 해서 수입은 두 배이지만 업무가 바쁘고, 서로 시간이 없어 소비를 못하는 신세대 맞벌이 부부를 지칭하는 신조어이다. 이들을 겨냥하기 위해 예술 공연이나 쇼핑몰 등이 영업시간을 연장하고 있다.
④ 니트(NEET)족 : Not in Education, Employment or Training의 준말로, 취업 연령의 인구 중에 취업 의욕이 전혀 없거나, 의욕은 있지만 일자리를 구하지 못하는 청년들을 말한다. 경제상황이 악화되고 고용 환경은 더욱 나빠져 어쩔 수 없이 취업을 포기하는 청년 실업자들이 늘어나고 있어 경제 · 사회적으로 심각한 문제가 될 수 있다.

76 **평소 익숙했던 것들이 갑자기 생소하게 느껴지는 현상은?**

① 자메뷔 ② 데자뷔
③ 리비도 ④ 루시드드림

해설 자메뷔는 과거의 경험을 마치 처음인 듯 느끼는 미시감을 의미한다.

77 **다음 중 화이트칼라 범죄에 대한 설명으로 잘못된 것은?**

① 주로 직업과 관련된 범죄이다.
② 대부분 발견되어 처벌받는다.
③ 중산층 또는 고위직이 많이 저지른다.
④ 공금횡령, 문서위조, 탈세 등이 있다.

해설 화이트칼라 범죄
- 관리자, 지도자의 위치에 있는 화이트칼라 근로자가 자신의 직무상의 지위를 이용해 범하는 범죄를 말한다.
- 컴퓨터 범죄 · 탈세 · 경제 법규 위반 등이 있다.
- 계획적이고 교묘한 방법으로 이뤄지며 국가경제를 혼란시킬 정도로 피해가 크다.
- 범죄를 입증할 증거를 인멸하거나, 사회적 지위가 높아서 처벌이 쉽지 않은 경우가 많다.

Answer 72 ② 73 ③ 74 ① 75 ③ 76 ① 77 ②

78 **컴퓨터 등의 디스플레이를 장시간 보면서 작업하는 사람에게 일어나는 증후군으로 안질환, 두통, 불안감 등의 증상을 나타내는 것은?**

① 모라토리엄증후군
② 공소증후군
③ 와부와부증후군
④ VDT증후군

해설 VDT증후군
브라운관이 부착된 컴퓨터 단말기를 많이 사용함에 따라 장시간 컴퓨터 작업을 하면 눈이 피로해지거나 침침해지고, 시력이 떨어지는 증상이다. 더 심해지면 머리가 아프거나 구토, 불안감 등의 증상이 동반된다. VDT증후군을 예방하기 위해서는 일정 시간 동안 컴퓨터를 사용하고 나면 반드시 휴식을 취해야 한다. 고용노동부는 관련법에 따라 VDT증후군도 업무상 재해로 보상받을 수 있다고 명시하고 있다.

79 **지식과 정보로 고부가가치를 창출하는 전문직 종사자를 일컫는 말은?**

① 화이트칼라
② 골드칼라
③ 핑크칼라
④ 퍼플칼라

해설 첨단기술 · 통신 · 광고 · 서비스직 등에서 아이디어를 통해 창의적인 부가가치를 창출하여 사업 능력을 발휘하는 지식창조형 전문가를 '골드칼라'라고 한다.

80 **잠재적 실업에 대한 설명으로 적절한 것은?** 출제유력

① 형식적 · 표면적으로는 취업하고 있지만 실질적으로 실업상태에 있는 실업형태
② 노동에 대한 수요와 공급이 일시적으로 일치하지 않아 생기는 실업형태
③ 경제구조의 내재적인 모순에서 오는 만성적 · 고정적 실업형태
④ 계절적 조건에 의한 생산과정의 제약으로 노동에 변동이 생겨 나타나는 실업형태

해설 ② 마찰적 실업, ③ 구조적 실업, ④ 계절적 실업

81 **우리나라가 국제노동기구(ILO)에 가입한 연도는?**

① 1990년
② 1991년
③ 1992년
④ 1993년

해설 국제노동기구(ILO)는 제1차 세계대전이 끝난 후 1919년 베르사유조약에 따라 설립됐고, 우리나라는 1991년 151번째 회원국으로 가입했다.

82 다음 중 직장폐쇄와 관련된 설명으로 옳지 않은 것은? 출제유력

① 직장폐쇄 기간 동안에는 임금을 지급하지 않아도 된다.
② 직장폐쇄를 금지하는 단체협약은 무효이다.
③ 사용자의 적극적인 권리행사 방법이다.
④ 노동쟁의를 사전에 막기 위해 직장폐쇄를 실시하는 경우에는 사전에 해당관청과 노동위원회에 신고해야 한다.

해설 직장폐쇄는 고용주가 노사협상에서 자신들의 뜻을 이루기 위해 일정 기간 직장의 문을 닫는 행위이다. 노동조합의 쟁의행위에 대한 대항수단이므로 노동조합이 쟁의행위를 개시한 이후에만 할 수 있다.

83 '아늑함'을 뜻하는 덴마크어로 가족 또는 친구와 함께하는 소소한 행복을 추구하는 생활 방식을 의미하는 단어는?

① Hygge ② YOLO
③ Lagom ④ Kinfolk

해설 휘게(Hygge)는 '아늑함'을 뜻하는 덴마크어로, 가족이나 친구와 함께하는 소박한 일상에서 행복을 찾는 라이프 스타일이다.
② 'You Only Live Once'의 의미로 현재의 삶을 즐기기 위한 소비를 아끼지 않는 것
③ '적당한'을 의미하는 스웨덴어로, 균형적인 삶을 추구하는 북유럽의 라이프 스타일
④ 가까운 사람들과 함께하는 여유롭고 소박한 삶을 즐기는 문화

84 다음 중 구제역이 발생하지 않는 동물은? 출제유력

① 사 슴 ② 말
③ 돼 지 ④ 염 소

해설 구제역은 소, 돼지, 사슴, 염소 등 발굽이 두 갈래로 갈라진 동물에서만 발생한다.

85 가난을 대물림하지 않기 위해서 시민들이 자발적으로 벌이는 운동은?

① 프로보노 운동 ② 뉴스타트 운동
③ 뉴라이트 운동 ④ 위스타트 운동

해설 위스타트 운동
복지(Welfare)와 교육(Education)의 영문명의 첫 글자와 출발(Start)의 영문명을 합친 것이다. 저소득층 아이들에게 복지와 교육의 기회를 제공함으로써 보다 동등한 삶의 출발선이 주어지도록 하는 활동으로 지난 2004년 국내에서도 '가난의 대물림을 끊자'는 각계 각층의 뜻이 모아져 사단법인 '위스타트 운동본부'가 만들어졌다.

Answer 78 ④ 79 ② 80 ① 81 ② 82 ④ 83 ① 84 ② 85 ④

86 **노동쟁의 방식 중 하나로, 직장을 이탈하지 않는 대신에 불완전노동으로 사용자를 괴롭히는 방식은 무엇인가?** 출제유력

① 사보타주 ② 스트라이크
③ 보이콧 ④ 피케팅

해설 노동쟁의
임금, 근로시간, 복지, 해고 등의 근로조건에 대해 근로자와 고용주 간에 의견 불일치를 보여 발생하는 분쟁을 말한다. 노동쟁의가 벌어질 때에는 한쪽이 상대방에게 서면으로 통보해야 하고, 만약 어느 한쪽이 노동위원회에 노동쟁의 조정을 신청한 경우 위원회는 지체 없이 조정을 시행해야 한다.

노동쟁의의 종류
- 파업 : 근로 거부 행위
- 태업 : 근로를 게을리해 고용주에게 피해를 주는 행위(사보타주)
- 보이콧 : 회사의 상품 또는 거래관계에 있는 제3자의 상품에 대한 불매운동
- 피케팅 : 플래카드, 피켓, 확성기 등을 사용해 근로자들이 파업에 동참할 것을 호소하는 행위
- 직장폐쇄 : 고용주가 노사협상에서 자신들의 뜻을 이루기 위해 일정 기간 직장의 문을 닫는 행위

87 **다음 중 노동 3권이 아닌 것은?** 출제유력

① 단결권 ② 노동쟁의권
③ 단체교섭권 ④ 단체행동권

해설 노동 3권
- 단결권 : 자주적으로 노동조합을 설립할 수 있는 권리
- 단체교섭권 : 근로자가 근로조건을 유지하거나 개선하기 위해서 단체로 모여 사용자와 교섭할 수 있는 권리이다. 노동조합이 단체교섭권을 들어 합리적인 교섭을 요청할 때 사용자는 정당한 이유 없이 이를 거부하거나 피할 수 없다.
- 단체행동권 : 근로자가 자신의 근로조건을 유리하게 하기 위해서 단체로 집단적인 행위를 할 수 있도록 한 쟁의권으로 정당한 단체행동권의 행사는 민사상 · 형사상 책임이 면제된다.

88 **노동쟁의를 해결하는 방식에 관한 설명으로 틀린 것은?**

① '알선'은 노사 쌍방 또는 일방의 신청에 의해 노동위원회가 지명한 알선위원이 노동쟁의의 해결방안을 제시하여 준다.
② '중재'는 노동위원회가 개입하여 중재재정을 내리면 당사자들은 이에 복종해야 한다.
③ '조정'은 노사와 공익을 대표하는 조정위원이 조정안을 제시한다.
④ '긴급조정'은 쟁의가 공익성을 띠거나 국민경제를 위태롭게 할 경우 노동부장관이 긴급조정의 결정을 할 수 있다.

해설 알선은 노동쟁의의 신고를 접수한 행정관청에서 알선 공무원을 지명해 사건을 해결하는 것을 말하는데, 현행법에서는 폐지되었다.

89 사용자가 조합원이든 비조합원이든 자유롭게 노동자를 고용할 수 있지만, 일단 채용된 노동자는 일정 한 기간 내에 조합에 가입해야 하는 제도는?

① 클로즈드숍(Closed Shop)
② 유니언숍(Union Shop)
③ 프리숍(Free Shop)
④ 오픈숍(Open Shop)

유니언숍(Union Shop)은 노동조합 가입여부가 채용에 영향을 미치지 않지만 고용이 확정되면 일정 기간 내에 반드시 노동조합에 가입해야 한다고 명시한 제도이다.

90 여론이란 개념을 최초로 사용한 사람은 누구인가?

① 밀 턴　　② 루 소
③ 헤 겔　　④ 제퍼슨

해설 여론이라는 개념은 18세기 중엽에 루소에 의해 만들어져 사용됐다.

91 오존층 파괴물질의 규제와 관련된 국제협약은?

출제유력

① 리우선언
② 교토의정서
③ 몬트리올의정서
④ 런던협약

리우선언은 환경과 개발에 관한 기본원칙을 담은 선언문이다. 교토의정서는 기후변화협약의 구체적 이행방안으로 선진국의 온실가스 감축 목표치를 규정했고, 런던협약은 해양오염방지에 관한 국제협약이다.

92 환경영향평가에 대한 설명으로 옳은 것은?

① 환경보존 운동의 효과를 평가하는 것
② 환경보전법, 해상환경관리법, 공해방지법 등을 총칭하는 것
③ 공해지역 주변에 특별감시반을 설치하여 환경보전에 만전을 기하는 것
④ 건설이나 개발 전에 주변 환경에 미치는 영향을 미리 측정하여 대책을 세우는 것

해설 환경영향평가
개발이 환경에 미치는 영향의 정도나 범위를 사전에 예측 · 평가하고 그 대처 방안을 마련하여 환경오염을 사전에 예방하는 제도

Answer 86 ① 87 ② 88 ① 89 ② 90 ② 91 ③ 92 ④

93 그린 밴(Green Ban) 운동이 의미하는 것은?

① 그린벨트 안에서 자연을 파괴하는 사업에의 착수 거부
② 농민 중심의 생태계 보존운동
③ 정계의 자연보호운동을 벌이는 것
④ 환경을 위해 나무를 많이 심자는 운동

해설 그린 밴(Green Ban) 운동
그린벨트 안에서의 건설 사업 거부, 자연 및 유적을 파괴하는 사업거부운동

94 다음은 렙토스피라병에 대한 설명으로 맞지 않는 것은?

① 제2군 법정전염병이다.
② 야생 들쥐가 주요 매개동물이다.
③ 벼 수확 시 매개동물의 배설물과 이것이 혼합된 물이나 흙에 접촉하게 되면 손, 발 등의 피부상처와 코, 입 속의 점막 등을 통해 감염된다.
④ 생명에는 지장이 없고, 감기증상만 나타낸다.

해설 렙토스피라병
가을철에 농촌에서 발생하는 빈도가 높으며 쥐의 배설물에 묻어 있는 세균이 상처 등을 통해 체내로 들어와 감염된다. 초기에는 발열, 두통 등 감기와 비슷한 증세를 보이지만 곧이어 황달, 빈혈, 폐출혈 등의 증세를 보여, 발병된 사람의 약 10%가량이 사망하는 질병이다.

95 생물학적 산소요구량을 의미하는 것은?

① BOD
② SO
③ POP
④ CERs

해설 BOD(Biocheminal Oxygen Demand)
물속에 있는 유기물을 측정함으로써 오염물질을 정화시키기 위해 필요한 산소의 양을 알아보는 지표이다. 생화학적 산소요구량이라고도 하며 BOD값이 클수록 오염 정도가 높고, BOD값이 작을수록 깨끗한 물이다.

96 환경보호 관련 국제협약과 그 대상이 잘못 연결된 것은?

출제유력

① 바젤협약 : 유해폐기물
② 비엔나협약 : 습지
③ 런던협약 : 해양오염
④ 스톡홀름협약 : 잔류성오염물질(POPs)

해설 비엔나협약은 오존층 보호를 위해 1985년 채택됐으며 습지보호를 위한 협약은 람사르협약이다.
람사르협약
정식명칭은 '물새서식지로서 특히 국제적으로 중요한 습지에 관한 협약'으로, 환경올림픽이라고도 불린다. 1971년 2월 이란의 람사르에서 열린 국제회의 때 채택되어 1975년 12월에 발효되었으며, 한국은 1997년 7월 28일에 101번째로 가입했다. 가맹국은 철새의 중계지나 번식지가 되는 습지를 보호할 의무가 있으며 국제적으로 중요한 습지를 1개소 이상 보호지로 지정해야 한다. 2008년 10월 경남 창원에서 제10차 람사르 총회가 열렸다.

97 여론조사방법 중 RDD 방식에 대한 내용으로 틀린 것은?

출제유력

① 무작위 임의전화걸기(Random Digit Dialing) 방식을 적용하는 기법이다.
② 등록하지 않은 가구의 응답자는 아예 모집단에서 제외된다.
③ ARS 조사방식을 보완하기 위해 도입된 방식이다.
④ 기존 조사에 비해 조사기간도 짧고 추가비용도 적다.

해설 RDD(Random Digit Dialing) 방식
지역번호와 국번이 제외된 상태에서 전화면접조사가 이루어지므로 별도의 지역에 대한 질의시간이 필요하다. 따라서 기존 조사에 비해 조사시간이 길어지고, 이에 따른 추가 비용이 소요된다는 단점이 있다.

98 관료제의 역기능으로 옳지 않은 것은?

① 분업화
② 무사안일주의
③ 할거주의
④ 번문욕례

분업화란 관료제의 순기능으로서, 능력별로 업무와 권한을 적절하게 나누어 일하는 방식이다.
② 무사안일주의 : 계층제 원칙에 따라 조직구성원의 무사안일주의를 초래한다.
③ 할거주의 : 분업 · 전문화에 따라 능률을 높이지만, 자기소속 부서의 이익만을 따져 일하는 배타적인 할거주의를 초래한다.
④ 번문욕례 : 규칙과 규정을 지나치게 강조하다 보면 형식적인 행정을 하게 된다.

Answer 93 ① 94 ④ 95 ① 96 ② 97 ④ 98 ①

99 다음은 기사 내용의 일부분이다. 밑줄 친 호우주의보의 기준으로 옳은 것은?

> 제14호 태풍 덴빈(TEMBIN)의 영향으로 대전과 세종, 충남 전 지역에 호우주의보가 내려졌으며 이날 오후 들어서는 태풍의 직접 영향권으로 들어갈 것으로 보인다.

① 6시간의 강수량이 70mm 이상 예상될 때
② 7시간의 강수량이 80mm 이상 예상될 때
③ 10시간의 강수량이 100mm 이상 예상될 때
④ 12시간의 강수량이 130mm 이상 예상될 때

해설 호우주의보
호우로 인하여 다소의 피해가 예상될 때 기상청에서 발표하는 특별한 기상예보이다. 6시간의 강수량이 70mm 이상 예상되거나 12시간의 강수량이 110mm 이상 예상될 경우에 발표한다.

100 보기의 밑줄 친 전자발찌 부착대상이 아닌 경우는?

출제유력

> 법무부가 전지발찌 부착대상 및 성폭력 범죄자 등 강력사범들을 관리하기 위한 보호관찰 인력 증원작업에 본격 착수했다. 최근 잇따라 발생한 아동상대 성폭력 범죄 등 흉악 사건의 재발 빛 예방을 위해시디.

① 성폭력 범죄로 징역형의 실형을 선고받은 사람이 그 집행을 종료한 후 또는 집행이 면제된 후 20년 이내에 성폭력 범죄를 저지른 때
② 성폭력 범죄로 이 법에 따른 전자장치를 부착받은 전력이 있는 사람이 다시 성폭력 범죄를 저지른 때
③ 성폭력 범죄를 2회 이상 범하여(유죄의 확정판결을 받은 경우를 포함) 그 습벽이 인정된 때
④ 16세 미만의 사람에 대하여 성폭력 범죄를 저지른 때

해설 성폭력 범죄로 징역형의 실형을 선고받은 사람이 그 집행을 종료한 후 또는 집행이 면제된 후 10년 이내에 성폭력 범죄를 저지른 때가 전자발찌 부착대상이 된다.

101 사용자가 경영상의 이유로 인하여 근로자를 해고하려 할 때 해고 요건으로 틀린 것은?

출제유력

① 긴박한 경영상의 필요가 있어야 한다.
② 합리적이고 공정한 해고의 기준을 정하고 이에 따라 그 대상자를 선정해야 한다.
③ 노동조합에 해고를 하려는 날의 3개월 전까지 통보하고 성실하게 협의해야 한다.
④ 일정한 규모 이상의 인원을 해고하려면 대통령령으로 정하는 바에 따라 고용노동부장관에게 신고해야 한다.

해설 사용자는 해고를 피하기 위한 방법과 해고의 기준 등에 관하여 그 사업 또는 사업장에 근로자의 과반수로 조직된 노동조합이 있는 경우에는 그 노동조합(근로자의 과반수로 조직된 노동조합이 없는 경우에는 근로자의 과반수를 대표하는 자)에 해고를 하려는 날의 50일 전까지 통보하고 성실하게 협의하여야 한다.

102 다음 보기에서 괄호 안에 알맞은 말은?

> 수원 여성 피살사건 이후 조선족 혐오증인 (   )가 확산된 적이 있다. 특히 살해범인 조선족 오원춘이 경기도 일대에서 막노동을 해온 사실이 알려지면서 3D 업종에 종사하는 조선족 남자들이 주요 타깃이 되었다. 소셜네트워크서비스(SNS)와 각종 인터넷 포털 사이트에서는 이들을 오원춘과 동일시하며 비난하는 글이 넘쳐나고 조선족에 대해서는 무조건 범죄자나 살인자로 취급하기도 한다.

① 아크로포비아　　② 크리스토포비아
③ 아고라포비아　　④ 차오포비아

해설 차오포비아는 중국 조선족에 대한 혐오증을 말한다.
① 고소공포증
② 기독교혐오증
③ 광장공포증

103 사람의 활동이나 상품을 생산 · 소비하는 전 과정을 통해 배출되는 온실가스 배출량을 이산화탄소로 환산한 총량을 가리키는 말은?

① 탄소세　　② 탄소수지
③ 탄소배출권　　④ 탄소발자국

탄소발자국(Carbon Footprint)
생산부터 폐기까지 하나의 제품이 발생시키는 이산화탄소 배출 총량을 말한다. 2006년 영국 의회 과학기술처(POST)에서 처음 사용한 용어로 제품 생산시 발생된 이산화탄소의 총량을 탄소발자국으로 표시하게 함으로써 유래됐다.

104 이메일 또는 휴대전화 등을 통해 특정한 날짜와 시간에 정해진 장소에 모여 짧은 시간 안에 주어진 행동을 동시에 하고 뿔뿔이 흩어지는 현상은? 출제유력

① 플래시몹
② 스마트몹
③ 매스클루시버티
④ 소포모어징크스

② 스마트폰 · 메신저 · 인터넷 · 이메일 등 첨단 정보통신 기술을 바탕으로 긴밀한 네트워크를 이루어 정치 · 경제 · 사회 등의 제반 문제에 참여하는 사람들의 집단
③ 대중을 의미하는 'Mass'와 한정됨 또는 유일무이함을 의미하는 'Exclusivity'가 합쳐져서 만들어진 신조어로 특별한 소수를 위한 맞춤형 마케팅 전략
④ 초판에 베스트셀러를 기록한 작가의 후속작의 판매부진이나 신인왕을 받은 야구선수의 다음 시즌 부진 등의 2년차 징크스

Answer 99 ① 100 ① 101 ③ 102 ④ 103 ④ 104 ①

105 다음 괄호에 들어갈 말을 순서대로 연결한 것은?

> 장하준 교수는 <그들이 말하지 않는 23가지>라는 저서에서 부자들에게 부를 몰아줌으로써 자유시장 경제학이 기대한 것, 즉 '윗부분에서 창출된 보다 큰 파이가 아래로 흘러내려 결국 가난한 사람들에게 스며들 것'이라는 (　　　)도 실제로는 별로 작동하지 않는다고 지적한다. 이에 대응하는 장하준의 이론은 (　　　)이다. 이 이론에 따르면 부유층에 집중된 자유시장의 자연스러운 작용에 의해 가난한 계급에게 한 방울 한 방울 흘러 떨어지기를 마냥 기다리는 것은 너무 느리고 부족하다. 따라서 아예 전기 펌프를 설치하여 부를 아래로 콸콸 이전시키는 것이 경제 성장의 혜택을 사회 전체로 확산시키기에 훨씬 더 쉽고 빠른 길이고 그 펌프가 바로 복지국가라고 말한다.

① 트리클다운 이론 – 아인리히 법칙
② 펌프 이론 – 트리클다운 이론
③ 트리클다운 이론 – 펌프 이론
④ 펌프 이론 – 파킨슨의 법칙

- 아인리히 법칙 : 사고 또는 재난은 발생 전 몇 차례의 징후가 나타나므로 이에 대한 분석과 준비를 통해 예방할 수 있다는 법칙
- 파킨슨의 법칙 : 영국의 행정학자 파킨슨이 사회를 풍자적으로 분석하여 주창한 사회 생태학적인 몇 가지의 법칙 예 공무원의 수는 업무량의 증가와는 관계없이 증가한다.

106 다음 내용에서 밑줄 친 용어에 대한 설명으로 가장 옳은 것은?

> 노스웨스턴대학 캐롤라인 첸 교수는 최근 LA타임스 칼럼에 대학 입시에서 '대나무 천장(Bamboo Ceiling)'이 점점 더 높아지고 있다며 어퍼머티브 액션(Affirmative Action)을 비판했다.

① 공적으로 제시하는 기본 방침
② 소수계를 우대하는 정책
③ 반사회적인 행위
④ 다수의 평등지수 높이기

어퍼머티브 액션(Affirmative Action)
인종이나 경제적 신분 간 갈등을 해소하고 과거의 잘못을 시정하기 위해 특혜를 주는 사회정책이다. 단순히 차별을 철폐하고 공평한 대우를 하는 것보다 좀 더 적극적으로 가산점을 주는 형태로 이루어진다.

107 뛰어난 인재들만 모인 집단에서 오히려 성과가 낮게 나타나는 현상을 일컫는 용어는?

① 번아웃 신드롬
② 샹그릴라 신드롬
③ 스톡홀름 신드롬
④ 아폴로 신드롬

 아폴로 신드롬은 경영학자 메러디스 벨빈이 〈팀 경영의 성공과 실패〉라는 책을 통해 도입한 용어로, 한국에서는 〈팀이란 무엇인가〉라는 제목으로 출판되었다. 저자는 아폴로 우주선을 만드는 일과 같이, 어렵고 복잡한 일일수록 명석한 두뇌를 가진 인재들이 필요하지만 실제 사례에서는 뛰어난 자들만 모인 조직은 정치 역학적인 위험을 가지고 있다고 주장하였다.

108 다음 중 적조 현상이 일어나는 원인으로 바르지 않은 것은? 출제유력

① 적조 현상이 일어나는 가장 큰 원인은 물에 유기양분이 너무 많은 부영양화에 있다.
② 연안 개발 및 간척사업으로 인한 갯벌의 감소도 적조 현상의 원인으로 작용한다.
③ 바람에 의해 바닷물이 잘 섞이는 경우에도 적조 현상이 발생한다.
④ 기온의 변화로 수온이 상승하여 미생물의 번식이 증가하면 적조 현상이 발생한다.

해설 바람이 적게 불어서 바닷물이 잘 섞이지 않는 경우에 적조 현상이 발생한다.
① 적조란 플랑크톤을 비롯한 미생물이 갑자기 대량 번식하여 바다, 강, 호수 등의 색깔이 붉게 변하는 현상인데, 적조를 일으키는 미생물을 대량 번식하게 만드는 물의 부영양화가 가장 큰 원인이다.
② 갯벌에 사는 생물들이 플랑크톤이나 미생물을 먹이로 함으로써 자연 정화 작용을 했었으나, 간척사업 등으로 갯벌이 감소하면서 부영양화가 심해지고 적조도 증가하게 되었다.
④ 기온 변화로 수온이 상승하면 미생물이 더욱 왕성하게 번식하므로 적조 현상이 발생한다.

109 라니냐 현상은 무엇을 가리키는가?

① 무역풍이 평년보다 약해지는 것
② 적도 부근의 해수온도가 낮아지는 것
③ 남미 태평양 해수온도가 높아지는 것
④ 지구의 북반구 해수온도가 낮아지는 것

- 라니냐(La nina) 현상 : 적도 부근의 표면 해수온도가 갑자기 낮아지는 현상이다.
- 엘니뇨(El nino) 현상 : 남미 에콰도르와 페루 북부 연안에서 크리스마스 무렵부터 봄철에 걸쳐 일어나는 해류의 변화로 북쪽에서 난류가 유입되어 수온이 높아지는 현상이다.

Answer 105 ③ 106 ② 107 ④ 108 ③ 109 ②

110 도시 근교를 기반으로 고등교육을 받고 전문직에 종사하는 젊은이들을 지칭하는 용어는?

① 네스팅족 ② 딘트족
③ 시피족 ④ 여피족

해설 젊은(Young), 도시형(Urban), 전문직(Professional)의 머리글자를 딴 YUP에서 유래한 말로, 여피족(Yuppies)이라 부른다.
① 네스팅족 : 가정, 둥지를 튼다는 의미의 Nest에서 붙여진 것으로 가정의 화목을 최우선으로 두는 사람들
② 딘트족 : Double Income No Time의 약칭으로, 수입은 두 배이지만 돈 쓸 시간이 없는 맞벌이 부부
③ 시피족 : 개성(Character), 지성(Intelligence), 전문직(Professional)의 머리글자를 딴 CIP에서 유래한 것으로, 지적인 면을 강조하고 합리적인 행동으로 단순한 삶을 추구하는 젊은이

111 다음의 사회적 증후군 중 성격이 다른 하나는?

① 파랑새증후군 ② 피터팬증후군
③ 번아웃증후군 ④ 모라토리엄증후군

해설 피터팬증후군과 모라토리엄증후군은 성인이 되어서도 그 이전 단계의 자아에 머물러 있으려 하고 사회적 자아를 확립하지 못한다는 점에서 일맥상통하며, 현실을 거부하고 백일몽을 쫓는다는 점에서 파랑새증후군과도 통한다고 볼 수 있다. 번아웃증후군은 현대 사회의 탈진증후군을 뜻한다.

112 다음이 설명하는 용어가 순서대로 바르게 연결된 것은?

- 건강하고 지속 가능한 친환경 중심의 생활방식
- 나이는 40~50대지만 30대 외모와 20대 마인드를 갖고 전통적인 아줌마상을 거부하는 여성들

① 웰니스족, 크리스털족
② 로하스족, 루비족
③ 로하스족, 크리스털족
④ 웰니스족, 루비족

해설
- 로하스(LOHAS)족 : 'Lifestyles Of Health And Sustainability'의 약자로서, 건강과 지속적인 성장을 추구하는 생활방식 또는 이를 실천하려는 사람을 말한다. 로하스족은 개인의 정신적·육체적 건강뿐 아니라 환경까지 생각하는 친환경적인 소비형태를 보이며, 자신의 건강 외에도 후대에게 물려줄 미래의 소비기반의 지속가능성까지 생각한다.
- 루비(RUBY)족 : 삶을 다시 신선하게 만들고(Refresh), 평범한 아줌마임을 거부하며(Uncommon), 아름답고(Beautiful), 젊어 보이는(Youthful) 40~50대 여성을 일컫는 말로, 나이에 국한되지 않고 자신의 삶을 아름답게 가꾸는 데 열성적인 중장년 여성층을 가리킨다.

113 **다음 중 사회보험에 대한 설명으로 옳지 않은 것은?** 출제유력

① 사회보험은 전 국민을 대상으로 하며 가입이 강제된다.
② 사회보험은 건강보험, 산업재해보상보험, 고용보험, 연금보험 등이 있다.
③ 사회보험은 일반조세에 의하여 충당된다.
④ 소득재분배의 기능을 가진다.

해설 사회보험의 보험료는 조세가 아닌 국민, 기업, 국가가 서로 분담하여 부담한다.

114 **최근 한국사회는 급속히 노령화 사회로 접어들고 있다. 노령화 정도를 측정하는 노령화지수는 노년층 인구를 유소년층 인구로 나눈 값이다. 이때 노년층과 유소년층의 기준연령은?**

① 65살, 18살　　② 65살, 14살
③ 60살, 12살　　④ 63살, 12살

해설 노령화지수는 14세 이하 인구 대비 65세 이상 노령인구의 비율이다.

115 **다른 사람들이 기대하는 것이 있으면 그에 부응하는 쪽으로 변하게 되는 현상을 가리키는 말은?**

① 소크라테스효과　　② 피그말리온효과
③ 가르시아효과　　④ 베르테르효과

① 소크라테스가 자기 제자들에게 질문을 던져 자발적으로 결론에 이르도록 한 것처럼 사람들도 자기의 태도에 일관성을 계속 유지하고자 하고, 또 일관성이 유지되기를 심리적으로 압박받는 현상
③ 사람을 비롯한 모든 유기체들이 가지고 있는 생존 본능으로 먹는 행동과 그로 인해 나타나는 결과 사이에는 시간적으로 차이가 있지만 일정한 인과관계가 존재하는데, 특정한 먹을거리의 미각과 뒤에 따르는 결과 사이의 관련성을 학습하는 재능
④ 자신이 모델로 삼고 있던 사람 또는 사회적으로 영향력 있는 유명인 등이 자살할 경우, 그 사람과 자신을 동일시해서 자살을 시도하는 현상으로 '동조자살' 또는 '모방자살'이라고도 한다. 독일의 문호 괴테의 소설 〈젊은 베르테르의 슬픔〉에서 유래하였다.

116 **사회적 목표는 분명하지만 그것을 성취할 만한 적절한 수단들이 제공되지 못할 경우에 목표와 수단이 어긋나서 규범의 부재나 혼란의 상태를 보이게 되는 현상으로 무규범상태를 이르는 말은?** 출제유력

① 차별적 접촉이론　　② 아노미 현상
③ 낙인이론　　④ 문화지체 현상

Answer 110 ④ 111 ③ 112 ② 113 ③ 114 ② 115 ② 116 ②

 ① 차별적 접촉이론 : 미국의 범죄학자 에드윈H. 서덜랜드의 사회학적 이론으로 특정한 사람이 일탈적 행위 유형을 학습하게 되는 이유를 설명한다. 범죄는 일반적인 행위와 마찬가지로 학습을 통해서 익히게 되고, 학습은 주로 친밀한 사람들과의 상호작용을 통해 일어난다고 한다.
③ 낙인이론 : 1960년대에 등장한 범죄학 이론으로, 어떤 사람이 사회구성원들이 일탈 행동이라고 규정한 어떤 행동을 하여, 일탈 행위자로 낙인찍히면 그 사람은 낙인찍힌 대로 범죄자가 된다는 이론이다.
④ 문화지체 현상 : 미국의 사회학자 W. F. 오그번이 주장한 이론으로 급속히 발전하는 물질문화와 비교적 완만하게 변하는 비물질문화 간 변동속도의 차이에서 생겨나는 사회적 부조화 현상을 말한다.

117 사회적인 쟁점에 대해 소수의 의견을 다수의 의견으로 또는 다수의 의견을 소수의 의견으로 잘못 인지하는 현상은?

출제유력

① 공소증후군 ② 노비즘
③ 다원적 무지 ④ 스프롤 현상

해설 다원적 무지는 쉐프(Scheff)에 의해 제안된 것으로, 많은 사람들이 상호 간 개인적 의견에 대해 의사소통하지 않은 결과 자신이 지배적 의견에 반대되는 소수에 속해 있다고 느끼게 되는 현상이다.

118 근로기준법에 보장된 산전후 휴가에 관한 규정은 모성보호에서 가장 중요한 구실을 한다. 산전후 휴가 등에 관련한 다음 설명 중 잘못된 것은?

① 산전후 휴가는 출산 전에 30일, 출산 후에 30일 합계 60일 이상을 주도록 법에 명시하고 있다.
② 산전후 보호휴가 중 최초 60일은 유급으로 한다.
③ 사용자는 임신 중인 여성 근로자에 대하여 시간 외 근로를 시켜서는 안 된다.
④ 생후 1년 미만의 유아를 가진 여성 근로자의 청구가 있으면 1일 2회 각 30분 이상의 유급 수유시간을 주어야 한다.

해설 사용자는 임신 중의 여성에게 산전과 산후를 통하여 90일의 보호 휴가를 주어야 한다. 이 경우 휴가 기간의 배정은 산후에 45일 이상이 되어야 한다(근로기준법 제74조 제1항).

119 노동쟁의에 대한 설명으로 옳지 않은 것은?

① 쟁의행위에 들어가기 위해서는 먼저 노동관계 상대방에게 서면으로 통보하여야 한다.
② 노동쟁의의 조정은 노동위원회에 신청하여야 한다.
③ 노동쟁의의 조정은 강제력이 있고 중재는 강제력이 없다.
④ 조정절차가 진행 중이라도 협상이 이루어지지 않으면 노동자는 쟁의행위를 할 수 있다.

해설 노동쟁의의 조정은 법적인 강제력이 없는 데 비해 중재는 법적인 강제력이 있다는 것이 조정과 중재를 구분하는 가장 큰 특징이다.

04 문화 · 예술 · 미디어 · 스포츠

01 유명 연예인만 기억나고 광고하는 상품은 기억나지 않는 광고 효과는?

① 그림자효과 ② 후광효과
③ 피그말리온효과 ④ 낙인효과

해설 그림자효과(Shadow Effect)란 광고에서 유명 인사가 등장할 때 제품 자체의 메시지는 전달되지 않고, 유명인만 전달되어 광고 효과가 줄어드는 현상을 말한다.
② 후광효과(Halo Effect) : 어떤 대상이나 사람에 대한 일반적인 견해가 그 대상이나 사람의 구체적인 특성을 평가하는 데 영향을 미치는 현상
③ 피그말리온효과(Pygmalion Effect) : 누군가에 대한 사람들의 믿음이나 기대, 예측이 그 대상에게 그대로 실현되는 현상
④ 낙인효과(Stigma Effect) : 피그말리온효과와는 반대로, 다른 사람으로부터 부정적인 낙인을 찍힘으로써 실제 그렇게 되는 현상

02 페이스북과 트위터 등 SNS를 활용하면서 두각을 나타내고 있으며 창간 6년 만인 2011년 뉴욕타임스를 제치고 홈페이지 방문자 수 1위를 차지한 블로그형 신문은? 출제유력

① 워싱턴 포스트 ② 허핑턴 포스트
③ 월스트리트저널 ④ LA 타임즈

허핑턴 포스트(The Huffington Post)의 성공비결
- 분야별 전문가를 블로거로 끌어들여 콘텐츠 수준을 높였다.
- 유명인사 중심의 핵심 필진으로 단기간에 지명도를 올렸다.
- 열성 독자를 관리자로 지정해 댓글 관리를 맡겼다.
- 소셜 네트워크 서비스를 유기적으로 결합했다.

03 아날로그 채널 주파수(6MHz)를 쪼개 지상파 방송사가 사용할 수 있는 채널 수를 늘리는 것을 무엇이라고 하는가?

① 시분할다중화(TDM) ② 멀티모드서비스(MMS)
③ 압축다중화(PMSB) ④ 광대역부호분할다중화(WCDM)

해설 멀티모드서비스는 1개의 주파수 대역에서 고화질(HD)과 표준화질(SD) 등 비디오채널을 복수로 운영하는 기술이다.

Answer 117 ③ 118 ① 119 ③ // 01 ① 02 ② 03 ②

04 **다음 중 세계 4대 통신사가 아닌 것은?** 출제유력

① AP통신사
② UPI통신사
③ 로이터통신사
④ 블룸버그통신사

해설 세계 4대 통신사
- AP(Associated Press of America) : 신문사 방송국 회원사에 의해 공동관리되는 비영리조합 조직의 미국 연합통신사이며, 전 세계적인 통신망을 가지고 있다.
- AFP(Agence France Press) : 서유럽적 입장에서 논평과 보도를 하는 프랑스의 국영 통신사로 파리에 본부가 있으며, 제2차 세계대전 중 활동하던 아바스(Havas) 통신사의 후신이다. 전 세계에 100여 개의 지국을 두고 있다.
- UPI(United Press International) : 1958년에 UP가 경영난에 빠진 INS(International News Service) 통신사를 병합하여 발족시킨 국제 합동 통신사이다(영리조직). 국내는 물론 전 세계에 통신을 공급하고 있다.
- 로이터(Reuter) : 독일인 로이터가 1851년 영국에 귀화하여 런던에 설립한 통신사이다. 현재는 전 세계에 통신망을 가지고 국제신문계의 일대 세력을 이루고 있으며 경제통신, 외교기사가 특히 유명하다.

05 **유네스코 세계기록유산에 대한 설명 중 잘못된 것은?** 출제유력

① 인류의 소중한 기록물을 보존하고 적절한 기술을 통해 관리하기 위한 유네스코의 등록제도이다.
② 주로 세계적 가치가 있는 고문서가 대부분이지만 도서나 신문, 포스터 등 기록이 담긴 자료를 비롯해 그림, 지도, 음악 등 비기록 자료와 영상 이미지, 오디오, 비디오 같은 디지털 형태의 데이터도 등록대상이다.
③ 기록유산에 등재되면 유네스코의 보조금과 기술 지원을 받을 수 있다.
④ 유네스코의 세계유산(World Heritage)의 세부종목으로 세계문화유산, 세계무형유산, 세계기록유산이 있다.

해설 세계기록유산은 세계유산과는 별개의 것으로, 별도로 선정 · 관리된다.

06 **TV 드라마를 편당 3분 30초 ~ 5분으로 축약해 만든 콘텐츠를 무엇이라 하는가?**

① 뮤비라마
② 무비라마
③ 쇼트라마
④ 미니소드

해설 미니소드에 대한 설명으로, 미니 에피소드(Mini Episode)의 준말이다.

07 **다음 언론사 중 세계적인 언론 재벌 루퍼트 머독의 뉴스코퍼레이션에 속하지 않는 것은?**

① 폭스뉴스(미국) ② ESPN(미국)
③ 채널V(중국) ④ 더 타임즈(영국)

해설 스포츠채널 ESPN은 디즈니 계열사이며, 'ESPN스타'는 ESPN과 스타TV가 50 : 50으로 만든 합작회사다.

08 **방송사의 위탁을 받아 광고주에게 광고를 팔고 판매 대행 수수료를 받는 '방송광고판매 대행회사'를 무엇이라 하는가?**

① 뉴스 에이전시(News Agency) ② 미디어 렙(Media Rep)
③ ABC제도 ④ 발롱데세

해설 미디어 렙(Media Representative)
'Media(매체)'와 'Representative(대표)'의 합성어로, 방송사의 위탁을 받아 광고주에게 광고를 판매해주고 판매 대행 수수료를 받는 회사이다. 이런 대행 체제는 방송사가 광고를 얻기 위해 광고주한테 압력을 가하거나 자본가인 광고주가 광고를 빌미로 방송사에 영향을 끼치는 것을 일부 막아주는 장점이 있다.

09 **다음 중 우리나라가 보유한 유네스코 세계문화유산이 아닌 것은?** 출제유력

① 경복궁
② 수원화성
③ 해인사 장경판전
④ 경주역사유적지구

해설 우리나라는 지난 1995년 이래 창덕궁, 수원화성, 석굴암 · 불국사, 해인사 장경판전, 종묘, 경주역사유적지구, 고창 · 화순 · 강화 고인돌유적, 조선왕릉, 안동하회 · 경주양동 마을, 제주 화산섬과 용암동굴, 남한산성, 백제역사유적지구, 산사 한국의 산지승원, 한국의 서원까지 총 14건의 세계문화유산을 보유하고 있다.

10 **다음 중 변형된 기형 인간이 등장하는 호러영화는 무엇인가?**

① 스플래터 무비 ② 좀비 무비
③ 프릭스 무비 ④ 오컬트 무비

1932년 제작된 프릭스 무비에는 실제 서커스단의 프릭스(돌연변이 기형 인간)가 출연했다.
① 스플래터 무비는 살인 범죄를 소재로 한 영화이다. 스플래터는 피가 튄다는 뜻이다.
② 좀비 무비는 살아 있는 시체들이 등장하는 영화이다.
④ 오컬트 무비는 엑소시스트 등과 같이 마술, 악령, 영혼, 사후 세계 따위를 다룬 괴기 영화이다.

Answer 04 ④ 05 ④ 06 ④ 07 ② 08 ② 09 ① 10 ③

11 작곡가와 오페라 작품이 잘못 연결된 것은? 출제유력

① 라보엠 – 푸치니
② 라 트라비아타 – 베버
③ 아이다 – 베르디
④ 니벨룽겐의 반지 – 바그너

해설 라 트라비아타 – 베르디, 마탄의 사수 – 베버
주요 오페라 작곡가와 작품
- 푸치니 : 나비부인, 라보엠, 토스카, 투란도트
- 베르디 : 리골레토, 라 트라비아타(춘희), 아이다, 오셀로
- 모차르트 : 피가로의 결혼, 돈 조반니, 마적
- 바그너 : 탄호이저, 니벨룽겐의 반지, 트리스탄과 이졸데

12 악장 앞에 'BWV' 라고 쓰인 곡들의 작곡가는 누구인가?

① 바 흐
② 슈베르트
③ 모차르트
④ 베토벤

해설 음악가의 작품번호
바흐(BWV), 슈베르트(D), 모차르트(K), 베토벤(WoO), 헨델(HWV), 하이든(Hob), 비발디(R), 드보르작(B)

13 다음 중 유네스코 세계기록유산에 등재된 기록물이 아닌 것은? 출제유력

① 용비어천가
② 조선왕조의궤
③ 훈민정음 해례본
④ 직지심체요절

해설 용비어천가 권 3, 4는 2001년 12월 31일 서울유형문화재 제140호로 지정되었다.
우리나라 세계기록유산
우리나라는 훈민정음 해례본(1997), 조선왕조실록(1997), 직지심체요절(2001), 승정원일기(2001), 조선왕조의궤(2007), 해인사 팔만대장경판 및 제경판(2007), 동의보감(2009), 5 · 18 민주화운동 기록물(2011), 일성록(2011), 난중일기(2013), 새마을운동 기록물(2013), 한국의 유교책판(2015), KBS 특별생방송 '이산가족을 찾습니다' 기록물(2015), 조선왕실 어보와 어책(2017), 국채보상운동 기록물(2017), 조선통신사 기록물(2017)로 총 16개를 보유하고 있다.

14 2017 베를린 영화제에서 김민희는 어떤 작품으로 여우주연상을 수상했는가?

① 〈그 후〉
② 〈밤의 해변에서 혼자〉
③ 〈악녀〉
④ 〈옥자〉

해설 김민희는 홍상수 감독의 영화 〈밤의 해변에서 혼자〉로 2017년 베를린 영화제에서 여우주연상을 수상했다.

15 유럽축구에서 한 팀이 한 시즌에 자국리그와 FA(축구협회)컵, UEFA(유럽축구연맹)컵, 챔피언스리그를 석권하는 것을 무엇이라 하는가?

① 사이클링 히트(Cycling Hit)　② 그랜드슬램(Grand Slam)
③ 트리플 플레이(Triple Play)　④ 트레블(Treble)

① 야구에서 한 선수가 한 게임에서 단타, 2루타, 3루타, 홈런을 순서에 관계없이 모두 쳐낸 것을 말한다.
② 4대 메이저 대회를 모두 석권하는 것을 말한다. 골프의 4대 메이저 대회는 남자의 경우 마스터즈골프대회, US오픈골프선수권대회, 전영오픈골프선수권대회, 미국PGA선수권대회이며, 여자골프 4대 메이저 대회는 나비스코선수권대회, LPGA선수권대회, US여자오픈 골프선수권대회, 전영여자오픈골프선수권대회이다. 테니스의 경우에는 호주오픈테니스선수권대회, 프랑스오픈테니스선수권대회, 윔블던테니스대회, US오픈테니스선수권대회를 말한다.
③ 야구경기에서 수비팀이 연속된 동작으로 3명의 공격팀 선수를 아웃시키는 플레이를 말한다.

16 다음에서 설명하는 것은 무엇에 해당하는가?

> 사람들을 끌기 위해 자극적이고 선정적인 기사를 과도하게 취재하여 보도하는 행태

① 블랙 저널리즘　② 옐로 저널리즘
③ 레드 저널리즘　④ 포토 저널리즘

1890년대 미국에서 랜돌프 허스트와 조지프 퓰리처는 각각 자신의 신문에 실었던 만화 '노란 꼬마'를 서로의 신문을 공격하는 PR로 사용했는데, 이를 두고 '뉴욕프레스'의 편집국장이었던 어빈 워드먼이 끔찍한 사건과 스캔들을 이용하는 두 신문의 방식을 '황색 언론'이라 부른 것에서 옐로 저널리즘이 탄생했다.

17 미국 콜롬비아대 언론대학원에서 선정하는 미국 최고 권위의 보도 · 문학 · 음악상은?

① 토니상　② 그래미상
③ 퓰리처상　④ 템플턴상

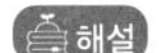

퓰리처상
미국의 언론인 퓰리처의 유산으로 제정된 언론 · 문학상이다. 1917년에 시작되어 매년 저널리즘 및 문학계의 업적이 우수한 사람을 선정하여 19개 부분에 걸쳐 시상한다.
① 1947년에 브로드웨이의 유명한 여배우 앙트와네트 페리를 기념하기 위하여 미국의 극장 기구 · 극장 및 제작자 연맹 등에 의하여 창설된 상으로 'A. 페리상'이라고도 한다.
② 전 미국 레코드 예술과학아카데미가 1년간의 우수한 레코드와 앨범을 선정해 수여하는 우수레코드상이다.
④ 1972년 미국의 사업가 템플턴이 창설하여 종교활동의 증진 · 향상에 기여한 사람에게 주는 상이다.

Answer 11 ② 12 ① 13 ① 14 ② 15 ④ 16 ② 17 ③

18 **19세기 낭만주의 시대에 전성기를 구사한 오페라가 처음 시작된 곳은?**

① 독 일　　② 프랑스
③ 이탈리아　　④ 오스트리아

해설 르네상스 시대인 1597년 이탈리아 피렌체에서 오페라가 처음 시작되었다.

19 **다음 영화 중 임권택 감독의 작품이 아닌 것은?**

① 〈만다라〉　　② 〈길소뜸〉
③ 〈오아시스〉　　④ 〈서편제〉

해설 〈오아시스〉는 이창동 감독의 2002년도 작품으로, 베니스 영화제 특별감독상을 받았다.

20 **다음 중 세계 3대 테너 성악가가 아닌 사람은?** 출제유력

① 루치아노 파바로디　　② 로베르토 알라냐
③ 플라시도 도밍고　　④ 호세 카레라스

해설 로베르트 알라냐는 신 3대 테너에 속한다. 신 3대 테너는 호세 쿠라, 로베르토 알라냐, 알바니스크이다.

21 **20년 동안 1,000만 부 이상 판매된 조정래 작가의 대하소설 3부작의 시대적 배경을 순서대로 바르게 연결한 것은?**

① 객주, 아리랑, 토지　　② 아리랑, 태백산맥, 한강
③ 아리랑, 토지, 한강　　④ 혼불, 아리랑, 태백산맥

해설 〈아리랑〉은 일제강점기를, 〈태백산맥〉은 광복과 한국전쟁기를, 〈한강〉은 1960년대 이후 한국의 현대사를 배경으로 다루었다.

22 **다음 중 이창동 감독이 감독한 영화가 아닌 것은?**

① 〈그 섬에 가고 싶다〉　　② 〈초록물고기〉
③ 〈박하사탕〉　　④ 〈오아시스〉

해설 이창동 감독은 1993년 〈그 섬에 가고 싶다〉(감독 박광수)의 시나리오 작가 겸 조감독으로 영화계에 입문했고, 2010년 〈시〉로 칸 영화제 각본상을 수상했다.

23 **다음 중 외국 작가와 작품이 잘못 연결된 것은?**

① 에밀 졸라 – 대지
② 칼 세이건 – 코스모스
③ 윌리엄 카를로스 윌리엄스 – 참을 수 없는 존재의 가벼움
④ 총, 균, 쇠 – 제러드 다이아몬드

해설 〈참을 수 없는 존재의 가벼움〉은 체코슬로바키아 브륀 태생의 소설가 밀란 쿤데라의 작품이다. 윌리엄 카를로스 윌리엄스(William Carlos Williams)는 과장된 상징주의를 배제하고 평면적 관찰을 기본으로 한 객관주의 시를 표방하며 작품을 쓴 미국의 시인이다. 시집 〈패터슨〉, 〈브뢰겔의 그림, 기타〉 등이 있으며 시집 〈브뢰겔의 그림, 기타〉로 1963년 퓰리처상을 받았다.

24 **TV나 라디오에서 한 프로그램이 끝나고 다음 프로그램으로 넘어가는 시간을 뜻하는 방송용어는?**

출제유력

① 스테이션 브레이크
② 스탠바이 프로그램
③ 스폿 영상
④ 리퀘스트 아워

② 공연이나 스포츠 등의 중계가 계획된 시간보다 빨리 끝나거나 방송이 불가능할 경우를 대비해서 미리 준비해 두는 프로그램을 말한다.
③ 프로그램과 프로그램 사이에 들어가는 광고 혹은 프로그램 안내 방송을 말한다.
④ 라디오에서 전화나 우편으로 청취자들의 참여에 의해 진행되는 프로그램을 말한다.

25 **다음 광고 용어에 대한 설명으로 옳지 않은 것은?**

출제유력

① POP광고 – 소비자가 상품을 구매하기 전에 대형 광고업체에서 광고물을 제작 · 게시하여 소비자의 구매를 촉진한다.
② 인포머셜광고 – 상품이나 점포에 대한 상세한 정보를 제공해 소비자의 이해를 돕는 광고기법이다.
③ 키치광고 – 어떤 제품을 알리는 데 있어서 설명보다는 기호와 이미지를 중시하는 광고기법이다.
④ 티저광고 – 핵심부분을 내보이지 않고, 점차 단계적으로 전체 모습을 명확히 해나가는 광고기법이다.

해설 POP광고
소비자가 상품을 구입하는 점포에 의해 제작 · 게시되는 광고로 구매시점광고라고도 한다. 이 광고는 구매시점에서 소비자가 상품에 주목하게 만들고, 구매를 직접적으로 촉진하는 역할을 한다.

Answer 18 ③ 19 ③ 20 ② 21 ② 22 ① 23 ③ 24 ① 25 ①

26 다음 중 세계 최대의 통신사는?

① UPI
② AP
③ 로이터
④ AFP

AP(Associated Press)는 1848년 뉴욕에서 만들어진 세계 최대의 비영리조합 통신사로 각국의 대표적인 통신사들과 제휴하여 해외 통신사 간의 활동영역을 존중한다.
세계 5대 통신사
로이터(Reuter), 타스(Tass), 국제합동통신(UPI), 프랑스통신사(AFP), 미국연합통신(AP)

27 다음 중 종합편성채널에 대한 설명 중 틀린 것은?

출제유력

① 뉴스 보도를 비롯하여 드라마 · 교양 · 오락 · 스포츠 등의 모든 장르를 방송할 수 있다.
② 24시간 종일 방송이 가능하고 중간 광고도 허용된다.
③ 지상파 방송만 시청하는 사람들은 따로 가입하지 않아도 시청이 가능하다.
④ 오락 프로그램을 전체 편성표에서 50% 이내로 편성해야 한다.

해설
지상파 방송국은 국가가 허락한 주파수를 통해 방송이 가능한 반면, 종합편성채널은 케이블TV나 위성TV를 통해서 방송할 수 있으므로 지상파 방송만을 시청하는 가구는 별도로 가입해야 시청이 가능하다.
종합편성채널
2009년 7월 22일 미디어 관련법(방송법, 신문법, IPTV법)이 통과됨에 따라 도입한 것으로 뉴스 · 교양 · 드라마 · 오락 등의 모든 장르를 제공하는 프로그램 공급자이다. 기존의 지상파 방송과의 차이점은 케이블TV나 위성TV의 가입자만 시청이 가능하다는 점과 24시간 방송, 중간 광고의 허용 등이 있다. 프로그램 편성에 있어 오락 프로그램을 전체 프로그램의 50% 이내로 해야 한다는 규정 이외에는 특별한 제한 사항이 없다.

28 정보민주주의의 기본권과 관계 없는 것은?

① 알 권리
② 액세스권
③ 주민소환제
④ 프라이버시권

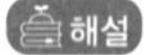
정보민주주의
정보화 사회에서 정보에 관한 기본적 권리가 실현됨으로써 정보공공시설의 민주적인 운영과 직접참여 민주주의가 보장되는 것을 말한다. 정보에 관한 기본적 권리로는 프라이버시권(사생활에 관한 정보가 타인에게 알려지지 않을 권리) · 알 권리(국민이 국가의 정보를 알 수 있는 권리) · 정보사용권(모든 정보를 자유로이 이용할 수 있는 권리) · 정보참가권(중요한 정보원 관리에 참가하는 것과 정부의 중요정책 결정에 참가하는 것) · 액세스권(언론의 자유를 확보하기 위해 시민이 대중매체에 접근하여 이용할 권리) 등이 있다.

29 신문 · 방송에 관련된 다음 용어 중 설명이 잘못된 것은? 출제유력

① 커스컴(Cuscom) – 특정 소수의 사람들을 상대로 전달되는 통신체계
② 오프 더 레코드(Off the Record) – 기자회견이나 인터뷰의 경우 발언자의 이야기를 정보로 참고할 뿐 기사화해서는 안 된다는 조건을 붙여 하는 발표
③ 전파 월경(Spill Over) – 방송위성의 전파가 대상지역을 넘어 주변국까지 수신이 가능하게 되는 것
④ 블랭킷 에어리어(Blanket Area) – 어느 시간까지만 보도를 중지하는 시한부 보도중지를 일컫는 말

해설 ④ 엠바고(Embargo)에 대한 설명이며, 블랭킷 에어리어는 난시청지역을 말한다.

30 황색 신문(Yellow Journalism)이란 무엇을 의미하는가?

① 비밀리에 배포되는 신문
② 정부의 시책을 극렬하게 비판하는 신문
③ 내용이 저속하고 선정적인 보도를 위주로 하는 신문
④ 컬러 그래픽을 사용한 최신 인쇄시설로 출판하는 신문

해설 옐로 저널리즘은 저속하고 선정적인 기사만을 주로 보도하는 저급한 신문이다. 노골적인 사진과 흥미있는 기사 등을 게재해서 독자들의 감각을 자극하여 발행 부수 확장을 노린다.

31 미디어 렙(Media Rep)이란?

① 미디어를 통해 유행하게 된 음악의 하나
② 방송광고판매 대행회사
③ 미디어의 핵심기술을 연구하는 기관
④ 다각경영을 하는 미디어기업의 대표자

해설 미디어 렙(Media Representative)
방송광고판매 대행회사로, 방송사를 대신해 방송광고 영업을 해주고 수수료를 받는 회사이다. 방송사가 직접 광고영업을 할 경우 광고요금이 급등하거나 광고주의 프로그램 간섭이 이뤄질 수 있기 때문에 이런 폐해를 막기 위해 두는 제도로, 우리나라에서는 1980년 이후 한국방송광고공사(KOBACO)가 이를 수행하고 있다.

32 동대문은 흥인지문이라 하고 남대문을 숭례문이라고 한다. 그렇다면 서대문의 다른 이름은?

① 숙정문
② 돈의문
③ 창의문
④ 혜화문

해설 서대문의 다른 이름은 돈의문이며, 북대문의 다른 이름은 숙정문이다.

Answer 26 ② 27 ③ 28 ③ 29 ④ 30 ③ 31 ② 32 ②

33 **세계 골프 4대 메이저 대회 중에서 가장 역사가 오래된 대회는?** 출제유력

① PGA 챔피언십
② 브리티시오픈
③ 마스터스오픈
④ US오픈

해설 브리티시오픈은 1860년 8명의 선수가 12홀 코스인 프레스트 위크 골프 클럽에서 벌인 첫 경기에서 출발하였으며 4대 메이저 대회 중 가장 오래된 역사를 가지고 있다.
① 4대 메이저 대회 중 유일하게 프로만 참가할 수 있는 대회로 1916년 시작되었다.
③ 1930년 영국과 미국에서 개최된 오픈과 아마추어 대회를 휩쓴 바비 존스가 친구들과 골프를 즐기기 위해서 설립한 것이 시초로 1935년부터 마스터스로 불리게 되었다.
④ 1895년 뉴욕의 뉴포트 CC에서 최초로 개최되었다.

34 **다음과 관련 있는 것은?** 출제유력

추임새, 아니리, 발림, 창, 고수

① 농 악
② 판소리
③ 시나위
④ 남사당놀이

해설 판소리
광대의 소리와 그 대사를 총칭하는 민속악의 하나로 조선 중기 이후 평민문화가 발흥하기 시작한 조선 숙종 무렵에 발생하여 남도지방 특유의 곡조를 토대로 발달한, 광대 한 명이 고수 한 명의 장단에 맞추어 일정한 내용을 육성과 몸짓을 곁들여 창극조로 두서너 시간에 걸쳐 부르는 민속예술형태의 한 갈래이다. 남도의 향토적인 선율을 토대로 진양조 · 중모리 · 중중모리 · 자진모리 · 휘모리 · 엇모리 · 엇중모리 등 일곱 가지 장단에 따라 장단을 변화시키고, 아니리와 발림 등으로 극적인 효과를 높인다.

35 **연극의 3요소가 아닌 것은?** 출제유력

① 배 우 ② 무 대
③ 관 객 ④ 희 곡

해설
• 연극의 3요소 : 배우, 희곡, 관객
• 연극의 4요소 : 배우, 희곡, 관객, 무대

36 아래에 제시된 것들과 연관이 있는 인물은 누구인가?

- 마릴린 먼로
- 코카콜라 병
- 캠벨 수프 깡통
- 팝아트

① 르네 마그리트 ② 앤디 워홀
③ 낸시랭 ④ 잭슨 폴록

해설 앤디 워홀
미국 팝아트를 대표하는 화가로 실크스크린을 화면에 전사하는 방법으로 현대문명의 소비문화, 대중적 이미지 등을 표현한 작품을 많이 발표했다. 마릴린 먼로, 엘리자베스 테일러 등 할리우드 여배우들의 사진을 실크스크린으로 나타낸 작품이나 나란히 진열된 캠벨 수프 깡통이 새겨진 작품 등은 그를 상징하는 대표작들이다.
① 르네 마그리트 : 스페인의 살바도르 달리, 독일의 막스 에른스트와 더불어 초현실주의 미술을 대표하는 벨기에 화가이다. 주변에서 볼 수 있는 일상적인 소재를 이용하여 고정관념을 깨뜨리는 발상으로 결합한 작품을 많이 발표했다.
③ 낸시랭 : 최근 몇 년 사이 우리나라 문화계의 새로운 아이콘 중 하나로 떠오른 낸시랭은 행위예술가로서 독특한 퍼포먼스를 구사하고, 다양한 팝아트 작품을 발표하면서 세간의 관심과 논란의 대상이 되기도 하였다.
④ 잭슨 폴록 : 추상 표현주의를 대표하는 미국의 화가로 개인의 복잡한 내면을 표현하고자 캔버스에 물감을 마구 뿌리는 액션 페인팅 기법을 창조하여 미술계의 반향을 얻었다. 2006년 11월 경매시장에서 그의 작품 'No.5'가 1억 4,000만 달러에 낙찰되면서, 세계에서 가장 비싼 그림의 판도가 바뀌어 화제가 되기도 했다.

37 다음 중 유럽의 국가와 국가별 프로축구리그의 연결로 옳은 것은? 출제유력

① 스페인 – 프리미어리그 ② 독일 – 분데스리가
③ 이탈리아 – 슈페리가 ④ 잉글랜드 – 프리메라리그

해설 ① 스페인 – 프리메라리그, ③ 이탈리아 – 세리에 A, ④ 잉글랜드 – 프리미어리그

38 다음 중 상업영화에 대항하여 독립영화를 다루는 권위 있는 영화제는?

① 칸 영화제 ② 아시아 태평양 영화제
③ 부산 국제 영화제 ④ 선댄스 영화제

해설 선댄스 영화제
미국의 유타주 파크시티에서 열리는 영화제로, 1970년대 중반 미국의 영화배우 겸 감독인 로버트 레드포드(Robert Redford)가 상업영화에 대항하여 설립하였다.

Answer 33 ② 34 ② 35 ② 36 ② 37 ② 38 ④

39 **중국의 문학가 겸 사상가 루쉰의 작품은 무엇인가?** 출제유력

① 개구리
② 사십일포
③ 붉은 수수밭
④ 아큐정전

해설 ①·②·③은 모옌의 소설이다.

40 **다음 중 노벨평화상을 받지 않은 사람은 누구인가?**

① 김대중
② 테레사 수녀
③ 마하트마 간디
④ 넬슨 만델라

해설 ① 김대중 : 2000년 노벨평화상 수상
② 테레사 수녀 : 1979년 노벨평화상 수상
④ 넬슨 만델라 : 1993년 노벨평화상 수상

41 **다음 보기의 괄호 안에 공통으로 들어갈 말로 가장 적절한 것은?**

> 핫코너란 (　　)가 지키는 수비지역을 가리키는 야구용어이다. 대부분의 타자가 오른손잡이이기 때문에 보통 (　　)에게 가장 강하고 날카로운 타구가 집중되자 메이저리그 초창기에 핫코너라는 이름을 붙이게 됐다.

① 1루수
② 2루수
③ 3루수
④ 투 수

해설 핫코너란 3루수가 지키는 수비지역으로, 강한 타구가 많이 날아오는 곳이라는 의미를 지니고 있다.

42 **빌보드 차트에 관한 설명 중 괄호 안에 들어갈 말로 가장 적절한 것은?**

> 빌보드 차트는 미국의 음악잡지 '빌보드'에서 발표하는 대중음악의 인기순위이다. 크게 싱글 차트와 앨범 차트로 구분되며 (　) 35가지의 차트를 발표한다. 가수 싸이는 한국 가수로는 최초로 빌보드 차트 2위에 오르며 전 세계적인 관심을 받았다.

① 매 일
② 매 주
③ 매 달
④ 매 년

해설 빌보드 차트
미국에서 발간되는 주간지 '빌보드'에서 발간하는 음악 순위표로, 매주 가장 인기 있는 음악을 선정하여 발표한다. 싱글 앨범을 대상으로 하는 '빌보드 핫 100'과 앨범 판매량으로 순위를 매기는 '빌보드 200'이 가장 유명하다.

43 **다음 중 유네스코 지정 세계무형유산에 등재되지 않은 것은?** 출제유력

① 판소리 ② 처용무
③ 회다지소리 ④ 매사냥

해설 우리나라 유네스코 인류무형문화유산
판소리, 강릉단오제, 종묘제례 및 종묘제례악, 강강술래, 남사당놀이, 영산재, 제주칠머리당영등굿, 처용무, 가곡, 대목장, 매사냥, 택견, 줄타기, 한산모시짜기, 아리랑, 김장문화, 농악, 줄다리기, 제주해녀문화, 씨름

44 **다음 중 4대 뮤지컬이 아닌 것은?** 출제유력

① 오페라의 유령 ② 레 미제라블
③ 미스 사이공 ④ 아이다

해설 세계 4대 뮤지컬
캣츠, 레 미제라블, 미스 사이공, 오페라의 유령

45 **다음 중 노벨상에 대한 설명으로 옳은 것끼리 묶인 것은?** 출제유력

> ㉠ 알프레드 노벨의 유산을 기금으로 하여 제정되었다.
> ㉡ 물리학 · 화학 · 생리의학 · 경제학 · 문학 · 평화의 6개 부문에서 수여한다.
> ㉢ 인류 복지와 문명 발달에 기여한 사람에게만 수여한다.
> ㉣ 모든 상은 매년 12월 10일 스톡홀름에서 수여한다.

① ㉠, ㉡ ② ㉠, ㉢
③ ㉡, ㉢ ④ ㉡, ㉣

해설 노벨상
다이너마이트를 발명한 스웨덴의 화학자 알프레드 노벨의 유언에 따라 매년 인류 복지에 공헌한 사람 및 단체에 수여하는 상이다. 물리학 · 화학 · 생리의학 · 문학 · 평화 · 경제학의 6개 부문으로 나누어 시상하며 시상식은 매년 12월 10일 스톡홀름에서 열린다. 단, 노벨 평화상은 같은 날 노르웨이의 오슬로에서 시상한다.

Answer 39 ④ 40 ③ 41 ③ 42 ② 43 ③ 44 ④ 45 ①

46 다음 중 한국 최초의 근대 신문은?

① 한성순보　　② 대한매일신보
③ 제국신문　　④ 독립신문

해설 한성순보
1883년에 창간되었던 우리나라 최초의 근대 신문이다. 1882년 박영효 일행이 일본에 머무르면서 대중 계몽을 위한 신문 발간의 필요성을 느낀 뒤 귀국하여 고종에게 신문 발간을 주장하였고, 이후 박문국이 설치되어 신문이 발간됐다. 10일에 한 번씩 발간하는 순보였으며 개화문물, 국방정책 등을 소개하였다.

47 우리나라 국보 1호와 보물 1호가 바르게 연결된 것은?

출제유력

	국보 1호	보물 1호
①	숭례문	옛 보신각 동종
②	숭례문	흥인지문
③	경복궁	흥인지문
④	경복궁	북한산 신라 진흥왕 순수비

해설 국보 1~5호와 보물 1~5호
- 국보 1호 : 숭례문
- 국보 2호 : 원각사지 10층 석탑
- 국보 3호 : 북한산 신라 진흥왕 순수비
- 국보 4호 : 고달사지 승탑
- 국보 5호 : 법주사 쌍사자 석등
- 보물 1호 : 서울 흥인지문
- 보물 2호 : 옛 보신각 동종
- 보물 3호 : 원각사지 대원각사비
- 보물 4호 : 중초사지 당간지주
- 보물 5호 : 중초사지 3층 석탑

48 판소리 공연 중 창자가 장단 없이 말로 연기하는 것을 무엇이라 하는가?

① 추임새　　② 아니리
③ 발림　　④ 너름새

① 판소리에서 소리의 중간에 곁들이는 감탄사
③ 판소리에서 창자가 손 · 발 · 온몸을 움직여 소리나 이야기의 감정을 표현하는 몸짓
④ 발림과 같이 판소리 창자가 소리하는 도중에 하는 얼굴 표정이나 몸짓

49 투수가 뚜렷한 이유 없이 갑자기 스트라이크를 던지지 못하는 현상은?

① 서번트증후군　　② 므두셀라증후군
③ 번아웃증후군　　④ 스티브 블래스증후군

해설 스티브 블래스증후군
투수가 이유없이 정신적인 압박 때문에 스트라이크를 던지지 못하는 현상으로, 1973년 메이저리그 피츠버그의 투수 스티브 블래스가 갑자기 스트라이크를 던지지 못하고 1974년 방출돼 은퇴한 것에서 유래한 용어이다.
① 장애를 가지고 있는 사람들이 특정 영역에서 천재성이나 뛰어난 재능을 보이는 증상
② 추억은 아름답다고 하여 항상 좋은 기억만 남겨두려고 하는 증상
③ 한 가지 일에 지나치게 몰두하던 사람이 극도의 피로감으로 인해 자기혐오 · 무기력증 등에 빠지는 증상

50 다음 중 세계 3대 교향곡에 해당하지 않는 것은?

① 운명교향곡
② 비창교향곡
③ 주피터교향곡
④ 미완성교향곡

세계 3대 교향곡
베토벤의 운명교향곡, 슈베르트의 미완성교향곡, 차이코프스키의 비창교향곡

51 다음 중 패럴림픽에 대한 설명으로 옳지 않은 것은?

출제유력

① 신체 장애인들의 국제 경기 대회이다.
② 올림픽 폐막 후 1개월 이내에 올림픽 개최국에서 경기가 열린다.
③ 2014년 소치 패럴림픽에서 우리나라는 노메달을 기록했다.
④ '옆의, 나란히'를 뜻하는 'Para'와 'Olympics'의 합성어이다.

해설 패럴림픽(Paralympics)
올림픽이 폐막 후 2주일 내에 올림픽 개최국에서 10일간 개최되는 장애인 올림픽이다. '옆의, 나란히'를 뜻하는 'Para'와 'Olympics'의 합성어에서 유래했으며, 우리나라는 2014년 소치 패럴림픽에서 '노메달'에 그쳤지만, 2018년 평창 패럴림픽에서 금메달 1개와 동메달 2개를 획득했다.

52 다음 보기에서 설명하는 것은 무엇인가?

출제유력

> 하나의 주제를 중심으로 몇 개의 단편을 결합하여 전체적인 분위기를 내도록 만든 작품이다. '합승마차 · 합승자동차'라는 뜻에서 유래했으며 책, 영화 등 여러 분야에서 사용된다.

① 옴니버스
② 에피소드
③ 피카레스크
④ 액자식 구성

② 중심적인 갈등 구조에서 벗어나 어떤 이야기나 사건 사이에 끼어든 짧은 이야기
③ 각각 독립된 여러 개의 이야기를 같은 주제나 인물을 중심으로 모아서 연속적으로 전개하는 구성
④ 문학 작품 등에서 하나의 이야기 속에 또 다른 이야기가 들어있는 구성

Answer 46 ① 47 ② 48 ② 49 ④ 50 ③ 51 ② 52 ①

53 **다른 신문사나 방송사보다 특종기사를 먼저 보도하는 것은?** 출제유력

① 엠바고 ② 르포르타주
③ 스쿠프 ④ 발롱데세

① 일정 시간까지 뉴스의 보도를 미루는 것
② 사회 현상이나 실제 사건을 사실대로 서술하는 기록문학
④ 여론의 방향을 탐색하기 위해 정보나 의견을 흘려보내는 것

54 **광고에서 친근함을 위해 사용하는 3B가 아닌 것은?**

① Baby ② Body
③ Beast ④ Beauty

해설 광고의 3B
아기(Baby), 동물(Beast), 미인(Beauty)

55 **다음 신문 기사의 공통된 사건은?**

- 이 사건 기록물, 유네스코 세계기록유산에 등재되다.
- 이 사건이 일어난 26년 이후의 이야기를 다룬 영화 '26년'이 흥행 돌풍을 일으켰다.

① 4 · 19 혁명 ② 5 · 18 민주화운동
③ 6 · 10 민주항쟁 ④ 부마민주항쟁

1980년 5월 18일~27일까지 광주시에서 군사정권의 독재에 저항하여 일어난 5 · 18 광주민주화운동에 관한 신문기사들이다. 5 · 18 민주화운동 기록물은 2011년 5월 유네스코 세계기록유산에 등재되었으며 5 · 18 민주화운동을 소재로 한 영화 〈26년〉은 손익분기점을 넘어서며 흥행 돌풍을 일으켰다.

56 **다음 중 갈라쇼에 대한 설명으로 옳지 않은 것은?**

① 이탈리아 전통 축제 복장인 'Gala'에서 유래했다.
② 공연예술과 피겨스케이팅 분야에서 축하하기 위하여 벌이는 공연을 의미한다.
③ 오프닝 공연으로서의 성격을 지닌다.
④ 피겨스케이팅의 경우 갈라쇼에 서는 선수들은 다양한 프로그램을 자유롭게 선보인다.

갈라쇼(Gala Show)
주로 피겨스케이팅과 음악 공연에서 벌이는 규모가 큰 오락행사이다. 갈라쇼에서는 피겨스케이팅 선수들은 다양한 스타일의 프로그램을 자유롭게 선보이며 오프닝으로서의 성격을 지니고 있지는 않다.

57 **미국 대통령선거에 출마했던 상원의원 유진 매카시는 언론을 '전화선 위에 앉은 개똥지빠귀'에 비유한 적이 있다. 하나가 날면 다른 새들도 날고 하나가 앉으면 모두 따라서 한 줄로 앉는다는 것이다. 이와 같은 언론의 행태와 가장 관련이 깊은 용어는?**

① 옐로 저널리즘
② 팩 저널리즘
③ 퍼블릭 저널리즘
④ 오피니언 저널리즘

해설 '팩 저널리즘(Pack journalism), 처널리즘(Churnalism), 허드 저널리즘(Herd journalism)' 모두 개성 없이 유사한 뉴스기사나 신문기사의 행태를 꼬집는 말들이다.

58 **소위 B급 문화, 마이너 문화로 불리며 저속한 예술 등을 의미하다가 최근 하나의 사회 현상으로 자리 잡은 이 문화는 무엇인가?**

① 키치 문화
② 오컬트 문화
③ 레트로 문화
④ 르네상스 문화

해설 키치(Kitsch) 문화
조악한 감각으로 만들어진 예술품과 저속한 대중적 취향의 문화를 의미한다. 저속한 미술품이나 대중 패션을 뜻하는 용어로 쓰이다가 현대에 이르러 하나의 예술 장르로 개념이 확대되면서 대중문화의 흐름을 형성하는 척도가 되었다. 복고 열풍, 촌티 패션 등도 키치 문화의 일종으로 볼 수 있으며 하나의 사회 현상으로 자리 잡았다.

59 **정규 편성이 확정되기 전에 견본용으로 만든 프로그램을 가리키는 용어는?**

① 로컬 프로그램
② 리퀘스트 프로그램
③ 파일럿 프로그램
④ 레인코트 프로그램

해설 1~2편의 파일럿 프로그램을 통해서 시청자들의 반응을 보고 반응이 좋으면 정규 프로그램으로 편성하게 된다.

Answer 53 ③ 54 ② 55 ② 56 ③ 57 ② 58 ① 59 ③

60 다음 중 플래시몹에 대한 설명으로 옳지 않은 것은?

① 불특정 다수의 군중이 모여 약속된 행동을 하는 것이다.
② 2003년 미국 뉴욕에서 처음 시작되었다.
③ 짧은 시간 안에 주어진 행동을 하고 뿔뿔이 흩어진다.
④ 다수의 사람들이 모여 사회적 문제를 일으켜 논란이 되었다.

해설 플래시몹(Flash Mob)
특정 웹사이트의 접속자가 폭발적으로 증가하는 현상을 의미하는 '플래시 크라우드(Flash Crowd)'와 '스마트몹(Smart Mob)'의 합성어로, 불특정 다수의 사람들이 약속된 장소에 모여 짧은 시간 동안 약속된 행동을 한 뒤 뿔뿔이 흩어지는 행위를 일컫는다. 2003년 미국 뉴욕에서 처음 시작되어 전 세계로 확산되었으며 사회적 문제를 일으키지 않고 행위 자체만을 즐긴다.

61 다음 중 연주자와 악기가 잘못 연결된 것은?

① 성민제 – 더블베이스　② 손열음 – 피아노
③ 정명화 – 바이올린　④ 클라라 주미 강 – 바이올린

해설 정명화는 첼리스트이며, 바이올리니스트 정경화와 지휘자 겸 피아니스트인 정명훈이 그녀의 동생들이다.

62 문화유적이나 공공시설을 파괴하는 행위를 무엇이라 하는가?

출제유력

① 다다이즘　② 쇼비니즘
③ 니힐리즘　④ 반달리즘

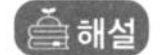
해설 반달리즘(Vandalism)
5세기 초 로마를 침략해 문화를 파괴하고 약탈했던 반달족의 활동에서 유래했으며 문화유적을 파괴하거나 약탈하는 등의 행위를 의미한다.
① 제1차 세계대전 당시 유럽과 미국을 중심으로 일어난 예술운동
② 맹목적 · 광신적 · 호전적 애국주의로, 배타적 애국주의를 의미하는 징고이즘과 유사함
③ 도덕규범이나 생활양식 등을 전적으로 부정하는 허무주의

63 다음의 설명과 관계 깊은 것은?

- 2012년 김연아가 선보인 프리스케이팅 프로그램
- 나폴레옹 집정기의 파리를 배경으로 한 세계 4대 뮤지컬
- 휴 잭맨, 앤 해서웨이 주연의 영화

① 오페라의 유령　② 레 미제라블
③ 시카고　④ 미스 사이공

 레 미제라블은 장발장 이야기를 소재로 한 세계 4대 뮤지컬 가운데 하나이다. 앤 헤서웨이, 휴 잭맨 주연의 영화로도 제작돼 큰 사랑을 받았으며 2012년 복귀했을 당시 김연아의 프리스케이팅 프로그램 이름이기도 하다.

64 컬링은 중세 스코틀랜드에서 얼어붙은 호수나 강에 무거운 돌을 미끄러뜨리며 즐기던 놀이에서 유래한 스포츠이다. 다음 중 컬링에 대한 설명으로 옳지 않은 것은? 출제유력

① 볼링이나 셔플보드와 방식이 유사하다.
② 4인으로 구성된 두 팀이 얼음 위에서 경기한다.
③ 마지막에 '스톤' 을 '하우스' 에 얼마나 멀게 위치시켰느냐로 득점을 한다.
④ 경기 시 '브룸' 이라 불리는 솔을 이용한다.

 컬링(Curling)
한 팀당 4인으로 구성된 두 팀이 얼음 경기장에서 스톤을 표적(하우스, House)에 가깝게 미끄러뜨리는 스포츠이다. 각 팀이 번갈아가면서 스톤을 미끄러뜨리며, '브룸(Broom)' 이라는 솔을 이용해 스톤의 진로를 조절한다. 스톤이 최대한 하우스에 가깝게 위치했을 때 득점을 할 수 있다. 볼링, 셔플보드와 비슷한 방식이다.

65 한국인 최초로 폴란드 국제 쇼팽 피아노 콩쿠르에서 우승한 피아니스트는 누구인가? 출제유력

① 백건우　　② 조성진
③ 선우예권　　④ 이루마

해설 피아니스트 조성진은 세계 최고 권위의 폴란드 국제 쇼팽 피아노 콩쿠르(제17회, 2015)에서 한국인으로는 최초로 우승을 차지했다.

66 다음 보기의 설명에 가장 알맞은 것은? 출제유력

> 덕수궁의 이 건물이 100여 년 전의 모습으로 복원돼 '대한제국 역사관' 으로 개관했다. 고종 황제의 황궁으로 설계되었으며, 덕수궁 내에 위치한 근대식 석조 건물이다.

① 중명전　　② 함녕전
③ 석조전　　④ 중화전

해설 덕수궁 석조전
덕수궁 안에 지어진 최초의 서양식 석조 건물로, 고종황제의 처소와 사무공간으로 활용하기 위해 영국인 하딩에 의해 설계됐으며 1900년 착공하여 1910년에 완공한 르네상스식 근대 건물이다. 일제강점기에 원형이 훼손된 석조전은 2008년 복원 사업을 시작해 2014년 10월 옛 모습을 되찾았다.

Answer 60 ④ 61 ③ 62 ④ 63 ② 64 ③ 65 ② 66 ③

67 특정 제품을 개발하여 소비자들에게 널리 알릴 때에 어떤 소품(小品)을 활용하여 펼치는 광고기법은?

출제유력

① 더블업　　② 멀티스폿
③ 비 넷　　④ 시 즐

해설 더블업은 '광고 속의 광고'라고도 한다. 이러한 광고 방법은 대행사나 자기 계열사 제품을 소품으로 이용하여 광고를 함으로써, 주제품 광고에 덤으로 자사 제품 또는 계열사 제품 등 주광고 상품 외의 제품을 선전하는 이중 광고 효과를 노리는 새로운 광고기법의 하나이다.
② 내용은 비슷하지만 모델만 바꿔 여러 편을 한꺼번에 내보내는 광고방식이다.
③ 어떤 한 가지 주제에 맞추어 여러 가지 다양한 것을 계속해서 방송하는 광고이다.
④ 어떤 제품의 광고 효과를 위해 그 제품의 핵심 포인트가 될 만한 소리를 활용하는 광고이다.

68 매년 브로드웨이에서 상연된 연극과 뮤지컬의 우수한 업적에 대해 수여하는 상은?

① 에미상　　② 골든글러브상
③ 퓰리처상　　④ 토니상

해설 토니상(Tony Awards)
미국 브로드웨이에서 수여하는 연극상으로 '연극의 아카데미상'이라고도 불린다. 해마다 5월 하순~6월 상순에 최종 발표 후 시상식이 열리고, 연극 부문인 스트레이트 플레이와 뮤지컬 부문인 뮤지컬 플레이로 나누어 작품상, 남녀 주연상, 연출상 등을 수여한다.

69 '팝아트'는 1960년대 초엽에 뉴욕을 중심으로 출현한 미술의 한 경향이다. 다음 중 미국의 팝아티스트가 아닌 사람은?

출제유력

① 리처드 해밀턴　　② 앤디 워홀
③ 클래스 올덴버그　　④ 로이 리히텐슈타인

해설 '리처드 해밀턴'은 영국의 팝아트 작가이다. 팝아트는 '리처드 해밀턴'을 위시하여 영국에서 시작됐고 '앤디 워홀'과 '로이 리히텐슈타인' 등이 미국에서 팝아트의 꽃을 피웠다.

70 사물놀이에서 '사물(四物)'에 속하는 악기가 아닌 것은?

① 소 고　　② 장 구
③ 북　　④ 꽹과리

해설 사물놀이는 사물(四物 : 꽹과리, 징, 장구, 북)을 중심으로 연주하는 풍물놀이에서 취한 가락을 토대로 발전시킨 것으로, 1978년 2월 28일 서울 종로구 인사동 공간사랑에서 김덕수를 중심으로 창단된 사물놀이패의 연주가 그 시작이다.

71 다음과 같은 등장인물이 나오는 작품의 작가는?

출제유력

• 수 : 아픈 친구를 따뜻하게 간호하고 룸메이트가 병마에 지지 않도록 끊임없이 용기를 주는, 심지 굳고 강인한 화가 지망생 소녀
• 존시 : 심약하고 예민한 소녀로 폐렴에 걸린 동안 부정적으로 생각하며 삶에 대한 용기를 잃어간다.
• 베어먼 : 겉으로는 까칠하고 퉁명스러운 듯해도 내면에 이웃을 향한 따뜻한 마음과 희생정신이 넘쳐난다.

① 헤르만 헤세　　② 빅토르 위고
③ 조지 오웰　　④ 오 헨리

〈마지막 잎새〉
삶의 아이러니 안에 감춰진 희망의 비밀을 그린 오 헨리의 명작이다. 화가 지망생 소녀 수와 존시는 공동생활을 하는데 몸이 약한 존시는 폐렴에 걸리고 곧 죽을 것이라는 부정적인 생각을 한다. 존시는 수에게 창문 밖 담쟁이가 다 떨어지면 자기도 죽을 거라 이야기한다. 수는 이웃집 베어먼 영감에게 존시에 대한 이야기를 한다. 그날 밤 폭풍우가 몰아쳤지만 담쟁이 잎사귀 하나만은 끝까지 떨어지지 않았다. 이걸 보면서 존시는 반성하고 삶에 대한 의지를 찾게 되었다.

72 다음 중 문학작품과 작가 연결이 잘못된 것은?

① 난장이가 쏘아 올린 작은 공 – 채만식
② 소나기 – 황순원
③ 서시 – 윤동주
④ 진달래꽃 – 김소월

〈난장이가 쏘아 올린 작은 공〉은 1978년 간행된 조세희의 연작소설집으로 산업화의 과정에서 자기 삶의 터전을 일구지 못한 도시 노동자들의 비참한 생활과 절망이 인상적으로 결합되어 있다. 채만식의 작품으로는 〈치숙〉(1938), 〈탁류〉(1937~1938), 〈태평천하〉(1938) 등이 있다.

73 다음 글에서 강조하는 문화에 대한 관점으로 가장 적절한 것은?

출제유력

각 사회의 구성원은 서로 다른 환경이나 상황에 적응해 가면서 독특한 생활방식을 쌓아 왔으며, 각 사회 구성원이 추구하는 가치관 또한 다르다. 문화는 독특한 자연환경과 사회적 상황 등을 고려하여 형성된 것이다. 따라서 각각의 문화가 가지고 있는 고유성과 상대적 가치를 이해하고 존중하는 태도나 관점이 필요하다.

① 문화 사대주의　　② 문화 상대주의
③ 윤리 상대주의　　④ 자문화 중심주의

해설 문화 상대주의는 각각의 문화를 그 문화의 전통 속에서 이해하며, 편견 없이 각 문화의 다양성을 인정하고 고유한 가치 또한 인정하여 각각의 문화를 있는 그대로 받아들이려는 태도이다.

Answer 67 ① 68 ④ 69 ① 70 ① 71 ④ 72 ① 73 ②

74 **2018년 씨름이 유네스코 인류무형유산에 등재됐다. 다음 중 우리나라가 보유하고 있는 유네스코 인류무형유산이 아닌 것은?**

① 종묘제례악
② 강릉단오제
③ 시조창
④ 판소리

해설 우리나라의 유네스코 세계인류무형문화유산은 2018년 씨름의 등재로 인해 20개로 늘어났다.
우리나라 인류무형문화유산
종묘제례 및 종묘제례악(2001), 판소리(2003), 강릉단오제(2005), 강강술래, 남사당놀이, 영산재, 제주칠머리당영등굿, 처용무(2009), 가곡, 대목장, 매사냥(2010), 택견, 줄타기, 한산모시짜기(2011), 아리랑(2012), 김장문화(2013), 농악(2014), 줄다리기(2015), 제주해녀문화(2016), 씨름(2018)

75 **레오나르도 다빈치는 르네상스 시대 이탈리아를 대표하는 천재적 미술가 · 과학자 · 기술자 · 사상가이다. 다음 중 그의 작품이 아닌 것은?** 출제유력

① 다비드 상
② 최후의 만찬
③ 모나리자
④ 그리스도의 세례

해설 ① 미켈란젤로의 최대 걸작품 가운데 하나이다. '조각의 극치'라는 찬사를 받고 있으며, 높이 5.5m의 대리석을 깎아 만든 걸작이다.
레오나르도 다빈치
르네상스 시대의 이탈리아를 대표하는 천재적인 미술가이자 기술자인 레오나르도 다빈치는 조각 · 건축 · 수학 · 과학 · 음악 · 철학에 이르기까지 다양한 방면에서 활약했다. 작품으로는 〈그리스도의 세례〉, 〈수태고지〉, 〈동굴의 성모〉, 〈흰 족제비를 안고 있는 여인〉, 〈음악가의 초상〉, 〈리타의 성모〉, 〈최후의 만찬〉, 〈모나리자〉, 〈암굴의 성모〉, 〈성 안나와 성 모자〉, 〈세례자 요한〉 등이 있다.

76 **다음 중 황석영에 대한 설명으로 옳지 않은 것은?**

① 1970년 단편소설 〈탑〉이 조선일보 신춘문예에 당선되면서 등단했다.
② 민주화 · 통일운동 등의 사회운동에 참여하면서 정부의 감시를 받고 옥고를 치르기도 하였다.
③ 〈삼포 가는 길〉 등의 단편과 〈장길산〉, 〈무기의 그늘〉, 〈오래된 정원〉 등의 장편을 발표했다.
④ 작품 대부분이 리얼리즘을 바탕으로 하여 사회적 상황에 대한 예리한 시선과 강한 문제의식을 드러낸다.

해설 황석영은 1962년 11월 〈사상계〉 신인문학상에 단편 〈입석부근〉이 당선되면서 등단했다.

77 다음에서 설명하는 잡지는? 출제유력

- 세계 최고 권위를 인정받는 레스토랑 평가 잡지이다.
- 여행 가이드북 '그린 가이드'와 식당 가이드북 '레드 가이드'가 따로 있다.

① 론리 플래닛
② 미쉐린 가이드
③ 뚜르드몽드
④ 트립어드바이저

프랑스 타이어 회사 미쉐린(Michelin)사가 매년 발간하는 여행안내서이다. 1,300여 쪽에 이르는 방대한 분량으로 책머리에 간단하게 실려 있는 여행 정보와 레스토랑 선택에 대한 몇 가지 조언을 빼면 그 방대한 분량은 전부가 식당과 호텔 정보에 할애되어 있다. 숙박시설과 식당에 관한 정보를 제공해주는 '레드 가이드'와 박물관, 자연경관 등 관광정보를 제공해주는 부록 형태의 '그린 가이드'가 있다.

78 다음 중 노벨재단에 대한 설명으로 옳지 않은 것은?

① 노벨재단의 회원은 스웨덴인이거나 노르웨이인이어야 한다.
② 경제학상 수상자에게 주는 상금은 스웨덴 중앙은행에서 부담한다.
③ 생리의학상 이외의 각 부문 시상자는 모두 노르웨이의 노벨위원회에서 결정한다.
④ 평화상 시상식은 노르웨이 오슬로에서, 그 외 부문의 시상식은 스웨덴 스톡홀름에서 열린다.

해설 노벨상 각 부문 수상자 심사기관

구 분	노벨상 중 시상 부문
스웨덴 왕립과학아카데미	물리학상, 화학상, 경제학상
카롤린스카 의학연구소	생리의학상
스웨덴 아카데미	문학상
노르웨이 노벨위원회	평화상

79 다음 중 기네스북에 대한 설명으로 옳지 않은 것은?

① 영국 맥주회사의 의뢰로 시작하여 출간되고 있으며 종목의 제한은 없다.
② 우리나라에서는 한국기록원이 기록의 공모와 기네스북 등재 등을 대행하고 있다.
③ 출간 첫 해에 영국 최고의 베스트셀러가 되었다.
④ 기록 대상은 최초, 최고, 최다, 최대, 제일 등으로 분류할 수 있는 '우주의 모든 사물과 현상'이다.

해설 기네스북은 영국의 맥주회사 기네스의 경영주 휴 비버가 기록광 맥워터 형제에게 의뢰하여 1955년부터 출간을 시작했으며 기록 대상은 '우주의 모든 사물과 현상'이지만, 술 빨리 마시기처럼 인명을 해칠 수 있거나 소송의 위험이 있는 종목은 기피 대상이다.

Answer 74 ③ 75 ① 76 ① 77 ② 78 ③ 79 ①

80 다음 중 베르디 3대 오페라로 손꼽히는 작품이 아닌 것은?

① 오베르토(Oberto)　　② 리골레토(Rigoletto)
③ 일 트로바토레(Il Trovatore)　　④ 라 트라비아타(La Traviata)

 흔히 '오페라의 거인'이라고 평가받는 주세페 베르디(1813~1901)의 30여 편의 오페라 중에서 '리골레토(1851)·일 트로바토레(1853)·라 트라비아타(1853)' 등을 3대 걸작으로 꼽는다. '오베르토(1839)'는 그의 처녀작이다.

81 프로야구 정규시즌이 끝난 겨울철에 각 구단이 팀 전력을 강화하기 위해 새로운 선수를 영입하고 연봉 협상에 나서며, 동계훈련 등 활발하게 움직이는 시기를 가리키는 용어는?

① 휴먼리그　　② 인터리그
③ 스토브리그　　④ 스프링캠프

해설 스토브리그(Stove League)는 프로야구에서 시즌오프(Season-off)를 일컫는 말이다. 이 시기에는 각 구단이 팀 전력 강화를 위해 신인 선수 획득이나 선수 연봉 협상을 둘러싸고 활발하게 움직인다. 팬들이 난로(Stove) 주위에 모여서 선수들의 소식을 이야기하는 모습에서 스토브리그라는 명칭이 생겨났다.

82 다음 중 루소에 대한 설명으로 옳지 않은 것은? 출제유력

① 프랑스 혁명의 주체 세력이 되어 혁명을 직접 지도해 봉건 사회의 종말을 이끌었다.
② 사회문화와 제도는 자연 상태의 선량한 인간을 부자유하고 불행하게 만든다고 보았다.
③ 프랑스의 드니 디드로, 영국의 데이비드 흄 등의 사상가와 논쟁을 벌이며 갈등했다.
④ 소설 〈에밀(Emile)〉의 종교적 내용 때문에 가톨릭교의 고발로 체포령이 내려져 도피한 바 있다.

해설 자유민권사상가 루소가 죽은 지 약 11년 후인 1789년 7월 프랑스 혁명이 일어났으며, 루소·몽테스키외·볼테르 등의 계몽사상은 프랑스 혁명의 사상적 배경이 되었다.

83 4대 메이저 대회를 모두 석권하는 것을 무엇이라 하는가?

① 사이클링 히트(Cycling Hit)
② 그랜드 슬램(Grand Slam)
③ 트레블(Treble)
④ 트리플 크라운(Triple Crown)

해설 그랜드 슬램
4대 메이저 대회를 모두 석권하는 것을 말한다. 골프의 4대 메이저 대회는 남자골프는 전미국오픈 · 전영국오픈 · 미국프로골프협회선수권(PGA) · 마스터즈 대회를 말한다. 여자골프(LPGA) 4대 메이저 대회는 US여자오픈 · KPMG 여자 PGA 챔피언십 · RICOH 브리티시여자오픈 · ANA 인스퍼레이션(구 크래프트나비스코 챔피언십)을 말한다. 테니스의 경우에는 호주오픈 · 프랑스오픈 · 윔블던 · US오픈을 말한다.

84 다음 중 작가와 작품의 연결이 맞는 것은?

출제유력

① 호머 – 오딧세이
② 모파상 – 실낙원
③ 밀턴 – 신곡
④ 헤밍웨이 – 주홍글씨

해설 밀턴 – 〈실낙원〉, 단테 – 〈신곡〉, 호손 – 〈주홍글씨〉, 헤밍웨이 – 〈무기여 잘 있거라〉

85 다음 중 가톨릭의 위령 미사 때 드리는 음악으로 우리말 뜻으로는 '진혼곡'에 해당하는 것은?

출제유력

① 레퀴엠 ② 오라토리오
③ 가스펠 ④ 인테르메초

② 오라토리오(Oratorio) : 17~18세기에 가장 성행했던 대규모의 종교적 극
③ 가스펠(Gospel Song) : 19세기 이후 미국과 영국에서 일어난 대중성이 강한 교회 음악
④ 인테르메초(Intermezzo) : 막과 막 사이에 연주되는 기악곡

86 젊은 인기 연예인을 등장시켜 시청률을 높이는 드라마는 무엇인가?

① 트렌디 드라마 ② 소프 드라마
③ 시트콤 ④ 사이코 드라마

트렌디 드라마는 젊은 층에 인기 있는 탤런트를 등장시켜 시청률을 높이려는 드라마이다.
② 주부 대상의 드라마. 비누 광고가 등장한다는 데서 따온 명칭
③ 상황극 코미디
④ 정신질환의 치료를 목적으로 실시되는 심리극

Answer 80 ① 81 ③ 82 ① 83 ② 84 ① 85 ① 86 ①

87 다음 ㉠ · ㉡과 각각 관련 있는 스포츠 종목으로 바르게 묶인 것은? 출제유력

㉠ 더블헤더　　㉡ 러브게임

	㉠	㉡		㉠	㉡
①	축 구	골 프	②	야 구	농 구
③	배 구	피 구	④	야 구	테니스

해설
- 더블헤더 : 야구 경기에서 모든 경기가 우천 등으로 순연되었을 경우, 그 다음 날에 하루 두 경기를 몰아서 하는 제도를 말한다.
- 러브게임 : 테니스 경기에서 0을 '러브'라고 부른다. 그리고 점수를 한 점도 얻지 못한 경기를 '러브게임'이라고 한다.

88 우리나라 소설문학에 관해 틀린 것은? 출제유력

① 설화문학, 패관문학에서 발전했다.
② 최초의 근대소실 – 이광수 〈흙〉
③ 최초로 한글로 창작된 한글소설 – 허균 〈홍길동전〉
④ 최초의 신소설 – 이인직 〈혈의 누〉

해설 최초의 근대소설은 이광수의 〈무정〉이다.

89 오페라 형식의 음악을 팝 형식 분위기와 접목시킨 음악을 팝페라라고 한다. 최초의 팝페라 가수는 누구인가? 출제유력

① 안드레아 보첼리　　② 사라 브라이트만
③ 키메라　　④ 엠마 샤플린

해설 한국인 김홍희가 키메라라는 예명으로 1984년에 발표한 첫 앨범 '잃어버린 오페라(The Lost Opera)'가 유럽에서 선풍적인 인기를 끌었는데, 데일리 익스프레스지의 칼럼에서 '팝페라'라는 장르를 개척한 한국에서 온 여왕'이라는 헤드라인으로 팝페라라는 용어가 사람들에게 널리 알려졌다.

90 다음 중 우리나라를 유럽에 소개한 최초의 책은?

① 동방견문록　　② 하멜표류기
③ 금단의 나라 한국으로의 기행　　④ 은둔의 나라 한국

해설 하멜표류기
〈하멜표류기〉에는 제주도에 표착한 네덜란드인 하멜과 그 외 6명이 14년간에 걸친 억류생활 동안 여기저기 끌려다니면서 겪은 군역 · 감금 · 태형 · 유형 · 구걸 등의 풍상과 더불어 남북 여러 곳의 풍속과 사정을 견문한 결과가 상세하게 적혀 있다. 이 책은 한국의 존재를 유럽인에게 뚜렷하게 알렸을 뿐 아니라, 당시 한국의 사회실정 · 풍속 · 생활 등을 아는 데에도 귀중한 사료가 된다.

91 다음 중 우리나라 최초의 장편 애니메이션은?

① 홍길동 ② 로보트 태권V
③ 블루 시걸 ④ 아기공룡 둘리

해설 '홍길동'은 1967년 개봉된 한국 최초의 장편 애니메이션이다. '로버트 태권V'는 1976년 1월에 개봉했으며 '블루 시걸'은 1994년 개봉된 최초의 성인 애니메이션이다.

92 우리나라 최초의 영화작품 묶음으로 맞는 것은? 출제유력

① 의리적 구투, 춘향전, 임자 없는 나룻배 ② 아리랑, 춘향전, 장화홍련전
③ 의리적 구투, 국경 ④ 해의 비곡, 풍운아, 들쥐

해설 〈의리적 구투〉(1919)는 최초의 실사영화, 즉 연쇄극이고 〈국경〉(1923)은 최초의 극영화이다.

93 방송의 공공성이 주장되는 가장 주된 근거는 무엇인가?

① 방송의 영향력 ② 방송의 역할
③ 전파의 국민 소유권 ④ 방송국의 사회적 기능

해설 국민이 공유하고 있는 재산의 일부라고 할 수 있는 전파를 특정 단체나 특정인에게 대여 · 사용을 금함으로써 방송 공공성은 의무화되고 있다.

94 1956년 우리나라에서 최초로 개국한 TV방송국은? 출제유력

① KORCAD ② DBC
③ JODK ④ TBC

해설 1956년 RCA 한국대리점(KORCAD)이 영상출력 100W, 호출부호 HLKZ로 텔레비전 방송을 시작한 것이 최초이다.

Answer 87 ④ 88 ② 89 ③ 90 ② 91 ① 92 ③ 93 ③ 94 ①

95 다음 중 틀린 내용은?

출제유력

① 우리나라 최초의 신문은 1896년 창간한 〈독립신문〉이다.
② 일간지 수의 증가는 신문 발행 자유화 조치를 담은 1987년 6 · 29 선언과 맥을 같이 한다.
③ 방송의 날은 9월 3일이고, 신문의 날은 4월 7일이다.
④ 우리나라 잡지의 효시는 재일본 한국 유학생이 1896년 2월 15일 창간한 〈친목회 회보〉다.

해설 1883년 창간된 한성순보가 우리나라 최초의 신문이다. 독립신문은 우리나라 최초의 민간신문이다.

96 프레올림픽(Pre-Olympic)이란 무엇인가?

① 장애인올림픽
② 주니어올림픽
③ 올림픽이 열리는 해에 개최지에서 열리는 예비경기
④ 올림픽이 열리기 1년 전에 개최지에서 열리는 예비경기

해설 프레올림픽은 대회기 열리기 전 시설점검 등을 목적으로 1년 전 개최지에서 열리는 예비경기이다. 장애인 올림픽은 패럴림픽(Paralympic)이라고 하며 올림픽이 있는 해에 올림픽 개최국에서 개최된다.

97 동편제와 서편제를 나누는 기준점은 섬진강이다. 그렇다면 영동지방과 영서지방을 나누는 기준이 되는 곳은 어디인가?

① 추풍령 ② 대관령
③ 진부령 ④ 이화령

동편제	섬진강 동쪽(전라도 동북지역)의 소리
서편제	섬진강 서쪽(전라도 서남지역)의 소리
영동(嶺東)지방	강원도의 대관령(大關嶺) 동쪽에 있는 지역
영서(嶺西)지방	강원도의 대관령(大關嶺) 서쪽에 있는 지역

98 국문학사에서 장르별로 최초의 작품을 연결한 것이 아닌 것은?

출제유력

① 최초의 신소설 – 혈의 누 ② 최초의 순문예동인지 – 폐허
③ 최초의 한글 창작 소설 – 홍길동전 ④ 최초의 한문소설 – 금오신화

해설 최초의 순문예동인지는 〈창조〉이다.

99 위성방송의 특성 중 틀린 것은?

① 지상파 방송에 비해 설립 및 운영 경비가 적게 든다.
② 지상파 방송에 비해 화질은 좋으나 음향은 떨어진다.
③ 지상파 방송보다 넓은 지역을 커버한다.
④ 방송위성 또는 통신위성을 이용한다.

해설 위성방송
단일의 전파로 전국 어디에서나 동시에 방송을 보낼 수 있고, 적도 상공에 정지하기 때문에 실제로 고정된 위치에서 전파를 송출하는 것과 같은 효과를 가짐으로써 별도의 중계 시설이 필요없다. 뿐만 아니라 높은 산이나 고층 빌딩 등에 의한 난시청이 해소되며 지구상의 어떤 재해에도 방해받음이 없이 방송이 가능한 기술상의 장점을 지니고 있다.

100 다음 중 국악의 빠르기가 올바르게 연결된 것은?

출제유력

① 진양조 – 중모리 – 중중모리 – 자진모리 – 휘모리
② 진양조 – 중모리 – 중중모리 – 휘모리 – 자진모리
③ 중모리 – 진양조 – 자진모리 – 중중모리 – 휘모리
④ 중모리 – 중중모리 – 진양조 – 자진모리 – 휘모리

해설 국악의 빠르기
진양조 → 중모리 → 중중모리 → 자진모리 → 휘모리

진양조	가장 느린 장단으로 1장단은 4분의 24박자이다.
중모리	중간 속도로 몰아가는 장단으로, 4분의 12박자이다.
중중모리	8분의 12박자 정도이며 춤추는 대목, 통곡하는 대목 등에 쓰인다.
자진모리	매우 빠른 12박으로, 극적이고 긴박한 대목에 쓰인다.
휘모리	매우 빠른 8박으로, 급하고 분주하거나 절정을 묘사한 대목에 쓰인다.

101 스포츠 실황 중계 등이 날씨 등의 이유로 중계방송이 불가능할 때를 대비하여 따로 준비를 해두는 프로그램은?

① 레인코트 프로그램
② 런닝오더
③ 르포
④ 리퀘스트 프로그램

스포츠 실황중계 등이 날씨 등의 이유로 중계방송이 불가능할 때에 이를 대비하여 미리 준비해두는 프로그램을 레인코트 프로그램이라 하고, 우리나라에서는 스탠바이 프로그램이라고도 한다.

Answer 95 ① 96 ④ 97 ② 98 ② 99 ② 100 ① 101 ①

102 소설을 영화화함으로써 영상이 익숙한 세대들이 책을 친숙하게 여기는 계기가 되고 있으며 출판계에서 새롭게 주목을 받고 있다. 이처럼 이미 출간된 소설이 영화나 드라마로 만들어져 다시 베스트셀러에 오르는 것을 무엇이라 하는가? 출제유력

① 스크린스페셜　　② 스크린트렌드
③ 스크린셀러　　④ 스크린부머

스크린셀러
영화를 뜻하는 스크린(Screen)과 베스트셀러(Bestseller)를 합친 신조어로 영화의 흥행 성공으로 주목을 받게 된 소설을 의미한다.

103 펜싱 경기 중 베기 또는 찌르기를 유효로 하는 경기는?

① 에페　　② 플뢰레
③ 사브르　　④ 사브뢰즈

③ 베기 또는 찌르기를 유효로 하는 경기이다. 유효되는 득점 부분은 상체(허리부분까지), 얼굴, 양팔 모두 가능하다.
① 전신을 찌르는 것이 가능한 종목으로 상대 선수의 머리에서 발끝까지 모든 부분이 표적이다.
② 찌르기만이 공격으로 인정되며 득점 유효부위는 얼굴, 팔, 다리 빼고 몸통 전부 유효구역이다.

104 역대 노벨문학상 수상자가 아닌 사람은?

① 파트리크 모디아노　　② 오르한 파묵
③ 윈스턴 처칠　　④ 무라카미 하루키

무라카미 하루키는 일본의 현대소설가로, 1987년 정통 연애소설 〈노르웨이의 숲〉을 발표해 일본에서만 1,000만부 이상의 판매고를 올렸지만 노벨문학상을 수상하지는 않았다.
① 프랑스 작가로, 2014년 노벨문학상을 수상하였다.
② 터키의 소설가 · 수필가이며 2006년 터키인으로는 최초로 노벨문학상을 수상했다.
③ 영국의 정치가, 1953년 〈제2차 세계대전〉으로 노벨문학상을 수상하였다.

105 자코모 푸치니의 3대 명작 중 하나인 〈투란도트(Turandot)〉에서 투란도트 공주는 자신에게 청혼하는 남자들에게 세 가지 수수께끼를 내는데, 다음 중 세 가지 수수께끼의 정답이 아닌 것은?

① 피　　② 사 람
③ 희 망　　④ 투란도트

해설 ②는 스핑크스가 낸 수수께끼의 정답이다(스핑크스의 수수께끼 : 아침에는 네 발로 걷고, 점심에는 두 발로 걷고, 저녁에는 세 발로 걷는 짐승은?).

106 다음에서 설명하는 영화 기법은?

'무대에 올린다'란 뜻의 프랑스어로 연극과 영화 등에서 연출가가 무대 위의 모든 시각적 요소들을 배열하는 작업이다.

① 몽타주 기법 ② 롱테이크 기법
③ 시퀀스 기법 ④ 미장센 기법

해설 ① 시간이나 사건의 경과를 나타낼 때 사용하는 영상의 편집된 전환 장면들로 종종 디졸브나 다중노출을 사용한다.
② 숏을 카메라 이동 없이 오랫동안 촬영하는 것이다.
③ 상호연관적인 일정량의 장면으로 구성되어 작품의 클라이맥스로 이어지는 영화의 부정확한 구조 단위이다.

107 전쟁, 재해, 사고가 벌어졌던 지역의 슬픔을 공유하고 희생자들에 대한 추모를 하려는 새로운 관광 유형으로, 제주도가 4 · 3 사건 유적지와 일제 전적지, 6 · 25 전적지 등을 관광지로 조성하려는 것과 관련된 것은?

① 에코투어리즘(Eco Tourism)
② 다크투어리즘(Dark Tourism)
③ 서포팅투어리즘(Supporting Tourism)
④ 매스투어리즘(Mass Tourism)

해설 다크투어리즘은 폴란드 아우슈비츠, 미국 뉴욕 그라운드제로, 일본 히로시마처럼 잔혹한 참상이 발생한 역사적 장소나 현장을 둘러보는 여행을 가리킨다. '블랙투어리즘(Black Tourism)' 또는 '그리프투어리즘(Grief Tourism)'으로 불리기도 한다.

108 근대 5종 경기는 기원전 708년에 실시된 고대 5종 경기를 현대에 맞게 발전시킨 것으로 근대올림픽을 창설한 쿠베르탱의 실시로 시작하게 되었다. 이와 관련된 근대 5종 경기가 아닌 것은? 출제유력

① 마라톤 ② 사 격
③ 펜 싱 ④ 승 마

해설 근대 5종 경기는 한 경기자가 사격, 펜싱, 수영, 승마, 크로스컨트리(육상) 5종목을 겨루어 종합점수로 순위를 매기는 경기이다.

Answer 102 ③ 103 ③ 104 ④ 105 ② 106 ④ 107 ② 108 ①

109 백남준의 스승으로 알려진 인물은 누구인가?

① 존 케이지
② 구보타 시게코
③ 로이 리히텐스타인
④ 잭슨 폴락

해설 백남준(1932. 7. 20~2006. 1. 29)
현대 예술가들 가운데 매우 독창적이고 흥미로운 인물이었다. 1958년 독일에서 존 케이지와의 우연한 만남은 선불교, 신음악에 대한 관심을 전위 미술로 확장하는 결정적인 계기가 되었다. 퍼포먼스, 비디오 아트의 선구자로 자리 잡은 백남준의 예술은 세계 예술계에 즐거운 혼돈을 불어넣은 실험이었고, 다다이즘 이후의 새로운 변화를 담아낸 의미 있는 작업이었다. 그는 생전에 "내 인생의 하나의 행운은 존 케이지가 완전히 성공하기 전에, 그리고 요제프 보이스가 무명일 때 만난 것이다. 그래서 금세기의 두 연장자와 역경시대의 동지로서 동등하게 교우를 유지할 수 있었던 것이다"라고 말하기도 했다.

110 클레이 수학연구소의 7개의 난제 중 하나인 푸앵카레 추측을 증명해 필즈상을 수상하였으나 수상식 참석을 거부한 수학자는?

① 와일즈(A. Wiles)
② 그레고리 페렐만(Grigorij Perelman)
③ 프리드만(M. Freedman)
④ 스메일(S. Smale)

해설 수학계의 중요한 난제 중 하나인 푸앵카레 추측을 증명한 러시아의 수학자이다. 클레이 수학연구소는 페렐만에게 푸앵카레 추측을 증명한 공로로 100만달러를 수여하겠다고 발표하였으나 그는 이를 거부하였다. 또한 2006년에 필즈상을 수상하였으나 수상식 참석을 거부하기도 했다.

111 다음 중 다산 정약용에 대한 설명으로 틀린 것은?

① 중농주의 실학자로 전제 개혁을 주장했다.
② 수원 화성 건축 당시 기중가설(起重架說)에 따른 도르래를 만들고 이를 이용하여 거중기를 고안했다.
③ 〈목민심서〉, 〈흠흠신서〉, 〈경세유표〉가 3대 저서로 꼽힌다.
④ 신분제도의 모순을 비난하면서 신분의 완전평등을 주장하였다.

해설 정약용은 양반의 지도나 통솔 없이는 국가가 존립할 수 없다는 신분관을 가지고 있었던 것으로 알려져 있다. 즉, 인간의 본질적 평등에 대해서는 인정했지만 신분 간의 위계질서는 어느 정도 필요한 것으로 보았다.

112 우리나라 프로야구에 대한 설명 중 틀린 것은? 출제유력

① 프로야구 출범 첫 해인 1982년 8개 팀이 전기리그와 후기리그로 나뉘어 게임을 치렀다.
② 전두환 정권이 국민들의 정치적 관심을 다른 방향으로 돌리기 위해 시작한 3S(Screen, Sex, Sports) 정책의 일환으로 출범되었다.
③ 프로야구 경기는 페넌트레이스, 준플레이오프, 플레이오프, 한국시리즈, 올스타전으로 치러진다.
④ 1999년부터는 8개 팀이 전년도의 성적순으로 양대 리그로 나뉘어 경기에 참가했지만, 2001년부터는 단일리그로 변경되었다.

해설 우리나라의 프로야구는 1982년 OB 베어스, MBC 청룡, 해태 타이거즈, 롯데 자이언츠, 삼성 라이온즈, 삼미 슈퍼스타즈의 6개 구단으로 출범했다.

113 2022년 월드컵과 2028년 하계 올림픽 개최지가 바르게 연결된 것은? 출제유력

① 카타르 – 미국
② 브라질 – 영국
③ 카타르 – 프랑스
④ 러시아 – 프랑스

해설 2022년 월드컵 개최지는 카타르, 2028년 하계 올림픽 개최지는 미국 LA로 예정되어 있다.

114 다음이 설명하는 것은 무엇인가?

- 단지 배역을 연기하기보다 배역 그 자체가 되는 연기 기술
- 배우의 내면세계를 중시하여 시나리오에 적혀 있는 대사뿐만 아니라 배우 자신으로부터 나오는 즉흥 대사와 돌발적인 행위까지 포함하는 것

① 내러티브(Narrative)
② 스포일러(Spoiler)
③ 메소드(Method) 연기
④ 시퀀스(Sequence)

해설 메소드 연기
더스틴 호프만, 알 파치노, 로버트 드 니로 등을 대표적인 메소드 배우라고 하며, 매 역마다 자신의 실제 성격에 의존하지 않고 인물이 요구하는 삶의 방식을 실제와 같이 모방하여 완벽한 변신을 꾀하는 것이다.

Answer 109 ① 110 ② 111 ④ 112 ① 113 ① 114 ③

115 세계 최고의 극작가로 칭송받는 셰익스피어의 4대 비극에 속하지 않는 작품은?

① 로미오와 줄리엣 ② 햄 릿
③ 오셀로 ④ 리어왕

셰익스피어의 4대 비극은 〈햄릿〉, 〈오셀로〉, 〈리어왕〉, 〈맥베스〉이다. 대표적인 4대 비극 중 가장 먼저 발표된 〈햄릿〉은 복수 비극이다. 두 번째 작품 〈오셀로〉는 인간적 신뢰가 돋보이는 작품이다. 세 번째 작품 〈리어왕〉은 혈육 간의 유대의 파괴가 우주적 질서의 붕괴로 확대되는 과정을 그린 비극이다. 마지막 작품인 〈맥베스〉는 장수의 왕위 찬탈과 그것이 초래하는 비극적 결말을 볼 수 있다.

116 다음 보기를 실시 순서대로 배열한 것으로 올바른 것은?

㉠ 위성방송	㉡ 케이블
㉢ 지상파 DMB	㉣ IPTV

① ㉠ – ㉡ – ㉢ – ㉣ ② ㉠ – ㉢ – ㉡ – ㉣
③ ㉡ – ㉠ – ㉢ – ㉣ ④ ㉠ – ㉢ – ㉡ – ㉣

㉡ 케이블TV(CATV ; Communication Antenna Television) : 발상지는 미국의 펜실베이니아로, 1948년 난시청 대책으로 동축 케이블을 사용하여 보통의 텔레비전 방송파를 재송신하기 시작한 것이 시초이다.
㉠ 위성방송 : 1974년 미국이 응용기술 위성 ATS-6으로 2.6GHz대로 중계 실험을 한 것이 최초이고, 1976년에 캐나다에서는 통신기술 위성 CTS로 방송 실험을 했다.
㉢ 지상파 DMB : 2005년 2월 본방송을 개시했다. 지상에서 주파수를 이용하여 프로그램을 전송하며, VHF12번 채널과 군사용인 8번 채널을 이용한다.
㉣ IPTV(Internet Protocol Television) : 2009년 1월에 출범하며 상용화되었고 광대역(Broadband) 연결 상에서 인터넷 프로토콜을 사용하여 소비자에게 디지털 텔레비전 서비스를 제공한다.

117 다음 중 가장 오래된 고전은?

출제유력

① 〈유토피아〉 ② 〈오디세이아〉
③ 〈역사란 무엇인가〉 ④ 〈군주론〉

〈오디세이아〉는 고대 그리스 시인 호메로스의 작품으로 알려진 서사시로 연대는 기원전 800년경으로 추정된다.
① 토마스 모어의 1516년 작품으로 '유토피아'는 "어디에도 없다"라는 의미로 그가 만든 말이다.
③ 영국의 역사학자이자 국제정치학자 에드워드 카의 저서로 1961년 캠브리지대학 강연에서 발표하였다.
④ 이탈리아 정치이론가 마키아벨리의 저서로 1512년에 집필되었으나 사후인 1532년 출판되었다.

118 다음 중 의무재전송해야 하는 채널은? 출제유력

① KBS2

② SBS

③ KBS1

④ JTBC

의무재전송(Must Carry)
공공성이 강한 방송 프로그램을 다른 매체로 동시에 의무적으로 재전송하는 것으로 우리나라의 경우, 방송법 제78조 규정에 따라 KBS1 TV와 교육방송 TV를 케이블이나 위성방송에서 동시에 재송신하고 있다.

119 다음 중 시청률 조사에 대한 설명으로 틀린 것은? 출제유력

① 시청률 조사는 분단위로 측정된다.

② AGB 닐슨, TNS 미디어에서 조사한다.

③ 간접광고는 방송시간의 100분의 5까지 허용한다.

④ 광고 효과 측정을 위해서는 개인 시청률보다 가구당 시청률을 본다.

해설 시청률 조사는 초단위로 측정된다.

120 힙합에서는 허세를 부리듯 자유분방한 스타일을, 사회에서는 자신만의 여유와 멋 그리고 약간의 허세를 여과 없이 솔직하게 표현하는 것을 가리키는 말은?

① 벨리브

② 시나위

③ 스웨그

④ 멘토링

본래 'Swag'라는 단어는 윌리엄 셰익스피어가 만들어낸 말로, 셰익스피어의 희곡 〈한여름 밤의 꿈(A Midsummer Night's Dream)〉에서 나온 말이다. 힙합에서 스웨그는 '허세를 부리듯 자유분방한 스타일'을 뜻하는 말로, 힙합 뮤지션이 잘난 척을 하거나 으스대는 기분을 표현할 때 사용된다.

05 과학 · 컴퓨터 · IT · 우주

01 네트워크를 전송하기 쉽도록 데이터를 일정 단위로 나눠서 전송하는 것을 무엇이라 하는가?

① 패 킷
② 프로토콜
③ TCP/IP
④ 이더넷

해설 패킷(Packet)
주로 데이터 통신 분야에서 사용되는 용어로, 네트워크를 통해 전송하기 쉽도록 자른 데이터의 전송단위이다. 본래는 '소포'를 뜻하는 단어지만 이 분야에서는 데이터 전송 시 송신측과 수신측에 의하여 하나의 단위로 취급되어 전송되는 집합체를 의미한다.

02 컴퓨터 프로그래밍에서 한 사람의 사용자가 2가지 이상의 작업을 동시에 처리하는 것은?

① ITS
② 멀티플렉스
③ 멀티태스킹
④ 태블릿

해설 멀티태스킹(Multi Tasking)
다중 과업화라고도 하며, 컴퓨터 처리 시 동시에 몇 가지 이상의 일을 할 수 있도록 한 고도의 처리방식이다. 컴퓨터 하드웨어의 발달과 함께 처리속도와 메모리 용량이 증대되면서 한 대의 컴퓨터로 여러 작업을 동시에 하는 것이 가능해졌다. 오늘날 대부분의 운영체계들은 멀티태스킹을 지원하고 있다.

03 다음 중 OLED에 대한 설명으로 옳지 않은 것은?

① 스스로 빛을 내는 현상을 이용했다.
② 휴대전화, PDA 등 전자제품의 액정 소재로 사용된다.
③ 화질 반응속도가 빠르고 높은 화질을 자랑한다.
④ 에너지 소비량이 크고 가격이 높다.

해설 OLED(Organic Light-Emitting Diode)
형광성 유기 화합물에 전류가 흐르면 빛을 내는 발광 현상을 이용하여 만든 자체발광형 유기물질로, LCD를 대체할 꿈의 디스플레이로 각광받는다. 화질 반응속도가 빠르고, 동영상 구현 시 잔상이 거의 나타나지 않으며 에너지 소비량도 적다. 뿐만 아니라 높은 화질과 단순한 제조공정으로 인해 가격 경쟁 면에서 유리해 휴대전화, 캠코더, PDA 등 각종 전자제품의 액정 소재로 사용된다.

04 **1997년 미국 케네디 우주센터에서 발사되어 인류가 보낸 탐사선으로는 최초로 토성 공전에 성공한 토성 탐사선은?**

① 큐리오시티
② 뉴호라이즌스
③ 카시니
④ 소유즈

해설 2004년 7월 토성 궤도에 진입한 토성 탐사선 카시니(Cassini)호는 2017년 9월 '죽음의 다이빙'으로 13년의 탐사 임무를 종료하고 영면했다.

05 **다음 보기에서 설명하는 것으로 옳은 것은?** 출제유력

> 악성코드에 감염된 다수의 좀비PC를 이용하여 대량의 트래픽을 특정 시스템에 전송함으로써 장애를 일으키는 사이버 공격이다.

① 해 킹
② 스푸핑
③ 디도스
④ 크래킹

해설 디도스(DDoS)
특정 사이트를 마비시키기 위해 여러 대의 컴퓨터가 일제히 공격을 가하는 해킹수법을 말한다. 특정 컴퓨터의 자료를 삭제하거나 훔치는 것이 목적이 아니라 정당한 신호를 받지 못하도록 방해하는 분산서비스 거부를 말한다. 여러 대의 컴퓨터가 일제히 공격해 대량 접속이 일어나게 함으로써 해당 컴퓨터의 기능이 마비되게 한다.

06 **'ICT'는 정보통신기술(Information & Communication Technology)의 약자이다. 미래의 ICT 트렌드로 요즘 강조하는 것이 아닌 것은?**

① 사물인터넷
② 빅 데이터
③ 해외직구
④ 3D프린팅

해설 미래의 ICT 4대 트렌드로 사물인터넷과 빅 데이터, 인공지능, 그리고 3D프린팅이 있다.

Answer 01 ① 02 ③ 03 ④ 04 ③ 05 ③ 06 ③

07 우리나라 두 번째 해양과학기지의 이름은?

① 가거초 해양과학기지
② 이어도 해양과학기지
③ 독도 해양과학기지
④ 울릉도 해양과학기지

해설 가거초 해양과학기지
2009년 10월 13일 이어도에 이은 두 번째 해양과학기지인 가거초 해양과학기지가 준공됐다. 전남 가거도 서쪽에 있는 가거초의 수심 15m 아래에 건설된 해양과학기지로, 기상 · 해양 · 대기환경 등을 관측하는 임무를 맡고 있다.

08 다음 보기의 설명과 관계 깊은 것은?

> 일부 라면에서 1급 발암물질인 이것이 검출돼 논란이 일었다. 이것은 석탄의 타르 중에 존재하는 황색 결정 물질로, 인체에 축적될 경우 각종 암과 돌연변이를 유발하는 환경호르몬이다.

① 석 면
② 벤조피렌
③ 벤지딘
④ 쿠마린

벤조피렌(Benzopyrene)
5개의 벤젠 고리가 결합한 분자이다. 300℃에서 600℃ 사이에서 불완전 연소를 통해 생성된 물질로 콜타르나 공장의 물질을 태운 후 연기를 내보내는 굴뚝, 자동차의 배기가스(특히 디젤엔진), 담배 연기, 탄 음식의 일부 등에서 나오는 물질이다. 현재는 1급 발암물질로 분류되고 있다.

09 다음 중 리튬폴리머 전지에 대한 설명으로 옳지 않은 것은?

출제유력

① 안정성이 높고, 에너지 효율이 높은 2차 전지이다.
② 외부전원을 이용해 충전하여 반영구적으로 사용한다.
③ 전해질이 액체 또는 젤 형태이므로 안정적이다.
④ 제조공정이 간단해 대량생산이 가능하다.

리튬폴리머 전지(Lithium Polymer Battery)
외부전원을 이용해 충전하여 반영구적으로 이용하는 고체전해질 전지로, 안정성이 높고 에너지 효율성이 높은 차세대 2차 전지이다. 전해질이 고체 또는 젤 형태이기 때문에 전지가 파손되어도 발화하거나 폭발할 위험이 없어 안정적이다. 제조공정이 간단해 대량생산이 가능하며 노트북 등에 주로 사용된다.

10 다음 중 모든 컴퓨터 기기를 하나의 초고속 네트워크로 연결시켜 집중적으로 사용할 수 있게 하는 기술은? 출제유력

① 멀티태스킹 ② 그리드 컴퓨팅
③ 빅 데이터 ④ 그리드락

그리드 컴퓨팅(Grid Computing)
PC나 서버, PDA 등 모든 컴퓨팅 기기를 연결해 컴퓨터 처리능력을 한 곳으로 집중시킬 수 있는 인터넷망이다. 정보처리능력을 슈퍼컴퓨터 이상 수준으로 극대화할 수 있으며 빠른 속도로 정보를 처리할 수 있다.

11 다음 신문기사의 빈칸에 들어갈 내용으로 적절한 것은? 출제유력

> 국내 연구팀이 수십억 원대의 투과전자현미경 없이도 (　　)의 조각 경계면을 광학현미경으로 관찰할 수 있는 방법을 개발하여 네이처에 발표했다. (　　)은/는 연필심에 쓰이는 흑연의 구성 물질로, 두께가 얇고 전기 전도성이 뛰어나 휘어지는 디스플레이를 구현하는 데 활용할 예정이다.

① 탄소나노튜브 ② 풀러렌
③ 인조흑연 ④ 그래핀

그래핀(Graphene)
탄소원자 1개로 이루어진 아주 얇은 막으로, 활용도가 뛰어난 신소재이다. 구리보다 100배 이상으로 전기가 잘 통하고 실리콘보다 100배 이상 전자를 빠르게 이동시킨다. 강도는 강철보다 200배 이상 강하고, 열전도성은 다이아몬드보다 2배 이상 높다. 또 탄성이 뛰어나 늘리거나 구부려도 전기적 성질을 잃지 않아 활용도가 아주 높다.

12 다음 보기가 설명하는 것으로 옳은 것끼리 연결된 것은? 출제유력

> • (A) : 미국 항공우주국의 화성 탐사 로봇으로, 화성 적도지역을 돌아다니며 생명체의 흔적을 조사한다.
> • (B) : 물질을 구성하는 기본입자 중 소립자에 질량을 부여하는 입자로, '신의 입자'라고 불린다.

① (A) : 힉스 (B) : 라돈 ② (A) : 큐리오시티 (B) : 힉스
③ (A) : 힉스 (B) : 쿼크 ④ (A) : 쿼크 (B) : 라돈

• 큐리오시티 : 미국 항공우주국(NASA)의 4번째 화성탐사선으로, 높이 213m, 무게 약 900kg의 대형 탐사선이다. 2012년 8월 화성 표면에 안착했으며 화성 적도지역을 돌아다니며 탐사 연구를 진행한다.
• 힉스 : 우주가 막 탄생했을 때 몇몇 소립자들에 질량을 부여한 것으로 간주되는 힉스입자는 '신의 입자'라고 불려왔다. 마침내 2013년 10월 그 존재가 과학적으로 증명됨으로써 현대 이론물리학에서의 '표준모형'이 완성되었다.

Answer 07 ① 08 ② 09 ③ 10 ② 11 ④ 12 ②

13 **다음 각 용어에 대한 설명이 잘못 연결된 것은?**

① ITS : 지능형 교통시스템
② RFID : 스스로 빛을 내는 현상을 이용한 디스플레이
③ ESM : 통합보안관리시스템
④ LAN : 한정된 공간에서 컴퓨터와 주변장치들 간에 정보와 프로그램을 공유할 수 있도록 하는 네트워크

해설 ② 스스로 빛을 내는 현상을 이용한 디스플레이는 OLED이다.
RFID(Radio Frequency IDentification)
생산에서 판매에 이르는 전 과정의 정보를 극소형 IC칩에 내장시켜 이를 무선 주파수로 추적할 수 있도록 함으로써 다양한 정보를 관리하는 인식 기술이다. 실시간으로 사물의 정보와 유통 경로, 재고 현황까지 파악할 수 있어 바코드를 대체할 기술로 손꼽힌다.

14 **다음 중 대규모의 데이터베이스로부터 상관관계를 발견하고 실행 가능한 정보를 추출하여 의사결정에 활용하는 작업은?**

① 그리드 컴퓨팅　　② LAN
③ 빅 데이터　　④ 데이터 마이닝

해설 데이터 마이닝(Data Mining)
기업이 보유하고 있는 대규모의 데이터베이스로부터 정보의 연관성을 파악하고, 새로운 규칙 등을 발견함으로써 중요한 의사결정을 위한 정보로 활용해 기업의 경쟁력을 높이고 이익을 극대화하는 과정이다.

15 **다음 중 증강현실에 대한 설명으로 옳지 않은 것은?** 출제유력

① 현실세계에 3차원 가상물체를 겹쳐 보여준다.
② 스마트폰의 활성화와 함께 주목받기 시작했다.
③ 실제환경은 볼 수 없다.
④ 위치 기반 서비스, 모바일 게임 등으로 활용범위가 확장되고 있다.

해설 가상현실은 가상환경에 사용자를 몰입하게 하여 실제환경을 볼 수 없지만 증강현실은 실제환경을 볼 수 있게 하여 현실감을 제공한다.

16 **다음 중 한국형 우주식품에 해당하지 않는 것은?**

① 비빔밥　　② 닭갈비
③ 짜장면　　④ 카레밥

우주식품
우주인이 우주선이나 우주정거장 등 무중력 상태의 우주공간에서 섭취할 수 있도록 만든 식품이다. 한국형 우주식품은 김치, 라면, 수정과, 생식바, 비빔밥, 불고기, 미역국, 바지락죽, 부안참뽕 오디음료, 부안참뽕 잼, 상주곶감초콜릿, 당침블루베리, 단호박죽, 닭죽, 닭갈비, 사골우거지국, 카레밥 등이 있다.

17 다음 중 LTE에 관한 설명으로 가장 적절한 것은? 출제유력

① 음성을 전송하는 형식이다.
② 디지털 형식으로 변환하는 형식이다.
③ 동영상 사진을 보낼 수 있다.
④ 고화질의 동영상을 실시간으로 감상할 수 있다.

해설 ① 1G에 대한 설명, ② 2G에 대한 설명, ③ 3G에 대한 설명이다.

18 나침반이 언제나 남북방향을 가리키는 것은 지구의 자기장 때문이다. 지구 자기장의 3요소가 아닌 것은?

① 수평자력
② 수직자력
③ 편 각
④ 복 각

지구 자기장의 3요소는 편각, 복각, 수평자력이다. 편각은 지리학적인 자오면과의 각을 말하고, 복각은 자석의 중심을 실로 매달고 자유롭게 움직일 수 있도록 했을 때 자석의 수평면과 이루는 경사를 말한다. 그리고 지구 자기에 의한 어느 점의 자기장 세기에 대한 수평방향의 분력을 수평분력 또는 수평자력이라 한다.

19 다음 중 탄소나노튜브에 대한 설명으로 바르지 못한 것은? 출제유력

① 탄소 6개로 이뤄진 육각형들이 서로 연결되어 관 모양을 이루고 있다.
② 전기 전도도는 구리와 비슷하고, 열전도율은 자연계에서 가장 뛰어난 다이아몬드와 같다.
③ 머리카락보다 훨씬 가늘면서도 다이아몬드보다 강한 특성(강철의 100배)을 가지고 있다.
④ 분자들의 끌어당기는 힘으로 인해 안정적인 다발 형태로 존재하기 때문에 산업에 쉽게 응용할 수 있다.

탄소나노튜브는 엉켜진 다발형태로 존재하기 때문에 수용액에 들어가면 서로 뭉쳐버리는 성질이 있어서 산업현장에 응용하기는 어렵다. 산업적 응용을 위해서는 탄소나노튜브를 고르게 분산시켜 원하는 소재에 흡착시킬 수 있는 기술이 필수적이다.

Answer 13 ② 14 ④ 15 ③ 16 ③ 17 ④ 18 ② 19 ④

20 **가시광선 중에서 파장이 가장 긴 색은?**

① 파랑색
② 초록색
③ 빨간색
④ 보라색

해설 가시광선 파장
빨간색(610~700nm), 주황색(590~610nm), 노란색(570~590nm), 초록색(500~570nm), 파란색(450~500nm), 보라색(400~450nm)

21 **다음 중 탐사대상이 다른 우주 계획은?**

① 매리너 계획
② 아폴로 계획
③ 제미니 계획
④ 소유즈 계획

해설 매리너 계획은 금성 · 화성 · 수성 등의 탐사 계획이며, 나머지는 달 탐사 계획이다.

22 **달 탐사와 관련된 위성들과 업적을 연결한 것 중 바르지 못한 것은?** 출제유력

① 파이어니어 1호(미국) – 최초로 달 궤도 진입
② 루나 9호(소련) – 최초로 달 착륙
③ 아폴로 11호(미국) – 최초로 달 착륙한 유인 우주선
④ 스마트 1호(EU) – 유럽 최초의 달 탐사선

해설 파이어니어 1호는 달 궤도 진입에 실패했고, 1959년 발사된 루나 1호(소련)가 최초로 달 궤도에 진입했다.

23 **태양의 표면이 폭발할 때 단파(短波)를 사용하는 국제 통신에 일시적으로 장애가 발생하는 현상을 무엇이라고 하는가?**

① 스프롤 현상
② 태양간섭 현상
③ 도넛 현상
④ 델린저 현상

해설 델린저 현상
27일 또는 54일을 주기로 10분 내지 수십 분 동안 급격하게 일어나는 단파 통신의 장애 현상이다. 그 원인은 태양면의 폭발에 의하여 생긴 자외선이 전리층 중 E층의 하부를 강하게 이온화시켜 거기에 전파가 흡수되기 때문이다.
① 도시의 급격한 발전과 지가 상승으로 도시 주변이 무질서하게 확대되는 현상
③ 도시 중심부의 상주인구가 감소하고 도시 주변에 인구가 뚜렷하게 증가하는 현상

24 물리학자들은 우주가 보통물질과 암흑물질, 암흑에너지로 구성돼 있다고 말한다. 이 가운데 암흑물질은 우주의 23%가량을 차지하면서도 그 정체가 밝혀지지 않고 있는데, 여러 현상을 통해 암흑물질의 존재를 간접 확인할 수는 있다. 다음 중 암흑물질의 존재를 간접 확인할 수 있는 현상과 관련이 적은 것은? 출제유력

① 별빛의 휨
② 초신성의 폭발
③ 중력렌즈효과
④ 은하의 회전속도

해설 초신성 폭발
어두운 항성이 갑자기 대폭발을 일으켜 엄청난 에너지가 순간적으로 방출되면서 15등급(100만 배)이나 밝아졌다가 사멸되는 현상으로, 갓 태어난 별의 모습처럼 보여서 초신성이라 불린다.

25 다음 중 용어 설명이 잘못된 것은?

① UCC – 사용자 제작 콘텐츠
② PCC – 준전문가 제작 콘텐츠
③ CCC – 고객 제작 콘텐츠
④ SCC – 상품매니저 제작 콘텐츠

해설 ④ SCC : 판매자 제작 콘텐츠
MCC : 상품매니저 제작 콘텐츠

26 각종 물품에 소형칩을 부착해 무선 주파수로 정보를 전송 · 처리하는 무선전자태그를 무엇이라 하는가? 출제유력

① 와이브로
② 블루투스
③ IrDA
④ RFID

해설 RFID는 IC칩을 내장해 무선으로 정보를 관리하는 인식 기술이다.

27 다음 괄호에 들어갈 용어로 알맞은 것은?

> 이것은 다른 사이트의 정보를 복사한 사이트라고 해서 (　　)라고 불린다. 사이트가 네트워크에서 트래픽이 빈번해지면 접속이 힘들고 속도가 떨어지는데, 이를 예방하려면 네트워크의 이용 효율을 향상시켜야 한다. 즉, 이것은 다른 사이트들에 원본과 동일한 정보를 복사하여 저장시켜 놓는 것을 뜻한다.

① 게더링 사이트
② 레이더 사이트
③ 옐로 페이지
④ 미러 사이트

Answer 20 ③ 21 ① 22 ① 23 ④ 24 ② 25 ④ 26 ④ 27 ④

해설 미러 사이트(Mirror Site)
'미러(Mirror)'는 자료의 복사본 모음을 뜻하며, 미러 사이트들은 가장 일반적으로 동일한 정보를 여러 곳에서 제공하기 위해, 특히 클라이언트가 요청하는 대량의 안정적인 다운로드를 위해서 만들어진다. 웹 사이트 또는 페이지가 일시적으로 닫히거나 완전히 폐쇄되어도 자료들을 보존하기 위해 만들어진다.

28 가상화폐로 거래할 때 발생할 수 있는 이중 지불이나 해킹을 막는 기술을 무엇이라 하는가?

① 프로젝트 제로
② 차입매수
③ 랜섬웨어
④ 블록체인

해설 블록체인은 가상화폐 거래 시 해킹이나 위 · 변조를 막기 위한 기술이다.
① 구글에서 만든 안티바이러스 프로그램
② 자금이 부족한 매수기업이 매수 대상의 자산과 수익을 담보로 자금을 끌어와 합병하는 것
③ 파일을 암호화하여 사용하지 못하게 한 후 이를 해결하는 대가로 금전을 요구하는 악성 프로그램

29 분산 서비스 거부 공격을 일컫는 용어로 여러 대의 컴퓨터를 일제히 동작하게 하여 특정 사이트를 공격함으로써 시스템을 마비시키는 사이버테러방식은? 출제유력

① 트로이목마
② DDoS
③ 스턱스넷
④ 스네이크

해설 트로이목마는 컴퓨터 사용자의 정보를 빼가는 악성 프로그램이며, 스턱스넷(Stuxnet)은 기반시설의 제어시스템을 감염시키고, 스네이크는 스마트폰 사용자의 정보를 빼내거나 유료 문자를 임의로 발신하는 방식이다.

30 다음 중 전 세계 모바일 메신저 애플리케이션의 종류가 아닌 것은? 출제유력

① 탱고(Tango)
② 라인(LINE)
③ 왓츠앱(WhatsApp)
④ 심비안(Symbian)

해설 심비안은 휴대폰용으로 개발한 실시간 처리의 32비트 멀티태스킹 운영 체계(OS)를 말한다.
① 같은 프로그램을 사용하는 나의 모든 연락처와 무료로 대화하고, 보고, 글을 쓸 수 있는 무료 영상통화 프로그램
② 네이버에서 만든 스마트폰용 메신저
③ 안드로이드 및 다른 스마트폰 기기에서 메시지를 주고받을 수 있는 앱

31 **인터넷으로 의견수렴을 하고 필요하면 제품 개발에 반영하는 것을 무엇이라고 하는가?**

① UCC
② Blog
③ Crowd out
④ Crowd sourcing

크라우드 소싱
군중(Crowd)과 아웃소싱(Outsourcing)의 합성어이다. 경제적 보상을 추구하는 대중들의 웹 협동 작업으로서 기업이나 산업계에서 상품이나 서비스를 생산하기 위해 인터넷으로 대중에게 의견을 수렴하여 제품 개발에 반영하는 것이다. 웹 2.0시대에 UCC가 활발해지면서 더욱 활성화되었다.

32 **키보드나 마우스 없이 모니터에 나타난 메뉴를 손으로 짚어 선택할 수 있도록 만든 터치 스크린은 무엇을 이용해 신호를 감지하는가?**

① 체 온
② 적외선
③ 초음파
④ 전 기

터치 스크린은 일반 모니터의 화면에 터치 패널(Touch Pannel)이라는 장치를 덧붙여서 기능을 발휘하는 것이다. 터치 패널은 상하좌우로 눈에 보이지 않는 적외선이 흐르게 하여 화면에 수많은 사각형 격자가 생기도록 함으로써, 손끝이나 기타 물체로 이 격자에 접촉하면 그 위치를 파악한다.

33 **우주에서 가장 밝은 초신성 중 하나가 폭발해 마치 태양이 두 개 떠있는 듯한 현상이 1~2주일 정도 지속될 가능성이 있다고 알려진 약 640광년 떨어진 초신성의 명칭은?**

① 스피카(Spica)
② 베텔기우스(Betelgeuse)
③ 아크투르스(Arcturus)
④ 데네브(Deneb)

베텔기우스(Betelgeuse)
지구로부터 약 640광년 떨어진 베텔기우스는 오리온자리 사변형의 왼쪽 위 꼭짓점에 위치한 적색의 거대한 별이다. 반지름은 태양의 900배 정도이며 질량은 태양의 20배 정도로, 현재 중력 붕괴 징후를 보이며 질량을 잃고 있다고 알려졌다. 대폭발을 일으키면 지구에서 두 개의 태양이 떠 있는 것처럼 보일 수 있지만 폭발의 정확한 시점을 확인할 수 없다.

Answer 28 ④ 29 ② 30 ④ 31 ④ 32 ② 33 ②

34 **저주파 소음은 장기간 노출될 경우 신체에 악영향을 끼친다는 연구 결과가 나왔다. 다음 중 저주파의 주파수 범위인 것은?**

① 1~20Hz
② 20~200Hz
③ 200~2,000Hz
④ 2,000~20,000Hz

해설 저주파 소음의 범위는 1~20Hz 정도로 귀에는 들리지 않지만 몸으로는 느낄 수 있어 장기간 들을 경우 신체에 이상을 일으킬 수 있다.

35 **가상계의 가상현실이 현실세계와 교차하면서 새로운 가능성을 열어주는 기술을 일컫는 말은?**

① 가상현실
② 미래현실
③ 증강현실
④ 내부현실

해설 증강현실
혼합현실이라고도 하며 사용자가 눈으로 보는 현실세계에 가상물체를 겹쳐보여주는 기술이다. 이것은 컴퓨터 그래픽으로 만들어진 가상환경을 사용하지만 주역은 현실환경이다. 가상현실기술은 가상환경에 사용자를 끌어들여 실세환경을 볼 수 없게 하지만 실세환경과 가상의 객체가 혼합된 증강현실기술은 사용자가 실제환경을 볼 수 있게 하여 보다 나은 현실감과 부가적인 정보를 제공한다.

36 **다음 중 가상이동통신망사업자(MVNO)에 대한 설명으로 옳은 것은?** 출제유력

① 무선인터넷 게임에 등장하는 가상의 이동통신사업자이다.
② 원격으로 로봇을 조종하는 서비스를 제공하는 업체다.
③ 가상의 이동통신망을 사용해 온라인게임서비스를 제공하는 사업자이다.
④ 이동통신업체의 통신망을 빌려 이동통신서비스를 제공하는 업체이다.

해설 가상이동통신망사업자
이동통신서비스를 제공하기 위해 필수적인 주파수를 보유하지 않고, 주파수를 보유하고 있는 이동통신망사업자(MNO ; Mobile Network Operator)의 망을 통해 독자적인 이동통신서비스를 제공하는 사업자이다.

37 **이동하면서 고속으로 인터넷을 이용할 수 있는 서비스로, 우리나라에서 세계 최초로 개발한 기술은?** 출제유력

① HSDPA
② 와이맥스
③ 위성DMB
④ 와이브로

해설 와이브로(WiBro)는 헤드셋, 노트북, PDA, 스마트폰 등 다양한 휴대 인터넷 단말기를 이용하여 정지 및 이동 중에도 언제 어디서나 고속으로 무선 인터넷 접속이 가능한 서비스를 말한다.

38 **태양계 행성 중의 하나였으나 행성으로서의 지위를 박탈당한 것은?** 출제유력

① 명왕성 ② 천왕성
③ 해왕성 ④ 토 성

해설 국제천문연맹은 명왕성을 공전궤도가 불규칙하고 크기가 달보다도 작으며 형태가 타원에 가깝다는 등의 이유로 태양계의 행성으로서의 지위를 박탈했다.

39 **다음 중 아날로그 신호를 디지털로 변환하여 저장하고, 디지털 데이터를 아날로그로 변환해서 재생하는 장비를 무엇이라고 하는가?**

① 모 뎀 ② DSU
③ 코 덱 ④ 멀티플렉서

해설 코덱(Codec)은 아날로그 데이터를 디지털로 저장 후 아날로그로 재생하는 기술 또는 장치이다. 주로 음성이나 동영상을 저장하고, 재생하는 데 이용된다.

40 **'식물이 분비하는 살균 물질'이라는 뜻을 가지고 있으며, 자신을 위협하는 각종 해충, 병균, 곰팡이, 박테리아 등에게는 킬러의 역할을 하지만 인간에게는 도리어 이롭게 작용한다고 알려진 물질은?** 출제유력

① 옥시토신 ② 바소프레신
③ 피톤치드 ④ 나이트로사민

해설 그리스어로 '식물'을 의미하는 Phyton = Plant(식물)과 '살균'을 의미하는 Cide = Killer(살인자)를 합성한 말이다. "식물이 분비하는 살균 물질"이라는 뜻으로 수목이 해충이나 미생물로부터 자기를 방어하기 위해 공기 중에 발신하는 천연의 항균 물질을 말한다. 피톤치드의 주성분은 휘발성이 강한 테르펜류가 주를 이루며, 향기 이외의 성분도 다량 함유되어 있다.

41 **휴대전화, 노트북, 차세대 전기 자동차의 배터리로 쓰이는 이 광물의 절반이 매장되어 있는 국가가 남미에 있다고 한다. 이 광물과 나라가 올바르게 연결된 것은?**

① 콜롬비아 – 니켈 ② 브라질 – 리튬
③ 칠레 – 니켈 ④ 볼리비아 – 리튬

해설 세계 리튬 매장량의 절반(약 540만 톤)이 볼리비아 서남부의 황무지에 묻혀 있는 것으로 추정되었다. 이로 인해 우리나라를 포함한 중국, 일본 등이 자원확보를 위해 열띤 경쟁을 벌이고 있다.

Answer 34 ① 35 ③ 36 ④ 37 ④ 38 ① 39 ③ 40 ③ 41 ④

42 악성코드에 감염된 PC를 조작해 이용자를 사이트로 유도하여 개인 정보를 빼가는 수법은 무엇인가?

① 스미싱 ② 스피어피싱
③ 파 밍 ④ 메모리해킹

해설 파밍에 의해 금융정보가 노출되어 13억원이 무단 이체된 사건이 있었다.
① '무료쿠폰' 등을 내용으로 하는 문자메시지 링크를 클릭하면 악성코드가 설치돼 피해자가 모르는 사이에 소액결제 피해 발생 또는 개인 · 금융정보 탈취하는 수법
② 특정 대상의 정보를 캐내기 위한 피싱 공격
④ 컴퓨터 메모리에 있는 수취인의 계좌번호, 송금액을 변조하는 등으로 돈을 빼돌리는 해킹

43 MWC가 열리는 도시는?

① 라스베가스 ② 토론토
③ 바르셀로나 ④ 시드니

해설 모바일 월드 콩그레스(Mobile World Congress)는 전 세계 이동통신사와 휴대전화 제조사 및 장비업체의 연합기구인 GSMA(Global System for Mobile communication Association)가 주최하는 세계 최대 규모의 이동통신 산업 전시회로, 매년 스페인의 바르셀로나에서 개최된다.

44 다음 괄호 안에 공통으로 들어갈 알맞은 용어는?

> (　)은/는 디지털 테크놀로지의 문화적 · 인식론적 영향과 사회적 활용을 연구하는 프랑스 철학자 레비(Pierre Levy)가 프랑스의 가톨릭계 신학자이자 고고학자인 테야르 드 샤르댕(Pierre Teilhard de Chardin)의 말에서 빌려온 개념이다. (　)은/는 인류가 오랫동안 집적해온 공동의 지적능력과 자산을 바탕으로 사이버 공간에서 이뤄가는 세계를 뜻한다.

① 사이버스쿼팅 ② 누스페어
③ 스마트몹 ④ 사이버리터러시

해설 누스페어란 'Noo(정신)'와 'Sphere(시공간)'를 결합시킨 사회철학용어로 인류가 오랫동안 집적해온 공동의 지적 능력과 자산을 바탕으로 사이버 공간에서 이루어가는 세계를 말한다.
① 사이버스쿼팅 : 인터넷상의 컴퓨터 주소인 도메인을 투기나 판매 목적으로 선점하는 행위
③ 스마트몹 : PDA, 휴대전화, 메신저, 인터넷, 이메일 등 첨단 정보 통신 기술을 바탕으로 긴밀한 네트워크를 이루어 정치, 경제, 사회 등의 제반 문제에 참여하는 사람들의 집단
④ 사이버리터러시 : 사이버 공간에서 허구와 진실을 가려내고 성적 편견, 상업주의 등 온라인상의 문제적 글들을 구별할 수 있는 능력

45 **인터넷 사이트를 방문하는 사람들의 컴퓨터로부터 사용자 정보를 얻어내기 위해 사용되는 인터넷의 '숨은 눈'을 지칭하는 것을 무엇이라 하는가?** 출제유력

① 쿠 키 ② 프록시
③ 자 바 ④ 캐 시

쿠 키
인터넷 웹 사이트의 방문 기록을 남겨 사용자와 웹 사이트 사이를 매개해주는 정보로서 고객이 특정 홈페이지에 접속할 때 생성되는 정보를 담은 임시 파일로, 크기는 4KB 이하로 작다. 쿠키는 애초 인터넷 사용자들의 홈페이지 접속을 돕기 위해 만들어졌다. 특정 사이트를 처음 방문하면 아이디와 비밀번호를 기록한 쿠키가 만들어지고 다음에 접속했을 때 별도 절차 없이 사이트에 빠르게 연결할 수 있다.

46 **초전도 현상의 응용과 거리가 먼 것은?**

① 자기부상열차 ② 자기공명장치(MRI)
③ 입자가속기 ④ 태양전지

초전도 응용 분야
- 에너지 분야 : 차세대 초전도 핵융합 외 MHD 발전 등
- 전력 분야 : 초전도에너지저장(SMES), 초전도변압기, 초전도케이블, 초전도발전기 등
- 교통 분야 : 초전도자기부상열차, 초전도전자추진선박, 초전도전기자동차 등
- 의료 · 과학 분야 : MRI, NMR, 뇌자기검출기, 암치료 사이클로트론, High Field Magnet 등
- 환경 · 산업 분야 : 핵폐기물처리가 가능한 초전도자기분리, 입자가속기 등
- 전자 · 정보 분야 : 초전도슈퍼컴퓨터, SQUID 등

47 **다음 중 운동의 제3법칙(작용 · 반작용의 법칙)과 관련 있는 것은?**

① 버스가 출발할 때 사람이 뒤로 넘어지려고 하는 것
② 대팻날을 뽑을 때 대패를 두들기는 것
③ 인공위성의 운동
④ 로켓의 발사

①·②·③ 제1법칙(관성의 법칙)

Answer 42 ③ 43 ③ 44 ② 45 ① 46 ④ 47 ④

48 **초전도 현상에 관한 설명 중 옳은 것은?**

① 금속의 열전도율이 100%에 달하는 현상
② 금속이 완전 반자성을 띠는 현상
③ 금속의 전기저항이 갑자기 영(零)으로 떨어지는 현상
④ 금속의 자성이 극히 강해지는 현상

해설 초전도 현상
어떤 물질을 절대온도(-273℃)에 가까운 극저온 상태로 냉각시키면 갑자기 전기저항이 없어지는 물리적 현상을 말한다.

49 **강한 중력으로 빛을 포함한 모든 것이 빠져나갈 수 없는 천체를 가리켜 무엇이라 하는가?**

① 블랙홀 ② 초신성
③ 퀘이사 ④ 중성자성

블랙홀
빛마저도 빨려 들어갈 정도로 중력과 밀도가 무한대에 가깝게 큰 천체이다. 스티븐 호킹이 아인슈타인의 상대성 이론에 근거하여 주장하였다. 항성이 폭발할 때 극단적으로 수축하면서 밀도와 중력이 어마어마하게 커진 천체가 블랙홀이다. 이때 발생한 중력으로부터 빠져나오려면 빛보다 빠른 속력을 가져야 하므로, 빛조차도 블랙홀 안으로 빨려 들어가는 것이다. 만약 지구만한 행성이 블랙홀이 된다면 그 반지름은 겨우 0.9cm로 줄어들게 될 정도로 중력이 크다. 블랙홀이라는 명칭이 붙게 된 이유도 직접 관측할 수 없는 암흑의 공간이기 때문이다.

50 **태양의 활발한 활동으로 인해 가끔씩 통신 교란과 인공위성의 고장 등이 일어난다. 또 이 시기에는 북극과 남극 가까운 지방의 공중에서 아름다운 빛을 발하는 현상이 더욱 두드러지는데, 이런 현상을 무엇이라 하는가?**

① 코로나 ② 흑 점
③ 지자기 폭풍 ④ 오로라

오로라
태양에서 방출된 플라스마의 일부가 지구의 자기장에 이끌려 대기에 진입하면서 공기 중에 있는 분자와 접촉·반응해 빛을 내는 현상이다.

51 **지구의 공전주기는 약 365일이다. 다음 중 공전주기가 가장 짧은 행성은?** 출제유력

① 수 성 ② 화 성
③ 토 성 ④ 목 성

해설 행성들은 태양에 가까울수록 공전주기가 짧다. 수성의 공전주기는 87.968435일이다.

52 지금보다 수백 배 빠른 반도체, 고효율 태양전지, 슈퍼 커패시터, 셀로판지처럼 얇은 두루마기 형태의 디스플레이, 손목에 차는 휴대전화, 종이처럼 지갑에 넣고 다니는 컴퓨터, 고강도 필름을 포함한 고강도 복합재료 등에 활용될 것으로 예상되는 '꿈의 신소재'는 무엇인가? 출제유력

① 그래핀 ② 탄소나노튜브
③ 풀러렌 ④ 라 듐

해설 영국 맨체스터 대학의 안드레 가임 박사와 콘스탄틴 노보셀로 박사는 2004년 세계 최초로 흑연에서 그래핀을 분리해내는 데 성공하여 완벽한 단원자층 그래핀을 얻음으로써 그래핀의 성질을 밝혀냈다. 이에 대한 공로를 인정받아 2010년 노벨물리학상을 받았다.

53 엔트로피에 관한 다음 설명 중 맞는 것은? 출제유력

① 엔트로피는 열역학 제1법칙을 설명한다. ② 비가역과정에서 엔트로피는 항상 감소한다.
③ 가역과정에서 엔트로피는 항상 감소한다. ④ 엔트로피는 열역학 제2법칙을 설명한다.

해설 열역학 제1법칙은 에너지 보존법칙이며, 자연현상의 변화는 일반적으로 엔트로피가 증가하는 방향으로 진행된다.

54 원자핵을 구성하는 입자가 아닌 것은? 출제유력

① 양성자 ② 중성자
③ 중간자 ④ 전 자

해설 양성자와 중성자가 몇 개씩 결합한 것이고 양의 전하를 띠고 있으며, 양성자와 같은 수의 전자가 둘러싸고 있어 전기적으로 중성의 원자가 된다.

55 갈릴레이는 같은 높이에서 떨어뜨린 모든 물체는 같은 속도로 떨어진다고 주장했는데, 이것은 이론적으로는 맞지만 실제로는 그렇지 않다. 모든 물체가 같은 속도로 떨어지기 위해서는 어떤 조건이 필요한가?

① 무게가 같은 물체 ② 성분이 같은 물체
③ 바람이 불지 않는 상태 ④ 진공상태

해설 공기가 있으면 공기와의 마찰과 부력에 의해 일정한 속도로 낙하할 수 없다.

Answer 48 ③ 49 ① 50 ④ 51 ① 52 ① 53 ④ 54 ③ 55 ④

56 **4G(4세대) 국제표준을 놓고 경쟁한 기술이 아닌 것은?**

① 3GPPLTE
② WiBro
③ HSDPA
④ 3GPP2 UMB

해설 HSDPA는 3세대에 속하는 전송규격으로 3.5세대로도 분류한다.

57 **정지궤도 위성을 설명한 것 중 틀린 것은?** 출제유력

① 정지궤도 위성의 고도는 약 36,000km이다.
② 적도 상공에서 정지한 상태로 작동하기 때문에 운영비를 대폭 줄일 수 있다.
③ 통신 · 기상분야 뿐만 아니라, 위성방송(DBS)도 정지궤도 위성을 이용한다.
④ 국산과학위성 우리별 2호는 정지 위성이 아니다.

해설 정지궤도 위성
적도 상공 약 36,000km에서 매초 약 3,000m를 마하 9의 초음속으로 움직이지만 동력은 필요하지 않다. 최초의 정지궤도 위성은 1963년 2월 4일에 발사한 신컴(Syncom)이며 적도 상공 36,000km의 궤도를 클라크띠(Clarke Belt)라고도 한다. 우리나라의 무궁화호 위성도 정지궤도 위성이다.

58 **인터넷 월드 와이드 웹(WWW)에 관한 설명 중 틀린 것은?**

① 인터넷에서 문자는 물론, 그림이나 동영상까지 지원하는 시스템이다.
② 월드 와이드 웹을 서비스할 수 있는 시스템을 '웹서버' 라고 한다.
③ 개인이나 기업의 홍보자료로 활용되고 있는 홈페이지와는 무관하다.
④ 웹서버를 이용하는 개인이나 기업은 서버용 컴퓨터를 항상 켜 놓아야 다른 이용자들의 접속을 확인할 수 있다.

해설 웹이란 인터넷의 서비스 가운데 문자 · 영상 · 음향 · 비디오 정보를 한꺼번에 제공하는 멀티미디어 서비스를 말하며 각각의 웹사이트에 들어갈 때 처음에 나타나는 초기 화면이 홈페이지다.

59 **원시프로그램에서 목적프로그램으로 번역하는 과정에서 발생하는 오류를 찾아 수정하는 것을 의미하는 것은?**

① Editing
② Debugging
③ Coding
④ Searching

해설 Debugging은 원시프로그램상의 오류를 찾아 수정하는 작업으로 착오검색이라고 한다.
① 데이터, 프로그램이나 문서의 표현 형식이나 배열을 정리하는 것(편집)
③ 데이터 처리장치가 받아들일 수 있는 기호형식에 의하여 데이터를 표현하는 것(부호화)
④ 데이터 집합을 살피는 것(탐색)

60 디지털신호 전송방식에 관한 국제표준을 나타내는 말은?

① MPEG
② ISO
③ DVD
④ VHS

MPEG(Moving Picture Experts Group)
동영상전문가모임으로 국제표준화기구(ISO)의 기술분과위원회 중의 하나로 여기서 제정한 동영상 압축 표준을 MPEG라 하고 이 표준에 맞게 설계된 보드가 MPEG보드이다.

61 별이 방출하는 에너지의 주원천은?

① 화학반응
② 중력붕괴
③ 핵붕괴
④ 핵융합

해설 핵융합에는 1억℃ 이상의 높은 온도가 필요한데, 태양과 같은 별은 그 빛에너지의 핵융합에서 생긴다.

62 대기 속에서 온실효과를 일으키는 온실기체가 아닌 것은?

출제유력

① Co
② CO_2
③ CH_4
④ NO

코발트(Co)는 단단하고 강자성을 띤 은백색 금속 원소이다.
온실기체
온실기체가 급격하게 상승하게 되면 지구의 기온이 계속 상승하게 되어 기후대의 변화, 해수면 상승, 지구 생태계 파괴 등 예측하기 어려운 커다란 변화와 피해를 입게 된다. 대표적인 온실 기체는 이산화탄소(CO_2), 메탄가스(CH_4), 염화플루오르화탄소(CFC), 산화질소(NO) 등이 있다.

Answer 56 ③ 57 ② 58 ③ 59 ② 60 ① 61 ④ 62 ①

63 **2.3GHz의 주파수를 사용하는 초고속 휴대용 인터넷을 무엇이라 하는가?** 출제유력

① CDMA
② 와이파이
③ 와이브로
④ LAN

 한국은 2.3GHz 주파수를 사용하는 와이브로라는 기술방식을 주도해왔다. 아날로그 방식의 휴대전화가 1세대라면 CDMA로 대표되는 디지털 휴대전화는 2세대이다. 2세대보다 데이터 통화속도를 높인 것이 010으로 번호 이동을 한 3세대이고, 4세대는 이보다 훨씬 빠르다.

64 **기술의 발전으로 인해 제품의 라이프 사이클이 점점 빨라지는 현상을 이르는 법칙은 무엇인가?**

① 스마트 법칙 ② 구글 법칙
③ 안드로이드 법칙 ④ 애플 법칙

해설 구글이 안드로이드를 무료로 이용할 수 있게 하면서 다른 스마트폰 제조업체들이 자체적인 운영체제를 개발하지 않아도 되기 때문에 제품의 출시가 쉬워졌다.

65 **시간과 장소, 컴퓨터나 네트워크 여건에 구애받지 않고 네트워크에 자유롭게 접속할 수 있는 IT환경을 무엇이라고 하는가?** 출제유력

① 텔레매틱스
② 유비쿼터스
③ ITS
④ 스니프

해설 라틴어로 '언제, 어디에나 있는'을 의하는 유비쿼터스는 사용자가 시공간의 제약 없이 자유롭게 네트워크에 접속할 수 있는 환경을 말한다.

66 **컴퓨터 전원을 끊어도 데이터가 없어지지 않고 기억되며 정보의 입출력도 자유로운 기억장치는?**

① 램 ② 캐시메모리
③ 플래시메모리 ④ 롬

해설 플래시메모리
전원을 끊더라도 데이터가 없어지지 않는 메모리를 말하며, PC의 소형화 등에 꼭 필요한 반도체 소자이다. 전원이 끊어져도 저장된 데이터를 보존하는 기능이 있는 롬과 정보의 입출력이 자유롭다는 장점을 가진 램의 특성을 모두 갖고 있다.

67 **클라우드를 기반으로 하는 이 서비스는 하나의 콘텐츠를 여러 플랫폼을 통해 이용할 수 있다. 이 서비스는 무엇인가?** 출제유력

① N스크린 ② DMB
③ IPTV ④ OTT

해설 N스크린
스마트폰 · PC · 태블릿PC 등 다양한 기기에서 하나의 콘텐츠를 공유할 수 있는 차세대 기술이다.

68 **BcN은 음성 · 데이터, 통신 · 방송 · 인터넷 등이 융합된 품질보장형 광대역 멀티미디어서비스를 언제 어디서나 끊김없이 안전하게 이용할 수 있는 차세대 통합네트워크를 말한다. 한국은 세계에서 BcN을 몇 번째로 시행한 나라인가?**

① 첫 번째 ② 두 번째
③ 세 번째 ④ 네 번째

해설 BcN(Broadband convergence Network, 광대역통합망)
한국은 BcN 기술을 네 번째로 시행한 나라이며 BcN은 전화, 가전제품, 방송, 컴퓨터, 종합 유선방송 등 다양한 기기를 네트워크로 연결해 서비스를 제공할 수 있도록 만드는 인프라로, 정부가 정보통신기술의 최종 목표로 삼고 있다.

69 **다음 중 RAM에 대한 설명으로 옳은 것은?** 출제유력

① 컴퓨터의 보조기억장치로 이용된다.
② 크게 SRAM, DRAM, ROM으로 분류할 수 있다.
③ Read Access Memory의 약어이다.
④ SRAM이 DRAM보다 성능이 우수하나 고가이다.

해설 SRAM은 DRAM보다 몇 배나 더 빠르긴 하지만 가격이 고가이기 때문에 소량만 사용한다.

70 **인터넷상 기관 형태에 따른 도메인 네임 중 한국의 연구기관을 나타내는 것은?**

① edu ② gov
③ mil ④ re

해설 도메인 네임의 종류
- co.kr : 영리기관(회사) 또는 개인
- or.kr : 비영리기관
- ac.kr : 대학 및 교육기관(학교)
- ne.kr : 네트워크
- re.kr : 연구기관
- go.kr : 정부, 행정, 입 · 사법기관

Answer 63 ③ 64 ③ 65 ② 66 ③ 67 ① 68 ④ 69 ④ 70 ④

71 **컴퓨터의 소프트웨어는 상용화 과정을 거쳐 다양한 버전을 일반인들에게 공개해 사용할 수 있는 기회를 제공한다. 이 버전에는 각기 다른 명칭이 있는데 다음 중 잘못된 설명은?**

① 베타버전 : 프로그램을 정식으로 공개하기 전에 단순히 테스트를 할 목적으로 한정된 집단 또는 일반에 공개하는 버전
② 셰어웨어 : 사용 기능이나 기간에 제한이 있어서 일정 기간 동안 사용해보고 계속 사용하고 싶은 경우에만 정식등록을 통해 구입할 수 있는 버전
③ 프리웨어 : 무료로 사용할 수 있는 소프트웨어로 영리를 목적으로 배포 가능한 버전
④ 트라이얼 : 셰어웨어와 같은 개념으로 다수의 기능 중 일부만을 사용할 수 있도록 만들어 준 버전

해설 프리웨어
별도의 라이센스 없이 무료로 배포되는 소프트웨어이며, 사용에 따른 돈을 지불할 필요는 없지만 영리 목적으로 배포할 수는 없다.

72 **지나치게 인터넷에 몰두하고 인터넷에 접속하지 않으면 극심한 불안감을 느끼는 중독증을 나타내는 현상은?**

① INS증후군
② 웨바홀리즘
③ 유비쿼터스
④ VDT증후군

해설 웨바홀리즘
웹(Web)과 알코올 중독(Alcoholism)의 합성어인 웨바홀리즘은 일상생활에서 정신적 · 심리적으로 인터넷에 과도하게 의존하는 중독증세이다. 이들은 인터넷에 접속하지 않으면 불안감을 느끼고 일상생활이 어려울 정도로 힘들어 하며 수면부족, 생활패턴의 부조화, 업무능률 저하 등이 나타나기도 한다.

73 **인터넷 주소창에 사용하는 'http'의 의미는?**

① 인터넷 네트워크망
② 인터넷 데이터 통신규약
③ 인터넷 사용경로 규제
④ 인터넷 포털 서비스

HTTP(Hyper Text Transfer Protocol)
WWW상에서 클라이언트와 서버 사이에 정보를 주고받는 요청/응답 프로토콜로 인터넷 데이터 통신규약이다. 클라이언트인 웹브라우저가 HTTP를 통해서 서버로부터 웹페이지나 그림 정보를 요청하면, 서버는 이 요청에 응답하여 필요한 정보를 해당 사용자에게 전달하게 된다.

74 **기업이나 조직의 모든 정보가 컴퓨터에 저장되면서, 컴퓨터의 정보 보안을 위해 정보통신망에 불법으로 접근하는 것을 차단하는 시스템은?**

① 아스키
② DNS
③ 방화벽
④ 아이핀

해설 화재가 발생했을 때 불이 번지지 않게 하기 위해서 차단막을 만드는 것처럼, 네트워크 환경에서도 기업의 네트워크를 보호해주는 하드웨어, 소프트웨어 체제를 '방화벽'이라 한다.

75 **하나의 디지털 통신망에서 문자, 영상, 음성 등 각종 서비스를 일원화하여 통신 · 방송서비스의 통합 등 부가가치가 높은 서비스를 추구하는 종합통신 네트워크는 무엇인가?** 출제유력

① VAN
② UTP케이블
③ ISDN
④ RAM

해설 VAN(Value Add Network)
부가가치통신망이라고 하며, 공중 전기통신사업으로부터 통신회선을 차용하여 독자적인 네트워크로 각종 정보를 문자 · 영상 · 음성 등으로 교환하고 정보를 축적 또는 복수로 전송하는 등 단순 통신이 아니라 부가가치가 높은 서비스를 하는 것이다.

76 **휴대전화, 카메라, MP3, DMB 등 다양한 기능들이 통합돼 있는 휴대 가능한 통신기기는 무엇인가?** 출제유력

① 유비쿼터스
② 모바일 컨버전스
③ 디지로그
④ 텔 넷

모바일 컨버전스(Mobile Convergence)
휴대전화에 통화, 문자메시지 등의 기본적인 기능 외에 게임기, 카메라, DMB, MP3 등 다양한 기능이 통합돼 있는 것을 말한다. 사람들의 삶을 간편하고 다양하게 만든다는 점에서 긍정적이라고 볼 수 있지만, 한편으로는 기본적인 기능만 필요로 할 뿐 다른 기능에는 관심이 없는 사람들에게는 비용, 사용방법에 있어서 불편함이 따른다.

Answer 71 ③ 72 ② 73 ② 74 ③ 75 ① 76 ②

77 **스마트TV와 인터넷TV 각각의 기기는 서버에 연결되는 방식이 서로 달라 인터넷망 사용의 과부하가 발생할 수밖에 없다. 이와 관련해 통신사와 기기회사 사이에 갈등이 빚어지기도 했는데 무엇 때문인가?**

출제유력

① 프로그램편성
② 요금징수체계
③ 수익모델
④ 망중립성

해설 망중립성
네트워크사업자가 관리하는 망이 공익을 위한 목적으로 사용돼야 한다는 원칙을 말한다. 통신사업자는 막대한 비용을 들여 망설치를 하여 과부하로 인한 망의 다운을 막으려고 하지만 스마트TV 생산회사들은 이에 대한 고려 없이 제품생산에만 그쳐, 망중립성을 둘러싼 갈등이 불거졌다.

78 **부유먼지는 사람의 폐포까지 깊숙하게 침투해 기관지와 폐에 쌓여 각종 호흡기 질환의 직접적인 원인이 되고 있다. 다음 중 부유먼지에 대한 설명으로 옳지 않은 것은?**

① 부유먼지는 지름이 미세먼지보다 입자가 커서 더 위험하다.
② 세계보건기구인 WHO는 디젤에서 배출되는 부유먼지를 1급 발암물질으로 정했다.
③ 부유먼지는 석탄, 석유 등의 화석연료가 연소될 때 또는 제조업·자동차 매연 등의 배출가스에서 나온다.
④ 장기간 부유먼지에 노출되면 면역력이 급격히 저하되어 각종 질병에 노출될 수 있다.

해설 부유먼지는 대기 중에서 이동하며 입자의 크기가 훨씬 더 작은 먼지로 변하기도 하는데 이를 미세먼지라고 한다. 2.5나노미터 이하의 지름을 가진 미세먼지는 일반 부유먼지보다 훨씬 더 위험하다. 작은 크기로 인해 호흡기의 가장 깊숙한 곳까지 침투, 혈관까지 들어가는데 이는 중금속에 직접적으로 중독되는 것과 같다.

79 **해안으로 밀려들어오는 파도와 다르게, 해류가 해안에서 바다 쪽으로 급속히 빠져나가는 현상을 일컬어 무엇이라고 하는가?**

출제유력

① 파송류 ② 이안류
③ 향안류 ④ 연안류

해설 ① 바람에 의해 해파가 형성되어 바람의 방향으로 물이 이동하는 해류
③ 바다에서 해안으로 흐르는 해류
④ 해안으로부터 먼 곳에서 나타나는 해안과 평행한 바닷물의 흐름

80 **다음 중 에너지(량)를 나타내는 단위가 아닌 것은?**

① cal ② J
③ eV ④ W

해설 W(와트)는 단위 시간당 에너지(일률)의 국제단위로 1초에 1J의 일을 하는 일률을 1W라 정한다.

81 **다음 중 온실효과를 일으키는 것은?**

① 이산화탄소(CO_2), 메탄(CH_4)
② 질소(N), 아산화질소(N_2O)
③ 프레온(CFC), 산소(O_2)
④ 질소(N), 이산화탄소(CO_2)

해설 질소(N), 산소(O_2) 등의 기체는 가시광선이나 적외선을 모두 통과시키기 때문에 온실효과를 일으키지 않는다. 교토의정서에서 정한 대표적 온실가스에는 이산화탄소(CO_2), 메탄(CH_4), 아산화질소(N_2O), 수소불화탄소(HFCs), 과불화탄소(PFCs), 육불화유황(SF_6) 등이 있다.

82 **다음 중 LNG(Liquefied Natural Gas)에 대한 설명으로 틀린 것은?** 출제유력

① 폭발위험이 비교적 낮다.
② 주성분은 메탄(CH_4)이다.
③ LPG보다 운반이 편리하다.
④ LPG보다 액화시키기 어렵다.

해설 LPG는 액화하기 쉬워 운반이 편리하고 비용이 저렴한 반면 LNG는 메탄을 주성분으로 하며 액화가 어렵고 비싸다.

83 **미국항공우주국(NASA)에서 발사한 최초의 우주왕복선은 무엇인가?**

① 디스커버리호
② 콜럼비아호
③ 아틀란티스호
④ 챌린저호

해설 콜럼비아호(우주왕복선 1호), 챌린저호(우주왕복선 2호), 디스커버리호(우주왕복선 3호), 아틀란티스호(우주왕복선 4호), 엔데버호(우주왕복선 5호) 순서로 발사되었다.

Answer 77 ④ 78 ① 79 ② 80 ④ 81 ① 82 ③ 83 ②

84 **버스가 갑자기 서면 몸이 앞으로 쏠리는 현상은 무엇과 관련이 있는가?**

① 관성의 법칙
② 작용 · 반작용의 법칙
③ 가속도의 법칙
④ 원심력

해설 관성의 법칙은 물체가 원래 운동 상태를 유지하고자 하는 법칙으로 달리던 버스가 갑자기 서면서 몸이 앞으로 쏠리는 것은 관성 때문이다.

85 **지구가 물체를 끌어당기는 힘은 무엇인가?**

① 원심력
② 만유인력
③ 중 력
④ 구심력

해설 중력은 물체의 질량에 비례하며, 지구가 물체를 지구 중심방향으로 끌어당기는 힘이다.

86 **블랙홀 이론을 처음 주장한 사람은 누구인가?**

① 스티븐 호킹
② 아인슈타인
③ 프리드만
④ 호 일

해설 영국의 이론물리학자 스티븐 호킹이 1975년 발표한 이론으로, 블랙홀 이론은 아인슈타인의 일반 상대성 이론을 기반으로 출발하였다.

87 **우리나라 최초의 인공위성은 무엇인가?** 출제유력

① 무궁화 1호
② 우리별 1호
③ 올레 1호
④ 아리랑 1호

해설 우리나라 최초의 인공위성은 우리별 1호(KITSAT-1)이고, 세계 최초의 인공위성은 스푸트니크 1호이다.

88 다음 중 뉴턴의 운동 법칙이 아닌 것은?

① 만유인력의 법칙
② 관성의 법칙
③ 작용 · 반작용의 법칙
④ 가속도의 법칙

해설 뉴턴의 운동 법칙으로는 제1법칙 관성의 법칙, 제2법칙 가속도의 법칙, 제3법칙 작용 · 반작용의 법칙이 있다. 만유인력의 법칙은 뉴턴의 운동법칙에 포함되지 않는다.

89 다음 중 희토류가 아닌 것은?

① 란 탄
② 세 륨
③ 디스프로슘
④ 구 리

해설 구리는 금속성 철로, 희토류가 아니다.

90 지구 상공 3만 6,000km에서 지구의 자전속도와 같은 시속 1만 1,000km의 속도로 지구의 주위를 도는 위성은?

출제유력

① 정지궤도 위성
② 극궤도 위성
③ 저궤도 위성
④ 중궤도 위성

해설 정지궤도 위성은 지구와 자전속도가 같아 항상 정지해 있는 것처럼 보인다.

91 매우 무질서하고 불규칙적으로 보이는 현상 속에 내재된 일정규칙이나 법칙을 밝혀내는 이론은?

① 카오스 이론
② 빅뱅 이론
③ 엔트로피
④ 퍼지 이론

해설 카오스 이론은 예측 불가능한 뒤죽박죽의 상태 속에서 질서정연함을 밝히는 것이다.

Answer 84 ① 85 ③ 86 ① 87 ② 88 ① 89 ④ 90 ① 91 ①

92 다음 중 게놈에 대한 설명으로 옳지 않은 것은?

① 유전자(Gene)와 염색체(Chromosome)의 합성어이다.
② 생물의 유전형질을 나타내는 모든 유전 정보가 들어있다.
③ 1게놈 속에는 상동염색체가 포함되어 있다.
④ 하나의 세포만을 분석하여 게놈 정보를 전체적으로 알 수 있다.

해설 1쌍의 염색체를 게놈이라고 하며 1게놈에는 상동염색체가 포함되어 있지 않다.

93 대기 중에 이산화탄소가 늘어나는 것이 원인이 되어 발생하는 온도상승효과는?

① 엘니뇨 현상
② 터널효과
③ 온실효과
④ 오존층파괴 현상

해설 온실효과
대기 중에 탄산가스, 아황산가스 등이 증가하면서 대기의 온도가 상승하는 현상으로 생태계의 균형을 위협한다.

94 다음 중 N스크린(N-Screen)에 대한 설명으로 바르지 못한 것은? 출제유력

① 멀티미디어 콘텐츠를 여러 개의 기기에서 연속적으로 즐길 수 있는 기술 또는 서비스를 의미한다.
② 일종의 클라우드 서비스이므로 컴퓨터나 스마트폰이 인터넷에 연결되지 않아도 언제 어디서든 콘텐츠를 감상할 수 있다.
③ N스크린의 N은 아직 결정되지 않은 어떤 숫자를 의미하는 미지수 N에서 유래했다.
④ 우리나라의 대표적인 N스크린 서비스는 티빙, 에브리온TV, QOOK 등이 있다.

해설 N스크린은 사용자가 정식 구매한 멀티미디어 콘텐츠를 자신의 IT기기가 아닌 이동통신사의 미디어서버에 올려놓고 필요에 따라 인터넷을 통해 접근하는 일종의 '클라우드 서비스'이므로 인터넷만 연결된다면 다양한 단말기를 통해 언제 어디서든 콘텐츠를 감상할 수 있다.

95 제트기류의 흐름이 느려져 공기 덩어리가 정체하는 현상을 가리키는 이것은 무엇인가?

① 블로킹 현상
② 기온역전 현상
③ 엘니뇨 현상
④ 라니냐 현상

해설 블로킹 현상(Blocking Effect)은 약 10km 상공에서 빠르게 도는 제트기류의 흐름이 느려져 공기 덩어리가 정체하는 현상을 의미한다.

96 다음 밑줄 친 용어에 대한 설명으로 옳지 않은 것은?

출제유력

'자오선 여행'은 이렇듯 우여곡절 끝에 만들어진 본초 자오선을 따라 떠났던 도보여행의 기록이다.

① 오스트레일리아의 옛 그리니치천문대의 자오선을 말한다.
② 경도를 측정하는 기준이 된다.
③ 1884년 25개국이 참가한 워싱턴 회의에서 정해졌다.
④ 기준점인 0°로 하여 동경 180°, 서경 180°로 나눈다.

해설 본초 자오선
영국 런던의 옛 그리니치천문대의 자오선을 말한다. 이 선을 기준으로 동경과 서경이 나눠진다. 본초 자오선은 1884년 25개국이 참가한 워싱턴 회의에서 정해졌다. 하지만 이들 참가국 가운데 22개국만 그리니치 본초 자오선에 동의했고, 프랑스와 브라질은 기권, 카리브해에 있는 작은 나라 산도밍고는 유일하게 거부의사를 밝혔다.

97 다음 중 힉스입자에 대한 설명으로 바르지 못한 것은?

출제유력

① 1964년 그 이론을 창안한 힉스 교수의 이름에서 유래했다.
② 우주탄생을 설명하는 입자물리학 '표준모형(Standard Model)'에 의하면 세상은 기본입자 12개와 힘을 전달하는 매개입자 4개 그리고 힉스입자로 구성되어 있다.
③ 우주 생성의 비밀을 밝혀낼 수 있는 단서가 된다고 하며 '신의 입자'라고도 한다.
④ 힉스입자를 예견한 벨기에 프랑수아 앙글레르 교수와 영국의 피터 힉스 교수는 2012년 노벨물리학상을 수상했다.

해설 힉스입자
'표준모형'에 의하면 12개 기본입자와 상호작용을 담당하는 4개 매개입자, 그리고 힉스입자 총 17개의 작은 입자들이다. 힉스입자는 질량의 근원과 우주 생성의 비밀을 밝혀내는 단서가 된다고 해서 '신의 입자'라고 불린다. 벨기에의 프랑수아 앙글레르 교수와 영국의 피터 힉스 교수가 1964년 힉스입자의 존재를 예견했고, 이들은 연구업적을 인정받아 2013년 노벨물리학상을 수상하였다.

Answer 92 ③ 93 ③ 94 ② 95 ① 96 ① 97 ④

98 다음 중 올바르게 설명한 것은? 출제유력

① 아리랑 1호는 우리나라가 발사한 최초의 다목적 실용 인공위성으로 1999년 러시아에서 발사되었다.
② 우리나라 최초의 우주인 이소연 씨가 탑승한 우주선은 스푸트니크호이다.
③ 세종기지는 북극 노르웨이령 스발바르 제도에 설립된 과학기지이다.
④ 나로호(KSLV-Ⅰ)는 과학기술위성 2호를 지구 저궤도에 올려놓는 임무를 수행할 대한민국 최초의 우주발사체로, 2013년 발사에 성공했다.

 해설 ① 1999년 12월 21일 미국 캘리포니아주에서 발사되었다.
② 이소연은 2008년 소유즈 TMA-12호를 타고 출발하여, 국제우주정거장(ISS)과의 도킹에 성공했다.
③ 다산기지에 대한 설명이다.

99 아미노산인 트립토판에서 유도된 화학물질로서, 혈액이 응고할 때 혈소판으로부터 혈청 속으로 방출되는 혈관 수축작용을 하는 신경전달물질은?

① 세로토닌(Serotonin)
② 엔도르핀(Endorphin)
③ 도파민(Dopamine)
④ 옥시토신(Oxytocin)

해설 세로토닌(Serotonin)은 아미노산인 트립토판에서 유도된 화학물질로서, 혈액이 응고할 때 혈소판으로부터 혈청 속으로 방출되어 혈관 수축작용을 하는 물질이다.

100 다음 중 괄호 안에 들어갈 말로 옳은 것은?

> (　　　)은/는 컴퓨터 디자인 프로그램으로 만든 설계도를 바탕으로 실물의 입체 모양 그대로 찍어내는 기술이다. 어떤 제품 아이디어든 설계도만 있으면 다양한 소재로 1시간에서 하루 사이에 실물로 만들 수 있다.

① 스컴블링
② 핀테크
③ 3D 프린팅
④ 사물인터넷

해설 3D 프린팅은 입체적으로 만들어진 설계도만 있으면 종이에 인쇄하듯 3차원 공간 안에 실제 사물을 만들어 낼 수 있는 프린팅 기술이다. 1984년 미국에서 처음 개발되었다.

06 한국사 · 세계사

01 다음 중 임진왜란 이후 조선의 정세로 옳지 않은 것은?

> 임진왜란으로 수많은 인명이 살상되었으며, 기근과 질병으로 인한 백성들의 유망으로 인구가 크게 줄어들었다. 또한 전국의 많은 논밭이 황무지로 변해 식량 문제가 심각하였으며, 농민의 살림은 물론 나라의 재정까지 어려워졌다.

① 납속책을 확대하였다.
② 공명첩을 발급하였다.
③ 호적을 재정비하였다.
④ 과전법을 제정하였다.

해설 임진왜란(1592~1598) 이후 악화된 재정을 확보하기 위해 정부는 납속책 · 공명첩과 같은 신분 매매를 확대하였고, 호적 정비 및 양전 사업을 실시하였다. '과전법'은 고려 말에서 조선 초까지 운영되었던 토지제도이다.

02 조선시대 이순신 장군은 임진왜란 때 일본군을 물리치는 데 큰 공을 세운 명장이다. 다음 중 이순신 장군이 참전하지 않은 전투는?

① 행주대첩
② 옥포대첩
③ 명량대첩
④ 노량해전

해설 이순신 장군은 옥포대첩, 사천포해전, 당포해전, 1차 당항포해전, 안골포해전, 부산포해전, 명량대첩, 노량해전 등에서 승리했다.
행주대첩
임진왜란 때 행주산성에서 권율이 지휘하는 조선군과 백성들이 일본군을 싸워 크게 이긴 전투이다. 행주대첩은 진주대첩, 한산대첩과 함께 임진왜란 3대 대첩(크게 이긴 전투)으로 불린다.

Answer 98 ④ 99 ① 100 ③ // 01 ④ 02 ①

03 다음 자료에 나타난 민족운동에 대한 설명으로 옳은 것은?

> 대한 2천 만 민중에 서상돈만 사람인가.
> 단천군 이곳 우리들도 한국 백성 아닐런가.
> 외인 부채 해마다 이식 불어나니 그 많은 액수 어이 감당하리.
> 국채 다 갚는 날 오면 기쁘고 즐겁지 않을쏜가.
> 힘씁시다. 힘씁시다. 우리 단천의 여러분이여.

① 독립협회 설립의 배경이 되었다.
② 황실과 관료들의 주도 하에 추진되었다.
③ 대구를 시작으로 전국적으로 퍼져 나갔다.
④ 황국중앙총상회를 중심으로 전개되었다.

해설 국채보상운동(1907)

구분	내용
배 경	일본의 차관 제공을 통한 경제적 예속화 시도에 대한 반발
전 개	• 대구에서 시작되어 전국으로 확대, 국채보상기성회 조직(서상돈 등) • 각계 각층의 모금운동 전개, 대한매일신보 · 황성신문 등 언론기관 호응 • 일본의 방해로 실패

04 농지개혁법에 의해 추진된 정책에 대한 설명으로 옳은 것을 〈보기〉에서 고른 것은?

> 1949년 6월 21일에 공포된 농지개혁법은 농지를 농민에게 적절히 분배함으로써, 농민생활을 향상시키고 국민경제를 발전시키는 것을 목적으로 제정되었다.

보 기

ㄱ. 소작쟁의가 증가하게 되었다.
ㄴ. 자작농이 늘어나는 계기가 되었다.
ㄷ. 유상매입, 유상분배가 원칙이었다.
ㄹ. 친일파, 일본인의 토지가 몰수되었다.

① ㄱ, ㄴ
② ㄱ, ㄷ
③ ㄴ, ㄷ
④ ㄴ, ㄹ

해설 농지개혁(1950)

구분	내용
목 적	• 농민적 토지 소유 실현 • 지주층에 대한 보상금을 통해 토지자본의 산업자본화
특 징	유상매입, 유상분배
의 의	지주제 폐지, 자영농 증가, 소작쟁의 불식
한 계	농민에 불리(유상분배), 지주에 유리(유상매입)

05 밑줄 그은 '이 섬'에 대한 설명으로 옳은 것을 〈보기〉에서 고른 것은?

> 우리나라의 가장 동쪽에 위치하고 있는 이 섬은 울릉도로부터 87.4km 떨어져 있으며, 동도와 서도라는 2개의 큰 섬과 여러 개의 작은 섬으로 이루어져 있다. 숙종 때 안용복은 울릉도와 이 섬이 우리 영토임을 일본 막부가 인정하도록 활약하였으며, 1900년에는 대한제국이 칙령 제41호를 반포하여 우리 영토임을 분명히 하였다.

보 기

ㄱ. 영국군이 점령하였다가 철수하였다.
ㄴ. 삼별초가 대몽항쟁을 전개한 곳이다.
ㄷ. 세종실록지리지에 우산(于山)이라고 기록되어 있다.
ㄹ. 러일전쟁 때 일본이 불법으로 자국 영토로 편입하였다.

① ㄱ, ㄴ　　② ㄱ, ㄷ
③ ㄴ, ㄷ　　④ ㄷ, ㄹ

 '이 섬'은 독도를 나타내는 것으로 ㄱ은 거문도, ㄴ은 강화도와 진도, 제주도에 해당되는 내용이다.

독도 영유권 문제

시대	내용
삼국시대	신라 지증왕 때 이사부가 우산국 정복(〈삼국사기〉)
고 려	〈고려사〉에 우산 기록 존재, 고려가 우산국 사신에게 관직 하사
조 선	• 울릉도와 독도를 강원도 울진현으로 편성 • 안용복의 담판(숙종 때 안용복이 일본에 건너가 우리 영토임을 담판) • 각종 기록 존재(〈세종실록지리지〉, 〈동국여지승람〉, 〈동국문헌비고〉, 〈동국지도〉, 〈강계고〉 등)
대한제국	일본 어민의 불법 침법 증가 → 관리 파견, 육지 주민 이주, 칙령 제41호(1900)로 울릉도를 군으로 승격시키고 독도 관할
강 탈	• 러일전쟁 발발(1904) 이후 일본이 '시마네현고시'를 발표하여 독도를 불법 편입(1905) • 을사늑약(1905)으로 외교권 박탈 → 외교적 항의 무력화

06 다음 조항이 포함된 조약에 대한 설명으로 옳지 않은 것은?

> 제1관 조선국은 자주국이며, 일본국과 평등한 권리를 가진다.
> 제4관 조선국은 부산 이외 두 곳의 항구를 개항하고 일본인이 왕래 통상함을 허가한다.
> 제10관 일본국 인민이 조선국이 지정한 각 항구에서 죄를 범할 경우 일본국 관원이 재판한다.

① 일본에게 최혜국 대우를 인정하였다.
② 외국과 맺은 최초의 근대적 조약이다.
③ 원산과 인천을 개항하는 계기가 되었다.
④ 치외법권을 인정한 불평등한 조약이다.

해설 최초의 근대적 조약인 강화도 조약(1876)의 조항으로, ①의 최혜국 대우는 포함되지 않았다.

Answer 03 ③ 04 ③ 05 ④ 06 ①

07 다음 설명에 해당하는 서원은?

- 우리나라 최초의 서원이다.
- 최초의 사액서원이다.

① 도산서원　② 무성서원
③ 병산서원　④ 소수서원

해설 1541년(중종 36)에 풍기군수로 부임한 주세붕이 이듬해에 이곳 출신 유학자인 안향을 배향하기 위해 사묘를 설립하였다가 1543년에 유생교육을 겸비한 백운동서원을 설립한 것이 소수서원의 시초이다.

08 다음에서 설명하는 사단칠정론을 주장한 학자는?

사단(四端)이란 맹자가 실천도덕의 근간으로 삼은 측은지심(惻隱之心)·수오지심(羞惡之心)·사양지심(辭讓之心)·시비지심(是非之心)을 말하며, 칠정(七情)이란 〈예기(禮記)〉와 〈중용(中庸)〉에 나오는 희(喜)·노(怒)·애(哀)·구(懼)·애(愛)·오(惡)·욕(欲)을 말한다.

① 율곡 이이　② 퇴계 이황
③ 화담 서경덕　④ 다산 정약용

해설 이황은 사단이란 이(理)에서 나오는 마음이고 칠정이란 기(氣)에서 나오는 마음이라 하였다. 또한 인간의 마음은 이와 기를 함께 지니고 있지만, 마음의 작용은 이의 발동으로 생기는 것과 기의 발동으로 생기는 것 두 가지로 구분하였다. 즉, 인성(人性)에 있어 본연의 성(性)과 기질(氣質)의 성(性)이 다른 것과 같다고 하여 이른바 주리론적(主理論的) 이기이원론(理氣二元論)을 주장하였다.

09 다음 괄호 안에 들어갈 인물은 누구인가?

〈왕오천축국전〉은 신라 성덕왕(또는 경덕왕) 때 승려 (　　　)이/가 인도의 5천축국을 순례하고 그 행적을 적은 여행기이다.

① 지 눌　② 의 천
③ 혜 초　④ 혜 심

해설 8세기 초에 쓰여진 〈왕오천축국전〉은 세계 4대 여행기로도 손꼽히며 또한 그중에서도 가장 오래된 것이기도 하다. 혜초는 723년부터 727년까지 4년간 인도와 중앙아시아, 아랍을 여행하였다.

세계 4대 여행기

세계 4대 여행기는 혜초의 〈왕오천축국전〉과 13세기 후반에 쓰여진 마르코 폴로의 〈동방견문록〉, 14세기 초반의 오도록의 〈동유기〉, 그리고 14세기 중반의 〈이븐 바투타 여행기〉를 손꼽는데, 이중 혜초의 것이 가장 오래되었다.

10 다음 중 고려 광종 때 실시한 노비안검법에 대한 설명으로 옳은 것은?

① 지방의 주 · 현을 단위로 해마다 바치는 공물과 부역의 액수를 정한 법
② 해방된 노비를 다시 노비로 되돌리기 위하여 제정하고 실시한 법
③ 양인이었다가 노비가 된 사람을 다시 조사하여 양인이 될 수 있도록 조처한 법
④ 전국의 노비에게 과거 응시 자격을 부여한 법

노비안검법
고려 광종 7년(956년)에 실시된 법제로서, 원래 노비가 아니었는데 전쟁에서 포로로 잡혔거나, 빚을 갚지 못하여 강제로 노비가 된 자를 이전의 상태로 돌아가게 하는 법이다. 이것은 당시 호족(귀족)의 세력 기반을 억제하면서 왕권을 강화하고 국가 수입 기반을 확대하기 위한 정책이었다.

11 교육 기관 중 다음 (가)에 들어갈 알맞은 것은?

〈유학교육기관의 변천〉
고구려(태학) → 통일신라(국학) → 고려(국자감) → 조선(가)

① 경 당 ② 향 교
③ 학 당 ④ 성균관

고구려 태학, 통일신라 국학, 고려 국자감 모두 중앙교육기관이다.
조선시대 교육기관
- 초등교육기관 : 서당(사립)
- 중등교육기관 : 4부 학당(중앙), 향교(지방, 1군 1향교)
- 고등교육기관 : 성균관(국립대학, 고급관리 양성)

12 유교를 배움에 있어 가장 기본적이며 대표적인 명서인 경전(經典)을 사서오경(四書五經)이라 한다. 다음 중 오경에 포함되지 않는 명서는?

① 춘 추
② 예 기
③ 시 경
④ 중 용

사서는 〈논어〉, 〈맹자〉, 〈대학〉, 〈중용〉을 말하고, 삼경은 〈시경〉, 〈서경〉, 〈역경〉을 말한다. 삼경에 〈춘추〉와 〈예기〉를 합해 오경이라 부른다. 사서오경은 고대 중국의 자연현상과 사회생활의 기록이며, 제왕의 정치, 고대의 가요, 가정생활, 공자가 태어난 노(魯)나라 역사 등의 기록을 담고 있다.

Answer 07 ④ 08 ② 09 ③ 10 ③ 11 ④ 12 ④

13 한서지리지에 다음의 법 조항을 가진 나라로 소개되는 국가는?

- 사람을 죽인 자는 즉시 사형에 처한다.
- 남에게 상처를 입힌 자는 곡물로써 배상한다.
- 남의 재산을 훔친 사람은 노비로 삼고, 용서받으려면 한 사람당 50만전을 내야 한다.

① 고구려　　② 고조선
③ 발 해　　④ 신 라

해설 보기는 고조선의 '8조금법'의 내용이다. 현재 3개의 조항만 전해지는 8조금법을 통해 고조선은 사유재산제의 사회로서 개인의 생명 보호를 중시했으며 계급 사회였음을 알 수 있다.

14 삼한시대에 천군이 지배하는 곳으로 국법이 미치지 못하는 신성 지역을 무엇이라 하는가?

① 우 가　　② 책 화
③ 삼 로　　④ 소 도

해설 삼 한
삼한은 정치적 지배자인 군장과 제사장인 천군이 지배하는 지역이 구분된 제정분리 사회였다. 그중 소도는 제사장인 천군이 다스리는 곳으로 국법이 미치지 못하는 지역이었기 때문에 죄인들이 숨어도 잡아갈 수 없었다.

15 삼국 중 신라의 성장이 가장 늦었던 이유를 다음 보기에서 모두 고르면?

㉠ 중국 세력의 침략을 자주 받았다.
㉡ 한반도의 동남쪽에 치우쳐 있었다.
㉢ 활발한 정복 활동으로 왕권이 약화되었다.
㉣ 여러 세력 집단이 연합하여 국가적 통합이 늦었다.

① ㉠, ㉡
② ㉠, ㉢
③ ㉡, ㉢
④ ㉡, ㉣

해설 신라는 한반도의 동남쪽에 치우쳐 있어 중국의 선진 문물을 받아들이는 데 불리하였고, 여러 세력 집단이 연합하여 이루어진 나라였기 때문에 체제의 정비와 국가의 통합이 고구려나 백제에 비해 늦었다.

16 다음과 같은 업적을 남긴 신라의 왕은?

- 관료전 지급, 녹읍 폐지
- 진골 귀족 세력의 반란 진압
- 9주 5소경체제의 지방 행정 조직 완비

① 무열왕
② 문무왕
③ 신문왕
④ 법흥왕

해설 삼국 통일 후 전제 왕권을 확립한 신문왕의 업적이다.

17 다음 중 발해에 관한 설명으로 옳지 않은 것은?

① 대조영이 고구려 유민과 말갈족을 연합하여 건국했다.
② 당나라의 제도를 받아들여 독자적인 3성 6부체제를 갖췄다.
③ 독자적인 연호를 사용하고 '해동성국' 이라는 칭호를 얻었다.
④ 여진족의 세력 확대로 인해 멸망했다.

해설 발해는 거란족의 세력 확대와 내분 때문에 국력이 약해져 926년 거란족(요나라)에 의해 멸망했다.

18 고려 태조 왕건이 실시한 정책으로 옳지 않은 것은?

① 사심관제도와 기인제도 등의 호족견제정책을 실시했다.
② 연등회와 팔관회를 중요하게 다룰 것을 강조했다.
③ 과거제도를 실시하여 신진 세력을 등용했다.
④ '훈요 10조' 를 통해 후대의 왕들에게 유언을 남겼다.

해설 광종(재위 949~975)
과거제도를 시행하여 신진 세력을 등용하고 신 · 구세력의 교체를 꾀하는 한편 노비안검법 실시, 호족과 귀족 세력 견제 등 개혁적인 정치를 단행하여 강력한 왕권을 확립했다.

Answer 13 ② 14 ④ 15 ④ 16 ③ 17 ④ 18 ③

19 공민왕의 개혁 정치에 대한 설명으로 옳지 않은 것은?

① 불법적인 농장을 없앴다.
② 원 · 명 교체의 상황에서 개혁을 추진하였다.
③ 신진 사대부를 견제하기 위해 정방을 설치하였다.
④ 관제를 복구하고 몽골식 생활 풍습을 금지하였다.

해설 공민왕의 개혁정치

반원 자주	• 기씨 일족을 비롯한 친원 세력 제거 • 몽골 풍속 금지, 고려의 관제와 복식 회복 • 정동행성의 이문소 폐지, 쌍성총관부 공격(철령 이북의 땅 회복)
왕권 강화	• 정방 폐지 • 신돈 등용 → 전민변정도감 설치 • 유학 교육 강화, 과거제도 정비 → 신진사대부 등 개혁 세력 양성

20 다음에서 설명하는 세력에 대한 설명으로 옳지 않은 것은?

> 세조가 단종을 몰아내고 왕위에 오르는 일에 협력하거나 지지하였던 공신과 그 자손들이었다.

① 많은 토지와 노비를 소유하였다.
② 조선 건국에 참여한 신진사대부이다.
③ 정치적으로는 중앙 집권을 추구하였다.
④ 지방의 중소지주 출신으로, 부국강병을 주장하였다.

해설 제시문은 훈구 세력에 대한 설명으로, 훈구 세력은 많은 토지와 노비를 소유하였다. 지방의 중소지주 출신은 사림 세력이다.

21 조선시대 4대 사화를 시대 순으로 바르게 연결한 것은?

① 무오사화 → 기묘사화 → 갑자사화 → 을사사화
② 무오사화 → 갑자사화 → 기묘사화 → 을사사화
③ 갑자사화 → 무오사화 → 을사사화 → 기묘사화
④ 갑자사화 → 기묘사화 → 갑자사화 → 을사사화

해설

구 분	발생시기	원 인
무오사화	1498년(연산군)	연산군의 실정, 세조의 왕위 찬탈을 비판한 김종직의 조의제문
갑자사화	1504년(연산군)	연산군의 모친인 폐비 윤씨의 복위 문제
기묘사화	1519년(중종)	조광조의 급진적 개혁 정치에 대한 훈구파의 반발
을사사화	1545년(명종)	왕위 계승문제를 둘러싼 외척의 갈등

22 조선시대 기본법전인 '경국대전'에 관한 설명으로 옳지 않은 것은?

① 세조가 편찬을 시작하여 성종 대에 완성되었다.
② 조선 초법전인 '경제육전'의 원전과 속전 및 그 뒤의 법령을 종합해 만들었다.
③ '형전'을 완성한 뒤, 재정 · 경제의 기본이 되는 '호전'을 완성했다.
④ 이전 · 호전 · 예전 · 병전 · 형전 · 공전의 6전으로 이루어졌다.

해설 1460년(세조 6) 7월에 먼저 재정 · 경제의 기본이 되는 호전을 완성했고, 이듬해 7월에는 형전을 완성해 공포 · 시행했다.

23 다음의 설명에 해당하는 조선 후기의 실학자는 누구인가?

- 농민을 위한 제도 개혁을 주장한 중농학파
- 〈목민심서〉, 〈경세유표〉 편찬
- 과학 기술의 발전을 주장하고 실학을 집대성

① 유형원
② 이 익
③ 정약용
④ 박지원

- 목민심서 : 정약용이 관리들의 폭정을 비판하며 수령이 지켜야 할 지침을 밝힌 책
- 경세유표 : 정약용이 행정기구의 개편과 토지제도 · 조세제도 등 제도의 개혁 원리를 제시한 책

24 조선 후기 조세제도의 개편 내용으로 옳은 것은?

① 대동법은 처음부터 전국적으로 실시하였다.
② 정부는 폐단이 심하였던 공납 제도만 개편하였다.
③ 대동법의 실시로 지주와 농민의 부담이 크게 줄어들었다.
④ 균역법의 시행으로 농민 장정은 1년에 군포 1필을 부담하였다.

① 대동법은 경기도에서 처음 실시된 이래 점차 확대되어 100년 뒤에 황해도에서 실시됨으로써 전국적으로 시행되었다.
② 조선 후기에 조세제도는 영정법(전세), 대동법(공납), 균역법(군역)으로 개편되었다.
③ 대동법의 실시로 지주의 부담은 늘어났지만, 농민들의 부담은 줄어들었다.

Answer 19 ③ 20 ④ 21 ② 22 ③ 23 ③ 24 ④

25 탕평책에 대한 설명으로 옳지 않은 것은?

① 영조와 정조 때 실시되었다.
② 왕권 강화와 민생 안정에 기여하였다.
③ 당의 인재를 고루 등용하는 정책이었다.
④ 탕평책의 실시로 붕당 정치의 폐단이 근본적으로 해결되었다.

해설 영·정조의 탕평책은 강력한 왕권으로 붕당 사이의 치열한 다툼을 일시적으로 억누른 것에 불과하였기 때문에 정조가 갑작스레 죽은 뒤 왕권이 약해지자 세도 정치가 나타나게 되었다.

26 조선 후기에 발생한 사건들을 시대 순으로 바르게 나열한 것은?

① 임오군란 → 갑신정변 → 동학농민운동 → 아관파천
② 임오군란 → 아관파천 → 동학농민운동 → 갑신정변
③ 갑신정변 → 임오군란 → 아관파천 → 동학농민운동
④ 갑신정변 → 아관파천 → 임오군란 → 동학농민운동

해설

사건	내용
임오군란(1882)	별기군 창설에 대한 구식 군인의 반발, 청의 내정간섭 초래
갑신정변(1884)	급진적 개혁 추진, 청의 내정간섭 강화
동학농민운동(1894)	반봉건 · 반침략적 민족운동, 우금치 전투에서 패배
아관파천(1896)	명성황후가 시해된 뒤 고종과 왕세자가 러시아 공관으로 대피

27 다음 중 홍범 14조에 관한 설명으로 옳지 않은 것은?

① 갑오개혁 이후 정치적 근대화와 개혁을 위해 제정된 국가기본법이다.
② 일본에 의존하는 생각을 끊고 자주독립의 기초를 세울 것을 선포했다.
③ 납세를 법으로 정하고 함부로 세금을 거두어 들이지 못하도록 했다.
④ 종실 · 외척의 정치관여를 용납하지 않음으로써 대원군과 명성황후의 정치개입을 배제했다.

해설 홍범 14조
갑오개혁 후 선포된 우리나라 최초의 근대적 헌법이다. 청에 의존하는 것을 끊음으로써 조선에 대한 청나라의 종주권을 부인했고, 종실 · 외척의 정치개입 배제 및 조세법정주의 등을 담고 있다.

28 조선시대 국가의 주요 행사 내용을 그림을 통해 자세하게 기록한 서책은?

① 조선왕조실록
② 승정원일기
③ 조선왕실의궤
④ 일성록

조선왕실의궤
조선시대 왕실에서 거행된 여러 가지 의례를 자세하게 기록한 책이다. 왕비 · 세자 등의 책봉이나 왕실의 혼례와 같은 주요 행사들을 그림 등을 활용해 기록했으며 현재 유네스코 세계기록유산으로 지정되어 있다.

29 시일야방성대곡이 최초로 실린 신문은 무엇인가?

① 한성순보
② 황성신문
③ 독립신문
④ 대한매일신보

시일야방성대곡
을사조약의 부당함을 알리고 을사오적을 규탄하기 위해 장지연이 쓴 논설로, 황성신문에 게재되었다. 이 논설로 황성신문은 일제에 의해 발행이 정지되기도 했다.

30 다음 중 3 · 1 운동에 관한 설명으로 옳지 않은 것은?

① 2 · 8 독립선언과 미국 윌슨 대통령의 민족자결주의에 영향을 받았다.
② 1919년 3월 1일 33인의 민족대표가 태화관에서 독립선언서를 발표했다.
③ 비폭력 시위에서 인원과 계층이 늘어나면서 폭력투쟁으로 발전하였다.
④ 일본의 통치방식을 민족말살통치로 변화시키는 요인이 되었다.

3 · 1 운동 이후 일본은 무력과 강압만으로 우리 민족을 지배하기 어렵다고 판단해 통치방식을 문화통치로 바꿨다.

Answer 25 ④ 26 ① 27 ② 28 ③ 29 ② 30 ④

31 청동기 문화를 배경으로 기원전 3000년을 전후해 큰 강 유역에서 발생한 4대 문명에 해당하지 않는 것은?

① 메소포타미아 문명
② 잉카 문명
③ 황하 문명
④ 인더스 문명

해설 4대 문명의 비교

구 분	발생 시기	지 역
메소포타미아 문명	기원전 3500년	티그리스강, 유프라테스강
이집트 문명	기원전 3000년	나일강
황하 문명		황하강
인더스 문명	기원전 2500년	인더스강

32 중세 서유럽 문화에 대한 설명으로 옳지 않은 것은?

① 신학이 학문의 중심이었다.
② 크리스트교를 바탕으로 발전하였다.
③ 기사들의 영웅담이나 사랑을 노래한 기사도 문학이 유행하였다.
④ 비잔티움 양식의 특징을 잘 나타내는 노트르담 성당 등이 건축되었다.

해설 중세 서유럽의 모든 문화는 크리스트교를 바탕으로 발달하였다.
④ 중세 서유럽의 대표적인 건축양식은 고딕양식이다.

33 다음 글이 설명하고 있는 사건은?

> 신항로 개척 이후 아시아와 아프리카의 값싼 원료와 상품 시장의 확보로 유럽의 경제가 크게 성장하였다. 근대적 기업이 성장하고 상업 자본이 발달하는 등 근대 자본주의 경제 발달의 발판이 마련되었다.

① 르네상스
② 과학혁명
③ 상업혁명
④ 가격혁명

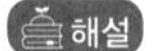
신항로 개척 이후 나타난 유럽의 상업과 금융업 발달 등의 획기적인 경제 발전을 상업혁명이라고 한다. 상업혁명 이후 16~17세기의 유럽 대륙에는 방대한 금과 은이 신대륙으로부터 유입되어 물가가 급격하게 상승하는 가격혁명이 일어났다.

34 **십자군 원정의 결과로 옳지 않은 것은 무엇인가?**

① 교황권과 영주의 세력이 강화되었다.
② 동방 무역이 활발해지며 동양에 대한 관심이 커졌다.
③ 상공업도시가 성장하면서 장원이 해체되었다.
④ 이슬람 문화가 유입되면서 유럽인들의 시야가 확대되었다.

해설 십자군 원정
1096~1270년까지 총 8차례의 십자군 원정 과정에서 십자군의 무자비한 살육과 약탈이 발생했으며, 목적 또한 퇴색되어 갔다. 십자군 원정 결과 교황권과 영주의 세력이 약화된 반면 국왕의 권위가 강화되었다.

35 **르네상스에 대한 설명으로 옳지 않은 것은?**

① 자연 과학과 기술이 크게 발달하였다.
② 14세기에 유럽에서 일어난 문예부흥운동이다.
③ 이탈리아의 르네상스는 현실 사회와 교회를 비판하는 경향이 강하였다.
④ 고대 그리스 · 로마의 문화를 부흥시키려고 하였다.

해설 르네상스는 14세기에 발생한 인간 중심의 문예부흥운동으로, 이탈리아에서 시작되었다.
③ 알프스 이북 르네상스의 특징이다.

36 **미국의 독립혁명에 대한 설명으로 옳지 않은 것은 무엇인가?**

① 보스턴 차 사건을 계기로 시작되었다.
② 프랑스 · 스페인 · 네덜란드 등의 지원을 받아 요크타운 전투에서 승리했다.
③ 1783년 파리조약으로 평화협정을 맺고 영국이 독립을 인정했다.
④ 프랑스 혁명과 달리 영국으로부터 독립하는 것만을 목적으로 하였다.

해설 미국 독립혁명(1775)
영국의 식민지였던 미국 13개 주가 협력하여 영국군에 항전한 것으로, 영국으로부터 독립하는 것이 주된 목적이었으나 절대군주제에 대항하며 자연적 평등과 권리를 주장했다. 민주적인 정치형태를 수립하고자 한 점에서 프랑스혁명과 유사하다.

Answer 31 ② 32 ④ 33 ③ 34 ① 35 ③ 36 ④

37 다음 중 원나라에 대한 설명으로 옳지 않은 것은?

① 몽골족이 세운 나라로 몽골어를 공용어로 사용했다.
② 이슬람으로부터 화약과 나침반, 인쇄술을 들여왔다.
③ 과거제를 폐지하고 강남 지방에 많은 세금을 부과하였다.
④ 홍건적의 난으로 쇠퇴하였으며 명나라에 의해 축출되었다.

해설 원나라는 몽골족이 세운 나라로, 동서문화 교류에 크게 이바지했다.

원 → 이슬람(서양)	화약, 나침반, 인쇄술 전파
이슬람(서양) → 원	이슬람의 수학과 천문학 유입

38 쑨원이 주장한 삼민주의에 해당하지 않는 것은?

① 민 족
② 민 생
③ 민 정
④ 민 권

해설 삼민주의(三民主義)
1905년에 쑨원이 제창한 중국 근대혁명의 기본이념으로, 민족주의 · 민권주의 · 민생주의 원칙으로 이루어져 있다.

39 다음 중 청 말기 서양 기술의 도입으로 부국강병을 이루고자 한 근대화운동은 무엇인가?

① 양무운동
② 태평천국운동
③ 의화단운동
④ 문화혁명

해설 양무운동
당시 아편전쟁과 애로호 사건을 겪으며 서양의 군사적 위력을 알게 된 청조는 서양 문물을 도입하고 군사 · 과학 · 통신 등을 개혁함으로써 부국강병을 이루고자 했으나 1894년 청일전쟁의 패배로 좌절되었다.

40 우리나라를 처음으로 유럽에 소개한 문헌은 무엇인가?

① 왕오천축국전
② 하멜표류기
③ 동방견문록
④ 동국정운

하멜표류기
네덜란드인 하멜(Hendrik Hamel)이 태풍으로 조선에 표착 후 14년간에 걸친 억류생활을 기록한 책이다. 당시 조선의 지리 · 풍속 · 정치 등이 자세히 기록되어 있으며, 우리나라를 유럽에 알린 최초의 문헌으로 평가받고 있다.

41 다음 내용과 관련된 지명은 무엇인가?

- 이집트령 수단의 지명
- 종단정책과 횡단정책의 충돌
- 프랑스가 영국에 양보, 영 · 프협상의 완성

① 카이로
② 가 봉
③ 파쇼다
④ 마다가스카르

파쇼다 사건
1898년 유럽 열강의 아프리카 분할과정에서 영국의 종단정책과 프랑스의 횡단정책이 충돌한 사건이다.

42 다음 중 가장 먼저 일어난 사건은 무엇인가?

① 청교도혁명
② 갑오개혁
③ 프랑스혁명
④ 신해혁명

① 청교도혁명(1640~1660년)
③ 프랑스혁명(1789~1794년)
② 갑오개혁(1894~1896년)
④ 신해혁명(1911년)

Answer 37 ② 38 ③ 39 ① 40 ② 41 ③ 42 ①

최신기출복원문제

01 공기업 · 공사공단 100제

정치 · 외교 · 법률

01 조지 부시 행정부 1기 때 수립된 북핵 해결의 원칙으로, 완전하고 검증가능하며 불가역적인 핵폐기를 의미하는 용어는? [광주도시철도공사]

① CPD
② FFVD
③ CVID
④ PVID

해설 ① CPD : CVID와 PVID의 첫 단어를 합친 것으로, 북한의 핵무기는 물론 생화학무기, 탄도미사일의 완전하고 영구적인 폐기를 뜻한다.
② FFVD : Final Fully Verified Denuclearization의 약자로, 최종적이고 완전히 검증된 비핵화를 의미한다.
④ PVID : 마이크 폼페이오가 2018년 5월 취임사를 통해 언급한 개념으로, CVID보다 더 강력한 핵폐기를 의미한다.

02 의회 안에서 소수당이 다수당의 독주를 막기 위해 이루어지는 합법적인 의사진행 방해 행위를 가리키는 말은? [부산환경공단]

① 크로스보팅
② 게리맨더링
③ 필리버스터
④ 매니페스토

해설 2016년 2월 23일부터 시작해 3월 2일까지 이어진 더불어민주당의 필리버스터는 192시간이라는 신기록을 작성했다.

03 다음의 헌법 개정 절차에 관한 설명으로 옳은 것은? [한국수력원자력]

① 헌법 개정은 국회 재적의원 과반수 또는 대통령의 발의로 제안된다.
② 제안된 헌법개정안은 대통령이 30일 이상의 기간 이를 공고하여야 한다.
③ 헌법개정안은 국회가 의결한 후 60일 이내에 국민투표에 붙여 국회의원 선거권자 과반수의 투표와 투표자 과반수의 찬성을 얻어야 한다.
④ 헌법개정안이 ③의 찬성을 얻은 때에 헌법 개정은 확정되며, 헌법재판소장은 즉시 이를 공포하여야 한다.

해설 ①은 헌법 제128조 제1항에 해당한다.
② 제안된 헌법개정안은 대통령이 20일 이상의 기간 이를 공고하여야 한다(헌법 제129조).
③ 헌법개정안은 국회가 의결한 후 30일 이내에 국민투표에 붙여 국회의원 선거권자 과반수의 투표와 투표자 과반수의 찬성을 얻어야 한다(헌법 제130조 제2항).
④ 헌법개정안이 ③의 찬성을 얻은 때에 헌법 개정은 확정되며, 대통령은 즉시 이를 공포하여야 한다(헌법 제130조 제3항 참조).

04 다음 중 대통령, 국무총리, 국무위원 등의 탄핵심판 권한을 갖고 있는 기관은? [수원문화재단]

① 헌법재판소 ② 국 회
③ 감사원 ④ 대법원

해설 헌법재판소의 권한으로는 탄핵심판권, 위헌법률심사권, 정당해산심판권, 기관쟁의심판권, 헌법소원심판권이 있다.

05 다음 설명에 해당하는 국제금융기관은? [한국환경공단]

> 중국 주도하에 아시아 국가들의 도로, 철도, 항만 등의 인프라(사회간접자본) 건설자금 지원을 목적으로 설립된 금융기구이다.

① ADB ② IMF
③ World Bank ④ AIIB

해설 아시아인프라투자은행(AIIB ; Asian Infrastructure Investment Bank)은 중국이 제안하여 주도적으로 추진한 국제금융기관이다. 미국 등의 선진국이 주도하는 국제통화기금(IMF ; International Monetary Fund), 세계은행(World Bank), 아시아개발은행(ADB ; Asian Development Bank) 등을 대체 · 보완하는 것을 목적으로 삼으며, 아시아 국가의 도로 · 철도 · 항만 등의 사회간접자본구축 지원을 위해 설립되었다.

Answer 01 ③ 02 ③ 03 ① 04 ① 05 ④

06 공소시효에 대한 설명으로 옳지 않은 것은? [경기도시공사]

① 2015년 7월 24일 살인죄의 공소시효가 폐지되었다.
② 무기징역에 해당하는 범죄의 공소시효는 20년이다.
③ 범인이 형사처분을 면할 목적으로 국외에 있는 경우 그 기간 동안 공소시효는 정지된다.
④ 어떤 범죄사건이 일정한 기간의 경과로 형벌권이 소멸하는 제도이다.

해설 공소시효는 일정한 기간이 경과하면 어떤 범죄 사건의 형벌권을 소멸하도록 하는 제도이다. 2015년 7월 24일 살인죄의 공소시효를 폐지하는 내용이 담긴 형사소송법 개정안(이른바 태완이법)이 통과되었다. 형사소송법 제249조에 따르면 무기징역에 해당하는 범죄의 공소시효는 15년에 해당한다.

07 다음 중 OECD 회원국이 아닌 국가는? [경기문화재단]

① 캐나다 ② 뉴질랜드
③ 중 국 ④ 헝가리

해설 OECD(경제협력개발기구)는 1948년 미국의 마셜 플랜의 지원을 받은 유럽경제협력기구(OEEC, Organization for European Economy Co-operation)에서 시작하여, 1961년 가맹국 18개국과 함께 미국, 캐나다가 합쳐서 OECD가 만들어졌다. 대한민국은 1996년 12월 12일 회원국으로 OECD에 가입하였다.

08 다음 중 G7에 해당하지 않는 국가는? [서울시설공단]

① 이탈리아 ② 캐나다
③ 프랑스 ④ 중 국

해설 미국, 일본, 영국, 프랑스, 독일, 이탈리아, 캐나다를 G7이라 한다. 1975년 석유파동에 위협을 느낀 미국, 영국, 독일, 프랑스, 이탈리아, 일본 6개국 정상들이 모여 세계경제 재건을 논의하면서 시작되었고, 1976년 캐나다가 합류하면서 G7이 되었다. 초기에는 주로 경제 문제에 대해 논의했으나 점차 정치 · 외교 분야로 범위를 확대했다.

09 청와대 홈페이지의 '국민청원'에서 참여인원이 몇 명일 때 관련 행정기관 등 정부가 공식 답변을 하는가? [경기문화재단]

① 20일 동안에 20만명 ② 30일 동안에 10만명
③ 30일 동안에 20만명 ④ 45일 동안에 20만명

해설 30일 동안 20만명 이상의 국민들이 추천한 '청원'에 대해서는 정부 및 청와대 관계자(각 부처 장관, 대통령 수석 비서관, 특별보좌관 등)가 공식적으로 답변을 한다.

10 집행유예가 가능한 징역 형량은 최대 몇 년까지인가? [MBC]

① 1년 ② 2년
③ 3년 ④ 4년

해설 형법 제62조는 3년 이하의 징역이나 금고 또는 500만원 이하의 벌금형을 선고할 경우에 1년에서 5년 이하의 집행유예를 판결할 수 있다고 명시하고 있다. 선고는 1년 단위로 가능하며, 형량의 두 배 기간을 선고하는 것이 일반적이다.

11 다음 중 피선거권의 연령이 잘못 연결된 것은? [서울시설공단]

① 대통령 – 만 40세 이상
② 국회의원 – 만 25세 이상
③ 지방자치단체의 장 – 만 30세 이상
④ 지방의회의원 – 만 25세 이상

해설 지방의회의원 및 지방자치단체의 장의 피선거권은 만 25세 이상의 국민에게 있다.

12 '아프리카의 뿔'이라 불리는 지역에 위치하지 않은 국가는? [기장군도시관리공단]

① 지부티 ② 알제리
③ 에티오피아 ④ 부룬디

해설 수단, 에리트리아, 지부티, 에티오피아, 소말리아, 케냐, 우간다, 부룬디, 르완다, 탄자니아가 '아프리카의 뿔' 지역에 위치한다.

13 다음 중 국회의 임명 동의가 필요하지 않는 공무원은? [MBC]

① 대법관 ② 국무총리
③ 검찰총장 ④ 헌법재판소장

해설 국정원장, 검찰총장, 경찰총장, 한국은행총재, 경제부총리 등은 국회의 임명 동의 없이 대통령이 임명할 수 있다. 그러나 대법원장(대법관), 국무총리, 감사원장, 헌법재판소장 등은 헌법에 따라 국회의 임명 동의가 필요하다.

Answer 06 ② 07 ③ 08 ④ 09 ③ 10 ③ 11 ③ 12 ② 13 ③

14 **다음 내용과 관련 있는 용어는?** [경기도시공사]

> '절름발이 오리'라는 뜻으로 임기 종료를 앞둔 대통령 등의 지도자들이 정책 집행에 일관성이 없을 때 지도력의 공백 상태에서 사용하는 말이다.

① 백 서 ② 레임덕
③ 캐스팅보트 ④ 필리버스터

 ① 백서 : 정부가 정치, 외교, 경제 따위의 각 분야에 대하여 현상을 분석하고 미래를 전망하여 그 내용을 국민에게 알리기 위하여 만든 보고서
③ 캐스팅보트 : 의회에서 가부의 인원이 같을 때 행하는 의장의 결정투표 또는 두 정당의 세력이 비슷할 때 그 승패를 결정하는 제3당의 투표

15 **다음 지방세 중에서 목적세에 해당하는 것은?** [인천국제공항공사]

① 취득세 ② 담배소비세
③ 지방교육세 ④ 등록면허세

 목적세는 특정 경비를 충당하기 위해 부과하는 세금을 말한다. 지방세 중 목적세는 지역자원시설세 · 지방교육세가 있다. 보통세는 국가의 일반적인 지출에 충당하기 위한 세금으로 목적세에 대응된다. 지방세 중 보통세에 해당하는 것으로 취득세, 등록면허세, 주민세, 재산세, 자동차세, 담배소비세 등이 있다.

16 **다음 설명에 해당하는 국제기구는 무엇인가?** [경기도시공사]

> 태평양 주변 국가들의 정치 · 경제적 결속을 다지는 기구로 지속적인 경제성장과 공동의 번영을 위해 1989년 호주 캔버라에서 12개국 간의 각료회의로 출범했으며, 1993년부터 매년 정상회의를 개최하였다. 2003년 기준 전 세계 GDP의 약 57%, 교역량의 약 46%를 점유하는 세계 최대의 지역협력체로, 현재 우리나라를 포함하여 미국, 일본, 중국, 러시아 등 총 21개국이 가입해 있다.

① APEC ② TPP
③ RCEP ④ ASEM

 ② TPP(Trans-Pacific Partnership ; 환태평양경제동반자협정) : 아시아 · 태평양 지역에 위치한 국가 간 무역장벽을 없애고 자유로운 무역을 추구하기 위해 체결된 세계 최대 규모의 자유무역협정
③ RCEP(Regional Comprehensive Economic Partnership) : 중국이 TPP 대항마로 추진한, 아세안 10개국과 한국, 일본, 중국, 인도 등 총 16개국의 역내포괄적경제동반자협정
④ ASEM(Asia-Europe Meeting) : 한국, 중국, 일본 동북아 3개국과 동남아시아 ASEAN 회원국, 유럽연합(EU)이 참여하는 아시아와 유럽 간 정상회의

17 **미셸푸코가 1975년에 지은 철학서로 감옥의 탄생과정을 심층적으로 고찰하고, 감옥과 처벌의 내·외적인 변화를 통해 근대 이후의 형사제도와 권력관계를 규명한 책의 제목은 무엇인가?** [한국농어촌공사]

① 말과 사물
② 안전, 영토, 인구
③ 생명관리정치의 탄생
④ 감시와 처벌

해설 ① 〈말과 사물〉 : 고전주의적 지식체계의 쇠퇴를 보여주고, 인간 역시 언젠가는 사라지거나 형상이 바뀔 것이라는 주장을 드러낸 미셸푸코의 대표작
② 〈안전, 영토, 인구〉 : '자유주의-신자유주의'를 적나라하게 분석 비판한 강의로 생명관리권력·생명관리정치, 자기의 테크놀로지 등 현대사회를 분석하는 핵심 키워드를 제공하는 〈생명관리정치의 탄생〉과 함께 '자유주의-신자유주의 비판' 3부작을 이루는 책
③ 〈생명관리정치의 탄생〉 : 18세기 중반부터 시작된 통치합리성의 위기를 분석한 책

18 **알몬드&포웰의 정책 분류 중 조세·병역·노역은 어느 정책에 해당하는가?** [한국중부발전]

① 추출정책
② 규제정책
③ 분배정책
④ 상징정책

해설 ② 규제정책 : 기업규제정책
③ 분배정책 : 공공복리
④ 상징정책 : 경복궁 복원, 국경일 등

19 **다음 중 탄핵소추에 대한 설명으로 옳지 않은 것은?** [대구시설관리공단]

① 대통령이 그 직무집행에 있어서 헌법이나 법률에 위배한 때에 국회는 탄핵의 소추를 의결할 수 있다.
② 탄핵소추의 의결을 받은 자는 탄핵심판이 있을 때까지 그 권한행사가 정지된다.
③ 대통령에 대한 탄핵소추는 국회재적의원 과반수의 발의와 국회재적의원 3분의 2 이상의 찬성이 있어야 한다.
④ 탄핵결정은 공직으로부터 파면함에 그치고, 이에 의해 민사상이나 형사상의 책임은 면제된다.

해설 탄핵결정은 공직으로부터 파면함에 그친다. 그러나 이에 의하여 민사상이나 형사상의 책임이 면제되지는 아니한다(헌법 제65조 제4항).
① 헌법 제65조 제1항 참조
② 헌법 제65조 제3항
③ 헌법 제65조 제2항 참조

Answer 14 ② 15 ③ 16 ① 17 ④ 18 ① 19 ④

20 **미국의 대통령, 상원의원, 하원의원의 임기를 모두 더한 합은?** [MBC]

① 12년 ② 14년
③ 16년 ④ 18년

해설 미국 대통령의 임기는 4년 중임제이며, 미국 상원의원 임기는 6년, 하원의원 임기는 2년이다.
4 + 6 + 2 = 12

경제 · 경영 · 금융

21 **1980년대 미국에서 처음 등장한 단어로, 경기침체 후 잠시 회복기를 보이다가 다시 침체에 빠지는 이중침체 현상을 뜻하는 경제용어는?** [서울시복지재단]

① 더블딥 ② 트리플위칭
③ 디노미네이션 ④ 버블경제

해설 경기가 침체국면에서 회복할 조짐을 보이다가 다시 침체국면으로 빠져드는 현상을 더블딥(Double Dip)이라 한다. 두 번의 침체의 골을 거쳐 회복기에 접어들기 때문에 W자형 경제구조라고도 불린다.

22 **높은 성장률을 기록하면서도 물가상승 압력이 거의 없는 이상적인 경제상황을 무엇이라 하는가?** [용인도시공사]

① 골디락스 ② 블랙스완
③ 뉴노멀 ④ 디플레이션

해설 영국 동화 〈골디락스와 곰 세 마리〉에 등장하는 소녀 골디락스는 곰이 끓이고 나간 세 가지의 수프인 뜨거운 것과 차가운 것, 적당한 것 중에서 적당한 것을 먹고 딱딱한 침대, 너무 물렁한 침대, 적당한 침대 중 적당한 침대에 누워 쉬는데 이러한 골디락스를 경제에 비유하여 뜨겁지도 차갑지도 않은, 안정적인 경제 상태를 표현한다.

23 **오프라인과 온라인을 결합한 서비스를 제공하는 방식의 마케팅을 무엇이라 하는가?** [서울시설공단]

① 코즈 마케팅 ② O2O 마케팅
③ 니치 마케팅 ④ 레트로 마케팅

해설 O2O 마케팅(Online To Offline)이란 모바일 서비스를 기반으로 한 오프라인 매장의 마케팅 방법이다. 즉, 온라인을 통해 오프라인 매장에 대한 정보를 습득하고 매장에서 이용할 수 있는 공동구매나 쿠폰 등을 온라인에서 얻는 것을 말한다.

24 **금리인하를 통한 경기부양 효과가 한계에 이르렀을 때, 중앙은행이 국채매입 등을 통해 시중에 돈을 직접 푸는 정책은?** [한국농수산식품유통공사]

① 출구전략　　② 양적완화
③ 재정절벽　　④ 테이퍼링

양적완화
금리중시 통화정책을 시행하는 중앙은행이 정책금리가 0%에 근접하거나 혹은 다른 이유로 시장경제의 흐름을 정책금리로 제어할 수 없는 이른바 유동성 저하 상황 아래 유동성을 충분히 공급함으로써 중앙은행의 거래량을 확대하는 정책이다. 중앙은행은 채권이나 다른 자산을 사들임으로써 이율을 더 낮추지 않고도 돈의 흐름을 늘리게 된다.

25 **다음 중 상품의 판매동향을 탐지하기 위해 메이커나 도매상이 직영하는 소매점포를 무엇이라 하는가?** [경기도일자리재단]

① 플래그숍　　② 로드사이드숍
③ 숍인숍　　④ 안테나숍

해설 안테나숍은 의류 등 유행에 따라 매출액이 좌우되기 쉬운 상품에 관해 재빨리 소비자의 반응을 파악하여 상품개발이나 판매촉진책의 연구를 돕는 전략점포를 말한다.

26 **은행이나 보험사가 업무 제휴 협정을 체결하거나 은행이 자회사로 보험사를 세워 은행 업무와 보험사의 업무를 한 곳에서 제공하는 것은?** [경기도일자리재단]

① 스튜어드십코드　　② 방카슈랑스
③ 리디노미네이션　　④ 신디케이트

해설 방카슈랑스(Bancassurance)는 은행(Bank)과 보험(Assurance)을 결합한 말이다.
① 스튜어드십코드 : 투자 수탁자들이 고객의 자금을 투명하게 운용하고 수익률을 높이는 데 목적을 둔 일종의 가이드라인
③ 리디노미네이션 : 지속적인 인플레이션으로 화폐의 액면가가 실질 가치에 비해 많이 높아졌을 경우, 화폐의 액면가를 절하하는 정책
④ 신디케이트 : 동일 시장 내의 여러 기업이 출자하여 공동판매회사를 설립하여 판매하는 조직

27 **효과적인 마케팅을 위한 네 가지 핵심 요소 4P 중 통상 가격은 고객이 느끼는 가치에 비해 낮게, 생산비용보다는 높게 매겨야 한다는 뜻을 포함한 것은?** [교통안전공단]

① Product　　② Price
③ Place　　④ Promotion

Answer 20 ① 21 ① 22 ① 23 ② 24 ② 25 ④ 26 ② 27 ②

해설 ① Product : 상품 · 서비스 · 포장 · 디자인 · 브랜드 · 품질 등의 요소
③ Place : 기업이 제품을 판매하거나 유통시키는 장소
④ Promotion : 광고, PR, 다이렉트 마케팅 등 고객과의 소통

28 다음 중 주식시장에서 보유한 주식이나 채권이 없는 상태에서 매도 주문한 경우를 무엇이라 하는가?

[경기도일자리재단]

① 공매도
② 숏커버링
③ 블록딜
④ 윈도드레싱

해설 주식이나 채권이 없는 상태에서 매도 주문하는 것을 공매도라고 한다.
② 숏커버링 : 주식시장에서 매도한 주식을 다시 사들이는 것
③ 블록딜 : 주식을 대량으로 보유한 매도자가 대량으로 구매할 매수자에게 장외 시간에 그 주식을 넘기는 거래
④ 윈도드레싱 : 실적이 좋은 주식은 집중 매입하고, 실적이 저조한 주식을 처분하여 투자수익률을 최대한 높이는 행위

29 세금 절감 목적 때문에 라이베리아, 케이맨제도, 버진아일랜드 등 세계에 널리 알려진 조세피난처에 주로 설립하는 회사는?

[농어촌공사]

① 디폴트(Default)
② 모라토리엄(Moratorium)
③ 페이퍼 컴퍼니(Paper Company)
④ 부티크(Boutique)

해설 페이퍼 컴퍼니는 물리적 실체가 없이 서류형태로만 존재해, 서류(종이)가 회사 기능을 수행하는 회사이다.

30 다음은 어떤 마케팅의 사례인가?

[주택도시보증공사]

- 경기 중계방송 전후에 자사 광고를 내보내는 방법
- 경품 행사 등을 통해 경기 주체와 개최 장소를 알리는 방법
- 대회에 참가하는 팀이나 선수 등 보다 작은 단위의 참가자와 스폰서 계약을 맺는 방법

① 프로슈머 마케팅
② 앰부시 마케팅
③ 리치 마케팅
④ 바이럴 마케팅

해설 스폰서의 권리가 없는 자가 마치 자신이 스폰서인 것처럼 마케팅 활동을 하는 것을 '앰부시 마케팅'이라고 한다. '매복 마케팅'도 같은 의미로 쓰인다.

31 **다음 중 경기 불황 중에도 물가가 계속 오르는 현상을 뜻하는 용어는?** [EBS]

① 인플레이션(Inflation)
② 디플레이션(Deflation)
③ 애그플레이션(Agflation)
④ 스태그플레이션(Boom Inflation)

 스태그플레이션은 'Stagnation(경기 침체)'과 'Inflation(물가 상승)'의 합성어로서, 저상장 중에도 물가가 지속적으로 상승하는 비정상적인 불황 상태를 말한다.

32 **경기불황이 심해짐에 따라 물가가 급속히 하락하고 경제주체들이 보유한 화폐량의 실질가치가 증가하게 되어 민간의 자산이 증가하면서 소비 및 총수요가 증대되는 효과를 일컫는 용어는?** [언론중재위원회]

① 전시 효과
② 피구 효과
③ 베블런 효과
④ 구축 효과

 피구 효과(Pigou Effect)는 케인즈 학파의 유동성 함정 논리에 대항하기 위해 고전학파들이 사용하는 논리로, 유동성 함정이 존재한다고 해도 물가가 신축적이라면 극심한 불황에서 자동적으로 탈출하여 완전고용을 이룰 수 있다고 본다.

33 **'커피-설탕', '만년필-잉크'처럼 하나의 소비활동을 위해 함께 소요되는 경향이 있는 재화는?** [국민체육진흥공단]

① 정상재
② 대체재
③ 보완재
④ 기펜재

 ① 소득이 증가(감소)했을 때 수요가 증가(감소)하는 재화
② 한 재화에 대한 수요와 다른 재화의 가격이 같은 방향으로 움직이는 관계에 있는 재화
④ 재화가격이 하락할 때 수요량이 오히려 감소하는 재화

34 **경제학자 케인스가 처음 고안한 개념으로 금리인하, 재정지출 확대 등과 같은 경기부양책이 경기활성화에 도움이 되지 않는 상태를 의미하는 것은?** [경기신용보증재단, 부산도시공사, 국민연금공단, 한국산업인력공단]

① 소프트 패치
② 유동성 함정
③ 양적 완화
④ 패리티 지수

해설 유동성 함정이란 경제주체들이 돈을 움켜쥐고 시장에 내놓지 않는 상황으로서 기업의 생산·투자와 가계의 소비가 늘지 않아 경기가 점점 더 나빠져 마치 함정에 빠진 것처럼 보이는 현상을 말한다.
① 소프트 패치 : 경기 회복 국면에서 일시적인 어려움을 겪는 상황
③ 양적 완화 : 금리인하를 통한 경기부양효과가 한계에 봉착했을 때, 중앙은행이 국채매입 등의 방법으로 유동성을 시중에 직접 푸는 정책
④ 패리티 지수 : 물가상승과 연동해 농산물의 가격을 산출할 때 사용하는 지수

Answer 28 ① 29 ③ 30 ② 31 ④ 32 ② 33 ③ 34 ②

35 **빈부 격차와 계층 간의 소득분포 불균형 정도를 나타내는 것은?** [한국환경공단]

① 지니계수 ② 패리티지수
③ 그레샴 법칙 ④ 거미집 이론

해설 지니계수는 공평하고 평등한 소득분배를 나타내는 수치로서 계층의 빈부 격차를 보여주는 수치이다. 이 수치가 0에 가까울수록 소득분배가 공평하게 이루어졌음을 나타낸다.

36 **특수목적회사가 프로젝트의 사업성을 담보로 일반은행 또는 자본주로부터 사업자금을 모집하고 사업 종료 후 일정 기간에 발생하는 수익을 지분율에 따라 투자자들에게 나눠주는 형태는?**
[국립공원관리공단, LH공사, 한국남동발전]

① 사모펀드 ② 뮤추얼펀드
③ 프로젝트 파이낸싱 ④ 인덱스펀드

해설 프로젝트 파이낸싱이란 미래의 수익성 사업 혹은 사업주체의 신뢰성을 믿고 대규모의 자금을 빌려주는 투자 기법으로 대규모의 자금을 금융기간 간의 협조융자 형태로 모을 수 있다.
① 사모펀드 : 소수의 투자자들의 자금을 모아 주식 혹은 채권 등의 사업에 운용하여 고수익 기업투자펀드
② 뮤추얼펀드 : 주식 발행을 통해 투자자를 모집하고 모집된 투자자산을 전문 운용회사에 맡겨 그 운용수익을 투자자에게 배당금의 형태로 되돌려 주는 투자회사
④ 인덱스펀드 : 주가지표의 변동과 동일한 투자성과를 목표로 하여 포트폴리오를 구성하는 펀드

37 **정부의 세입과 세출을 조정하여 경기를 안정시키거나 부양하기 위한 정책은?** [주택도시보증공사]

① 통화정책 ② 재정정책
③ 환율정책 ④ 산업정책

해설 재정정책이란 정부의 세입과 세출을 조정하여 경기를 안정시키거나 부양하기 위한 정책을 말한다. 국가는 완전고용, 물가안정, 국제수지 개선, 경제성장, 자원의 효율적 배분, 부의 재분배 등을 위해 재정정책을 펼친다.

38 **다음에서 설명하는 경제이론은?** [국민연금공단]

> 사람이 살아가는 데 있어 매우 중요하고 반드시 필요한 식량과 물 등은 헐값에 제공되거나 무료로 제공되는 반면 거의 쓸모없는 다이아몬드와 같은 사치품은 비싼 가격에 팔린다.

① 코즈의 정리 ② 테킬라효과
③ 그레샴 법칙 ④ 스미스의 역설

 스미스의 역설은 가격과 효용의 괴리 현상을 설명하면서 상품의 가치는 총 효용에 의해 결정되는 것이 아니라 한계효용에 대해 결정된다고 한다.

① 코즈의 정리 : 외부 효과로 인한 시장 기능의 비효율성을 시장에서 민간 주체들이 스스로 배분과정을 통해 해소할 수 있다는 이론

② 테킬라효과 : 한 국가의 금융 · 통화 위기가 주변의 다른 국가로 급속히 확산되는 현상

③ 그레샴 법칙 : 악화와 양화가 동일한 액면 가치를 가지고 같이 유통될 경우, 악화만이 유통되고 양화는 사라지는 현상

39 **개인의 소비행동이 사회의 소비수준의 영향을 받아 타인의 소비행동을 모방하려는 소비성향이나 후진국이 선진국의 소비성향을 따라가는 현상을 표현하는 말은 무엇인가?** [국민체육진흥공단]

① 대체효과　　② 의존효과
③ 전시효과　　④ 가격효과

해설 전시효과는 J.S.듀젠베리에 의해 처음으로 이 용어가 사용되었으며, 시위효과(示威效果)라고도 한다. 소득이 낮은 후진국에서 선진국의 소비성향을 따라 높은 소비지출이 행해지고, 이것은 후진국의 자본축적을 저해하는 한 요인이 된다.

40 **다음 중 완전경쟁시장의 특징을 잘못 설명한 것은?** [주택도시보증공사]

① 수요자와 공급자의 수가 아주 많기 때문에 개별 수요자나 공급자가 수요량이나 공급량을 변경해도 시장가격에 영향을 끼칠 수가 없다.

② 완전경쟁시장에서 거래되는 같은 상품은 질적인 면에서 모두 같아야 한다. 여기서 상품의 동질성은 품질에 한하고 판매 조건은 같을 필요가 없다.

③ 완전경쟁시장에서는 새로운 기업이 시장으로 들어오는 것과 비능률적인 기업이 시장에서 퇴출되는 것 모두가 자유로워야 한다.

④ 완전경쟁시장에서는 상품의 품질 · 가격 등 시장 정보에 대하여 수요자와 공급자가 모두 잘 알고 있어야 한다.

해설 완전경쟁시장에서 판매되는 상품들의 사이에는 가격 차이로 직결되는 단순한 품질의 차이만이 존재해야 한다. 상품을 측정할 수 있는 기준이 다양화되면 완전경쟁시장이 성립되기 어렵다.

Answer 35 ① 36 ③ 37 ② 38 ④ 39 ③ 40 ②

41 **다음에서 설명하는 사람은 누구인가?** [국민체육진흥공단]

> 미국의 경제학자로 1976년에 소비분석, 통화의 이론과 역사 그리고 안정화 정책의 복잡성에 관한 논증 등의 업적으로 노벨경제학상을 수상하였다. 케인즈와 더불어 20세기에 가장 큰 영향을 준 경제학자로 여겨지며 정치·사회적 자유의 창조 수단으로 자유시장 내 정부가 맡는 역할이 축소되어야 한다고 주장하였다.

① 밀턴 프리드먼 ② 앵거스 디턴
③ 소스타인 베블런 ④ 로버트 솔로

해설 거시경제학을 위시하여 미시경제학, 경제사, 경제통계학에 큰 기여를 한 밀턴 프리드먼에 대한 설명이다.
② 앵거스 디턴 : 미국의 경제학자로 소득의 불평등에 관한 연구로 2015 노벨경제학상을 수상했다.
③ 소스타인 베블런 : 미국의 경제학자로 그의 저서 〈유한계급론〉을 통해 과시적 소비 문제를 지적했다.
④ 로버트 솔로 : 미국의 경제학자로 1987년 경제성장이론에 대한 연구로 노벨경제학상을 수상했다.

42 **새로운 제품이나 서비스가 출시될 때 일정 기간 동안 기존의 규제를 면제·유예해주는 정책·제도를 무엇이라 하는가?** [KBS]

① 샌드 박스(Sand Box)
② 태그 얼롱(Tag Along)
③ 프리패키지(Prepackage)
④ 마일드 스톤(Mild Stone)

해설 신산업·신기술 분야에 기업들이 참여할 것을 유도하고, 시장 초기에 참여한 기업의 매출 안정성을 확보해 주기 위해 정부는 종종 새로운 산업 분야에서 기존 규제들을 없애거나 규제 신설을 유예하는 정책을 취한다. 이를 규제 샌드 박스라 한다.

43 **세계경제포럼(WEF)에서 주최하며, 저명한 기업인·경제학자·저널리스트·정치인 등이 스위스의 한 도시에 모여 세계경제에 대해 토론·연구하며 참여하는 회의는?** [MBC]

① 와이맥스포럼(WiMAX Forum)
② 다보스포럼(Davos Forum)
③ 오픈그리드포럼(Open Grid Forum)
④ 금융안정화포럼(Financial Stability Forum)

해설 다보스포럼은 매년 1~2월에 스위스의 다보스에서 개최되는 '세계경제포럼(WEF)' 연차 총회를 뜻한다. 1971년 유럽의 정계·재계 인사들의 모임으로 시작한 다보스포럼은 2002년 뉴욕에서 열리기도 했다.

사회 · 노동 · 환경

44 강남연쇄살인 사건 피의자가 앓고 있던 정신질환은? [수원문화재단]

① 조현병 ② 사이코패스
③ 공황장애 ④ 소시오패스

해설 조현병(정신분열병)이란 사고(思考), 감정, 지각(知覺), 행동 등 인격의 여러 측면에 걸쳐 광범위한 임상적 이상 증상을 일으키는 정신 질환이다.
② 사이코패스 : 평소에는 정신병질이 내부에 잠재되어 있다가 범행을 통하여서만 밖으로 드러나기 때문에 주변 사람들이 알아차리지 못하는 것이 특징이다.
③ 공황장애 : 심한 불안 발작과 이에 동반되는 다양한 신체 증상들이 아무런 예고 없이 갑작스럽게 발생하는 불안장애의 하나이다.
④ 소시오패스 : 잘못된 행동이란 것을 알면서도 그러한 행위를 하는 반사회적인 인격장애의 일종이다.

45 근무 시간에 주식거래나 게임 등 업무 이외의 용도로 인터넷을 사용함으로써 업무에 방해가 되는 일체의 행위를 무엇이라 하는가? [한국수력원자력]

① 사이버불링 ② 디지털디바이드
③ 사이버슬래킹 ④ 사이버스쿼팅

해설 사이버슬래킹이란 업무용으로 설치한 인터넷을 다른 용도로 사용함으로써 업무를 등한시하는 행위를 말한다.

46 자살과 관련한 언론보도를 자제함으로써 자살을 예방하는 효과를 무엇이라 하는가? [한국소비자원]

① 스놉 효과 ② 사일로 효과
③ 빌바오 효과 ④ 파파게노 효과

해설 ① 스놉 효과 : 특정 제품의 소비가 증가하면서 그 제품의 수요가 줄어드는 현상
② 사일로 효과 : 조직 부서들이 서로 다른 부서와 벽을 쌓고 내부 이익만 추구하는 현상
③ 빌바오 효과 : 한 도시의 건축물이 그 지역에 미치는 영향이나 현상

47 근로기준법 개정으로 시행된 주 52시간 근무제에 대한 설명으로 옳지 않은 것은? [대구시설관리공단]

① 300인 이상 사업장은 주당 최대 52시간 근무제를 시행한다.
② 사업주가 법을 어길 경우 2년 이하 징역이나 200만원 이하의 벌금을 부과받을 수 있다.
③ 주 최대 52시간 근무제에는 연장근로 시간이 제외된다.
④ 2020년부터 50인 이상 300인 미만 기업에서도 시행하되, 1년간 계도기간을 부여한다.

Answer 41 ① 42 ① 43 ② 44 ① 45 ③ 46 ④ 47 ③

해설 하루 8시간씩 5일, 여기에 연장근로 12시간을 더한 52시간이 1주에 일할 수 있는 최대 노동시간이 된다. 즉 주 최대 52시간 근무제에는 연장근로 시간이 포함된다.

48 **기업이 사회적 역할과 책임을 다한다는 신념에 따라 실천하는 나눔 경영의 일종으로, 기업 임직원들이 모금한 후원금 금액에 비례해서 회사에서도 후원금을 내는 제도는?** [한전 KPS]

① 매칭그랜트(Matching Grant)
② 위스타트(We Start)
③ 배리어프리(Barrier Free)
④ 유리천장(Glass Ceiling)

해설 ② 위스타트(We Start) : 저소득층 아이들이 가난의 대물림에서 벗어나도록 복지와 교육의 기회를 제공하는 운동
③ 배리어프리(Barrier Free) : 장애인들의 사회적응을 막는 물리적 · 제도적 · 심리적 장벽을 제거해나가자는 운동
④ 유리천장(Glass Ceiling) : 직장 내에서 여성들의 승진 등 고위직 진출을 막는 보이지 않는 장벽

49 **다음 중 임금피크제에 대한 설명으로 옳은 것은?** [한국농수산식품유통공사]

① 획일적 · 강제적인 근로시간에서 벗어나 직원들 각자가 원하는 근무시간에 일할 수 있도록 하는 제도이다.
② 노조 전임자가 실제로 회사 일을 하지 않으면서도 회사로부터 임금을 받고 노조활동을 할 수 있는 제도이다.
③ 일정 나이가 지나면 정년은 보장하지만 임금을 삭감하는 제도이다.
④ 근로자의 최저임금 수준을 결정해 사용자가 그 수준의 임금을 지불하도록 하는 제도이다.

해설 임금피크제(Salary Peak System)
일정 연령이 된 장기 근속자의 임금을 삭감하는 대신, 정년까지 고용을 보장하는 제도이다. 임금피크제의 장점은 고령층의 실업을 완화할 수 있고, 기업 측에서도 인건비 부담을 덜 수 있다는 것이다.

50 **매슬로우의 욕구 이론에서 5단계에 위치하는 욕구는?** [한국수력원자력]

① 사회적 욕구
② 자아실현의 욕구
③ 존경의 욕구
④ 안전의 욕구

해설 생리적 욕구 – 안전의 욕구 – 사회적 욕구 – 존경의 욕구 – 자아실현의 욕구 순이다.

51 **다음 중 사회보장제도 중 공공부조에 관한 설명으로 옳지 않은 것은?** [국민연금공단]

① 주어진 자원으로 집중적으로 급여를 제공할 수 있어 대상효율성이 높다.
② 기여 없이 가난한 사람에게 급여를 제공하기 때문에 소득재분배 효과가 크다.
③ 사회적으로 보호받아야 할 자에게 최소한의 인간다운 생활을 할 수 있도록 지원한다.
④ 수급자의 근로의욕을 상승시킨다.

해설 공공부조(公共扶助)
빈곤자 · 장애자 · 노령자 등 사회적으로 보호해야 할 자에게 최소한의 인간다운 생활을 할 수 있도록 국가가 원조해주는 사회보장제도를 말한다. 수급권자의 근로의욕을 저하시키고 수치심을 유발시킬 수 있는 단점이 있다.

52 **다음 중 '특례시'에 대한 설명 중 틀린 것은?** [경기콘텐츠진흥원]

① 광역지방자치단체와 기초지방자치단체의 중간 형태이다.
② 인구 100만명의 대도시에 부여하는 행정명칭이다.
③ 일반 시와 동일한 법적 지위를 부여받는다.
④ 특례시가 신설되면 현행 8단계 지방자치단체가 9단계로 확대된다.

해설 특례시는 광역지방자치단체와 기초지방자치단체의 중간 형태의 새로운 지방자치단체의 유형으로 인구 100만명의 대도시가 해당된다. 기초자치체의 지위를 유지하면서 광역시급의 행정 · 재정 자치권을 갖게 되는 등 일반 시와 차별화된 법적 지위를 부여받는다. 특례시가 신설되면 지방자치 단체의 종류가 '특별시, 광역시, 특별자치시, 도, 특별자치도, 특례시, 시, 군, 구'로 확대된다.

53 **다음 중 교토의정서에 포함된 온실가스가 아닌 것은?** [국민건강보험공단]

① 메 탄
② 아산화질소
③ 일산화탄소
④ 이산화탄소

교토의정서는 1997년 교토에서 열린 기후변화협약 제3차 당사국 총회에서 채택됐으며, 탄산가스 배출량에 대한 국가별 목표수치를 제시하고 있다. 삭감 대상 온실가스는 이산화탄소, 메탄, 아산화질소, 과불화탄소, 수소불화탄소, 육불화황 등 6가지이다.

Answer 48 ① 49 ③ 50 ② 51 ④ 52 ③ 53 ③

54 **다음과 같은 부류를 가리키는 용어는 무엇인가?** [경기도시공사]

> • '경제적으로 자립해 조기에 은퇴한다는 것'의 줄인 말
> • 심플한 라이프 스타일을 통해 저축금을 빨리 마련하고 조기에 은퇴함으로써 승진, 월급, 은행 대출 등의 고민에서 벗어나고자 함

① 나오머족 ② 좀비족
③ 파이어족 ④ 로하스족

해설 ① 나오머족 : 자신만의 능력과 스타일을 갖추고 즐기는 30~40대 여성을 가리키는 말
② 좀비족 : 대기업이나 거대한 조직 내에서 무사안일에 빠져 주체성 없는 로봇처럼 행동하는 사람을 가리키는 말
④ 로하스족 : 건강과 지속적인 성장을 추구하는 생활방식 또는 이를 실천하려는 사람들

55 **다음 보기는 어떤 증후군에 대한 설명인가?** [군산지방해양수산청 청원경찰]

> 현실에 만족하지 못하고 새로운 이상만을 추구하는 병적인 증세

① 피터팬증후군 ② 리플리증후군
③ 파랑새증후군 ④ LID증후군

① 피터팬증후군 : 피터팬처럼 어른이 되어서도 사회에 적응할 수 없는 '어린아이' 같은 성인이 나타내는 심리적 증상을 말한다.
② 리플리증후군 : 현실을 부정하고 허구의 세계를 진실이라 믿으며 거짓된 말과 행동을 상습적으로 반복하는 반사회적 성격장애를 말한다.
④ LID증후군 : 핵가족화에 따른 노인의 고독과 고립을 말한다.

56 **도시 중심부의 상주인구가 감소하고 도시 주변에 인구가 뚜렷하게 증가하는 현상은?** [경기도시공사]

① 도넛화 현상 ② 열섬 현상
③ U턴 현상 ④ J턴 현상

② 열섬 현상 : 세계적으로 대도시의 기온이 점점 상승하는 현상
③ U턴 현상 : 대도시에 취직한 시골 출신자가 고향으로 다시 되돌아가는 노동력 이동 현상
④ J턴 현상 : 대도시에 취업한 근로자가 지쳐 중·소 지방도시에 취직하는 현상

57 다음 중 버려지는 물건을 재활용해 새로운 가치를 가진 제품으로 만드는 것을 뜻하는 말은?

[경기콘텐츠진흥원]

① 리사이클링　　② 에코디자인
③ 탄소라벨　　④ 업사이클링

해설 업사이클링은 Upgrade와 Recycling의 합성어로, 단순한 '재사용'을 넘어 디자인이나 활용도를 더해 '전혀 다른 제품'으로 탄생시켜 사용하는 것을 말한다.
① 리사이클링 : '재활용'이라는 뜻으로, 사용을 다한 본래 모습 그대로 다시 활용하는 것
② 에코디자인 : 환경적인 요소를 염두에 두고 제품을 디자인하는 것
③ 탄소라벨 : 상품을 생산, 소비하고 폐기하는 데까지 걸리는 전 과정에서 발생하는 이산화탄소의 총량을 제품에 라벨 형태로 표시해 소비자가 쉽게 인식하도록 하는 제도

58 2018년 3월 27일부터 미세먼지 예보기준이 강화되었다. 미세먼지 '나쁨'에 포함되는 범위는?

[광주도시철도공사]

① 15μg　　② 30μg
③ 75μg　　④ 100μg

미세먼지(PM2.5) 예보기준은 첫 시행 당시 0~15μg은 '좋음', 16~50μg은 '보통', 51~100μg은 '나쁨', 101μg 이상이면 '매우 나쁨'이었다. 그러다 환경부는 2018년 3월 27일부터 16~35μg은 '보통', 36~75μg은 '나쁨', 76μg 이상이면 '매우 나쁨'으로 기준을 강화했다.

59 상류층 소비자의 과시적인 소비행태를 이르는 말은?

[aT, 광주광역도시공사]

① 전시효과　　② 베블런효과
③ 립스틱효과　　④ 파노플리효과

경제학자 베블런이 자신의 저서 〈유한계급론(1899)〉에서 "상류층의 두드러진 소비는 사회적 지위를 과시하기 위해서 자각 없이 행해진다"고 지적했다.
① 전시효과 : 개인의 소비지출이 소득수준에 의해 정해지지 않고, 주변 사람들의 더 높은 소비생활의 영향을 받아 점차 높아지는 경향
③ 립스틱효과 : 경제적 불황기에 나타나는 소비패턴으로 가격이 저렴하고 소비만족도가 높은 기호품의 판매량이 증가하는 현상
④ 파노플리효과 : 고가 사치품 등을 구매함으로써 특정 집단에 소속되고 싶어 하는 욕망을 나타내는 현상

Answer 54 ③ 55 ③ 56 ① 57 ④ 58 ③ 59 ②

60 **탄소배출권 거래제에 대한 설명으로 틀린 것은?** [한국농어촌공사]

① 기후변화협약의 이행을 위해 1997년 채택된 교토 의정서에 따른 것이다.
② 온실가스 배출 허용량을 정해주고 초과 배출분과 잉여 배출분에 대해서 거래를 유도함으로써 온실가스를 감축하는 제도이다.
③ 협약의 주체는 국가이지만 거래의 주체는 기업이다.
④ 탄소배출권 거래제는 모든 회원국의 의무사항이다.

해설 탄소배출권 거래제가 모든 회원국의 의무사항은 아니다. 회원국이어도 온실가스 감축 의무가 없는 경우에는 탄소배출권 거래제의 대상이 되지 않는다.

61 **1920년대 미국 재즈클럽 주변에서 단기 계약으로 연주자를 섭외해 공연한 데서 유래한 용어로, 비정규 프리랜서 근로 형태가 확산되는 현상을 뜻하는 용어는?** [KBS 시사교양PD]

① 긱 이코노미(Gig Economy)
② 캐시 이코노미(Cash Economy)
③ 블랙 이코노미(Black Economy)
④ 모럴 이코노미(Moral Economy)

해설 '긱(Gig)'은 '임시로 하는 일'이라는 뜻이며, 긱 이코노미는 기업들이 정규직보다는 임시직 또는 계약직으로 인력을 채용하는 경향을 뜻한다. 글로벌 컨설팅회사 맥킨지는 2025년 긱 이코노미가 2조 7,000억달러(약 3,031조원)의 부가가치를 창출할 것으로 예측했다.

62 **다음 보기에서 설명하는 용어로 적당한 것은?** [한국산업단지공단]

> 다수의 누리꾼들이 인터넷, SNS 등에서 특정 개인이나 연예인, 공인(公人)들을 일방적인 여론몰이로 공공의 적(敵)으로 매도하는 현상

① 매카시즘 ② 인포데믹스
③ 네카시즘 ④ 젠트리피케이션

① 매카시즘 : 1950년대에 미국에서 반공산주의 성향이 강한 집단이 반대성향을 지닌 정치적 집단이나 반대자들을 공산주의자로 매도한 현상
② 인포데믹스 : 정보(Information)와 전염병(Epidemics)의 합성어로서 부정확한 정보 등이 인터넷이나 휴대폰 등을 통해 전염병처럼 빠르게 전파되어 부정적인 영향을 미치는 것
④ 젠트리피케이션 : 도시환경의 변화로 낙후됐던 구도심이 중산층 이상의 사람들의 주거지로 몰리면서 지가와 임대료가 오르게 되고 원주민이 다른 지역으로 쫓겨나는 현상

63 다음 중 소득인정액 기준 하위 70% 어르신에게 매달 생활비를 보조해주는 '이 제도'는 몇 세부터 적용되는가? [한국수력원자력]

① 60세 ② 65세
③ 70세 ④ 72세

 '이 제도'는 기초연금 제도로, 만 65세 이상의 전체 노인 중 가구의 소득인정액이 선정기준액 이하인 노인에게 매달 일정액의 연금을 지급하는 제도를 말한다. 기초연금은 2008년 1월부터 시행해온 기초노령연금제도를 대폭 개정해 2014년 7월부터 시행되었다.

64 사회적 현상으로 나타난 'OO족'이라는 신조어에 대한 설명 중 옳지 않은 것은? [KBS]

① 딩크족 : 결혼은 하되 아이를 두지 않는 맞벌이 부부
② 딘트족 : 수입을 거두지만 시간이 없어 돈을 쓸 수 없는 신세대 맞벌이 부부
③ 그루밍족 : 자녀의 부양을 거절하고 자녀로부터 독립해 부부끼리 살아가는 노년층
④ 딩펫족 : 의도적으로 자녀를 낳지 않는 대신 애완동물을 기르는 현대 부부

해설 ③은 자신들만의 오붓한 삶을 즐기려는 통크족(Two Only No Kids)에 대한 설명이다. 그루밍족(Grooming)은 패션과 미용에 아낌없이 투자하는 남자들을 뜻한다.

65 다음 중 소시오패스에 대한 설명으로 바르지 않은 것은? [평택도시공사]

① 사회를 의미하는 '소시오(Socio)'와 병리상태를 의미하는 '패시(Pathy)'의 합성어이다.
② 반사회적 인격장애의 일종으로서 범행을 인지한다.
③ 생물학적, 유전적, 환경적 요인에 의해 나타나는 성격장애이다.
④ 사회적으로 잘못된 행동인 것을 인지하면서도 반사회적 행동을 저지른다.

해설 소시오패스는 어린 시절의 환경적 트라우마나 학대 등에 의해 발생하며 잘못된 행동인 것을 인지한다는 점에서 사이코패스와 구분된다.

문화 · 예술 · 미디어 · 스포츠

66 영화나 드라마의 장면에 상품이나 브랜드 이미지를 노출시키는 광고 기법을 무엇이라 하는가? [서울시설공단]

① PPL 광고 ② 비넷 광고
③ 트레일러 광고 ④ 티저 광고

Answer 60 ④ 61 ① 62 ③ 63 ② 64 ③ 65 ③ 66 ①

해설 ② 비넷 광고 : 한 주제에 맞춰 다양한 장면을 짧게 보여주면서 강렬한 이미지를 주는 기법
③ 트레일러 광고 : 메인 광고 뒷부분에 다른 제품을 알리는 맛보기 광고. '자매품'이라고도 함
④ 티저 광고 : 처음에는 상품명을 감췄다가 서서히 공개하면서 궁금증을 유발하는 광고 기법

67 음악의 빠르기에 대한 설명이 잘못된 것은? [전남신용보증재단]

① 아다지오(Adagio) : 아주 느리고 침착하게
② 모데라토(Moderato) : 보통 빠르게
③ 알레그레토(Allegretto) : 빠르고 경쾌하게
④ 프레스토(Presto) : 빠르고 성급하게

해설 ③ 알레그레토(Allegretto) : 조금 빠르게

68 '아늑함'을 뜻하는 단어로 가족, 친구와 함께하는 소박한 삶을 추구하는 라이프 스타일을 의미하는 단어는? [한국소비자원]

① 휘게(Hygge)
② 욜로(YOLO)
③ 라곰(Lagom)
④ 단사리

해설 휘게(Hygge)는 '아늑함'을 의미하는 덴마크어로 가족, 친구와 함께하는 소박한 삶을 추구하는 라이프 스타일이다.
② 욜로(YOLO) : 한 번뿐인 인생을 뜻하는 'You Only Live Once'의 머리글자. 현재의 행복을 가장 중시하여 삶을 즐기기 위한 소비를 아끼지 않는 것을 의미
③ 라곰(Lagom) : '적당한'을 의미하는 스웨덴어로, 균형적인 삶을 추구하는 북유럽의 라이프스타일
④ 단사리 : 불필요한 것을 버리고 최소한의 것만 추구하는 미니멀 라이프

69 다음이 설명하는 현상을 무엇이라 하는가? [경기관광공사]

> 상대방에 대한 인상이나 호감을 결정하는 데 있어서 말보다 '비언어적' 요소가 차지하는 비율이 무려 93%나 된다는 것으로 현재 설득, 협상, 마케팅, 광고, 프레젠테이션 등 커뮤니케이션과 관련된 모든 분야의 이론에 대한 기반이 되는 법칙이다.

① 그레샴의 법칙
② 발라스의 법칙
③ 메라비언의 법칙
④ 케빈베이컨의 법칙

해설 ① 그레샴의 법칙 : '악화는 양화를 구축한다'는 그레샴의 주장이다. 당시 화폐에 있어 실질가치가 다른 두 가지 이상의 화폐가 같은 명목 가치로서 유통되자 사람들은 가치가 큰 금화를 내놓지 않게 되고 가치가 낮은 악화만이 유통되었다는 것인데 현대의 경제에서는 화폐만이 아니라 다른 경제현상들을 설명하는 데 사용되기도 한다.

② 발라스의 법칙 : 모든 시장의 어떤 가격 체계에서도 총 초과수요가치의 합은 항상 0이 된다는 프랑스의 경제학자 발라스의 주장이다.
④ 케빈베이컨의 법칙 : 6단계의 연결고리로 모든 사람이 연결된다는 이론이다.

70 **원래는 국제법상 사용되는 법률용어로 한 나라가 상대편 나라의 항구에 상업용 선박이 드나드는 것을 금지하도록 법으로 명령하는 것을 의미하는 말이었으나 언론에서 이를 차용하여 언론발표시간 연기, 즉 '시한부 보도중지'를 의미하는 언론용어는?** [한국농수산식품유통공사]

① 게이트키핑　② 엠바고
③ 오디언스　④ 아젠다 세팅

 엠바고(Embargo)
원래는 국제법상 사용되는 법률용어로 국가 간 분쟁 또는 어떠한 문제가 발생한 상태에서 자국의 항구에 입항하여 정박 중인 외국 선박의 출항을 허가하지 않고 문제해결 시까지 잠정적으로 출항을 정지시켜 억류하여 놓는 것을 가리키는 말이었으며, 언론에서 이를 차용하여 언론발표 시간 연기를 뜻하는 용어로 쓴다.

71 **세계 최고의 극작가로 칭송받는 셰익스피어의 4대 비극에 속하지 않는 작품은?** [한국환경공단]

① 로미오와 줄리엣　② 햄릿
③ 오셀로　④ 리어왕

해설 셰익스피어의 4대 비극은 〈햄릿〉, 〈오셀로〉, 〈리어왕〉, 〈맥베스〉이다.

72 **다음 설명에 해당하는 광고 형식은?** [경기콘텐츠진흥원]

> '괴롭히는 사람'이라는 의미의 단어이다. 관심과 궁금증을 불러일으키기 위해 홍보하고자 하는 상품을 명시하지 않는다.

① 키치(Kitsh)　② 티저(Teaser)
③ 비넷(Vignet)　④ 시즐(Sizzle)

해설 티저는 제품 출시 전이나 신제품 공개 전에 일부만을 보여주거나 무슨 광고인지 알 수 없는 광고를 내보내며 소비자의 궁금증과 관심을 유발한다.

Answer 67 ③ 68 ① 69 ③ 70 ② 71 ① 72 ②

73 **다음에서 설명하는 음악을 무엇이라고 하는가?** [대전도시공사]

> • 미국 흑인 음악에 유럽 백인의 음악적 요소가 결합되어 19세기 말~20세기 초부터 연주되기 시작한 음악
> • 독특한 리듬과 스윙감, 즉흥연주에서 나타나는 창조성, 연주자의 개성을 살린 사운드 등이 특징이다.

① 재즈(Jazz)
② 힙합(Hip Hop)
③ 블루스(Blues)
④ 로큰롤(Rock'n' roll)

② 힙합(Hip Hop) : 1970년대 미국의 흑인 젊은층이 만든 문화를 총칭하는 말이다. 음악에서는 빠른 리듬에 맞춰 이야기하듯 내뱉는 랩, 랩에 맞춰 추는 브레이크 댄스, 디제잉 같은 것을 의미한다.
③ 블루스(Blues) : 미국 남부의 흑인들 사이에서 불린 2박자 또는 4박자의 애조를 띤 악곡으로 독창이나 독주곡 형태이다. 훗날 재즈, 리듬 앤드 블루스, 록 음악의 기반이 되었다.
④ 로큰롤(Rock'n' roll) : 1950년대 미국에서 형성되어 전 세계적으로 대중음악의 한 주류를 이룬 연주스타일과 리듬을 말한다.

74 **다음 보기에서 설명하는 상은?** [경기콘텐츠진흥원]

> • 1969년에 제정되어 영국 최고 권위를 자랑하는 문학상
> • 노벨문학상, 프랑스의 콩쿠르 문학상과 함께 세계 3대 문학상에 포함
> • 우리나라에서는 한강의 〈채식주의자〉가 아시아 최초로 수상

① 페미나상
② 맨아시아문학상
③ 맨부커상
④ 이상문학상

해설 맨부커상은 영연방 작가들이 영어로 쓴 소설들을 대상으로 수상작을 선정하며, 2005년에는 영연방 지역 이외의 작가가 쓴 소설을 대상으로 하는 인터내셔널 부문이 신설됐다.

75 **다음 중 영화제와 상 이름을 잘못 연결한 것은?** [MBC]

① 베니스영화제 – 은사자상
② 칸영화제 – 황금종려상
③ 베를린영화제 – 은곰상
④ 베니스영화제 – 금곰상

해설 '금곰상'은 베를린영화제의 최우수 작품상에 수여되는 상이다.

76 **언론에 보도하지 않는 것을 전제로 하여 기록에 남기지 않는 비공식 발언을 무엇이라 하는가?**

[한국산업단지공단]

① 엠바고 ② 오프더레코드
③ 신디케이트 ④ 스쿠프

해설 ① 엠바고 : 일정 시간까지 뉴스의 보도를 미루는 것
③ 신디케이트 : 여러 분야의 필자들이 공동으로 저작물을 배급하는 방식
④ 스쿠프 : 특종기사를 경쟁 관계에 있는 타사보다 앞서 보도하는 것

77 **다음 베토벤의 교향곡 중 시골의 평화로운 정경과 자연에서 받은 감명을 주관적으로 표현한 교향곡은?**

[세종시시설관리공단]

① 교향곡 제3번 ② 교향곡 제5번
③ 교향곡 제6번 ④ 교향곡 제9번

해설 베토벤이 1808년에 작곡한 교향곡 제6번은 이완된 리듬과 우아하고 균형 잡힌 악상으로 시골에서 느낄 수 있는 즐거움과 평화로움이 곡에 잔잔하게 흐르고 있다. 베토벤 자신이 '전원'이라는 표제를 붙이기도 했고, 정식 이름은 '전원교향곡' 또는 '시골생활의 회상'이다.
- 베토벤 교향곡 제3번 : 영웅
- 베토벤 교향곡 제5번 : 운명
- 베토벤 교향곡 제9번 : 합창

78 **다음에 해당하는 내용으로 옳은 것은?**

[서울교통공사]

> 스마트폰 등 첨단 정보기술의 보급으로 인해 디지털 기기가 우리의 일상생활에 깊이 파고듦에 따라, 디지털홍수에 빠진 현대인들이 전자기기를 멀리하고 명상과 독서 등을 통해 심신을 치유하자는 운동이다.

① 디지털 치료 ② 디지털 디톡스
③ 디지털 자유 ④ 디지털 해방

 디지털 디톡스는 디지털(digital)에 '독을 해소하다'라는 뜻의 디톡스(detox)가 결합된 말로 디지털 홍수에 빠진 현대인들이 전자기기를 멀리하고 명상과 독서 등을 통해 심신을 치유하자는 운동이다. 디지털 단식이라고도 부른다.

79 **다음 중 근대문학의 개념을 가장 바르게 설명한 것은?** [경기도문화의전당]

① 근대적 자아의 각성이 이루어진 문학
② 영웅적 인물의 전형을 구사
③ 전지적 서술자를 통한 이야기 전개
④ 귀족 중심의 이야기에 대한 추구

 근대문학의 개념과 특성
- 근대적 자아의 각성이 이루어진 문학
- 귀족 중심의 개념에서 탈피
- 시민계층(자아 각성)이 보편적인 인간 사랑의 정신을 구현한 문학
- 외적 · 내적으로 그 전 단계의 문학을 극복한 문학
- 영웅적 형상의 약화
- 단선적 서술구조의 약화
- 전지적 서술자의 후퇴

80 **바로크 시대에 가장 성행했던 성악곡의 형식으로 종교적 색채를 띠는 성악곡은?** [농수산물유통공사]

① 랩소디
② 모테트
③ 콘체르토
④ 칸타타

 ① 형식과 내용면에서 비교적 자유로운 환상곡풍의 기악곡
② 중세 르네상스 시대를 전성기로 한 중요 성악곡
③ 독주 악기와 관현악을 위해 작곡된 기악곡

과학 · 컴퓨터 · IT · 우주

81 **소프트웨어나 데이터를 컴퓨터 저장장치에 담지 않고 웹 공간에 두어 마음대로 다운받아 쓸 수 있는 인터넷 환경을 무엇이라 하는가?** [광주도시철도공사]

① 유비쿼터스(Ubiquitous)
② 스트리밍(Streaming)
③ IoT(Internet of Things)
④ 클라우드 컴퓨팅(Cloud Computing)

 ① 유비쿼터스(Ubiquitous) : 언제 어디서나 컴퓨터를 활용할 수 있는 IT환경을 말한다.
② 스트리밍(Streaming) : 인터넷상에서 음성이나 동영상, 애니메이션 등을 실시간으로 재생하는 기법을 말한다.
③ IoT(Internet of Things) : 사물에 센서를 부착해 실시간 데이터를 인터넷으로 주고받는 기술이나 환경을 의미한다.

82 **다음은 바이오컴퓨터의 협의적 의미를 나타낸 것이다. 빈칸에 들어갈 알맞은 말은?** [경기관광공사]

> 바이오컴퓨터의 실현할 수 있는 방법에는 생체 (　　)의 분자 구조나 기능을 이용한 바이오칩을 사용하는 방법과 바이오칩을 사용하지 않고 현재의 반도체 회로기술을 그대로 사용하는 방법이 있다.

① 탄수화물　　② 무기질
③ 단백질　　④ 비타민

 바이오컴퓨터란 인간이나 동물의 뇌가 할 수 있는 학습 · 기억 · 추리 · 판단 등 고도의 정보처리 기능을 컴퓨터에 적용하는 것이다. 즉, 뇌나 신경세포의 기능을 활용한 생체전자소자를 만들어 최종적으로 인간의 두뇌 기능을 지니게 하려는 컴퓨터이다. 현재 단백질을 이용한 생물컴퓨터 연구가 본격적으로 진행 중이다.

83 **PC나 노트북, 휴대폰 등 각종 저장매체 또는 인터넷 상에 남아 있는 각종 디지털 정보를 분석해 범죄 단서를 찾는 수사기법은?** [경기도일자리재단]

① 디지털 포렌식
② 디지털 디바이드
③ 디지털 컨버전스
④ 디지털 워터마크

해설 PC나 노트북, 스마트폰 등 각종 저장매체 또는 인터넷 상에 남아 있는 각종 디지털 정보를 분석해 범죄 단서를 찾는 수사기업을 디지털 포렌식이라고 한다.

84 **과학의 발전은 점진적으로 이루어지는 것이 아니라 패러다임의 교체에 의해 혁명적으로 이루어진다고 주장하며, 이 변화를 '과학혁명'이라고 불렀던 과학철학자는?** [코이카]

① 토마스 쿤　　② 칼 포퍼
③ 밀레토스　　④ 프랜시스 베이컨

해설 토마스 쿤은 미국의 과학사학자 겸 철학자로 '패러다임'이라는 새로운 개념을 창안해냈다. 그에 따르면 과학의 발전은 점진적으로 이루어지는 것이 아니라 패러다임의 교체에 의해 혁명적으로 이루어지며, 이 변화를 '과학혁명'이라고 불렀다.
② 오스트리아 태생의 영국 과학철학자로서 객관적인 지식을 탐구하였으며 그것이 가능한 방법을 역설하였다. 포퍼의 대표작으로 〈열린사회와 그 적들〉이 있는데 이 책에서 '열린사회'야말로 인류가 살아남을 수 있는 유일한 사회라고 주장하였다.

Answer 79 ① 80 ④ 81 ④ 82 ③ 83 ① 84 ①

85 **다음 괄호 안에 들어갈 알맞은 말은?** [한국농수산식품유통공사]

> 포마토는 말 그대로 감자와 토마토의 합성어로, 뿌리에는 감자가 여물고 가지에는 토마토가 열리는 독특한 식물이다. 이 포마토는 (　　)을 통해 만들어졌다.

① 세포융합　② 염색체 조작
③ 핵이식　④ 조직배양

해설 세포융합은 두 종류의 생물 세포를 합하여 두 종의 장점을 모두 갖춘 하나의 새로운 생물을 만드는 방법이다. 포마토는 감자와 토마토의 플로토플라스트를 폴리에틸렌글리콜로 처리한 후, 알칼리성의 고농도 칼슘 용액으로 처리하여 세포를 융합시키고, 이렇게 융합된 세포를 배양기에서 키워 식물체로 성장시킨 것이다.

86 **다음 중 분자의 확산운동의 예가 아닌 것은?** [경기도시공사]

① 부엌에 있는 빵 냄새가 집안 전체에 퍼진다.
② 물에 잉크를 떨어뜨리면 물 전체가 잉크 색깔로 변한다.
③ 바닷물을 염전에 가두어 소금을 얻는다.
④ 향수병의 마개를 열어 두면 멀리서도 향수 냄새를 맡을 수 있다.

해설 ①, ②, ④는 확산현상을 설명한 것이고, ③은 증발현상을 설명한 것이다.

87 **텔레비전(TV)과 커머스(Commerce)를 결합해 만든 단어로, 텔레비전을 통한 상품 구매를 의미하는 것은?** [부산교통공사]

① OTT　② T커머스
③ 키오스크　④ N스크린

해설 T커머스는 상품 광고방송을 내보내는 홈쇼핑채널과 달리 소비자가 능동적으로 상품을 검색하고 구매할 수 있는 양방향 쇼핑 방식이다.
① OTT : 'Top(셋톱박스)을 통해 제공됨'을 의미하는 것으로, 범용인터넷을 통해 미디어 콘텐츠를 이용할 수 있는 서비스를 말한다.
③ 키오스크 : 정보 서비스와 업무의 무인화 · 자동화를 통해 누구나 이용할 수 있도록 한 무인단말기를 말한다.
④ N스크린 : 스마트폰 · PC · 태블릿PC 등 다양한 기기에서 하나의 콘텐츠를 공유할 수 있는 차세대 기술이다.

88 **가상화폐로 거래할 때 발생할 수 있는 이중 지불이나 해킹을 막는 기술은 무엇인가?** [경기콘텐츠진흥원]

① 프로젝트 제로 ② 차입매수
③ 블록체인 ④ 랜섬웨어

해설 ① 프로젝트 제로 : 구글에서 만든 안티바이러스 프로그램
② 차입매수 : 자금이 부족한 매수기업이 매수 대상의 자산과 수익을 담보로 자금을 끌어와 합병하는 것
④ 랜섬웨어 : 파일을 암호화하여 사용하지 못하게 하여 이를 해결하는 대가로 금전을 요구하는 악성 프로그램

89 **인(P)에 대한 설명으로 옳지 않은 것은?** [경기도시공사]

① 금성(샛별)처럼 '빛을 가져오는 것' 이라는 어원을 가진 원소다.
② 원자번호 15번 원소이다.
③ 장기적으로 결핍되면 식욕부진과 근육 약화 및 통증 등이 초래된다.
④ 다량의 인은 칼슘의 흡수를 돕는다.

해설 칼슘에 비해 인의 섭취량이 증가하게 되면 골격형성에 부정적인 영향을 미쳐 골격이 약해진다. 칼슘과 인의 섭취비는 1:1로 권장한다.

90 **다음 중 IT용어에 대한 설명으로 옳지 않은 것은?** [경기콘텐츠진흥원]

① 5G의 G는 Generation을 의미한다.
② 사물인터넷을 의미하는 IoT는 Internet of Things의 약자이다.
③ 4차 산업혁명은 다보스포럼의 회장 클라우스 슈밥이 정의한 용어이다.
④ AR은 Augmented Reality의 약자로 현실과 격리되어 인공적으로 만들어진 공간을 체험할 수 있는 '증강현실' 을 의미한다.

해설 용어설명
• 5G : '5th Generation Mobile Communication' 의 약자로, 최대 20Gbps의 데이터 전송속도와 어디에서든 최소 100Mbps 이상의 체감 전송속도를 제공한다.
• 4차 산업혁명 : 다보스포럼에서 진단한 다가올 산업 변화의 형태이다. 사물인터넷, 5G, 3D프린팅, 인공지능 등 ICT 기술의 발달로 산업과 노동의 형태는 변화될 것이다.
• 증강현실(AR) : 현실의 이미지나 배경에 3차원 가상 이미지를 겹쳐서 하나의 영상으로 보여주는 기술을 뜻한다.
• 가상현실(VR) : 인공적으로 만들어냈지만 현실과 비슷한 공간을 체험할 수 있는 IT 기술이다. 실제 현실과는 격리된다.

Answer 85 ① 86 ③ 87 ② 88 ③ 89 ④ 90 ④

91 **2018년 침대 매트리스에서 검출되어 국가적 이슈가 되었던 원소로, 인체에 지속적으로 다량 축적되면 폐암을 일으키는 것으로 알려진 1급 발암물질은 무엇인가?** [경기연구원]

① 셀레늄 ② 플루토늄
③ 우라늄 ④ 라 돈

해설 2018년 5월 시중에서 판매되는 한 침대 브랜드 매트리스에서 1급 발암물질인 라돈이 검출되어 큰 파문이 일었다. 라돈은 라듐이 핵분열할 때 발생하는 무색 · 무취의 가스로, 높은 농도에 지속적으로 노출될 경우 폐암, 위암 등을 일으키는 것으로 알려져 있다.

92 **다음 중 크라우딩펀딩의 종류가 아닌 것은?** [경기문화재단]

① 대출형 ② 증권형
③ 기부형 ④ 저축형

해설 자금을 필요로 하는 수요자가 온라인 플랫폼 등을 통해 불특정 다수 대중에게 자금을 모으는 방식으로, 종류에 따라 ▷후원형 ▷기부형 ▷대출형 ▷지분투자형(증권형) 등 네 가지 형태로 나뉜다.

93 **다음 중 OTT 제공업체가 아닌 것은?** [KBS]

① 훌루(Hulu) ② 아이플릭스(Iflix)
③ 넷플릭스(Netflix) ④ 버라이즌(Verizon)

해설 OTT(Over The Top)는 인터넷을 통해 방송 프로그램, 영화, 교육 등 각종 미디어 콘텐츠를 제공하는 서비스를 말한다. 훌루와 넷플릭스는 미국의 OTT 업체이며, 아이플릭스는 말레이시아에 본사를 둔 동남아시아 OTT 업체이다. 버라이즌은 미국 무선 통신사이다.

94 **중앙 서버가 모든 데이터를 처리하는 클라우드 컴퓨팅과 다르게 분산된 소형 서버를 통해 실시간으로 데이터를 처리하는 기술을 뜻하는 용어는?** [EBS]

① 뉴로컴퓨팅(Neurocomputing)
② 에지 컴퓨팅(Edge Computing)
③ 리모트 컴퓨팅(Remote Computing)
④ 피지컬 컴퓨팅(Physical Computing)

해설 에지 컴퓨팅은 중앙 클라우드(Cloud) 서버가 아니라 이용자의 단말기 주변(Edge)이나 단말기 자체에서 데이터를 처리하는 기술을 뜻한다. 클라우드 컴퓨팅에 비해 데이터 처리 시간이 짧고 보안성이 뛰어나다.

95 **불특정 다수의 개인으로부터 인터넷이나 소셜미디어를 통해 자금을 모으는 것을 뜻하는 용어로 옳은 것은?** [경기관광공사]

① 스피어 피싱(Spear Phising)
② 크라우드 펀딩(Crowd Funding)
③ 포스퀘어(Foursquare)
④ 유비쿼터스(Ubiquitous)

해설 ① 스피어 피싱 : 조직 내의 신뢰받는 특정인을 목표로 개인정보를 훔치는 피싱 공격
③ 포스퀘어 : 일명 땅따먹기라고 하는 위치기반 소셜 네트워크 서비스
④ 유비쿼터스 : 언제 어디서나 편리하게 컴퓨터 자원을 활용할 수 있도록 네트워크에 접속할 수 있는 환경

96 **인터넷상의 서버를 통하여 데이터 저장, 네트워크, 콘텐츠 사용 등 IT 관련 서비스를 한번에 사용할 수 있는 컴퓨팅 환경은?** [농촌진흥청]

① 유비쿼터스(Ubiquitous)
② 스트리밍(Streaming)
③ IoT(Internet of Things)
④ 클라우드(Cloud)]

해설 ① 유비쿼터스 : 사용자가 자유롭게 어떤 기기로든 통신망에 접속할 수 있는 환경
② 스트리밍 : 인터넷에서 각종 데이터를 실시간 전송, 재생할 수 있게 하는 기법
③ IoT : 사물인터넷으로 사물에 센서를 붙여 실시간으로 데이터를 인터넷과 연결하여 정보를 공유하는 기술

97 **아인슈타인 상대성이론과 관련한 다음 설명 중 옳지 않은 것은?** [EBS]

① 뉴턴 역학의 절대 공간과 절대 시간을 부정한다.
② 빛의 속도가 모든 관측자에 대해 같은 값을 가진다.
③ 속도가 빨라지거나 중력이 강해지면 시간은 느려진다.
④ 빛보다 더 빨리 운동하는 타키온(Tachyon)이라는 입자의 존재를 확인했다.

해설 아인슈타인에 따르면 빛보다 빠른 물질은 없다. 타키온은 가상의 입자이다.

98 **인터넷 사용자의 컴퓨터에 잠입해 문서를 암호화해 열지 못하도록 만든 후 금품을 요구하는 악성 프로그램은?** [한전KDN]

① 디도스
② 랜섬웨어
③ 크래킹
④ 스피어피싱

Answer 91 ④ 92 ④ 93 ④ 94 ② 95 ② 96 ④ 97 ④ 98 ②

랜섬웨어란 '몸값'(Ransom)과 '소프트웨어'(Software)의 합성어다. 시스템을 잠그거나 데이터를 암호화해 사용할 수 없도록 만든 뒤, 이를 인질로 금전을 요구하는 악성 프로그램을 일컫는다.

① 디도스 : 여러 대의 컴퓨터가 일제히 공격해 대량 접속이 일어나게 함으로써 해당 컴퓨터의 기능이 마비되게 하는 것을 말한다.

③ 크래킹 : 다른 사람의 컴퓨터 시스템에 몰래 들어가 정보를 훼손하거나 프로그램을 훼손하는 불법 행위를 말한다.

④ 스피어피싱 : 대상의 신상을 파악하고 그것에 맞게 낚시성 정보를 흘리는 사기수법을 말한다.

99 특허가 만료된 바이오의약품과 비슷한 효능을 갖는 복제의약품을 무엇이라 하는가?

[보훈복지의료공단, 경상대학병원]

① 개량신약
② 바이오시밀러
③ 바이오베터
④ 램시마

해설 오리지널 바이오의약품을 모방하여 만든 약품을 바이오시밀러 또는 바이오제네릭이라 한다.

100 B2B e-마켓플레이스 개념을 가장 옳게 설명한 것은?

[한국농어촌공사]

① 기업이 제공하는 물품 및 서비스가 소비자에게 직접적으로 제공되는 거래 형태
② 통신과 전자기기의 발달로 누구나 쉽고 자연스럽게 개인과 개인 사이에 이루어지는 거래 형태
③ 상품 사진이나 각종 사양 등을 그대로 전자적으로 기록해 데이터베이스화하여 제공하는 것
④ 불특정 다수의 공급자와 수요자 간의 비즈니스 거래를 유발시키는 가상의 시장

해설 e-마켓플레이스

인터넷 등 네트워크상에서 다수의 공급자와 다수의 구매자 간에 거래를 할 수 있도록 구축된 시장으로 '온라인 시장, 전자 시장, 넷 마켓플레이스' 등으로 지칭된다. 기존 시장처럼 판매자와 구매자가 같은 시간에 동일 장소에 모여 거래하는 개념에서 시간과 공간의 제약을 넘어선 새로운 형태의 시장이다.

① B2C, ② C2C, ③ 전자 카달로그

02 공기업 · 공사공단 한국사

01 다음 유물이 사용되던 시기의 생활상으로 옳지 않은 것은? [경기도시공사]

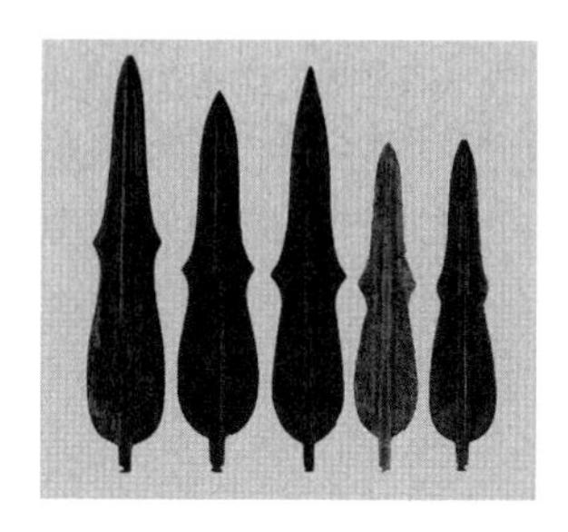
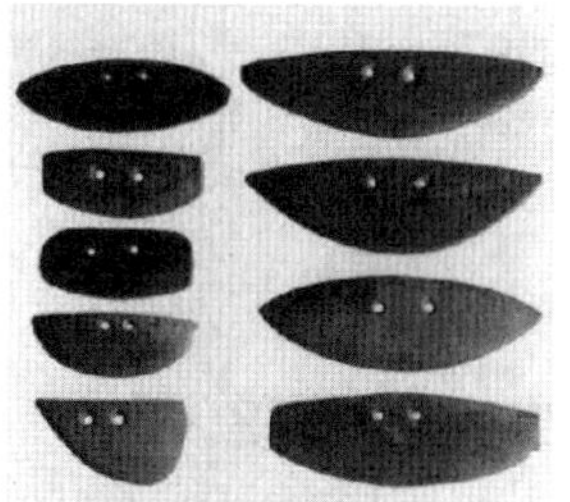

① 막집에 살았다.
② 계급과 지배자가 등장하였다.
③ 대표적인 농기구는 반달돌칼이었다.
④ 비파형동검과 거친무늬거울이 대표적 유물이다.

해설 사진은 비파형동검과 반달돌칼로 청동기시대의 대표적 유물이다. 청동기시대에는 사유재산과 계급이 발생하였고, 정복 전쟁의 과정에서 군장(족장)이 출현하여 제사와 정치를 주관하였다. 막집은 구석기시대에 나뭇가지와 가죽 등을 이용해 임시로 거주하려고 만든 집이다.

02 초기국가의 특징으로 옳지 않은 것은? [한국서부발전]

① 마한은 철기 문화를 바탕으로 하는 농경 사회였다.
② 옥저에는 민며느리제가 있었다.
③ 삼한은 제정일치 사회였다.
④ 동예에서는 무천이라는 제천 행사를 열었다.

해설 삼한은 정치를 맡은 지배자와 제사를 맡은 천군이 따로 있었다.

Answer 99 ② 100 ④ // 01 ① 02 ③

03 **부여에 대한 설명으로 옳지 않은 것은?** [한국중부발전]

① 법이 엄격하여 살인자와 그의 가족은 처형되었다.
② 왕호를 사용하였다.
③ 영고라는 제천 행사가 있었다.
④ 순장의 풍습이 있었다.

해설 부여의 법으로는, 살인자는 사형에 처하고 그 가족은 노비로 삼으며, 남의 물건을 훔쳤을 때에는 물건 값의 12배를 배상하게 하고, 간음한 자는 사형에 처한다는 것 등이 전해지고 있다.

04 **삼한에 대한 설명으로 옳지 않은 것은?** [한국산업인력공단]

① 신성 지역인 소도에는 군장의 세력이 미치지 못하였다.
② 천군은 농경과 종교에 대한 의례를 주관하였다.
③ 세력이 큰 지배자를 읍차, 세력이 작은 지배자를 신지라 불렀다.
④ 철기 문화를 바탕으로 하는 농경 사회였다.

해설 삼한의 지배자 중에서 세력이 큰 것은 신지, 작은 것은 읍차 등으로 불렸다.

05 **다음은 어느 나라에 대한 설명인가?** [한국남동발전]

- 특산물로 단궁이라는 활과 과하마, 반어피 등이 유명하였다.
- 매년 10월에 무천이라는 제천 행사를 열었다.
- 동해안에 위치하여 해산물이 풍부하였다.

① 부 여　② 마 한
③ 옥 저　④ 동 예

06 **삼국의 한강 유역 점령순서를 바르게 나열한 것은?** [한국중부발전]

① 고구려 – 백제 – 신라　② 신라 – 백제 – 고구려
③ 고구려 – 신라 – 백제　④ 백제 – 고구려 – 신라

해설 백제는 한강 유역에 나라를 세우면서 발전했다. 고구려는 5세기에 장수왕이 한강 유역을 점령하면서 전성기를 맞았고, 신라는 6세기에 진흥왕이 한강 유역을 차지하며 삼국통일의 기반을 마련했다.

07 **삼국시대 왕들의 공통점이 아닌 것은?** [한국남동발전]

① 소수림왕, 침류왕 – 불교 수용
② 고이왕, 법흥왕 – 율령반포
③ 성왕, 광개토대왕 – 천도
④ 장수왕, 진흥왕 – 한강 차지

해설 광개토대왕은 만주지역을 확보하며 고구려 역사상 가장 넓은 영토를 차지했고, 그의 아들인 장수왕은 평양으로 천도했으며 한강 유역을 차지했다.

08 **통일신라 신문왕이 왕권강화를 위해 한 일이 아닌 것은?** [한국동서발전]

① 골품제도 폐지
② 녹읍 폐지, 관료전 지급
③ 9주 5소경 체제의 지방행정조직 완비
④ 진골 귀족 세력의 반란 진압

해설 골품제도는 성골, 진골, 1~6두품의 계급으로 나뉜 신라의 신분제도로서 신라가 멸망할 때까지 존속했다.

09 **다음 중 의창을 설치한 까닭은?** [한국산업인력공단]

① 왕권의 강화
② 신분을 초월한 인재 등용
③ 지방교육기관 확충
④ 농민 생활의 안정

해설 의창은 가난한 백성들에게 국가가 곡식을 무상으로 빌려주었다가 가을에 추수를 하면 되받는 빈민구제기관이었다.

10 **다음 중 원효가 주장한 불교사상이 아닌 것은?** [한국동서발전]

① 화엄사상 ② 화쟁사상
③ 정토사상 ④ 일심사상

해설 화엄사상은 의상이 중국에서 화엄종을 공부하고 돌아와서 전한 사상이다.

Answer 03 ① 04 ③ 05 ④ 06 ④ 07 ③ 08 ① 09 ④ 10 ①

11 **발해에 대한 설명으로 옳지 않은 것은?** [한국산업단지공단]

① 독자적인 연호를 사용하고 해동성국이라는 칭호를 얻었다.
② 무왕 때 당나라의 관직명에 따라 관제를 정비했다.
③ 대조영이 고구려 유민과 말갈족을 연합하여 건국했다.
④ 외교문서에 고려국왕이라는 표현을 사용했다.

해설 무왕은 당나라 · 신라와 대립하며 외교적으로 고립된 상황을 극복하고자 일본과의 외교를 시도했다. 문왕 때 당과 친선 관계를 맺으면서 당의 문물을 받아들이고 체제를 정비하였다.

12 **다음 중 발해가 계승한 국가는?** [한국중부발전]

① 부 여 ② 말 갈
③ 당 ④ 고구려

해설 발해는 고구려를 계승하여 세운 국가로서, 일본에 보낸 국서에는 '고려'라는 국호를 사용하기도 했다.

13 **무신정권기에 있었던 일이 아닌 것은?** [한국서부발전]

① 교정도감 설치 ② 망이 · 망소이의 난
③ 강화도로 천도 ④ 삼정의 문란

해설 조선시대 국가재정의 중요한 근간을 이룬 전정, 군정, 환곡을 삼정이라고 부른다. 당시 부패한 관리들은 갖은 명목의 세금을 거둬들이면서 농민들을 수탈했는데, 이를 삼정의 문란이라고 한다.

14 **다음 중 고려시대 교육기관에 대한 설명으로 옳지 않은 것은?** [대전도시철도공사]

① 대표적인 교육기관으로 국자감, 향교, 학당, 사학이 있다.
② 중등교육기관인 향교는 지방 관리와 서민 자제의 교육을 담당하였다.
③ 국자감에 장학재단 양현고를 두어 관학의 경제기반을 강화하였다.
④ 예종 때 최고국립교육기관인 국자감이 설치되었다.

해설 국자감은 개경에 설치된 최고 국립 교육기관으로서 성종 때 체제를 갖추어 설치되었다. 예종은 국자감 내에 양현고를 설치하여 관학의 경제기반을 마련하였다.

15 **다음 중 조선의 삼사가 아닌 것은?** [대전도시철도공사]

① 사간원 ② 승정원
③ 사헌부 ④ 홍문관

해설 승정원은 조선시대 왕명의 출납을 담당하고 국왕을 보좌했던 비서기관이다.

16 **음서제에 대한 설명으로 옳지 않은 것은?** [한국산업인력공단]

① 가문에 기준을 두고 조상의 공로와 지위에 따라 그 자손을 관리로 임용하는 제도이다.
② 음서제로 관직에 오른 자가 과거제로 관직에 오른 자보다 우대받았다.
③ 조선시대에는 음서제를 통한 관직 진출이 크게 축소되었다.
④ 고려의 세습적 문벌귀족 가문을 형성하는 데 중요한 역할을 했다.

해설 음서제로 관직에 오른 자는 어느 정도 관직 임명에 제한을 받았기 때문에 고위 관직에 진출하기 위해서는 과거시험을 통과해야만 했다.

17 **다음 중 작가와 작품의 연결이 바르지 않은 것은?** [한국보훈복지의료공단]

① 신윤복 – 고사관수도 ② 정선 – 인왕제색도
③ 안견 – 몽유도원도 ④ 김홍도 – 마상청앵도

해설 고사관수도(高士觀水圖)는 물을 바라보는 선비의 모습을 그린 수묵화로 조선 초기의 대표적인 문인 화가인 강희안(姜希顔 · 1417~1464)의 작품이다.

18 **토지제도를 실시된 순서대로 나열한 것은?** [한국서부발전]

① 전시과 – 직전법 – 과전법 – 관수관급제
② 관수관급제 – 직전법 – 과전법 – 전시과
③ 전시과 – 과전법 – 직전법 – 관수관급제
④ 과전법 – 직전법 – 관수관급제 – 전시과

- 전시과(고려) : 관직을 고려하여 수조권을 지급하는 제도
- 과전법(고려 말) : 국가 재정을 유지하기 위해 관리에게 경기지역 토지를 지급하고 사후에 거둬들이는 제도
- 직전법(조선 세조) : 토지 세습을 막기 위해 현직 관리에게만 토지를 지급하는 제도
- 관수관급제(조선 성종) : 관청에서 세금을 거두어 관리에게 지급하는 제도

Answer 11 ② 12 ④ 13 ④ 14 ④ 15 ② 16 ② 17 ① 18 ③

19 동학에 대한 설명으로 틀린 것은? [한국중부발전]

① 동학운동은 서학인 천주교 세력에 대항하는 신앙운동이다.
② 최제우가 민간 신앙과 유교, 불교, 도교를 융합하여 창시하였다.
③ 모든 사람이 평등하다는 '인내천' 사상을 강조하였다.
④ 동학의 기본경전은 〈용담유사〉와 〈동경대전〉이다.

해설 동학운동은 단순한 신앙운동이 아니라, 어지러운 정치와 어두운 사회를 바로잡고 어려운 민중의 생활을 구제하려는 사회운동이라 할 수 있다.

20 다음과 관련된 사람은? [대구시설관리공단]

• 현량과 실시를 주장	• 〈여씨향약〉 간행 및 반포
• 위훈삭제로 훈구파의 반발 초래	• 기묘사화

① 김종직 ② 조광조
③ 정도전 ④ 신숙주

해설 조광조는 조선 중종 때 사림파의 지지를 바탕으로 하여 천거를 통해 과거 급제자를 뽑는 현량과의 실시를 주장했고, 〈여씨향약〉을 간행하여 전국에 반포하게 하는 등 적극적인 개혁정치를 추진했으나 위훈삭제 등으로 남곤, 홍경주 등 훈구파의 반발을 불러왔다. 훈구파는 '주초위왕' 사건으로 조광조를 모함하여 사림들이 대거 숙청되는 기묘사화가 발생했다.

21 조선시대 왕권강화와 관련된 것을 모두 고르면? [한국산업인력공단]

① 승정원 ② 한성부
③ 춘추관 ④ 의금부

해설 승정원과 의금부는 왕의 직속기관으로 왕권강화에 기여했다. 춘추관은 역사서 편찬과 보관을 담당했고, 한성부는 서울의 행정과 치안을 담당했다.

22 조선 후기 서민문화가 아닌 것은? [한국산업인력공단]

① 한글소설 ② 민 화
③ 탈 춤 ④ 분청사기

해설 분청사기는 고려 상감청자를 계승한 도자기 제작기법으로, 투박하면서도 서민적인 면모를 보이는 등 한국적인 미를 잘 담아내고 있다. 왕실에서부터 일반 서민에 이르기까지 광범위하게 사용되던 분청사기는 조선 중기 백자의 등장으로 쇠퇴했다.

23 향도에 대한 설명으로 옳지 않은 것은? [한국동서발전]

① 17세기 이후 두레가 성장하면서 향도는 크게 위축되었다.
② 향촌 공동체에서 불교신앙 공동체로 변모하였다.
③ 매향활동을 하며 불상 · 석탑을 만들거나 절을 지을 때 주도적인 역할을 했다.
④ 마을 노역, 혼례와 상장례, 마을 제사 등 공동체 생활을 주도하기도 했다.

해설 향도는 매향활동을 하던 불교신도들의 무리에서 비롯된 공동체이다. 조선시대에 이르러 숭유억불정책이 펼쳐지면서 향촌 공동체 성격이 더욱 강화되었다.

24 다음 중 거중기를 발명한 사람의 저서가 아닌 것은? [한국산업인력공단]

① 흠흠신서
② 경세유표
③ 목민심서
④ 자산어보

해설 거중기를 발명한 사람은 정약용이다. 〈자산어보〉는 정약전이 신유박해 때 흑산도에 유배되어 생활하면서 집필한 해양생물학 서적이다.

25 고려 광종의 업적을 모두 고르면? [한국서부발전]

① 상정고금예문 인쇄
② 노비안검법
③ 과거제도 시행
④ 건원중보 발행

해설 상정고금예문은 고려 인종 때 고금의 예문을 모아 편찬한 책이다. 건원중보는 고려시대 성종 때 만든 한국 최초의 화폐이다.

26 대동법에 관한 설명으로 틀린 것은? [한국서부발전]

① 세금을 쌀로 통일한 납세제도이다.
② 광해군이 최초로 시행하여 전국적으로 확산시켰다.
③ 농민에게 과중하게 부과되던 세금이 어느 정도 경감되었다.
④ 전국적으로 확산되면서 쌀뿐만 아니라 옷감 · 동전으로도 납부할 수 있었다.

해설 광해군이 최초로 시행한 대동법은 경기도에 한해서 실시되다가 인조 등극 후 강원도, 충청도, 전라도까지 확대되었고, 17세기 후반이 되어서야 전국적으로 확산되었다.

Answer 19 ① 20 ② 21 ①, ④ 22 ④ 23 ② 24 ④ 25 ②, ③ 26 ②

27 **통일을 위한 정부의 노력으로 (ㄱ)에 들어갈 내용은?** [한국중부발전]

> 전두환 정부 : 남북 이산 가족 최초 상봉 → 노태우 정부 : 남북기본합의서 채택 → 김영삼 정부 : (ㄱ)

① 남북조절위원회 구성
② 민족 공동체 통일 방안 제안
③ 7 · 4 남북공동성명 발표
④ 남북정상회담 최초 개최

해설 1994년 8월 15일 김영삼 정부는 통일로 가는 한민족공동체 건설을 위한 3단계 통일방안으로서 자주 · 평화 · 민주의 3원칙과 화해 · 협력, 남북연합, 통일국가 완성이라는 민족 공동체 통일 방안을 제안했다.

28 **다음의 원인이 된 사건은?** [한국중부발전]

> • 학생들의 시위
> • 이승만 대통령 하야 성명 발표

① 3 · 15 부정선거
② 4 · 13 호헌조치
③ 6 · 29 민주화 선언
④ 신군부의 비상계엄 확대

해설 1960년 3월 15일 이승만 정권유지를 위한 부정선거가 자행되었고, 국민들의 불신이 커지면서 마침내 '부정선거 규탄'과 '이승만 하야'를 외치는 4 · 19 혁명이 일어났다.

29 **(ㄱ)~(ㄹ)을 일어난 순서대로 옳게 나열한 것은?** [한국서부발전]

> (ㄱ) 6월 민주항쟁
> (ㄴ) 4 · 19 혁명
> (ㄷ) 부마 민주항쟁
> (ㄹ) 5 · 18 민주화운동

① (ㄱ) – (ㄴ) – (ㄷ) – (ㄹ)
② (ㄱ) – (ㄷ) – (ㄹ) – (ㄴ)
③ (ㄴ) – (ㄷ) – (ㄹ) – (ㄱ)
④ (ㄴ) – (ㄹ) – (ㄷ) – (ㄱ)

해설 (ㄴ) 4 · 19 혁명 – 1960년 4월, 이승만 정권의 부정선거를 규탄하며 일어난 시민혁명이다.
(ㄷ) 부마 민주항쟁 – 1979년 10월 16일~20일, 박정희 유신체제에 대항하여 부산과 마산에서 일어난 항쟁이다.
(ㄹ) 5 · 18 민주화운동 – 1980년 5월 18일~27일, 당시 최규하 대통령 아래 전두환 군부세력 퇴진과 계엄령 철폐를 요구하며 전라도 광주시민을 중심으로 일어난 민주화운동이다.
(ㄱ) 6월 민주항쟁 – 1987년 6월, 전두환 군부독재에 맞서 일어난 민주화운동이다.

30 다음의 사건들을 시간 순서대로 나열한 것은? [서울신용보증재단]

(ㄱ) 10월 유신	(ㄴ) 7 · 4 남북공동성명
(ㄷ) 10 · 26 사태	(ㄹ) 5 · 16 군사정변

① (ㄱ) – (ㄴ) – (ㄷ) – (ㄹ)
② (ㄹ) – (ㄱ) – (ㄴ) – (ㄷ)
③ (ㄱ) – (ㄷ) – (ㄹ) – (ㄴ)
④ (ㄹ) – (ㄴ) – (ㄷ) – (ㄱ)

해설 (ㄹ) 5 · 16 군사정변 – 1961년 5월 16일, 박정희를 중심으로 한 군사들이 정변을 일으켜 정권을 장악한다.
(ㄱ) 10월 유신 – 1971년 10월, 박정희 장기 집권을 위해 유신을 선포하고 헌법을 개정했다.
(ㄴ) 7 · 4 남북공동성명 – 1972년 7월 4일, 남쪽과 북쪽의 정부관계자들이 비밀회담을 가진 후 통일을 위한 공동성명을 발표했다.
(ㄷ) 10 · 26 사태 – 1979년 10월 26일, 당시 중앙정보부장 김재규가 박정희 대통령을 살해한 사건이다.

31 신미양요 이후에 생긴 일은? [한국남동발전]

① 병인박해
② 척화비 건립
③ 서원 철폐
④ 법전 편찬

해설 신미양요는 1871년에 미국군함이 강화도에 쳐들어오면서 발생한 조선과 미국 간의 전쟁이다. 신미양요 이후 흥선대원군은 척화비를 세우고 쇄국정책을 강화했다.

32 다음 중 1910년대 일제식민정책에 해당하는 것을 모두 고르면? [한국서부발전]

① 회사령이 제정되었다.
② 보통경찰제도가 도입되었다.
③ 토지조사사업이 시작되었다.
④ 한글신문 창간이 허용되었다.

해설 ① · ③은 1910년대(무단통치) 식민정책이고, ② · ④는 1920년대(문화통치) 식민정책이다.

Answer 27 ② 28 ① 29 ③ 30 ② 31 ② 32 ①, ③

33 **대한민국임시정부가 한 일이 아닌 것은?** [한국산업인력공단]

① 독립운동자금 모금
② 건국강령 발표
③ 한국광복군 창설
④ 물산장려운동 주도

해설 물산장려운동은 일제의 수탈정책에 맞선 운동으로서, 조선물산장려회에서 주도하였다.

34 **신간회에 대한 설명으로 옳지 않은 것은?** [한국동서발전]

① 1927년 2월에 창립하였고, 전국에 조직을 확산시켜 나갔다.
② 국내 최대 규모의 반일운동 조직이다.
③ 김원봉이 중심이 되어 결성되었다.
④ 민족주의 세력과 사회주의 세력이 연합하였다.

해설 김원봉은 무장독립운동단체인 의열단을 이끌었다.

35 **다음 시정 방침의 발표 계기로 옳은 것은?** [산업인력공단]

> 정부는 관제를 개혁하여 총독 임용의 범위를 확장하고 경찰제도를 개정하며, 또는 일반 관리나 교원 등의 복제를 폐지함으로써 시대의 흐름에 순응한다.

① 청산리 대첩
② 3 · 1 운동
③ 윤봉길 의거
④ 6 · 10 만세운동

해설 일제는 3 · 1 운동을 계기로 무단통치정책을 문화통치정책으로 전환한다.

36 **다음 중 항일무장운동 단체가 아닌 것은?** [한국남동발전]

① 의열단
② 한인애국단
③ 북로군정서
④ 신한청년단

해설 신한청년단은 1918년에 결성된 한인 청년독립운동단체로서, 파리강화회의와 대미외교 등 외교활동을 통해 독립운동을 펼쳐나갔다.
① 의열단 – 김원봉이 중심이 되어 결성된 항일무장조직이다.
② 한인애국단 – 김구가 조직했으며 이봉창 · 윤봉길 의거를 주도했다.
③ 북로군정서 – 1919년 북간도에서 결성된 항일무장조직으로 총사령관 김좌진 장군의 지휘로 청산리 대첩에서 승리하였다.

37 신민회에 대한 설명으로 옳지 않은 것은? [서울신용보증재단]

① 안창호, 이승훈, 양기탁이 중심이 되어 조직되었다.
② 한국광복군을 창설하여 항일무장투쟁을 전개했다.
③ 일본과의 전쟁에 대비하여 군사학교를 만들어 청년들을 훈련시켰다.
④ 민족실력양성운동을 추진하고, 대성학교와 오산학교를 세웠다.

해설 한국광복군을 창설한 단체는 대한민국임시정부이다.

38 다음 사건의 결과로 옳은 것은? [한국환경공단, 근로복지공단, SBS]

> 1875년 8월 서해안에 출몰한 일본 군함 운요호의 선원 일부가 작은 배로 허가 없이 한강 하구를 거슬러 올라왔다. 이에 우리 군이 포를 쏘아 저지하자, 운요호가 함포를 발사하여 초지진을 파괴하였다. 다음 날 일본군은 영종진에 상륙하여 많은 피해를 입혔다.

① 5군영이 설치되었다.
② 통신사가 파견되었다.
③ 척화비가 건립되었다.
④ 병인양요가 일어났다.
⑤ 강화도 조약이 체결되었다.

해설 제시된 자료는 운요호 사건이다. 일본은 1876년 무력을 앞세워 운요호 사건을 벌이고, 조선과 강화도 조약을 맺어 강제로 문호를 개방하도록 강요했다. 이 조약에는 부산 · 원산 · 인천 등 3개 항구를 개항하는 조항, 해안 측량권과 치외법권을 허용하는 불평등 조항이 포함되었다.

39 전두환 정권과 관련된 것은? [한국산업인력공단]

① 제4공화국
② 베트남 파병
③ 4 · 13 호헌 조치
④ 금융실명제

해설 1987년 4월 13일, 전두환 정권은 '헌법 개정 논의를 금지한다' 라는 특별담화를 발표했다.
①·②는 박정희 정권과 관련된 것이다.
④ 1993년 8월, 김영삼 정권은 '금융실명거래 및 비밀 보장에 관한 긴급재정경제명령' 을 발표하면서 금융실명제를 실시했다.

Answer 33 ④ 34 ③ 35 ② 36 ④ 37 ② 38 ⑤ 39 ③

40 다음 중 무오사화의 발단이 된 것은? [한국동서발전]

① 폐비 윤씨의 사사
② 신진 사림 조광조의 개혁정책에 대한 반발
③ 김종직의 조의제문
④ 소윤과 대윤의 권력 다툼

해설 김종직이 쓴 조의제문은 항우에게 살해된 초나라 희왕을 위로하는 글인데, 후일 단종을 희왕에 비유했다는 빌미가 되어 무오사화를 초래했다.
① 갑자사화 – 연산군 어머니인 폐비 윤씨의 사사로 인해 일어난 사화이다.
② 기묘사화 – 이상적인 유교 정치를 실현하려 했던 조광조를 반대한 훈구 세력에 의해 일어난 사화이다.
④ 을사사화 – 세자책봉 문제로 인한 문정왕후 외척들 간의 권력다툼이다.

Answer 40 ③

PART 4

인적성검사

Chapter ❶ 언어유추능력

Chapter ❷ 언어추리능력

Chapter ❸ 기초수리능력

Chapter ❹ 응용수리능력

Chapter ❺ 자료해석능력

Chapter ❻ 추리능력

Chapter ❼ 공간지각능력

Chapter ❽ 사무지각능력

정답 및 해설

언어유추능력

●● 정답 및 해설 p.506

※ 다음 제시된 단어의 동의어 또는 유의어를 고르시오. [1~4]

01

비루하다

① 비장하다
② 비대하다
③ 추잡하다
④ 비약하다

02

호평

① 정평
② 단평
③ 만평
④ 악평

03

한둔

① 하숙
② 숙박
③ 투숙
④ 노숙

04

관용

① 아량
② 교훈
③ 희비
④ 번성

※ 다음 제시된 단어와 반의 관계인 단어를 고르시오. [5~7]

05

말단

① 끝 ② 중앙
③ 해석 ④ 협의

06

원리

① 통용 ② 응용
③ 이론 ④ 현상

07

관리

① 간수 ② 지배
③ 통제 ④ 처분

※ 다음 중 서로 반대 의미를 가진 두 단어를 고르시오. [8~9]

08

㉠ 운영 ㉡ 운용
㉢ 인위 ㉣ 자연

① ㉠, ㉢ ② ㉡, ㉢
③ ㉠, ㉣ ④ ㉢, ㉣

09

㉠ 사치	㉡ 근면
㉢ 추앙	㉣ 검소

① ㉠, ㉡
② ㉡, ㉢
③ ㉠, ㉣
④ ㉡, ㉣

※ 다음 중 제시된 단어가 나타내는 뜻을 모두 포괄할 수 있는 단어를 고르시오. [10~13]

10

일어나다, 퍼지다, 타다, 피다

① 일어나다
② 퍼지다
③ 타다
④ 피다

11

박이다, 머물다, 들다, 속하다

① 박이다
② 머물다
③ 들다
④ 속하다

12

공중누각, 신기루, 허깨비, 건달바성

① 건축
② 망상
③ 실현
④ 미신

13

삼천갑자, 십장생, 대춘지수, 소나무

① 건강
② 장수
③ 운명
④ 기개

※ 다음 중 밑줄 친 부분과 유사한 의미로 쓰인 단어를 고르시오. [14~16]

14

그때의 기억이 어제의 일인 것처럼 선연하게 떠오른다.

① 차가운 아스팔트 위에 성긴 눈발이 희끗희끗 날리고 있었다.
② 그는 바닷바람이 선선하게 부는 해변을 걸었다.
③ 매일 등하교를 했던 거리는 뚜렷하게 그의 기억 속에 남아 있었나.
④ 들판의 벼는 영글기 시작했다.

15

소속팀의 예선 탈락 소식을 들은 그는 충격을 받았다.

① 많은 사람들의 주목을 받아 당혹스러웠다.
② 네가 원하는 요구 조건을 받아 주기 어렵다.
③ 그녀는 환경 연구 논문으로 학위를 받았다.
④ 그는 과도한 업무로 인해 많은 스트레스를 받았다.

16

매번 끼니를 대충 때우다 보니 몸이 많이 말랐다.

① 날이 좋아 비에 젖은 옷이 금방 말랐다.
② 결전의 날이 다가오자 입술이 바짝바짝 말랐다.
③ 계속된 가뭄으로 강이 말라 바닥이 드러났다.
④ 그녀는 근심과 그리움으로 하루하루 꺼칠하게 마르고 있었다.

17 **다음 중 밑줄 친 부분과 가장 유사한 의미를 가진 것은?**

> 그런 일은 <u>뱃심이 좋기로</u> 소문난 그 사람이나 할 수 있을 것이다.

① 완력이 좋다.
② 대담하게 밀어붙이다.
③ 소화력이 좋다.
④ 두려움이 많다.

※ 다음 중 빈칸에 들어갈 단어로 적절한 것을 고르시오. [18~20]

18

> 교내에 면학 분위기를 (　　)하여 훌륭한 인재를 양성합시다.

① 주도
② 조성
③ 감동
④ 의도

19

> 그는 어제 제출했던 사표를 (　　)하였다.

① 철수
② 철회
③ 우회
④ 철거

20

> 나도 이제 (　　) 당하고만 있지 않겠다.

① 밋밋하게
② 마뜩하게
③ 솔깃하게
④ 녹록하게

21 다음 중 빈칸에 들어갈 단어로 알맞게 짝지은 것은?

- 관계 _____을 위하여 노력하다.
- 악법의 _____에 힘쓰다.
- 노후 건물을 _____하다.

① 개선(改善) – 개정(改正) – 개조(改造)
② 개조(改造) – 개정(改正) – 개선(改善)
③ 개선(改善) – 개조(改造) – 개정(改正)
④ 개조(改造) – 개선(改善) – 개정(改正)

22 다음 중 빈칸에 들어갈 수 있는 단어로 적절하지 않은 것은?

원상복구는 도배, 장판 등 임대주택 전용 부분에 기본적으로 제공된 시설물을 퇴거 시 입주 당시의 상태로 유지하는 것과 별도설치 품목 및 해당 품목 설치를 위한 천공, 변형 등 부수행위에 대해 입주 당시 상태로 복원하는 것을 말한다. 따라서 임차인은 (　　) 된 부분에 대한 원상복구의 의무를 지닌다.

① 오손(汚損)
② 박리(剝離)
③ 망실(亡失)
④ 고의(故意)

23 다음 중 빈칸에 들어갈 단어를 올바르게 짝지은 것은?

- 고구마는 (　　) 찐다.
- 소금에 (　　) 생선을 굽는다.
- 닭고기는 양념이 충분히 (　　) 둔다.

① 껍질째 – 저린 – 배어들게
② 껍질째 – 절인 – 배어들게
③ 껍질채 – 저린 – 베어들게
④ 껍질채 – 절인 – 베어들게

24 다음 글의 빈칸에 들어가지 않는 접속어는?

3,900원으로 냉면을 즐길 수 있는 집이 화제가 되었다. ________ 이곳은 수제 메밀면으로 유명하다. 이곳은 냉면집에서 흔히 볼 수 있는 가위가 없다. 왜냐하면 메밀면은 일반 냉면보다 덜 쫄깃하기 때문에 구태여 자를 필요가 없기 때문이다. ________ 어떻게 이 가격이 가능할까? 알아본 결과, 인근 농가와 선도매 방식으로 메밀을 구입하기 때문에 제작 단가를 낮출 수 있었다고 한다. ________ 사시사철 3,900원 냉면을 맛볼 수는 없다. 여름 메밀의 수확기간인 7~8월에만 맛볼 수 있으니 방문을 서두르자.

① 특히 ② 또한
③ 그런데 ④ 그러나

25 다음 중 빈칸에 들어갈 접속어가 차례로 연결된 것은?

도덕적 명분관은 인간의 모든 행위에 대해 인간의 본성에 근거하는 도덕적 정당성의 기준을 제시함으로써 개인의 정의감이나 용기를 뒷받침한다. 즉, 불의에 대한 비판 의식이라든가 타협을 거부하는 선비의 강직한 정신 같은 것이 바로 그것인데, 이는 우리 사회를 도덕적으로 건전하게 이끌어 오는 데 기여하였다. 또한, 사회적 행위에 적용되는 도덕적 명분은 공동체의 정당성을 확고하게 하여 사회를 통합하는 데 기여해 왔다. ㉠ 자신의 정당성에 대한 신념이 지나친 나머지 경직된 비판 의식을 발휘하게 되면 사회적 긴장과 분열을 초래할 수도 있다. ㉡ 조선 후기의 당쟁(黨爭)은 경직된 명분론의 대립으로 말미암아 심화한 측면이 있는 것이다.

① 게다가, 예컨대
② 그리고, 왜냐하면
③ 하지만, 그리고
④ 그러나, 예컨대

※ 다음 중 빈칸에 들어갈 단어를 〈보기〉에서 알맞게 짝지은 것을 고르시오. [26~27]

26

상업적 농업이란 전통적인 자급자족 형태의 농업과 달리 판매를 위해 경작하는 농업을 일컫는다. 농업이 상업화된다는 것은 (㉮)할 수 있는 최대의 수익을 얻기 위해 경작이 이루어짐을 뜻한다. 이를 위해 쟁기질, 제초작업 등과 같은 생산 과정의 일부를 인간보다 (㉯)이 높은 기계로 작업하게 되고, 농장에서 일하는 노동자도 다른 산업 분야처럼 경영상의 이유에 따라 쉽게 고용되고 해고된다. 이처럼 상업적 농업의 (㉰)은 근대 사회의 상업화를 (㉱)한 측면이 있다.

보기

㉠ 산출 ㉡ 표출
㉢ 구현 ㉣ 효율
㉤ 이율 ㉥ 도입
㉦ 촉진 ㉧ 촉구

	㉮	㉯	㉰	㉱
①	㉠	㉣	㉢	㉦
②	㉠	㉣	㉥	㉦
③	㉡	㉤	㉢	㉧
④	㉡	㉣	㉥	㉦

27

공공정책(Public Policy)은 정부 또는 공공기관이 문제를 해결하거나 목표를 달성하기 위하여 결정한 행동 (㉮)이다. 법령, 사업, 사업계획, 결정 등 여러 형태로 표현된다. 정부가 가진 합법적인 강제력이 (㉯)되기 때문에, 만약 이에 반하는 행동을 할 때는 벌금, 규제 등의 (㉰)을/를 받을 수 있다.

보기

㉠ 조치 ㉡ 방침
㉢ 수용 ㉣ 수반
㉤ 제재 ㉥ 혜택

	㉮	㉯	㉰
①	㉠	㉢	㉡
②	㉠	㉢	㉥
③	㉡	㉢	㉤
④	㉡	㉣	㉤

CHAPTER 02

언어추리능력

●● 정답 및 해설 p.510

01 언어추론

※ 다음 중 제시된 단어와 동일한 관계가 성립하도록 빈칸에 들어갈 단어를 순서대로 나열한 것을 고르시오. [1~2]

01

( ) : 추출하다 = ( ) : 올리다

① 용질, 물
② 고체, 공기
③ 액체, 공간
④ 용매, 물건

02

( ) : 마리 = 포도 : ( )

① 달걀, 나무
② 닭, 송이
③ 소, 사과
④ 동물, 나무

※ 다음 중 제시된 단어의 대응 관계를 참고하여 빈칸에 들어가기에 알맞은 것을 고르시오. [3~7]

03

타짜꾼 : 노름 = ( ) : 가죽신

① 마름
② 갖바치
③ 쇠재비
④ 모도리

04

가랑비 : 옷 = (　　　) : 댓돌

① 정화수　　② 심층수
③ 낙숫물　　④ 도랑물

05

포병 : 대포 = 공병 : (　　　)

① 의무　　② 건설
③ 정비　　④ 치안

06

노가리 : 명태 = 고도리 : (　　　)

① 고등어　　② 고라니
③ 도다리　　④ 고슴도치

07

귀납 : 경험 = 연역 : (　　　)

① 상대적　　② 진리
③ 이성　　④ 공리주의

※ 다음 중 제시된 단어에서 공통으로 연상할 수 있는 단어를 고르시오. [8~13]

08

시다, 노랗다, 둥글다

① 바나나　② 귤
③ 배　④ 레몬

09

거대하다, 높다, 연속되다

① 빌딩　② 산맥
③ 파도　④ 숲

10

누르다, 열리다, 위아래

① 엘리베이터　② 에스컬레이터
③ 계단　④ 케이블카

11

감정, 함께하는, 느끼다

① 동정　② 연민
③ 희생　④ 공감

12

음료, 마시다, 꽂다

① 컵　② 병
③ 빨대　④ 책꽂이

13

콩, 살코기, 근육

① 테이블
② 단백질
③ 농부
④ 곡식

※ 다음 제시된 9개의 단어 중 3개의 단어와 공통으로 연상되는 단어를 고르시오. [14~19]

14

눈	리프트	구미호
패총	꼬리	털실
톱니	보드	추위

① 유혹
② 발자국
③ 목도리
④ 스키장

15

하늘	계좌	전기
모래	누룽지	노란색
단풍	바위	가마솥

① 퇴적
② 세금
③ 철새
④ 은행

16

경찰	사춘기	경주
상처	벌금	기념품
군인	구두	구두솔

① 구두약
② 딱지
③ 제복
④ 여드름

17

눈	비	여름
하늬	사다리	상어
먹	수심	고도

① 높이
② 바람
③ 바다
④ 깊이

18

캐릭터	미술	청년
더빙	그네	수박
영화	코끼리	동네

① 소설
② 애니메이션
③ 동물원
④ 놀이터

19

달	산책	수면
형광등	인형	망원경
베개	공원	가로등

① 조명
② 침대
③ 밤
④ 하늘

20

다음 글을 읽고 합리주의적인 이론에서 추론할 수 없는 것은?

어린이의 언어 습득을 설명하려는 이론으로는 두 가지가 있다. 하나는 경험주의적인 혹은 행동주의적인 이론이요, 다른 하나는 합리주의적인 이론이다.
경험주의 이론에 의하면 어린이가 언어를 습득하는 것은 어떤 선천적인 능력에 의한 것이 아니라 경험적인 훈련에 의해서 오로지 후천적으로만 이루어진다.
한편, 합리주의적인 언어 습득의 이론에서 어린이가 언어를 습득하는 것은 거의 전적으로 타고난 특수한 언어 학습 능력과, 일반 언어 구조에 대한 추상적인 선험적 지식에 의한 것이다.

① 어린이는 완전히 백지상태에서 출발하여 반복 연습과 시행착오, 그리고 교정에 의해서 언어라는 습관을 형성한다.
② 일정한 나이가 되면 모든 어린이가 예외 없이 언어를 통달하게 된다.
③ 많은 현실적 악조건에도 불구하고 어린이가 완전한 언어 능력을 갖출 수 있게 된다.
④ 인간은 언어 습득 능력을 가지고 태어난다.

21 다음 글을 참고할 때, 결론으로 적절한 것은?

오늘날 정보 통신의 중심에 놓이는 인터넷에는 수천만 명에서 수억 명에 이르는 사용자들이 매일 서로 다른 정보들에 접속하지만, 이들 가운데 거의 대부분은 주요한 국제 정보통신망을 사용하고 있으며, 적은 수의 정보 서비스에 가입해 있다고 한다. 대표적인 예로 MSN을 운영하는 마이크로소프트사는 CNN과 정보를 독점적으로 공유하고, 미디어 대국의 구축을 목표로 기업 간 통합에 앞장선다. 이들이 제공하는 상업 광고로부터 자유로운 정보사용자는 없으며, 이들이 제공하는 뉴스의 사실성이나 공정성 여부를 검증할 수 있는 정보사용자 역시 극히 적은 실정이다.

① 정보 사회는 경직된 사회적 관계를 인간적인 관계로 변모시킨다.
② 정보 사회는 정보를 원하는 시간, 원하는 장소에 공급한다.
③ 정보 사회는 육체노동의 구속으로부터 사람들을 해방시킨다.
④ 정보 사회는 정보의 질과 소통 방식이 불균등하게 이루어진다.

22 다음 중 글을 읽고 추론할 수 없는 것은?

1994년 미국의 한 과학자는 흥미로운 실험 결과를 발표하였다. 정상 유전자를 가진 쥐에게 콜레라 독소를 주입하자 심한 설사로 죽었다. 그러나 낭포성 섬유증 유전자를 한 개 가진 쥐에게 독소를 주입하자 설사 증상은 보였지만 그 정도는 반감했다. 낭포성 섬유증 유전자를 두 개 가진 쥐는 독소를 주입해도 전혀 증상을 보이지 않았다.
낭포성 섬유증 유전자를 가진 사람은 장과 폐로부터 염소 이온을 밖으로 퍼내는 작용을 정상적으로 하지 못한다. 그 과학자는 이에 따라 1800년대 유럽을 강타했던 콜레라의 대유행에서 살아남은 사람은 낭포성 섬유증 유전자를 가졌을 것이라고 추측하였다. 반면 콜레라 독소는 장에서 염소 이온을 비롯한 염분을 과다하게 분비하게 하고, 이로 인해 물을 과다하게 배출시켜 설사를 일으킨다.

① 장과 폐에서 염소 이온을 밖으로 퍼내는 작용을 하지 못하면 생명이 위험하다.
② 콜레라 독소는 장으로부터 염소 이온을 비롯한 염분을 과다하게 분비하게 한다.
③ 염소 이온을 과다하게 분비하게 하면 설사를 일으킨다.
④ 낭포성 섬유증 유전자는 콜레라 독소가 과도한 설사를 일으키는 것을 방지한다.

23 다음 중 글을 쓴 목적으로 가장 적절한 것은?

> 삼가 생각건대 공경을 바치고 예를 다하는 것은 임금이 이에 스승을 얻는 것이요, 어진 자를 천거하고 능한 자에게 양보하는 것은 신하가 임금을 돕는 바입니다. 신이 전번에 윤명(綸命)을 받들어 오래도록 서연에서 모셨는데, 거지(擧止)가 우소(迂疏)하여 족히 잘못을 바루지 못하였고, 견문(見聞)이 거칠어서 올바르게 바루는 데에 유익함이 없었습니다. 신도 오히려 부끄러움을 알고 있는데 누구를 차마 속이겠습니까? 하물며 백발은 성성하고 눈까지 어두움이리까! 귀는 허승(許丞)처럼 어둡고 팔뚝은 두자(杜子)처럼 불수가 되었습니다. 헌지(軒闥, 임금을 가리킨다)를 사모하다가 진실로 상유(桑榆)의 늦은 햇빛을 거두지 못하면, 구렁에 굴러 떨어져 송백(松柏)이 겨울에 푸른 절개를 보전하기 어려울까 두렵습니다.

① 나이 어린 임금에게 완곡하게 진언하기 위함
② 자신의 잘못을 깨닫고 사죄하기 위함
③ 관직에서 물러나고 싶은 마음을 표현하기 위함
④ 늙고 병든 신세를 하소연하기 위함

24 다음 글에 이어질 내용의 핵심어로 적절한 것은?

> 제1차 세계대전의 원인은 산업혁명 이후, 제국주의 국가들의 패권주의 성향 속에서 발생하였다. 구체적으로 말하면 영국과 독일의 대립(영국의 3C 정책과 독일의 3B 정책), 프랑스와 독일의 전통적 적대관계, 범슬라브주의와 범게르만주의의 대립, 발칸 문제를 둘러싼 세르비아와 오스트리아의 대립 등을 들 수 있을 것이다. 이러한 국가와 종족 간의 대립 속에서, 1914년 6월 28일 보스니아에서 행해지던 육군 대연습에 임석차 사라예보를 방문한 오스트리아 황태자 페르디난드 대공 부부가 세르비아의 반(反)오스트리아 비밀 결사 소속의 한 청년에 의해서 암살되는 사건이 발생했다. 제1차 세계대전은 제국주의 국가들의 이해관계 속에서 일어날 수밖에 없었다 하더라도, 세르비아 청년에 의해 오스트리아 황태자 부부가 암살되는 돌발적 사건이 발생하지 않았더라면, 아마도 제1차 세계대전의 발생은 또 다른 측면에서 다른 양상으로 전개되었을 가능성을 배제하기 어려울 것이다.

① 전쟁과 민족의 관계
② 역사의 필연성과 우연성
③ 제국주의와 식민지
④ 발칸 반도의 민족 구성

25 다음 중 밑줄 친 부분에서 말하고자 하는 바로 가장 적절한 것은?

> 아무리 남을 도와주려는 의도를 갖고 한 일일지라도 결과적으로는 남에게 도움이 되기는커녕 오히려 큰 고통이나 해를 더 가져오는 경우가 얼마든지 있다. 거꾸로 남을 해롭게 하려는 의도로 한 일이 오히려 남에게 도움이 되는 결과를 낳을 수도 있다. 태도로서의 '선'은 행동이나 결정의 결과를 고려하지 않고 그 행동의 의도, 즉 동기에서만 본 '선'을 의미한다. 내 행동의 결과가 예상 밖으로 남에게 고통을 가져오는 한이 있었다 해도, 내 행동의 동기가 남의 고통을 덜어주고, 남을 도와주는 데 있었다면 나를 선한 사람으로 볼 수 있지 않느냐는 말이다.

① 일과 그 의도는 무관하다.
② 의도와 결과는 동일하지 않다.
③ 의도만 놓고 결과를 판단할 수 있다.
④ 우리가 의도한 대로 일이 이루어지는 경우가 있다.

02 논리추론

※ 제시된 명제가 모두 참일 때, 빈칸에 들어갈 명제로 가장 적절한 것을 고르시오. [1~5]

01

> 철학은 학문이다.
> 모든 학문은 인간의 삶을 의미 있게 해준다.
> 그러므로 ______________________

① 철학과 학문은 같다.
② 학문을 하려면 철학을 해야 한다.
③ 철학은 인간의 삶을 의미 있게 해준다.
④ 철학을 하지 않으면 삶은 의미가 없다.

02

영양소는 체내에서 에너지원 역할을 한다.
탄수화물은 영양소이다.
그러므로 ______________________

① 탄수화물은 체내에서 에너지원 역할을 한다.
② 에너지원 역할을 하는 것은 탄수화물이다.
③ 탄수화물은 체내에 필요하다.
④ 에너지원 역할을 하는 것은 영양소이다.

03

마라톤을 좋아하는 사람은 체력이 좋고, 인내심도 있다.
몸무게가 무거운 사람은 체력이 좋고, 명랑한 사람은 마라톤을 좋아한다.
그러므로 ______________________

① 체력이 좋은 사람은 인내심이 없다.
② 명랑한 사람은 인내심이 있다.
③ 마라톤을 좋아하는 사람은 몸무게가 가볍다.
④ 몸무게가 무겁지 않은 사람은 체력이 좋지 않다.

04

보상을 받는다면 노력했다는 것이다.
____
그러므로 호야는 보상을 받지 못했다.

① 호야는 노력하지 않았다.
② 보상을 받았다는 것은 곧 노력했다는 의미다.
③ 호야는 보상을 받았다.
④ 호야는 노력하고 있다.

05

미영이는 일요일에 직장에 가지 않는다.
미영이는 직장에 가지 않는 날이면 집에서 밥을 먹는다.
그러므로 ____________

① 미영이는 월요일에 집에서 밥을 먹는다.
② 미영이는 직장에 가는 날이면 외식을 한다.
③ 미영이는 일요일에 집에서 밥을 먹는다.
④ 미영이가 외식을 한다면 그날은 일요일이다.

※ 다음 〈조건〉을 바탕으로 추론한 〈보기〉에 대한 판단으로 옳은 것을 고르시오. [6~10]

06

조건
- 민수는 한국인이다.
- 농구를 좋아하면 활동적이다.
- 농구를 좋아하지 않으면 한국인이 아니다.

보기
A : 민수는 농구를 좋아한다.
B : 한국인은 활동적이지 않다.

① A만 옳다.
② B만 옳다.
③ A, B 모두 옳다.
④ A, B 모두 틀리다.

07

조건

- 소화된 음식물은 위를 채운다.
- 밥을 먹으면 포만감이 든다.
- 소화되지 않았다면 포만감이 들지 않는다.

보기

A : 밥을 먹으면 위가 찬다.
B : 포만감이 들면 밥을 먹은 것이다.

① A만 옳다.
② B만 옳다.
③ A와 B 모두 옳다.
④ A와 B 모두 틀리다.

08

조건

- 청포도를 좋아하는 사람은 정욱, 하나이다.
- 멜론을 좋아하는 사람은 하나, 은정이다.
- 체리를 좋아하는 사람은 정욱이다.
- 사과를 좋아하는 사람은 정욱, 은정, 하나이다.
- 딸기를 좋아하는 사람은 정욱, 은하이다.

보기

A : 가장 많은 종류의 과일을 좋아하는 사람은 정욱이다.
B : 하나와 은정이가 좋아하는 과일은 같다.

① A만 옳다.
② B만 옳다.
③ A, B 모두 옳다.
④ A, B 모두 틀리다.

09 조건

- 영업을 잘하면 기획을 못한다.
- 편집을 잘하면 영업을 잘한다.
- 디자인을 잘하면 편집을 잘한다.

보기

A : 디자인을 잘하면 기획을 못한다.
B : 편집을 잘하면 기획을 잘한다.

① A만 옳다.
② B만 옳다.
③ A, B 모두 옳다.
④ A, B 모두 틀리다.

10 조건

- 어린이 도서 코너는 가장 오른쪽에 있다.
- 잡지 코너는 외국 서적 코너보다 왼쪽에 있다.
- 소설 코너는 잡지 코너보다 왼쪽에 있다.

보기

A : 소설 코너는 외국 서적 코너보다 왼쪽에 있다.
B : 어린이 도서 코너는 잡지 코너보다 오른쪽에 있다.

① A만 옳다.
② B만 옳다.
③ A, B 모두 옳다.
④ A, B 모두 틀리다.

11 어느 호텔 라운지에 둔 화분이 투숙자 중의 1명에 의하여 깨진 사건이 발생했다. 이 호텔에는 A, B, C, D의 4명의 투숙자가 있었으며, 각 투숙자는 다음과 같이 세 가지 사실을 진술하였다. 4명의 투숙자 중 3명은 진실을 말하고, 1명이 거짓말을 하고 있다면 화분을 깬 사람은 누구인가?

- A : 나는 깨지 않았다. B도 깨지 않았다. C가 깨뜨렸다.
- B : 나는 깨지 않았다. C도 깨지 않았다. D도 깨지 않았다.
- C : 나는 깨지 않았다. D도 깨지 않았다. A가 깨뜨렸다.
- D : 나는 깨지 않았다. B도 깨지 않았다. C도 깨지 않았다.

① A　　② B
③ C　　④ D

12 영철이의 강아지는 흰색 또는 검정색 또는 노란색 중 하나이다. 다음 정보는 적어도 하나는 옳고 하나는 옳지 않을 때, 강아지의 색은?

- 정보 1 : 강아지는 검정색이 아니다.
- 정보 2 : 강아지는 흰색이거나 노란색이다.
- 정보 3 : 강아지는 흰색이다.

① 흰색　　② 검정색
③ 노란색　　④ 알 수 없다.

13 갑, 을, 병 세 사람이 피아노, 조각, 테니스를 함께 하는데, 각기 서로 다른 하나씩을 잘한다. 그런데 조각을 잘하는 사람은 언제나 진실을 말하고, 테니스를 잘하는 사람은 항상 거짓을 말한다. 이들이 서로에 대해 다음과 같이 진술했다면, 누가 무엇을 잘하는가?

- 갑 : 병이 조각을 잘한다.
- 을 : 아니다. 병은 피아노를 잘한다.
- 병 : 둘 다 틀렸다. 나는 조각도 피아노도 잘하지 못한다.

① 갑 - 피아노 ② 갑 - 테니스
③ 을 - 피아노 ④ 병 - 테니스

14 **준수, 민정, 영재, 세희, 성은 5명은 항상 진실만을 말하거나 거짓만 말한다. 다음 진술을 토대로 추론할 때, 거짓을 말하는 사람을 모두 고르면?**

- 준수 : 성은이는 거짓만 말한다.
- 민정 : 영재는 거짓만 말한다.
- 영재 : 세희는 거짓만 말한다.
- 세희 : 준수는 거짓만 말한다.
- 성은 : 민정이와 영재 중 한 명만 진실만 말한다.

① 민정, 세희 ② 영재, 준수
③ 영재, 성은 ④ 영재, 세희

15 **A~D 4명은 각각 1명의 자녀를 두고 있는 아버지이다. 4명의 아이 중 2명은 아들이고, 2명은 딸이다. 아들의 아버지 2명만이 사실을 말할 때, 다음 중 올바른 결론은?**

- A : B와 C의 아이는 아들이다.
- B : C의 아이는 딸이다.
- C : D의 아이는 딸이다.
- D : A와 C의 아이는 딸이다.

① A의 아이는 아들이다.
② B의 아이는 딸이다.
③ C의 아이는 아들이다.
④ D의 아이는 아들이다.

※ 다음 중 문장을 논리적 순서대로 적절하게 배열한 것을 고르시오. [16~18]

16

(가) 친환경 농업은 최소한의 농약과 화학비료만을 사용하거나 전혀 사용하지 않은 농산물을 일컫는다. 친환경 농산물이 각광받는 이유는 우리가 먹고 마시는 것들이 우리네 건강과 직결되기 때문이다.
(나) 사실상 병충해를 막고 수확량을 늘리는 데 있어, 농약은 전 세계에 걸쳐 관행적으로 사용됐다. 깨끗이 씻어도 쌀에 남아있는 잔류농약을 완전히 제거하기는 어렵다. 잔류농약은 아토피와 각종 알레르기를 유발한다. 출산율을 저하하고 유전자 변이의 원인이 되기도 한다. 특히 제초제 성분이 체내에 들어올 경우, 면역체계에 치명적인 손상을 일으킨다.
(다) 미국 환경보호청은 제초제 성분의 60%를 발암물질로 규정했다. 결국 더 많은 농산물을 재배하기 위한 농약과 제초제 사용이 오히려 인체에 치명적인 피해를 줄지 모를 '잠재적 위험요인'으로 자리매김한 셈이다.

① (가) – (나) – (다)
② (나) – (가) – (다)
③ (나) – (다) – (가)
④ (다) – (가) – (나)

17

㉠ 가령 해당 주민을 다른 지역으로 일시 대피시키는 소개의 경우 주민의 불안감 증대, 소개 과정의 혼란 등의 부작용이 예상되기 때문입니다.
㉡ 이러한 조치를 취하게 되면 방사능 피폭선량을 줄일 수는 있지만 그 부작용도 고려해야 합니다.
㉢ 방사능 비상사태 시 영향 지역 내의 주민에 대해 방사능 피폭을 줄이기 위해 취하는 조치로서 옥내 대피, 갑상선 보호제 투여, 이주 등이 있습니다.
㉣ 따라서 보호 조치의 기본 원칙은 그 조치로 인한 이로움이 동반되는 해로움보다 커야 한다는 것입니다.

① ㉠ – ㉢ – ㉡ – ㉣
② ㉢ – ㉡ – ㉠ – ㉣
③ ㉡ – ㉠ – ㉢ – ㉣
④ ㉢ – ㉠ – ㉣ – ㉡

18

㉠ 그러나 인권 침해에 관한 문제 제기도 만만치 않아 쉽게 결정할 수 없는 상황이다.
㉡ 지난 석 달 동안만 해도 벌써 3건의 잔혹한 살인 사건이 발생하였다.
㉢ 반인륜적인 범죄가 갈수록 증가하고 있다.
㉣ 이에 따라 반인륜적 범죄에 대한 처벌을 강화해야 한다는 목소리가 날로 높아지고 있다.

① ㉠ - ㉡ - ㉢ - ㉣
② ㉡ - ㉢ - ㉠ - ㉣
③ ㉢ - ㉡ - ㉣ - ㉠
④ ㉢ - ㉣ - ㉡ - ㉠

※ 다음 중 제시된 문장에 이어질 내용을 논리적 순서대로 적절하게 배열한 것을 고르시오. [19~20]

19

전 세계적으로 온난화 기체 저감을 위한 습지 건설 기술은 아직 보고된 바가 없으며 관련 특허도 없다.

(A) 동남아시아 등에서 습지를 보존하고 복원하는 데 국내 개발 기술을 활용하면
(B) 이산화탄소를 고정하고 메탄을 배출하지 않는 인공 습지를 개발하면
(C) 기존의 목적에 덧붙여 온실가스를 제거하는 새로운 녹색 성장 기술로 사용할 수 있으며
(D) 기술 이전에 따른 별도 효과도 기대할 수 있을 것이다.

① (A) - (B) - (C) - (D)
② (A) - (C) - (B) - (D)
③ (B) - (A) - (C) - (D)
④ (B) - (C) - (A) - (D)

20

봄에 TV를 켜면 황사를 조심하라는 뉴스를 볼 수 있다. 많은 사람이 알고 있듯이, 황사는 봄에 중국으로부터 바람에 실려 날아오는 모래바람이다. 그러나 황사를 단순한 모래바람으로 치부할 수는 없다.

(A) 물론 황사도 나름대로 장점은 존재한다. 황사에 실려오는 물질들이 알칼리성이기 때문에 토양의 산성화를 막을 수 있다. 그러나 이러한 장점만으로 황사를 방지하지 않아도 된다는 것은 아니다.
(B) 그러므로 황사에는 중국에서 발생하는 매연이나 화학물질 등이 모두 함유되어 있다. TV에서 황사를 조심하라는 것은 단순히 모래바람을 조심하라는 것이 아니라 중국 공업지대의 유해 물질을 조심하라는 것과 같은 말이다.
(C) 황사는 중국의 내몽골 자치구나 고비 사막 등의 모래들이 바람에 실려 중국 전체를 돌고 나서 한국 방향으로 넘어오게 된다. 중국 전체를 돈다는 것은, 중국 대기의 물질을 모두 흡수한다는 것이다.
(D) 개인적으로는 황사 마스크를 쓰고 외출 후에 손발을 청결히 하는 등 황사 피해에 대응할 수 있겠지만, 국가적으로는 쉽지 않다. 국가적으로는 모래바람이 발생하지 않도록 나무를 많이 심고, 공업지대의 매연을 제한하여야 하기 때문이다.

① (C) – (A) – (B) – (D)
② (B) – (C) – (A) – (D)
③ (C) – (B) – (A) – (D)
④ (C) – (B) – (D) – (A)

※ 다음 중 빈칸에 들어갈 내용으로 가장 적절한 것을 고르시오. [21~24]

21

19세기 중반 화학자 분젠은 불꽃 반응에서 나타나는 물질 고유의 불꽃색에 대한 연구를 진행하고 있었다. 그는 버너 불꽃의 색을 제거한 개선된 버너를 고안함으로써 물질의 불꽃색을 더 잘 구별할 수 있도록 하였다. (　　　　　　　　　　　　) 이에 물리학자 키르히호프는 프리즘을 통한 분석을 제안했고 둘은 협력하여 불꽃의 색을 분리시키는 분광 분석법을 창안했다. 이것은 과학사에 길이 남을 업적으로 이어졌다.

① 하지만 두 종류 이상의 금속이 섞인 물질의 불꽃은 색깔이 겹쳐서 분간이 어려웠다.
② 이를 통해 잘못 알려져 있었던 물질 고유의 불꽃색을 정확히 판별할 수 있었다.
③ 그러나 불꽃색은 물질의 성분뿐만 아니라 대기의 상태에 따라 큰 차이를 보였다.
④ 이 버너는 현재에도 실험실에서 널리 이용되고 있다.

22

다분히 진화 생물학적 관점에서, 질병은 인간의 몸 안에서 일어나는 정교하고도 합리적인 자기조절 과정이다. 질병은 정상적인 기능을 할 수 없는 상태임과 동시에, 진화의 역사 속에서 획득한 자기 치료 과정이 (   )이기도 하다. 가령, 기침을 하고, 열이 나고, 통증을 느끼고, 염증이 생기는 것 따위는 자기 조절과 방어 시스템이 작동하는 과정인 것이다.

① 문제를 일으킨 상태
② 비일상적인 특이 상태
③ 정상적으로 가동하고 있는 상태
④ 인구의 개체 변이를 도모하는 상태

23

(   ) 20세기 대량생산체제의 생산성 경쟁은 21세기에는 걸맞지 않은 주제다. 국경의 의미가 사라지는 글로벌 시대에는 남의 제품을 모방하여 많이 만드는 것으로는 살아남지 못한다. 누가 더 차별화된 제품을 소비자의 다양한 입맛에 맞게 만들어 내느냐가 성장의 관건이다. 이를 위해서는 창의성이 무엇보다 중요하다.

① 최근 기업의 과제는 구성원의 창의성을 최대한으로 이끌어내는 것이다.
② 21세기 기업은 전보다 더욱 품질 향상에 주력해야 한다.
③ 기업이 글로벌 시대에 살아남기 위해서는 생산성을 극대화해야 한다.
④ 21세기의 기업 환경은 20세기에 비해 한결 나아지고 있다.

24

(   ) 최근 몇 년 동안 서울을 비롯한 수도권을 중심으로 자전거 도로가 많이 늘어난 덕분이다. 자전거 도로는 강을 따라 뻗어나갔다. 한강시민공원을 따라 서쪽 행주대교에서, 동쪽 강동구 암사동까지 37km가 이어져 있다. 북쪽은 중랑천변 자전거 도로가 의정부 끝까지 달린다.

① 자전거 도로의 확충이 필요하다.
② 자전거 시대가 열리고 있다.
③ 자전거 시대를 열어야 한다.
④ 자동차 시대가 도래한다.

25 다음 글의 서술상 특징으로 올바른 것은?

> 법조문도 언어로 이루어진 것이기에, 원칙적으로 문구가 지닌 보편적인 의미에 맞춰 해석된다. 일상의 사례로 생각해 보자. "실내에 구두를 신고 들어가지 마시오."라는 팻말이 있는 집에서는 손님들이 당연히 글자 그대로 구두를 신고 실내에 들어가지 않는다. 그런데 팻말에 명시되지 않은 '실외'에서 구두를 신고 돌아다니는 것은 어떨까? 이에 대해서는 금지의 문구로 제한하지 않았기 때문에, 금지의 효력을 부여하지 않겠다는 의미로 당연하게 받아들인다. 이처럼 문구에서 명시하지 않은 상황에 대해서는 그 효력을 부여하지 않는다고 해석하는 방식을 '반대 해석'이라 한다.
> 그런데 팻말에는 운동화나 슬리퍼에 대해서는 쓰여 있지 않다. 하지만 누군가 운동화를 신고 마루로 올라가려 하면, 집주인은 팻말을 가리키며 말릴 것이다. 이 경우에 '구두'라는 낱말은 본래 가진 뜻을 넘어 일반적인 신발이라는 의미로 확대된다. 이런 식으로 어떤 표현을 본래의 의미보다 넓혀 이해하는 것을 '확장 해석'이라 한다.

① 현실의 문제점을 분석하고 그 해결책을 제시한다.
② 비유의 방식을 통해 상대방의 논리를 반박하고 있다.
③ 일상의 사례를 통해 독자들의 이해를 돕고 있다.
④ 기존 견해를 비판하고 새로운 견해를 제시한다.

26 다음 중 글에 대한 설명으로 가장 적절한 것은?

> 이튿날 옥단춘은 혈룡에게 뜻밖의 말을 하였다. "오늘은 평양 감사가 봄놀이로 연광정에서 잔치를 한다는 영이 내렸습니다. 내 아직 기생의 몸으로서 감사의 영을 거역하고 안 나갈 수 없으니 서방님은 잠시 용서하시고 집에 계시면 속히 돌아오겠습니다." 말을 하고 난 후에 옥단춘은 연광정으로 나갔다. 그 뒤에 이혈룡도 집을 나와서 비밀 수배한 역졸을 단속하고 연광정의 광경을 보려고 내려갔다. 이때, 평양 감사 김진희는 도내 각 읍의 수령을 모두 청하여 큰 잔치를 벌였는데, 그 기구가 호화찬란하고 진수성찬의 배반(杯盤)이 낭자하였다. 이때는 춘삼월 호시절이었다. 좌우산천을 둘러보니 꽃이 피어 온통 꽃산이 되었고 나뭇잎은 피어서 온통 청산으로 변해 있었다.
>
> –「옥단춘전」

① 배경을 세밀하게 묘사하여 사건의 분위기를 조성하고 있다.
② 등장인물의 성격 변화를 통해 갈등과 긴장감을 극대화하고 있다.
③ 서술자가 직접 개입하여 인물의 행동과 심리를 드러내고 있다.
④ 과장과 희화화 수법을 활용하여 등장인물의 성격을 부각시키고 있다.

27 다음 중 글의 전개 구조를 잘못 분석한 것은?

㉠ 점차 우리의 생활에서 집단이 차지하는 비중이 커지고, 사회가 조직화되어 가는 현대 사회에서는 개인의 윤리 못지않게 집단의 윤리, 즉 사회 윤리의 중요성도 커지고 있다.
㉡ 그러나 이러한 사회 윤리가 단순히 개개인의 도덕성이나 윤리 의식의 강화에 의해서만 이루어지는 것은 아니다.
㉢ 그것은 개개인이 도덕적이라는 것과 그들로 이루어진 사회가 도덕적이라는 것은 별개의 문제이기 때문이다.
㉣ 물론, 그것은 인격을 지닌 개인과는 달리 전체의 이익을 합리적으로 추구하는 사회의 본질적 특성에서 연유하는 것이기도 하다.
㉤ 따라서 우리는 현대 사회의 특성에 맞는 사회 윤리의 정립을 통해 올바른 사회를 지향하는 노력을 계속해야 할 것이다.

① ㉠은 ㉡~㉤의 논의에 대한 전제이다.
② ㉡은 ㉠에 대한 논리적 반론이다.
③ ㉢은 ㉡에 대한 이유 제시이다.
④ ㉣은 ㉢에 대한 보충 설명이다.

※ 다음 중 글의 주제로 가장 적절한 것을 고르시오. [28~30]

28

헤르만 헤세는 어느 책이 유명하다거나 그것을 모르면 수치스럽다는 이유만으로 그 책을 무리하게 읽으려는 것은 참으로 그릇된 일이라 했다. 그는 이어서, "그렇게 하기보다는 모든 사람은 자기에게 자연스러운 면에서 읽고, 알고, 사랑해야 할 것이다. 어느 사람은 학생 시절의 초기에 벌써 아름다운 시구의 사랑을 자기 안에서 발견할 수 있으며, 혹은 어느 사람은 역사나 자기 고향의 전설에 마음이 끌리게 되고 또는 민요에 대한 기쁨이나 우리의 감정이 정밀하게 연구되고 뛰어난 지성으로써 해석된 것에 독서의 매력 있는 행복감을 가질 수 있을 것이다."라고 말한 바 있다.

① 문학 작품을 많이 읽으면 정서 함양에 도움이 된다.
② 학생 시절에 고전과 명작을 많이 읽어 교양을 쌓아야 한다.
③ 남들이 읽어야 한다고 말하는 책보다 자신이 읽고 싶은 책을 읽는 것이 좋다.
④ 자신이 속한 사회의 역사나 전설에 관한 책을 읽으면 애향심을 기를 수 있다.

29

> 높은 유류세는 자동차를 사용함으로써 발생하는 다음과 같은 문제들을 줄이는 교정적 역할을 수행한다. 첫째, 유류세는 사람들의 대중교통수단 이용을 유도하고, 자가용 사용을 억제함으로써 교통 혼잡을 줄여준다. 둘째, 교통사고 발생 시 대형 차량이나 승합차가 중소형 차량에 비해 보다 치명적인 피해를 줄 가능성이 높다. 이와 관련해서 유류세는 휘발유를 많이 소비하는 대형 차량을 운행하는 사람에게 보다 높은 비용을 치르게 함으로써 교통사고 위험에 대한 간접적인 비용을 징수하는 효과를 가진다. 셋째, 유류세는 휘발유 소비를 억제함으로써 대기오염을 줄이는 데 기여한다.

① 유류세의 용도
② 높은 유류세의 정당성
③ 유류세의 지속적 인상
④ 에너지 소비 절약

30

> 장정훈 전 존슨&존슨 제약 사업부 아시아 태평양 총괄 사장은 "아시아 태평양 지역 내에서는 전체 직원을 우리 사람처럼 서로 활용하자."고 주장했다. 모든 사람, 모든 시스템, 모든 성공을 공유하자는 것이다. 못사는 나라, 글로벌 기준으로 보면 많이 처지는 후진국일지라도 반드시 배울 지식이 있다는 그의 평소 지론에서 나온 말이었다.

① 경계를 없앤 글로벌 경영
② 선진국과 후진국 간의 알력
③ 애국심을 통한 민족주의
④ 지역주의의 폐단

기초수리능력

●● 정답 및 해설 p.516

01 **7km를 cm로 환산한 것은?**

① 700,000cm
② 70,000cm
③ 7,000cm
④ 700cm

02 **2,580kg을 g(그램)과 t(톤)으로 올바르게 환산한 것은?**

	g	t
①	258,000	2.58
②	258,000	0.258
③	2,580,000	2.58
④	2,580,000	0.258

※ 다음 중 주어진 식을 계산한 결괏값으로 옳은 것을 고르시오. [3~6]

03

$$0.901+5.468-2.166$$

① 2.194 ② 4.203
③ 6.206 ④ 8.535

04

$$4,355-23.85\div0.15$$

① 1,901 ② 2,190
③ 3,856 ④ 4,196

05

$$0.28+2.4682-0.9681$$

① 1.8701 ② 1.7801
③ 1.7601 ④ 1.5601

06

$$15\times108-303\div3+7$$

① 1,526 ② 1,626
③ 1,536 ④ 1,636

※ 다음 중 주어진 식과 계산결과가 같은 것을 고르시오. [7~9]

07

$$36\times145+6,104$$

① $901\times35+27$
② $385\times12+5,322$
③ $16,212\div28+8,667$
④ $516\times31-4,672$

08

$$70.668 \div 151 + 6.51$$

① $3.79 \times 10 - 30.922$
② $6.1 \times 1.2 - 1.163$
③ $89.1 \div 33 + 5.112$
④ $9.123 - 1.5 \times 1.3$

09

$$(178 - 302) \div (-1)$$

① $571 + 48 - 485$
② $95 + 147 - 118$
③ $78 \times 2 - 48 \div 2$
④ $36 + 49 + 38$

※ 다음 중 계산결과가 다른 하나를 고르시오. [10~11]

10

① $69 - 17 + 78$
② $10 \times 12 + 10$
③ $5 \times 13 \times 2$
④ $7 \times 8 \times 2 + 8$

11

① $\frac{13}{12} - \frac{7}{12} \times 2$
② $\frac{5}{9} \div \frac{10}{9} + \frac{1}{2}$
③ $\frac{9}{4} - \frac{5}{8} \div \frac{1}{2}$
④ $\frac{1}{3} + \frac{8}{7} \times \frac{7}{12}$

12 다음 중 ○ 안에 들어갈 알맞은 사칙연산 기호를 고르면?

2□4○6△3=0

① +
② −
③ ×
④ ÷

13 다음 중 ☆ 안에 들어갈 알맞은 사칙연산 기호를 고르면?

3□14☆2△4=31

① +
② −
③ ×
④ ÷

※ 다음 중 빈칸에 들어갈 사칙연산 기호를 고르시오. [14~15]

14

$3.514 \div 0.4 + 3.1(\quad)8.455 = 3.43$

① +
② −
③ ×
④ ÷

15

$\frac{15}{7} \times \frac{3}{11} + \frac{17}{4}(\quad)\frac{12}{21} = \frac{232}{77}$

① +
② −
③ ×
④ ÷

※ 다음 A, B에 대하여 대소를 비교하시오. [16~19]

16

$A=5,616 \div 312+308,\ B=28.62 \div 0.09$

① A>B
② A<B
③ A=B
④ 알 수 없다.

17

$A=\frac{7}{3}+\frac{4}{5},\ B=\frac{3}{2}+\frac{32}{15}$

① A>B
② A<B
③ A=B
④ 알 수 없다.

18

$A=\sqrt[3]{2},\ B=\sqrt[5]{8}$

① A>B
② A<B
③ A=B
④ 알 수 없다.

19

$A=11^3,\ B=2^9$

① A>B
② A<B
③ A=B
④ 알 수 없다.

20 두 자연수 $2^K\times3^1\times7^2$, $2^1\times3^L\times7^1$의 최소공배수가 $2^3\times3^2\times7^M$일 때, 자연수 K, L, M에 대하여 $K-L+M$의 값은?

① 1
② 2
③ 3
④ 4

21 두 자연수 $2^2\times3^4\times7^K$, $2^L\times3^2\times7^3$의 최대공약수가 $2^1\times3^M\times7^1$일 때, 자연수 K, L, M에 대하여 $K+L-M$의 값은?

① 0
② 1
③ 2
④ 3

22 자연수 N과 48의 최대공약수가 $2^2\times3^1\times7^1$일 때, N이 될 수 있는 최댓값은 얼마인가?(단, N은 100 이하의 자연수이다)

① 83
② 84
③ 85
④ 86

23 $(3-1)(3+1)(3^2+1)(3^4+1)(3^8+1)=3^{\square}-1$일 때, 빈칸에 알맞은 수는?

① 12
② 14
③ 16
④ 20

24 $(x+y)^2=24$, $x^2+y^2=14$일 때, xy는?

① 3
② 5
③ 8
④ 10

25 $\frac{1}{\sqrt{x+1}+\sqrt{x}}+\frac{1}{\sqrt{x+1}-\sqrt{x}}$ 을 간단히 하면?

① $\sqrt{x-1}$
② $\sqrt{x}$
③ $2\sqrt{x+1}$
④ $\frac{1}{\sqrt{x-1}}$

CHAPTER 04 응용수리능력

●● 정답 및 해설 p. 519

01 서울에서 부산까지의 거리는 400km이고 서울에서 부산까지 가는 기차는 120km/h의 속력으로 달리며, 역마다 10분씩 정차한다. 서울에서 9시에 출발하여 부산에 13시 10분에 도착했다면, 기차는 가는 도중 몇 개의 역에 정차하였는가?

① 4개 ② 5개
③ 6개 ④ 7개

02 KTX와 새마을호가 서로 마주 보며 오고 있다. 속도는 7:5의 비로 운행하고 있으며 현재 두 열차 사이의 거리는 6km이다. 두 열차가 서로 만났을 때 새마을호가 이동한 거리는?

① 2km ② 2.5km
③ 3km ④ 3.5km

03 등산을 하는 데 올라갈 때는 시속 3km로 걷고, 내려올 때는 올라갈 때보다 5km 더 먼 길을 시속 4km로 걷는다. 올라갔다가 내려올 때 총 3시간이 걸렸다면, 올라갈 때 걸은 거리는 몇 km인가?

① 3km ② 4km
③ 5km ④ 6km

04 신영이는 제주도로 여행을 갔다. 호텔에서 공원까지 거리는 지도상에서 10cm이고, 지도의 축척은 1:50,000이다. 신영이가 30km/h의 속력으로 자전거를 타고 갈 때, 호텔에서 출발하여 공원에 도착하는 데까지 걸리는 시간은 얼마인가?

① 10분 ② 15분
③ 20분 ④ 25분

05 어느 공장에서 A제품을 생산하여 팔면 600원의 이익이 남고, 불량품이 발생할 경우 2,400원의 손해를 본다. A제품을 생산하여 팔 때, 손해를 보지 않으려면 이 제품의 불량률은 최대 몇 %가 되어야 하는가?

① 10% ② 15%
③ 20% ④ 25%

06 A1 인쇄용지는 한 단위 용지가 작아질 경우 가로 길이의 절반이 A2 용지의 세로 길이가 되고, A1 용지의 세로 길이는 A2 용지의 가로 길이가 된다. 이는 각각의 길이가 같은 비율로 용지가 작아질 때마다 적용된다. 이때, A4 용지에서 A5 용지로 크기를 축소할 경우의 길이 축소율은?(단, $\sqrt{2}=1.4$, $\sqrt{3}=1.7$이라고 가정한다)

① 40% ② 50%
③ 60% ④ 70%

07 K공사는 매년 우수사원을 선발하여 연말에 시상하고 있으며, 2019년에는 우수사원들에게 부상으로 순금을 제공하기로 하였다. 수상자는 1~3등 각 1명씩이며, 1등에게는 한 돈에 3.75g짜리 5돈 순금 두꺼비가 부상으로 주어진다. 또한 2등과 3등에겐 10g의 순금 열쇠를 하나씩 수여하기로 하였다. 연말 수상에 필요한 순금은 총 몇 kg인가?

① 0.3875kg ② 0.03875kg
③ 0.2875kg ④ 0.02875kg

08 H중학교에서 3학년을 대상으로 체육시험을 실시하였다. 3학년 학생 수는 200명이며, 전체 평균점수는 59.6점이었다. 남학생 수는 전체 학생 수의 51%이고, 남학생의 평균점수는 여학생 평균점수의 3배보다 2점이 높을 때, 남학생과 여학생의 평균은 각각 얼마인가?

	남학생	여학생
①	80점	26점
②	83점	27점
③	86점	28점
④	89점	29점

09 형과 동생의 나이를 더하면 22, 곱하면 117이라고 할 때, 동생의 나이는?

① 9세
② 10세
③ 11세
④ 12세

10 올해 K사의 A부서 팀원 25명의 평균 나이는 38세이다. 다음 달에 52세의 팀원이 나가고, 27세의 신입사원이 입사할 예정일 때, 내년 A부서의 평균 나이는?(단, 제시된 조건 외에 다른 인사이동은 없다)

① 35세
② 36세
③ 37세
④ 38세

11 아버지와 어머니의 나이 차는 4세이고 형과 동생의 나이 차는 2세이다. 또한, 아버지와 어머니의 나이의 합은 형의 나이보다 6배 많다고 한다. 형과 동생의 나이의 합이 40세라면 아버지의 나이는 몇 세인가?(단, 아버지가 어머니보다 나이가 더 많다)

① 59세
② 60세
③ 63세
④ 65세

12 철수는 아버지와 나이 차이가 25살 난다. 3년 후엔 아버지의 나이가 철수의 2배가 된다고 할 때, 현재 철수의 나이는?

① 20세 ② 22세 ③ 24세 ④ 26세

13 같은 공원에서 A씨는 강아지와 함께 2일마다 한 번 산책을 하고, B씨는 혼자 3일마다 산책을 한다. A는 월요일에 산책을 했고, B는 그 다음날에 산책했다면, 처음으로 A와 B가 만나는 날은 무슨 요일인가?

① 수요일 ② 목요일
③ 금요일 ④ 토요일

14 어느 해의 10월 2일이 월요일이었다면, 그 달의 네 번째 일요일은 언제인가?

① 10월 21일 ② 10월 22일
③ 10월 25일 ④ 10월 28일

15 7시와 8시 사이에 시침과 분침이 서로 반대 방향으로 일직선을 이룰 때의 시각은?

① 7시 $\frac{30}{11}$분 ② 7시 $\frac{45}{11}$분
③ 7시 $\frac{60}{11}$분 ④ 7시 $\frac{75}{11}$분

16 A가 컴퓨터를 수리하는 데 2시간 10분이 걸린다. 컴퓨터 수리를 오후 3시 35분부터 시작했을 때, 수리가 끝난 시각의 시침과 분침이 이루는 각도 중 작은 각도는 얼마인가?

① 95° ② 97.5° ③ 100° ④ 102.5°

17 식염 75g을 몇 g의 물에 넣어야 15%의 식염수가 되는가?

① 350g　② 375g
③ 400g　④ 425g

18 A%의 소금물에 물을 200g 더 넣었더니 4%의 소금물이 되었다. 처음 소금물의 양은?

① $\frac{800}{A-4}$g　② $\frac{600}{A-4}$g
③ $\frac{800}{A-8}$g　④ $\frac{600}{A-8}$g

19 8%의 소금물 400g에서 한 컵의 소금물을 퍼내고 그 양만큼 물을 부은 다음 다시 2%의 소금물을 넣었더니 6%의 소금물 520g이 되었다. 퍼낸 소금물의 양은 얼마인가?

① 10g　② 20g
③ 30g　④ 40g

20 민수가 아이들에게 노트를 나눠주려고 하는데 남는 노트가 없이 나눠주려고 한다. 7권씩 나눠주면 13명이 노트를 못 받고, 마지막으로 노트를 받은 아이는 2권밖에 받지 못해서 6권씩 나눠주었더니 10명이 노트를 못 받고, 마지막으로 노트를 받은 아이는 2권밖에 받지 못했다. 그렇다면 몇 권씩 나눠주어야 노트가 남지 않으면서 공평하게 나눠줄 수 있겠는가?

① 1권　② 2권
③ 3권　④ 4권

21 50원, 100원, 500원짜리 동전이 총 14개가 있다. 동전의 총합이 2,250원이라면, 50원짜리 동전은 몇 개인가?

① 5개 ② 6개 ③ 7개 ④ 8개

22 K공사는 야유회에서 가로의 길이가 40cm, 세로의 길이가 16cm인 돗자리를 붙여 하나의 큰 정사각형 모양의 자리를 만들려고 한다. 돗자리는 최소 몇 개가 필요한가?

① 8개 ② 10개 ③ 12개 ④ 14개

23 어느 공장에서 완성품 1개를 만드는 데 걸리는 시간은 A기계가 20일, B기계가 30일이다. A와 B기계를 함께 사용하면 완성품 1개를 며칠 만에 만들 수 있겠는가?

① 5일 ② 9일 ③ 12일 ④ 15일

24 A, B 두 개의 톱니바퀴가 서로 맞물려 있다. A의 톱니 수는 B의 톱니 수보다 20개 더 많고, A가 6회전할 때, B는 10회전한다면, A의 톱니 수는 몇 개인가?

① 35개 ② 40개 ③ 45개 ④ 50개

25 민 사원과 안 사원이 함께 보고 자료를 만들고 있다. 민 사원은 30장의 보고 자료를 만드는 데 2시간, 안 사원은 50장을 만드는 데 3시간이 걸린다. 이 둘이 함께 일을 하면 평소보다 10% 느리게 자료를 만들게 된다. 이들이 함께 맡은 새로운 업무를 차장에게 보고하기 위한 자료 120장을 만드는 데 걸리는 최소 시간은 얼마인가?

① $\frac{79}{18}$시간 ② $\frac{80}{19}$시간

③ $\frac{81}{20}$시간 ④ $\frac{82}{21}$시간

26

1부터 10까지 적힌 공 중에서 첫 번째는 2의 배수, 두 번째는 3의 배수가 나오도록 공을 뽑을 확률은?(단, 뽑은 공은 다시 넣는다)

① $\frac{5}{18}$
② $\frac{3}{20}$
③ $\frac{1}{7}$
④ $\frac{5}{24}$

27

빨간 공 4개, 하얀 공 6개가 들어있는 주머니에서 한 번에 2개를 꺼낼 때, 적어도 1개는 하얀 공을 꺼낼 확률은?

① $\frac{9}{15}$
② $\frac{1}{4}$
③ $\frac{5}{12}$
④ $\frac{13}{15}$

28

주머니에 1부터 10까지의 숫자가 적힌 카드 10장이 들어있다. 주머니에서 카드를 세 번 뽑는다고 할 때, 1, 2, 3이 적힌 카드 중 하나 이상을 뽑을 확률은?(단, 꺼낸 카드는 다시 넣지 않는다)

① $\frac{5}{8}$
② $\frac{17}{24}$
③ $\frac{7}{24}$
④ $\frac{7}{8}$

29

10명의 학생들 중 2명의 임원을 선출하고 남은 학생들 중 2명의 주번을 선출한다고 할 때, 가능한 경우의 수는?

① 1,024가지
② 1,180가지
③ 1,260가지
④ 1,320가지

30 민석이의 지갑에는 1,000원, 5,000원, 10,000원짜리 지폐가 각각 8장씩 있다. 거스름돈 없이 23,000원을 지불하려고 할 때, 지불방법의 가짓수는?

① 2가지
② 3가지
③ 4가지
④ 5가지

31 주머니에 빨간색 구슬 3개, 초록색 구슬 4개, 파란색 구슬 5개가 있다. 구슬 2개를 꺼낼 때, 모두 빨간색이거나 모두 초록색이거나 모두 파란색일 확률은?

① $\frac{3}{11}$
② $\frac{19}{66}$
③ $\frac{10}{33}$
④ $\frac{7}{22}$

32 A, B, C 세 사람이 동시에 같은 문제를 풀려고 한다. A가 문제를 풀 확률은 $\frac{1}{4}$, B가 문제를 풀 확률은 $\frac{1}{3}$, C가 문제를 풀 확률은 $\frac{1}{2}$일 때, 한 사람만 문제를 풀 확률은?

① $\frac{2}{9}$
② $\frac{1}{4}$
③ $\frac{5}{12}$
④ $\frac{11}{24}$

33 A회사의 마케팅부, 영업부, 영업지원부에서 2명씩 대표로 회의에 참석하기로 하였다. 자리배치는 원탁 테이블에 같은 부서 사람이 옆자리로 앉는다고 할 때, 6명이 앉을 수 있는 경우의 수는 몇 가지인가?

① 15가지
② 16가지
③ 17가지
④ 18가지

34 K공사는 하반기 공채에서 9명의 신입사원을 채용하였고, 신입사원 교육을 위해 A, B, C 세 개의 조로 나누기로 하였다. 신입사원들을 한 조에 3명씩 배정한다고 할 때, 3개의 조로 나누는 경우의 수는?

① 1,240가지
② 1,460가지
③ 1,680가지
④ 1,800가지

35 K공사의 친목회에서 올해 임원진(회장, 부회장, 총무)을 새롭게 선출하려고 한다. 친목회 전체 인원은 17명이며, 전체 인원 중 작년의 임원진 3명은 연임하지 못한다. 매년 회장, 부회장, 총무를 각 1명씩 뽑을 때, 올해 임원을 선출할 수 있는 경우의 수는 모두 몇 가지인가?

① 4,080가지
② 2,730가지
③ 2,184가지
④ 1,360가지

36 홍은, 영훈, 성준이는 A그룹 공채에 지원했고, 적성검사에 합격할 확률이 각각 $\frac{6}{7}$, $\frac{3}{5}$, $\frac{1}{2}$이다. 세 사람 중 두 사람이 합격할 확률을 $\frac{b}{a}$라 할 때, $a+b$의 값은?(단 a와 b는 서로소이다)

① 64
② 77
③ 90
④ 103

37 4통의 엽서를 각각 서로 다른 3개의 우체통에 넣는 방법의 가짓수는?

① 24가지
② 38가지
③ 64가지
④ 81가지

38 동전을 연속해서 세 번 던질 경우 두 번째와 세 번째에 모두 앞면이 나올 확률은?

① $\frac{1}{2}$ ② $\frac{1}{3}$

③ $\frac{1}{4}$ ④ $\frac{1}{6}$

39 1, 1, 1, 2, 2, 3을 가지고 여섯 자리 수를 만들 때, 가능한 모든 경우의 수는 총 몇 개인가?

① 30가지 ② 60가지

③ 120가지 ④ 240가지

40 귤 상자 2개에 각각 귤이 들어있다. 한 상자당 귤이 안 익었을 확률이 10%, 썩었을 확률이 15%이고, 나머지는 잘 익은 귤이다. 두 사람이 각각 다른 상자에서 귤을 꺼낼 때, 한 사람은 잘 익은 귤을 꺼내고, 다른 한 사람은 썩거나 안 익은 귤을 꺼낼 확률은 몇 %인가?

① 31.5% ② 33.5%

③ 35.5% ④ 37.5%

41 1에서 10까지 적힌 숫자카드를 임의로 두 장을 동시에 뽑을 때, 뽑은 두 카드에 적힌 수의 곱이 홀수일 확률은?

① $\frac{5}{7}$ ② $\frac{7}{8}$

③ $\frac{5}{9}$ ④ $\frac{2}{9}$

42 서로 다른 2개의 주사위 A, B를 동시에 던졌을 때, 나온 눈의 곱이 홀수일 확률은?

① $\frac{1}{4}$ ② $\frac{1}{5}$ ③ $\frac{1}{6}$ ④ $\frac{1}{8}$

43 30명의 남학생 중에서 16명, 20명의 여학생 중에서 14명이 수학여행으로 국외를 선호하였다. 전체 50명의 학생 중 임의로 선택한 한 명이 국내 여행을 선호하는 학생일 때, 이 학생이 남학생일 확률은?

① $\frac{3}{5}$ ② $\frac{7}{10}$

③ $\frac{4}{5}$ ④ $\frac{9}{10}$

44 A와 B는 함께 자격증 시험에 도전하였다. A가 불합격할 확률이 $\frac{2}{3}$이고 B가 합격할 확률이 60%일 때, A와 B 둘 다 합격할 확률은?

① 20% ② 30% ③ 40% ④ 50%

45 K공사의 출근 시간은 오전 9시이다. K공사는 지하철역에서 K공사 정문까지 셔틀버스를 운행한다. 정문에 셔틀버스가 출근 시간에 도착할 확률은 $\frac{1}{2}$, 출근 시간보다 늦게 도착할 확률은 $\frac{1}{8}$, 출근 시간보다 일찍 도착할 확률은 $\frac{3}{8}$이다. 지하철역에서 3대가 동시에 출발할 때, 2개의 버스는 출근 시간보다 일찍 도착하고, 1대의 버스는 출근 시간에 도착할 확률은?

① $\frac{1}{128}$ ② $\frac{3}{128}$

③ $\frac{9}{128}$ ④ $\frac{27}{128}$

자료해석능력

●● 정답 및 해설 p.527

01 다음은 2019년 1/4분기 단지별 수출현황이다. 다음 중 (가), (나), (다)에 들어갈 수치로 가장 적절한 것은?(단, 전년 대비 수치는 소수점 이하 둘째 자리에서 반올림한다)

〈2019년 1/4분기 수출현황〉

(단위 : 백만불)

구 분	2019년 1/4분기	2018년 1/4분기	전년 대비
국 가	66,652	58,809	13.3% 상승
일 반	34,273	29,094	(가) 상승
농 공	2,729	3,172	14.0% 하락
합 계	(나)	91,075	(다) 상승

① (가) : 17.8, (나) : 103,654, (다) : 11.8
② (가) : 15.8, (나) : 103,654, (다) : 13.8
③ (가) : 17.8, (나) : 102,554, (다) : 13.8
④ (가) : 17.8, (나) : 103,654, (다) : 13.8

02

다음은 병역자원 현황에 대한 자료이다. 총 지원자 수에 대한 2011 · 2012년 평균과 2017 · 2018년 평균과의 차이를 구하면?

〈병역자원 현황〉

(단위 : 만명)

구 분	2011년	2012년	2013년	2014년	2015년	2016년	2017년	2018년
계	826.9	806.9	783.9	819.2	830.8	826.2	796.3	813.0
징 · 소집 대상	135.3	128.6	126.2	122.7	127.2	130.2	133.2	127.7
보충역 복무자 등	16.0	14.3	11.6	9.5	8.9	8.6	8.6	8.9
병력동원 대상	675.6	664.0	646.1	687.0	694.7	687.4	654.5	676.4

① 11.25만명
② 11.75만명
③ 12.25만명
④ 12.75만명

03

2019년 상반기 K공사 홍보팀 입사자는 2018년 하반기에 비해 20% 감소하였으며, 2019년 상반기 인사팀 입사자는 2018년 하반기 마케팅팀 입사자 수의 2배이고, 영업팀 입사자는 2018년 하반기보다 30명이 늘었다. 2019년 상반기 마케팅팀의 입사자는 2019년 상반기 인사팀의 입사자와 같다. 2019년 상반기 전체 입사자가 2018년 하반기 대비 25% 증가했을 때, 2018년 하반기 대비 2019년 상반기 인사팀 입사자의 증감률은?

〈K공사 입사자 수〉

구 분	마케팅팀	영업팀	홍보팀	인사팀	합 계
2018년 하반기 입사자 수	50명		100명		320명

① −25%
② −15%
③ 0%
④ 25%

04

다음은 2014~2018년 자원봉사 참여현황에 대한 자료이다. 자료를 참고하여 참여율이 4번째로 높은 해의 전년 대비 참여율의 증가율을 구하면?(단, 소수점 이하 둘째 자리에서 반올림한다)

〈자원봉사 참여현황〉

(단위 : 명, %)

구 분	2014년	2015년	2016년	2017년	2018년
총 성인 인구수	39,377,310	39,832,282	40,287,814	40,747,638	41,210,561
자원봉사 참여 성인 인구수	5,077,428	5,823,697	6,666,477	7,169,252	7,998,625
참여율	12.9	14.6	16.5	17.6	19.4

① 약 7.5%
② 약 9.6%
③ 약 11.6%
④ 약 13.2%

05

다음은 전국 폐기물 발생 현황 자료이다. 자료를 참고하여 빈칸에 해당하는 값을 알맞게 짝지은 것은?(단, 소수점 이하 둘째 자리에서 반올림한다)

〈전국 폐기물 발생 현황〉

구 분		2013년	2014년	2015년	2016년	2017년	2018년
총 계	발생량(톤)	359,296	357,861	365,154	373,312	382,009	382,081
	증감율(%)	6.6	−0.4	2.0	2.2	2.3	0.02
의료 폐기물	발생량(톤)	52,072	50,906	49,159	48,934	48,990	48,728
	증감율(%)	3.4	−2.2	−3.4	(ㄱ)	0.1	−0.5
사업장 배출 시설계 폐기물	발생량(톤)	130,777	123,604	137,875	137,961	146,390	149,815
	증감율(%)	13.9	(ㄴ)	11.5	0.1	6.1	2.3
건설 폐기물	발생량(톤)	176,447	183,351	178,120	186,417	186,629	183,538
	증감율(%)	2.6	3.9	−2.9	4.7	0.1	−1.7

	ㄱ	ㄴ
①	−0.5%	−5.5%
②	−0.5%	−4.5%
③	−0.6%	−5.5%
④	−0.6%	−4.5%

06 K씨는 생일을 맞아 주말에 가족과 외식을 하려고 한다. 레스토랑별 통신사 할인 혜택과 예상금액이 다음과 같을 때, K씨의 가족이 가장 저렴한 금액으로 외식할 수 있는 방법이 올바르게 짝지어진 것은?(단, 소수점 이하 자리는 버림한다)

〈통신사별 멤버십 혜택〉

구 분	A통신사	B통신사	C통신사
A레스토랑	10만 원 이상 결제 시 5,000원 할인	15% 할인	1,000원당 100원 할인
B레스토랑	재방문 시 8,000원 상당의 음료쿠폰 제공 (당일 사용 불가)	20% 할인	10만 원 이상 결제 시 10만 원 초과금의 30% 할인
C레스토랑	1,000원당 150원 할인	5만 원 이상 결제 시 5만 원 초과금의 10% 할인	30% 할인

〈레스토랑별 예상금액〉

구 분	A레스토랑	B레스토랑	C레스토랑
예상금액(원)	143,300	165,000	174,500

	레스토랑	통신사	가 격
①	A레스토랑	A통신사	120,380원
②	A레스토랑	B통신사	121,800원
③	B레스토랑	B통신사	132,000원
④	C레스토랑	C통신사	122,150원

07 다음은 2014~2018년 우리나라의 출생아 수 및 사망자 수에 대한 자료이다. 다음 중 자료에 대한 설명으로 옳지 않은 것은?

〈우리나라 출생아 수 및 사망자 수 현황〉

(단위 : 명)

구 분	2014년	2015년	2016년	2017년	2018년
출생아 수	436,455	435,435	438,420	406,243	357,771
사망자 수	266,257	267,692	275,895	280,827	285,534

① 출생아 수가 가장 많았던 해는 2016년이다.
② 사망자 수는 2015년부터 2018년까지 매년 전년 대비 증가하고 있다.
③ 2014년부터 2018년까지 사망자 수가 가장 많은 해와 가장 적은 해의 사망자 수 차이는 15,000명 이상이다.
④ 2016년 출생아 수는 같은 해 사망자 수의 1.7배 이상이다.

08 다음은 한국과 OECD 평균 기대여명 변화에 대한 자료이다. 자료의 대한 설명으로 옳지 않은 것은?

〈65세, 80세의 한국 및 OECD 평균 기대여명 변화 추이〉

(단위 : 년)

연 령		남 성				여 성			
		1974년	1999년	2009년	2019년	1974년	1999년	2009년	2019년
65세	한 국	10.2	13.4	15.5	18.2	14.9	17.5	19.6	22.4
	OECD 평균	12.7	14.7	16.3	17.9	15.6	18.4	19.8	21.3
80세	한 국	4.7	6.1	6.9	8.0	6.4	7.9	8.5	10.1
	OECD 평균	5.7	6.6	7.3	8.3	6.6	8.2	8.9	10.0

① 65세, 80세 여성의 기대여명은 2019년에 OECD 평균보다 모두 높아졌다.
② 80세 남성의 기대여명은 1974~2019년 동안 OECD 평균 기대여명과의 격차가 꾸준히 줄어들었다.
③ 1974~2009년 동안 65세 연령의 성별 기대여명과 OECD 평균 기대여명과의 격차는 남성보다 여성이 더 크다.
④ 남성의 기대여명보다 여성의 기대여명이 더 높다.

09

다음은 K공사의 신입사원 채용에 지원한 남성 · 여성 입사지원자 수와 합격자 수에 관한 자료이다. 자료에 대한 설명으로 옳지 않은 것은?(단, 합격률 및 비율은 소수점 이하 둘째 자리에서 반올림한다)

〈신입사원 채용 현황〉

(단위 : 명)

구 분	입사지원자 수	합격자 수
남 성	10,891	1,699
여 성	3,984	624

① 입사지원자의 합격률은 15% 이상이다.
② 여성 입사지원자 대비 여성 합격자의 비중은 20% 미만이다.
③ 총 입사지원자 중에서 여성의 비중은 30% 미만이다.
④ 합격자 중 남성의 비율은 약 80%이다.

10 **화물 출발지와 도착지 간 거리가 A기업은 100km, B기업은 200km이며, 운송량은 A기업은 5톤, B기업은 1톤이다. 국내 운송 시 수단별 요금체계가 다음과 같을 때, A기업과 B기업에 최소 운송비용 측면에서 가장 유리한 운송수단은?(단, 다른 조건은 동일하다)**

구 분		화물자동차	철 도	연안해송
운 임	기본운임	200,000원	150,000원	100,000원
	km · 톤당 추가운임	1,000원	900원	800원
km · 톤당 부대비용		100원	300원	500원

① A, B기업 모두 화물자동차 운송이 저렴하다.
② A기업은 화물자동차가 저렴하고, B기업은 모든 운송수단의 비용이 동일하다.
③ A기업은 모든 운송수단의 비용이 동일하고, B기업은 연안해송이 저렴하다.
④ A, B기업 모두 철도운송이 저렴하다.

11 **다음은 K기업의 재화 생산량에 따른 총 생산비용의 변화를 나타낸 자료이다. 기업의 생산 활동과 관련하여 옳은 설명을 〈보기〉에서 모두 고른 것은?(단, 재화 1개당 가격은 7만 원이다)**

생산량(개)	0	1	2	3	4	5
총 생산비용(만 원)	5	9	12	17	24	33

보기

ㄱ. 2개와 5개를 생산할 때의 이윤은 동일하다.
ㄴ. 이윤을 극대화할 수 있는 최대 생산량은 4개이다.
ㄷ. 생산량을 4개에서 5개로 증가시키면 이윤은 증가한다.
ㄹ. 1개를 생산하는 것보다 생산하지 않는 것이 손해가 적다.

① ㄱ, ㄴ
② ㄱ, ㄷ
③ ㄴ, ㄷ
④ ㄴ, ㄹ

12 다음 자료는 어느 나라의 2018년과 2019년의 노동가능인구 구성의 변화를 나타낸 것이다. 2018년도와 비교한 2019년도의 상황을 바르게 설명한 것은?

〈노동가능인구 구성의 변화〉

구 분	취업자	실업자	비경제활동인구
2018년	55%	25%	20%
2019년	43%	27%	30%

※ [경제활동인구(%)]=100−[비경제활동인구(%)]

① 이 자료에서 실업자의 수는 알 수 없다.
② 실업자의 비율은 감소하였다.
③ 경제활동인구의 비율은 증가하였다.
④ 취업자 비율의 증감폭이 실업자 비율의 증감폭보다 작다.

13 다음 자료를 보고 판단한 것 중 옳지 않은 것은?(단, 증감률은 전년 대비 수치이다)

〈자동차 생산 · 내수 · 수출 현황〉

(단위 : 대, %)

구 분		2014년	2015년	2016년	2017년	2018년
생 산	차량 대수	4,086,308	3,826,682	3,512,926	4,271,741	4,657,094
	증감률	(6.4)	(−6.4)	(−8.2)	(21.6)	(9.0)
내 수	차량 대수	1,219,335	1,154,483	1,394,000	1,465,426	1,474,637
	증감률	(4.7)	(−5.3)	(20.7)	(5.1)	(0.6)
수 출	차량 대수	2,847,138	2,683,965	2,148,862	2,772,107	3,151,708
	증감률	(7.5)	(−5.7)	(−19.9)	(29.0)	(13.7)

① 2014년에는 전년 대비 생산, 내수, 수출이 모두 증가했다.
② 내수가 가장 큰 폭으로 증가한 해에는 생산과 수출이 모두 감소했다.
③ 수출이 증가했던 해는 생산과 내수도 증가했다.
④ 생산이 증가한 해에도 내수나 수출이 감소한 해가 있다.

14 다음 자료는 2015～2018년 국내 기업의 남성육아휴직제 시행 현황에 관한 자료이다. 이에 대한 설명으로 옳은 것은?

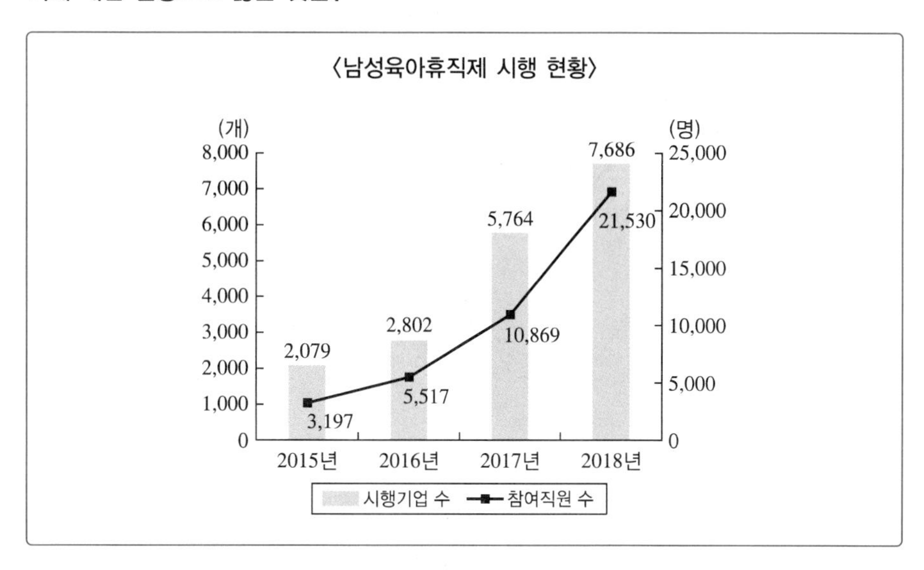

① 2018년 남성육아휴직제 참여직원 수는 2016년의 4배 이상이다.

② 시행기업 수 대비 참여직원 수가 가장 많은 해는 2016년이다.

③ 2016년 대비 2018년 시행기업 수의 증가율은 참여직원 수의 증가율보다 낮다.

④ 2015년부터 2018년까지 연간 참여직원 수 증가 인원의 평균은 5,000명 정도이다.

15 다음 그래프를 해석한 것으로 올바르지 않은 것은?

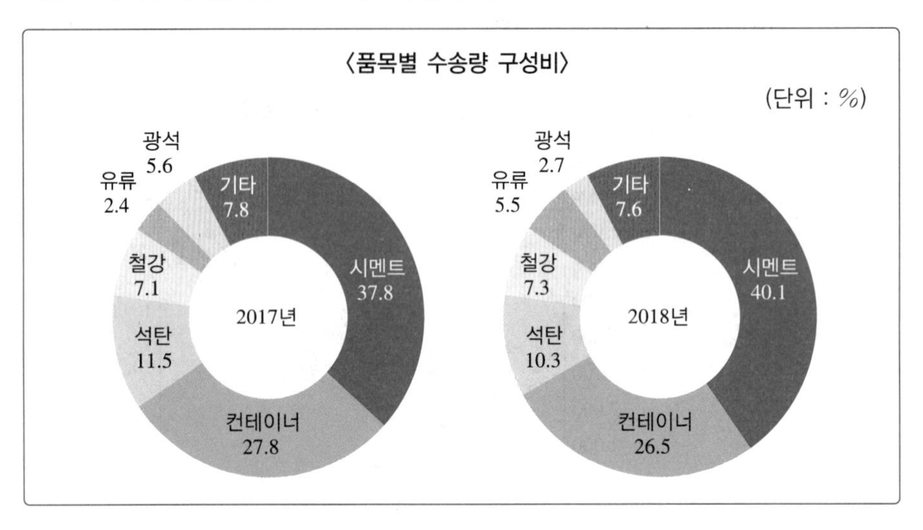

① 2017년 대비 2018년에 구성비가 증가한 품목은 3개이다.
② 컨테이너 수송량은 2017년에 비해 2018년에 감소하였다.
③ 구성비가 가장 크게 변화한 품목은 유류이다.
④ 2017년과 2018년에 가장 큰 비율을 차지하는 품목은 같다.

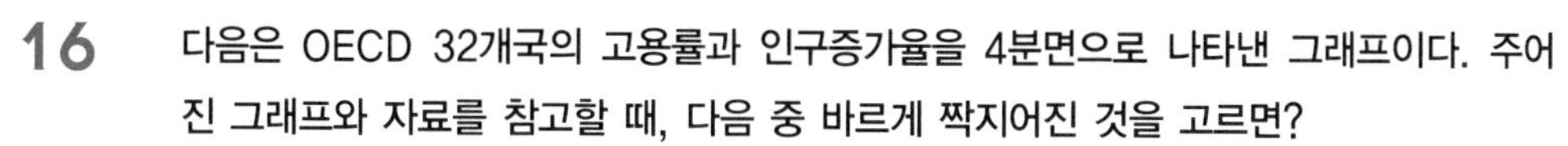

16 다음은 OECD 32개국의 고용률과 인구증가율을 4분면으로 나타낸 그래프이다. 주어진 그래프와 자료를 참고할 때, 다음 중 바르게 짝지어진 것을 고르면?

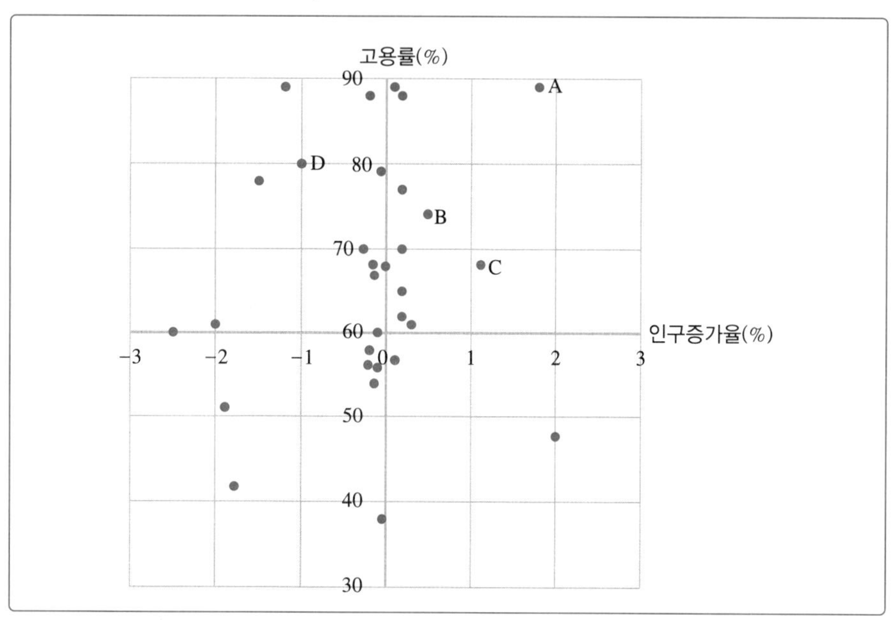

구 분	호 주	벨기에	헝가리	멕시코	일 본	캐나다	독 일	덴마크	한 국	프랑스
고용률 (%)	89	62	80	68	51	74	88	79	42	68
인구 증가율 (%)	1.8	0.2	−1.0	−0.03	−1.9	0.5	0.18	−0.05	−1.8	1.1

① A – 캐나다
② B – 독일
③ C – 멕시코
④ D – 헝가리

17 다음 중 그래프를 해석한 것으로 올바른 것은?

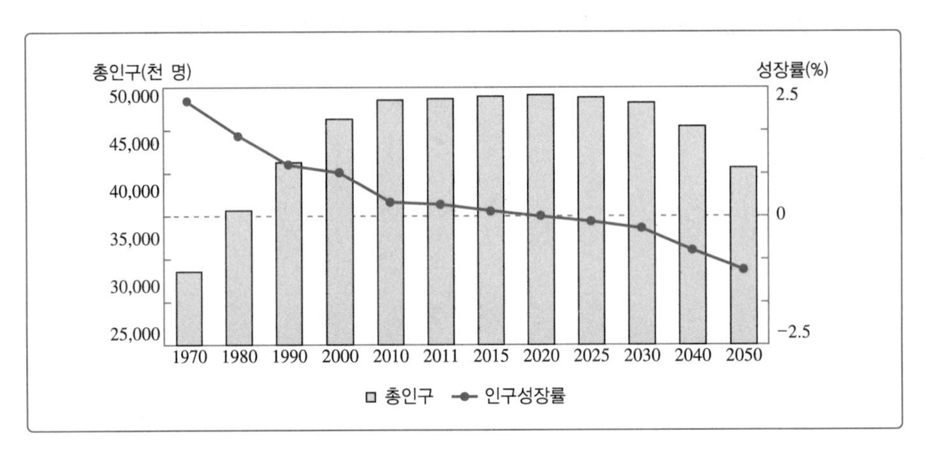

① 인구성장률은 2025년에 잠시 성장하다가 다시 감소할 것이다.
② 2011년부터 총인구는 감소할 것이다.
③ 2000~2010년 기간보다 2025~2030년 기간의 인구 변동이 덜할 것이다.
④ 2040년에 총인구는 1990년 인구보다 적을 것이다.

18 다음은 여성 취업자 중 전문 · 관리직 종사자 구성비를 나타낸 그래프이다. 다음 중 그래프에 대한 설명으로 적절하지 않은 것은?

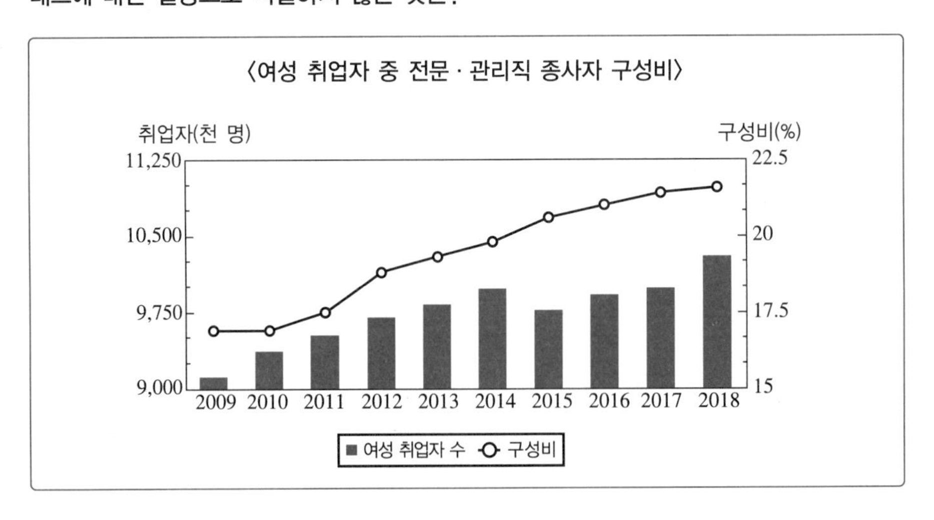

① 2014년과 2017년 여성 취업자의 수는 비슷하다.
② 여성 취업자의 수는 2015년 잠시 감소했다가 2016년부터 다시 증가하기 시작했다.
③ 여성 취업자 중 전문 · 관리직 종사자의 구성비는 2010년 이후 꾸준히 증가했다.
④ 2018년 여성 취업자 중 전문 · 관리직 종사자는 50% 이상이다.

19

다음은 K공사 영업부에서 작년 분기별 영업 실적을 나타낸 그래프이다. 다음 중 작년 전체 실적에서 1 · 2분기와 3 · 4분기가 각각 차지하는 비중을 바르게 나열한 것은? (단, 비중은 소수점 이하 둘째 자리에서 반올림한다)

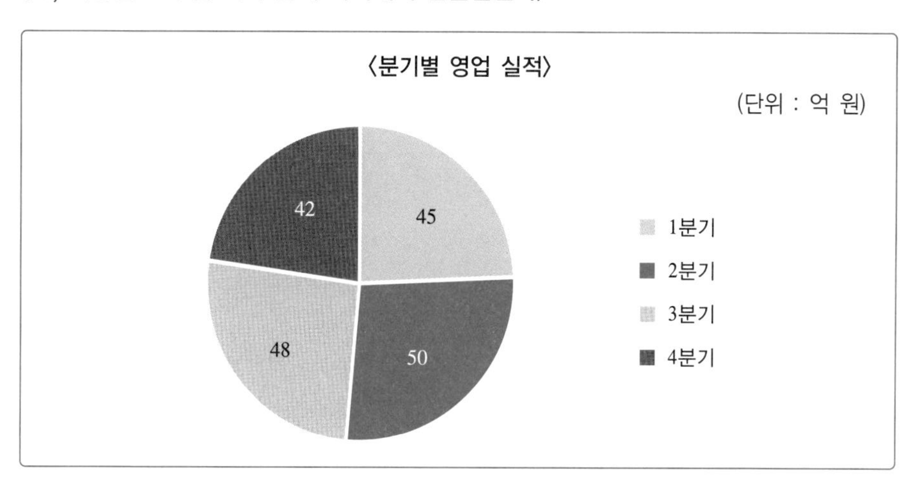

	1 · 2분기	3 · 4분기
①	48.6%	51.4%
②	50.1%	46.8%
③	51.4%	48.6%
④	46.8%	50.1%

20

다음은 O사에서 제품별 밀 소비량을 조사한 그래프이다. O사가 과자류에 밀 사용량을 늘리기로 결정하여 라면류와 빵류에 소비되는 밀 소비량의 각각 10%씩을 과자류에 사용한다면, 과자류에는 총 몇 톤의 밀을 사용하게 되는가?

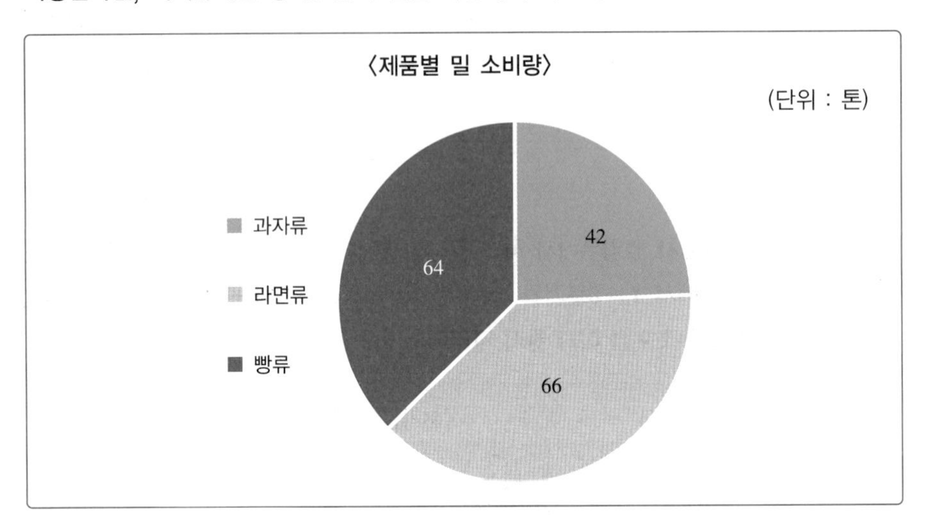

① 45톤
② 50톤
③ 55톤
④ 60톤

CHAPTER 06 추리능력

●● 정답 및 해설 p.532

01 수 · 문자추리

※ 다음은 일정한 규칙으로 배열한 수열이다. 빈칸에 들어갈 알맞은 수를 고르시오. [1~7]

01

1　2　4　7　8　10　13　14　(　　)　19

① 14.5　② 15
③ 15.5　④ 16

02

1　2　2　6　4　18　(　　)

① 8　② 9
③ 10　④ 12

03

−1　1　0　1　1　2　3　5　8　(　　)

① 12　② 13
③ 14　④ 15

04

10 3 7 −4 11 −15 ( )

① 22
② 24
③ 26
④ 28

05

5 8 14 26 50 98 ( )

① 204
② 194
③ 182
④ 172

06

−296 152 −72 40 −16 ( ) −2

① 4
② 7
③ 8
④ 12

07

2 512 20 512 200 256 2,000 ( )

① 60
② 64
③ 128
④ 164

※ 다음은 일정한 규칙으로 배열한 분수에 관한 수열이다. 빈칸에 들어갈 알맞은 분수를 고르시오. [8~11]

08

$\frac{1}{1,000}$ $\frac{2}{500}$ $\frac{4}{250}$ ( ) $\frac{10}{100}$ $\frac{20}{50}$ $\frac{25}{40}$

① $\frac{6}{125}$ ② $\frac{8}{125}$

③ $\frac{6}{150}$ ④ $\frac{8}{150}$

09

$\frac{2}{5}$ $\frac{6}{5}$ $\frac{6}{15}$ $\frac{18}{15}$ $\frac{18}{45}$ ( ) $\frac{54}{135}$

① $\frac{36}{135}$ ② $\frac{54}{135}$

③ $\frac{54}{68}$ ④ $\frac{54}{45}$

10

$\frac{36}{2}$ $\frac{37}{4}$ $\frac{38}{8}$ $\frac{39}{16}$ ( ) $\frac{41}{64}$

① $\frac{40}{32}$ ② $\frac{40}{36}$

③ $\frac{40}{48}$ ④ $\frac{40}{52}$

11

$\frac{5}{3}$ ( ) $\frac{8}{48}$ $\frac{11}{192}$ $\frac{15}{768}$ $\frac{20}{3,072}$

① $\frac{5}{6}$
② $\frac{6}{12}$
③ $\frac{6}{24}$
④ $\frac{7}{36}$

※ 다음은 일정한 규칙으로 배열한 군수열이다. 빈칸에 들어갈 알맞은 수를 고르시오. [12~16]

12

2 4 20 3 5 34 4 5 41 5 6 ( )

① 41
② 50
③ 52
④ 61

13

2 5 7 3 6 9 4 7 ( )

① 13
② 28
③ 11
④ 24

14

3 2 4 2 6 4 7 17 7 3 9 ( ) 4 5 13 7

① 12
② 10
③ 8
④ 6

15

$\underline{6 \quad 4 \quad 4}$	$\underline{21 \quad 5 \quad 32}$	$\underline{19 \quad (\quad\quad) \quad 10}$

① 18 ② 16
③ 14 ④ 12

16

$\underline{\frac{1}{2} \quad 2 \quad \frac{3}{2} \quad 2}$	$\underline{4 \quad 5 \quad \frac{7}{2} \quad (\quad\quad)}$	$\underline{6 \quad 7 \quad 2 \quad 9}$	$\underline{4 \quad \frac{1}{2} \quad \frac{1}{4} \quad 8}$

① 4 ② 6
③ 8 ④ 10

17 다음은 일정한 규칙에 따라 나열된 수열이다. 이때, B^2의 값은?

$\frac{2 \quad -3 \quad 6 \quad 4}{0}$	$\frac{5 \quad -3 \quad 0 \quad -1}{(B)}$	$\frac{-2 \quad -1 \quad 2 \quad 1}{-5}$	$\frac{-1 \quad -3 \quad -5 \quad 7}{-16}$

① 3 ② 5
③ 7 ④ 9

18 일정한 규칙에 따라 수를 나열할 때, $a-b-c$의 값으로 올바른 것은?

- $(2, 3)=[(3, 5), (5, 8), (8, 13)]$
- $(4, 5)=[(5, 9), (9, 14), (14, a)]$
- $(b, 7)=[(7, c), (15, 22), (22, 37)]$

① 0 ② 1
③ 2 ④ 3

19 일정한 규칙으로 수를 나열할 때, (A)+(B)의 값은?

5,040　11　5,040　(A)　2,520　33　840　44　(B)

① 230　② 232
③ 234　④ 236

20 다음은 일정한 규칙에 따라 나열된 수열이다. (A)×(B)의 값은?

2　4　1　1	−2　2　−4　4	−1　(A)　5　(B)
2	4	5

① −16　② −25
③ 16　④ 25

※ 다음은 일정한 규칙으로 배열한 수열이다. 빈칸에 들어갈 알맞은 수를 고르시오. [21~27]

21

2	0	3	8	7
7	5	4	6	3
15	1	13	49	

① 20　② 21
③ 22　④ 23

22

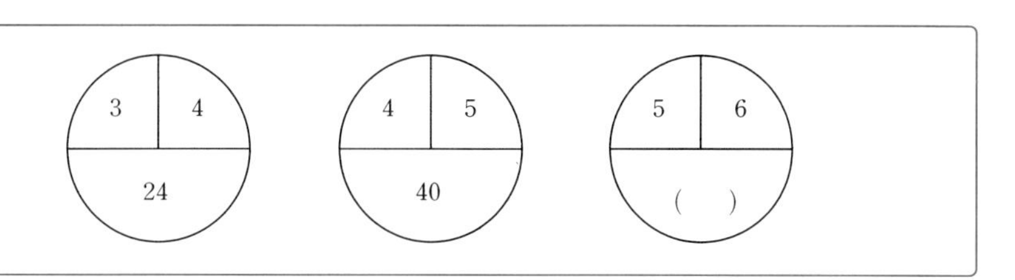

① 30　② 55
③ 60　④ 90

23

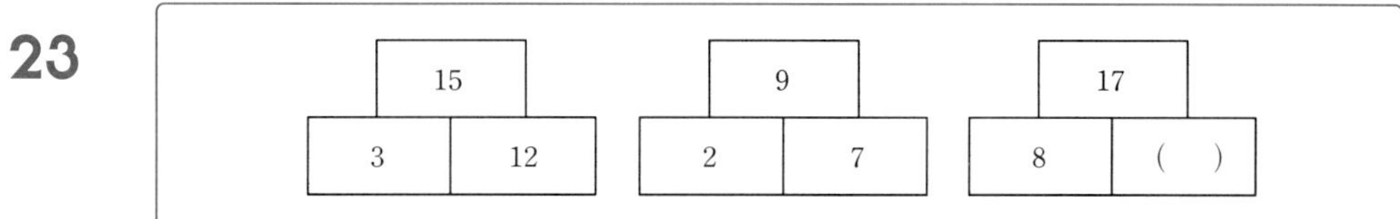

① 9　② 13
③ 17　④ 21

24

9	37
35	8

12	46
38	7

13	55
( )	8

① 47　② 49
③ 51　④ 53

25

	1	8	−2	
5	2	−3	7	( )

① 0　② 1　③ 2　④ 3

26

2	5	−3	16
6			6
20			−7
−8	11	(　　)	5

① 9　　② 12

③ 15　　④ 18

27

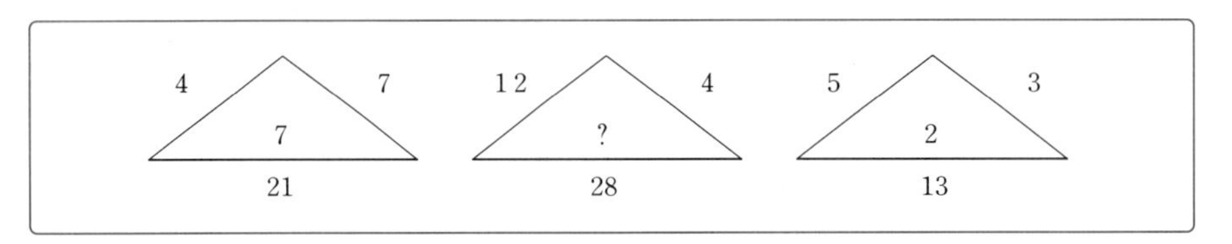

① −20　　② −10

③ 10　　④ 20

※ 일정한 규칙으로 문자를 나열할 때, 빈칸에 들어갈 알맞은 문자를 고르시오. [28~39]

28

F　G　E　H　D　(　　)　C

① B　　② I

③ J　　④ K

29

A　ㄴ　3　(　　)　E　ㅂ　7　八

① 4　　② D

③ ㄹ　　④ 四

30

가 나 다 가 라 마 가 바 사 가 아 ( )

① 자
② 차
③ 카
④ 타

31

ㄴ	ㄷ	ㄹ	ㅁ
a		m	v

① b
② d
③ f
④ j

32

E ㄹ ( ) ㅇ I ㄴ

① A
② C
③ G
④ I

33

ㅜ ㄷ ( ) ㅅ ㅓ ㅋ

① ㅠ
② ㅂ
③ ㅅ
④ ㅗ

34

ㄴ	ㄷ	ㅁ	ㅅ
e	h		t

① j
② n
③ o
④ r

35

A B A L B W D B ( )

① F
② G
③ H
④ I

36

캐 해 새 채 매 애 ( )

① 매
② 배
③ 래
④ 채

37

ㄱ ㄷ ㄹ ㅅ ( ) ㄹ

① ㅋ
② ㄱ
③ ㅅ
④ ㅌ

38

Q　O　M　K　I　G　(　　)　C

① A　　② D
③ B　　④ E

39

B　C　E　I　Q　(　　)

① K　　② B
③ G　　④ D

40 나열된 수열의 규칙을 찾아 빈칸에 들어갈 알맞은 문자를 차례대로 고른 것은?

ㄱ (　　) ㄷ　ㄴ g ㅂ　ㄷ ㅣ (　　)　ㄹ k ㅌ

① q, ㅂ　　② f, ㅇ
③ a, ㅎ　　④ e, ㅈ

02 도형 · 일반추리

※ 다음 알파벳에 해당하는 도형의 규칙을 파악하여 〈보기〉에 해당하는 도형의 규칙이 어떤 규칙에 해당하는지 고르시오. [1~3]

01

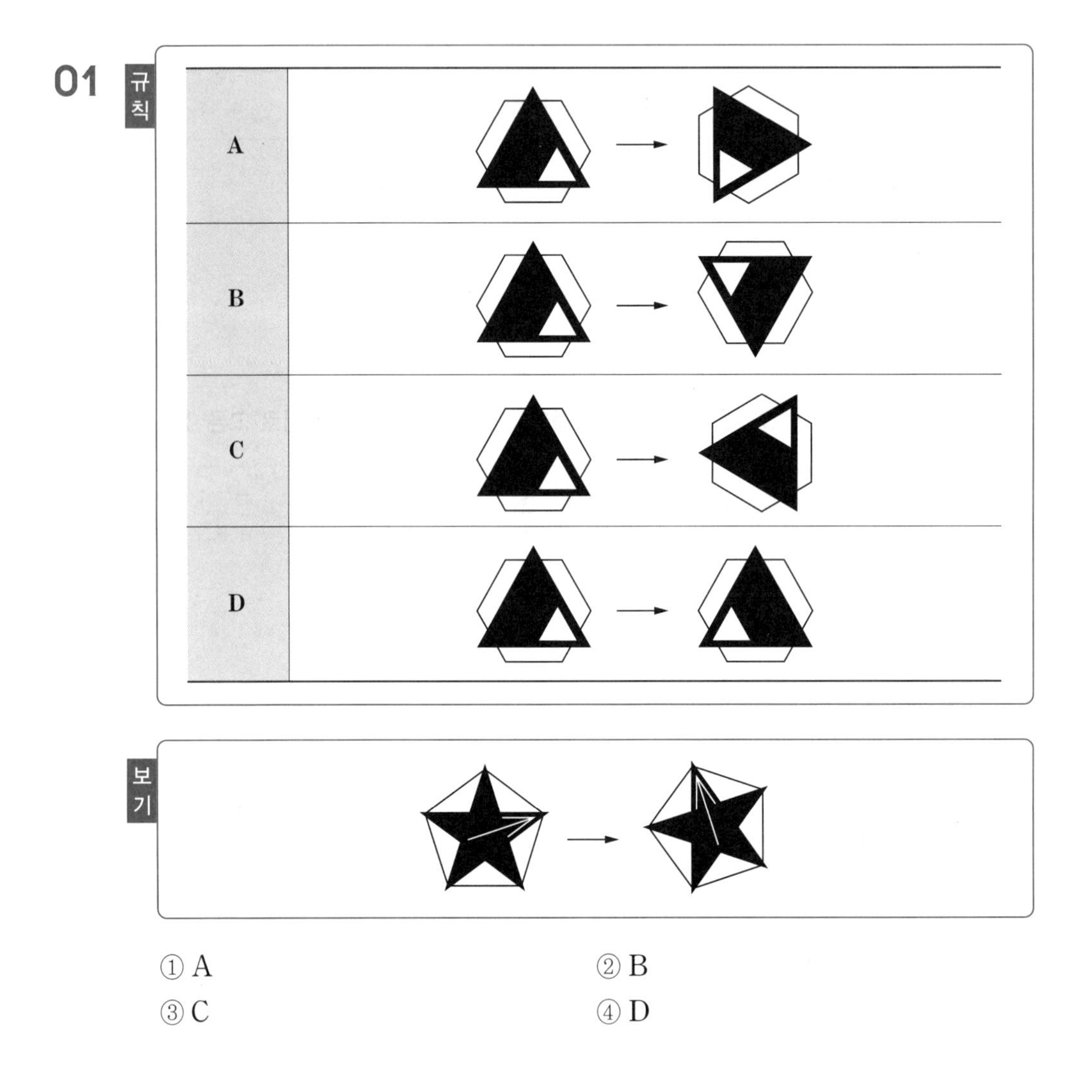

① A ② B
③ C ④ D

02 규칙

구분	변환
A	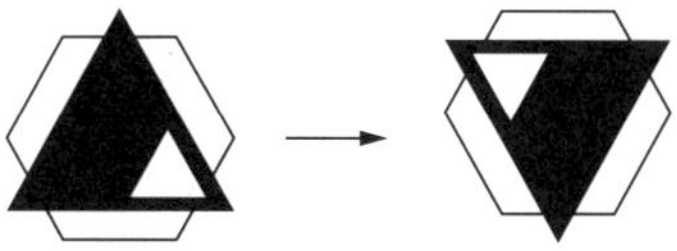
B	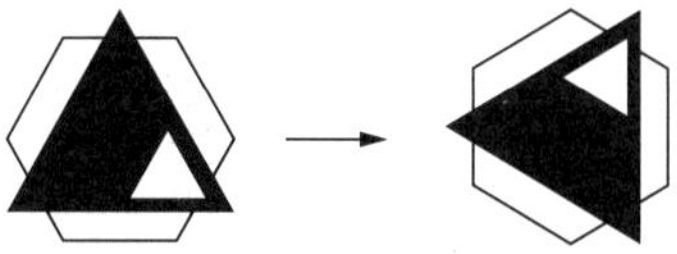
C	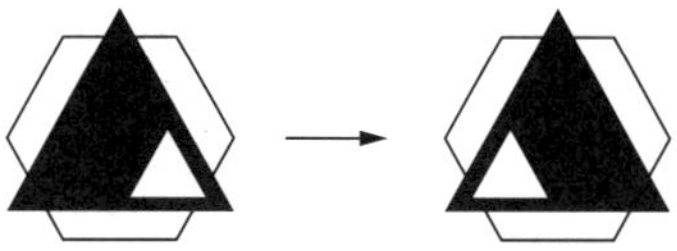
D	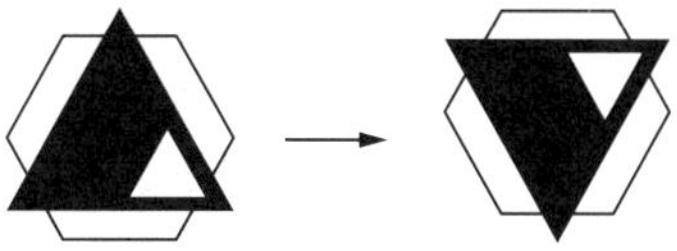

보기

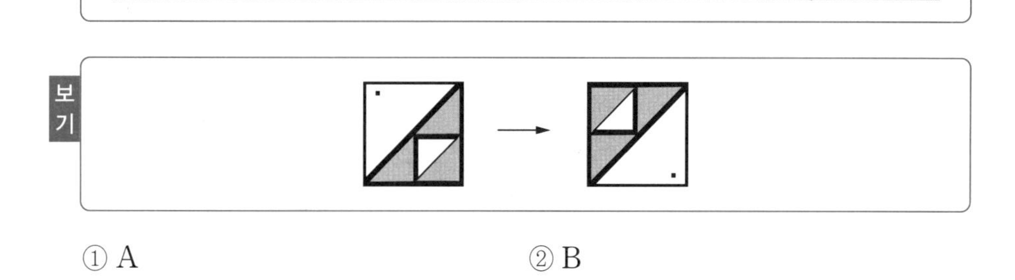

① A　　② B

③ C　　④ D

03

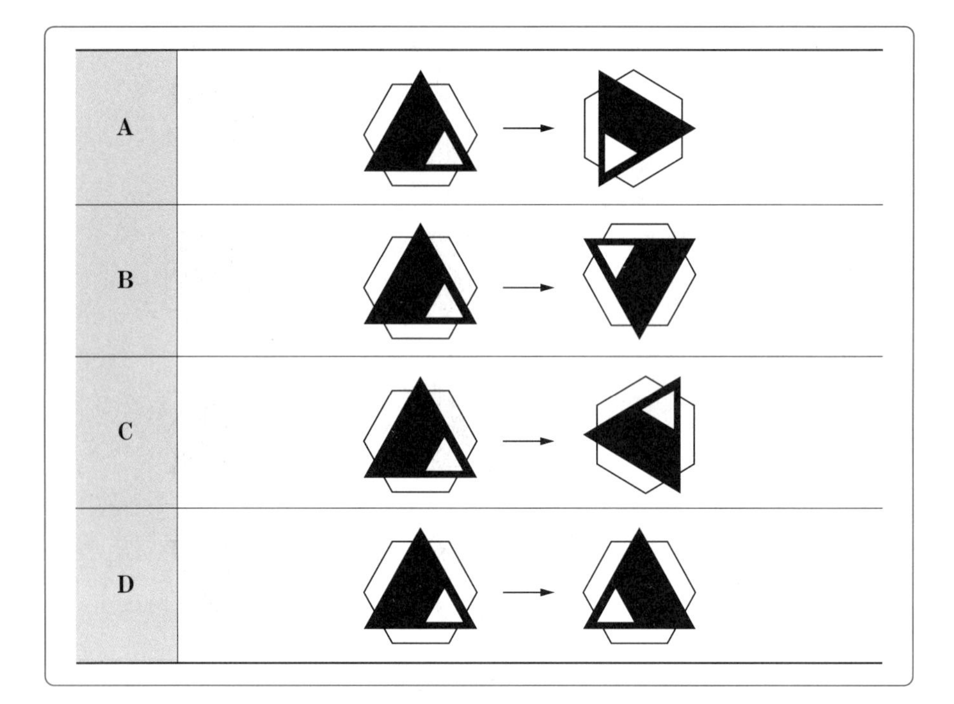

보기

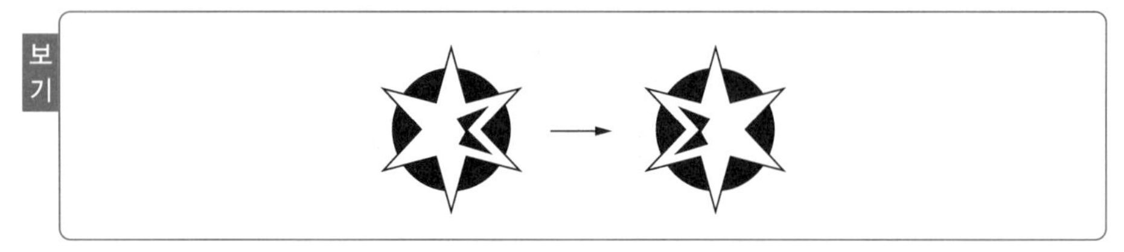

① A
② B
③ C
④ D

※ 왼쪽 직육면체 모양의 입체도형은 두 번째, 세 번째 입체도형과 마지막 입체도형을 조합하여 만들 수 있다. 다음 중 마지막 입체도형으로 알맞은 것을 고르시오. [4~6]

04

?

① ② ③ ④

05

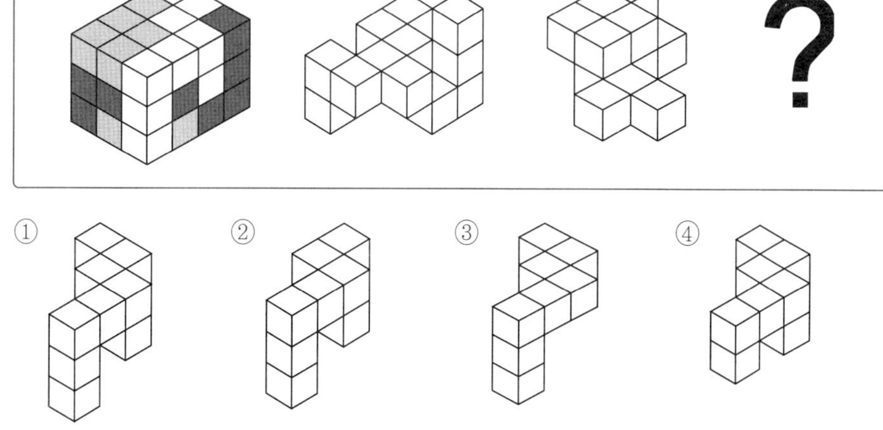

06

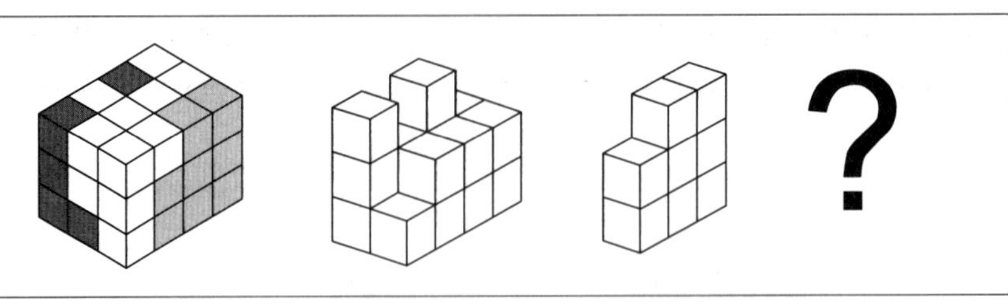

①
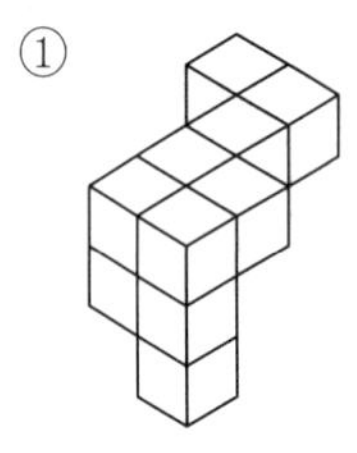

②
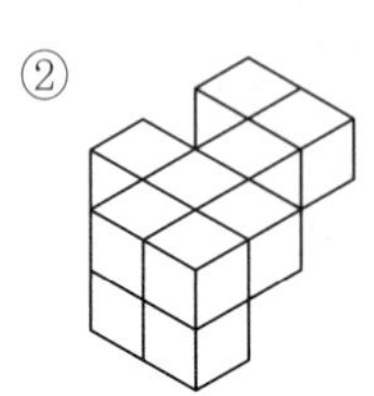

③
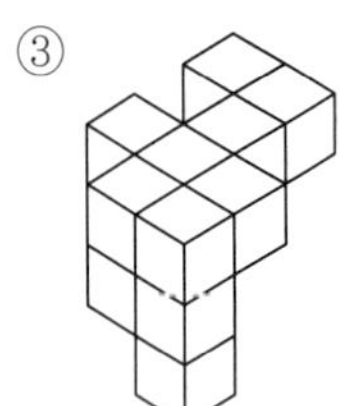

④
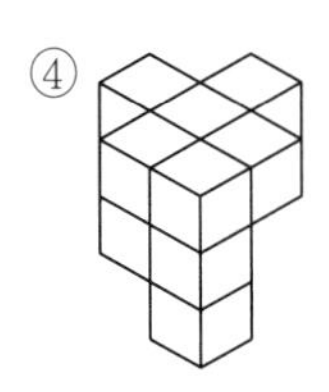

※ 다음 제시된 도형의 규칙을 보고 마지막에 들어갈 알맞은 도형을 고르시오. [7~11]

07

?

①

②

③

④

08

?

①

②

③

④

09

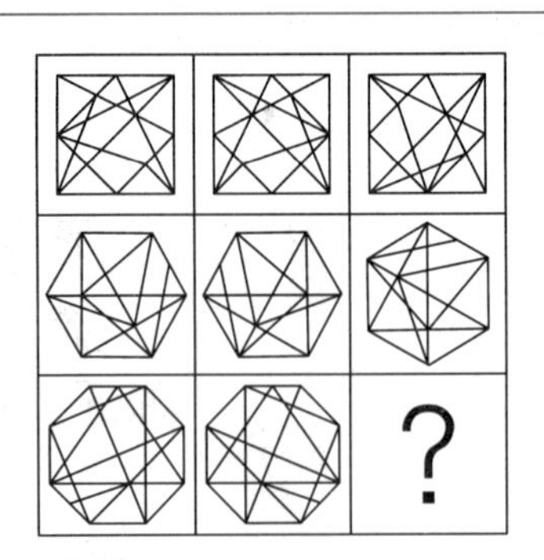

① 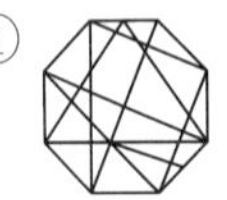

② 

③

④

10

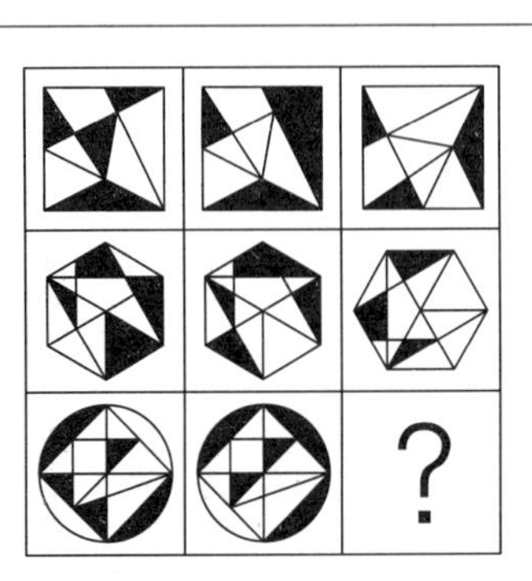

① 

② 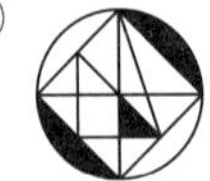

③

④ 

11

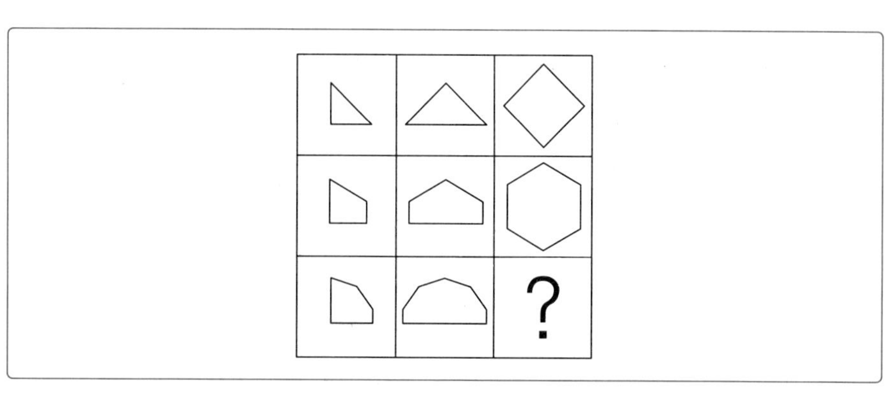

① ②

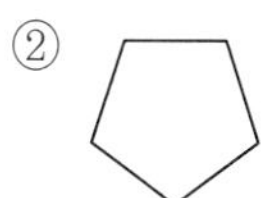

③ ④

12 다음 그림에 나타난 사각형의 개수는?

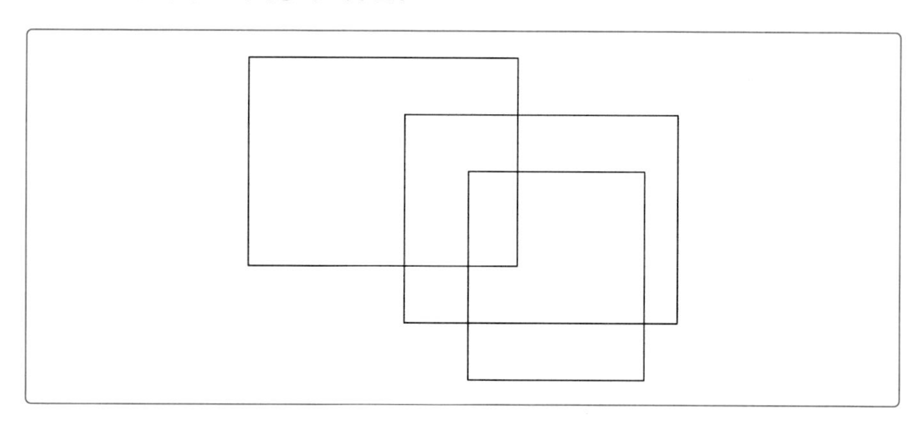

① 6개 ② 7개
③ 8개 ④ 9개

13 다음 순서도에 의해 출력되는 값으로 적절한 것은?

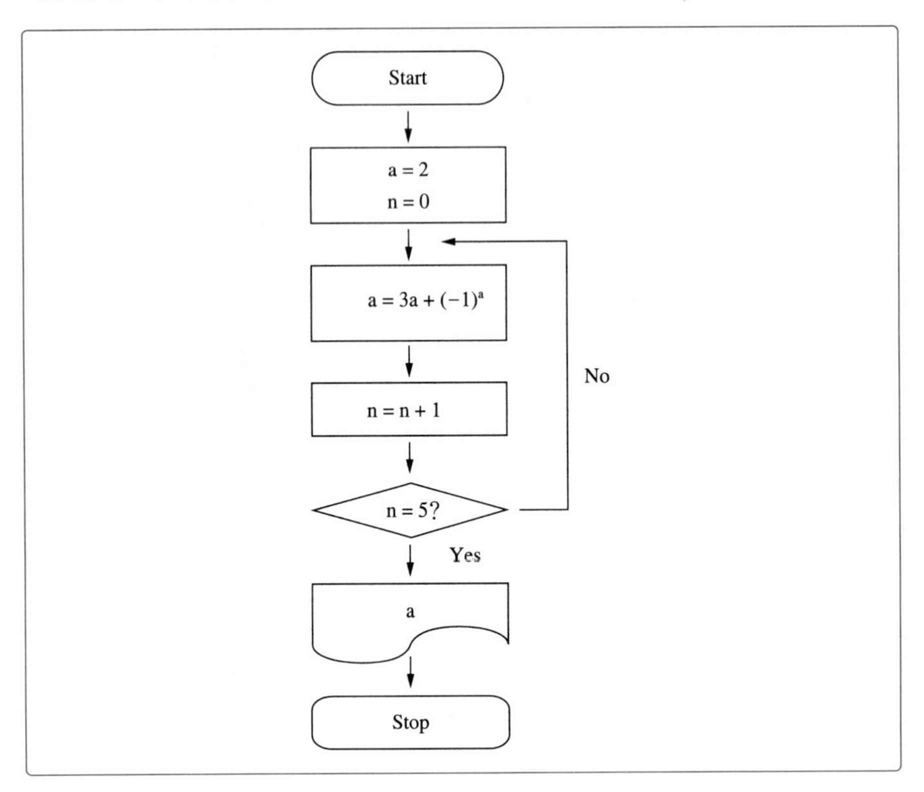

① 547
② 545
③ 543
④ 541

공간지각능력

●● 정답 및 해설 p.539

※ 주어진 전개도를 접었을 때, 만들어질 수 있는 것을 고르시오. [1~3]

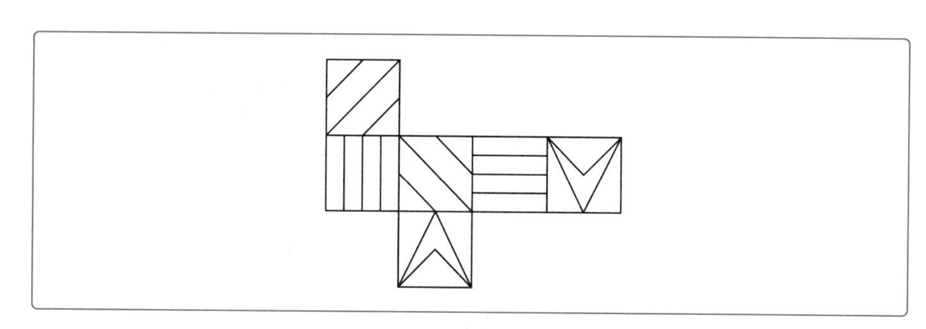

 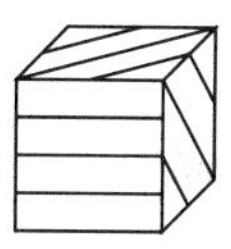

 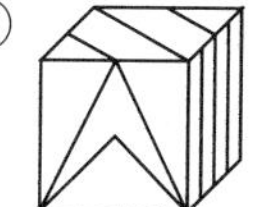

 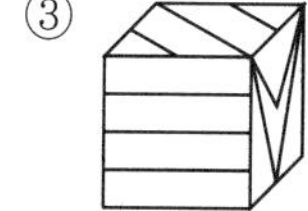

④ 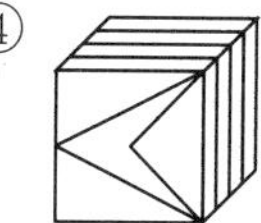

02

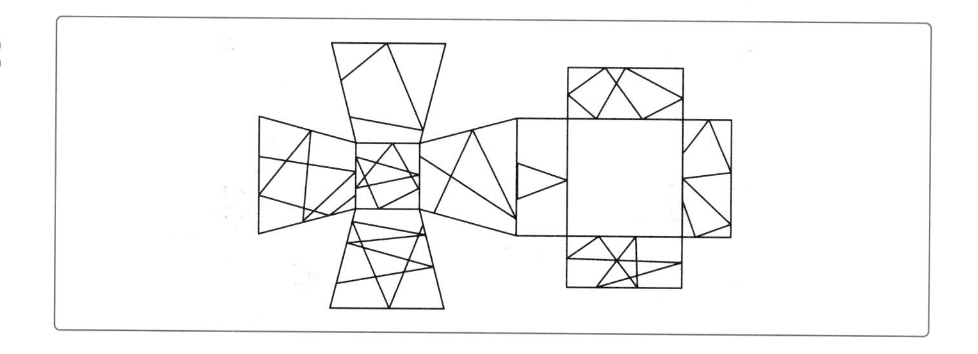

① 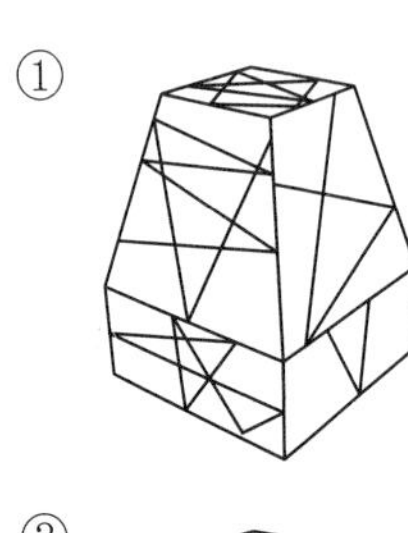

② 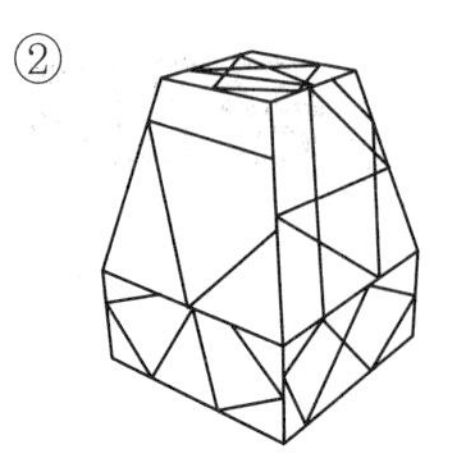

③ 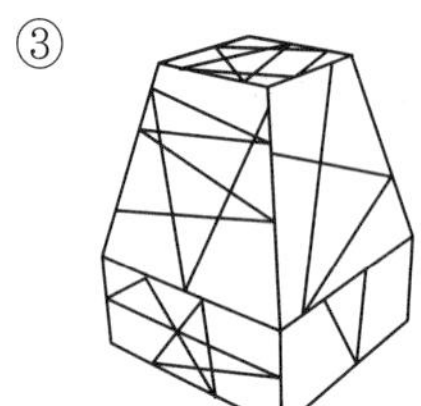

④ 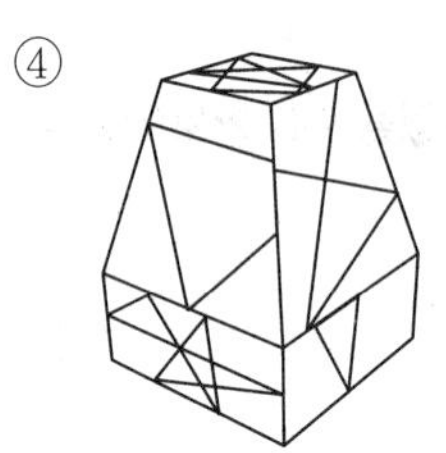

03

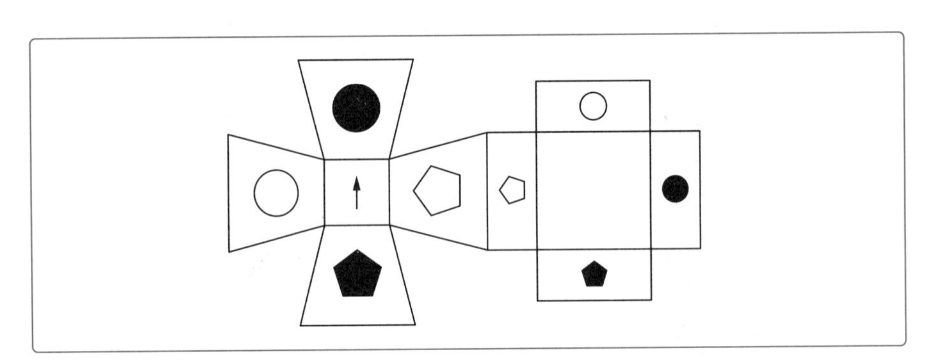

① 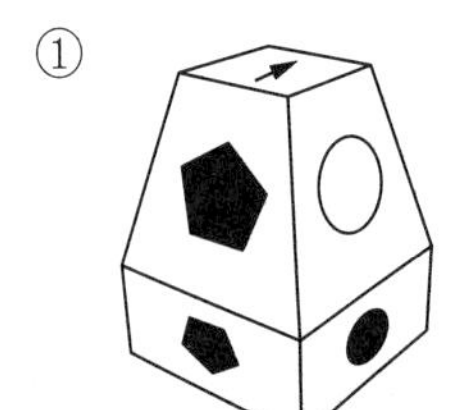

② 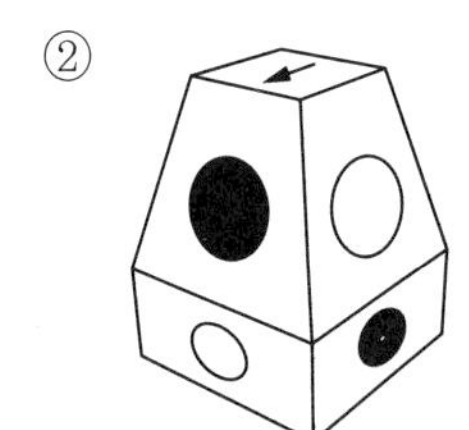

③ 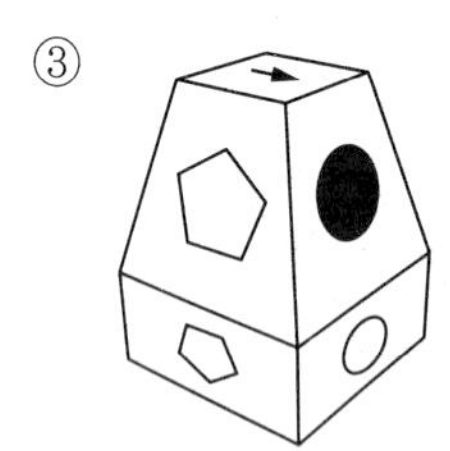

④ 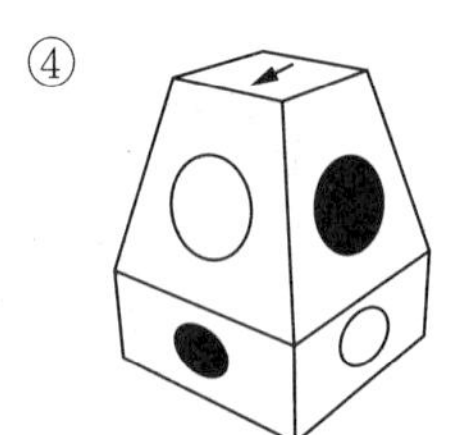

04 다음과 같은 정사각형의 종이를 화살표 방향으로 접고 〈보기〉의 좌표가 가리키는 위치에 구멍을 뚫었다. 다시 펼쳤을 때 뚫린 구멍의 위치를 좌표로 나타낸 것으로 옳은 것은?(단, 좌표가 그려진 사각형의 크기와 종이의 크기는 일치하며, 종이가 접힐 때 종이의 위치는 바뀌지 않는다)

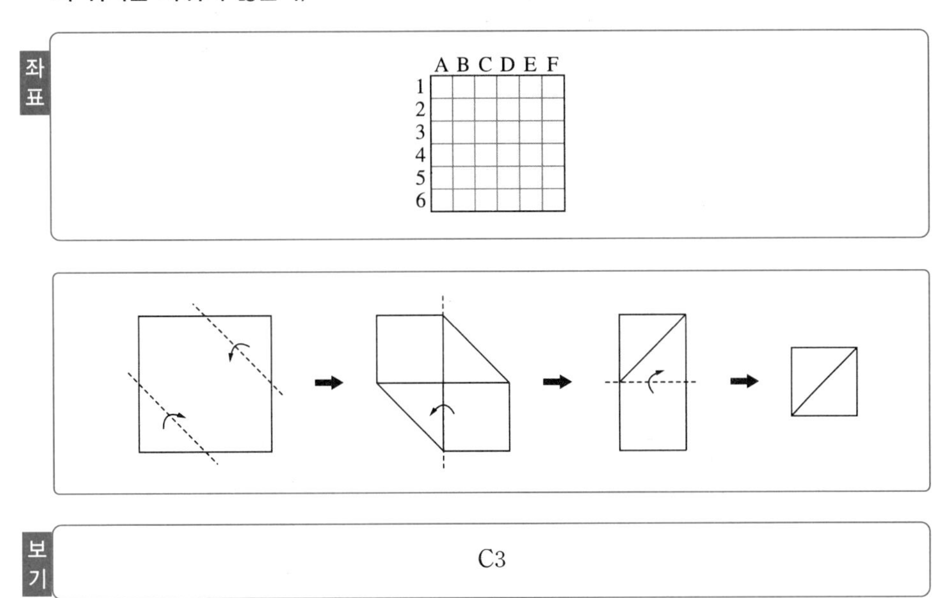

① A5, C3, C4, D3, D4, F5
② A6, C2, C5, D2, D5, F1
③ A6, C3, C4, D3, D4, F1
④ C3, C4, D3, D4

※ 다음 두 블록을 합쳤을 때, 나올 수 있는 형태로 알맞은 것을 고르시오. [5~15]

05

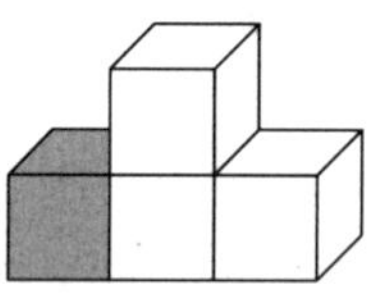

①

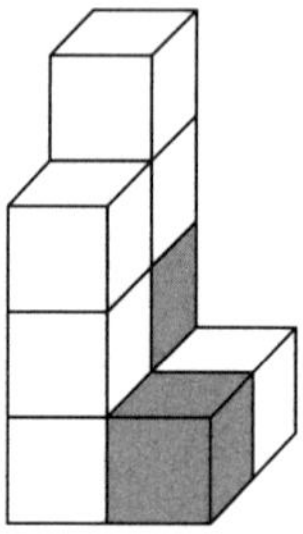

②

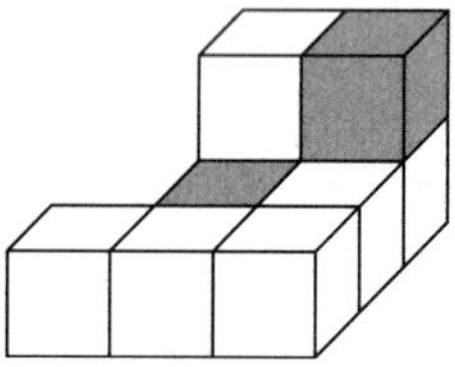

③

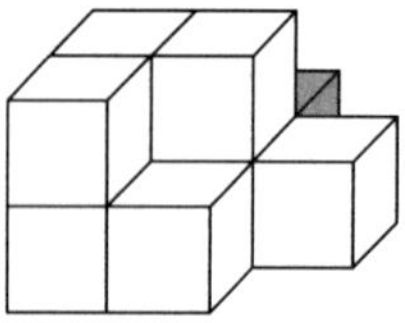

④

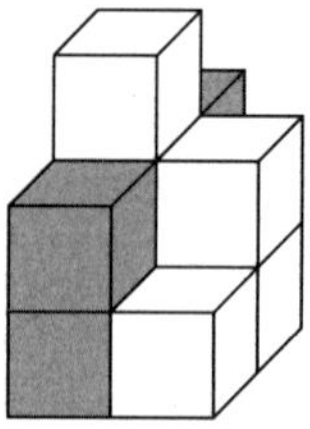

06

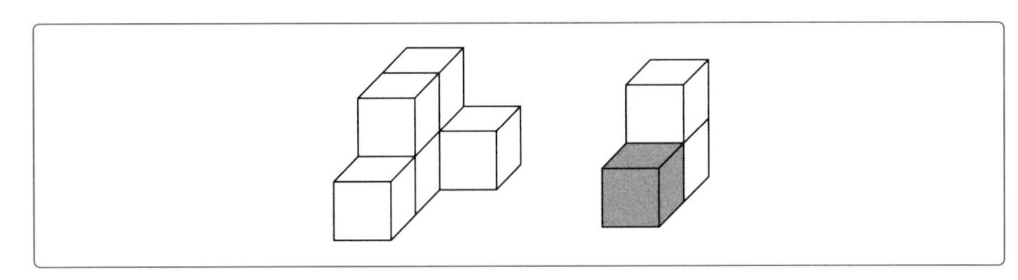

① 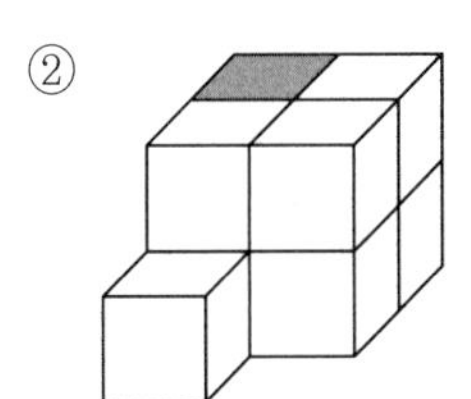

②

③ 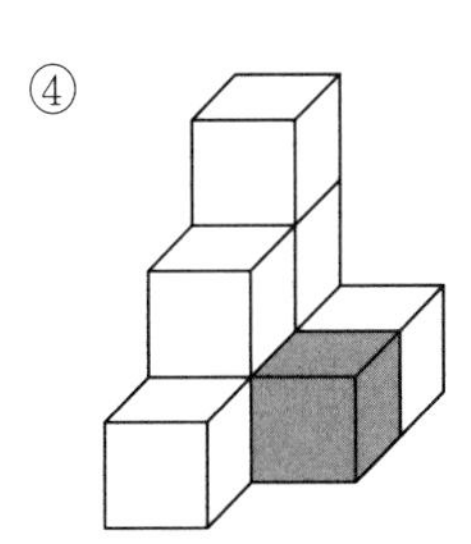

④

07

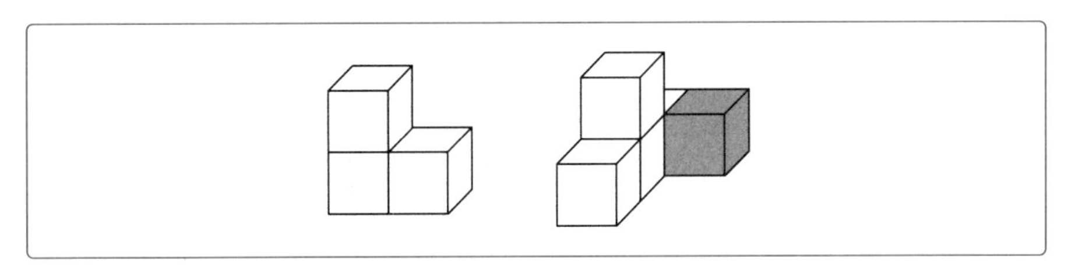

① 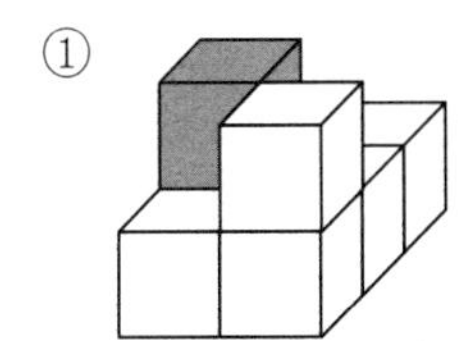

② 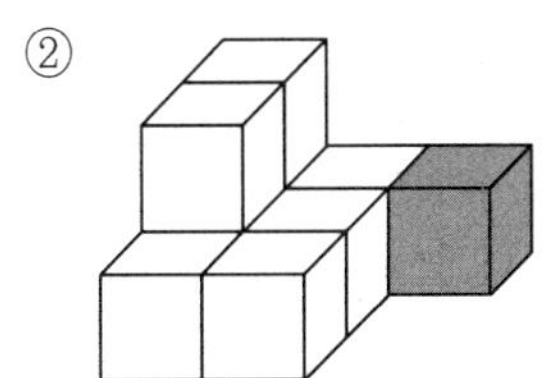

③ 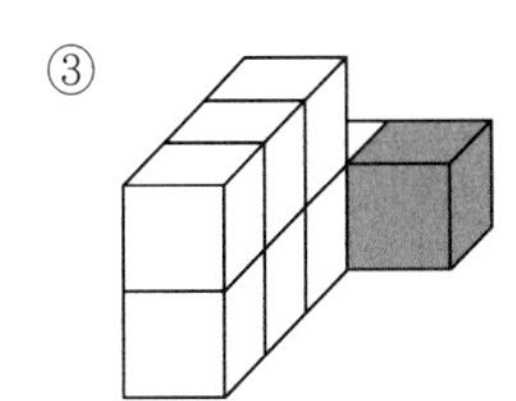

④ 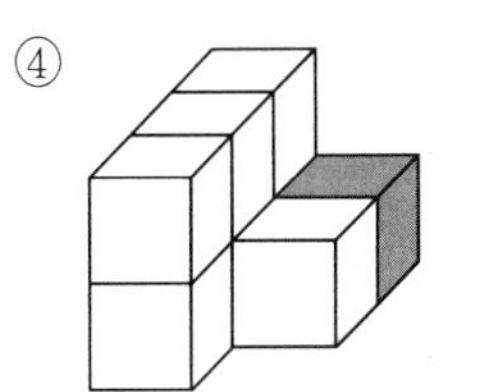

08

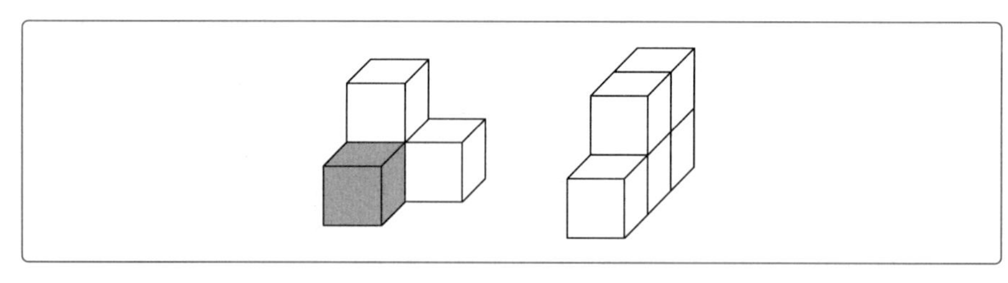

①

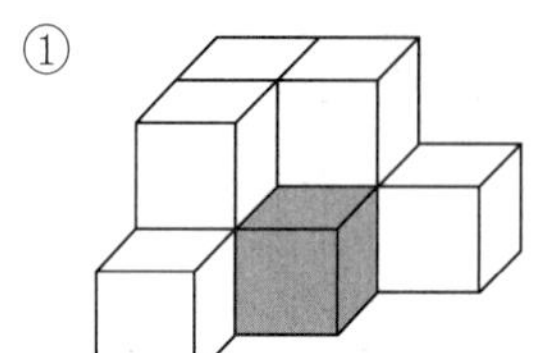

②

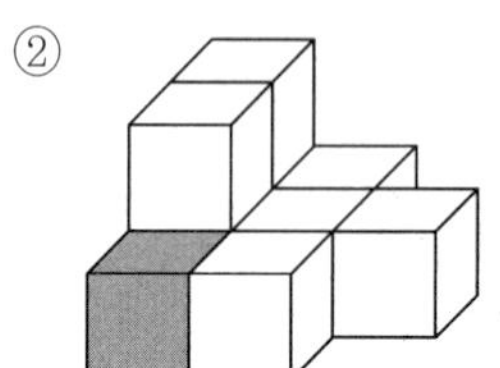

③

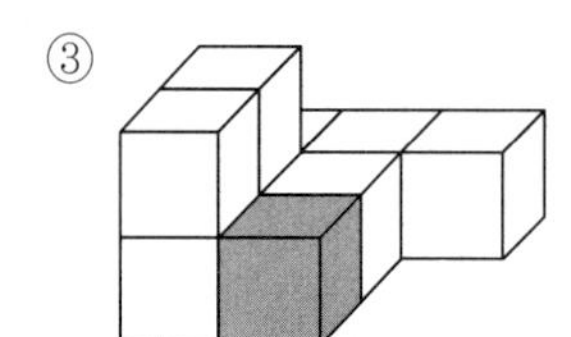

④

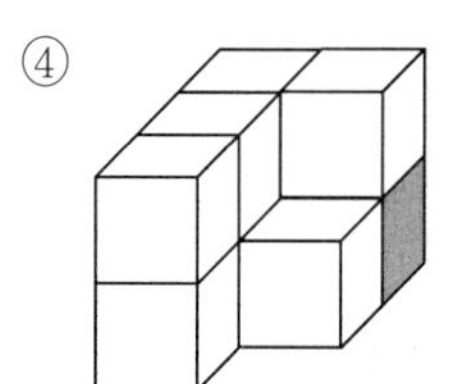

09

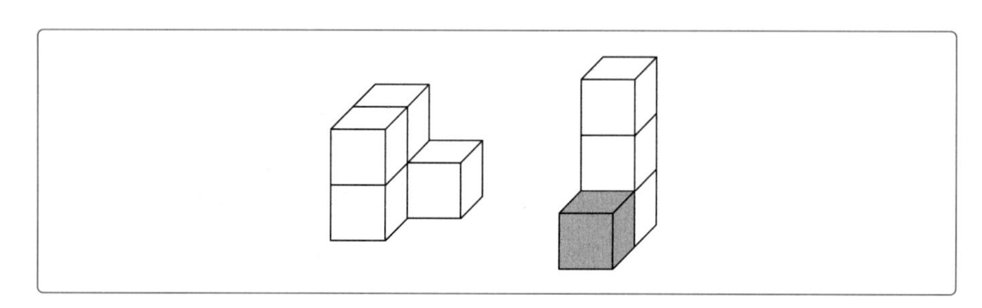

①

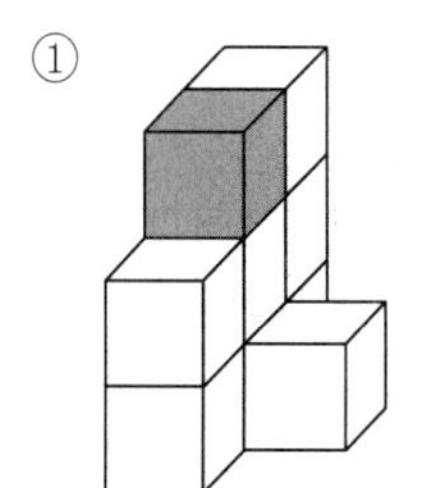

②

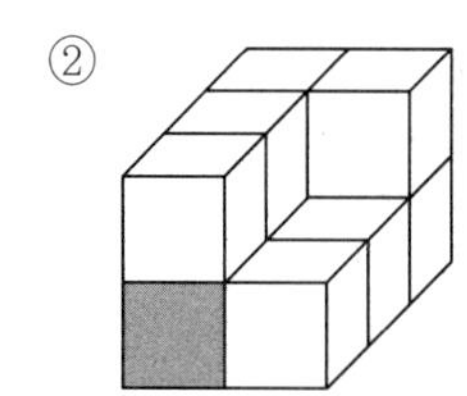

③

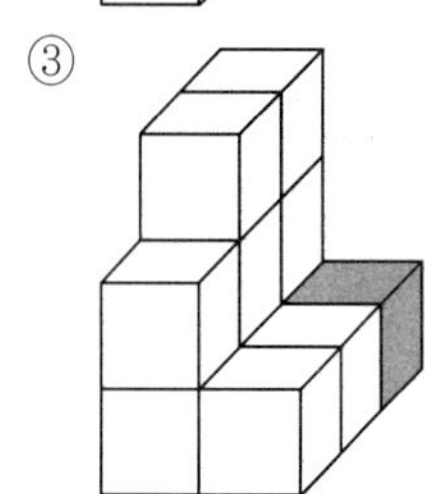

④

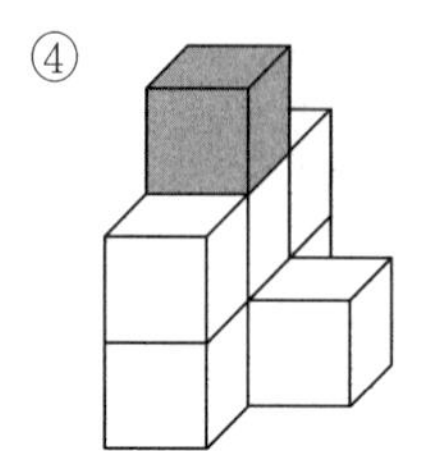

10

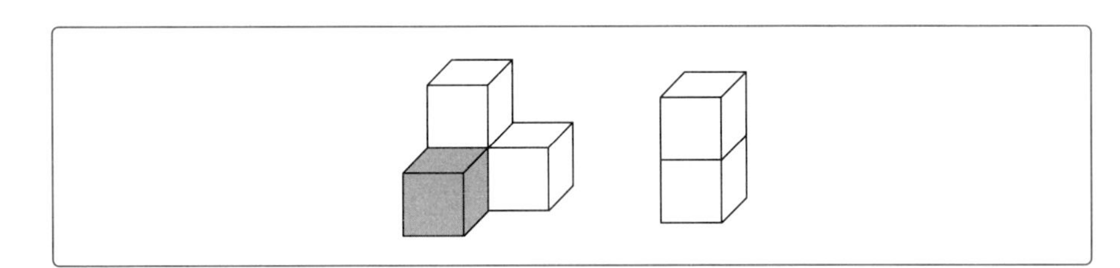

① 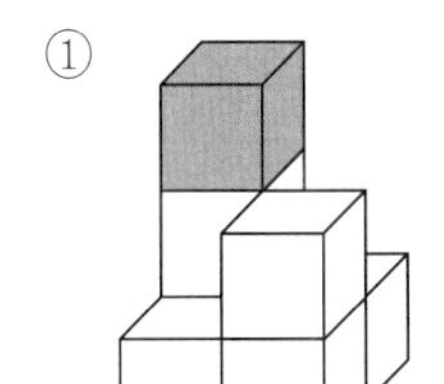

② 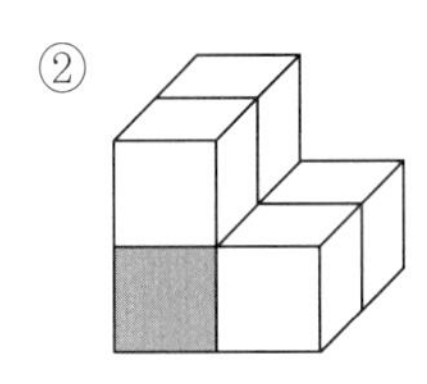

③ 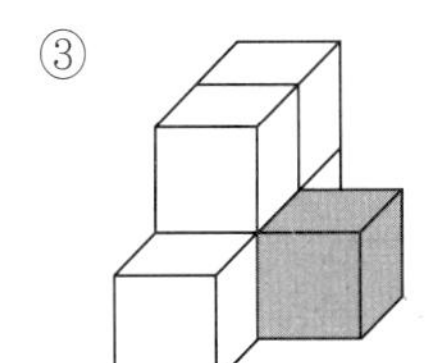

④ 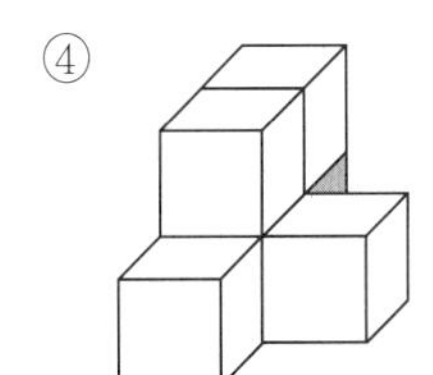

11

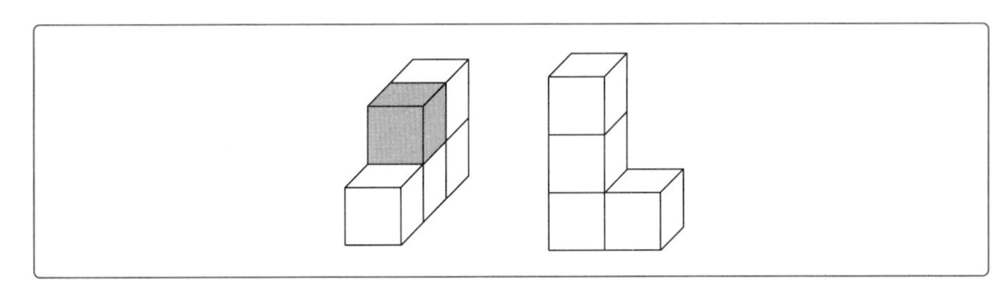

① 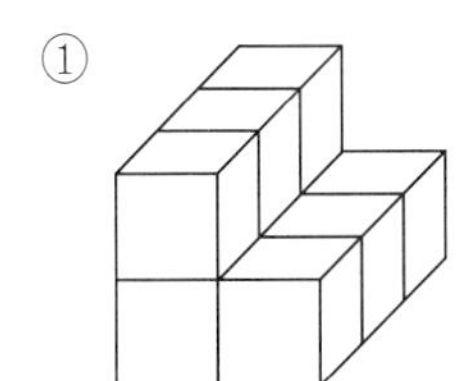

② 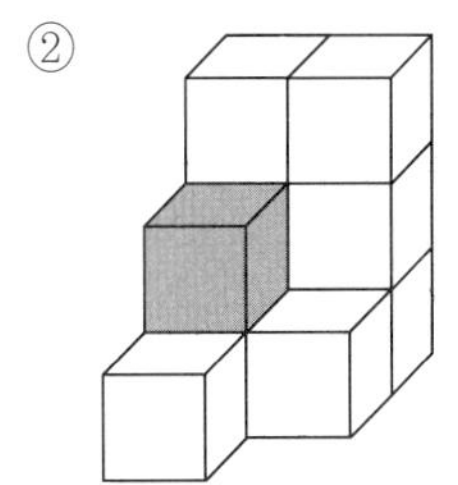

③ 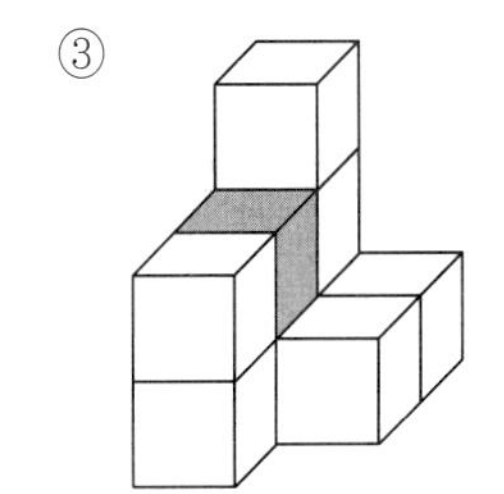

④ 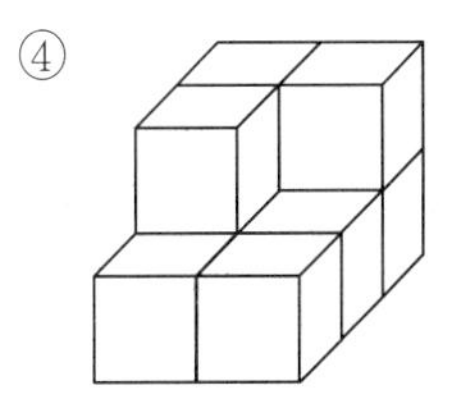

12

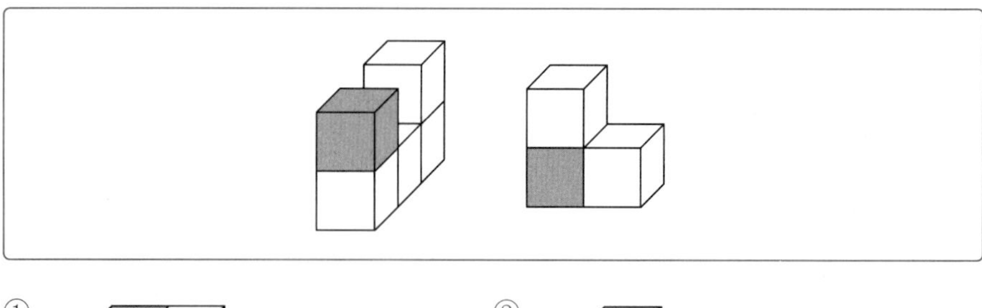

①
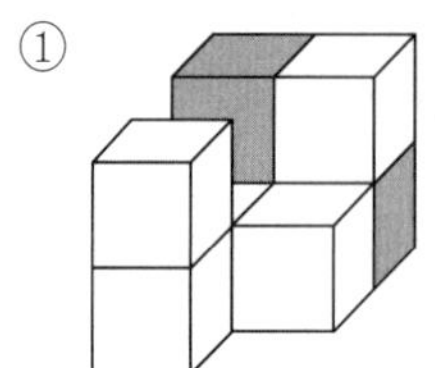

②
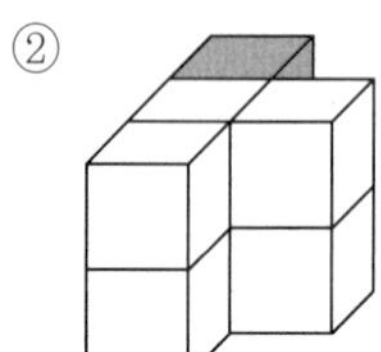

③
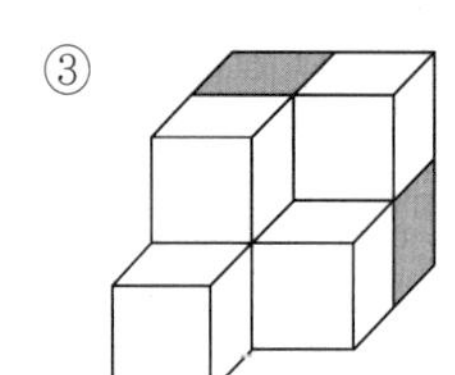

④
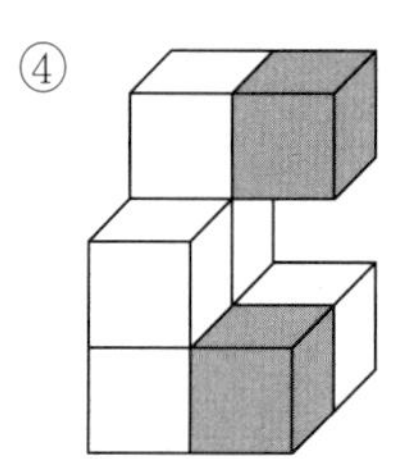

13

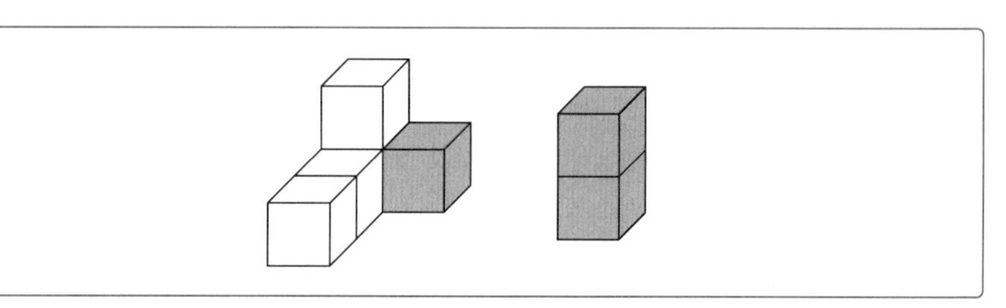

①
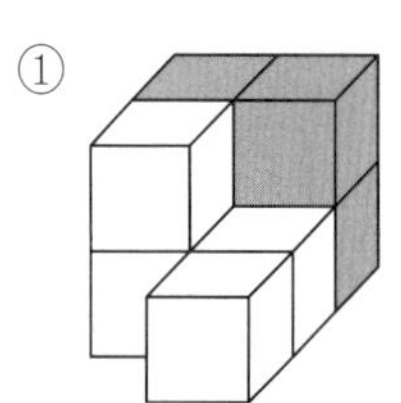

②
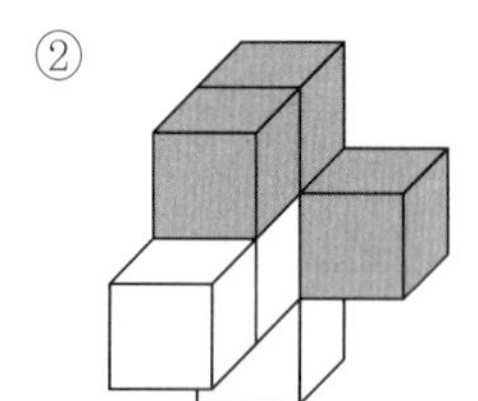

③
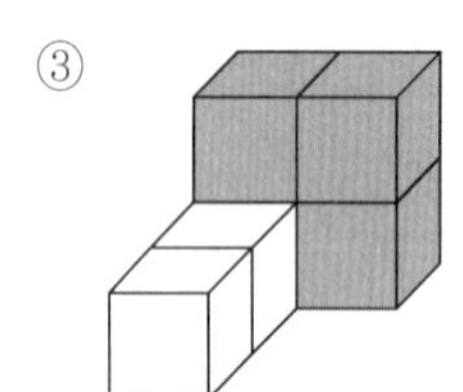

④
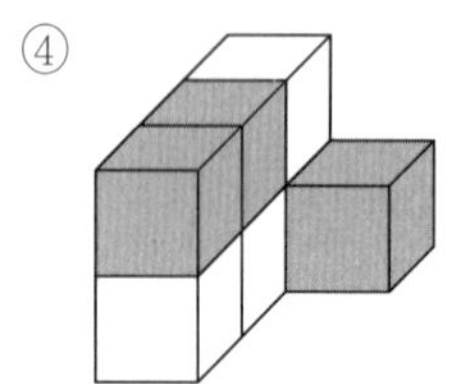

14

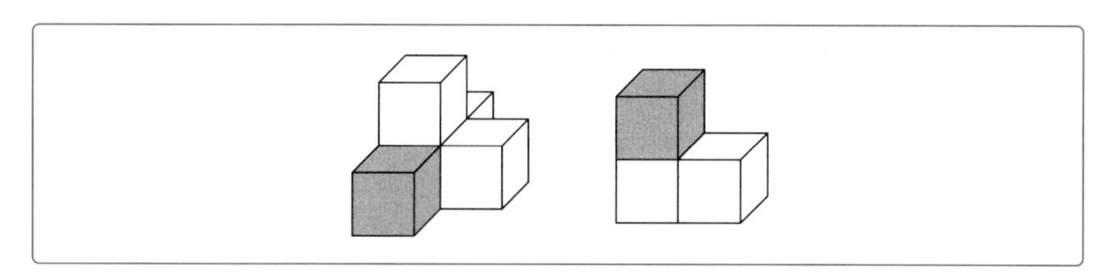

①

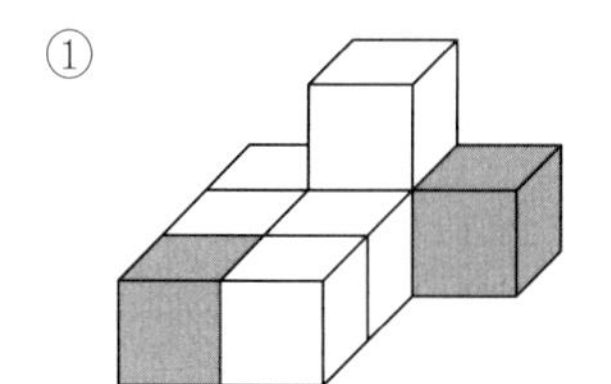

②

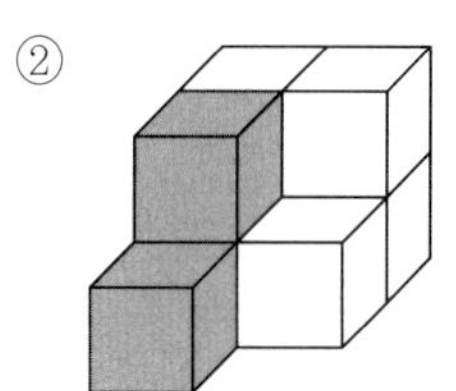

③

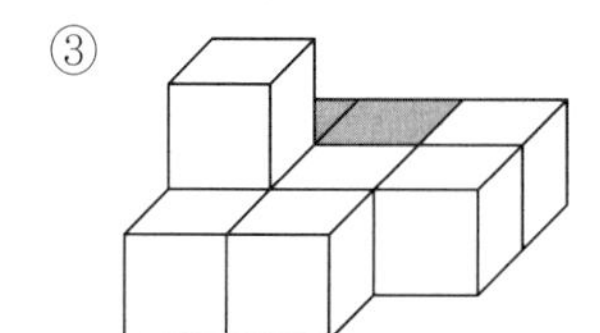

④

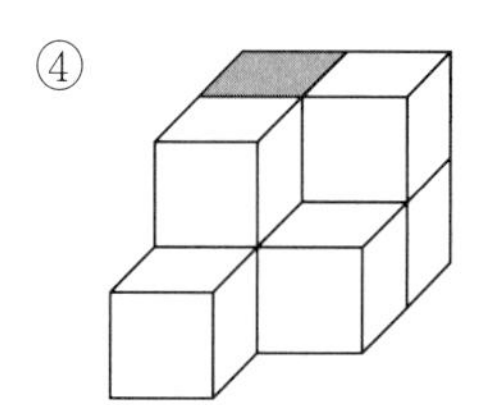

15

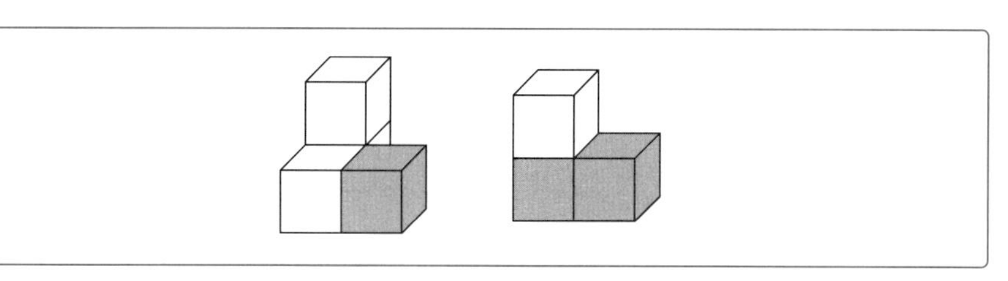

①

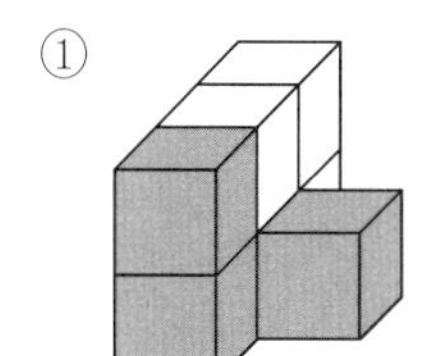

②

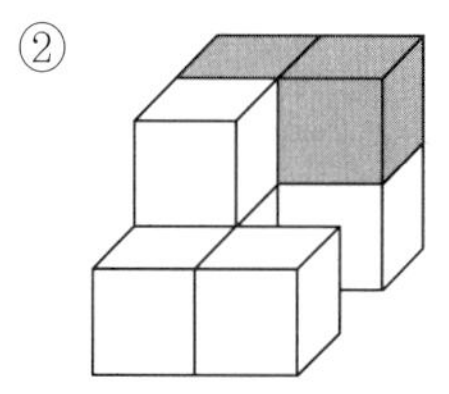

③

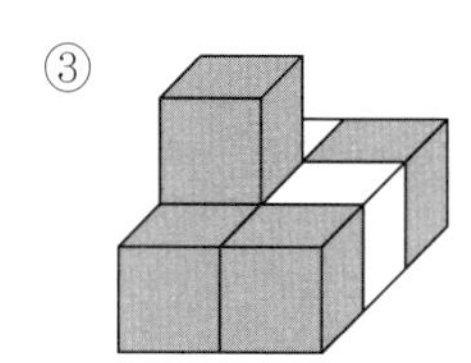

④

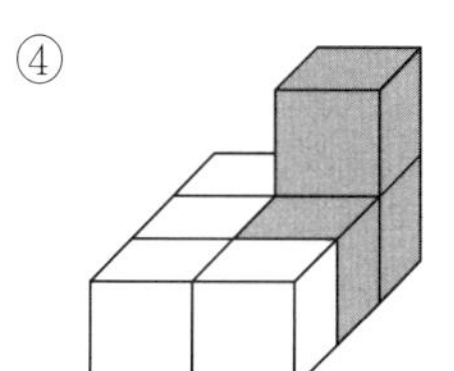

※ 주어진 전개도를 접었을 때, 만들어질 수 있는 것을 고르시오. [16~20]

16

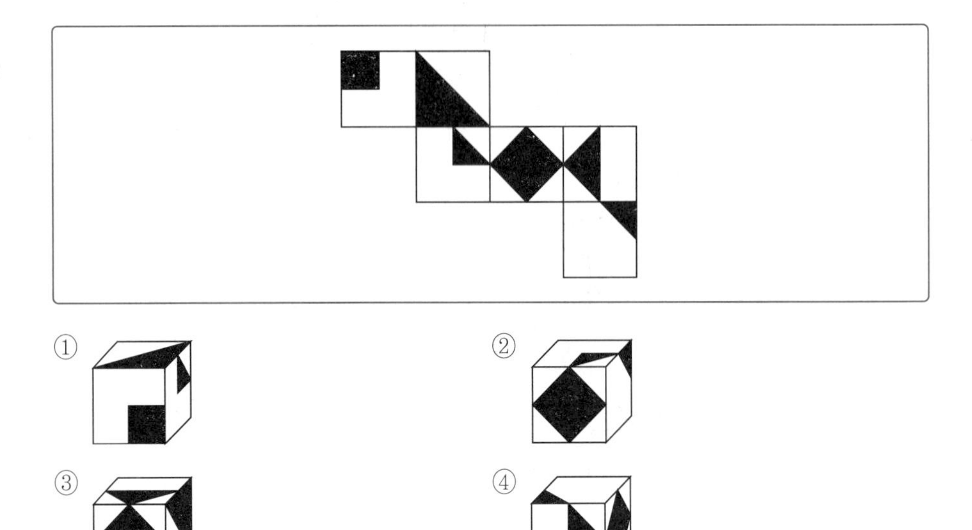

17

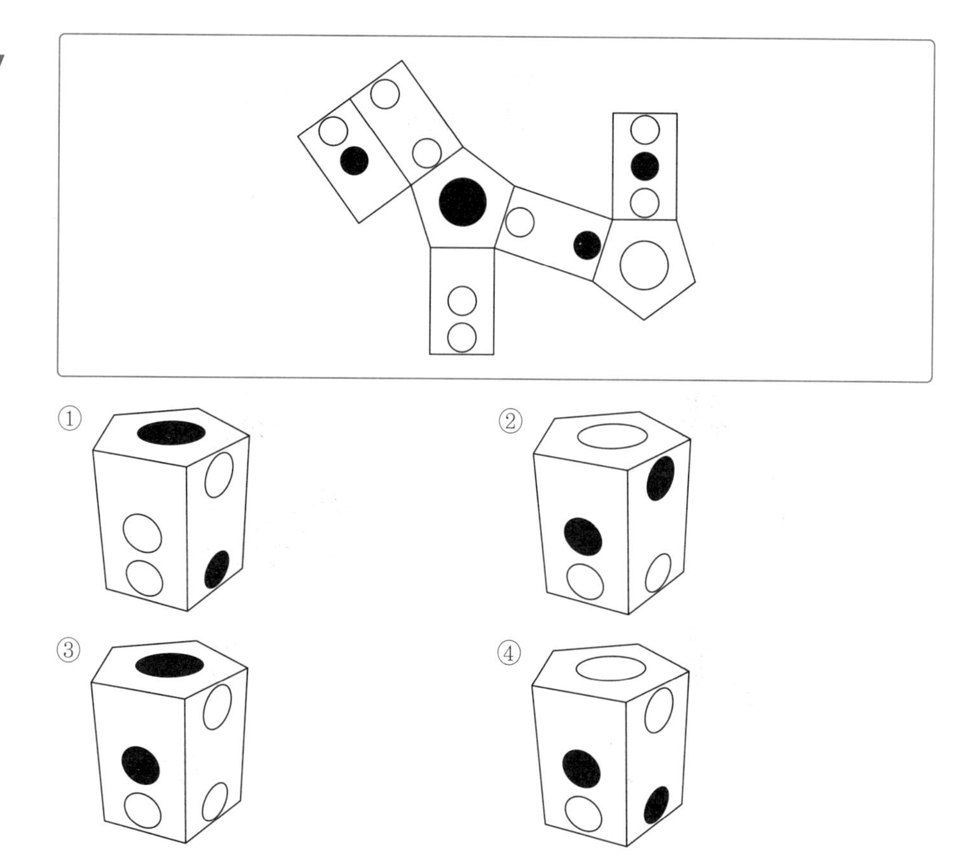

18

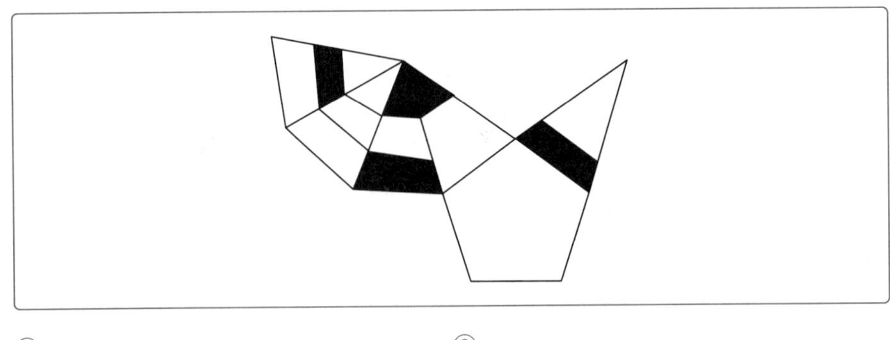

①

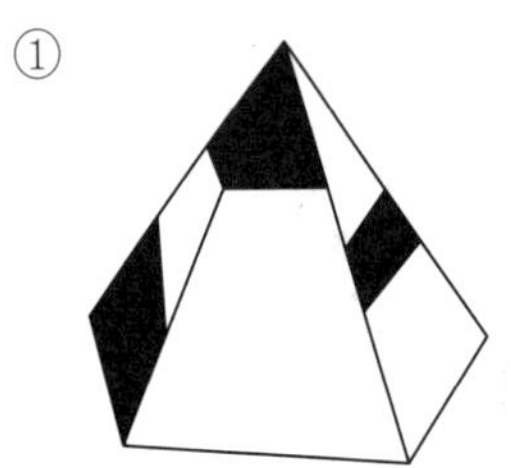

②

③

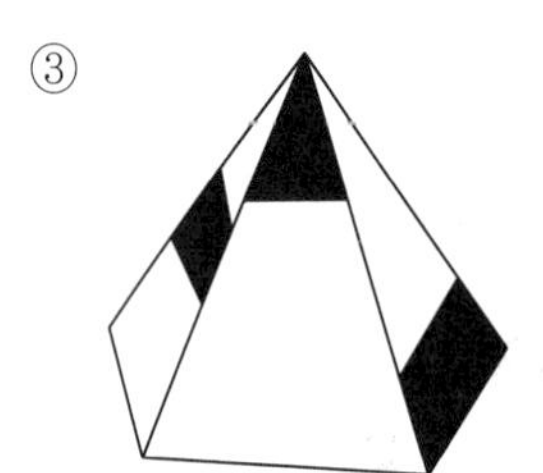

④

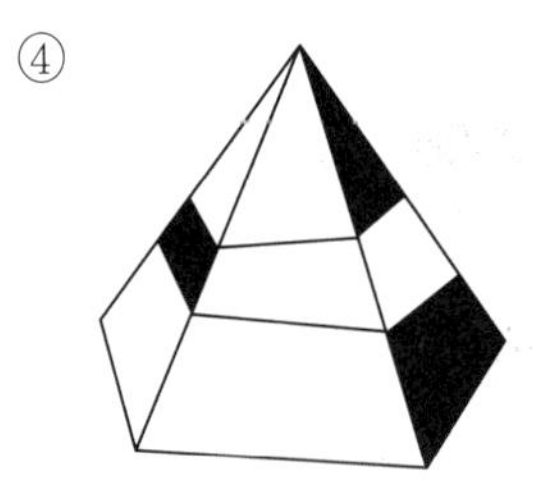

19

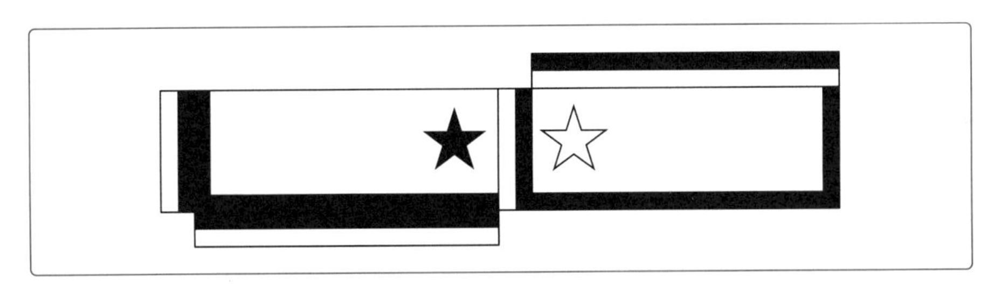

①

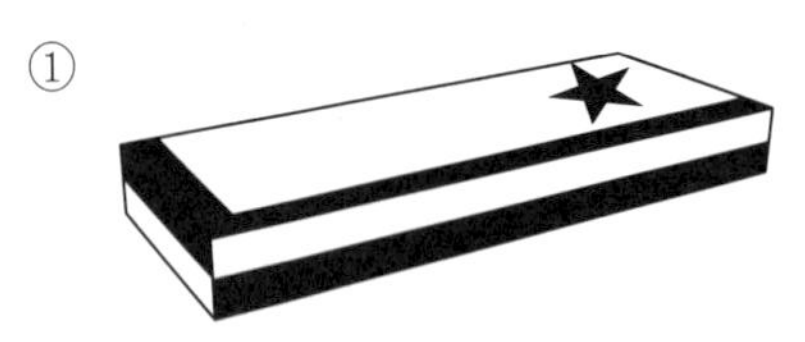

②

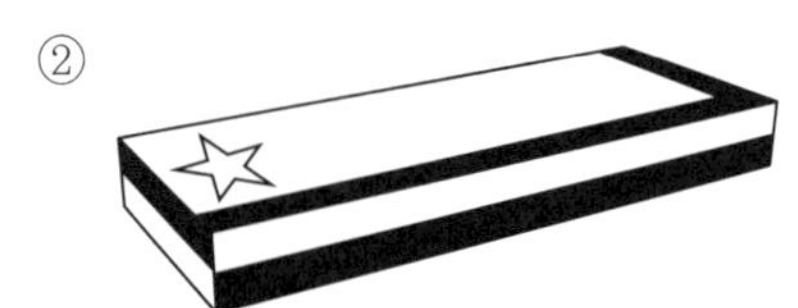

③

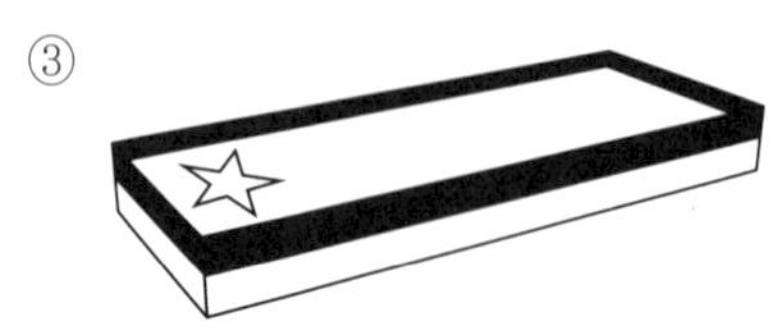

④

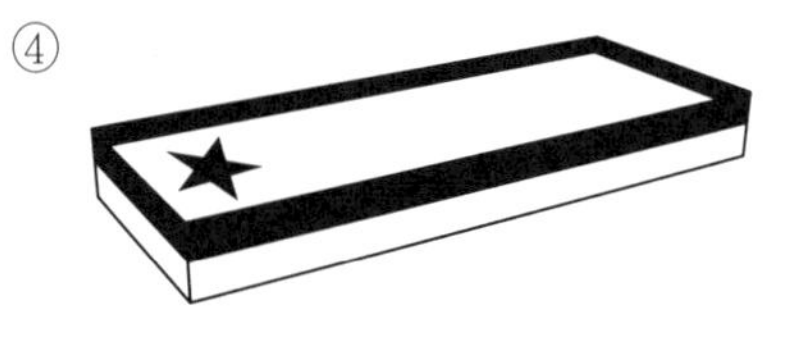

20

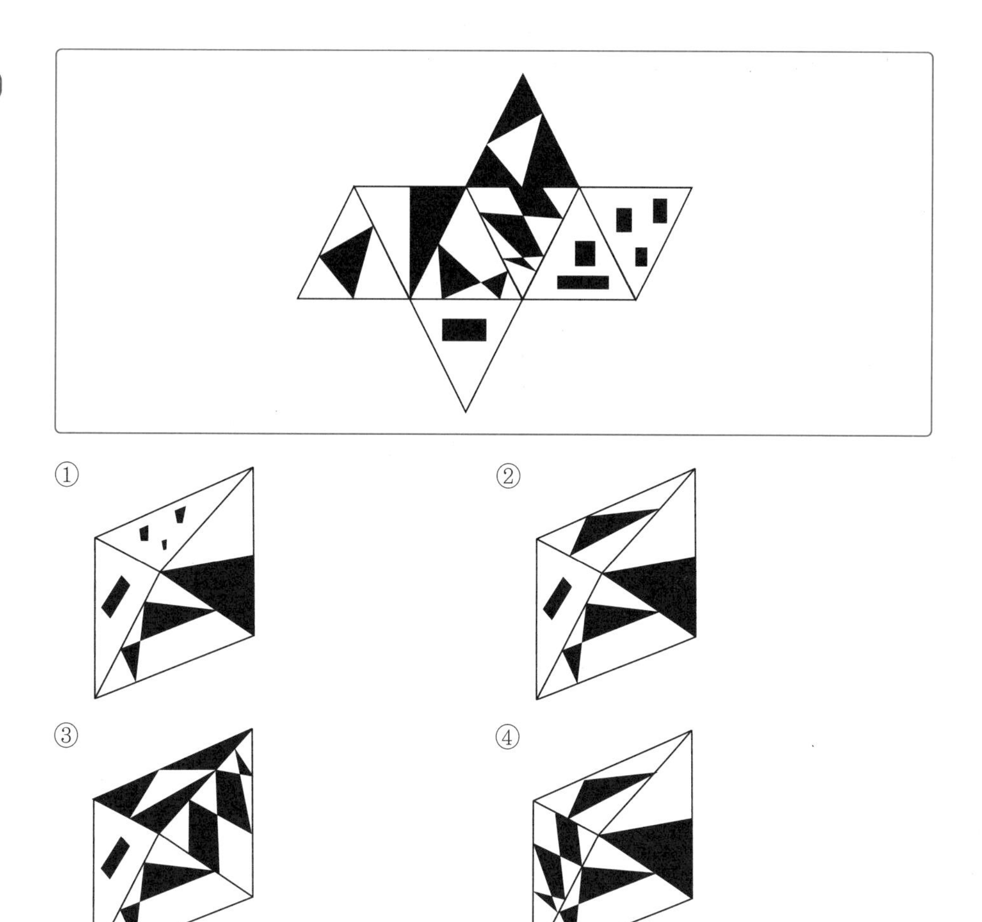

※ 다음 블록의 개수는 몇 개인지 고르시오. [21~23]

21

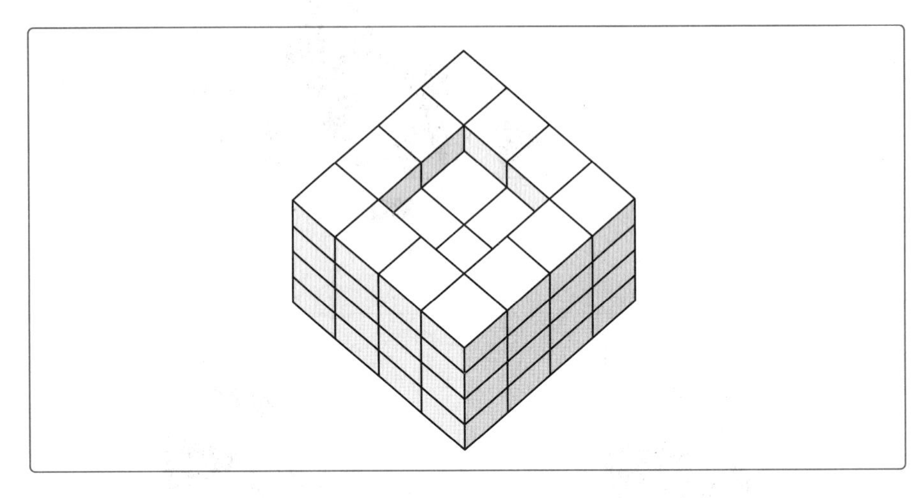

① 56개
② 60개
③ 64개
④ 68개

22

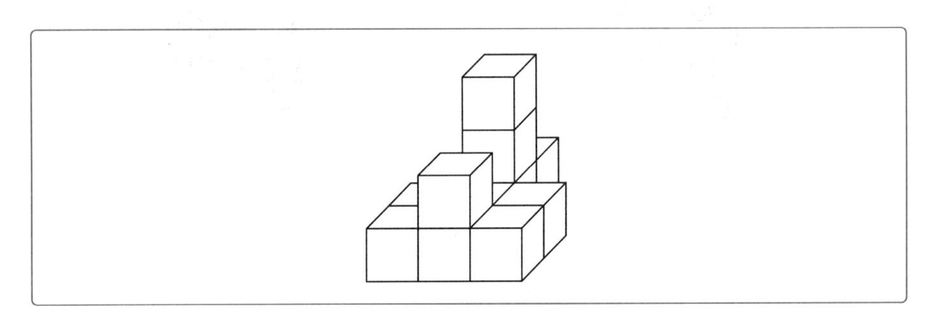

① 10개
② 11개
③ 12개
④ 13개

23

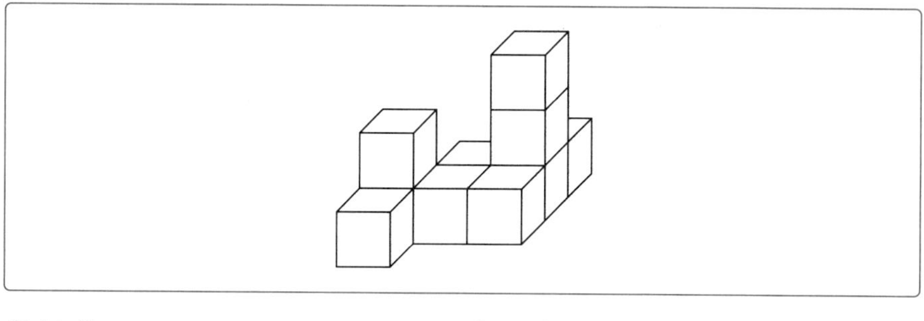

① 10개 ② 11개

③ 12개 ④ 13개

24 다음 중 제시된 단면과 일치하는 입체도형을 고르면?

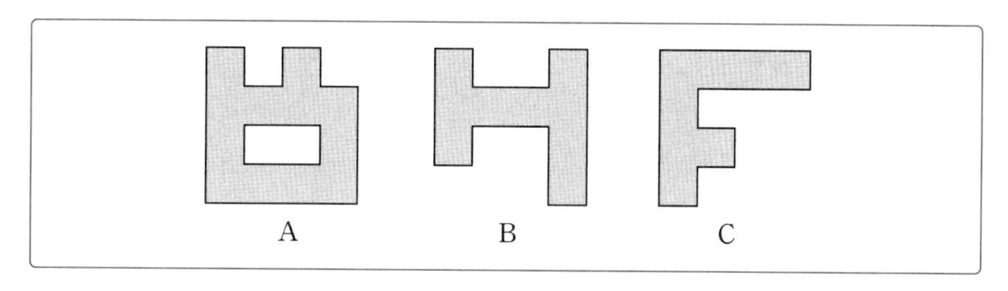

①

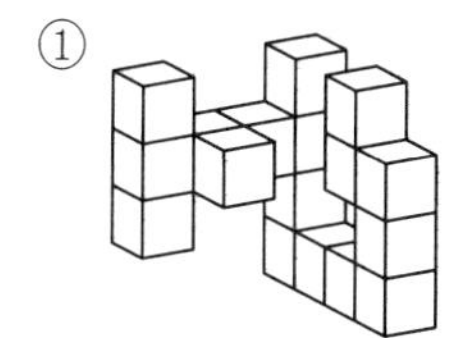

②

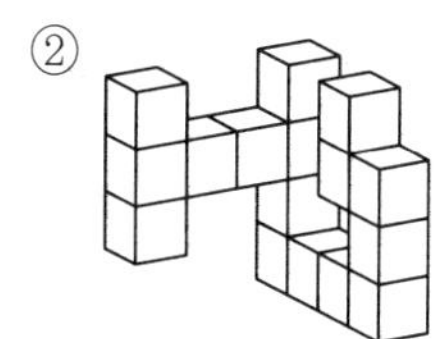

③

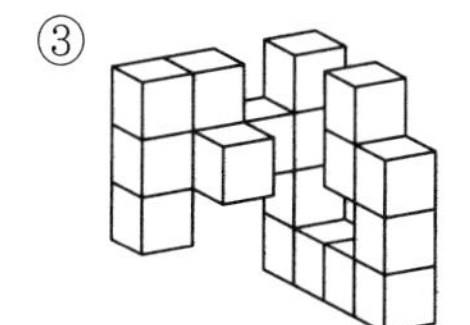

④

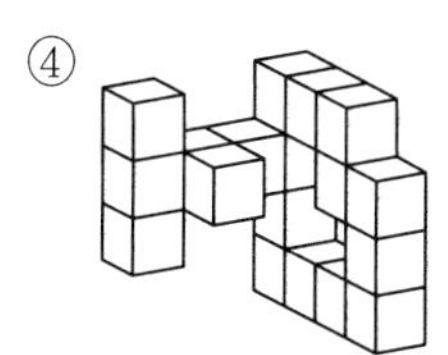

※ 다음 그림과 같이 접었을 때, 나올 수 있는 뒷면의 모양으로 적절한 것을 고르시오. [25~26]

- - - - - - - - - -	앞으로 접기
-·-·-·-·-·-·-·-	뒤로 접기

25

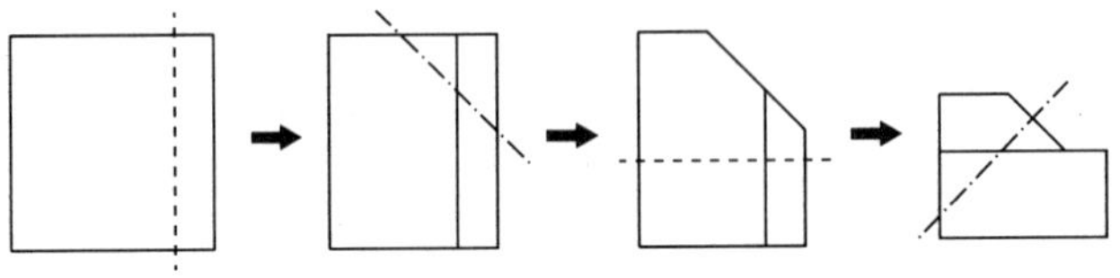

① 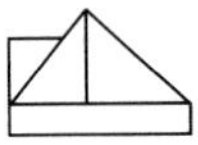 ② 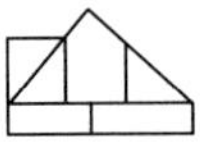 ③ 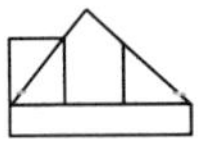 ④

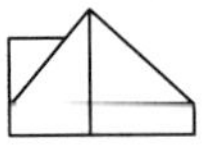

26

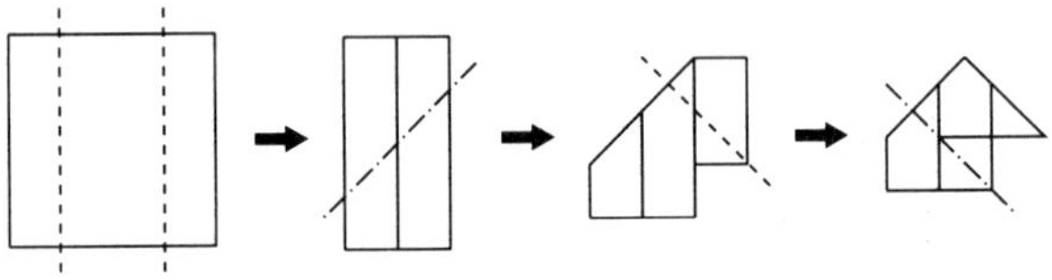

①  ②  ③  ④

27 다음 그림과 같이 접었을 때, 앞면과 뒷면에서 나올 수 있는 모양이 아닌 것은?

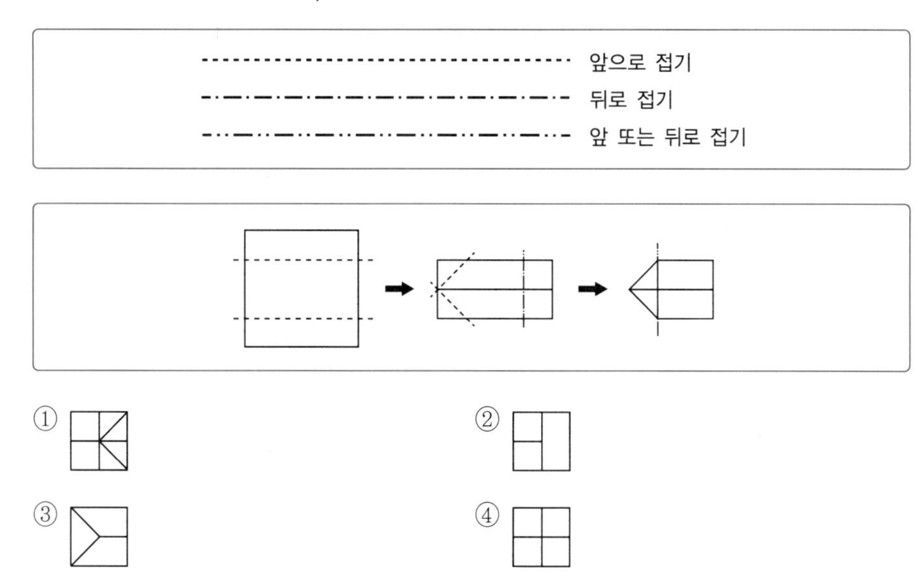

※ 다음 그림과 같이 화살표 방향으로 종이를 접은 후, 펀치로 구멍을 뚫거나 잘라내어 다시 펼쳤을 때의 그림으로 옳은 것을 고르시오. [28~30]

28

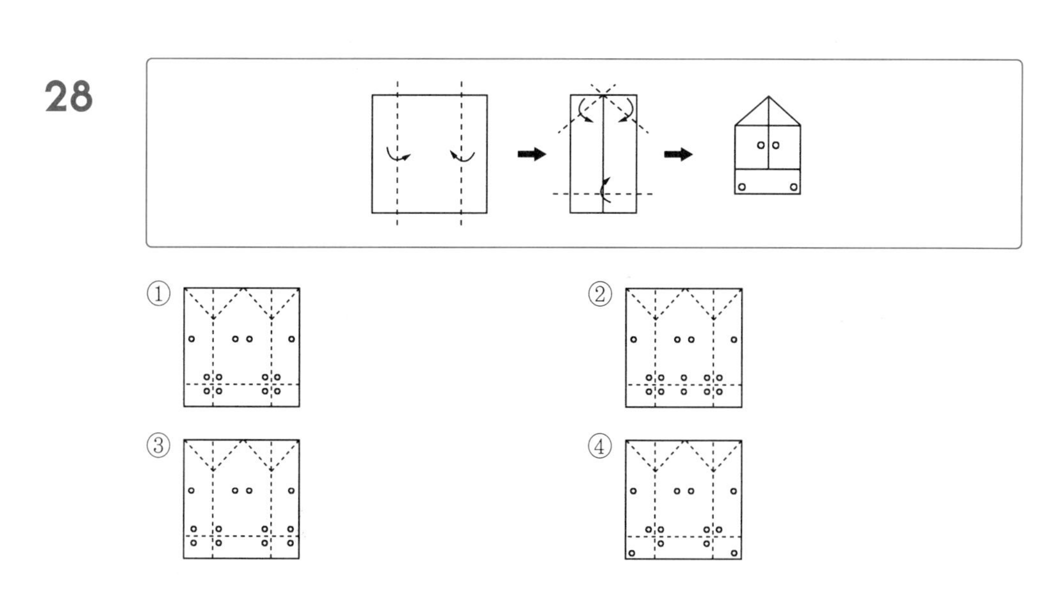

29

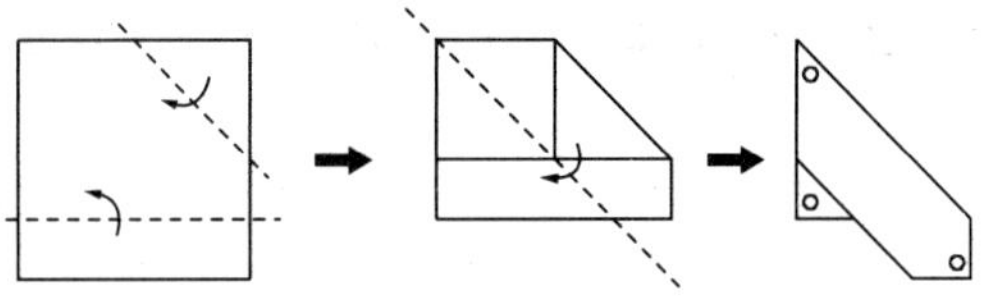

①

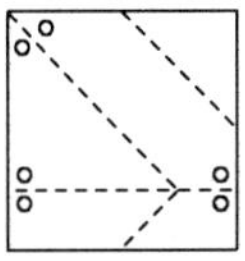

②

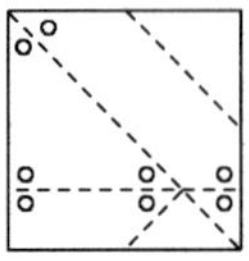

③

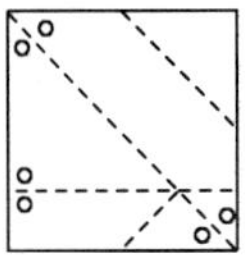

④

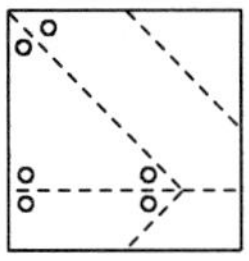

30

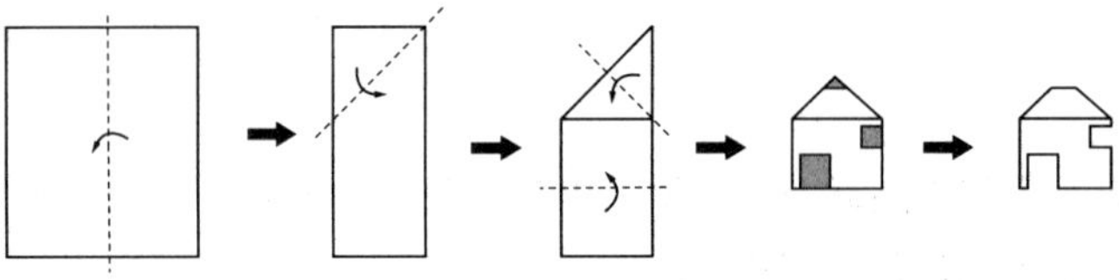

①

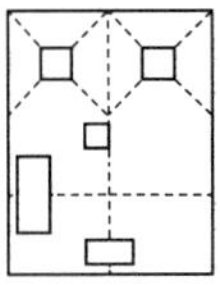

②

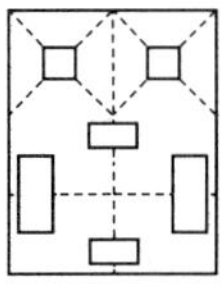

③

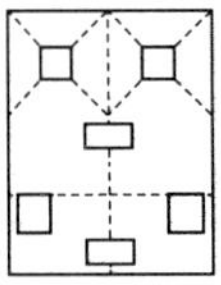

④

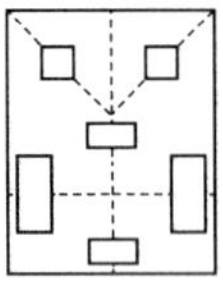

※ 다음 제시된 그림에서 찾을 수 없는 도형을 고르시오. [31~34]

31

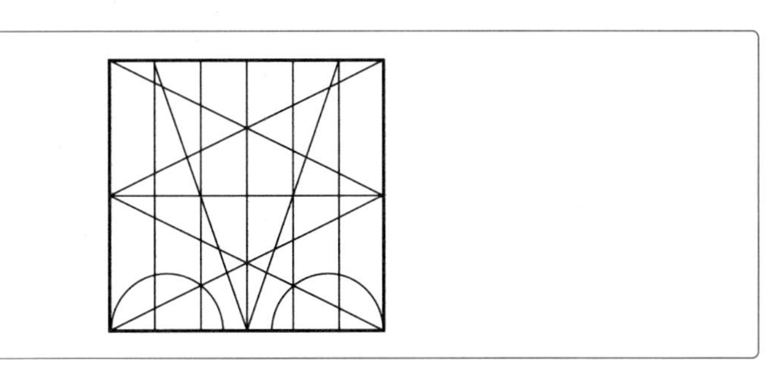

①　　②

③　　④

32

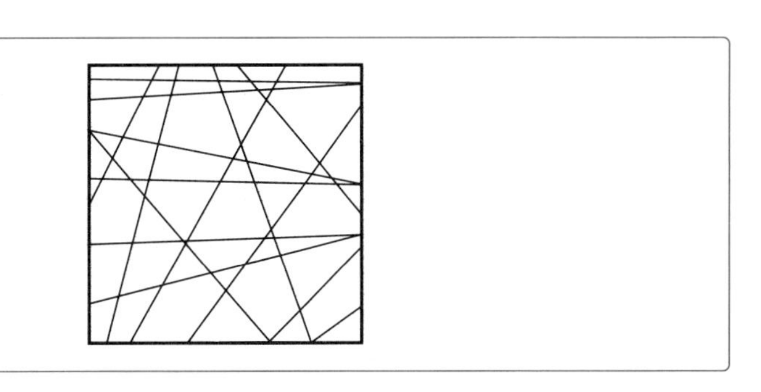

①　　②

③　　④

33

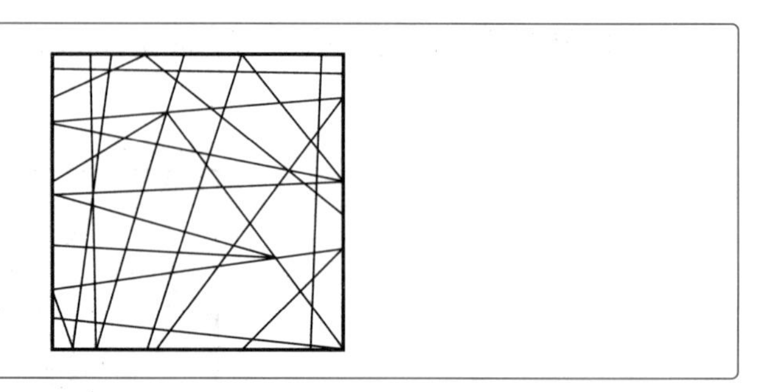

①

②

③

④

34

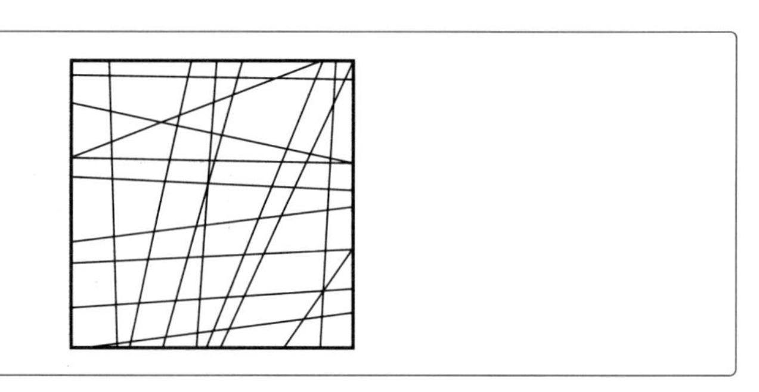

①

②

③

④

※ 다음 제시된 도형을 조합하였을 때, 만들 수 없는 도형을 고르시오. [35~36]

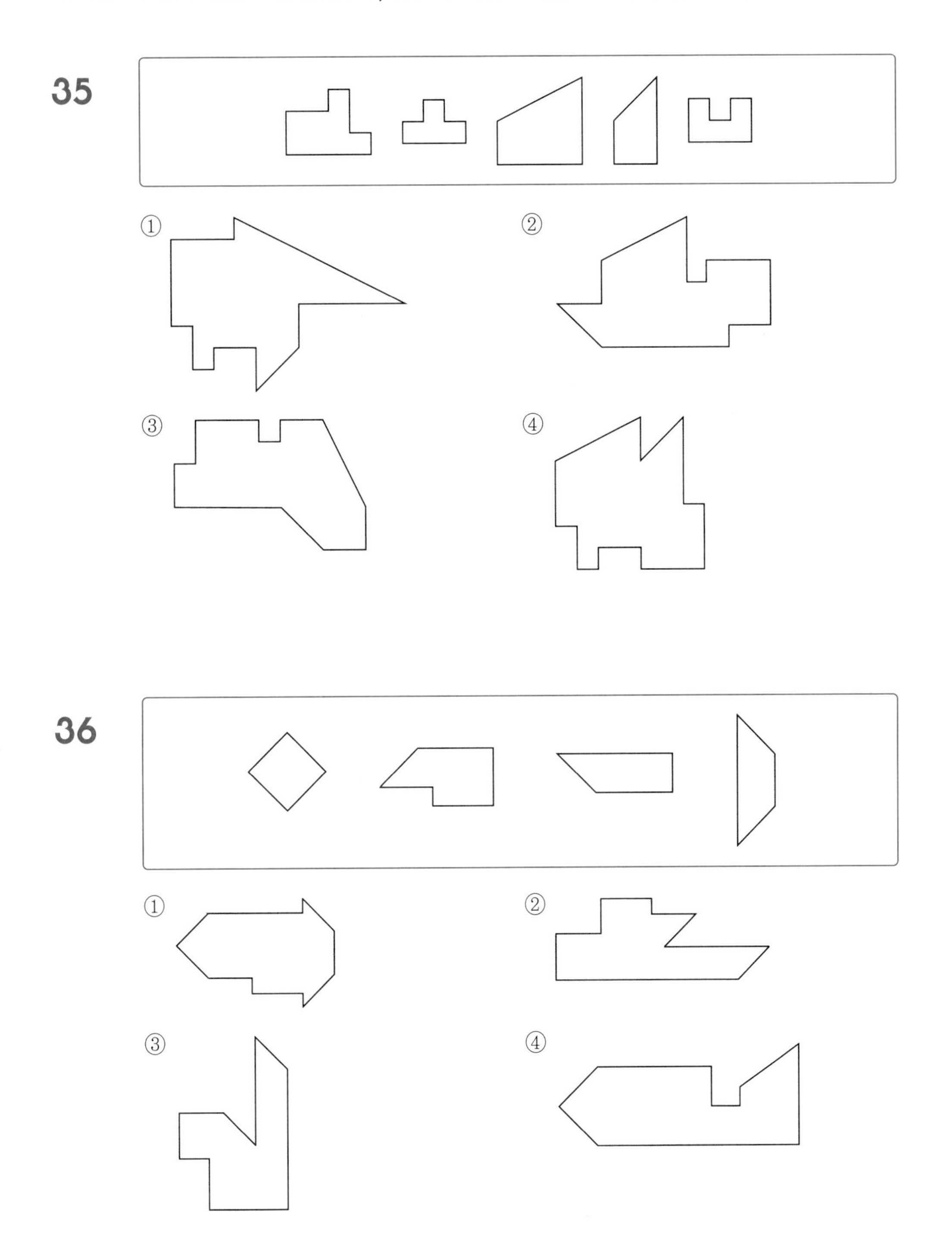

※ 다음 중 주어진 도형을 만들기 위해 필요하지 않은 조각을 고르시오. [37~39]

37

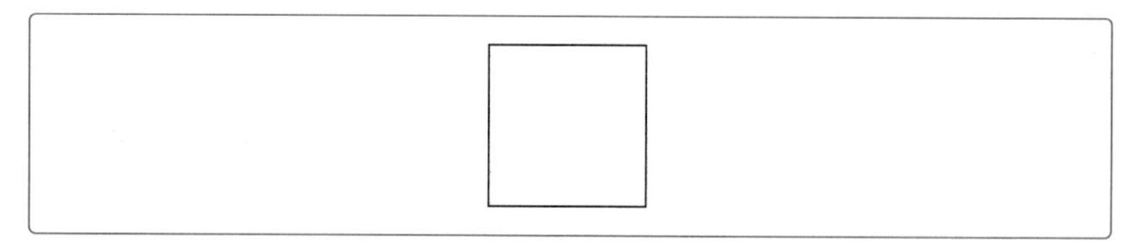

①

②

③

④

38

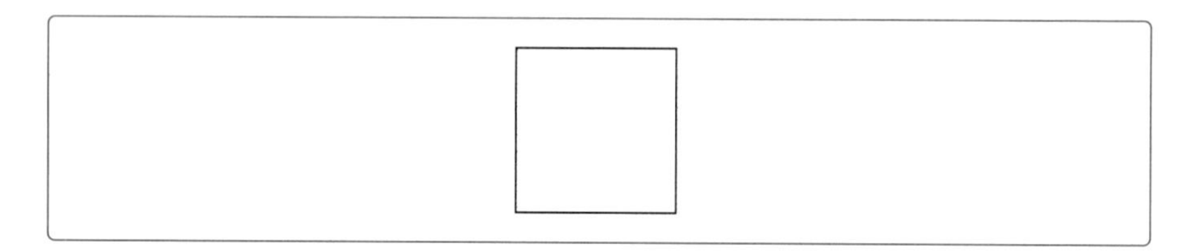

①

②

③ 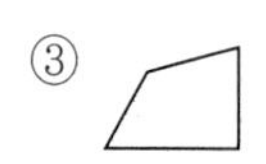

④ 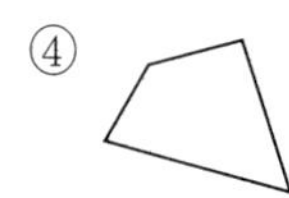

39

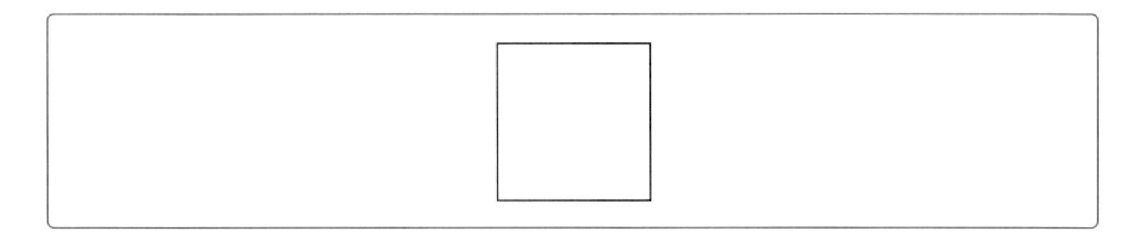

① ② ③ ④

40 다음 중 입체도형을 만들었을 때, 다른 모양이 나오는 것은?

①
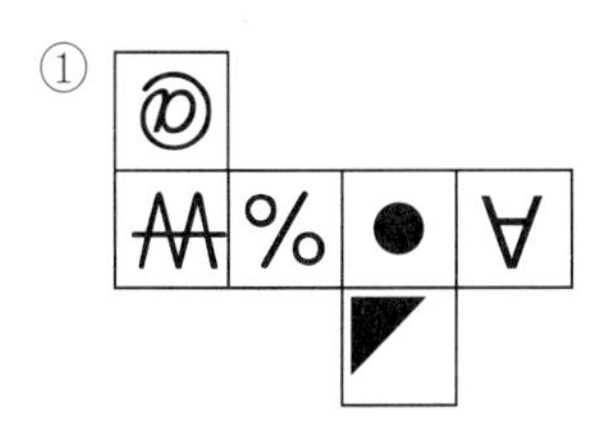

②
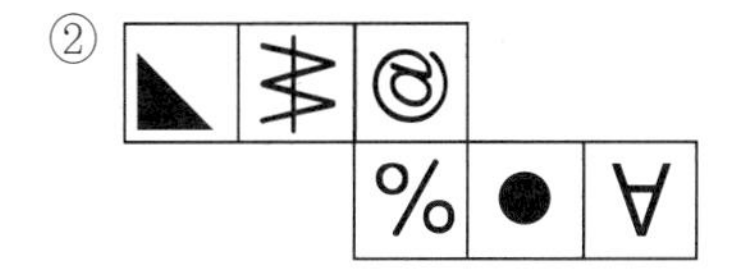

③
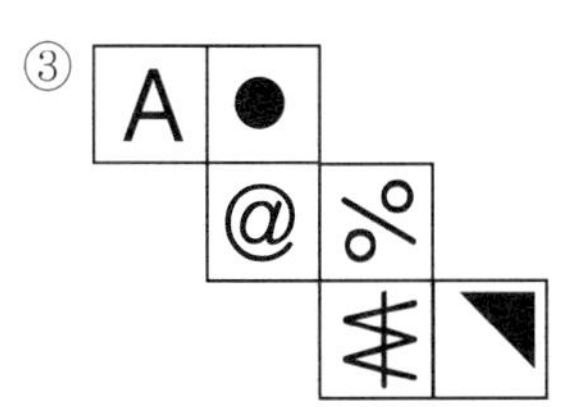

④
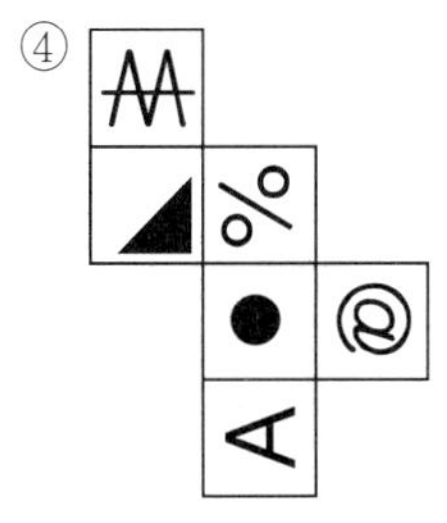

※ 다음 제시된 단면과 일치하는 입체도형을 고르시오. [41~43]

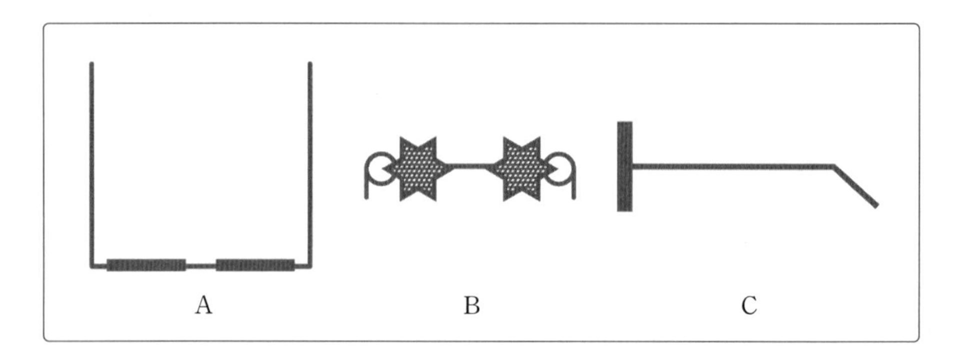

①

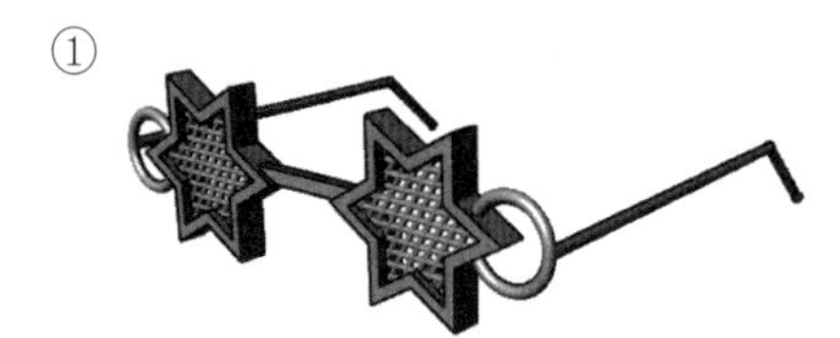

②

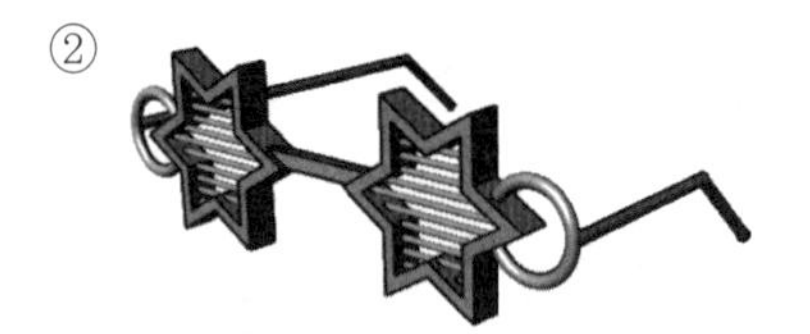

③

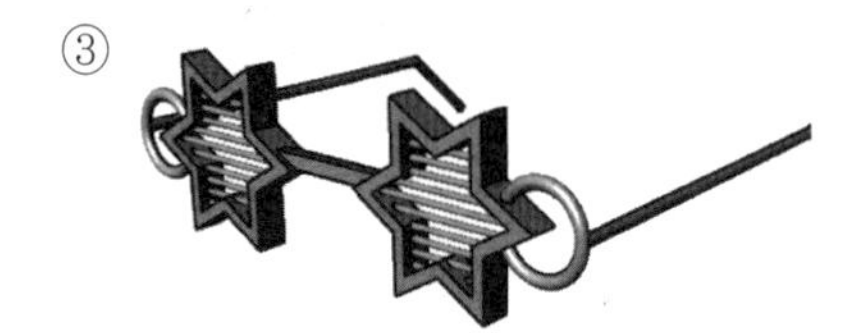

④

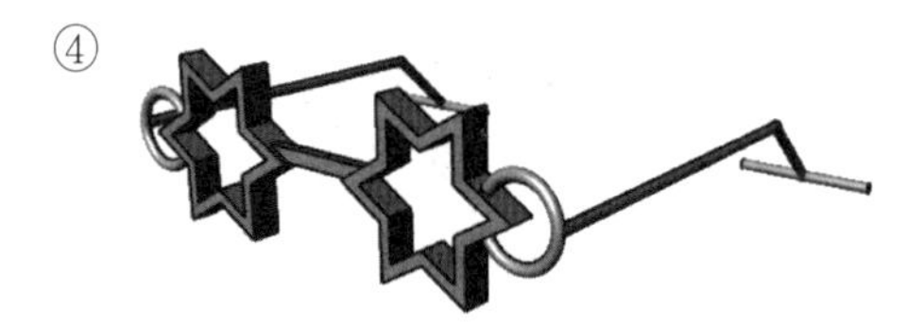

42

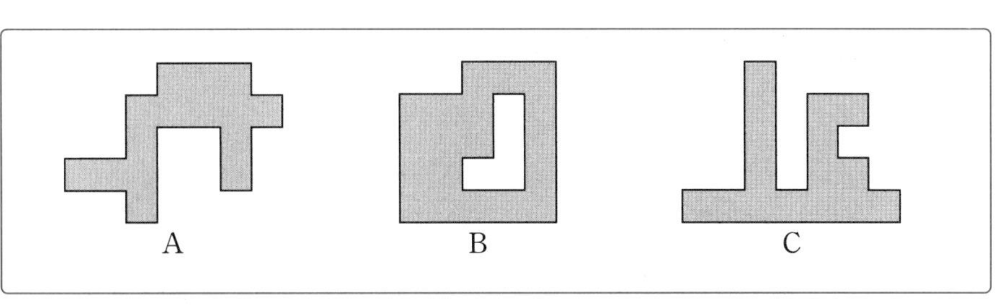

① 

② 

③ 

④ 

43

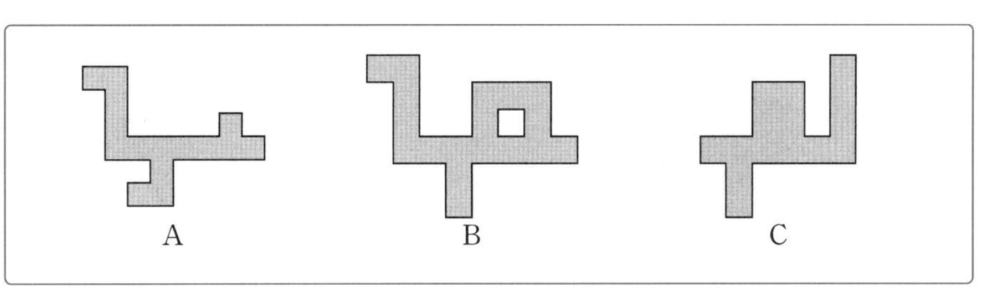

① 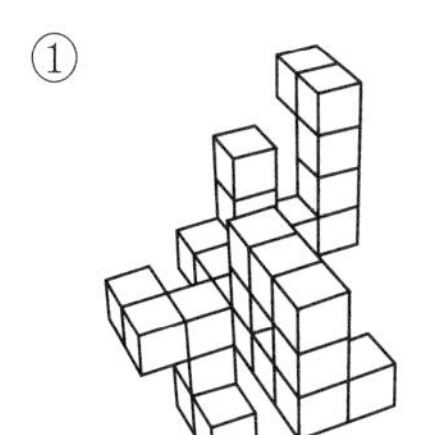

② 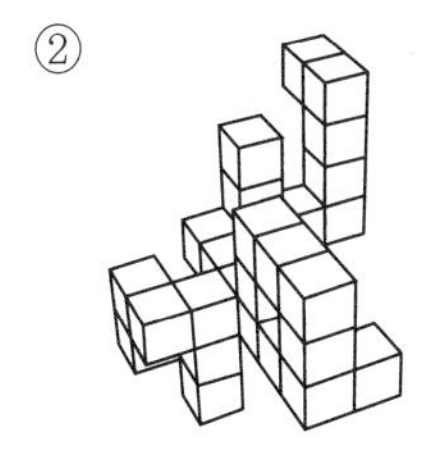

③ 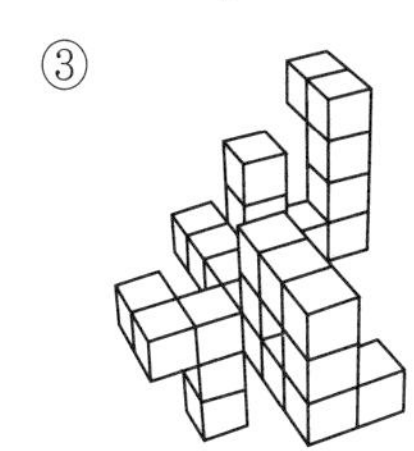

④ 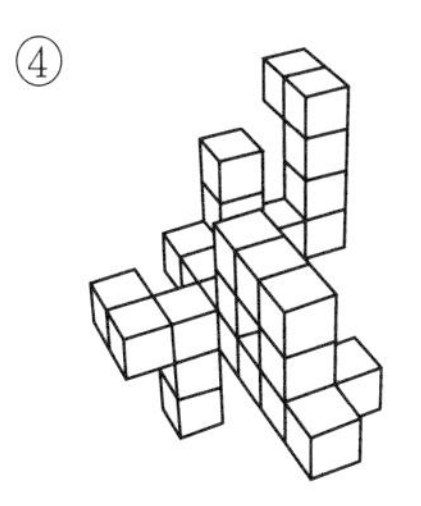

※ 다음 주어진 입체도형 중 일치하지 않는 것을 고르시오. [44~45]

44

45

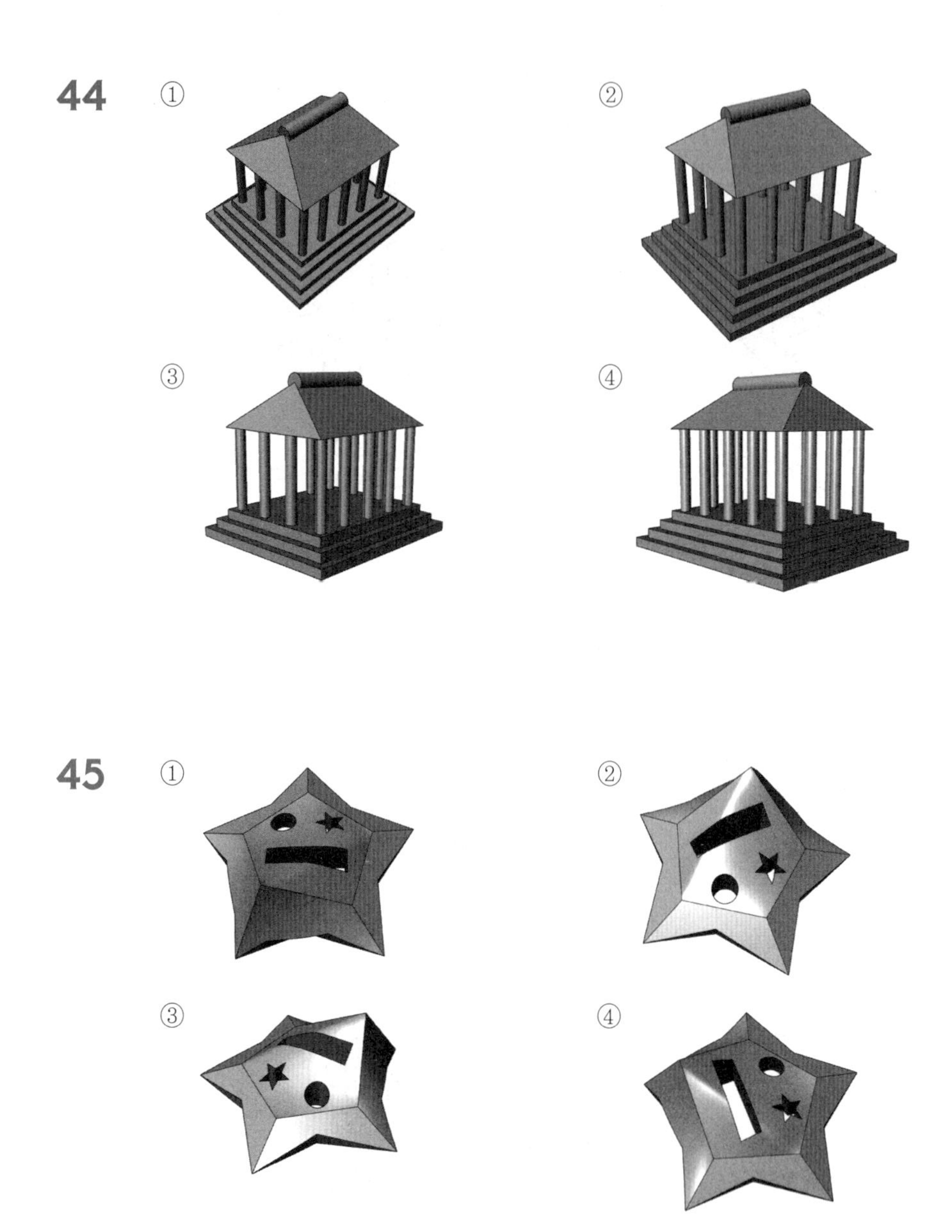

사무지각능력

●● 정답 및 해설 p.548

※ 다음 중 제시된 문자 또는 기호와 같은 것의 개수를 구하시오. [1~5]

01

통과

당과	통쾌	탕과	통궤	당과	통궤	통쾌	통과	투과	당과	동과	당과
동과	통궤	당과	통과	탕과	투과	통궤	통쾌	통과	동과	통궤	동과
당과	통과	동과	탕과	통쾌	통과	투과	통쾌	투과	통과	탕과	당과
탕과	통과	동과	통궤	동과	통과	탕과	통쾌	통과	투과	통과	통궤

① 4개
② 6개
③ 8개
④ 10개

02

㉢

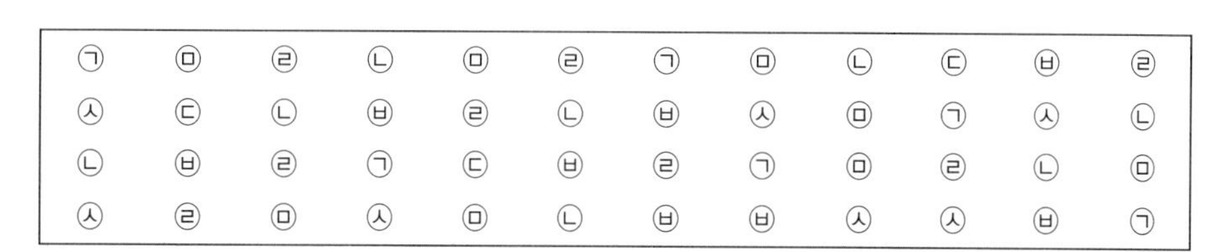

㉠	㉤	㉣	㉡	㉤	㉣	㉠	㉤	㉡	㉢	㉥	㉣
㉦	㉢	㉡	㉥	㉣	㉡	㉥	㉦	㉤	㉠	㉦	㉡
㉡	㉥	㉣	㉠	㉢	㉥	㉣	㉠	㉤	㉣	㉡	㉤
㉦	㉣	㉤	㉦	㉤	㉡	㉥	㉥	㉦	㉦	㉥	㉠

① 2개
② 3개
③ 4개
④ 5개

03

書

晝	群	書	君	君	群	君	畵	晝	群	君	晝
晝	畵	畵	郡	群	晝	郡	君	群	書	群	畵
群	郡	郡	晝	書	群	畵	君	郡	畵	君	郡
書	畵	君	郡	君	畵	晝	晝	君	群	郡	晝

① 2개
② 3개
③ 4개
④ 5개

04

방탄

방탕	반탕	반탄	반탕	밤탐	반탕	밤탄	밤탐	방탄	밤탄	반탕	방탕
방탄	방당	방탕	방탄	방당	밤탄	반탄	반탕	반탕	방탕	방탄	밤탐
방당	반탕	반탄	방탕	반탕	방탄	방탕	밤탄	방당	반탕	밤탄	방탕
반탕	밤탄	밤탐	반탄	밤탄	방당	반탕	방탄	반탄	밤탐	반탄	반탕

① 4개
② 6개
③ 8개
④ 10개

05

미술

마술	무술	미수	미소	마술	미술	미숙	미숲	마취	매실	미숙	미술
무술	마술	어술	허술	미용	미주	미술	모순	어술	미소	미용	어술
마취	매실	모순	허술	미수	미숙	미수	미숲	마술	마취	매실	미용
미주	모순	미수	마술	미수	모순	허술	마취	매실	미숙	허술	미용

① 3개
② 4개
③ 5개
④ 6개

06 다음 중 제시된 문자의 배열에서 찾을 수 없는 것을 고르면?

GVnVkOEbLUArTQyu

① b　② s
③ n　④ r

07 다음 중 제시된 문장과 다른 것은?

Lady Marmalade Don't cha

① Lady Marmalade Don't cha
② Lady Marmalade Don't cha
③ Lady Marmalade Don't cha
④ Lady Marmelade Don't cha

※ 다음 중 제시된 문자 또는 기호와 같은 것을 고르시오. [8~9]

08

㉠⑨⑦㉢㉣㉡④㉬㉥㉦

① ㉠⑨⑦㉢㉣㉡④㉬㉤㉦
② ㉠⑨⑦㉡㉢㉣④㉬㉥㉦
③ ㉠⑨⑦㉣㉢㉡④㉬㉥㉦
④ ㉠⑨⑦㉢㉣㉡④㉬㉥㉦

09

↗↙↗↗↖↘↖↗

① ↗↙↗↖↖↘↖↗
② ↗↙↗↗↖↘↖↗
③ ↗↘↗↗↖↘↖↗
④ ↗↙↗↗↖↘↘↗

※ 다음 중 좌우를 비교했을 때, 다른 것은 몇 개인지 고르시오. [10~12]

10

舡央商勝應翁盈 – 舡英商勝應翁盈

① 1개
② 2개
③ 3개
④ 4개

11

65794322 – 65974322

① 2개
② 3개
③ 4개
④ 5개

12

38469512 – 38496572

① 2개
② 3개
③ 4개
④ 5개

※ 다음 중 좌우를 비교했을 때, 같은 것은 몇 개인지 고르시오. [13~15]

13

ㄺㅄㅁㅉㅎㄾㄼㄲ – ㄺㅃㅁㅆㅎㄿㄻㄲ

① 3개 ② 4개
③ 5개 ④ 6개

14

죄테나챠배더처 – 죄테냐차배다쳐

① 1개 ② 2개
③ 3개 ④ 4개

15

÷↘☞⊙♣‰≫≫ – ÷↖☜⊙♣‰≫≫

① 3개 ② 4개
③ 5개 ④ 6개

※ 다음 중 규칙에 따라 알맞게 변형된 것을 고르시오. [16~18]

16

※◎△▽□ = ∋☆※≒☏

① □◎※▽△ – ☏☆※∋≒
② △※□◎▽ – ※∋☏☆≒
③ ◎※▽△□ – ☆∋≒☏※
④ ▽□△※◎ – ≒☏☆∋※

17

큐켜켸캬쿄 = 뉴녀녜냐뇨

① 켜켸캬큐쿄 – 녀녜냐뇨뉴
② 켸켜쿄큐캬 – 녜녀뇨뉴냐
③ 쿄캬켸켜큐 – 뇨냐뉴녀녜
④ 캬쿄큐켸켜 – 냐녀뉴녜뇨

18

규※q★⊃ = 62≡§◎

① ⊃★※q규 – ◎§2≡6
② ※q규⊃★ – 2≡6§◎
③ q규⊃★※ – ≡6◎2§
④ ★⊃※규q – §◎62≡

※ 다음 중 규칙에 따라 알맞게 변형되지 않은 것을 고르시오. [19~23]

19

1234 = adbc

① 2143 – dacb
② 4132 – cabd
③ 3412 – dcab
④ 4312 – cbad

20

abroed = KOREAN

① erdoba – ARNEOK
② odarbe – ENORKA
③ drbaeo – NROKAE
④ reboad – RAOEKN

21

TOPIK = ICOET

① OTIKP – CIETO
② IKTPO – ETIOC
③ KIPOT – TEOCI
④ PTOKI – OICET

22

♡♧♠♤♥ = →←↑↓↔

① ♥♧♡♠♤ – ↔←→↓↑
② ♠♤♧♥♡ – ↑↓←↔→
③ ♧♥♤♡♠ – ←↔↓→↑
④ ♤♡♠♧♥ – ↓→↑←↔

23

aqprt = 료규뎌마예

① ptraq – 뎌예마료규
② trqpa – 예마규뎌료
③ qptar – 규뎌예마료
④ rpaqt – 마뎌료규예

※ 다음 〈보기〉를 참고하여 제시된 문장을 알맞게 변형한 것을 고르시오. [24~27]

보기

◐	◑	▷	▦	■	□	●	☆	★	☎
은/는	동생	주었다	학교	와	선물	함께	했다	늦게	나는
♡	♥	◇	◆	♣	♠	▤	¤	◎	▲
오늘	부탁	보았다	누나	도	을/를	에/에게	갔다	만화	어제

24

누나와 동생은 함께 만화를 보았다.

① ◆■◑◐■◎♠◇
② ◆■●◐●▦♠◇
③ ◆■◑◐●◎♠◇
④ ◆■●◐■▦♠◇

25

동생은 오늘도 늦게 학교에 갔다.

① ◑◐♡♣★▦▤¤
② ◑◐▤♣★▷♡¤
③ ◑◐♡♣★▦♡¤
④ ◑◐♡♣☆▷♡¤

26

나는 어제 누나에게 부탁을 했다.

① ☎▲◆□♥♠☆
② ☎▲◆▤♥♠☆
③ ☎▲◇▤♥♠☆
④ ☎▲◆▤♥♣☆

27

누나는 어제 동생에게 선물을 주었다.

① ◆◐▲◑▤□♠▲
② ◆◐▲◎▤□♠▷
③ ◆◐▲◑▤▦♠▷
④ ◆◐▲◑▤□♠▷

※ 다음 〈보기〉를 참고하여 제시된 문장을 알맞게 변형한 것을 고르시오. [28~30]

보기

↘	↖	↗	↙	♠	♤	■	□	※	⊂
철수	경제학	전공과	있다	이다	금요일	영희	을/를	에/에서	매주
●	○	★	☆	◇	◆	Σ	∬	∴	⊃
와/과	듣는다	수요일	은/는	물리학	함께	의	수업	대학교	월요일

28

영희와 함께 경제학 수업을 매주 월요일에 듣는다.

① ■●∴↗☆◇⊂⊃※○
② ■●◆↖∬□⊂⊃※○
③ ■●◆↖∬★◆⊂◆♤
④ ■♤☆◆♤○⊂∬∴※

29

∴◇∬☆⊂★※↙

① 대학교 경제학 수업은 매주 수요일에 듣는다.
② 대학교 물리학 수업은 매주 수요일에 있다.
③ 대학교 전공과목 수업은 매주 월요일에 있다.
④ 대학교 수업은 철수와 월요일에 듣는다.

30

◇●↖☆↘●■Σ∴↗♠

① 경제학과 물리학은 철수와 영희의 전공과목이다.
② 물리학과 함께 경제학을 철수는 영희와 듣는다.
③ 물리학과 경제학은 철수와 영희의 대학교 전공과목이다.
④ 물리학은 수요일에, 경제학은 금요일에 수업이 있다.

정답 및 해설

01	02	03	04	05	06	07	08	09	10	11	12	13	14	15
③	①	④	①	②	②	④	④	③	④	③	②	②	③	④
16	**17**	**18**	**19**	**20**	**21**	**22**	**23**	**24**	**25**	**26**	**27**			
④	②	②	②	④	①	④	②	②	④	②	④			

01 '비루하다'는 '행동이나 성질이 너절하고 더럽다.'를 뜻하며, '추잡하다'는 '말이나 행동이 지저분하고 잡스럽다.'를 뜻한다.
① 비장하다 : 슬프면서도 그 감정을 억눌러 씩씩하고 장하다.
② 비대하다 : 몸에 살이 쪄서 크고 뚱뚱하다.
④ 비약하다 : 논리나 사고방식 따위가 그 차례나 단계를 따르지 아니하고 뛰어넘다.

02 '호평'이란 '좋게 평함 또는 그런 평판이나 평가'를 뜻한다.
② 단평 : 짧고 간단한 비평
③ 만평 : 일정한 주의나 체계 없이 생각나는 대로 비평함 또는 그런 비평
④ 악평 : 나쁘게 평함 또는 그런 평판이나 평가

03 '한둔'이란 '한데에서 밤을 지새움'을 뜻한다.
① 하숙 : 일정한 방세와 식비를 내고 남의 집에 머물면서 숙식함
② 숙박 : 여관이나 호텔 따위에서 잠을 자고 머무름
③ 투숙 : 여관, 호텔 따위의 숙박 시설에 들어서 묵음

04 '관용(寬容)'은 '남의 잘못을 너그럽게 받아들이거나 용서함'의 뜻으로, 이와 비슷한 단어로는 '너그럽고 속이 깊은 마음씨'라는 뜻의 '아량(雅量)'이 있다.

05 '말단(末端)'은 '맨 끄트머리'의 뜻으로, 반의어는 '양쪽 끝에서 같은 거리에 있는 지점'의 '중앙(中央)'이다.

06 '원리(原理)'는 '사물의 근본이 되는 이치'의 뜻으로, 반의어로는 '어떤 이론이나 이미 얻은 지식을 구체적인 개개의 사례나 다른 분야의 일에 적용하여 이용하다.'의 '응용(應用)'이 있다.

07 '관리(管理)' 는 '어떤 일을 맡아 처리함' 의 뜻으로, 반의어로는 '처리하여 치움' 이라는 뜻의 '처분(處分)' 이 있다.

08 '인위' 는 '자연의 힘이 아닌 사람의 힘으로 이루어지는 일' 을 뜻하고, '자연' 은 '사람의 힘이 더해지지 아니하고 세상에 스스로 존재하거나 우주에 저절로 이루어지는 모든 존재나 상태' 를 뜻한다.

09 '사치' 는 '필요 이상의 돈이나 물건을 쓰거나 분수에 지나친 생활을 함' 을 뜻하고, '검소' 는 '사치하지 않고 꾸밈없이 수수함' 을 뜻한다.

10 ① 그 스웨터는 오래되어 보풀이 많이 폈다(일어났다).
② 한지에 먹이 피다(퍼지다).
③ 공기가 습해서인지 숯이 잘 피지를(타지를) 않는다.

11 ① 마디마디 굳은살이 든(박인) 어머니의 손을 바라보았다.
② 이 집에 든(머문) 지도 벌써 삼 년이 지났다.
④ 그녀는 공부를 잘하는 축에 든다(속한다).

12 제시된 단어를 모두 포괄할 수 있는 개념은 '이치에 맞지 아니한 망령된 생각' 을 뜻하는 '망상' 이 적절하다.
- 공중누각 : 공중에 떠 있는 누각이라는 뜻으로, 아무런 근거나 토대가 없는 사물이나 생각을 비유적으로 이르는 말
- 신기루 : 홀연히 나타나 짧은 시간 동안 유지되다가 사라지는 아름답고 환상적인 일이나 현상 따위를 비유적으로 이르는 말
- 허깨비 : 착각이 일어나 없는데 있는 것처럼, 또는 다른 것처럼 보이는 물체
- 건달바성 : 실체는 없이 공중에 나타나는 성곽

13 제시된 단어를 모두 포괄하는 개념은 '장수(長壽)' 가 적절하다.
- 삼천갑자 : 18만년
- 십장생 : 오래도록 살고 죽지 않는다는 10가지
- 대춘지수 : 오래도록 삶
- 소나무 : 십장생의 한 가지

14 '선연하다' 는 실제로 보는 것같이 생생하다는 의미이다. 따라서 유의 관계에 있는 것은 '엉클어지거나 흐리지 않고 아주 분명하다.' 는 의미를 가진 '뚜렷하다' 가 적절하다.

15 어떤 상황이 자기에게 미치다.
① 다른 사람이나 대상이 가하는 행동, 심리적인 작용 따위를 당하거나 입다.
② 다른 사람의 어리광, 주정 따위에 무조건 응하다.
③ 점수나 학위 따위를 따다.

16 살이 빠져 야위다.
① 물기가 다 날아가서 없어지다.
② 입이나 목구멍에 물기가 적어져 갈증이 나다.
③ 강이나 우물 따위의 물이 줄어 없어지다.

17 뱃심이 좋다 : 염치나 두려움이 없이 제 고집대로 하는 비위가 좋다.

18 조성 : 분위기나 정세 따위를 만듦 또는 무엇을 만들어서 이룸
① 주도 : 주동적인 처지가 되어 이끎
③ 감동 : 크게 느끼어 마음이 움직임
④ 의도 : 무엇을 하고자 하는 생각이나 계획

19 철회 : 이미 제출하였던 것이나 주장하였던 것을 다시 회수하거나 번복함
① 철수 : 거두어들이거나 걷어치움
③ 우회 : 곧바로 가지 않고 멀리 돌아서 감
④ 철거 : 건물, 시설 따위를 무너뜨려 없애거나 걷어치움

20 녹록하게 : 평범하고 보잘것없게
① 밋밋하게 : 생김새가 미끈하게 곧고 긴
② 마뜩하게 : (주로 '않다, 못하다'와 함께 쓰여) 제법 마음에 들 만한
③ 솔깃하게 : 그럴듯해 보여 마음이 쏠리는 데가 있는

21 • 개선(改善) : 잘못된 것이나 부족한 것, 나쁜 것 따위를 고쳐 더 좋게 만듦
• 개정(改正) : 주로 문서의 내용 따위를 고쳐 바르게 함
• 개조(改造) : 고쳐 만들거나 바꿈

22 고의(故意) : 일부러 하는 행동이나 생각
① 오손(汚損) : 더럽히고 손상함
② 박리(剝離) : 이격되어 떨어지는 것
③ 망실(亡失) : 없어지거나 분실하는 것

23 • -째 : '그대로' 또는 '전부' 의 뜻을 더하는 접미사
• 절다 : 푸성귀나 생선 따위에 소금기나 식초, 설탕 따위가 배어들다.
• 배어들다 : 액체, 냄새 따위가 스며들다.

24 순서대로 '특히', '그런데', '그러나' 가 들어간다. '특히' 는 '보통과 다르게' 라는 뜻으로 냉면 중에서도 메밀면이 유명하다는 문장 앞에 들어가기에 알맞다. '그런데' 는 화제를 앞의 내용과 연관시키면서 다른 방향으로 이끌어 나갈 때 쓰이며, '그런데' 이후 문장이 냉면의 싼 가격에 대해 논하고 있다. '그러나' 는 앞의 내용과 뒤의 내용이 상반될 때 쓰이는 접속어이므로 앞의 내용과 상반되는 내용인 '냉면을 맛볼 수 없다.' 는 문장 앞에 쓰이기에 적절하다.

25 첫 번째 빈칸에는 앞뒤 문장의 내용이 반대이기 때문에 '그러나' 가 와야 한다. 두 번째 빈칸에는 앞 문장의 예가 뒤 문장에 제시되고 있기 때문에 '예컨대' 가 적절하다.

26 ㉠ 산출(産出) : 물건을 생산하여 내거나 인물 · 사상 따위를 냄
㉣ 효율(效率) : 들인 노력과 얻은 결과의 비율
㉥ 도입(導入) : 기술, 방법, 물자 따위를 끌어 들임
㉦ 촉진(促進) : 다그쳐 빨리 나아가게 함

27 ㉡ 방침(方針) : 앞으로 일을 치러 나갈 방향과 계획
㉣ 수반(隨伴) : 붙좇아서 따름
㉤ 제재(制裁) : 법이나 규정을 어겼을 때 국가가 처벌이나 금지 따위를 행함. 또는 그런 일

정답 및 해설

01 언어추론

01	02	03	04	05	06	07	08	09	10	11	12	13	14	15
④	②	②	③	②	①	③	④	②	①	④	③	②	④	④
16	17	18	19	20	21	22	23	24	25					
②	①	②	③	①	④	①	③	②	②					

01 목적어와 동사의 관계이다. 용매를 추출하고, 물건을 올린다.

02 닭은 마리로 세고, 포도는 송이로 센다.

03 타짜꾼은 노름을 하는 것을 업으로 삼는 사람이고, 갖바치는 가죽신을 만드는 일을 업으로 삼는 사람이다.

04 가랑비에 옷 젖는 줄 모른다는 속담에 낙숫물이 댓돌 뚫는다는 속담이 대응한다.

05 공병은 전황에 따라 도로 · 교량 · 철도 · 비행장 · 지뢰밭 등의 건설이나 부설 또는 폭파를 위하여 필요한 기술 · 자재를 가지고 있는 육군 병과의 하나이다.

06 명태의 새끼는 노가리이며, 고도리는 고등어의 새끼이다.

07 귀납은 경험에 의한 결과이고, 연역은 이성에 의한 결과이다.

08 '레몬' 은 신맛이 나며, 색이 노랗고, 형태가 둥글다.

09 '산맥' 은 거대하고, 높으며, 산봉우리가 연속되어 있다.

10 '엘리베이터' 의 버튼을 누르면 문이 열리고, 이를 통해 위아래로 이동할 수 있다.

11 '공감' 은 상대방이 느끼는 감정을 함께 느끼고 이를 공유하는 활동이다.

12 '빨대' 는 음료를 쉽게 마시기 위해 음료에 꽂아 사용하는 도구이다.

13 '콩', '살코기', '근육'을 통해 '단백질'을 연상할 수 있다.

14 눈, 리프트, 보드를 통해 '스키장'을 연상할 수 있다.

15 계좌, 노란색, 단풍을 통해 '은행'을 연상할 수 있다.

16 경찰, 상처, 벌금을 통해 '딱지'를 연상할 수 있다.

17 눈, 사다리, 고도를 통해 '높이'를 연상할 수 있다.

18 캐릭터, 더빙, 영화를 통해 '애니메이션'을 연상할 수 있다.

19 달, 수면, 가로등을 통해 '밤'을 연상할 수 있다.

20 합리주의적인 언어 습득의 이론에서 어린이가 언어를 습득하는 것은 거의 전적으로 타고난 특수한 언어 학습 능력과 일반 언어 구조에 대한 추상적인 선험적 지식에 의해서 이루어지는 것이다. 반면 경험주의 이론은 경험적인 훈련(후천적)이 핵심이다.

21 제시문의 중심내용은 '거대 회사가 정보를 독점적으로 공유하며, 거대 미디어들이 제공하는 뉴스의 사실성 · 공정성을 검증할 수 있는 정보사용자가 없다.'는 것이다. 따라서 이에 대한 결론으로 적절한 것은 정보 사회의 단점을 언급한 ④이다.

22 낭포성 섬유증 유전자를 가진 사람이 장과 폐에서 염소 이온을 밖으로 퍼내는 작용을 정상적으로 하지 못한다고는 했으나, 그 덕분에 콜레라에서 살아남았으므로 생명이 위험했는지는 알 수 없다.

23 제시문은 '안축과 이곡을 천거하여 자신을 대신하게 하는 전(箋)'으로 동문선에 실려 있는 이제현의 글이다. 즉, 상소문으로 자신이 병들고 견문이 부족함을 내세워 벼슬을 내놓는 것을 허락해달라는 내용이다. '전(箋)'이란 전문(箋文)의 준말로 나라에 길사(吉事) · 흉사(凶事)가 있을 때 신하가 임금께, 또는 임금이 그 어버이의 수하(壽賀)에 써 올리던 사륙체(四六體)의 글을 말한다. 사륙체는 한문체의 하나로, 네 글자와 여섯 글자를 기본으로 하여 대구법(對句法)을 쓰는 문장체를 이른다.

24 제시문은 제1차 세계대전의 원인을 여러 방면에서 살펴봄과 동시에 방아쇠이자 효시가 되었던 오스트리아 황태자 부부 암살 사건의 중요성에 대해서도 이야기하고 있다. 즉, 제시문은 역사의 전개 양상이 필연적인 요소에 의해서만 흘러가는 것이 아니라 우연적인 요소에 의해서도 좌우된다는 것을 강조하고 있다. 따라서 다음에 이어질 부분의 내용으로 알맞은 것은 '역사의 필연성과 우연성'이다.

25 밑줄 친 부분에서 전달하고자 하는 바는 우리가 의도하는 바와 그 결과가 반드시 일치(동일)하지는 않는다는 것이다.

02 논리추론

01	02	03	04	05	06	07	08	09	10	11	12	13	14	15
③	①	②	①	③	①	①	①	①	③	①	③	②	②	④
16	17	18	19	20	21	22	23	24	25	26	27	28	29	30
①	②	③	④	③	①	③	①	②	③	③	②	③	②	①

01 철학은 학문이고, 모든 학문은 인간의 삶을 의미 있게 해준다. 따라서 철학은 인간의 삶을 의미 있게 해준다.

02 탄수화물은 영양소이고, 영양소는 체내에서 에너지원 역할을 한다. 따라서 탄수화물은 체내에서 에너지원 역할을 한다.

03 명랑한 사람은 마라톤을 좋아하고, 마라톤을 좋아하는 사람은 체력이 좋고, 인내심이 있다. 그리고 몸무게가 무거운 사람은 체력이 좋다. 따라서 명랑한 사람은 인내심이 있다.

04 삼단논법이 성립하기 위해서는 '호야는 노력하지 않았다.' 라는 명제가 필요하다.

05 '일요일이다' 를 A, '미영이가 직장에 간다.' 를 B, '미영이가 집에서 밥을 먹는다.' 를 C라고 하면, 'A → ~B → C' 이므로 빈칸에는 'A → C' 혹은 그 대우인 '~C → ~A' 가 들어가야 한다.

06
- A : 한국인은 농구를 좋아하므로 민수는 농구를 좋아한다(대우는 성립한다).
- B : 한국인은 농구를 좋아하고 농구를 좋아하면 활동적이므로 한국인은 활동적이다.

07
- A : 포만감이 든다면 소화된 것이므로 밥을 먹으면 위가 찬다(대우는 성립한다).
- B : 밥을 먹으면 포만감이 든다는 것에서 그 역은 항상 성립한다고 할 수 없다.

08
- A : 정욱이는 청포도, 체리, 사과, 딸기를 좋아하므로 가장 많은 종류의 과일을 좋아한다.
- B : 하나는 청포도를 좋아하지만 은정이는 청포도를 좋아하지 않는다.

09
- A : 디자인을 잘하면 편집을 잘하고, 편집을 잘하면 영업을 잘한다. 영업을 잘하면 기획은 못한다.
- B : 편집을 잘하면 영업을 잘하고, 영업을 잘하면 기획을 못한다.

10 왼쪽 코너부터 순서대로 나열하면 '소설-잡지-외국 서적-어린이 도서' 순서이다. 따라서 A, B 모두 옳다.

11 • A의 말이 거짓말이라면 A가 깨뜨린 것이 된다.
• B의 말이 거짓말이라면 한 명은 C가 깼다고 말하고, 한 명은 깨지 않았다고 말한 것이 된다.
• C의 말이 거짓말이라면 한 명은 C가 깼다고 말하고, 한 명은 깨지 않았다고 말한 것이 된다.
• D의 말이 거짓말이라면 한 명은 C가 깼다고 말하고, 한 명은 깨지 않았다고 말한 것이 된다.
따라서 A의 말이 거짓말이고, A가 깨뜨렸다.

12 • 정보 1이 틀렸다고 가정 : 강아지는 검정색이므로 정보 2와 정보 3도 모두 옳지 않은 정보가 되므로 모순이 발생한다.
• 정보 2가 틀렸다고 가정 : 강아지는 검정색이므로 정보 1과 정보 3도 모두 옳지 않은 정보가 된다.
• 정보 3이 틀렸다고 가정 : 강아지는 검정색이거나 노란색이다. 정보 3이 틀렸을 때, 정보 1에 따라 강아지가 검정색이 아니라고 했으므로 강아지는 노란색이다.

13 피아노를 잘하는 사람의 경우 진실을 말할 수도 있고, 거짓을 말할 수도 있다는 점에 유의하면 다음과 같다.
• 갑이 진실을 말했을 경우, 병의 말과 모순된다.
• 을이 진실을 말했을 경우, 병과 갑이 모두 거짓을 말한 것이 된다. 따라서 을이 조각, 병이 피아노(거짓을 말함), 갑이 테니스를 잘하는 사람이다.
• 병이 피아노를 잘하면서 거짓을 말했을 경우는 을이 조각, 갑이 테니스이다. 반대의 경우는 병의 말 자체가 모순되어 성립되지 않는다.

14 만약 민정이가 진실을 말한다면 영재가 거짓, 세희가 진실, 준수가 거짓, 성은이의 '민정이와 영재 중 한 명만 진실만을 말한다.' 가 진실이 되면서 모든 조건이 성립한다. 반면, 민정이가 거짓을 말한다면 영재가 진실, 세희가 거짓, 준수가 진실, 성은이의 '민정이와 영재 중 한 명만 진실만을 말한다.' 가 거짓이 되면서 모순이 생긴다. 따라서 거짓을 말한 사람은 영재와 준수이다.

15 우선 A의 아이가 아들이라고 하면 A의 진술에 따라 B, C의 아이도 아들이므로 이것은 아들이 2명밖에 없다는 조건에 모순된다. 그러므로 A의 아이는 딸이다. 다음에 C의 아이가 아들이라고 하면 C의 대답에서 D의 아이는 딸이 되므로 B의 아이는 아들이어야 한다. 그런데 이것은 B의 대답과 모순된다(아들의 아버지인 B가 거짓말을 한 것이 되므로). 따라서 C의 아이도 딸이다. 그러므로 아들의 아버지는 B와 D이다.

16 (가) 친환경 농업은 건강과 직결되어 있기 때문에 각광받고 있다. → (나) 병충해를 막기 위해 사용된 농약은 완전히 제거하기 어려우며 신체에 각종 손상을 입힌다. → (다) 생산량 증가를 위해 사용한 농약과 제초제가 오히려 인체에 해를 입힐 수 있다.

17 방사능 비상사태의 조치를 이야기하는 ㉢ → '이러한 조치'로 인한 부작용을 말하는 ㉡ → 부작용에 대한 예를 드는 ㉠ → 따라서 보호 조치의 기본 원칙의 기준이 조치에 의한 '이로움'이 되어야 한다는 ㉣의 순서가 되어야 한다.

18 제시문은 반인륜적 범죄에 대한 처벌과 이에 따른 인권 침해에 대해 언급하고 있다. '㉢ 반인륜적인 범죄의 증가 → ㉡ 지난 석 달 동안 3건의 범죄(살인 사건)가 발생 → ㉣ 반인륜적 범죄에 대한 처벌 강화 → ㉠ 인권 침해에 관한 문제제기' 순서로 연결되어야 한다.

19 제시문은 '온난화 기체 저감을 위한 습지 건설 기술'에 대한 내용으로, (B) 인공 습지 개발 가정 → (C) 그에 따른 기술적 성과 → (A) 개발 기술의 활용 → (D) 기술 이전에 따른 기대 효과 순서로 배열하는 것이 적절하다.

20 제시된 문장 이후에는 황사에 대한 일반적 이야기인 (C), (C)의 내용을 부연하여 단점을 설명하는 (B), 단점에 이어 황사의 장점을 설명하는 (A), 황사에 대비한 개인적 방지책과 국가적 대응의 어려움을 설명하는 (D) 순서로 배열되는 것이 적절하다.

21 빈칸의 내용 때문에 불꽃의 색을 분리시키는 분석법을 창안해 냈으므로 불꽃의 색이 여럿 겹쳐 보이는 게 문제였음을 추측할 수 있다.

22 앞 문장의 '정상적인 기능을 할 수 없는 상태임'과 대조를 이루는 표현이면서, 마지막 문장의 '자기 조절과 방어 시스템이 작동하는 과정인 것'이란 내용에 어울리는 표현은 ③이다.

23 글로벌 시대에는 남의 것을 모방하는 것이 아닌 창의적인 개발이 중요하다고 말하고 있다.

24 제시문에서 자전거 도로가 확충됨으로써 자전거의 시대가 열리고 있음을 시사하고 있으므로 빈칸에 들어갈 내용으로 ②가 가장 적절하다.

25 제시문에서는 법조문과 관련된 '반대 해석'과 '확장 해석'의 개념을 일상의 사례를 들어 설명하고 있다.

26 전지적 작가 시점으로 등장인물의 행동이나 심리 등을 서술자가 직접 자유롭게 서술하고 있다.

27 ㉠은 대전제, ㉡은 소전제, ㉤은 결론의 구조를 취하고 있다. 그리고 ㉢은 ㉡에 대한 이유 제시, ㉣은 ㉢에 대한 보충 설명에 해당한다.

28 헤르만 헤세가 한 말인 "자기에게 자연스러운 면에서 읽고, 알고, 사랑해야 할 것이다."란 문구를 보면 남의 기준에 맞추기보다 자신의 감정에 충실하게 책을 선택하여 읽으라고 하였다.

29 유류세 상승으로 인해 발생하는 장점들을 열거함으로써 유류세 인상을 정당화하고 있다.

30 제시문은 국경이 없는 글로벌 경영 방식을 설명하고 있으므로 제시문의 주제로는 ①이 적절하다.

정답 및 해설

01	02	03	04	05	06	07	08	09	10	11	12	13	14	15
①	③	②	④	②	①	④	①	②	④	①	①	④	②	③
16	**17**	**18**	**19**	**20**	**21**	**22**	**23**	**24**	**25**					
①	②	②	①	③	①	②	③	②	③					

01 1km=1,000m, 1m=100cm이므로 7km=700,000cm이다.

02 1g은 0.001kg이고 1kg은 0.001t이므로 ③이 올바르게 환산하였다.

03 $0.901+5.468-2.166=6.369-2.166=4.203$

04 $4,355-23.85\div0.15=4,355-159=4,196$

05 $0.28+2.4682-0.9681=2.7482-0.9681=1.7801$

06 $(15\times108)-(303\div3)+7=1,620-101+7=1,526$

07
- $36\times145+6,104=5,220+6,104=11,324$
- $516\times31-4,672=15,996-4,672=11,324$

08
- $70.668\div151+6.51=0.468+6.51=6.978$
- $3.79\times10-30.922=37.9-30.922=6.978$

09 $95+147-118=124$

10 ④ $7\times8\times2+8=120$, ①·②·③ 130

11 ① $\frac{13}{12}-\frac{7}{12}\times2=-\frac{1}{2}$, ②·③·④ 1

12 $2-4+6\div3=0$이므로 ①이 적절하다.

13 $3+14\div2\times4=31$이므로 ④가 적절하다.

14 $3.1(\quad)8.455=3.43-(3.514\div0.4)=3.43-8.785=-5.355$

$\therefore\ 3.1(-)8.455=-5.355$

15 $\frac{17}{4}(\quad)\frac{12}{21}=\frac{232}{77}-\left(\frac{15}{7}\times\frac{3}{11}\right)=\frac{232}{77}-\frac{45}{77}=\frac{187}{77}=\frac{17}{7}$

$\therefore\ \frac{17}{4}(\times)\frac{12}{21}=\frac{17}{7}$

16
- $A=5,616\div312+308=18+308=326$
- $B=28.62\div0.09=318$

$\therefore\ A>B$

17
- $A=\frac{7}{3}+\frac{4}{5}=\frac{47}{15}=\frac{94}{30}$
- $B=\frac{3}{2}+\frac{32}{15}=\frac{109}{30}$

$\therefore\ A<B$

18 2와 8은 2의 거듭제곱 형태이므로 밑수를 2로 통일시켜 식을 정리한다.
- $A=\sqrt[3]{2}=2^{\frac{1}{3}}$
- $B=\sqrt[5]{8}=8^{\frac{1}{5}}=(2^3)^{\frac{1}{5}}=2^{\frac{3}{5}}\rightarrow\frac{1}{3}<\frac{3}{5}$이므로 $2^{\frac{1}{3}}<2^{\frac{3}{5}}$

$\therefore\ A<B$

19 3과 9는 3의 거듭제곱 형태이므로 지수를 3으로 통일시켜 식을 정리한다.
- $A=11^3$
- $B=2^9=(2^3)^3=8^3$

$\therefore\ A>B$

20 최소공배수는 각 소수의 지수가 큰 수로 구성된다. 따라서 $K=3$, $L=2$, $M=2$이므로 $K-L+M=3-2+2=3$이다.

21 최대공약수는 각 소수의 지수가 작은 수로 구성된다. 따라서 2의 경우 최대공약수의 지수가 1이기 때문에 $L=1$이 되고, M의 경우 3의 지수 중 작은 수인 2가 된다. 또한 K는 1이므로 $K+L-M=1+1-2=0$이다.

22 48을 소인수분해하면 $48=2^4\times3^1$이고, 최대공약수는 각 소수의 지수가 작은 수를 따라가기 때문에 N은 $2^2\times7^1$을 포함한다. 따라서 28의 배수 중 100 이하 가장 큰 자연수는 84이다.

23 $(a+b)(a-b)=a^2-b^2$을 이용하면

$$\begin{aligned}(3-1)(3+1)(3^2+1)(3^4+1)(3^8+1)&=(3^2-1)(3^2+1)(3^4+1)(3^8+1)\\&=(3^4-1)(3^4+1)(3^8+1)=(3^8-1)(3^8+1)\\&=3^{16}-1\end{aligned}$$

따라서 빈칸에 알맞은 수는 16이다.

24 $(x+y)^2=x^2+2xy+y^2$을 이용하면 $24=14+2xy \rightarrow 2xy=10$

$\therefore\ xy=5$

25 주어진 식을 분모의 유리화를 이용하여 간단히 하면 다음과 같다.

$$\frac{1}{\sqrt{x+1}+\sqrt{x}}+\frac{1}{\sqrt{x+1}-\sqrt{x}}$$

$$=\frac{(\sqrt{x+1}-\sqrt{x})+(\sqrt{x+1}+\sqrt{x})}{(\sqrt{x+1}+\sqrt{x})(\sqrt{x+1}-\sqrt{x})}$$

$$=\frac{2\sqrt{x+1}}{(x+1)-x}=2\sqrt{x+1}$$

정답 및 해설

01	02	03	04	05	06	07	08	09	10	11	12	13	14	15
②	②	①	①	③	④	②	④	①	④	④	②	③	②	③
16	17	18	19	20	21	22	23	24	25	26	27	28	29	30
②	④	①	④	④	③	②	③	④	②	②	④	②	③	④
31	32	33	34	35	36	37	38	39	40	41	42	43	44	45
②	④	②	③	③	④	④	③	②	④	④	①	②	①	④

01 서울에서 부산까지 무정차로 걸리는 시간을 x시간이라고 하자.

$x=\frac{400}{120}=\frac{3}{10}$ → 3시간 20분

9시에 출발해 13시 10분에 도착했으므로 걸린 시간은 4시간 10분이다. 즉, 무정차 시간과 비교하면 50분이 더 걸렸고, 역마다 정차하는 시간은 10분이므로 정차한 역의 수는 $50\div10=5$개이다.

02 두 열차가 같은 시간 동안 이동한 거리의 합은 6km이다. 두 열차가 이동한 시간을 x시간이라고 하자. KTX와 새마을호 속도의 비는 7:5이므로 KTX와 새마을호가 이동한 거리는 각각 $7x$km, $5x$km이다.

$7x+5x=6 \rightarrow x=0.5$

따라서 새마을호가 이동한 거리는 2.5km, KTX가 이동한 거리는 3.5km이다.

03 올라갈 때 걸은 거리를 $x$km라고 하면, 내려올 때의 거리는 $(x+5)$km이므로

$\frac{x}{3}+\frac{x+5}{4}=3 \rightarrow 4x+3(x+5)=36$

$\therefore x=3$

04 지도의 축척이 1:50,000이므로 호텔에서 공원까지의 실제 거리는 $10\times50,000=500,000$cm $=5$km이다. 따라서 신영이가 호텔에서 출발하여 공원에 도착하는 데까지 걸리는 시간은

$\frac{5}{30}=\frac{1}{6}=10$분이다.

05 A제품의 불량률을 x라 하면,

$600(1-x) \geq 2,400x \rightarrow 3,000x \leq 600$

$\rightarrow x \leq 0.2$

즉, A제품의 불량률은 20%이다.

06 A1 용지의 가로 길이를 a, 세로 길이를 b라고 하면, A1 용지의 세로 길이 b는 A2 용지의 가로 길이가 되고, A1 용지 가로 길이의 $\frac{1}{2}$은 A2 용지의 세로 길이가 된다. 이런 방식으로 A3~A5 용지까지 각각의 가로와 세로 길이를 구하면 다음과 같다.

구 분	가로 길이	세로 길이
A1	a	b
A2	b	$\frac{a}{2}$
A3	$\frac{a}{2}$	$\frac{b}{2}$
A4	$\frac{b}{2}$	$\frac{a}{4}$
A5	$\frac{a}{4}$	$\frac{b}{4}$

가로와 세로가 같은 비율로 작아지므로 A4 용지와 A5 용지의 길이 축소율을 a와 b에 관한 식으로 나타내면 다음과 같다.

(가로길이 축소율)=(세로길이 축소율) $\rightarrow \frac{a}{4} \div \frac{b}{2} = \frac{b}{4} \div \frac{a}{4} \rightarrow \frac{a^2}{16} = \frac{b^2}{8} \rightarrow a=\sqrt{2}b$ ⋯ ㉠

따라서 ㉠을 A4 용지에서 A5 용지의 가로 길이 축소율에 대입하면

$\frac{a}{4} \div \frac{b}{2} = \frac{a}{2b} = \frac{\sqrt{2}b}{2b} = \frac{1.4}{2} = 0.7$

70%로 축소된다.

07 1등 5돈 순금 두꺼비에 필요한 순금의 무게는 $5 \times 3.75 = 18.75$g이다.

2등과 3등은 각각 10g이므로 부상으로 필요한 순금의 무게는 $18.75+10+10=38.75$g이다.

이를 kg으로 환산하면 38.75g=0.03875kg이다.

08 여학생의 평균 점수를 a점이라 가정하면, 남학생 평균 점수는 $(3a+2)$점이다. 전체 평균점수에 대한 관계식을 구하면 다음과 같다.

$200 \times 0.51 \times (3a+2) + 200 \times 0.49 \times a = 200 \times 59.6$

$\rightarrow 0.51 \times (3a+2) + 0.49 \times a = 59.6$

$\rightarrow 1.53a + 1.02 + 0.49a = 59.6 \rightarrow 2.02a = 58.58 \rightarrow a = 29$

따라서 남학생의 평균점수는 89점이며, 여학생의 평균점수는 29점이다.

09 형의 나이를 x세, 동생의 나이를 y세라고 하자(단, $x>y$).

$x+y=22$ … ㉠

$xy=117$ … ㉡

㉠, ㉡을 연립하면, $x=13$, $y=9$

따라서 동생의 나이는 9세이다.

10 내년 A부서의 평균 나이는 $\frac{25\times38-52+27}{25}+1=38$세이다.

11 아버지의 나이를 x세, 형의 나이를 y세라고 하자.

동생의 나이는 $(y-2)$세이므로 $y+(y-2)=40 \rightarrow y=21$

어머니의 나이는 $(x-4)$세이므로 $x+(x-4)=6\times21 \rightarrow 2x=130$

$\therefore x=65$

12 현재 철수의 나이를 x세라고 하자, 철수와 아버지의 나이 차는 25세이므로 아버지의 나이는 $(x+25)$세이다.

3년 후 아버지의 나이가 철수 나이의 2배가 되므로

$2(x+3)=(x+25)+3$

$\therefore x=22$

13 A씨는 월요일부터 시작하여 2일 간격으로 산책하고, B씨는 그 다음날인 화요일부터 3일마다 산책을 하므로 요일별로 정리하면 다음과 같다.

월	화	수	목	금	토	일
A		A		A		A
	B			B		

따라서 A와 B가 만나는 날은 같은 주 금요일이다.

14 10월 2일이 월요일이므로 10월 1일은 일요일이다. 즉, 10월 1일이 10월의 첫 번째 일요일이다. 따라서 10월의 네 번째 일요일은 10월 1일에서 3주(21일)가 지난 10월 22일이다.

15 7시 x분에 반대 방향으로 일직선을 이룬다고 하자.

- 시침이 움직인 각도 : $7\times30+0.5x$
- 분침이 움직인 각도 : $6x$

시침과 분침이 서로 반대 방향으로 일직선을 이룬다는 것은 시침의 각도가 분침의 각도보다 180° 더 크다는 것이므로

$(7\times30+0.5x)-6x=180 \rightarrow x=\frac{60}{11}$

$\therefore$ 7시 $\frac{60}{11}$분

16 오후 3시 35분에서 2시간 10분이 흐르면 오후 5시 45분이다. 시침은 1분에 $0.5°$, 분침은 1분에 $6°$ 움직이므로 오후 5시 45분일 때의 시침의 각도는 $150+0.5\times45=172.5°$ 이고, 오후 5시 45분일 때의 분침의 각도는 $6\times45=270°$ 이다.
따라서 시침과 분침이 이루는 각도 중 작은 각도는 $270-172.5=97.5°$ 이다.

17 물의 중량을 xg이라고 하면, $\frac{75}{75+x}\times100=15$

$\rightarrow x+75=\frac{75}{15}\times100$

$\therefore x=500-75=425$

18 처음 소금물의 양을 xg이라고 하면,
$\frac{A}{100}x=\frac{4}{100}(x+200)$
$\rightarrow Ax=4x+800$
$\therefore x=\frac{800}{A-4}$

19 퍼낸 소금물의 양을 xg, 2% 소금물의 양을 yg이라고 하자.
$400-x+x+y=520 \rightarrow y=120$
$\frac{8}{100}(400-x)+\frac{2}{100}\times120=\frac{6}{100}\times520$
$\rightarrow 3{,}200-8x+240=3{,}120 \rightarrow 8x=320$
$\therefore x=40$

20 아이들의 수를 x명이라고 하자.
노트의 개수는 $7(x-14)+2=6(x-11)+2 \rightarrow x=32$
즉, 아이들의 수는 32명, 노트의 개수는 $7\times(32-14)+2=128$권이다. 따라서 1명당 나누어줄 노트의 개수는 $128\div32=4$권이다.

21 50원, 100원, 500원짜리 동전의 개수를 각각 x개, y개, z개라 하자.
$x+y+z=14$ … ㉠
$50x+100y+500z=2{,}250 \rightarrow x+2y+10z=45$ … ㉡
㉠에 의해 $x=-(y+z)+14$이므로 이를 ㉡에 대입하면,
$y+9z=31$ … ㉢
이때, ㉠의 조건에 의해 ㉢을 만족하는 경우는 $y=4$, $z=3$이다. 따라서 50원짜리는 7개, 100원짜리는 4개, 500원짜리는 3개이다.

22 큰 정사각형의 한 변의 길이는 40과 16의 최소공배수인 80이므로 가로에는 2개, 세로에는 5개가 필요하다. 따라서 돗자리는 최소 $2\times5=10$개가 필요하다.

23 완성품 1개를 만드는 데 필요한 일의 양을 1이라 하고, A와 B기계가 x일 만에 완성품을 1개 만들었다고 하면 다음과 같다.

- A기계가 하루에 하는 일의 양 : $\frac{1}{20}$
- B기계가 하루에 하는 일의 양 : $\frac{1}{30}$

$\left(\frac{1}{20}+\frac{1}{30}\right)\times x=1 \rightarrow \frac{5}{60}\times x=1 \rightarrow \frac{1}{12}x=1$

$\therefore\ x=12$

24 (A의 톱니 수)×(A의 회전 수)=(B의 톱니 수)×(B의 회전 수)

A의 톱니 수를 x개라 하면, B의 톱니 수는 $(x-20)$개이므로

$x\times6=(x-20)\times10 \rightarrow 6x=10x-200 \rightarrow 4x=200$

$\therefore\ x=50$

25 한 시간 동안 만들 수 있는 보고 자료는 민 사원과 안 사원 각각 $\frac{30}{2}$장, $\frac{50}{3}$장이다. 둘이 함께 만드는 데 걸리는 시간을 x시간이라고 하자.

$\left(\frac{30}{2}\times0.9+\frac{50}{3}\times0.9\right)\times x=120 \rightarrow \frac{171}{6}x=120$

$\therefore\ x=\frac{80}{19}$

26
- 첫 번째에 2의 배수(2, 4, 6, 8, 10)가 적힌 공을 뽑을 확률 : $\frac{5}{10}=\frac{1}{2}$
- 두 번째에 3의 배수(3, 6, 9)가 적힌 공을 뽑을 확률 : $\frac{3}{10}$($\because$ 뽑은 공은 다시 넣음)

$\therefore$ 구하는 확률 : $\frac{1}{2}\times\frac{3}{10}=\frac{3}{20}$

27 (적어도 1개는 하얀 공을 꺼낼 확률)=1−(모두 빨간 공을 꺼낼 확률)

- 전체 공의 개수 : $4+6=10$
- 2개의 공 모두 빨간 공을 꺼낼 확률 : $\frac{{}_4C_2}{{}_{10}C_2}=\frac{2}{15}$

$\therefore$ (적어도 1개는 하얀 공을 꺼낼 확률)$=1-\frac{2}{15}=\frac{13}{15}$

28 (1, 2, 3이 적힌 카드 중 하나 이상을 뽑을 확률)
=1−(세 번 모두 4~10이 적힌 카드를 뽑을 확률)

- 세 번 모두 4~10이 적힌 카드를 뽑을 확률 : $\frac{7}{10}\times\frac{6}{9}\times\frac{5}{8}=\frac{7}{24}$

∴ 1, 2, 3이 적힌 카드 중 하나 이상을 뽑을 확률 : $1-\frac{7}{24}=\frac{17}{24}$

29 ${}_{10}C_2\times{}_8C_2=\frac{10\times9}{2\times1}\times\frac{8\times7}{2\times1}=1,260$가지

30 23,000원을 지불할 수 있는 방법은 다음의 5가지가 있다.
(10,000×2, 1,000×3), (10,000×1, 5,000×2, 1,000×3),
(10,000×1, 5,000×1, 1,000×8), (5,000×4, 1,000×3),
(5,000×3, 1,000×8)

31

- 전체 구슬의 개수 : 3+4+5=12개
- 빨간색 구슬 2개를 꺼낼 확률 : $\frac{{}_3C_3}{{}_{12}C_2}=\frac{1}{22}$
- 초록색 구슬 2개를 꺼낼 확률 : $\frac{{}_4C_2}{{}_{12}C_2}=\frac{1}{11}$
- 파란색 구슬 2개를 꺼낼 확률 : $\frac{{}_5C_2}{{}_{12}C_2}=\frac{5}{33}$

구슬 2개를 꺼낼 때, 모두 빨간색이거나 모두 초록색이거나 모두 파란색일 확률
: $\frac{1}{22}+\frac{1}{11}+\frac{5}{33}=\frac{19}{66}$

32

- A만 문제를 풀 확률 : $\frac{1}{4}\times\frac{2}{3}\times\frac{1}{2}=\frac{2}{24}$
- B만 문제를 풀 확률 : $\frac{3}{4}\times\frac{1}{3}\times\frac{1}{2}=\frac{3}{24}$
- C만 문제를 풀 확률 : $\frac{3}{4}\times\frac{2}{3}\times\frac{1}{2}=\frac{6}{24}$

한 사람만 문제를 풀 확률 : $\frac{2}{24}+\frac{3}{24}+\frac{6}{24}=\frac{11}{24}$

33 2명씩 짝지어 한 그룹으로 가정하고, 원탁에 앉는 방법은 원순열 공식 $(n-1)!$를 이용한다. 2명씩 3그룹이므로 $(3-1)!=2\times1=2$가지이다. 또한 그룹 내에서 2명이 자리를 바꿔 앉을 수 있는 경우는 2가지씩이다. 따라서 6명이 원탁에 앉을 수 있는 방법은 2×2×2×2=16가지이다.

34 ${}_9C_3\times{}_6C_3\times{}_3C_3=84\times20\times1=1,680$
∴ 1,680가지

35 작년의 임원진은 3명이므로 올해 임원 선출이 가능한 인원은 17명 중 14명이다. 14명 중에서 회장, 부회장, 총무를 각 1명씩 뽑을 수 있는 방법은 ${}_{14}P_3=14\times13\times12=2{,}184$
따라서 올해 임원을 선출할 수 있는 경우의 수는 2,184가지이다.

36 • 영훈 · 성준이는 합격, 홍은이는 탈락할 확률 : $\left(1-\frac{6}{7}\right)\times\frac{3}{5}\times\frac{1}{2}=\frac{1}{7}\times\frac{3}{5}\times\frac{1}{2}=\frac{3}{70}$

• 홍은 · 성준이는 합격, 영훈이는 탈락할 확률 : $\frac{6}{7}\times\left(1-\frac{3}{5}\right)\times\frac{1}{2}=\frac{6}{7}\times\frac{2}{5}\times\frac{1}{2}=\frac{12}{70}$

• 홍은 · 영훈이는 합격, 성준이는 탈락할 확률 : $\frac{6}{7}\times\frac{3}{5}\times\left(1-\frac{1}{2}\right)=\frac{6}{7}\times\frac{3}{5}\times\frac{1}{2}=\frac{18}{70}$

세 사람 중 두 사람이 합격할 확률은 $\frac{3}{70}+\frac{12}{70}+\frac{18}{70}=\frac{33}{70}$이고, $a=70$, $b=33$이다.

$\therefore a+b=103$

37 서로 다른 n개에서 중복을 허락하여 r개를 뽑아 일렬로 배열하는 중복순열의 수는 ${}_n\Pi_r=n\times n\times\cdots\times n=n^r$이다.
따라서 4통의 엽서를 각각 서로 다른 3개의 우체통에 넣는 방법은 ${}_3\Pi_4=3^4=81$가지이다.

38 두 번째, 세 번째에 앞면이 나올 확률은 각각 $\frac{1}{2}$이다.

따라서 두 번째와 세 번째에 모두 앞면이 나올 확률은 $\frac{1}{2}\times\frac{1}{2}=\frac{1}{4}$이다.

39 6개의 숫자를 가지고 여섯 자리 수를 만드는 경우의 수는 $6!$인데, 그중 1이 3개, 2가 2개로 중복되어 $3!\times2!$의 경우가 겹친다. 따라서 가능한 모든 경우의 수는 $\frac{6!}{3!\times2!}=60$가지이다.

40 • 잘 익은 귤을 꺼낼 확률 : $1-\left(\frac{10}{100}+\frac{15}{100}\right)=\frac{75}{100}$

• 썩거나 안 익은 귤을 꺼낼 확률 : $\frac{10}{100}+\frac{15}{100}=\frac{25}{100}$

따라서 한 사람은 잘 익은 귤, 다른 한 사람은 그렇지 않은 귤을 꺼낼 확률은

$2\times\frac{75}{100}\times\frac{25}{100}\times100=37.5\%$이다.

41 두 수의 곱이 홀수가 되려면 (홀수)×(홀수)여야 하므로 1에서 10까지 적힌 숫자카드를 임의로 두 장을 동시에 뽑았을 때, 두 장 모두 홀수일 확률을 구해야 한다. 따라서 열 장 중 홀수 카드 두 개를 뽑을 확률은

$\frac{{}_5C_2}{{}_{10}C_2}=\frac{\frac{5\times 4}{2\times 1}}{\frac{10\times 9}{2\times 1}}=\frac{5\times 4}{10\times 9}=\frac{2}{9}$ 이다.

42
- 두 개의 주사위를 던지는 경우의 수 : $6\times 6=36$가지
- 나온 눈의 곱이 홀수인 경우(홀수×홀수)의 수 : $3\times 3=9$가지

∴ 주사위의 눈의 곱이 홀수일 확률 : $\frac{9}{36}=\frac{1}{4}$

43
- 국내 여행을 선호하는 남학생 수 : $30-16=14$명
- 국내 여행을 선호하는 여학생 수 : $20-14=6$명

국내 여행을 선호하는 학생 중 남학생일 확률 : $\frac{14}{20}=\frac{7}{10}$

44 A가 합격할 확률은 $\frac{1}{3}$이고 B가 합격할 확률은 $\frac{3}{5}$이다.

따라서 A, B 둘 다 합격할 확률은 $\frac{1}{3}\times\frac{3}{5}=\frac{3}{15}=\frac{1}{5}=20\%$이다.

45 3대의 버스 중 출근 시간보다 일찍 도착할 2대의 버스를 고르는 경우의 수는 ${}_3C_2=3$이다.

따라서 구하고자 하는 확률은 $3\times\frac{3}{8}\times\frac{3}{8}\times\frac{1}{2}=\frac{27}{128}$이다.

CHAPTER

05 정답 및 해설

01	02	03	04	05	06	07	08	09	10	11	12	13	14	15	16	17	18	19	20
④	③	④	④	①	②	④	③	④	③	①	①	④	③	②	④	③	④	③	③

01
- (가) : $\frac{34,273-29,094}{29,094}\times 100 \fallingdotseq 17.8\%$
- (나) : $66,652+34,273+2,729=103,654$
- (다) : $\frac{103,654-91,075}{91,075}\times 100 \fallingdotseq 13.8\%$

02
- (2011 · 2012년의 평균)$=\frac{826.9+806.9}{2}=816.9$만명
- (2017 · 2018년의 평균)$=\frac{796.3+813.0}{2}=804.65$만명

따라서 총 지원자 수에 대한 2011 · 2012년 평균과 2017 · 2018년 평균과의 차이는 $816.9-804.65=12.25$만명이다.

03 2018년 하반기 영업팀 입사자 수를 a명, 인사팀 입사자 수를 b명이라 하고, 주어진 조건에 따라 2019년 상반기 입사자 수를 정리하면 다음과 같다.

구 분	마케팅팀	영업팀	홍보팀	인사팀	합 계
2018년 하반기 입사자 수	50명	a명	100명	b명	320명
2019년 상반기 입사자 수	100명	$(a+30)$명	$100\times 0.8=80$명	$50\times 2=100$명	$320\times 1.25=400$명

- 2018년 하반기 영업팀 입사자 수 : $100+(a+30)+80+100=400 \rightarrow a=90$
- 2018년 하반기 인사팀 입사자 수 : $b=320-(100+90+50)=80$

따라서 2018년 하반기 대비 2019년 상반기 인사팀 입사자의 증감률은 $\frac{100-80}{80}\times 100=25\%$이다.

04 참여율이 4번째로 높은 해는 2015년이므로 전년 대비 2015년 참여율의 증가율은 $\frac{14.6-12.9}{12.9}\times 100 \fallingdotseq 13.2\%$이다.

05

• (ㄱ) : 2015년 대비 2016년 의료 폐기물의 증감율이므로 $\frac{48,934-49,159}{49,159}\times 100 \fallingdotseq -0.5\%$이다.

• (ㄴ) : 2013년 대비 2014년 사업장 배출시설계 폐기물의 증감율이므로 $\frac{123,604-130,777}{130,777}\times 100 \fallingdotseq -5.5\%$이다.

06

주어진 조건에 따라 할인 혜택을 적용한 레스토랑별 금액은 다음과 같다.

구 분	A통신사	B통신사	C통신사
A레스토랑	143,300－5,000＝138,300원	143,300×0.85≒121,800원	143,300－14,300＝129,000원
B레스토랑	165,000원	165,000×0.8＝132,000원	45,500＋100,000＝145,500원
C레스토랑	174,500－26,100＝148,400원	112,050＋50,000＝162,050원	174,500×0.7＝122,150원

따라서 K씨의 가족이 A레스토랑에서 B통신사의 15% 할인 혜택을 적용할 때, 121,800원으로 가장 저렴한 가격으로 외식할 수 있다.

07

2016년 출생아 수는 그 해 사망자 수의 $\frac{438,420}{275,895}\fallingdotseq 1.59$배이며, 1.7배 미만이므로 옳지 않은 설명이다.

① 출생아 수가 가장 많았던 해는 2016년인 것을 확인할 수 있다.

② 주어진 자료를 보면 사망자 수가 2015년부터 2018년까지 매년 전년 대비 증가하고 있음을 알 수 있다.

③ 사망자 수가 가장 많은 2018년은 사망자 수가 285,534명이고, 가장 적은 2014년은 사망자 수가 266,257명으로, 사망자 수 차이는 285,534－266,257＝19,277명이다. 따라서 15,000명 이상이다.

08

1974～2009년 동안 65세 연령의 성별 기대여명과 OECD 평균 기대여명과의 연도별 격차는 다음과 같다.

• 남성
- 1974년 : 12.7－10.2＝2.5년
- 1999년 : 14.7－13.4＝1.3년
- 2009년 : 16.3－15.5＝0.8년

• 여성
- 1974년 : 15.6－14.9＝0.7년
- 1999년 : 18.4－17.5＝0.9년
- 2009년 : 19.8－19.6＝0.2년

따라서 옳지 않은 설명이다.

① 65세, 80세 여성의 기대여명은 2019년 이전까지 모두 OECD 평균보다 낮았으나, 2019년에 OECD 평균보다 모두 높아진 것을 확인할 수 있다.

② 연도별 80세 남성의 기대여명과 OECD 평균과의 격차는 다음과 같다.

- 1974년 : 5.7−4.7=1.0년
- 1999년 : 6.6−6.1=0.5년
- 2009년 : 7.3−6.9=0.4년
- 2019년 : 8.3−8.0=0.3년

따라서 80세 남성의 기대여명은 1974∼2019년 동안 OECD 평균과의 격차가 꾸준히 줄어들었다.

④ 각 연령별 및 연도별 남성의 기대여명보다 여성의 기대여명이 더 높은 것을 확인할 수 있다.

09 합격자 중 남성의 비율은 $\frac{1,699}{1,699+624} \times 100 = \frac{1,699}{2,323} \times 100 \fallingdotseq 73.1\%$이므로 80% 미만이다.

① 총 입사지원자의 합격률은 $\frac{2,323}{10,891+3,984} \times 100 = \frac{2,323}{14,875} \times 100 \fallingdotseq 15.6\%$이므로 15% 이상이다.

② 여성 입사지원자 대비 여성 합격자의 비중은 $\frac{624}{3,984} \times 100 \fallingdotseq 15.7\%$이므로 20% 미만이다.

③ 총 입사지원자 중에서 여성의 비중은 $\frac{3,984}{14,875} \times 100 \fallingdotseq 26.8\%$이므로 30% 미만이다.

10 A기업

- 화물자동차 : 200,000+(1,000×5×100)+(100×5×100)=750,000원
- 철도 : 150,000+(900×5×100)+(300×5×100)=750,000원
- 연안해송 : 100,000+(800×5×100)+(500×5×100)=750,000원

B기업

- 화물자동차 : 200,000+(1,000×1×200)+(100×1×200)=420,000원
- 철도 : 150,000+(900×1×200)+(300×1×200)=390,000원
- 연안해송 : 100,000+(800×1×200)+(500×1×200)=360,000원

따라서 A기업은 모든 운송수단의 비용이 동일하고, B기업은 연안해송이 가장 저렴하다.

11 자료를 분석하면 다음과 같다.

생산량(개)	0	1	2	3	4	5
총 판매수입(만 원)	0	7	14	21	28	35
총 생산비용(만 원)	5	9	12	17	24	33
이윤(만 원)	−5	−2	+2	+4	+4	+2

ㄷ. 생산량을 4개에서 5개로 증가시키면 이윤은 2만 원으로 감소한다.

ㄹ. 1개를 생산하면 −2만 원이지만, 생산하지 않을 때는 −5만 원이다.

12 주어진 자료의 수치는 비율을 나타내기 때문에 실업자의 수는 알 수 없다.

② 실업자의 비율은 27－25＝2%p 증가하였다.

③ 2018년 경제활동인구의 비율은 100－20＝80%이고, 2019년 경제활동인구의 비율은 100－30＝70%이므로 경제활동인구의 비율은 10%p 감소하였다.

④ 취업자 비율은 43－55＝－12%p 감소했지만 실업자 비율은 2%p 증가하였기 때문에 취업자 비율의 증감폭이 더 큰 것을 확인할 수 있다.

13 생산이 증가한 2014년, 2017년, 2018년에는 수출과 내수도 모두 증가했으므로 옳지 않은 설명이다.

① 2014년에는 전년 대비 생산, 내수, 수출이 모두 증가한 것을 확인할 수 있다.

② 내수가 가장 큰 폭으로 증가한 2016년에는 생산과 수출은 모두 감소했으므로 옳은 설명이다.

③ 수출이 증가한 2014년, 2017년, 2018년에는 내수와 생산도 증가했으므로 옳은 설명이다.

14

- 시행기업 수 증가율 : $\frac{7,686-2,802}{2,802}\times 100 \fallingdotseq 174.3\%$
- 참여직원 수 증가율 : $\frac{21,530-5,517}{5,517}\times 100 \fallingdotseq 290.2\%$

따라서 2016년 대비 2018년 시행기업 수의 증가율이 참여직원 수의 증가율보다 낮다.

① 2018년 남성육아휴직제 참여직원 수는 2016년의 $\frac{21,530}{5,517} \fallingdotseq 3.9$배이다.

② • 2015년 : $\frac{3,197}{2,079} \fallingdotseq 1.5$명

• 2016년 : $\frac{5,517}{2,802} \fallingdotseq 2.0$명

• 2017년 : $\frac{10,869}{5,764} \fallingdotseq 1.9$명

• 2018년 : $\frac{21,530}{7,686} \fallingdotseq 2.8$명

따라서 시행기업당 참여직원 수가 가장 많은 해는 2018년이다.

④ 2015년부터 2018년까지 연간 참여직원 수 증가 인원의 평균은 $\frac{21,530-3,197}{3}=6,111$명이다.

15 제시된 그래프는 구성비에 해당하므로 2018년에 전체 수송량이 증가하였다면 2018년 구성비가 감소하였어도 수송량은 증가하였을 수도 있다.

16 ① A－호주

② B－캐나다

③ C－프랑스

17 인구성장률 그래프의 경사가 완만할수록 인구수 변동이 적다.

① 인구성장률은 1970년 이후 계속 감소하고 있다.

② 총인구가 감소하려면 인구성장률 그래프가 (−)값을 가져야 하는데 2011년과 2015년에는 (+) 값을 갖는다.

④ 그래프를 통해 1990년 인구가 더 적다는 것을 알 수 있다.

18 2018년 전문 · 관리직 종사자 구성비는 22.5% 미만이므로 옳지 않은 설명이다.

19 작년 전체 실적은 45+50+48+42=185억 원이며, 1 · 2분기와 3 · 4분기의 실적의 비중은 각각 다음과 같다.

- 1 · 2분기 비중 : $\frac{45+50}{185}\times 100 \fallingdotseq 51.4\%$
- 3 · 4분기 비중 : $\frac{48+42}{185}\times 100 \fallingdotseq 48.6\%$

20 제품별 밀 소비량 그래프에서 라면류와 빵류의 밀 사용량의 10%는 각각 6.6톤, 6.4톤이다. 따라서 과자류에 사용될 밀 소비량은 총 42+6.6+6.4=55톤이다.

정답 및 해설

01 수 · 문자추리

01	02	03	04	05	06	07	08	09	10	11	12	13	14	15	16	17	18	19	20
④	①	②	③	②	④	②	②	④	①	②	④	③	①	③	④	④	①	②	②
21	22	23	24	25	26	27	28	29	30	31	32	33	34	35	36	37	38	39	40
③	③	①	②	③	②	④	②	④	①	③	③	④	②	②	③	①	④	③	④

01 앞의 항에 +1, +2, +3을 반복해서 더하는 수열이다.

02 홀수 항에는 2를 곱하고 짝수 항에는 3을 곱하는 수열이다.

03 앞의 두 항의 합이 다음 항이 되는 피보나치 수열이다.

04 1항−3항=2항, 2항−4항=3항, 3항−5항=4항 …이 반복된다.
11−( )=−15
( )=26

05 (앞의 항)×2−2=(뒤의 항)

06 (앞의 항)÷(−2)+4=(뒤의 항)인 수열이다.

07 홀수 항은 ×10이고, 짝수 항은 $\div 2^0$, $\div 2^1$, $\div 2^2$, …인 수열이다. 따라서 ( )=$256 \div 2^2 = 64$이다.

08 (분자)×(분모)=1,000

09 분자와 분모에 교대로 3씩 곱한다. 따라서 $\frac{18\times3}{45}=\frac{54}{45}$이다.

10 분자는 36부터 1씩 더하고, 분모는 2의 거듭제곱 형태, 즉 2^1, 2^2, 2^3, 2^4, 2^5, 2^6인 수열이다.
$\therefore \frac{40}{32}$

11 분자는 1, 2, 3, 4, …씩 더하는 수열이고, 분모는 4씩 곱하는 수열이다.

$\therefore \frac{6}{12}$

12 $\underline{A\ B\ C} \rightarrow A^2+B^2=C$

$\therefore 5^2+6^2=61$

13 $\underline{A\ B\ C} \rightarrow A+B=C$

$\therefore 4+7=11$

14 $\underline{A\ B\ C\ D} \rightarrow A \times B=C+D$

$7 \times 3=9+(\quad)$

$\therefore (\quad)=21-9=12$

15 $\underline{A\ B\ C} \rightarrow C=(A-B) \times 2$

$\therefore (\quad)=19-\frac{10}{2}=14$

16 $\underline{A\ B\ C\ D} \rightarrow 2 \times (A+C)=B+D$

$\therefore (\quad)=2 \times \left(4+\frac{7}{2}\right)-5=10$

17 (분자의 첫 번째 수)×(분자의 세 번째 수)+(분자의 두 번째 수)×(분자의 네 번째 수)=(분모)

$5 \times 0+(-3) \times (-1)=B \rightarrow B=3$

$\therefore B^2=9$

18 $(A,\ B)=[(C,\ D),\ \cdots]$라고 하면, $C=B$, $D=A+B$이다.

i) $a=9+14=23$

ii) $c=15$

iii) $b+7=15 \rightarrow b=8$

$\therefore a-b-c=0$

19 홀수 항은 ÷1, ÷2, ÷3 …이고, 짝수 항은 +11인 수열이다.

따라서 (A)=11+11=22이고, (B)=840÷4=210이므로, (A)+(B)=22+210=232이다.

20 (분자들의 곱)=(분모)^3

$(-1) \times 5 \times (A) \times (B)=125$

$\therefore (A) \times (B)=-25$

21 (첫 번째 행)×(두 번째 행)+1=(세 번째 행)이다.
∴ 7×3+1=22

22

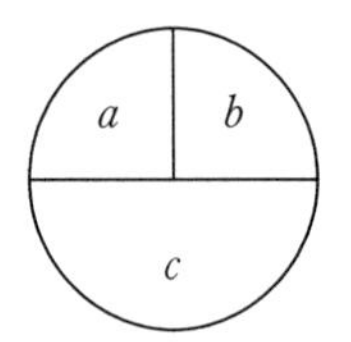

$2a \times b = c$
∴ 2×5×6=60

23

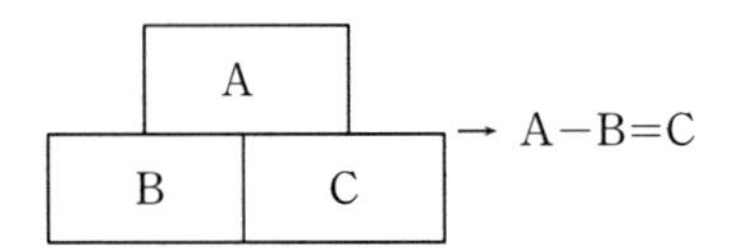

A	B	C
15	3	12[=15−3]
9	2	7[=9−2]
17	8	9[=17−8]

24

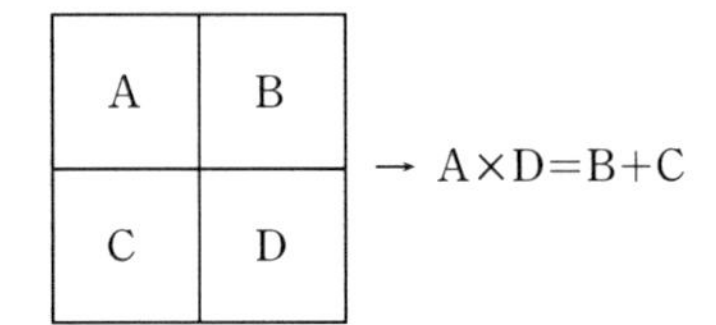

A×D	B+C
9×8=72	37+35=72
12×7=84	46+38=84
13×8=104	55+(49)=104

25 첫 번째 행의 각 수는 (양 대각선 아래로 있는 두 수의 합)−1이다. 따라서 −2+1+3=2이다.

26 가로 또는 세로의 네 숫자를 더하면 20이 된다.
따라서 20−(11−8+5)=12이다.

27

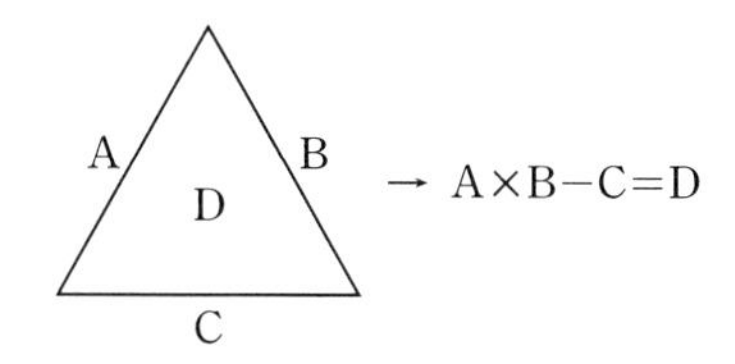

∴ $12 \times 4 - 28 = 48 - 28 = 20$

28 주어진 문자를 숫자로 변환하면 다음과 같다.

F	G	E	H	D	(I)	C
6	7	5	8	4	9	3

앞의 문자에 각각 +1, −2, +3, −4, +5, …인 값이므로 빈칸에 들어갈 문자는 I이다.

29 대문자, 한글 자음, 숫자, 한자 순서이다.

A	ㄴ	3	(四)	E	ㅂ	7	八
1	2	3	4	5	6	7	8

따라서 빈칸에 들어갈 문자는 四이다.

30 가 나 다 가 라 마 가 바 사 가 아 (자)

31 (위의 문자)^2−3=(아래의 문자)

32 홀수 항은 2씩 더하고, 짝수 항은 2씩 곱하는 수열이다.

E	ㄹ	(G)	ㅇ	I	ㄴ
5	4	7	8	9	16(2)

33 홀수 항은 2씩 빼고, 짝수 항은 4씩 더하는 수열이다.

ㅜ	ㄷ	(ㅗ)	ㅅ	ㅓ	ㅋ
7	3	5	7	3	11

34 (위의 문자)×3−1=(아래의 문자)

따라서 ㅁ을 숫자로 변환하면 5이고, $5 \times 3 - 1 = 14$를 알파벳으로 변환하면 n이다.

35

1	2	3	4	5	6	7	8	9	10	11	12	13
A	B	C	D	E	F	G	H	I	J	K	L	M
14	**15**	**16**	**17**	**18**	**19**	**20**	**21**	**22**	**23**	**24**	**25**	**26**
N	O	P	Q	R	S	T	U	V	W	×	Y	Z

위의 문자추리 표에 따라 주어진 문자를 숫자로 변환하면 다음과 같다.

1 2 1　12 2 23　4 2 (　　)

A B C → A×B−1=C

∴ 4×2−1=7 → G

36

+3, ÷2가 반복되는 수열이다.

캐	해	새	채	매	애	(래)
11	14	7	10	5	8	4

37

(앞의 항)+(뒤의 항)=(다음 항)

ㄱ	ㄷ	ㄹ	ㅅ	(ㅋ)	ㄹ
1	3	4	7	11	18

38

앞의 항에 −2씩 더하는 수열이다.

Q	O	M	K	I	G	(E)	C
17	15	13	11	9	7	5	3

39

앞의 항에 2씩 곱하고 −1을 더하는 수열이다.

B	C	E	I	Q	(G)
2	3	5	9	17	33

40

문자들을 한글자음 및 알파벳 순서를 숫자로 변형하여 규칙을 찾으면 다음과 같다.

1 (　) 3　2 7 6　3 9 (　)　4 11 12

첫 번째 자리는 +1, 두 번째 자리는 7, 9, 11에서 +2, 마지막 자리는 3, 6, 빈칸, 12이므로 3의 배수임을 알 수 있다. 따라서 처음 빈칸은 숫자 7−2=5, 알파벳 5번째 순서인 'e'가 적절하고, 다음 빈칸은 9번째 순서에 있는 한글자음으로, 'ㅈ'이 적절하다.

02 도형 · 일반추리

01	02	03	04	05	06	07	08	09	10	11	12	13
③	①	④	①	①	③	②	④	②	③	④	③	①

01 〈보기〉 도형의 규칙은 시계 반대 방향으로 90° 회전이다. 따라서 시계 반대 방향으로 90° 회전의 규칙을 가지고 있는 C가 옳다.

02 〈보기〉 도형의 규칙은 180° 회전이다. 따라서 180° 회전의 규칙을 가지고 있는 A가 옳다.

03 〈보기〉 도형의 규칙은 좌우대칭이다. 따라서 좌우대칭의 규칙을 가지고 있는 D가 옳다.

04

05

06

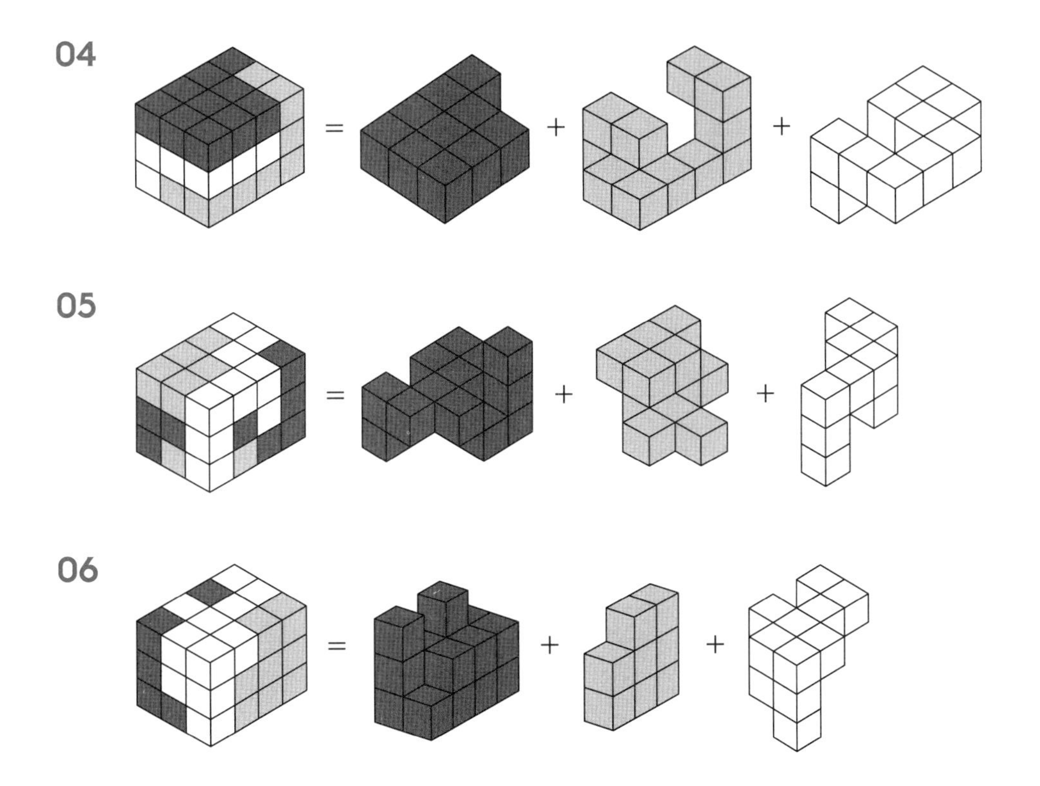

07 규칙은 가로로 적용된다. 왼쪽 도형과 가운데 도형을 합하면 오른쪽 도형이 된다.

08 규칙은 세로로 적용된다. 위쪽 도형과 가운데 도형을 합하되, 색칠된 부분끼리 겹쳐지는 부분은 흰색으로 바뀌어 아래쪽 도형이 된다.

09 규칙은 가로로 적용된다. 왼쪽 도형을 좌우대칭한 것이 가운데 도형이고, 가운데 도형을 시계 방향으로 90° 회전한 것이 오른쪽 도형이다.

10 규칙은 가로로 적용된다. 왼쪽 도형과 가운데 도형에서 공통적으로 색칠된 부분에만 색칠하여 시계 반대 방향으로 90° 회전한 것이 오른쪽 도형이다.

11 규칙은 가로로 적용된다. 왼쪽 도형을 좌우로 펼치면 가운데 도형이 되고, 가운데 도형을 상하로 펼치면 오른쪽 도형이 된다.

12

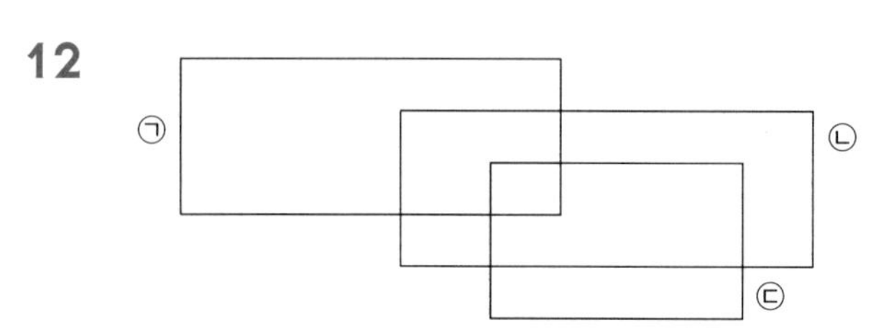

각 도형을 ㉠, ㉡, ㉢으로 표현하면 만들어질 수 있는 사각형은 ㉠, ㉡, ㉢, ㉠∩㉡, ㉠∩㉢, ㉡∩㉢, ㉡−㉠−㉢(2중 사각형), ㉢−㉡ 총 8개이다.

13

a	n
2	0
$3\times2+(-1)^{2}=7$	1
$3\times7+(-1)^{7}=20$	2
$3\times20+(-1)^{20}=61$	3
$3\times61+(-1)^{61}=182$	4
$3\times182+(-1)^{182}=547$	5

CHAPTER 07 정답 및 해설

01	02	03	04	05	06	07	08	09	10	11	12	13	14	15
②	①	②	③	①	①	③	①	①	③	①	①	④	④	①
16	17	18	19	20	21	22	23	24	25	26	27	28	29	30
④	①	④	②	②	②	②	①	①	③	①	④	①	①	②
31	32	33	34	35	36	37	38	39	40	41	42	43	44	45
③	③	③	②	①	④	②	④	③	③	①	①	④	③	②

01

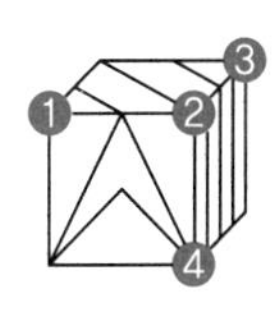

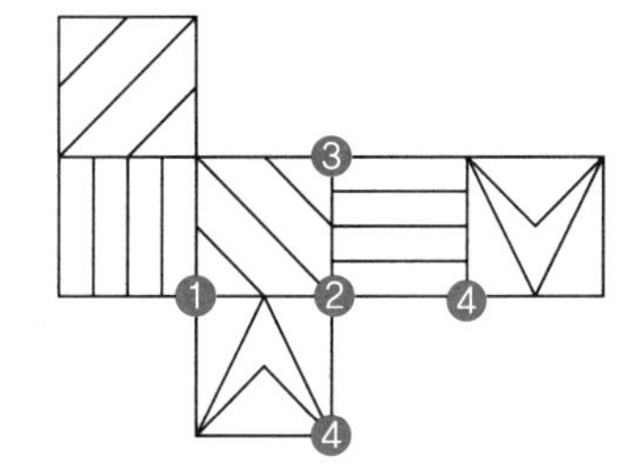

02

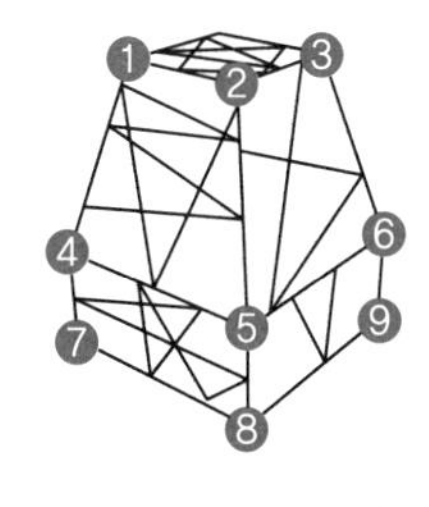

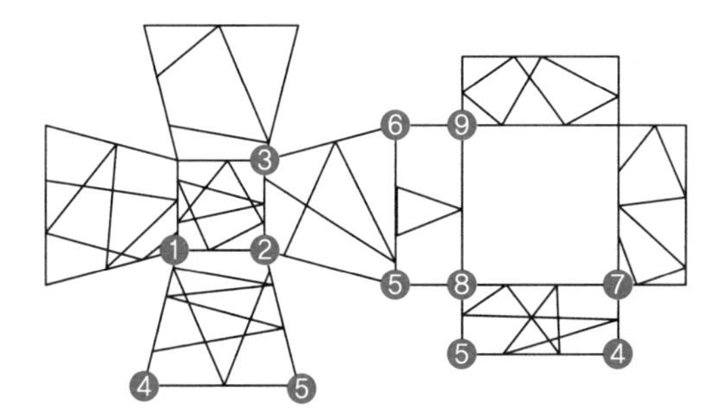

03

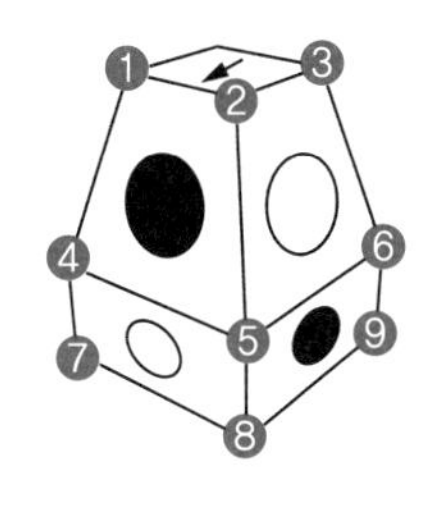

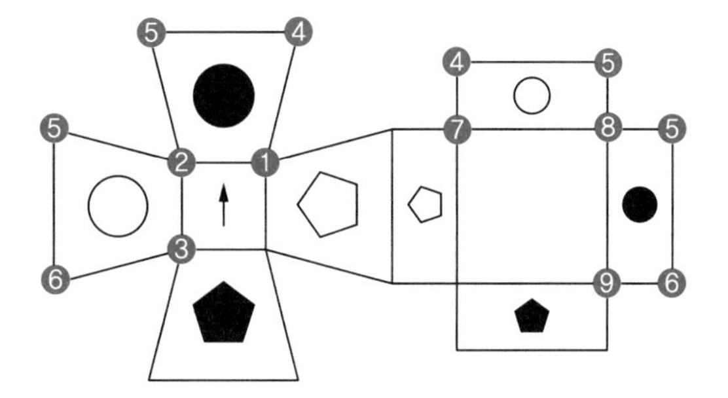

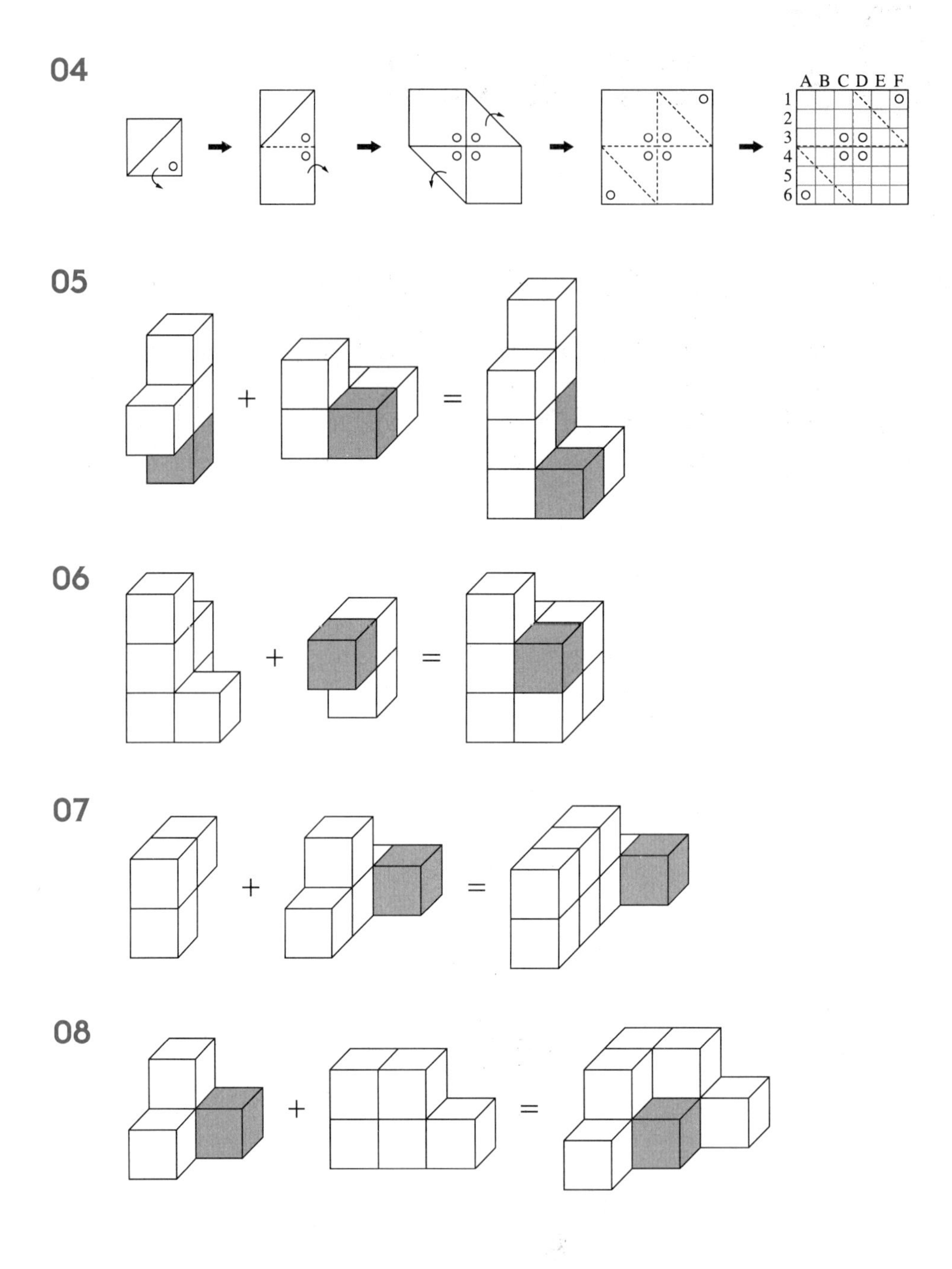
04
A B C D E F
1
2
3
4
5
6
05
06
07
08

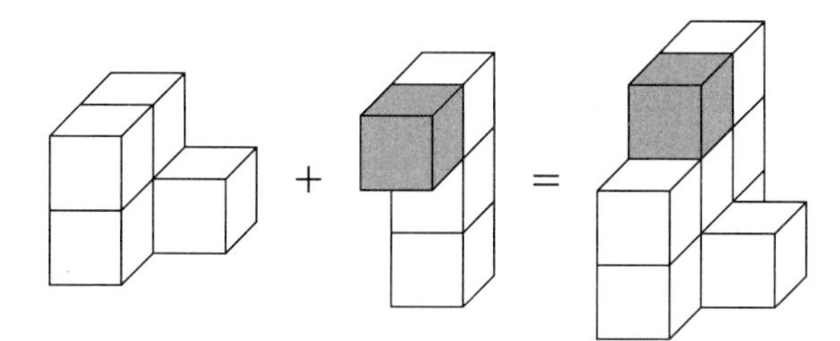

10

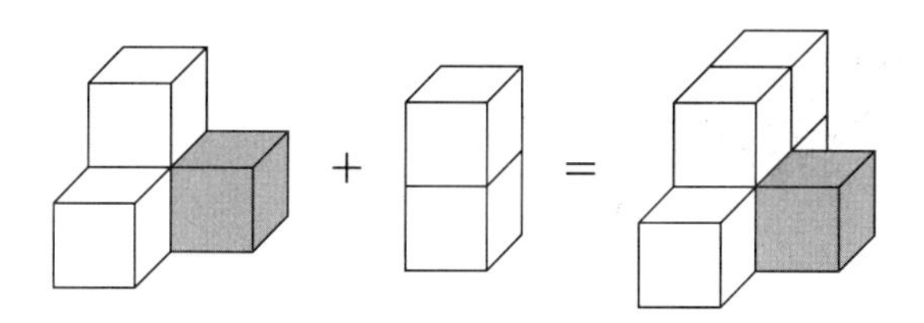

11

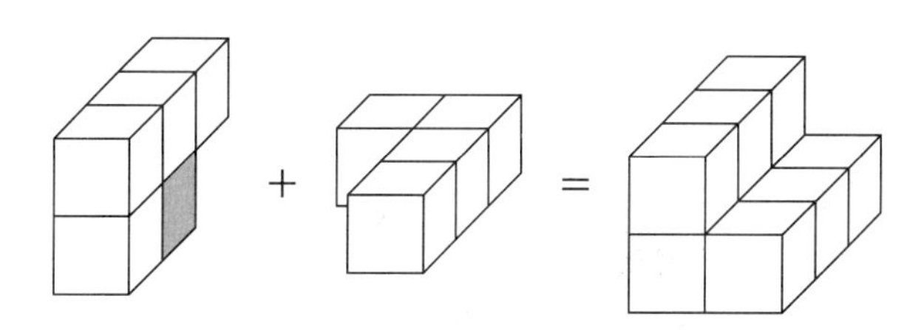

12

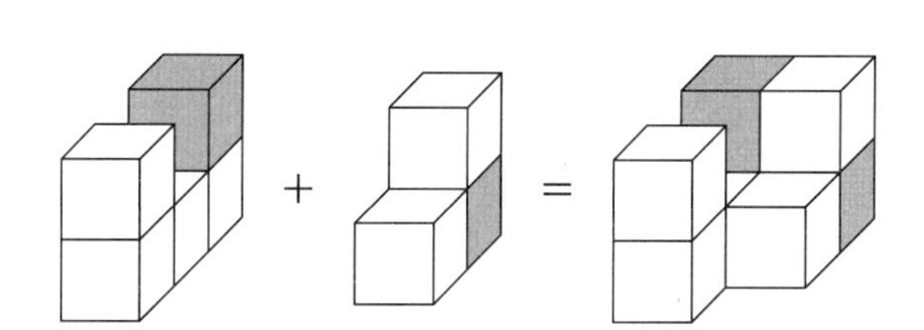

13

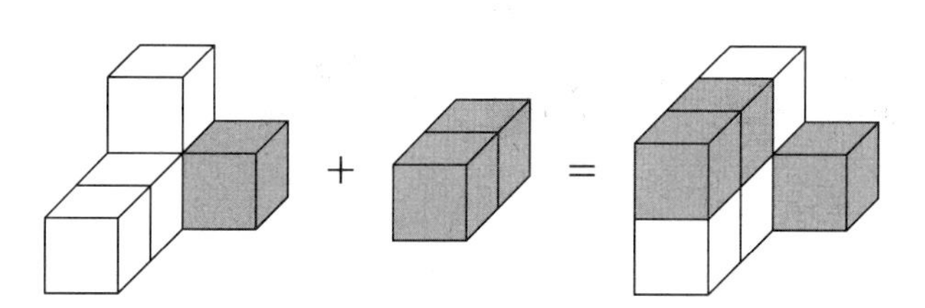

14

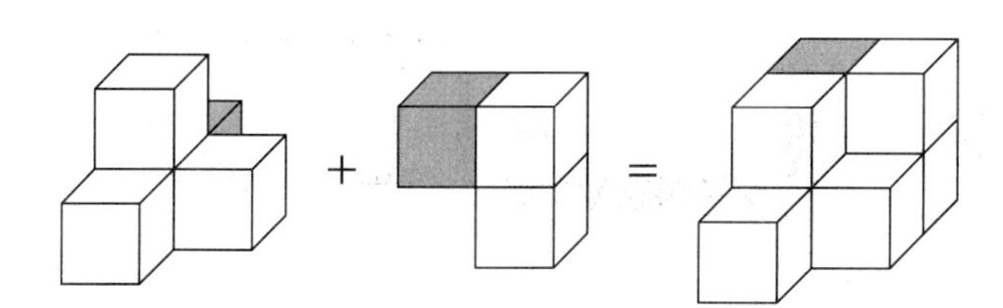

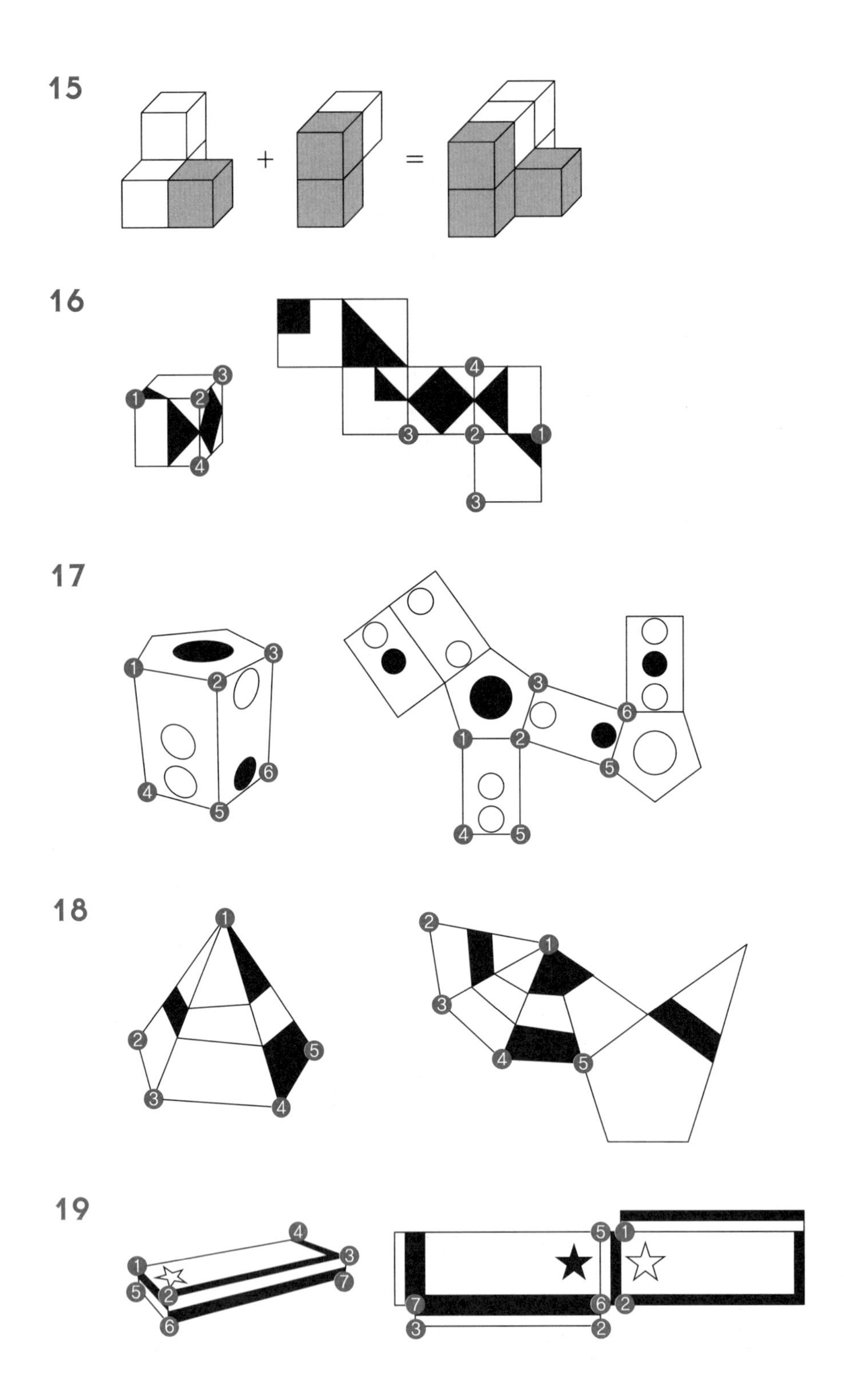
15
16
17
18
19

20

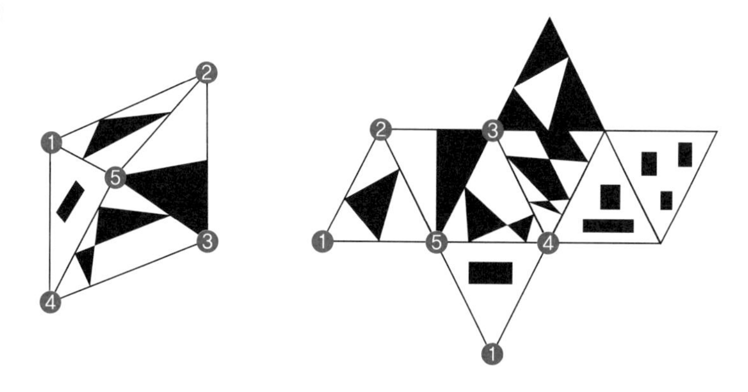

21 $(4\times4\times4)-(2\times2\times1)=64-4=60$개

22 1층 : 8개, 2층 : 2개, 3층 : 1개
∴ 11개

23 1층 : 7개, 2층 : 2개, 3층 : 1개
∴ 10개

24

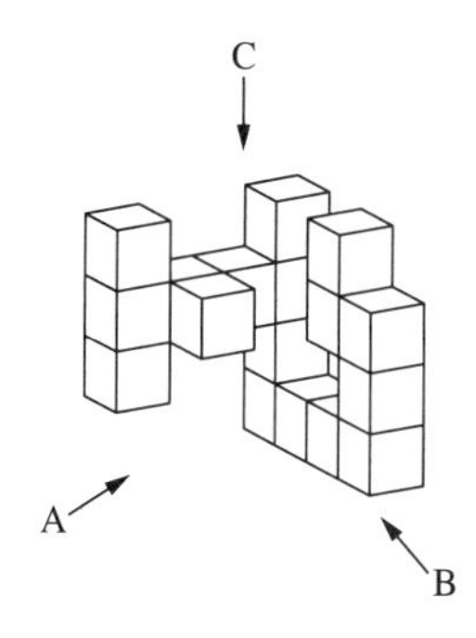

25

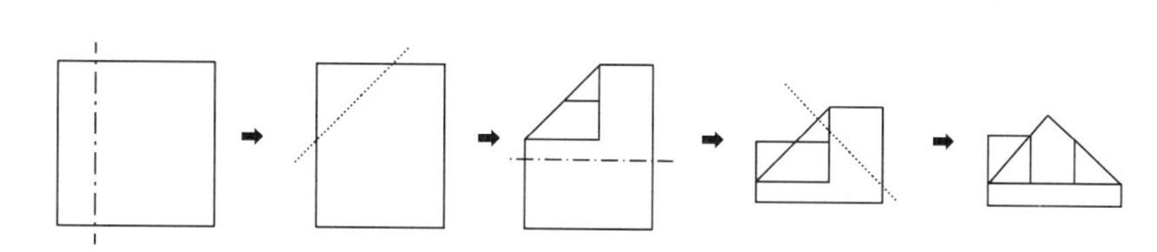

26

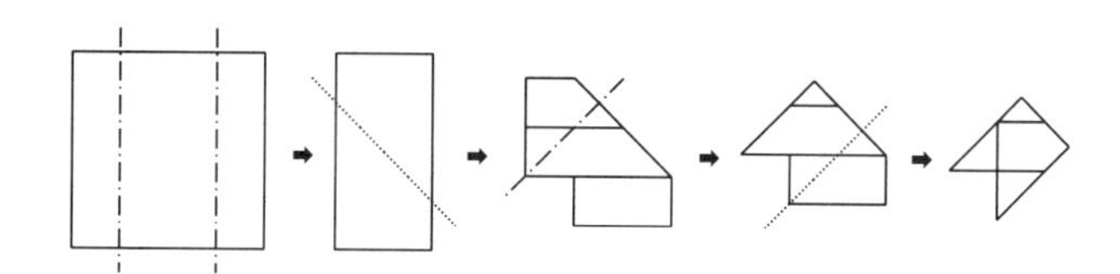

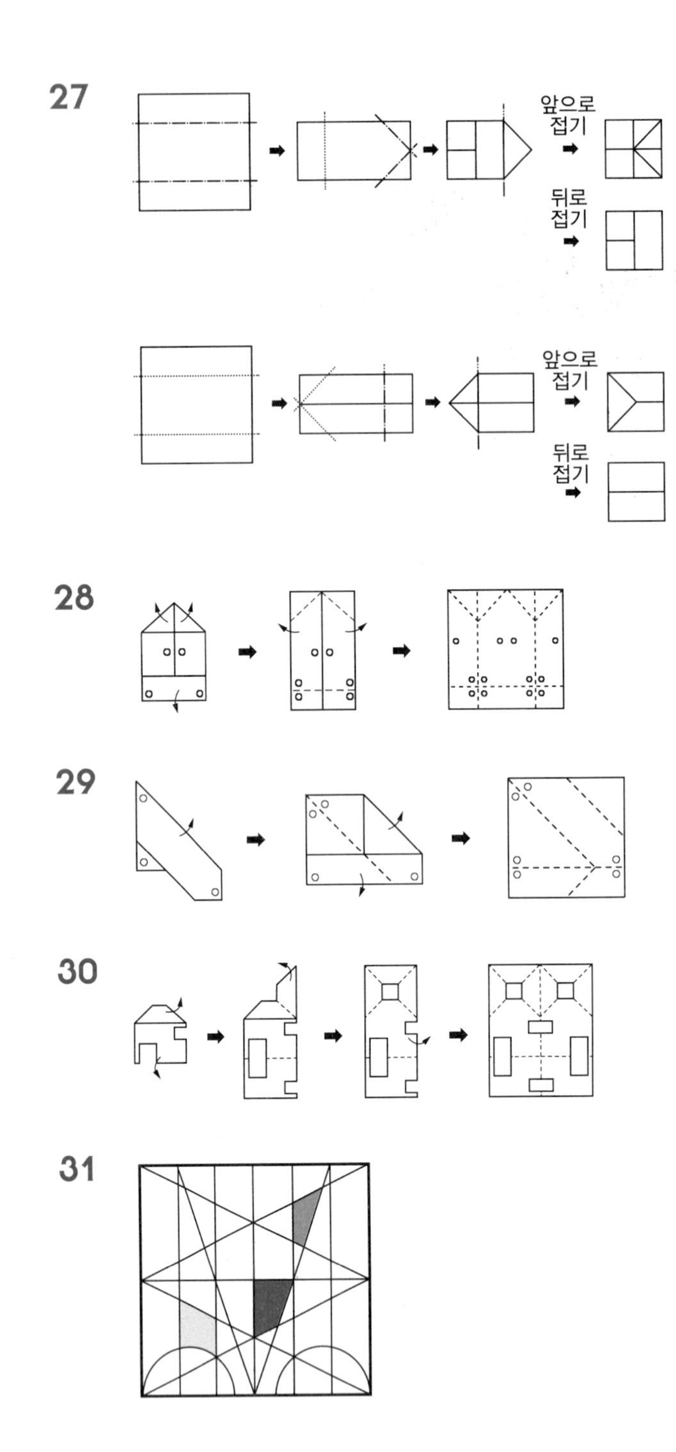
27
앞으로 접기
뒤로 접기
앞으로 접기
뒤로 접기
28
29
30
31

32

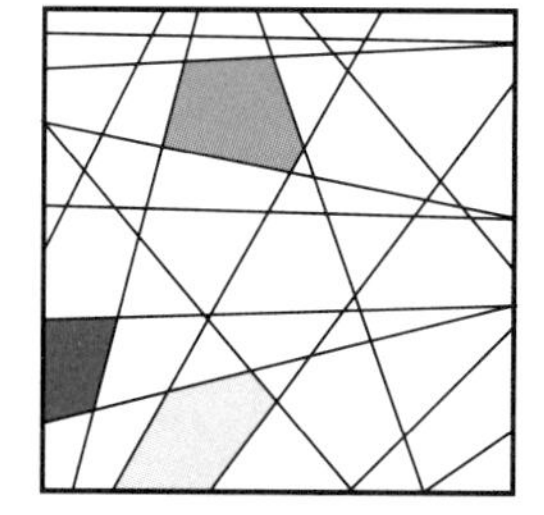

33

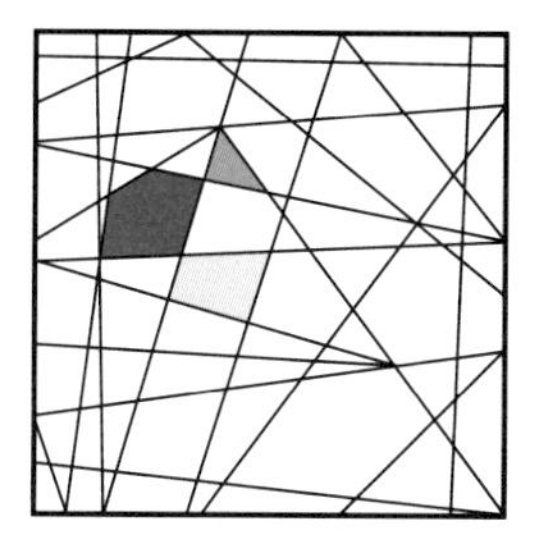

34

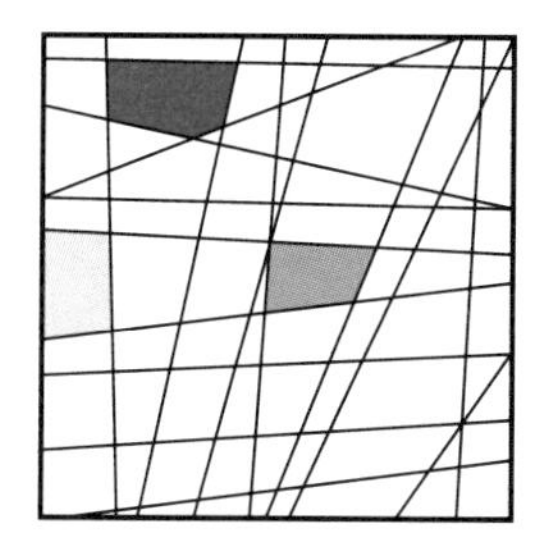

35

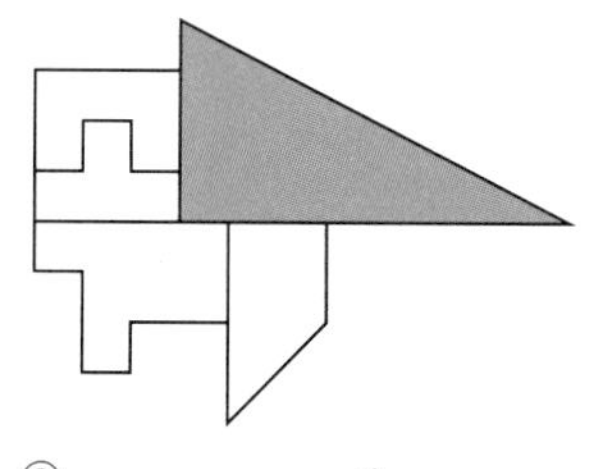

②

③

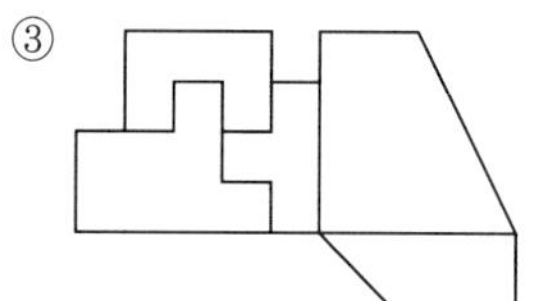

④

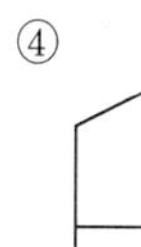

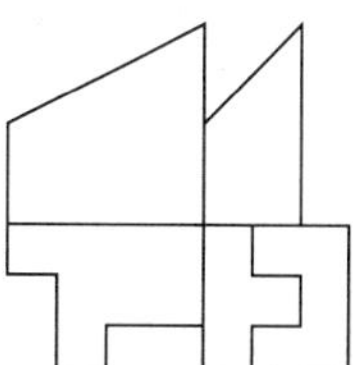

36

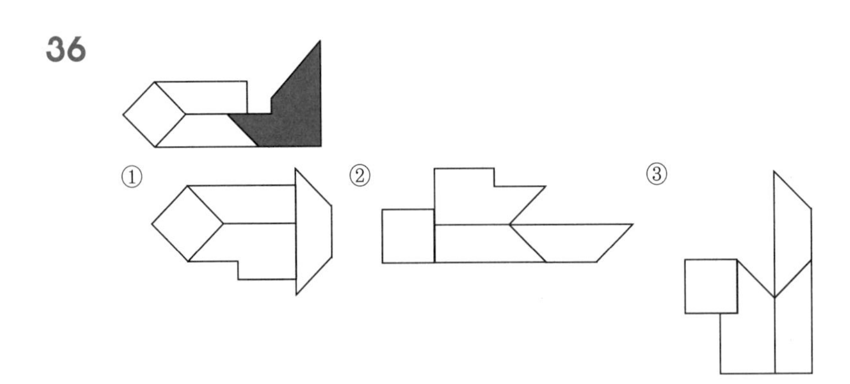

37

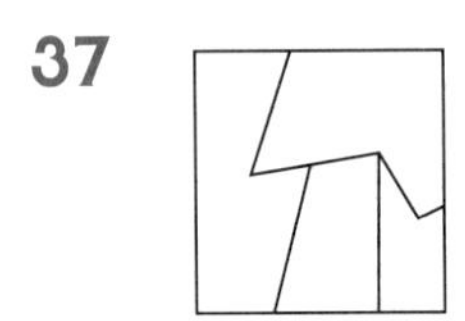

38

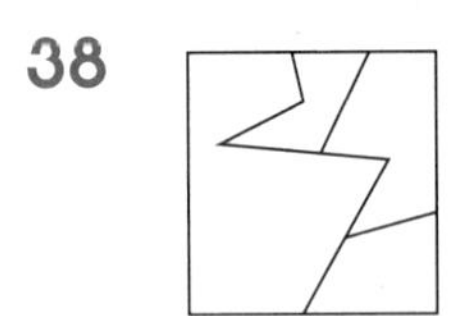

39

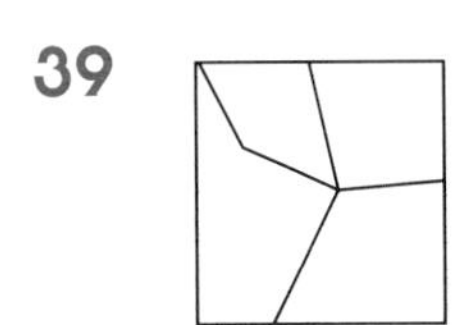

40

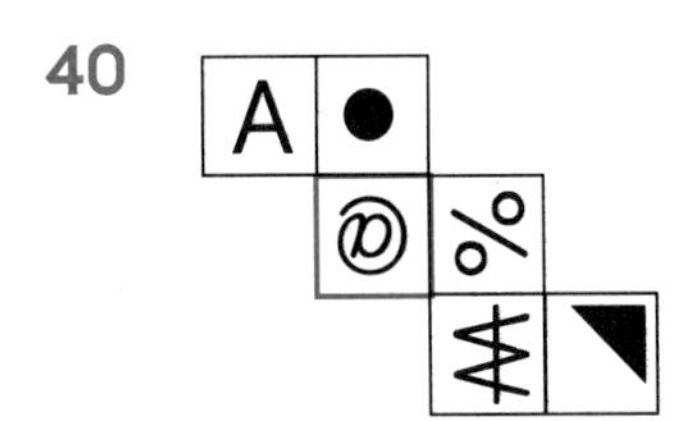

41

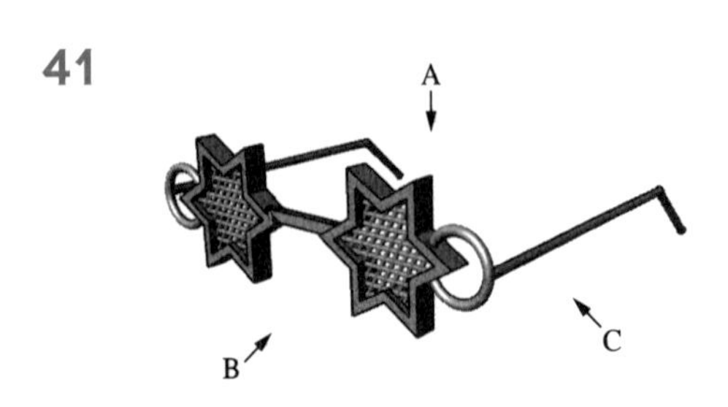

42

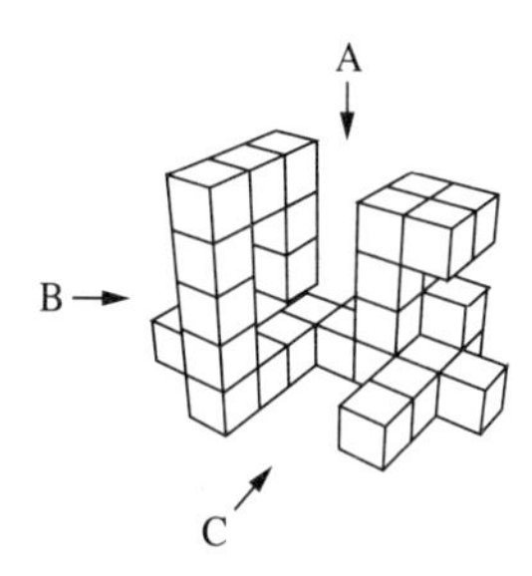

43

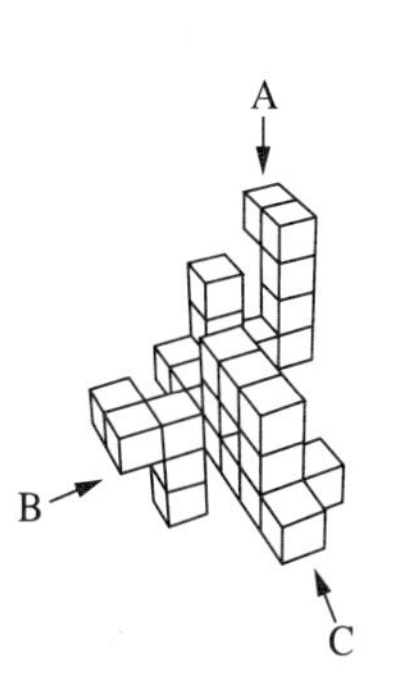

44

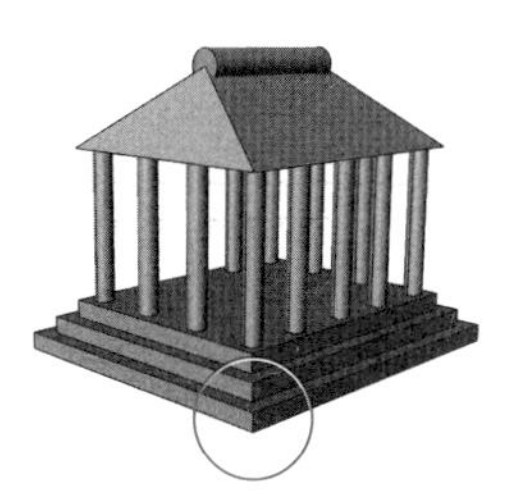

45

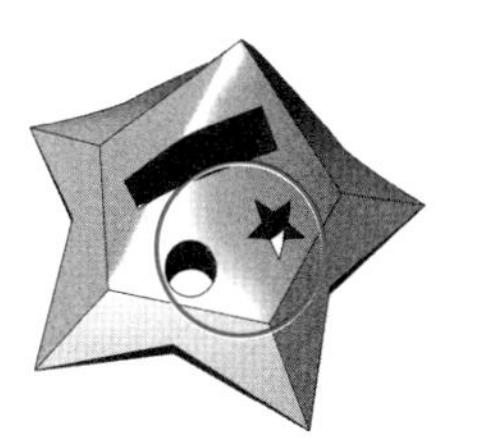

정답 및 해설

01	02	03	04	05	06	07	08	09	10	11	12	13	14	15
④	②	③	②	①	②	④	④	②	①	①	②	②	②	④
16	**17**	**18**	**19**	**20**	**21**	**22**	**23**	**24**	**25**	**26**	**27**	**28**	**29**	**30**
②	②	①	③	②	④	①	③	③	①	②	④	②	②	③

01

당과	통쾌	탕과	통궤	당과	통궤	통쾌	**통과**	투과	당과	동과	당과
동과	통궤	당과	**통과**	탕과	투과	통궤	통쾌	**통과**	동과	통궤	동과
당과	**통과**	동과	탕과	통쾌	**통과**	투과	통쾌	투과	**통과**	탕과	당과
탕과	**통과**	동과	통궤	동과	**통과**	탕과	통쾌	**통과**	투과	**통과**	통궤

02

㉠	㉤	㉣	㉡	㉤	㉣	㉠	㉤	㉡	**㉢**	㉥	㉣
㉦	**㉢**	㉡	㉥	㉣	㉡	㉥	㉦	㉤	㉠	㉦	㉡
㉡	㉥	㉣	㉠	**㉢**	㉥	㉣	㉠	㉤	㉣	㉡	㉤
㉦	㉣	㉤	㉦	㉤	㉡	㉥	㉥	㉦	㉦	㉥	㉠

03

晝	群	**書**	君	君	群	君	畫	晝	群	君	晝
晝	畫	畫	郡	群	晝	郡	君	群	**書**	群	畫
群	郡	郡	晝	**書**	群	畫	君	郡	畫	君	郡
書	畫	君	郡	君	畫	晝	晝	君	群	郡	晝

04

방탕	반탕	반탄	반탕	밤탐	반탕	밤탄	밤탐	**방탄**	밤탄	반탕	방탕
방탄	방당	방탕	**방탄**	방당	밤탄	반탄	반탕	반탕	방탕	**방탄**	밤탐
방당	반탕	반탄	방탕	반탕	**방탄**	방탕	밤탄	방당	반탕	밤탄	방탕
반탕	밤탄	밤탐	반탄	밤탄	방당	반탕	**방탄**	반탄	밤탐	반탄	반탕

05

마술	무술	미수	미소	마술	**미술**	미숙	미숲	마취	매실	미숙	**미술**
무술	마술	어술	허술	미용	미주	**미술**	모순	어술	미소	미용	어술
마취	매실	모순	허술	미수	미숙	미수	미숲	마술	마취	매실	미용
미주	모순	미수	마술	미수	모순	허술	마취	매실	미숙	허술	미용

06 GVnVkOEbLUArTQyu

07 Lady Marmelade Don' t cha

08 ① ㉠⑨⑦㉢㉣㉡④㉬㉤㉦
② ㉠⑨⑦㉡㉢㉣④㉬㉥㉦
③ ㉠⑨⑦㉣㉢㉡④㉬㉥㉦

09 ① ↗↙↗↘↖↘↖↗
③ ↗↘↗↗↖↘↖↗
④ ↗↙↗↗↖↘↘↗

10 舡央商勝應翁盈 – 舡英商勝應翁盈

11 65794322 – 65974322

12 38469512 – 38496572

13 ㄺㅄㅁㅉㅎㄾㄼㄲ – ㄺㅃㅁㅆㅎㄿㄻㄲ

14 죄테나챠배더처 – 죄톄냐차배다쳐

15 ÷↘☞⊙♣‰≫≫ – ÷↖☜⊙♣‰≫≫

16 ① □◎※▽△ – ☏☆∋≒※
③ ◎※▽△□ – ☆∋≒※☏
④ ▽□△※◎ – ≒☏※∋☆

17 ① 켜졔캬큐쿄 – 녀녜냐뉴뇨
③ 쿄캬켸켜큐 – 뇨냐녜녀뉴
④ 캬쿄큐켸켜 – 냐뇨뉴녜녀

18 ② ※q규⊃★ – 2≡6◎§
③ q규⊃★※ – ≡6◎§2
④ ★⊃※규q – §◎26≡

19 3412 – bcad

20 odarbe – ENKROA

21 PTOKI – OICTE

22 ♥♧♡♠♤ – ↔⇸⟶↑↓

23 qptar – 규뎌예료마

24 누나 와 동생 은 함께 만화 를 보았다 – ◆■◑◐●◎♠◇

25 동생 은 오늘 도 늦게 학교 에 갔다 – ◑◐♡♣★▦▤¤

26 나는 어제 누나 에게 부탁 을 했다 – ☎▲◆▤♥♠☆

27 누나 는 어제 동생 에게 선물 을 주었다 – ◆◐▲◑▤□♠▷

28 영희 와 함께 경제학 수업 을 매주 월요일 에 듣는다 – ■●◆↖∬□⊂⊃※○

29 대학교(∴)물리학(◇)수업(∬)은(☆)매주(⊂)수요일(★)에(※)있다(↙)

30 물리학(◇)과(●)경제학(↖)은(☆)철수(↘)와(●)영희(■)의(Σ)대학교(∴)전공과목(↗)이다(♠)

PART

5

직업기초능력평가

의사소통능력

●● 정답 및 해설 p.627

01 A 씨는 해외 청년 일자리에 대해서 알아보다가 ○○공사의 해외사업연계 청년채용 지원 사업 업무 협약식에 관련된 기사를 보았다. 이 글을 읽은 A 씨의 반응으로 올바르지 않은 것은?

> ○○공사는 11일 본사에서 △△공단과 「K-Move 스쿨(연수과정) 개설 및 해외사업연계 청년채용 지원 사업 업무 협약식」을 개최하였다고 밝혔다.
> 본 협약은 국내 유수의 청년 인재를 선발하여 K-Move 스쿨 개설 및 맞춤 연수를 시행한 후 ○○공사가 투자 및 운영자로 참여하고 있는 해외법인(인도네시아, 자메이카 등)에 취업을 지원하는 「청년 일자리 창출을 위한 해외사업연계 취업 지원 사업」의 첫 걸음이다. 이를 위해 ○○공사는 K-Move 스쿨 연수생 선발 · 맞춤연수 시행 · 해외 법인과의 협의를 통한 취업연계와 같은 지원을, △△공단은 연수비용 일부 및 취업 장려금을 지원하게 된다.
> K-Move 스쿨 맞춤형 연수과정의 첫 취업처는 ○○공사가 투자하여 건설 중인 회사(TPI)*이며 최종적으로 10명이 선발되어 한국발전교육원 및 당진 발전기술 EDU센터에서 3개월(17.9~12)의 교육을 받고 취업하게 된다.
> 이날 협약식에 참석한 ○○공사 관계자는 "이번 협약을 계기로 실질적인 국내 청년 인재의 해외취업이 이루어져 공기업이 추진 중인 '국내 청년 해외일자리 창출'의 모범사례가 될 수 있기를 바란다"며 "앞으로도 ○○공사는 국내외 청년 일자리 창출을 위해 최선의 노력을 다하겠다"고 말했다.
> ○○공사는 청년 인재들이 해외사업장에 취업하는 것뿐만 아니라 해당 국가의 고급 기술 인력으로 거듭날 수 있도록 지속적인 지원을 아끼지 않을 예정이다.
> *내년 초 인도네시아 칼셀 석탄화력 발전사업 프로젝트 회사(TPI : Tanjung Power Indonesia) 취업을 목표로 연수생 선발 모집공고를 2017년 8월 중 시행할 예정임

① 첫 취업처는 인도네시아 석탄화력 발전사업 회사네, 지금이 9월 초니깐 모집이 끝났는지 확인해봐야겠어.
② 해외사업연계 취업 지원 사업과 K-Move 스쿨은 시행처가 다르니 잘 보고 지원해야겠어.
③ K-Move 최종합격 후에는 한국발전교육원과 당진 발전기술 EDU센터에서 교육을 받게 되는구나.
④ 한국산업인력공단에서 연수비용 일부와 취업 장려금을 지원해주니 부담이 없겠어.
⑤ 취업연계 지원대상 기업은 ○○공사가 투자 및 운영자로 참여하고 있는 해외법인이니 믿을만해.

02 다음 글을 읽고 이해한 것으로 바른 것은?

〈사고 · 재난 발생 시 대처요령〉

1. 사고나 차량고장이 발생하면 비상등을 켜고 차량을 갓길로 신속하게 이동한 후 차량의 후방에 안전삼각대 혹은 불꽃신호기를 설치하고 운전자와 동승자 모두 가드레일 밖 안전지대로 대피해야 한다. 만일 차량이동이 어려우면 차량이 정지해 있다는 신호(비상등, 삼각대, 불꽃신호기, 트렁크 열기)를 뒤따르는 차량에게 알려주는 조치를 취한 후 신속히 가드레일 밖 안전지대로 대피한다.
2. 고속도로 같은 자동차 전용도로의 경우 사고차량을 갓길로 빼냈다고 해서 결코 안심할 수 있는 것은 아니다. 갓길에도 2차 사고 위험이 크므로 가급적 빨리 견인조치 하는 것이 가장 안전한 방법이다.
3. 사고차량을 도로 한가운데 세워 놓고 잘잘못을 따지는 사람들을 볼 수 있는데, 뒤따르는 차들이 알아서 피해가겠거니 생각하면 오산이다. 이때는 신속하게 차량을 갓길로 이동시켜야 한다. 가벼운 접촉사고임에도 불구하고 다투느라 도로에 서있는 것은 정말 위험천만한 일이다.
4. 사고지점 통과요령 및 사고제보 방법
   - 고속도로 운전의 경우 가능한 한 시야를 넉넉하게 유지함으로써 전방의 돌발 상황에 기민하게 대처할 수 있다. 전방 돌발 상황 발견 시 비상등을 신속하게 작동하여 후행차량에게 알리고 차량의 흐름에 따라 통과하되 사고현장을 구경하기 위해 서행하거나 정차하는 일은 지양하여야 한다.
   - 돌발 상황 발생 시 ○○공사 콜센터로 신고하고, 인명피해가 발생한 경우에는 119로 신고하여 신속하게 안전조치가 이루어질 수 있도록 하여야 한다. 아울러 후속차량의 유도나 사고수습 등을 이유로 고속도로 본선은 물론 갓길을 확보하는 사례는 2차 사고의 위험이 높으므로 지양하여야 한다.

① 차량 사고 시에 차량을 갓길로 이동시킨 후 운전자와 동승자 모두 가드레일 밖으로 대피한다.

② 고속도로에서 사고가 난 경우 2차 사고가 일어나지 않는 갓길로 이동시킨다.

③ 접촉사고가 일어났을 경우 사고현장의 보존을 위하여 차량 이동을 가급적 자제한다.

④ 돌발 상황을 발견한 경우 후행차량의 접근을 막기 위해 일시적으로 정차해야 한다.

⑤ 돌발 상황 발견 시 사고수습 차량의 이동을 위해 갓길을 확보해야 한다.

03 다음은 독서경영에 관련된 보도자료이다. (A) ~ (E)의 순서로 올바른 것은?

(A) 참가 팀은 각각 책의 개요(배경)와 주제, 시사점과 회사 적용 방안에 대한 아이디어를 제시했으며, 독창성 등 9개 항목에 대한 심사위원 평가와 참관 직원들의 현장 호응도를 반영해 심사했다. 심사 결과, 『세상을 바꾼 음식 이야기』로 출전하여 음식에 담긴 파란만장한 역사와 문화를 재미나고 심도 있는 접근방식으로 풀어내 많은 호응을 얻은 신인천발전본부의 '다섯수레' 팀이 영예의 대상을 차지했다.

(B) ○○공사는 6월 15일 부산국제금융센터 본사 4층 강당에서 임직원 200여 명이 참석한 가운데 '2017 전사 독서경진대회'를 개최했다. 전사 독서경진대회는 책을 통한 임직원 간 소통으로 개인역량 강화 및 新성장동력 아이디어를 창출하고, 전 직원의 창의적 · 미래지향적 사고 함양에 도움을 주고자 마련한 행사다. 이날 대회에는 본사(본부별) 및 사업소에서 실시한 자체 경진대회에서 선발된 최정예(총 12개팀) 직원들이 참여해 소속팀의 명예를 걸고 명승부를 겨루었다.

(C) ○○공사는 다양한 분야를 자율적으로 학습하고 창의적인 아이디어를 공유하고자 지난해 '리딩 트리(Reading Tree)'라는 독서경영 시스템을 구축하고, 도서마일리지 제도를 운영해 직원들이 책을 읽도록 장려하고 있다. 또 지식공유를 통해 아이디어가 확대, 재생산될 수 있도록 직원들에게 주제와 형식에 제한을 두지 않고 매년 2편 이상의 글을 직접 쓰도록 하고 있으며, ○○공사 사장도 직접 8편의 글을 등록해 인적역량 강화에 강한 의지를 보였다. 그리고 매년 등록된 글 중 우수작품을 모아 한 권의 책으로 엮어 전 직원이 공유하도록 하고, 포상은 물론 승진심사에도 활용하고 있다.

(D) ○○공사 사장은 "다양한 주제의 독서와 글쓰기, 발표를 생활화하여 기업의 창의력과 생산성 향상에 크게 기여할 것"이라며 "독서를 통한 배움과 임직원 간의 소통을 이루어 기업의 지속성장과 기업 가치를 확대해나갈 것"이라고 말했다.

(E) 심사를 맡은 『가시고시』의 저자 조창인 작가는 "책 속의 아이디어를 다양한 방식으로 회사에 적용하여 풀어내는 역량들이 뛰어나다"면서, "직원들의 열정과 창의적 아이디어가 발현된 독창적이고 참신한 대회였다"라고 평했다. 이날 경진대회는 발표 작품에 대한 직원 참여 및 현장투표를 실시해 상호 소통하는 한편, 추첨 행사와 문화공연(어쿠스틱) 등 다채로운 볼거리를 제공하여 노사가 하나 된 '대화합의 장'을 이루었다.

① (A) - (C) - (B) - (D) - (E)
② (B) - (A) - (E) - (C) - (D)
③ (B) - (A) - (D) - (E) - (C)
④ (C) - (E) - (A) - (D) - (B)
⑤ (C) - (A) - (B) - (E) - (D)

※ 제시문을 읽고 이어지는 질문에 답하시오[4~5].

1. 인도네시아 왐푸 수력발전사업
인도네시아 수마트라섬 북부 수마트라주에 위치한 왐푸 수력발전소 건설 · 운영사업은 설비용량 45MW(15MW×3)로 준공 후 30년간 인도네시아 전력공사에 전력을 공급한다. 왐푸 수력발전사업은 기존의 수력발전소와는 달리, 물길을 완전히 막지 않고 수로를 따로 만들어 전기를 생산하는 댐수로식 친환경 발전사업이다. 전기판매 수익 외에도 국내기업 해외사업 진출사례 최초로 연간 24만톤의 탄소배출권(CER)을 확보하였으며 계약기간 동안 인도네시아 정부의 지급보증을 받는다. 2012년 2월에 한국수출입은행과 금융계약을 체결하였으며, 2016년 4월에 상업운전을 개시하였다. 이는 국내전력그룹사 중 최초의 해외수력발전사업 분야 상업운전 달성사례로서 그 의미가 있다.

2. 인도네시아 땅가무스 수력발전사업
땅가무스 수력발전사업은 수마트라섬 땅가무스군 람뿡주에 위치한 총사업비 1.9억불, 설비용량 55.4MW(27.7MW×2)의 건설 · 운영사업이다. 본 사업은 현재 인도네시아에서 상업운전 중인 왐푸 수력발전사업의 후속사업으로 2017년 9월 준공 이후, 인도네시아 전력공사에 연간 발전량 278.9GWh를 30년간 공급할 예정이다. 댐 형식은 월류식으로 설계되어 기존 저류식 댐보다 시공이 용이하고 환경영향이 적은 것이 특징이다. 2015년 2월에 한국수출입은행과 재원소날 금융계약 제결 및 본 공사를 착공하였으며, 2017년 9월 상업운전을 개시할 예정이다. 본 사업은 인도네시아 정부 지급보증을 통한 전기판매로 수익창출 및 연간 20만톤의 탄소배출권(CER)을 확보한 친환경 사업으로 람뿡주 전력부족 해소에 크게 기여할 것으로 예상된다.

3. 미국 볼더시 태양광발전사업
미국 볼더시 태양광발전사업은 추정사업비 5억달러 규모의 건설 · 운영사업으로서 2015년 6월과 12월 네바다주 전력회사인 네바다에너지(NV Energy)와 각각 100MW, 50MW의 PPA 체결을 완료하였다. 2015년 12월말 건설공사를 착수하여 2016년 12월 100MW, 2017년 1월 50MW를 준공하였다. 한편 캘리포니아 전력회사인 SCE에 추가 125MW PPA 입찰 참여, NV Energy PPA 입찰 참여 등 잔여 용량에 대한 PPA 체결 노력을 지속적으로 경주하고 있다. OO공사는 세계최대 신재생시장으로 부상하고 있는 미국 태양광시장 진출을 성공적으로 추진함으로써 글로벌 그린에너지 기업으로 성장기반을 마련하였다. 또한 선진 전력시장 진출을 통해 사업개발 및 사업관리 노하우를 습득하고, 태양광 사업개발 및 건설실적 확보를 통하여 후속사업 추진동력을 갖출 것으로 기대된다.

04 제시문을 읽고 이해한 내용으로 올바르지 않은 것은?

① 왐푸 수력발전사업은 준공 후 30년간 인도네시아 전력공사에 전력을 공급한다.
② 왐푸 수력발전사업은 국내전력그룹사 중 최초의 해외수력발전사업 분야 상업운전 달성사례이다.
③ 인도네시아 땅가무스 수력발전사업은 왐푸 수력발전사업의 후속사업이다.
④ 미국은 세계최대 신재생시장으로 부상하고 있는 국가이다.
⑤ 왐푸 수력발전사업은 탄소배출권(CER)은 없지만 계약기간 동안 인도네시아 정부의 지급보증을 받는다.

05 발전사업과 해당하는 댐 형식을 올바르게 짝지은 것은?

	〈수력발전사업〉	〈댐 형식〉
①	왐 푸	월류식
②	왐 푸	저류식
③	땅가무스	월류식
④	땅가무스	댐수로식
⑤	땅가무스	저류식

※ 평소 환경에 관심이 많은 A 씨는 인터넷에서 아래와 같은 글을 보았다. 다음 지문을 읽고 이어지는 질문에 답하시오[6~7].

마스크를 낀 사람들이 더 이상 낯설지 않다. "알프스나 남극 공기를 포장해 파는 시대가 오는 게 아니냐"는 농담을 가볍게 웃어넘기기 힘든 상황이 됐다. 황사 · 미세먼지 · 초미세먼지 · 오존 · 자외선 등 한 번 외출할 때마다 꼼꼼히 챙겨야 할 것들이 한둘이 아니다. 중국과 인접한 우리나라의 환경오염 피해는 더욱 심각한 상황이다. 지난 4월 3일 서울의 공기품질은 최악을 기록한 인도 델리에 이어 불명예 2위를 차지했다.
또렷한 환경오염은 급격한 기후변화의 촉매제가 되고 있다. 지난 1912년 이후 지구의 연평균 온도는 꾸준히 상승해 평균 0.75℃가 올랐다. 우리나라는 세계적으로 유래를 찾아보기 어려울 만큼 연평균 온도가 100여 년간 1.8℃나 상승했으며, 이는 지구 평균치의 2배를 웃도는 수치이다. 기온 상승은 다양한 부작용을 낳고 있다. 1991년부터 2010년까지 20여 년간 폭염일수는 8.2일에서 10.5일로 늘어났고, 열대야지수는 5.4일에서 12.5일로 증가했다. 1920년대에 비해 1990년대 겨울은 한 달이 짧아졌다. 이러한 이상 기온은 우리 농어촌에 악영향을 끼칠 수밖에 없다.
기후변화와 더불어, 세계 인구의 폭발적 증가는 식량난 사태로 이어지고 있다. 일부 저개발 국가에서는 굶주림이 일반화되고 있다. 올해 4월을 기준으로 전 세계 인구수는 74억 9,400만명을 넘어섰다. 인류 역사상 가장 많은 인류가 지구에 살고 있는 셈이다. 이 추세대로라면 오는 2050년에는 97억 2,500만명을 넘어설 것으로 전망된다. 한정된 식량 자원과 급증하는 지구촌 인구수 앞에 결과는 불을 보듯 뻔하다. 근시일 내 글로벌 식량위기가 가시화될 전망이다.
우리나라는 식량의 75% 이상을 해외에서 조달하고 있으며 이는 국제 식량가격의 급등이 식량안보 위협으로 이어질 수도 있는 상황이다. 미 국방부는 '수백만 명이 사망하는 전쟁이나 자연재해보다 기후변화가 가까운 미래에 더 심각한 재앙을 초래할 수 있다'는 내용의 보고서를 발표하였다.
이뿐 아니라 식량이 부족한 상황에서 식량의 질적 문제도 해결해야 할 과제이다. 삶의 질을 중시하면서 친환경적인 안전 먹거리에 대한 관심과 수요는 증가하고 있지만, 급변하는 기후변화와 부족한 식량자원은 식량의 저질화로 이어질 가능성을 높이고 있다. 일손 부족 등으로 인해 친환경 먹거리 생산의 대량화 역시 쉽지 않은 상황이다.

06 지문의 주제로 올바른 것은?

① 지구온난화에 의한 기후변화의 징조
② 환경오염에 따른 기후변화가 미치는 영향
③ 기후변화에 대처하는 자세
④ 환경오염을 예방하는 방법
⑤ 환경오염과 인구증가에 따른 자연재해

07 A 씨가 글을 읽고 이해한 것으로 올바른 것은?

① 기후변화는 환경오염의 촉매제가 되어 우리 농어촌에 악영향을 끼치고 있다.
② 알프스나 남극에서 공기를 포장해 파는 시대가 도래하였다.
③ 세계인구의 폭발적인 증가는 저개발 국가의 책임이 크다.
④ 우리나라의 식량자급률의 특성상 기후변화가 계속된다면 식량난이 심각해질 것이다.
⑤ 친환경 먹거리는 급변하는 기후 속 식량난을 해결하는 방법 중 하나이다.

08 제시된 문단을 논리적 순서대로 나열한 것은?

(가) 친환경 농업은 최소한의 농약과 화학비료만을 사용하거나 전혀 사용하지 않은 농산물을 일컫는다. 친환경 농산물이 각광받는 이유는 우리가 먹고 마시는 것들이 우리네 건강과 직결되기 때문이다.
(나) 사실상 병충해를 막고 수확량을 늘리는 데 있어, 농약은 전 세계에 걸쳐 관행적으로 사용돼왔다. 깨끗이 씻어도 쌀에 남아있는 잔류농약을 완전히 제거하기는 어렵다. 잔류농약은 아토피를 일으키고 각종 알레르기를 유발한다. 출산율을 저하시키고 유전자 변이의 원인이 되기도 한다. 특히 제초제 성분이 체내에 들어올 경우, 면역체계에 치명적인 손상을 일으킨다.
(다) 미국 환경보호청은 제초제 성분의 60%를 발암물질로 규정했다. 결국 더 많은 농산물을 재배하기 위한 농약과 제초제 사용이 오히려 인체에 치명적인 피해를 줄지 모를 '잠재적 위험요인'으로 자리매김한 셈이다.

① (가) – (나) – (다)
② (나) – (가) – (다)
③ (나) – (다) – (가)
④ (다) – (가) – (나)
⑤ (다) – (나) – (가)

09 다음 글의 빈칸 속에 들어갈 내용으로 가장 적절한 것은?

> 상품을 만들어 파는 사람이 그 수고의 대가를 받고 이익을 누리는 것은 당연하다. 하지만 그 이익이 다른 사람의 고통을 무시하고 얻어진 경우에는 정당하지 않을 수 있다. 제3세계에 사는 많은 환자가, 신약 가격을 개발국인 선진국의 수준으로 유지하는 거대제약회사의 정책 때문에 고통 속에서 죽어가고 있다. 그 약값을 감당할 수 있는 선진국이 보기에도 이는 이익이란 명분 아래 발생하는 끔찍한 사례이다. 비난의 목소리가 높아지자 제약회사의 대규모 투자자 중 일부는 자신들의 행동이 윤리적인지 고민하기 시작했다. 사람들이 약값 때문에 약을 구할 수 없다는 것은 분명히 잘못된 일이다. 하지만 그렇다고 해서 국가가 제약회사들에게 손해를 감수하라는 요구를 할 수는 없다는 데 사태의 복잡성이 있다.
> 신약을 개발하는 일에는 막대한 비용과 시간이 들며, 그 안전성 검사가 법으로 정해져 있어서 추가 비용이 발생한다. 이를 상쇄하기 위해 제약회사들은 시장에서 최대한 이익을 뽑아내려 한다. 얼마나 많은 환자가 신약을 통해 고통에서 벗어나는가에 대한 관심을 이들에게 기대하긴 어렵다. 그러나 만약 제약회사들이 존재하지 않는다면 신약개발도 없을 것이다.
> 상업적 고려와 인간의 건강 사이에 존재하는 긴장을 어떻게 해소해야 할까? 제3세계의 환자를 치료하는 일은 응급사항이며, 제약회사들이 자선하리라고 기대하는 것은 비현실적이다. 그렇다면 그 대안은 명백하다. [　　　　　　　　　　　　] 물론 여기에도 문제는 있다. 이 대안이 왜 실현되기 어려운 걸까? 그 이유가 무엇인지는 우리가 자신의 주머니에 손을 넣어 거기에 필요한 돈을 꺼내는 순간 분명해질 것이다.

① 제3세계에 제공되는 신약 가격을 선진국과 같도록 해야 한다.

② 제3세계 국민에게 필요한 신약을 선진국 국민이 구매하여 전달해야 한다.

③ 선진국들은 자국의 제약회사가 제3세계에 신약을 저렴하게 공급하도록 강제해야 한다.

④ 각국 정부는 거대 제약회사의 신약 가격 결정에 자율권을 주어 개발 비용을 보상받을 수 있게 해야 한다.

⑤ 거대 제약회사들이 제3세계 국민을 위한 신약 개발에 주력하도록 선진국 국민이 압력을 행사해야 한다.

10 다음 중 (가)와 (나)의 예시로 적절하지 않은 것은?

사회적 관계에 있어서 상호주의란 '행위자 갑이 을에게 베푼 바와 같이 을도 갑에게 똑같이 행하라'라는 행위 준칙을 의미한다. 상호주의 원형은 '눈에는 눈, 이에는 이'로 표현되는 탈리오의 법칙에서 발견된다. 그것은 일견 피해자의 손실에 상응하는 가해자의 처벌을 정당화한다는 점에서 가혹하고 엄격한 성격을 드러낸다. 만약 상대방의 밥그릇을 빼앗았다면 자신의 밥그릇도 미련 없이 내주어야 하는 것이다. 그러나 탈리오 법칙은 온건하고도 합리적인 속성을 동시에 함축하고 있다. 왜냐하면 누가 자신의 밥그릇을 발로 찼을 경우 보복의 대상은 밥그릇으로 제한되어야지 밥상 전체를 뒤엎는 것으로 확대될 수 없기 때문이다. 이러한 일대일 방식의 상호주의를 (가) 대칭적 상호주의라 부른다. 하지만 엄밀한 의미의 대칭적 상호주의는 우리의 실제 일상생활에서 별로 흔하지 않다. 오히려 '되로 주고 말로 받거나, 말로 주고 되로 받는' 교환 관계가 더 일반적이다. 이를 대칭적 상호주의와 대비하여 (나) 비대칭적 상호주의라 일컫는다. 그렇다면 교환되는 내용이 양과 질의 측면에서 정확한 대등성을 결여하고 있음에도 불구하고, 교환에 참여하는 당사자들 사이에 비대칭적 상호주의가 성행하는 이유는 무엇인가? 그것은 셈에 밝은 이른바 '경제적 인간(Homo Economicus)'들에게 있어서 선호나 기호 및 자원이 다양하기 때문이다. 말하자면 교환에 임하는 행위자들이 각인각색인 까닭에 비대칭적 상호주의가 현실적으로 통용될 수밖에 없으며, 어떤 의미에서는 그것만이 그들에게 상호 이익을 보장할 수 있는 것이다.

① (가) – A국과 B국 군대는 접경지역에서 포로 5명씩을 맞교환했다.
② (가) – 오늘 우리 아이를 옆집에서 맡아주는 대신 다음에 하루 옆집 아이를 맡아주기로 했다.
③ (가) – 동생이 내 발을 밟아서 볼을 꼬집어주었다.
④ (나) – 필기노트를 빌려준 친구에게 고맙다고 밥을 샀다.
⑤ (나) – 옆집 사람이 우리 집 대문을 막고 차를 세웠기에 타이어에 펑크를 냈다.

11 **다음 글을 통해 역모기지론 정책이 효과적으로 시행될 수 있는 조건을 〈보기〉에서 모두 고른 것은?**

정부가 2007년부터 역모기지론*을 도입한다고 발표하였다. 역모기지론을 이용할 수 있는 대상자는 공시가격 8억원 이하 주택을 한 채만 소유하고 있는 만 65세 이상의 중산 · 서민층으로 한정된다.

역모기지론 운영 방법에 의하면, 담보로 맡긴 주택가격과 가입 당시의 연령에 따라 매월 지급받는 금액이 달라진다. 주택가격이 높을수록, 가입 당시의 연령이 높을수록 받는 금액이 많아진다. 월 지급금액 산정은 일반 주택담보대출 때처럼 감정가(시세 수준)를 기초로 한다. 예를 들어, 감정가 8억원짜리 주택을 만 70세에 맡기면 매달 198만원을 받게 되고, 같은 주택을 만 65세에 맡기면 매달 186만원을 받게 된다. 감정가 5억원짜리 주택을 소유하고 있는 고령자가 역모기지론을 신청하면 가입연령에 따라 월 수령액은 △만 65세 93만원, △만 68세 107만원, △만 70세 118만원 등이 된다. 월 수령액은 5년마다 주택시세를 재평가하여 조정된다.

정부가 역모기지론 이용자에게 부여하는 혜택은 △등록세 면제, △국민주택채권매입의무 면제, △재산세 25% 감면, △대출이자비용 200만원 한도 내 소득공제 등이다. 다만, 등록세 면제는 감정가 5억원 이하 집에 해당되며, 나머지 3개의 혜택은 감정가 5억원 이하, 국민주택규모(전용면적 85m^2 이하), 연간 소득 1,000만원 이하의 조건을 모두 갖추어야 한다.

※ 역모기지론 : 주택을 소유하고 있으나 일정 소득 이하의 고령자에게 소유주택을 담보로 매월 또는 일정 기간마다 노후생활자금을 연금 형식으로 대출하는 금융상품

보기

㉠ 현재 주택을 소유한 노년층은 대부분 청장년기에 노후 생활을 위한 소득 축적 기회가 적었고, 현재도 특별한 소득이 없다.
㉡ 만 65세 이상인 가구주의 주택 소유 비율은 80%로서 만 30세 미만의 24%, 30대의 47%, 40대의 67%에 비하여 매우 높다.
㉢ 한 은행의 조사에 따르면, 만 65세 이상의 노인들이 보유하고 있는 주택의 공시가격은 대부분이 8억 원 이하인 것으로 나타났다.
㉣ 어떤 연구기관의 조사에 따르면, 86%에 달하는 노인들이 양로원이나 기타 사회복지시설을 이용하는 것보다 자기 집에 그대로 머물러 살기를 원한다고 응답했다.

① ㉠, ㉡
② ㉡, ㉢
③ ㉠, ㉡, ㉢
④ ㉡, ㉢, ㉣
⑤ ㉠, ㉡, ㉢, ㉣

12 다음 글을 논리적 순서대로 알맞게 배열한 것은?

(A) 킬러 T세포는 혈액이나 림프액을 타고 몸속 곳곳을 순찰하는 일을 담당하는 림프세포의 일종이다. 킬러 T세포는 감염된 세포를 직접 공격하는데, 세포 하나하나를 점검하여 바이러스에 감염된 세포를 찾아낸다. 이 과정에서 바이러스에 감염된 세포가 킬러 T세포에게 발각이 되면 죽게 된다. 그렇다면 킬러 T세포는 어떤 방법으로 바이러스에 감염된 세포를 파괴할까?

(B) 지금도 우리 몸의 이곳저곳에서는 비정상적인 세포분열이나 바이러스 감염이 계속되고 있다. 하지만 우리 몸에 있는 킬러 T세포가 병든 세포를 찾아내 파괴하는 메커니즘이 정상적으로 작동하고 있는 한 건강한 상태를 유지할 수 있다. 이렇듯 면역 시스템은 우리 몸을 지켜주는 수호신이다. 또한 우리 몸이 유기적으로 잘 짜인 구조임을 보여주는 좋은 예라고 할 수 있다.

(C) 그 다음 킬러 T세포가 활동한다. 킬러 T세포는 자기 표면에 있는 'TCR(T세포 수용체)'을 통해 세포의 밖으로 나온 MHC와 펩티드 조각이 결합해 이루어진 구조를 인식함으로써 바이러스 감염 여부를 판단한다. 만약 MHC와 결합된 펩티드가 바이러스 단백질의 것이라면 T세포는 활성화되면서 세포를 공격하는 단백질을 감염된 세포 속으로 보낸다. 이렇게 T세포의 공격을 받은 세포는 곧 죽게 되며 그 안의 바이러스 역시 죽음을 맞이하게 된다.

(D) 우리 몸은 '자연적 치유'의 기능을 가지고 있다. '자연적 치유'는 우리 몸에 바이러스(항원)가 침투하더라도 외부의 도움 없이 이겨낼 수 있는 면역 시스템을 가지고 있다는 것을 의미한다. 그런데 이러한 면역 시스템에 관여하는 세포 중에서 매우 중요한 역할을 하는 세포가 있다. 그것은 바로 바이러스에 감염된 세포를 직접 찾아내 제거하는 '킬러 T세포(Killer T Cells)'이다.

(E) 면역 시스템에서 먼저 활동을 시작하는 것은 세포 표면에 있는 'MHC(주요 조직적합성 유전자 복합체)'이다. MHC는 꽃게 집게발 모양의 단백질 분자로 세포 안에 있는 단백질 조각을 세포 표면으로 끌고 나오는 역할을 한다. 본래 세포 속에는 자기 단백질이 대부분이지만, 바이러스에 감염되면 원래 없던 바이러스 단백질이 세포 안에 만들어진다. 이렇게 만들어진 자기 단백질과 바이러스 단백질은 단백질 분해효소에 의해 펩티드 조각으로 분해되어 세포 속을 떠돌아다니다가 MHC와 결합해 세포 표면으로 배달되는 것이다.

① (D) – (A) – (E) – (C) – (B)
② (A) – (B) – (E) – (D) – (C)
③ (C) – (A) – (E) – (B) – (D)
④ (D) – (B) – (A) – (C) – (E)
⑤ (B) – (C) – (A) – (D) – (E)

※ 귀하가 근무하는 기업에서 한글날을 기념하여 범정부적으로 추진하는 '쉬운 공공언어 사용운동'에 동참하려고 한다. 다음의 지문을 읽고 이어지는 질문에 답하시오[13~14].

〈쉬운 공공언어 쓰기 기본 길잡이〉

1. 국민의 처지에서 표현하기

가. 권위적 표현을 사용하지 않는다.

예 다음과 같이 작성할 것 → 다음과 같이 작성해주십시오.

나. 차별적 표현을 사용하지 않는다.

예 독거노인과 결손가정에 생필품을 전달했다.

→ 독거노인과 한부모 가족, 청소년 가장 등에 생필품을 전달했다.

2. 쉬운 말로 쓰기

가. 줄임말(약어)과 전문용어는 쉽게 풀어 쓴다.

예 셧다운제 → 게임일몰제, R&D → 연구개발, MOU → 업무협정 등

나. 외국어를 남용하지 않는다.

예 서비스 모니터링을 연 1회 이상 실시하여 미흡한 점을 개선하겠습니다.

→'점검 또는 실태 조사'

다. 외국 글자나 한자를 피한다.

예 H.P. → 휴대전화, Fax → 팩스, 內 → 내, 對 → 대, 外 → 외

3. 명료한 문장으로 쓰기

가. 문맥에 맞는 단어를 쓴다.

예 계획을 달성할 수 있도록 → 계획을 이행할 수 있도록 / 목표를 달성할 수 있도록

나. 문장 구성 요소끼리 잘 어울려야 한다.

예 미세 먼지란 입자의 크기가 ~ 이하를 말한다.

→ 미세 먼지란 입자의 크기가 ~ 이하인 것을 말한다.

다. 문장 구성 요소를 지나치게 생략하지 말아야 한다.

예 일정 규모 이상의 야적장을 물류창고로 운영하는 물류창고업자는 등록해야 하므로 → 일정 규모 이상의 야적장을 물류창고로 운영하는 물류창고업자는 물류창고업을 등록해야 하므로

라. 문장을 짧게 쓰고, 자연스러운 어순으로 쓴다.

마. 조사를 정확하게 사용해야 한다.

바. 번역 투를 피한다.

예 선정된 점포에 대해서는 → 선정된 점포에는

사. 명사 나열 표현을 피한다.

예 일괄 공사 변경과 ~ → 일괄 공사하는 것으로 변경하고 ~

아. 뜻이 불분명한 말은 피한다.

예 알맞은 자격 및 능력이 있다고 인정되는 사람

→ 알맞은 자격 또는 능력이 있다고 인정되는 사람

자. 의무, 금지, 재량, 예외 사항을 분명히 나타낸다.

4. 한눈에 알 수 있게 구성하기

가. 공문서는 형식에 맞춰 주제가 분명하게 드러나도록 써야 한다.
나. 글의 내용을 일관성 있게 전개해야 한다.
다. 글은 종류에 따라 먼저 확인해야 할 내용과 반드시 필요한 내용 등이 달라진다. 될 수 있으면 결론을 먼저 쓰고, 그 다음에 이유 또는 설명을 쓴다.
라. 항목별로 정보를 나열하여 제시할 경우 해당 항목에서 그와 관련된 내용을 파악할 수 있도록 해야 한다.
마. 공공언어는 시각적 편의(작은따옴표, 밑줄, 굵기 등)를 고려하여 편집해야 한다.

※ 출처 : 국립국어원

13 **귀하는 전 직원을 대상으로 쉬운 공공언어 사용에 대한 교육을 진행할 예정인데, 원활한 이해를 돕기 위해 예문을 보충하려고 한다. 다음 중 쉬운 공공언어 쓰기 길잡이에 의해 올바르게 작성된 것은?**

① 외국인 근로자 등 소외 계층을 대상으로 무료 법률 상담을 진행할 예정이다.
② 글로벌 우수 과학자를 유치하기 위해 과학자 간의 글로벌 네트워크를 구축하고 연구 성과를 글로벌 스탠더드를 적용하여 평가한다.
③ 이번 교육은 청소년들이 전통 음식의 우수성과 녹색 식생활을 이해하고 실천할 수 있게 하려고 마련되었다.
④ 이 설문조사 결과는 청소년 언어 개선책을 시급히 마련해야 한다는 점을 말해주고 있다.
⑤ 어제 회의 결과에 따라 새롭게 도입된 프로그램을 적극 이용 바랍니다.

14 귀하는 상사로부터 '쉬운 공공언어 쓰기' 점검표를 작성하라는 요청을 받았으며, 아래와 같이 초안을 완성하였다. 귀하는 상사에게 초안을 보고하기 전 검토하려고 한다. 아래 점검표에서 잘못 쓰여진 단어는 모두 몇 개인가?

단 어	고압적 · 권위적 표현, 차별적 표현(성, 지역, 인종, 장애 등)은 없는가?	예□	아니요□
	일반적으로 널리 쓰이는 쉬운 단어를 사용했는가? (상토적인 한자어, 어렵고 낯선 외국어를 다드머 썼는가?)	예□	아니요□
	줄림말(약어)이나 전문용어를 친절하게 설명했는가?	예□	아니요□
	괄호 안에 쓰지 않고 외국 문자를 바로 노출한 단어는 없는가?	예□	아니요□
	한글 맞춤법, 외래어 표기법 등 어문규범에 맞게 썼는가?	예□	아니요□
문 장	문장이 장황하거나 지나치게 길지 않는가?	예□	아니요□
	여러 가지로 해석되는 단어나 문장은 없는가?	예□	아니요□
	문장 성분끼리 잘 호웅하는가?	예□	아니요□
	불필요한 피동 · 사동 표현이나 번역 투 표현은 없는가?	예□	아니요□
구 성	적절한 형식에 맞춰 제시하였는가?	예□	아니요□
	제목이나 소제목이 진딜 의도를 질 보여주는가?	예□	아니요□
	논리적으로 베열되어 글이 조리 있게 전개되는가?	예□	아니요□
	도표나 수식 등의 보조 자료는 쉽게 이해할 수 있는가?	예□	아니요□

① 3개
② 4개
③ 5개
④ 6개
⑤ 7개

15 **다음은 사원들이 아래 신문기사를 읽고 나눈 대화 내용이다. 신문기사의 내용을 정확하게 파악하지 못한 사람은?**

☆☆일보

☆☆일보 제1234호 | ○○년 ○○월 ○일　　　　안내전화 02-000-0000 | www.sdxxx.com

달걀의 콜레스테롤, 걱정하지 마세요!

농촌진흥청이 달걀에 대한 잘못된 상식을 바로잡기 위한 정보제공에 앞장서고 있다. 달걀의 1개 열량은 75 ~ 80kcal로 열량이 낮고 영양이 풍부해 콜레스테롤 걱정을 하지 않고 섭취해도 된다고 설명했다.

농진청은 달걀의 노른자에는 시력보호 물질인 루테인과 지아잔틴이 풍부해 항산화 작용과 자외선을 차단, 노화를 막는 역할을 한다고 설명했다. 또 콜린은 두뇌 발달과 기억력 증진, 인지질인 레시틴은 항산화와 피부 건강에 도움을 준다고 강조했다. 농진청은 달걀의 콜레스테롤이 높다는 잘못된 상식이 퍼지고 있지만 건강한 사람의 경우 하루 3 ~ 4알 정도는 자유롭게 먹어도 괜찮다고 피력했다.

농진청이 5주 동안 실험용 쥐에게 달걀을 먹인 결과 총콜레스테롤 수치는 늘지 않았고 오히려 몸에 좋은 콜레스테롤인 HDL 수치가 약 20% 증가하고, 과다 섭취한 콜레스테롤은 몸에 쌓이지 않고 배설된 것으로 파악됐다. 뿐만 아니라 "오히려 달걀에 함유된 레시틴은 콜레스테롤 수치를 떨어뜨리는 역할을 한다"고 덧붙였다.

① A 사원 : 매일 계란을 두 알씩 섭취하더라도 콜레스테롤 걱정은 안 해도 되겠네요.

② B 사원 : 맞아요. 오히려 노화 방지에 많은 도움이 되겠는데요?

③ C 사원 : 그래도 달걀을 과다 섭취하면 콜레스테롤이 몸에 쌓이니까 노른자를 빼고 먹는 게 좋겠어요.

④ D 사원 : 달걀 하나 열량이 75 ~ 80kcal밖에 안 되니까 다이어트 식품으로도 제격이네요.

⑤ E 사원 : 달걀을 하나씩 먹으면 시력보호에 도움이 되겠네요.

※ 다음 기사를 읽고 이어지는 질문에 답하시오[16~18].

많은 사람이 리더가 되고 싶어한다. 그러나 하고 싶다고 누구나 리더가 되는 것은 아니다. 리더가 되려면 리더십을 갖춰야 한다.

(A) 모든 것을 직접 체험하여 지식을 얻고 정보를 습득하면 좋겠지만, 현실적으로 불가능한 만큼 타인의 경험이 담긴 책을 통해 보다 다양한 지식과 정보를 간접적으로 얻는 노력이 있어야 한다. 물론, 지식과 정보를 습득하는 것 못지않게, 지식과 정보를 어떻게 활용할 것이며, 지식과 정보의 옥석(玉石)을 구별할 수 있는 안목과 혜안을 독서를 통해 길러야 한다. 글로벌 시대에 걸맞은 리더가 되려면 외국어 구사능력도 반드시 갖춰야 한다.

(B) 리더십이 없는 리더가 조직의 수장이 되면 조직은 망할 수밖에 없다. 그래서 리더가 되고자 한다면 리더십을 키우는 연습과 훈련은 필수이다. 우선, 리더가 되기 위해서는 명확한 목표를 설정해야 한다. 다름 아닌 꿈이 있어야 한다는 것이다. 사랑도, 희망도, 삶의 목표도 꿈을 꾸면서 시작된다. 더 중요하고 분명한 것은 꿈을 가진 사람이, 꿈을 꾸지 않은 사람보다 더 열심히 더 즐겁게 인생을 살아간다는 사실이다. 꿈은 오늘을 새롭게 하고, 미래를 아름답게 만드는 활력소이다. 반기문 전 유엔사무총장이나 빌 클린턴 미국 전 대통령의 공통점은 학창시절 우수학생으로 뽑혀 케네디 대통령을 만나면서 외교관과 정치가의 꿈을 꾸었다는 것이다. 명확한 목표를 설정하고, 그것을 이루기 위해 최선을 다했기 때문에 두 사람은 꿈을 현실화시킨 리더로 평가받고 있다.

(C) 누구든지 나약해질 수 있고, 절망의 나락으로 떨어질 수 있다. 그런 위기와 시련에 직면했을 때 어떤 생각을 갖고 사고하며, 어떤 마음으로 접근하느냐에 따라 인생의 항로가 바뀔 수 있다. 부정의 시각으로 생각하는 사람은 생각의 끝에서 절망을 선택할 것이며, 긍정의 시각으로 생각한 사람은 생각의 끝에서 희망으로 방향을 유턴하게 될 것이다. 세상은 긍정적이고 낙천적 사고의 소유자들에 의해 변화와 발전을 거듭해왔음을 직시해야 한다. 세계적인 커피체인점 스타벅스의 하워드 슐츠 회장이 리더는 항상 낙관적이어야 한다며 긍정적 사고를 강조한 것도 같은 맥락이다. 진정한 리더가 되고 싶다면, 앞에서 강조한 것을 선택과 집중의 관점에서 하나하나 실천해야 한다.

(D) 또한, 리더가 되기 위해서는 원만한 대인관계를 구축해야 한다. 혼자 살 수 없는 세상에서 얽히고설키는 관계(關係)라는 말처럼 중요한 것도 없을 것이다. 그래서 사람과 사람을 이어주고, 소통시켜주는 원만한 대인관계야말로 성공을 향한 더없이 소중한 밑거름이다. 미국인들로부터 가장 성공한 사람으로 추앙받는 벤자민 프랭클린도 "아무에게도 적이 되지 말라"며 대인관계의 중요성을 역설했다. 나와 관계없는 백만명의 사람보다 나와 관계를 맺은 한 사람을 더 소중하고 귀하게 여길 때 원만한 대인관계를 형성할 수 있고, 성공을 향한 발걸음도 한결 가벼워질 것이다. 리더에게 독서는 필수요소이다. 지식이 힘이고, 정보가 경쟁력인 지식정보화시대를 슬기롭게 헤쳐 나가기 위해서는 다독(多讀)이 필요하다.

(E) 특히, 영어는 단순한 외국어가 아니라 지구촌 사회와 의사소통을 가능하게 해주는 하나의 약속이 되고 있다. 모국어 하나로 살아갈 수도 있지만, 결국 우물 안 개구리로 전락할 수밖에 없다. 외국어를 구사하지 못하면 일류가 될 수 없고, 일류가 될 수 없다는 것은 결국 성공할 수 있는 기회가 그만큼 희박해진다는 것을 의미한다. 네덜란드, 덴마크, 스위스, 오스트리아 등 유럽의 나라들이 규모에 비해 강소국의 반열에 올라설 수 있게 된 것도 국민의 외국어 구사 능력이 출중하기 때문이라는 것이 시사하는 바가 매우 크다. 덧붙여, 리더가 되고자 하는 사람은 긍정적이고 낙천적인 유연한 사고를 지녀야 한다.

16 **위 기사는 ○○공단의 사보에 실린 기사이다. 기사를 읽고 직원들이 느낀 바로 적절하지 않은 것은?**

① 김 대리 : 리더십이 없는 리더가 조직의 수장이 되면 조직은 망할 수밖에 없지.
② 유 과장 : 리더가 되기 위해서는 꿈을 가지는 것이 중요해.
③ 강 차장 : 원만한 대인관계의 구축 또한 리더의 중요한 덕목 중 하나야.
④ 곽 사원 : 리더가 되기 위해선 위기와 시련을 마주했을 때 낙관적으로 볼 수 있는 긍정적인 자세가 중요해.
⑤ 정 부장 : 글로벌 시대에 맞는 외국어 구사능력도 중요하지만, 우리 고유의 전통을 지키는 것이 우선이야.

17 **위 기사의 내용에서 확인할 수 있는 '리더의 덕목'과 무관한 것은?**

① 리더십 함양
② 독서를 통한 지식의 확충
③ 낙관적 사고
④ 주변 사람들에게 아낌없이 베풀기
⑤ 외국어 구사능력

18 **제시된 첫 문장의 다음에 올 순서로 가장 적절한 것은?**

① (B) – (D) – (A) – (E) – (C)
② (B) – (A) – (C) – (D) – (E)
③ (C) – (B) – (A) – (D) – (E)
④ (A) – (C) – (E) – (D) – (B)
⑤ (A) – (B) – (D) – (E) – (C)

※ 다음 기사를 읽고 이어지는 질문에 답하시오[19~20].

"기업들은 근로자를 학벌이나 연공서열이 아닌 직무능력과 성과로 평가해야 한다" ○○공단 박 이사장은 제4차 포용적 성장 포럼에서 발제자로 나서 '일자리 창출과 포용적 성장'이라는 주제로 발표하며 "능력 중심의 사회를 만들어야 한다"고 강조했다.
박 이사장은 "우리나라는 첫 직장을 어디서 출발하는지가 굉장히 중요하다"며 "대기업에서 시작하면 쭉 대기업에 있고 중소기업이나 비정규직으로 출발하면 벗어나기 어려워, 대기업에 가기 위해 젊은 청년들이 대학 졸업까지 미룬 채 몇 년씩 취업준비를 한다"고 지적했다. 중소기업에서 비정규직으로 출발해도 학벌이 아닌 능력으로 평가받는 시스템이 갖춰져 있다면 자연스럽게 대기업 정규직이 될 수 있는 사회적 문화와 제도적 보장이 이뤄질 수 있을 것인데 그렇지 못하다는 것이다.
청년실업 문제를 해결하기 위해서는 일자리 미스매칭 문제가 해결돼야 하고 그를 위해 능력 중심의 평가가 필요하다는 것이 박 이사장의 견해이다. 박 이사장은 "미국은 맥도널드 최고경영자(CEO)가 매장 파트타이머 출신인 경우도 있지만 우리나라는 처음에 잘못 들어가면 발 빼고 못 간다"며 "능력 중심의 임금체계 구축과 성과평가가 이뤄진다면 변화가 가능할 것"이라고 강조했다.
박 이사장은 제대로 성과평가제도를 실현하기 위해서는 성과연봉제의 도입이 필요하다고 강조했다. 그는 "지금도 성과평가제가 있기는 하지만 근로자의 성과가 연봉, 승진과 제대로 연동이 안 되다 보니 부실한 측면이 많았다"며 "성과평가가 승진, 연봉과 연결돼야 근로자들도 제대로 따져보고 항의도 하면서 제대로 된 성과평가제가 구축될 수 있을 것"이라고 설명했다.
규제완화를 하면 일자리가 늘어날지 여부에 대해 박 이사장은 유럽과 미국의 예를 들며 경험적으로 증명된 부분이지만 한국에도 적용될 수 있을지는 좀 더 살펴봐야 한다는 입장이었다. 박 이사장은 "세계경제가 1980년대 불황으로 유럽과 미국 모두 경제가 어려웠다가 다시 살아났는데 미국과 유럽의 일자리를 비교해보면 미국은 늘어났는데 유럽은 늘지 않았다"며 그 이유로 "유럽과 달리 미국이 해고하기 쉬워 사람을 많이 썼기 때문이었다"라고 설명했다.

19 **○○공단의 사보에 실린 기사를 읽고 직원들이 나눈 대화로 적절하지 않은 것은?**

① 김 대리 : 기업들이 근로자들을 학벌로 평가하는 것이 부당하다고 생각했었어.
유 대리 : 맞아. 이제는 사원들을 학벌이 아닌 직무능력으로 평가할 시대야.
② 강 과장 : 그러고 보니 우리 대학 출신들이 이 부장님 밑에 많지 않습니까?
이 부장 : 강 과장님, 저는 사원들을 그렇게 학벌로 줄 세우지 않을 생각입니다.
③ 박 차장 : 우리나라는 첫 직장이 어디냐가 아주 중요한 문제죠.
강 대리 : 첫 직장의 규모가 영세하면 그대로 가는 경우가 대부분이다 보니….
④ 김 과장 : 능력 중심의 임금체계 구축과 성과평가가 도입되면 어떨까요?
이 대리 : 성과평가제도는 다소 불합리한 제도라 반발이 거셀 것 같습니다.
⑤ 차 사원 : 일자리를 늘리기 위해 우리도 규제완화를 빨리 실시해야 합니다.
정 사원 : 규제완화가 어느 정도 경험적으로 증명된 것을 사실이지만, 우리나라에 적용하기에는 아직 시간이 필요할 것으로 보입니다.

20 **기사의 제목으로 적절한 것은?**

① 성과평가제도란 무엇인가?
② 능력 중심의 사회, 규제완화가 해답
③ 미국 맥도날드 CEO, 알고 보니 파트타이머 출신
④ 세계경제 불황기, 미국과 유럽의 차이점은?
⑤ 첫 직장 비정규직이면 점프하기 어려운 현실… 능력 중심 평가 확산을

수리능력

●● 정답 및 해설 p.631

01 **다음은 인터넷 공유활동 참여 현황을 정리한 자료이다. 자료를 올바르게 이해하지 못한 사람은 누구인가?**

〈인터넷 공유활동 참여율(복수응답)〉

(단위 : %)

구 분		커뮤니티 이용	퍼나르기	블로그 운영	댓글달기	UCC게시
성 별	남 성	79.1	64.1	49.9	52.2	46.1
	여 성	76.4	59.6	55.1	38.4	40.1
연 령	10대	75.1	63.9	54.7	44.3	51.3
	20대	88.8	74.4	76.3	47.3	54.4
	30대	77.3	58.5	46.3	44.0	37.5
	40대	66.0	48.6	27.0	48.2	29.6

※ 성별, 연령별 조사인원은 동일함

① A 사원 : 자료에 의하면 20대가 다른 연령대에 비해 인터넷상에서 공유활동을 활발히 참여하고 있네요.

② B 주임 : 대체로 남성이 여성에 비해 상대적으로 활발한 활동을 하고 있는 것 같아요. 그런데 블로그 운영 활동은 여성이 더 많네요.

③ C 대리 : 남녀 간의 참여율 격차가 가장 큰 영역은 댓글달기이네요. 반면에 커뮤니티 이용은 남녀 간의 참여율 격차가 가장 적네요.

④ D 사원 : 10대와 30대의 공유활동 참여율을 크기순으로 나열하면 재미있게도 두 연령대의 활동 순위가 동일하네요.

⑤ E 사원 : 40대는 대부분의 공유활동에서 모든 연령대의 참여율보다 낮지만, 댓글달기에서는 가장 높은 참여율을 보이고 있네요.

※ 다음은 A국의 2009년부터 2012년까지의 쌀 생산과 소비에 관한 자료이다. 이어지는 질문에 답하시오[2~3].

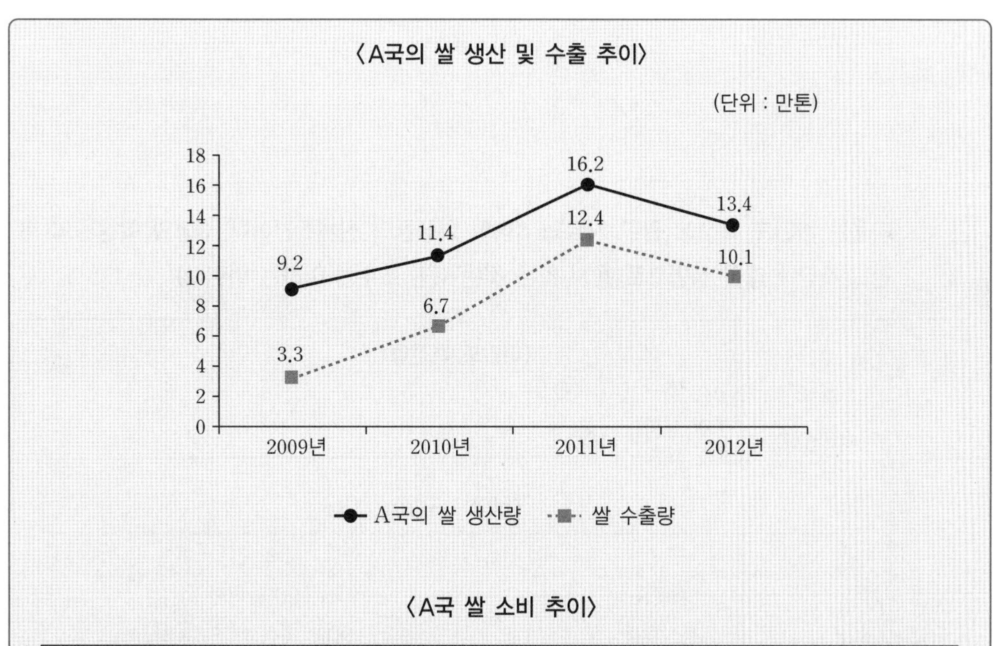

〈A국 쌀 소비 추이〉

구 분 \ 연 도	2009년	2010년	2011년	2012년
쌀 소비량(만톤)	5.3	4.2	3.0	2.8
1인당 연간 쌀 소비량(kg)	30.1	28.0	28.4	22.0

※ A국에서 생산된 쌀은 국내에서 소비되거나 수출되며, 남은 쌀은 다음 연도 국내 소비, 수출을 위해 국내에 비축된다.
※ A국은 다른 나라로부터 쌀이 유입되지 않는다.
※ 2009년 1월 1일의 A국 쌀 비축량은 '0'이다.

02 자료를 보고 판단한 내용 중 올바르지 않은 것은?

① A국의 전년 대비 국내 쌀 수출량 증가율은 2010년 ~ 2012년 중에서 2010년에 가장 크다.
② 국내 쌀 생산량과 1인당 연간 쌀 소비량은 특별한 상관관계가 없다.
③ 생산량 대비 수출량이 가장 큰 해는 2012년이다.
④ A국의 2011년 1월 1일 쌀 비축량이 0이라면, 2012년 1월 1일 쌀 비축량은 0.8만톤 이상이다.
⑤ A국은 2011년도에 생산된 쌀의 75% 이상을 다른 나라로 수출하였다.

03

2010년 A국의 인구는 몇 명인가?

① 150만명 ② 300만명 ③ 900만명
④ 1,500만명 ⑤ 3,000만명

04

다음은 비만도 측정에 관한 자료와 3명의 학생들의 신체조건이다. 3명의 학생들의 비만도 측정에 대한 설명으로 옳지 않은 것은?(단, 소수점 이하는 버린다)

〈비만도 측정법〉

- (표준체중)={(신장)−100}×0.9
- (비만도)= $\frac{(\text{현재 체중})}{(\text{표준 체중})}\times 100$

〈비만도 구분〉

구 분	조 건
저체중	90% 미만
정상체중	90% 이상 110% 이하
과체중	110% 초과 120% 이하
경도비만	120% 초과 130% 이하
중등도비만	130% 초과 150% 이하
고도비만	150% 이상 180% 이하
초고도비만	180% 초과

〈조 건〉

- 혜지 : 키 158cm, 몸무게 58kg
- 기원 : 키 182cm, 몸무게 71kg
- 용준 : 키 175cm, 몸무게 96kg

① 혜지의 표준체중은 52.2kg이며 기원이의 표준체중은 73.8kg이다.
② 기원이가 과체중이 되기 위해선 5kg 이상 체중이 증가하여야 한다.
③ 3명의 학생 중 정상체중인 학생은 기원이뿐이다.
④ 용준이가 약 22kg 이상 체중을 감량하면 정상체중 범주에 포함된다.
⑤ 혜지의 현재 체중과 표준 체중의 비만도 차이에 4배를 한 값은 용준이의 현재 체중과 표준 체중의 비만도 차이 값보다 더 크다.

05 **A기업은 추석을 맞이하여 6차산업 우수제품 특판 행사에서 직원 선물을 구매하려고 한다. 총무부인 B 사원은 상품 명단을 공지하여 팀별로 상품을 하나씩 선택하게 하였다. 상품 선택 결과가 아래와 같을 때 빈칸에 들어갈 가격을 포함한 총주문금액은?**

〈6차산업 우수제품 추석맞이 특판〉

○○자원개발원에서는 우수 6차산업 제품 판매 촉진을 위해 (사)전국6차산업인증사업자협회와 공동으로 2017년 정유년 설맞이 '6차산업 우수제품 특판 행사'를 진행합니다.
대한민국 정부가 인증한 6차산업 경영체가 지역의 농산물을 이용해 생산하여 신선하고 믿을 수 있는 제품입니다.
이번 행사에는 선물용 세트 12종(흑삼, 한과 등)을 시중 판매 가격 대비 최대 40% 이상 할인된 가격으로 판매하니 많은 주문 바랍니다.

- 주문기간 : 2018년 1월 8일(월) ~ 2018년 1월 22일(월)
- 주문방법 : 첨부파일 상품 주문서 작성 후 E-메일 또는 팩스 발송

순 번	상품명	구 성	단 가	
			정상가(원)	할인율
1	흑삼 에브리진생	10ml×10포×3입 (흑삼농축액 스틱형)	75,000	34%
2	하루절편	흑삼절편 200g (20g×10입)	45,000	12%
3	천지수인고	240g×3입 (배 · 도라지 · 생강 농축액)	120,000	40%
4	도자기꿀	500g	80,000	40%
5	한과 선물세트	찹쌀유과 700g (콩, 백년초, 쑥)	28,000	26%
6	슬로푸드 선물세트	매실액기스 500ml + 감식초 500ml	28,000	29%

※ 할인율 적용 시 10원 단위 이하는 절사한다.

구 분	상품명	개 수	가 격
총 무	하루절편	10	396,000원
마케팅	슬로푸드 선물세트	13	
영 업	도자기꿀	8	384,000원
인 사	흑삼 에브리진생	16	
기 술	한과 선물세트	9	

① 1,230,000원 ② 1,235,700원 ③ 1,236,920원
④ 2,015,000원 ⑤ 2,015,700원

06

B 대리는 금연치료 프로그램 참가자의 문의전화를 받았다. 금연치료의약품과 금연보조제를 처방받아서 복용하고 있는데 1월 한 달 동안 본인이 부담하는 의약품비가 얼마인지 궁금하다는 내용이었다. B 대리는 참가자가 1월 4일부터 시작하여 의약품으로는 바레니클린을 복용하며, 금연보조제로는 패치를 사용하고 있다는 사실을 확인한 후 1월 한 달 기준 의약품에 대한 본인부담금을 알려주었다. 올바른 가격은?

구 분	금연치료의약품		금연보조제		
	부프로피온	바레니클린	패 치	껌	정 제
용 법	1일 2정	1일 2정	1일 1장	1일 4~12정	1일 4~12정
시장가격(정당)	680원	1,767원	1,353원	375원	417원
공단 지원액	정당 500원	정당 1,000원	1日당 1,500원		

※ 의료급여수급권자 및 최저생계비 150% 이하인 자는 상한액 이내 지원
※ 1월 투여기간 : 4일 ~ 31일

① 47,068원
② 10,080원
③ 42,952원
④ 46,085원
⑤ 48,065원

07 다음은 어느 나라의 최종에너지 소비량에 관한 자료이다. 이에 대한 〈보기〉의 설명으로 옳은 것을 모두 고르면?

〈2008 ~ 2010년 유형별 최종에너지 소비량 비중〉

(단위 : %)

구 분	석 탄		석유제품	도시가스	전 력	기 타
	무연탄	유연탄				
2008년	2.7	11.6	53.3	10.8	18.2	3.4
2009년	2.8	10.3	54.0	10.7	18.6	3.6
2010년	2.9	11.5	51.9	10.9	19.1	3.7

〈2010년 부문별 · 유형별 최종에너지 소비량〉

(단위 : 천TOE)

구 분	석 탄		석유제품	도시가스	전 력	기 타	합 계
	무연탄	유연탄					
산 업	4,750	15,317	57,451	9,129	23,093	5,415	115,155
가정 · 상업	901	4,636	6,450	11,105	12,489	1,675	37,256
수 송	0	0	35,438	188	1,312	0	36,938
기 타	0	2,321	1,299	669	152	42	4,483
합 계	5,651	22,274	100,638	21,091	37,046	7,132	193,832

보기

ㄱ. 2008 ~ 2010년 동안 전력 소비량은 매년 증가한다.
ㄴ. 2010년 산업부문의 최종에너지 소비량은 전체 최종에너지 소비량의 50% 이상을 차지한다.
ㄷ. 2008 ~ 2010년 동안 석유제품 소비량 대비 전력 소비량의 비율이 매년 증가한다.
ㄹ. 2010년에는 산업부문과 가정 · 상업부문에서 유연탄 소비량 대비 무연탄 소비량의 비율이 각각 25% 이하이다.

① ㄱ, ㄴ
② ㄱ, ㄹ
③ ㄴ, ㄷ
④ ㄴ, ㄹ
⑤ ㄷ, ㄹ

08

다음은 창업보육센터의 현황에 관한 자료이다. 이에 대한 〈보기〉의 설명으로 옳지 않은 것을 모두 고르면?

〈연도별 창업보육센터 수 및 지원금액〉

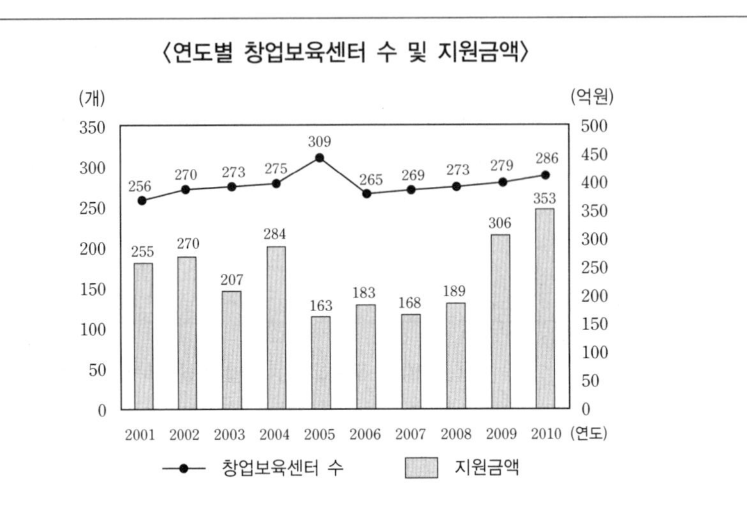

〈연도별 창업보육센터당 입주업체 수 및 매출액〉

(단위 : 개, 억원)

구분 \ 연도	2008년	2009년	2010년
창업보육센터당 입주업체 수	16.6	17.1	16.8
창업보육센터당 입주업체 매출액	85.0	91.0	86.7

※ 한 업체는 1개의 창업보육센터에만 입주함

보기

ㄱ. 2010년 전년 대비 창업보육센터 지원금액 증가율은 2010년 전년 대비 창업보육센터 수 증가율의 5배 이상이다.

ㄴ. 2010년 창업보육센터의 전체 입주업체 수는 전년보다 적다.

ㄷ. 창업보육센터당 지원금액이 가장 적은 해는 2005년이며 가장 많은 해는 2010년이다.

ㄹ. 창업보육센터 입주업체의 전체 매출액은 2008년 이후 매년 증가하였다.

① ㄱ, ㄴ　② ㄱ, ㄷ　③ ㄴ, ㄷ
④ ㄴ, ㄹ　⑤ ㄷ, ㄹ

09 **S카드회사에서는 새로운 카드상품을 개발하기 위해 고객 1,000명을 대상으로 카드 이용 시 선호하는 부가서비스에 대해 조사하였다. 다음은 조사 결과이며, 이를 토대로 S카드회사 상품개발팀 직원들이 나눈 대화로 적절한 것은?**

〈카드 이용 시 고객이 선호하는 부가서비스〉

(단위 : %)

구 분	남 성	여 성	전 체
포인트 적립	19	21	19.8
무이자 할부	17	18	17.4
주유 할인	15	6	11.4
쇼핑 할인	8	15	10.8
외식 할인	8	9	8.4
영화관 할인	8	11	9.2
통화료/인터넷 할인	7	8	7.4
은행수수료 할인	8	6	7.2
무응답	10	6	8.4

※ 총 8가지 부가서비스 중 선호하는 서비스 택 1, 무응답 가능

① P 대리 : 이번 조사 자료는 S카드를 이용하고 계신 고객 중 1,000명을 대상으로 선호하는 부가서비스에 대해 조사한 것으로 성별 비율은 각각 50%입니다.

② K 사원: 조사 과정에서 응답하지 않은 고객은 남성 50명, 여성 34명으로 총 84명입니다.

③ S 주임 : 남성과 여성 모두 가장 선호하는 부가서비스는 포인트 적립서비스이며, 두 번째로는 남성은 주유 할인, 여성은 무이자 할부로 차이를 보이고 있습니다.

④ K 과장: 부가서비스별로 선호하는 비중의 표준편차가 남성에 비해 여성이 더 큽니다.

⑤ R 부장: 이번 조사 결과를 참고했을 때, 남성과 여성이 선호하는 부가서비스가 서로 정반대인 것으로 보이니 성별을 구분하여 적합한 부가서비스를 갖추도록 개발해야겠습니다.

※ 다음은 S전자가 인턴사원을 채용하기 위하여 시행한 필기시험과 실기시험의 결과 자료이다. 이어지는 질문에 답하시오[10~11].

〈필기시험 결과〉

이 름	성 별	국 어	영 어	상 식	자격증
영 식	남	92	76	72	없 음
대 호	남	76	92	48	있 음
근 우	남	80	88	69	없 음
지 희	여	88	50	72	있 음
준 혁	남	68	100	57	없 음
수 진	여	48	80	70	있 음

〈실기시험 결과〉

이 름	성 별	100m 달리기 (초)	제자리 멀리뛰기 (cm)	팔굽혀 펴기 (회/분)	윗몸 일으키기 (회/분)
영 식	남	14.8	239	22	32
대 호	남	15.0	242	24	47
근 우	남	14.2	233	41	39
지 희	여	17.9	177	32	38
준 혁	남	14.5	242	33	40
수 진	여	19.6	166	15	31

〈실기시험 체력측정 기준〉

종 목	성별	평가점수									
		20점	18점	16점	14점	12점	10점	8점	6점	4점	2점
100미터 달리기 (초)	남	12.7 이하	12.8~13.0	13.1~13.3	13.4~13.6	13.7~14.0	14.1~14.4	14.5~14.7	14.8~15.1	15.2~15.3	15.4 이상
	여	14.0 이하	14.1~14.7	14.8~15.5	15.6~16.3	16.4~17.0	17.1~17.7	17.8~18.5	18.6~19.2	19.3~20.0	20.1 이상
제자리 멀리뛰기 (cm)	남	263 이상	262~258	257~255	254~250	249~246	245~243	242~240	239~237	236~232	231 이하
	여	199 이상	198~194	193~189	188~185	184~181	180~177	176~173	172~169	168~165	164 이하
팔굽혀 펴기 (회/분)	남	58 이상	57~54	53~50	49~46	45~42	41~38	37~33	32~28	27~23	22 이하
	여	50 이상	49~46	45~42	41~38	37~34	33~30	29~26	25~22	21~19	18 이하
윗몸 일으키기 (회/분)	남	58 이상	57~55	54~51	50~46	45~40	39~36	35~31	30~25	24~22	21 이하
	여	55 이상	54~50	49~45	44~40	39~35	34~30	29~25	24~19	18~13	12 이하

10 다음 〈보기〉의 설명 중 옳지 않은 것은?

보기
ㄱ. 자격증이 있는 지원자와 없는 지원자의 비율은 같다.
ㄴ. 여자 지원자의 평균 상식점수가 남자 지원자의 평균 상식점수보다 높다.
ㄷ. 상식시험점수가 가장 낮은 지원자는 영어시험점수가 지원자 중에 가장 높다.
ㄹ. 전체 지원자의 평균 영어점수는 82점 이상이다.

① ㄱ, ㄷ
② ㄴ, ㄷ
③ ㄴ, ㄹ
④ ㄷ, ㄹ
⑤ ㄱ, ㄴ, ㄹ

11 자격증이 있는 사람은 필기시험 점수의 총합에 필기시험 획득 점수 중 가장 낮은 점수의 10% 가산점을 주고, 실기점수는 가산점 없이 측정기준에 따라 평가를 했다. 실기시험의 종목당 8점 미만은 과락(불합격)을 적용하고, 합격 기준점이 260점일 때 합격자는 누구인가?(단, 소수점 이하는 버린다)

① 대호
② 근우
③ 지희
④ 준혁
⑤ 수진

12 다음은 전통사찰 지정등록 현황에 관한 자료이다. 이에 대한 설명으로 옳은 것은?

〈연도별 전통사찰 지정등록 현황〉

(단위 : 개소)

구 분	2003년	2004년	2005년	2006년	2007년	2008년	2009년	2010년	2011년
지정등록	17	15	12	7	4	4	2	1	2

① 전통사찰로 지정등록되는 수는 계속 감소하고 있다.
② 2003년부터 2007년까지 전통사찰로 지정등록된 수의 평균은 11개소이다.
③ 2005년과 2009년에 지정등록된 전통사찰 수의 전년 대비 감소폭은 같다.
④ 위의 자료를 통해 2011년 전통사찰 총등록현황을 파악할 수 있다.
⑤ 2005년에 전통사찰로 지정등록된 수는 전년도의 2배이다.

13 A회사와 B회사의 휴일은 각각 5일, 7일 간격이다. 일요일인 오늘 두 회사가 함께 휴일을 맞았다면, 앞으로 4번째로 함께 하는 휴일은 무슨 요일인가?

① 수요일
② 목요일
③ 금요일
④ 토요일
⑤ 일요일

14 C화재는 6개의 과로 구성이 되어있다. 2014년 상반기에 사업 영역 확장을 위해 7번째 과를 신설하는데, 임원과 사원을 발탁하여 과를 구성하려고 한다. 사원 한 명을 발탁하면 업무 효율이 3point 증가하고, 비용이 4point 소요된다. 임원 한 명을 발탁하면 업무 효율이 4point 증가하고, 비용이 7point 소요된다. 비용은 100point 이하로 소요하면서, 효율은 60point를 달성하려고 할 때, 임원과 사원 수를 합한 최솟값은?

① 14 ② 15 ③ 16 ④ 17 ⑤ 18

15 서울에서 부산까지의 거리는 400km이고 서울에서 부산까지 가는 기차는 120km/h의 속력으로 달리며, 역마다 10분씩 정차한다. 서울에서 9시에 출발하여 부산에 13시 10분에 도착했다면, 기차는 가는 도중 몇 개의 역에 정차하였는가?

① 4개 ② 5개 ③ 6개
④ 7개 ⑤ 8개

16 甲과 乙의 현재 연령 비는 3 : 1이고, 11년 후의 연령 비는 10 : 7이 된다고 한다. 甲과 乙의 현재 나이는 몇 세인가?

① 甲 9세, 乙 3세 ② 甲 6세, 乙 2세 ③ 甲 3세, 乙 9세
④ 甲 2세, 乙 6세 ⑤ 甲 1세, 乙 3세

17 어떤 가게에서는 사과 10개들이 한 상자를 9,500원에 판매하고 있다. 이 가게에서 사과를 낱개로 구매하려면 개당 1,000원을 지불해야 한다. 50,000원으로 이 가게에서 살 수 있는 사과의 최대 개수는?

① 48개 ② 50개 ③ 52개
④ 54개 ⑤ 56개

18 피자가게에서 부가세를 정가의 15%로 잘못 알아 피자 가격을 부가세 포함 18,400원으로 책정하였다. 부가세를 정가의 10%로 계산하여 부가세를 포함한 피자 가격을 다시 책정한다면 얼마인가?

① 16,800원 ② 17,600원 ③ 18,000원
④ 18,400원 ⑤ 18,800원

19 욕조에 물을 채우는 데 A관은 30분, B관은 40분 걸린다. 이 욕조에 가득 채운 물을 완전히 배수하는 데는 20분이 걸린다. A관과 B관을 동시에 틀고, 동시에 배수를 할 때, 욕조가 가득 채워질 때까지 걸리는 시간은?

① 60분　② 80분　③ 100분
④ 120분　⑤ 150분

20 1부터 10까지 적힌 공 중에서 첫 번째는 2의 배수, 두 번째는 3의 배수가 나오도록 공을 뽑을 확률은?(단, 뽑은 공은 다시 넣는다)

① $\frac{5}{18}$　② $\frac{3}{20}$　③ $\frac{3}{21}$
④ $\frac{5}{24}$　⑤ $\frac{5}{20}$

문제해결능력

●● 정답 및 해설 p.636

01

귀하는 점심식사 중 식당에 있는 TV에서 정부의 정책에 관한 뉴스를 보았다. 함께 점심을 먹는 동료들과 뉴스를 보고 나눈 대화의 내용으로 옳지 않은 것은?

앵커 : 저소득층에게 법률서비스를 제공하는 정책을 구상 중입니다. 정부는 무료로 법률자문을 하겠다고 자원하는 변호사를 활용하여 자원봉사제도와 정부에서 법률구조공단 등의 기관을 신설하고 변호사를 유급으로 고용하여 법률서비스를 제공하는 유급법률구조제도, 정부가 법률서비스의 비용을 대신 지불하는 법률보호제도 등의 세 가지 정책대안 중 하나를 선택할 계획입니다.
이 정책대안을 비교하는 데 고려해야 할 정책목표는 비용저렴성, 접근용이성, 정치적 실현가능성, 법률서비스의 전문성입니다. 정책대안과 정책목표의 관계는 화면으로 보여드립니다. 각 대안이 정책목표를 달성하는 데 유리한 경우는 (+)로, 불리한 경우는 (−)로 표시하였으며, 유 · 불리 정도는 동일합니다. 정책목표에 대한 가중치의 경우, '0'은 해당 정책목표를 무시하는 것을, '1'은 해당 정책목표를 고려하는 것을 의미합니다.

〈정책대안과 정책목표의 상관관계〉

정책목표	가중치		정책대안		
	A안	B안	자원봉사제도	유급법률구조제도	법률보호제도
비용저렴성	0	0	+	−	−
접근용이성	1	0	−	+	−
정치적 실현가능성	0	0	+	−	+
전문성	1	1	−	+	−

① 아마도 전문성 면에서는 유급법률구조제도가 자원봉사제도보다 더 좋은 정책대안으로 평가받게 되겠군.

② A안의 가중치를 적용할 경우 유급법률구조제도가 가장 적절한 정책대안으로 평가받게 되지 않을까?

③ 반대로 B안의 가중치를 적용할 경우 자원봉사제도가 가장 적절한 정책대안으로 평가받게 될 것 같아.

④ A안과 B안 중 어떤 것을 적용하더라도 정책대안 비교의 결과는 달라지지 않을 것으로 보여.

⑤ 비용저렴성을 달성하기에 가장 유리한 정책대안은 자원봉사제도로군.

02 다음은 한국도로공사의 부대시설 현황이다. 이에 대한 해석으로 옳지 않은 것을 〈보기〉에서 모두 고르면?

(단위 : 개)

구 분	영업소	휴게소	주유소
합 계	241	140	136
경부선	32	31	30
남해선	25	10	10
88올림픽선	11	6	4
서해안선	27	17	17
울산선	1	0	0
익산 ~ 포항선	5	4	4
호남선(논산 ~ 천안선)	20	11	10
중부선(대전 ~ 통영선)	29	17	17
평택충주선	17	0	0
중부내륙선	23	10	10
영동선	21	12	12
중앙선	6	14	14
동해선	6	4	4
서울 외곽순환선	1	0	0
마산외곽선	3	0	0
남해 제2지선	1	0	0
제2경인선	1	0	0
경인선	3	0	0
호남선의 지선	2	2	2
대전남부순환선	2	0	0
구미선	3	2	2
중앙선의 지선	2	0	0

보기

(가) 휴게소가 있는 노선에는 반드시 주유소가 있다.
(나) 휴게소가 없는 노선은 영업소의 수가 3개 이하이다.
(다) 휴게소의 수와 주유소의 수가 일치하지 않는 노선은 모두 3개이다.
(라) [(휴게소)/(영업소)] 비율이 가장 높은 노선은 경부선이다.
(마) 영업소, 휴게소, 주유소 모두 경부선이 가장 많다.

① (가), (나) ② (나), (다) ③ (나), (라)
④ (다), (라) ⑤ (다), (마)

03 남성 정장 제조 전문회사에서 20대를 위한 캐주얼 SPA 브랜드에 신규 진출하려고 한다. 귀하는 3C 분석 방법을 취하여 다양한 자료를 조사했으며, 다음과 같은 분석내용을 도출하였다. 자사에서 추진하려는 신규 사업 계획의 타당성에 대해서 올바르게 설명한 것은?

3C	상황분석
고객 (Customer)	• 40대 중년 남성을 대상으로 한 정장 시장은 정체 및 감소 추세 • 20대 캐주얼 및 SPA 시장은 매년 급성장
경쟁사 (Competitor)	• 20대 캐주얼 SPA 시장에 진출할 경우, 경쟁사는 글로벌 및 토종 SPA 기업, 캐주얼 전문 기업 외에도 비즈니스 캐주얼, 아웃도어 의류 기업도 포함 • 경쟁사들은 브랜드 인지도, 유통망, 생산 등에서 차별화된 경쟁력을 가짐 • 경쟁사들 중 상위업체는 하위업체와의 격차 확대를 위해 파격적 가격 정책과 20대 지향 디지털마케팅 전략을 구사
자사 (Company)	• 신규 시장 진출 시 막대한 마케팅 비용 발생 • 낮은 브랜드 인지도 • 기존 신사 정장 이미지 고착 • 유통과 생산 노하우 부족 • 디지털마케팅 역량 미흡

① 20대 SPA 시장이 급성장하고, 경쟁이 치열해지고 있지만 자사의 유통 및 생산 노하우로 가격경쟁력을 확보할 수 있으므로 신규 사업을 추진하는 것이 바람직하다.

② 40대 중년 정장 시장은 감소 추세에 있으므로 새로운 수요발굴이 필요하며, 기존의 신사 정장 이미지를 벗어나 20대 지향 디지털마케팅 전략을 구사하면 신규 시장의 진입이 가능하므로 신규 사업을 진행하는 것이 바람직하다.

③ 20대 SPA 시장이 급성장하고 있지만, 하위업체의 파격적인 가격정책을 이겨내기에 막대한 비용이 발생하므로 신규 사업 진출은 적절하지 못하다.

④ 20대 SPA 시장은 계속해서 성장하고 매력적이지만 경쟁이 치열하고 경쟁자의 전략이 막강하다. 이에 비해 자사의 자원과 역량은 부족하여 신규 사업 진출은 하지 않는 것이 바람직하다.

⑤ 브랜드 경쟁력을 유지하기 위해서는 20대 SPA 시장 진출이 필요하며 파격적 가격정책을 도입하면 자사의 높은 브랜드 이미지와 시너지 효과를 낼 수 있기에 신규 사업을 진행하는 것이 바람직하다.

※ 다음의 자료를 읽고 이어지는 질문에 답하시오[4~6].

〈블랙박스 시리얼 번호 체계〉

개발사		제 품		메모리 용량		제조년월				일련번호	PCB버전
값	의 미	값	의 미	값	의 미	값	의 미	값	의 미	값	값
A	아리스	BD	블랙박스	1	4GB	A	2012년	1~9	1~9월	00001	1
S	성 진	BL	LCD 블랙박스	2	8GB	B	2013년	O	10월	00002	2
B	백 경	BP	IPS 블랙박스	3	16GB	C	2014년	N	11월	…	3
C	천 호	BE	LED 블랙박스	4	32GB	D	2015년	D	12월	09999	
M	미강테크					E	2016년				

※ 예시 : ABD2B6000101 → 아리스 블랙박스, 8GB, 2013년 6월 생산, 10번째 모델, PCB 1

〈A/S 접수 현황〉

분류1	분류2	분류3	분류4
ABD1A2001092	MBE2E3001243	SBP3CD012083	ABD4B3007042
BBD1DD000132	MBP2CO120202	CBE3C4000643	SBE4D5101483
SBD1D9000082	ABE2D0001063	BBD3B6000761	MBP4C6000263
ABE1C6100121	CBL2C3010213	ABP3D8010063	BBE4DN020473
CBP1C6001202	SBD2B9001501	CBL3S8005402	BBL4C5020163
CBL1BN000192	SBP2C5000843	SBD3B1004803	CBP4D6100023
MBD1A2012081	BBL2BO010012	MBE3E4010803	SBE4E4001613
MBE1DB001403	CBD2B3000183	MBL3C1010203	ABE4DO010843

04 당사의 제품을 구매한 고객이 A/S를 접수하면, 상담원은 제품 시리얼 번호를 확인하여 기록해 두고 있다. 제품 시리얼 번호는 특정 기준에 의해 분류하여 기록하고 있는데, 다음 중 그 기준은 무엇인가?

① 개발사
② 제품
③ 메모리 용량
④ 제조년월
⑤ PCB버전

05

A/S가 접수된 제품 중 2012 ~ 2013년도에 생산된 것에 대해 무상으로 블루투스 기능을 추가해주는 이벤트를 진행하고 있다. A/S접수가 된 블랙박스 중에서 이벤트에 해당되는 제품은 모두 몇 개인가?

① 6개 ② 7개 ③ 8개
④ 9개 ⑤ 10개

06

A/S가 접수되면 수리를 위해 각 제품을 해당 제조사로 전달한다. 그런데 제품 시리얼 번호를 확인하는 과정에서 조회되지 않는 번호가 있다는 것을 발견하였다. 총 몇 개의 시리얼 번호가 잘못 기록되었는가?

① 6개 ② 7개 ③ 8개
④ 9개 ⑤ 10개

07

귀하의 회사에서 OOO제품을 개발하여 중국시장에 진출하고자 한다. 귀하의 상사는 3C 분석 결과를 건네주며, 사업 기획에 반영하고 향후 해결해야 할 회사의 전략과제가 무엇인지 정리하여 보고하라는 지시를 내렸다. 다음 중 회사에서 해결해야 할 전략과제로 적절하지 않은 것은?

Customer	Competitor	Company
• 전반적인 중국시장은 매년 10% 성장 • 중국시장 내 제품의 규모는 급성장 중임 • 20 ~ 30대 젊은 층이 중심 • 온라인 구매가 약 80% 이상 • 인간공학 지향	• 중국기업들의 압도적인 시장점유 • 중국기업 간의 치열한 가격경쟁 • A/S 및 사후관리 취약 • 생산 및 유통망 노하우 보유	• 국내시장 점유율 1위 • A/S 등 고객서비스 부문 우수 • 해외 판매망 취약 • 온라인 구매시스템 미흡 (보안, 편의 등) • 생산관리체계의 미흡 • 높은 생산원가 구조 • 높은 기술개발력

① 중국 시장의 판매유통망 구축
② 온라인 구매시스템 강화
③ 고객서비스 부문 강화
④ 원가절감을 통한 가격경쟁력 강화
⑤ 목표관리제도를 통한 생산관리체계 강화

※ B 씨는 자동차 등록에 관한 업무를 하고 있다. 그의 주요업무 중 하나는 자동차 번호판 부여이다. 자동차에 번호판을 부여하는 법칙이 다음과 같을 때, 이어지는 질문에 답하시오[8~9].

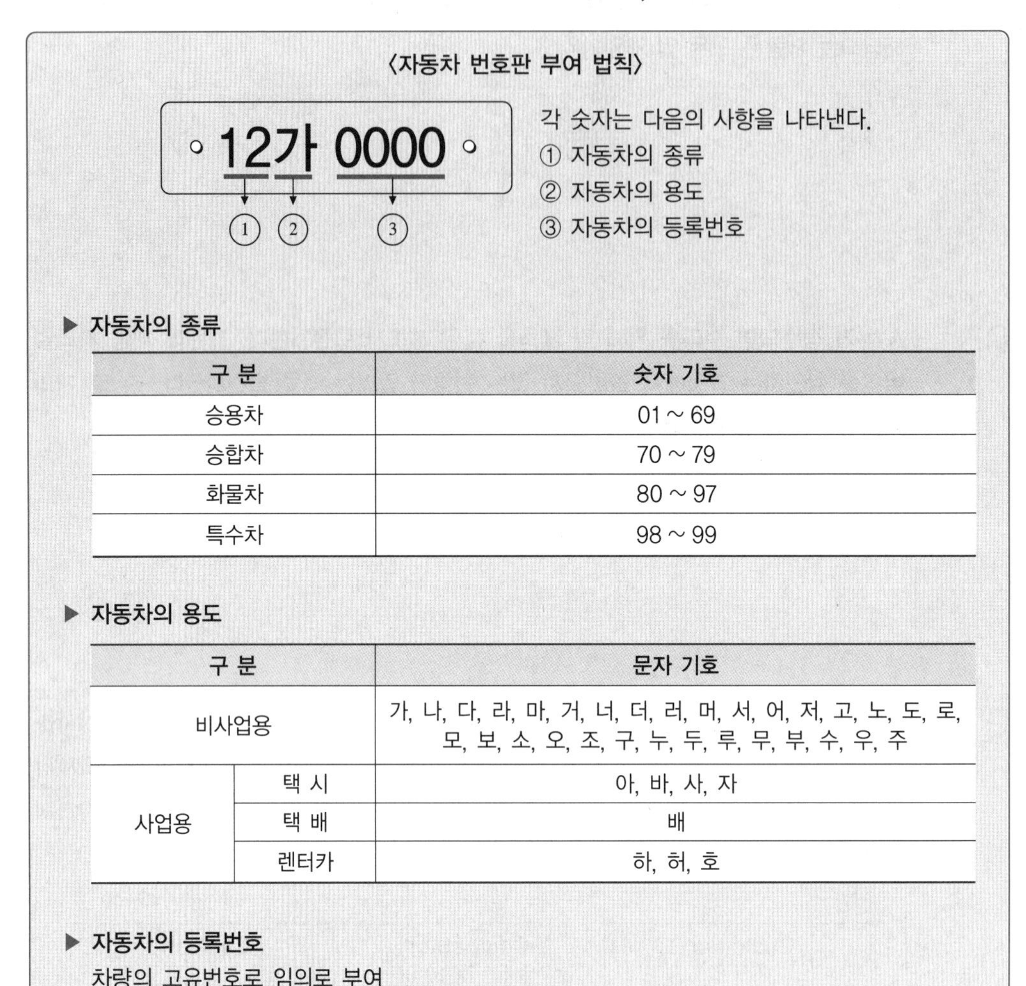

〈자동차 번호판 부여 법칙〉

12가 0000

① ② ③

각 숫자는 다음의 사항을 나타낸다.
① 자동차의 종류
② 자동차의 용도
③ 자동차의 등록번호

▶ 자동차의 종류

구 분	숫자 기호
승용차	01 ~ 69
승합차	70 ~ 79
화물차	80 ~ 97
특수차	98 ~ 99

▶ 자동차의 용도

구 분		문자 기호
비사업용		가, 나, 다, 라, 마, 거, 너, 더, 러, 머, 서, 어, 저, 고, 노, 도, 로, 모, 보, 소, 오, 조, 구, 누, 두, 루, 무, 부, 수, 우, 주
사업용	택 시	아, 바, 사, 자
	택 배	배
	렌터카	하, 허, 호

▶ 자동차의 등록번호

차량의 고유번호로 임의로 부여

08 A 씨는 이사를 하면서 회사와 거리가 멀어져 출퇴근을 위해 새 승용차를 구입하였다. A 씨가 부여받을 수 있는 자동차 번호판으로 올바르지 않은 것은?

① 23겨 4839
② 67거 3277
③ 42서 9961
④ 31주 5443
⑤ 12모 4839

09 **다음 중 성격이 다른 하나는?**

① 80가 8425
② 84배 7895
③ 92보 1188
④ 81오 9845
⑤ 97주 4763

10 **P 씨의 회사에서 생산하는 제품의 권장 소비자가격은 25,000원으로 책정되어 있다. 그러나 시장에서 소비자가 실제로 부담하는 가격은 이와 차이가 난다. P 씨는 유통과정을 추적하여 실제로 고객이 부담하는 가격과 권장 소비자가격의 차이를 파악하고자 한다. 다음 자료를 참고하였을 때, P 씨의 분석내용으로 옳지 않은 것은?**

유통과정	가격결정
1) 제조업체	제조원가 : 10,000원, 판매가격 : 제조원가의 120%
2) 도매상	20 ~ 30% 이윤 반영
3) 중간도매상	10 ~ 20% 이윤 반영
4) 소매상	10 ~ 20% 이윤 반영
5) 소비자	?

※ 권장 소비자가격 부당표시 규제는 고려하지 않음

① 도매상이 제품을 확보하는 데 들어가는 비용은 개당 12,000원이다.
② 중간도매상이 얻을 수 있는 최대 이윤은 제품당 3,120원이다.
③ 모든 유통과정에서 최소 이윤을 반영했을 경우, 소비자는 권장 소비자가격에 비해 약 20% 정도 할인된 가격으로 제품을 구매할 수 있다.
④ 소비자가 가장 비싸게 구매한 가격은 제조업체에서의 판매가격보다 약 1.9배 더 비싸다.
⑤ 유통단계를 축소하여 중간도매상을 거치지 않는다면 소비자는 15,840원 ~ 18,720원 사이의 가격으로 제품을 구매할 수 있다.

※ A 고객은 노후대비 은퇴자금을 마련하기 위하여 ○○은행에 방문하였다. ○○은행의 행원인 귀하는 다음과 같은 상품을 고객에게 추천할 예정이다. 이어지는 질문에 답하시오[11~12].

○○은행 100세 플랜 적금 상품설명서

1. 상품개요
   - 상 품 명 : ○○은행 100세 플랜 적금
   - 상품특징 : 여유롭고 행복한 은퇴를 위한 은퇴자금 마련 적금 상품
2. 거래조건

<table>
<tr><th colspan="2">구 분</th><th colspan="2">내 용</th></tr>
<tr><td colspan="2">가입자격</td><td colspan="2">개 인</td></tr>
<tr><td colspan="2">계약기간</td><td colspan="2">• 1년 ~ 20년 이내(연단위)
• 계약기간 만료 전 1회 연장가능(단, 총계약기간 20년을 초과할 수 없음)</td></tr>
<tr><td colspan="2">적립방식</td><td colspan="2">자유적립식</td></tr>
<tr><td colspan="2">가입금액</td><td colspan="2">초입 10만원 이상, 매입금 1만원 이상(계좌별)
매월 5백만원(1인당), 총불입액 10억원(1인당) 이내</td></tr>
<tr><td rowspan="2">만기금리
(연 %,
세전)</td><td>기본
금리</td><td colspan="2">• 계약기간별 금리
<table><tr><th>가입기간</th><th>12개월 이상</th><th>24개월 이상</th><th>36개월 이상</th></tr><tr><td>금 리</td><td>연 2.55%</td><td>연 2.75%</td><td>연 3.00%</td></tr></table></td></tr>
<tr><td>우대
금리
(최고
0.5%p)</td><td colspan="2">• 아래 우대조건을 충족하고 이 적금을 만기 해지하는 경우 각 호에서 정한 우대금리를 계약기간 동안 합산 적용함(중도인출 또는 해지 시에는 적용하지 않음)
<table><tr><th>우대조건</th><th>우대금리</th></tr><tr><td>① 이 적금 가입시점에 「○○은행 100세 플랜 통장」을 보유하고 있는 경우</td><td>0.1%p</td></tr><tr><td>② 같은 날 부부가 모두 가입하고 신규금액이 각 10만원 이상인 경우(각 적금은 만기까지 보유하고 있어야 함)</td><td>0.1%p</td></tr><tr><td>③ 이 적금 계약기간이 3년 이상이고 만기 시 월 평균 10만원 이상 입금된 경우</td><td>0.2%p</td></tr><tr><td>④ 이 적금 신규일로부터 만기일까지 「○○은행 100세 플랜 연금」을 6개월 이상 보유하고 있는 경우(신규만 포함)</td><td>0.2%p</td></tr><tr><td>⑤ 인터넷 또는 스마트뱅킹으로 본 적금에 가입 시</td><td>0.1%p</td></tr></table></td></tr>
<tr><td colspan="2">이자지급방식</td><td colspan="2">만기일시지급식</td></tr>
<tr><td colspan="2">양도 및 담보제공</td><td colspan="2">은행의 승낙을 받은 경우 양도 및 담보제공이 가능</td></tr>
<tr><td colspan="2">제한사항</td><td colspan="2">이 적금은 1년 이상 납입이 없을 경우 계약기간 중이라도 추가 적립할 수 없으며, 질권설정 등의 지급제한사유가 있을 때는 원리금을 지급하지 않음</td></tr>
<tr><td colspan="2">예금자 보호 여부</td><td>해 당</td><td>이 상품은 예금자보호법에 따라 예금보험공사가 보호하되, 보호한도는 본 은행에 있는 귀하의 모든 예금보호대상 금융상품의 원금과 소정의 이자를 합하여 1인당 '최고 5천만원'이며, 5천만원을 초과하는 나머지 금액은 보호하지 않음</td></tr>
</table>

11 **귀하는 A 고객이 「○○은행 100세 플랜 적금」 상품을 계약하기 전 해당 상품에 대해서 이해를 돕고자 자세히 설명하려고 한다. 다음 설명 중 적절하지 않은 것은?**

① "고객님, 해당 상품은 목돈이 들어가는 예금과 달리 첫 입금 시 10만원 이상 그리고 계약기간동안 매월 1만원 이상 납입하시면 되는 적금이므로 지금 당장 큰 부담이 없습니다"

② "고객님, 해당 상품을 3년 이상 계약하시게 되면 기본금리가 3.00%로 적용되며, 다만 오늘 계약하시지 않을 경우에는 실제로 적용되는 금리가 변동될 수 있습니다"

③ "고객님, 우대금리는 최고 0.5%까지만 적용되는데, 중도인출이나 혹은 중도해지 시에는 우대금리가 적용되지 않습니다"

④ "고객님, 해당 상품은 예금자보호법에 따라 원금과 이자를 합쳐서 1인당 최고 5천만원까지 보호되는 상품이며, 본 은행의 다른 상품과는 별도로 보호되는 금융상품입니다"

⑤ "고객님, 해당 상품은 계약기간 만료 전 1회 연장가능하며, 총계약기간은 20년입니다"

12 **제시된 A 고객의 상담내역을 토대로 A 고객이 만기시점에 받을 수 있는 세전금리의 이율을 구한 것은?**

〈A 고객의 상담내역〉

- ○○은행과의 금융거래는 이번이 처음이며, 해당 적금상품만을 가입하였다.
- 행원의 설명에 따라, 매월 납입금액은 20만원, 계약기간은 5년으로 계약하였다.
- 타 은행보다 높은 금리조건에 만족하여 A 고객의 배우자도 함께 가입하였으며, 각각 100만원을 초입하였다.
- 행원의 추천에 따라, 한 달 뒤 「○○은행 100세 플랜 연금」을 신규로 가입할 예정이며, 1년간 보유할 계획이다.
- 해당 적금의 계약기간 동안 중도인출 또는 해지할 계획이 없으며, 연체 없이 모두 만기까지 보유할 예정이다.

① 2.75%　② 3.05%
③ 3.20%　④ 3.25%
⑤ 3.50%

※ 다음은 임대주택 수선비 부담 기준에 관련된 계약서이다. 이어지는 질문에 답하시오[13~14].

제11조(수선비 산정)

① 임차인에게 부과하는 수선비는 실제 소요되는 실비를 기준으로 산정하며, 최종 부과비용은 시설물 경과연수에 따른 감가상각률을 적용하여 산출한다. 이 경우 감가상각률을 산정하기 위한 각 시설물의 내용연수(수선주기)는 〈별표 3〉에 따른다.

② 시설물 전체가 아닌 부분을 보수하는 경우에는 감가상각률을 적용하지 않고 수선비용 전체를 부과한다.

(임차인 부담비용)=(수선비용)−{(시설물경과연수)/(수선주기)}×(수선비용)

※ 부분 보수의 경우 (임차인 부담비용)=(수선비용 전액)

예 주방가구 중 문짝 1개만을 교체하는 경우 등

※ 시설물경과연수는 해당 시설물의 최초 설치 시점부터 산정한 시설물의 전체 경과연수로서 임차인의 거주기간과 다를 수 있음

③ 빌트인 제품에 대해 임차인 부담 사유가 발생하는 경우에는 아래의 산식을 이용하여 임차인 부담비용을 산정한다.

- 물품 수리 시 : (수리액)−{(사용연수)/(내용연수)}×(수리액)
- 신품 교체 시 : (신규 구입가)−{(사용연수)/(내용연수)}×(신규 구입가)

〈별표 3〉 주요품목 및 빌트인제품 내용연수(수선주기)

- 주요 품목
  - 도배, 장판 : 10년
  - 주방가구, 신발장, 반침장 : 20년
  - 수도계량기 : 15년
  - 보일러 : 8년
  - 스위치, 콘센트 : 15년
- 빌트인 제품
  - TV, 냉장고, 에어컨, 전자레인지, 정수기 : 7년
  - 가스쿡탑(레인지), 전기(가스)오븐, 비데 : 6년
  - 식기건조기, 식기세척기, 세탁기, 음식물탈수기, 인덕션, 기타 가전류 : 5년
  - 책상, 침대 : 8년

13 **다음 중 계약내용을 바르게 이해한 것은?**

① 시설물 전체를 교체하는 경우 감가상각률에 따라 임차인 부담비용을 산출한다.
② 임차인에게 부과하는 수선비는 제품 구입가를 기준으로 산정한다.
③ 시설물의 일부분을 보수하는 경우 감가상각률을 적용하여 수선비용을 부과한다.
④ 빌트인 제품은 기본으로 제공하는 제품이므로 임차인이 부담할 필요가 없다.
⑤ 시설물경과연수는 임차인의 거주기간과 동일하다.

14 **제시된 계약 조건에 따라 다음과 같이 계산하였을 때 올바르지 않은 것은?(단, 2016년 12월 31일을 기준으로 하며, 최초설치일과 입주일 모두 1월 1일로 계산한다)**

	품 목	최초설치일	입주일	처리 결과	소요가격	임차인부과금액
①	신발장	2014년	2015년	부분 보수	50,000원	50,000원
②	보일러	2012년	2016년	수 리	180,000원	67,500원
③	냉장고	2014년	2016년	구 입	700,000원	400,000원
④	인덕션	2015년	2015년	수 리	145,000원	87,000원
⑤	침 대	2013년	2017년	구 입	420,000원	190,000원

15 다음은 ○○구청의 민원사무처리규정의 일부이다. 이를 참고하여 A, B, C가 요청한 민원이 처리 · 완료되는 시점을 올바르게 구한 것은?

■ 민원사무처리기본표(일부)

소관별	민원명	처리기간(일)	수수료(원)
공 통	진정, 단순질의, 건의	7	없 음
	법정질의	14	없 음
주민복지	가족, 종중, 법인묘지설치허가	7 ~ 30	없 음
	개인묘지설치(변경)신고	5	없 음
	납골시설(납골묘, 납공탑)설치신고	7 ~ 21	없 음
종합 민원실	토지(임야)대장등본	즉 시	500
	지적(임야)도등본	즉 시	700
	토지이용계획확인서	1	1,000
	등록사항정정	3	없 음
	토지거래계약허가	15	없 음
	부동산중개사무소 등록	7	개인 : 20,000/ 법인 : 3,000
	토지(임야)분할측량	7	별 도

■ 민원사무처리기간 산정방식(1일 근무시간은 8근무시간으로 한다)

- 민원사무처리기간을 "즉시"로 정한 경우
  - 정당한 사유가 없으면 접수 후 3근무시간 내에 처리하여야 한다.
- 민원사무처리기간을 "5일" 이하로 정한 경우
  - 민원 접수 시각부터 "시간" 단위로 계산한다.
  - 토요일과 공휴일은 산입하지 않는다.
- 민원사무처리기간을 "6일" 이상으로 정한 경우
  - 초일을 산입하여 "일" 단위로 계산한다.
  - 토요일은 산입하되, 공휴일은 산입하지 않는다.
- 신청서의 보완이 필요한 기간은 처리기간에 포함되지 않는다.

[4월 29일(금) 민원실 민원접수 현황]
01. 오전 10시 / A 씨 / 부동산중개사무소 개점으로 인한 등록신청서 제출
02. 오후 12시 / B 씨 / 토지의 소유권을 이전하는 계약을 체결하고자 허가서 제출
03. 오후 14시 / C 씨 / 토지대장에서 잘못된 부분이 있어 정정요청서 제출
※ 공휴일 : 5/5 어린이날, 5/6 임시공휴일, 5/14 석가탄신일

	A 씨	B 씨	C 씨
①	5/9(월)	5/19(목)	5/4(수) 10시
②	5/9(월)	5/19(목)	5/4(수) 14시
③	5/9(월)	5/23(월)	5/10(월) 14시
④	5/10(화)	5/19(목)	5/3(화) 14시
⑤	5/10(화)	5/23(월)	5/4(수) 14시

16 **A, B, C, D, E는 직장에서 상여금을 받았다. 상여금은 A ~ E의 순서와 관계없이 각각 25만원, 50만원, 75만원, 100만원, 125만원이다. 다음 중 옳지 않은 것은?**

- A의 상여금은 다섯 사람 상여금의 평균이다.
- B의 상여금은 C, D보다 적다.
- C의 상여금은 어떤 이의 상여금의 두 배이다.
- D의 상여금은 E보다 적다.

① A의 상여금은 A를 제외한 나머지 네 명의 평균과 같다.
② A의 상여금은 반드시 B보다 많다.
③ C의 상여금은 두 번째로 많거나 두 번째로 적다.
④ C의 상여금이 A보다 많다면, B의 상여금은 C의 50%일 것이다.
⑤ C의 상여금이 D보다 적다면, D의 상여금은 E의 80%일 것이다.

17 **다음 설명을 읽고 제시된 분석결과에 가장 적절한 전략인 것은?**

'SWOT'는 Strength(강점), Weakness(약점), Opportunity(기회), Threat(위협)의 머리글자를 따서 만든 단어로 경영 전략을 세우는 방법론이다. SWOT로 도출된 조직의 내·외부 환경을 분석하고, 이 결과를 통해 대응전략을 구상하는 분석방법론이다.
'SO(강점-기회)전략'은 기회를 활용하기 위해 강점을 사용하는 전략이고, 'WO(약점-기회)전략'은 약점을 보완 또는 극복하여 시장의 기회를 활용하는 전략이다. 'ST(강점-위협)전략'은 위협을 피하기 위해 강점을 활용하는 방법이며 'WT(약점-위협)전략'은 위협요인을 피하기 위해 약점을 보완하는 전략이다.

외 부 \ 내 부	강점(Strength)	약점(Weakness)
기회(Opportunity)	SO(강점-기회)전략	WO(약점-기회)전략
위협(Threat)	ST(강점-위협)전략	WT(약점-위협)전략

〈S유기농 수제버거 전문점 환경 분석 결과〉

SWOT	환경 분석
강점(Strength)	• 주변 외식업 상권 내 독창적 아이템 • 커스터마이징 고객 주문 서비스 • 주문 즉시 조리 시작
약점(Weakness)	• 높은 재료 단가로 인한 비싼 상품 가격 • 대기업 버거 회사에 비해 긴 조리 과정
기회(Opportunity)	• 웰빙을 추구하는 소비 행태 확산 • 치즈 제품을 선호하는 여성들의 니즈 반영
위협(Threat)	• 제품 특성상 테이크 아웃 및 배달 서비스 불가

① SO전략 : 주변 상권의 프랜차이즈 샌드위치 전문업체의 제품을 벤치마킹해 샌드위치도 함께 판매한다.
② WO전략 : 유기농 채소와 유기농이 아닌 채소를 함께 사용하여 단가를 낮추고 가격을 내린다.
③ ST전략 : 테이크 아웃이 가능하도록 버거의 사이즈를 조금 줄이고 사이드 메뉴를 서비스로 제공한다.
④ WT전략 : 조리과정을 단축시키기 위해 커스터마이징 형식의 고객 주문 서비스 방식을 없애고, 미리 제작해놓은 버거를 배달 제품으로 판매한다.
⑤ SO전략 : 모바일 주문 서비스로 방문 전 주문을 할 수 있도록 해 대기시간을 줄인다.

18 같은 해에 입사한 동기 A, B, C, D, E는 모두 S전자 소속으로 서로 다른 부서에서 일하고 있다. 이들이 근무하는 부서와 해당 부서의 성과급은 다음과 같다. 부서배치에 관한 조건, 휴가에 관한 조건을 참고했을 때 다음 중 항상 옳은 것은?

〈부서별 성과급〉

비서실	영업부	인사부	총무부	홍보부
60만원	20만원	40만원	60만원	60만원

※ 각 사원은 모두 각 부서의 성과급을 동일하게 받는다.

〈부서배치 조건〉

- A는 성과급이 평균보다 적은 부서에서 일한다.
- B와 D의 성과급을 더하면 나머지 세 명의 성과급 합과 같다.
- C의 성과급은 총무부보다는 적지만 A보다는 많이 받는다.
- C와 D 중 한 사람은 비서실에서 일한다.
- E는 홍보부에서 일한다.

〈휴가 조건〉

- 영업부 직원은 비서실 직원보다 휴가를 더 늦게 가야 한다.
- 인사부 직원은 첫 번째 또는 제일 마지막으로 휴가를 가야 한다.
- B의 휴가 순서는 이들 중 세 번째이다.
- E는 휴가를 반납하고 성과급을 두 배로 받는다.

① A의 3개월 치 성과급은 C의 2개월 치 성과급보다 많다.
② C가 맨 먼저 휴가를 갈 경우, B가 맨 마지막으로 휴가를 가게 된다.
③ D가 C보다 성과급이 많다.
④ 휴가철이 끝난 직후, 급여 명세서에 D와 E의 성과급 차이는 세 배이다.
⑤ B는 A보다 휴가를 먼저 출발한다.

※ 다음 중 옳은 것을 고르시오[19~20].

19

- 지영, 소영, 은지, 보미, 현아의 신발 사이즈는 각각 다르다.
- 신발 사이즈는 225 ~ 250mm이다.
- 지영이의 신발 사이즈는 235mm이다.
- 소영이의 신발 사이즈는 가장 작고, 은지의 신발 사이즈는 가장 크다.

보기

A : 현아의 신발 사이즈가 230mm라면, 보미는 신발 사이즈가 두 번째로 크다.
B : 보미의 신발 사이즈가 240mm라면, 소영이의 신발 사이즈는 225mm이다.

① A만 옳다.
② B만 옳다.
③ A, B 모두 옳다.
④ A, B 모두 틀리다.
⑤ A, B 모두 옳은지 틀린지 판단할 수 없다.

20

- 태민이는 닭고기보다 돼지고기를 좋아한다.
- 태민이는 닭고기보다 소고기를 좋아한다.
- 태민이는 소고기보다 오리고기를 좋아한다.
- 태민이는 오리고기보다 생선을 좋아한다.

보기

A : 태민이는 돼지고기보다 오리고기를 좋아한다.
B : 태민이는 생선을 가장 좋아한다.

① A만 옳다.
② B만 옳다.
③ A, B 모두 옳다.
④ A, B 모두 틀리다.
⑤ A, B 모두 옳은지 틀린지 판단할 수 없다.

CHAPTER 04 자원관리능력

●● 정답 및 해설 p.641

01 기획팀 A 사원은 다음 주 금요일에 열릴 세미나 장소를 섭외하라는 부장님의 지시를 받았다. 세미나에 참여할 인원은 총 17명이며, 모든 인원이 앉을 수 있는 테이블과 의자, 발표에 사용할 빔프로젝터 1개가 필요하다. A 사원은 모든 회의실의 잔여상황을 살펴보고 가장 적합한 대회의실을 선택하였고, 필요한 비품은 모든 회의실과 창고에서 확보한 후 부족한 물건을 주문하였다. 주문한 비품이 도착한 후 물건을 확인했지만 수량을 착각해 빠트린 것이 있었다. 다시 주문을 하게 된다면 A 사원이 주문할 물품 목록으로 알맞은 것은?

구 분	대회의실	1회의실	2회의실	3회의실	4회의실
테이블(2인용)	1	1	2	–	–
의 자	3	2	–	–	4
빔프로젝터	–	–	–	–	–
화이트보드	–	–	–	–	–
보드마카	2	3	1	–	2

구 분	테이블(2인용)	의 자	빔프로젝터	화이트보드	보드마카
창 고	–	2	1	5	2

1차 주문서

2017년 11월 12일

1. 테이블 4개
2. 의자 1개
3. 화이트보드 1개
4. 보드마카 2개

① 빔프로젝터 : 1, 의자 : 3

② 빔프로젝터 : 1, 테이블 : 1

③ 테이블 : 1, 의자 : 5

④ 테이블 : 9, 의자 : 6

⑤ 테이블 : 9, 의자 : 3

02 ○○아트센터에 근무하고 있는 A 사원은 공연장 전시대관 업무를 맡고 있다. 다음의 자료를 참고하여 A 사원이 청구해야 할 계약금액은?

〈공연장 기본 대관료〉

(단위 : 원)

구분(1회 기준)		클래식, 국악	연극, 무용	뮤지컬, 오페라	대중음악	시 간
공연 대관료	오 전	650.000	850,000	1,100,000	1,700,000	09:00 ~ 12:00
	오 후	650.000	850,000	1,100,000	1,700,000	14:00 ~ 17:00
	저 녁	750,000	850,000	1,100,000	1,700,000	19:00 ~ 22:00
리허설 대관료	오 전	450,000	550,000	650,000	1,000,000	09:00 ~ 12:00
	오 후	450,000	550,000	650,000	1,000,000	14:00 ~ 17:00
	저 녁	650,000	750,000	950,000	1,400,000	19:00 ~ 22:00
	철 야	850,000	1,050,000	1,300,000	1,900,000	22:00 ~ 01:00
준비/철수 대관료	오 전	300,000	450,000	650,000	900,000	09:00 ~ 12:00
	오 후	350,000	500,000	650,000	900,000	14:00 ~ 17:00
	저 녁	500,000	650,000	950,000	1,300,000	19:00 ~ 22:00
	철 야	650,000	900,000	1,250,000	1,800,000	22:00 ~ 01:00

※ VAT 별도

〈성수기, 주말 대관료 할증〉

장기공연 (8회 이상)	단기공연 (8회 미만)
7월 ~ 8월, 12월 ~ 1월 성수기 대관료 50% 할증	금 ~ 일요일 주말 대관료 50% 할증

※ 성수기, 주말 대관료 할증은 중복 적용하지 않습니다.

※ VAT는 총 금액의 10%로 계산합니다.

※ ○○아트센터 대관 계약금 : (정기대관) 총대관료의 30%, (수시대관) 총대관료의 50%

〈공연장 대관료 관련 문의건〉

제목 : ○○아트센터 공연장 정기대관료 문의

내용 :
안녕하세요. ○○예술경영지원팀의 L 팀장입니다.
○○아트센터 공연장 정기대관료에 관해 문의드립니다.
문의내용은 아래와 같습니다.

- 공연내용 : 셰익스피어 "햄릿" (Classic Play)
- 공연일시 : 2017년 12월 22일 ~ 12월 31일
- 공연횟수 : 10회
- 공연시간 : 19:00 ~ 22:00

※ 매 공연마다 리허설 실시(14:00 ~ 17:00)
※ 준비/철수 대관료는 첫 공연 이후 결정(추후 협의)

견적서를 보내 주시면, 총무팀에 연락해 대관 계약을 체결하도록 하겠습니다.
감사합니다.

○○예술경영지원팀 L 배상
2017년 09월 02일

① 5,940,000원
② 6,300,000원
③ 6,930,000원
④ 7,875,000원
⑤ 12,150,000원

03 A는 인천에서 런던을 가고자한다. 다음은 인천과 런던을 잇는 항공 노선과 관련 정보들이다. A는 노선지수가 낮은 노선을 선호한다고 할 때, 다음 중 A가 선택할 노선으로 올바른 것은?

〈노선 목록〉

노 선	거 리	시 간	요 금	마일리지	기타사항
인천-베이징	937km	1시간	50만원	104	잠정 폐쇄
인천-하노이	2,717km	5시간	30만원	302	-
인천-방콕	3,700km	5시간	50만원	411	-
인천-델리	4,666km	6시간	55만원	518	-
인천-두바이	6,769km	8시간	65만원	752	-
인천-카이로	8,479km	8시간	70만원	942	-
인천-상하이	843km	1시간	45만원	94	-
베이징-런던	8,147km	9시간	100만원	905	-
하노이-런던	9,244km	10시간	90만원	1,027	-
방콕-런던	9,542km	11시간	55만원	1,060	잠정 폐쇄
델리-런던	6,718km	7시간	55만원	746	-
두바이-런던	5,479km	6시간	50만원	609	-
카이로-런던	3,514km	4시간	55만원	390	-
상하이-런던	9,208km	10시간	90만원	1,023	-

※ (노선지수)=(총거리 순위)×0.8+(총시간 순위)×0.7+(총요금 순위)×0.2

※ 노선지수를 산출하는 데 필요한 각 요소의 순위는 인천－런던 편도기준으로 측정한다.

※ 모든 순위는 낮은 값을 가질수록 높은 순위이며 폐쇄노선은 현재 사용이 불가능하다.

① 인천 – 상하이 – 런던
② 인천 – 델리 – 런던
③ 인천 – 카이로 – 런던
④ 인천 – 하노이 – 런던
⑤ 인천 – 두바이 – 런던

※ 귀하는 K외식업체에서 근무하고 있으며, 최근 론칭한 한식 뷔페 ○○지점의 고객현황을 분석하여 다음의 결과를 도출하였다. 이어지는 질문에 답하시오[4~6].

〈한식 뷔페 ○○지점 고객 현황〉

■ 일반현황
- 운영시간 : 런치 11:00 ~ 15:00, 디너 16:00 ~ 20:00
- 장소 : 서울 서초구 서초대로 ○○길
- 직원 수 : 30명
- 수용인원 : ____명

■ 주요 시간대별 고객출입현황
- 런치타임

11:00 ~ 11:30	11:30 ~ 12:30	12:30 ~ 13:30	13:30 ~ 14:30
20명	2분당 +3명, 5분당 −1명	1분당 +2명, 6분당 −5명	5분당 +6명, 3분당 −2명

- 디너타임

16:00 ~ 16:30	16:30 ~ 17:30	17:30 ~ 18:30	18:30 ~ 19:30
20명	2분당 +7명, 3분당 −7명	1분당 +3명, 5분당 −6명	5분당 +4명, 3분당 −3명

※ 타임별 개장 후 30분 동안은 고객의 출입이 없음
※ 타임별 마감 전 30분 동안은 고객을 받지 않음

04 귀하가 12:00에 매장에서 식사하고 있는 고객 수를 세어 보았다면 총 몇 명인가?

① 58명
② 59명
③ 60명
④ 61명
⑤ 62명

05 런치가격이 10,000원이고, 디너가격이 15,000원이라면 하루 동안 벌어들이는 매출액은 얼마인가?

① 6,850,000원
② 7,700,000원
③ 9,210,000원
④ 9,890,000원
⑤ 11,550,000원

06

조사 당일에 만석이었던 적이 한 번 있었다고 한다면 매장의 좌석은 모두 몇 석인가?

① 200석
② 208석
③ 220석
④ 236석
⑤ 242석

07

다음은 부서별로 〈핵심역량가치 중요도〉를 정리한 표와 신입사원들의 〈핵심역량평가 결과표〉이다. 결과표를 바탕으로 한 C와 E의 부서배치로 올바른 것은?(단, '–'는 중요도가 상관없다는 표시이다)

〈핵심역량가치 중요도〉

부 서	창의성	혁신성	친화력	책임감	윤리성
영업팀	–	중	상	중	–
개발팀	상	상	하	중	상
지원팀	–	중	–	상	하

〈핵심역량평가 결과표〉

구 분	창의성	혁신성	친화력	책임감	윤리성
A	상	하	중	상	상
B	중	중	하	중	상
C	하	상	상	중	하
D	하	하	상	하	중
E	상	중	중	상	하

	〈C〉	〈E〉
①	개발팀	지원팀
②	영업팀	지원팀
③	개발팀	영업팀
④	지원팀	개발팀
⑤	지원팀	영업팀

08 귀하의 팀은 출장근무를 마치고 서울로 복귀하고자 한다. 다음의 대화를 고려했을 때, 서울에 가장 빨리 도착할 수 있는 예정시각은 언제인가?

〈상 황〉

• 귀하가 소속된 팀원은 총 4명이다.
• 대전에서 출장을 마치고 서울로 돌아가려고 한다.
• 고속버스터미널에는 은행, 편의점, 화장실, 패스트푸드점 등이 있다.
※ 시설별 소요시간 : 은행 30분, 편의점 10분, 화장실 20분, 패스트푸드점 25분

〈대화 내용〉

• A 과장 : 긴장이 풀려서 그런가? 배가 출출하네. 햄버거라도 사 먹어야겠어.
• B 대리 : 저도 출출하긴 한데 그것보다 화장실이 더 급하네요. 금방 다녀오겠습니다.
• C 주임 : 그럼 그 사이에 버스표를 사야하니 은행에 들러 현금을 찾아오겠습니다.
• 귀 하 : 저는 그동안 버스 안에서 먹을 과자를 편의점에서 사 오겠습니다.
• A 과장 : 지금이 16시 50분이니까 다들 각자 볼일 보고 빨리 돌아와. 다 같이 타고 가야 하니까.

〈시외버스 배차정보〉

대전 출발	서울 도착	잔여좌석 수
17:00	19:00	6
17:15	19:15	8
17:30	19:30	3
17:45	19:45	4
18:00	20:00	8
18:15	20:15	5
18:30	20:30	6
18:45	20:45	10
19:00	21:00	16

① 17:45
② 19:15
③ 19:45
④ 20:15
⑤ 20:45

09 다음은 〈2018 평창 동계올림픽대회 입장권 예매〉와 관련된 글이다. 다음 〈보기〉에서 올바르지 않은 내용을 이야기하는 사람으로 짝지어진 것은?

〈2018 평창 동계올림픽대회 입장권 예매〉

입장권 구매안내 및 전체일정

2018 평창 동계올림픽대회 입장권은 일정에 따라 1차 온라인 추첨식 판매, 2차 온라인 일반 판매, 3차 오프라인 판매로 진행됩니다.

1. 입장권 신청 및 추첨

입장권 추첨식 판매는 올림픽 정신에 입각하여 모든 분에게 동등한 관람 기회 제공을 목적으로 합니다.

- 입장권 신청 기간은 2017년 2월 9일부터 4월 23일까지입니다.
- 구매자가 관람하고자 하는 '종목/경기일시/좌석등급/구매수량' 등을 선택하여 입장권을 신청하면, 각 경기의 좌석 등급별로 추첨이 진행됩니다.
- 추첨은 신청하신 경기별로 신청한 입장권이 모두 당첨되거나 모두 탈락하는 방식으로 진행됩니다. 예를 들어, 피겨스케이팅 갈라를 4매 신청한 경우 1매만 당첨될 수는 없습니다.
- 입장권 신청 시 경기별로 하위 등급 좌석 자동신청(Cascade) 옵션을 선택하실 수 있습니다. 이때, 신청 좌석이 당첨 되지 못하면, 하위등급 좌석을 신청한 것으로 간주하여 추가로 추첨에 참여하게 됩니다.

□ 캐스케이드(Cascade)

추첨에서 탈락한 경우, 하위 등급 추첨에 자동적으로 참여하게 되는 방식입니다. 예를 들어, A등급 좌석 신청 시 Cascade를 선택하면, A등급 탈락 시 자동으로 B등급 추첨에, B등급 탈락 시 자동으로 C등급 추첨에 참가하게 됩니다.

※ 추첨시스템의 공정성 확인을 위하여 한국정보통신기술협회(TTA)로부터 V&V (Validation&Verification) 인증을 받았습니다.

※ 당첨자가 2017년 5월 21일까지 결제하면 예매가 완료됩니다. 결제는 경기(세션) 단위로 할 수 있습니다.

2. 예매처

2018 평창 동계올림픽대회 입장권 홈페이지

3. 예매 절차

로그인		신 청		2017. 5. 8 당첨자 발표		결 제
평창 올림픽 공식사이트에서 회원가입 후 로그인 해주세요.	→	1인당 최대 50매까지 입장권 신청이 가능합니다.	→	결제는 당첨자 발표 후 14일 내에 완료하셔야 합니다.	→	세션별 부분결제는 불가능합니다. 모두 결제하시거나 모두 결제 포기하셔야 합니다.

4. 예매 자격

대한민국에 거주 중인 자로서 만 14세 이상이어야 합니다. 단, 18세 이하는 보호자의 동의가 있어야 하고 외국인의 경우 외국인 등록번호가 필요합니다.

5. 예매 시 유의사항

- 1인당 신청 가능한 입장권의 총수량은 50매입니다. 조직위원회가 지정한 인기경기는 1인당 최대 4매까지, 이외 경기는 최대 8매까지 신청 가능합니다. 인기경기는 종목 자체 인기도, 한국에서의 인기도, 경기 중요성 등을 종합 고려하여 지정됩니다.
  ※ 인기경기 : 개회식, 폐회식, 쇼트트랙, 피겨스케이팅, 스피드스케이팅(남자 10,000m 제외), 아이스하키(남자부 4강 이상, 여자부 결승), 컬링(결승), 스키점프(결승)
- 한 경기(세션) 내에서 당첨된 입장권은 전부 결제하셔야 구매가 확정되오니, 입장권 신청은 꼭 필요한 수량만큼만 해주시기 바랍니다. 예를 들어, 피겨스케이팅 갈라 입장권 4매가 당첨된 경우 모두 결제해야 하며, 1매만 결제하실 수는 없습니다.
- 입장권 예매 시 좌석 등급만 선택하실 수 있으며, 위치는 선택하실 수 없습니다. 좌석 번호는 2017년 9월 입장권 홈페이지를 통해 확인하실 수 있습니다.

보기

A : 부서 총인원이 48명이니 피겨경기를 단체 관람하기 위해 내가 대표로 입장권을 전부 신청해야겠어.
B : 우리 부서는 외국인인 하멜 씨가 있으니, 예매 시에 외국인 등록번호가 필요하겠어.
C : 굳이 A등급이 아니어도 괜찮으니 캐스케이드 옵션을 신청해서 신청등급 탈락 시 하위등급 좌석 추첨에도 참여해야겠어.
D : F 씨가 개인사정으로 경기를 관람하지 못한다고 하니, 컬링 준결승 경기에 당첨된 4매 중 3매만 결제해야겠어.
E : 오늘이 5월 14일이니까 일주일 이내로 결제를 해야 예매가 완료되겠군.

① A, E
② A, D
③ B, C
④ B, D
⑤ C, E

※ 다음은 A마트의 배송이용약관이다. 다음 자료를 참고하여 이어지는 질문에 답하시오[10~11].

〈배송이용약관〉

▲ 배송기간

① 당일배송상품(A클럽; A마트 점포배송)은 오전 주문 상품을 당일 오후에 배송(당일 배송 주문마감 시간은 지점마다 상이함)

② 일반배송상품 및 A클럽(A마트 점포배송) 전국 택배점 상품은 상품 결제 완료 후 평균 2～4일 이내 배송완료

③ 일반배송상품은 택배사를 이용해 배송이 되므로, 주말, 공휴일, 연휴에는 배송이 되지 않음

④ 당일배송 A클럽 상품(A마트 점포배송)의 경우 각 지점에 따라 배송정책이 상이하므로 이용매장에 직접 확인해야 함

⑤ 꽃 배송은 전국 어디서나 3시간 내에 배달 가능(단, 도서 산간지역 등 일부 지역은 제외, A쇼핑 근무시간 내 주문접수 되어야 함)

▲ 배송비

① A클럽(A마트 점포배송)을 제외한 상품은 무료배송이 원칙(단, 일부 상품의 경우 상품가격에 배송비가 포함될 수 있으며, 도서지역의 경우 도선료, 항공료 등이 추가될 수 있음)

② A클럽 상품은(A마트 점포배송) 지점별로 배송비 적용 정책이 상이함(해당점 이용안내 확인 필요)

③ 도서상품은 배송비 무료

④ CD/DVD 상품은 39,000원 미만 주문 시 배송비 3,000원 부과

⑤ 화장품 상품은 30,000원 미만 주문 시 배송비 3,000원 부과

⑥ 기타 별도의 배송비 또는 설치비가 부과되는 경우는 해당 상품의 구매페이지에 게재함

▲ 배송확인

① [나의e쇼핑 〉 나의 쇼핑정보 〉 주문/배송현황]에서 배송현황의 배송조회 버튼을 클릭하여 확인할 수 있음

② 주문은 [주문완료] 〉 [결제완료] 〉 [상품준비 중] 〉 [배송 중] 〉 [배송완료]순으로 진행

- [주문완료] : 상품대금의 입금 미확인 또는 결제가 미완료된 접수 상태
- [결제완료] : 대금결제가 완료되어 주문을 확정한 상태
- [상품준비 중] : 공급처가 주문내역 확인 후 상품을 준비하여 택배사에 발송을 의뢰한 상태
- [배송 중] : 공급처에 배송지시를 내린 상태(공급처가 상품을 발송한 상태)
- [배송완료] : 배송이 완료되어 고객님이 상품을 인수한 상태

※ 배송주소가 2곳 이상인 경우 주문할 상품의 상세페이지에서 [대량주문하기] 버튼을 클릭하면 여러 배송지로 상품 보내기 가능(배송주소를 여러 곳 설정할 때는 직접 입력 또는 엑셀파일로 작성 후 파일업로드 2가지 방식 이용)

10 서울 R대학의 기숙사 룸메이트인 갑과 을은 A마트에서 각각 물건을 구매했다. 두 명 모두 일반배송을 이용하였으며, 갑은 화장품 세트를 을은 책 3권을 구매하였다. 이 경우 각각 물건을 구매하는 데 배송비를 포함하여 얼마가 들었는가?(단, 갑이 구매한 화장품 세트는 29,900원이며 을이 구매한 책은 각각 10,000원이다)

〈갑〉 〈을〉
① 29,900원 30,000원
② 29,900원 33,000원
③ 30,900원 33,000원
④ 32,900원 33,000원
⑤ 32,900원 30,000원

11 서울에 사는 병은 A마트에서 해운대에 사시는 부모님께 보내드릴 사과 한 박스를 주문했다. 사과는 A마트 일반배송상품으로 가격은 32,000원인데 현재 25% 할인을 하고 있다. 배송비를 포함하여 상품을 구매하는 데 총 얼마가 들었으며, 상품은 부모님 댁에 늦어도 언제까지 배송될 예정인가?

일	월	화	수	목	금	토
1	2	3	4	5	6 상품 결제완료	7
8	9	10	11	12	13	14

〈총가격〉 〈배송완료일〉
① 24,000원 9일 월요일
② 24,000원 12일 목요일
③ 27,000원 10일 화요일
④ 32,000원 12일 목요일
⑤ 32,000원 13일 금요일

※ 다음은 A시 가구의 형광등을 LED 전구로 교체할 경우 기대효과를 분석한 자료이다. 이어지는 질문에 답하시오[12~13].

A시의 가구 수 (세대)	적용 비율 (%)	가구당 교체개수 (개)	필요한 LED 전구 수 (천개)	교체비용 (백만원)	연간 절감 전력량 (만kWh)	연간 절감 전기요금 (백만원)
600,000	30	3	540	16,200	3,942	3,942
		4	720	21,600	5,256	5,256
		5	900	27,000	6,570	6,570
	50	3	900	27,000	6,570	6,570
		4	1,200	36,000	8,760	8,760
		5	1,500	45,000	10,950	10,950
	80	3	1,440	43,200	10,512	10,512
		4	1,920	56,600	14,016	14,016
		5	2,400	72,000	17,520	17,520

※ (1kWh당 전기요금)=(연간 절감 전기요금)÷(연간 절감 전력량)

12 다음 〈보기〉의 내용 중 올바른 것을 모두 고른 것은?

ㄱ. A시의 50% 가구가 형광등 3개를 LED 전구로 교체한다면 교체비용은 270억원이 소요된다.
ㄴ. A시의 30%의 가구가 형광등 5개를 LED 전구로 교체한다면 연간 절감 전기요금은 50% 가구의 형광등 3개를 LED 전구로 교체한 것과 동일하다.
ㄷ. A시에 적용된 전기요금은 1kWh당 100원이다.
ㄹ. A시의 모든 가구가 형광등 5개를 LED 전구로 교체하려면 LED 전구 240만개가 필요하다.

① ㄱ, ㄴ
② ㄴ, ㄷ
③ ㄷ, ㄹ
④ ㄱ, ㄹ
⑤ ㄱ, ㄴ, ㄷ

13 **A시의 80% 가구가 형광등 5개를 LED 전구로 교체할 때와 50% 가구가 형광등 5개를 LED 전구로 교체할 때의 3년 후 절감액의 차는 얼마인가?**

① 18,910백만원
② 19,420백만원
③ 19,710백만원
④ 19,850백만원
⑤ 20,140백만원

14 **P회사는 천안에 위치한 제빵 회사로 그동안 밀가루를 공급해준 A사와의 계약 만료를 앞두고 있다. 동일한 양의 밀가루에 대하여 1회 구입 시 기존의 거래처와 새로운 후보들의 지역과, 밀가루 가격, 운송비용이 다음과 같을 때, 어느 회사와 계약을 하는 것이 가장 적은 비용이 들겠는가?(단, 운송비용은 최종 거리에 해당하는 가격으로 일괄 적용한다)**

〈업체별 거리 · 가격 정보〉

(단위 : 천원)

구 분	A사	B사	C사	D사	E사
위 치	충 주	청 주	대 전	안 성	공 주
거 리	90km	60km	75km	35km	50km
1회 구입 가격	890	1,490	1,150	1,860	1,630

〈구간별 운송료〉

(단위 : 만원/km)

구 분	20km 이하	40km 이하	60km 이하	80km 이하	100km 이하
운송료	1	1.1	1.2	1.4	1.5

① A사
② B사
③ C사
④ D사
⑤ E사

15 ○○공사 인력지원실 인사부의 P 사원은 직원들의 근무평정 업무를 수행하고 있다. 〈가점평정 기준표〉를 참고했을 때, P 사원이 K 과장에게 부여해야 할 가점은?

〈가점평정 기준표〉

<table>
<tr><th colspan="2">구 분</th><th>내 용</th><th>가 점</th><th>인정 범위</th><th>비 고</th></tr>
<tr><td colspan="2" rowspan="5">근무
경력</td><td>본부 근무 1개월
(본부, 연구원, 인재개발원 또는 정부부처 파견근무기간 포함)</td><td>0.03점
(최대 1.8점)</td><td>1.8점</td><td>동일 근무기간 중 다른 근무경력 가점과 원거리, 장거리 및 특수지</td></tr>
<tr><td>지역본부 근무 1개월
(지역본부 파견근무기간 포함)</td><td>0.015점
(최대 0.9점)</td><td rowspan="4">1.8점</td><td rowspan="4">가점이 중복될 경우, 원거리, 장거리 및 특수지 근무가점은 1/2만 인정</td></tr>
<tr><td>원거리 근무 1개월</td><td>0.035점
(최대 0.84점)</td></tr>
<tr><td>장거리 근무 1개월</td><td>0.025점
(최대 0.6점)</td></tr>
<tr><td>특수지 근무 1개월</td><td>0.02점
(최대 0.48점)</td></tr>
<tr><td colspan="2" rowspan="2">내부
평가</td><td>내부평가결과 최상위 10퍼센트</td><td>월 0.012점</td><td rowspan="2">0.5점</td><td rowspan="2">현 직급에 누적됨
(승진 후 소멸)</td></tr>
<tr><td>내부평가결과 차상위 10퍼센트</td><td>월 0.01점</td></tr>
<tr><td rowspan="5">제
안</td><td rowspan="3">제안상
결정 시</td><td>금 상</td><td>0.25점</td><td rowspan="3">0.5점</td><td rowspan="3">수상 당시 직급에 한정함</td></tr>
<tr><td>은 상</td><td>0.15점</td></tr>
<tr><td>동 상</td><td>0.1점</td></tr>
<tr><td rowspan="2">시행
결과평가</td><td>탁 월</td><td>0.25점</td><td rowspan="2">0.5점</td><td rowspan="2">제안상 수상 당시 직급에 한정함</td></tr>
<tr><td>우 수</td><td>0.15점</td></tr>
</table>

〈K 과장 가점평정 사항〉

- 입사 후 36개월 동안 본사에서 연구원으로 근무
- 지역본부에서 24개월 근무
  - 지역본부에서 24개월 근무 중 특수지에서 12개월 동안 파견근무
- 본부로 복귀 후 현재까지 총 23개월 근무
- 팀장(직급 : 과장)으로 승진 후 현재까지
  - 내부평가결과 최상위 10퍼센트 총 12회
  - 내부평가결과 차상위 10퍼센트 총 6회
  - 금상 2회, 은상 1회, 동상 1회 수상
  - 시행결과평가 탁월 2회, 우수 1회

① 3.284점 ② 3.454점 ③ 3.604점
④ 3.854점 ⑤ 3.974점

※ 다음은 재료비 상승에 따른 분기별 국내 철강사 수익 변동을 조사하기 위해 수집한 자료이다. 아래 문항에서 요구하는 답을 고르시오[16~17].

〈제품가격과 재료비에 따른 분기별 수익〉

(천원/톤)

구 분	2015년	2016년			
	4분기	1분기	2분기	3분기	4분기
제품가격	627	597	687	578	559
재료비	178	177	191	190	268
수 익	449	420	496	388	291

※ 제품가격은 재료비와 수익의 합으로 책정된다.

〈제품 1톤당 소요되는 재료〉

(단위 : 톤)

철광석	원료탄	철 스크랩
1.6	0.5	0.15

16 위의 자료에 대한 해석 중 옳은 것은?

① 수익은 지속적으로 증가하고 있다.
② 모든 금액에서 2016년 4분기가 2015년 4분기보다 높다.
③ 재료비의 변화량과 수익의 변화량은 밀접한 관계가 있다.
④ 조사기간 중 수익이 가장 높은 때는 재료비가 가장 낮은 때이다.
⑤ 2016년 3분기에 이전 분기 대비 수익 변화량이 가장 큰 것으로 나타난다.

17 2017년 1분기에 재료당 단위가격이 철광석 70,000원, 원료탄 250,000원, 철 스크랩 200,000으로 예상된다는 보고를 받았다. 2017년 1분기의 수익을 2016년 4분기와 동일하게 유지하기 위해 책정해야할 제품가격은 얼마인가?

① 558,000원
② 559,000원
③ 560,000원
④ 578,000원
⑤ 597,000원

18 ○○컨벤션에서 회의실 예약업무를 담당하고 있는 K 씨는 2주전 B 기업으로부터 오전 10시 ~ 12시 35명, 오후 1시 ~ 4시 10명이 이용할 수 있는 회의실 예약문의를 받았다. K 씨는 회의실 예약 설명서를 B기업으로 보냈고 B기업은 자료를 바탕으로 회의실을 선택하여 621,000원을 결제했다. 하지만 이용일 4일전 B기업이 오후 회의실 사용을 취소했다면 환불금액은?(단, 회의에서는 PC(노트북)와 빔프로젝트를 이용하며, 부대장비 대여료도 환불규칙에 포함된다)

〈자료 1〉 회의실 사용료(VAT 포함)

<table>
<tr><th rowspan="2">회의실</th><th rowspan="2">수용 인원(명)</th><th rowspan="2">면적(m^2)</th><th colspan="2">기본임대료(원)</th><th colspan="2">추가임대료(원)</th></tr>
<tr><th>기본시간</th><th>임대료</th><th>추가시간</th><th>임대료</th></tr>
<tr><td>대회의실</td><td>90</td><td>184</td><td rowspan="7">2시간</td><td>240,000</td><td rowspan="7">시간당</td><td>120,000</td></tr>
<tr><td>별 실</td><td>36</td><td>149</td><td>400,000</td><td>200,000</td></tr>
<tr><td>세미나 1</td><td rowspan="2">21</td><td rowspan="2">43</td><td rowspan="2">136,000</td><td rowspan="2">68,000</td></tr>
<tr><td>세미나 2</td></tr>
<tr><td>세미나 3</td><td>10</td><td>19</td><td>74,000</td><td>37,000</td></tr>
<tr><td>세미나 4</td><td>16</td><td>36</td><td>110,000</td><td>55,000</td></tr>
<tr><td>세미나 5</td><td>8</td><td>15</td><td>62,000</td><td>31,000</td></tr>
</table>

〈자료 2〉 부대장비 대여료(VAT 포함)

<table>
<tr><th rowspan="2">장비명</th><th colspan="5">사용료(단위 : 원)</th></tr>
<tr><th>1시간</th><th>2시간</th><th>3시간</th><th>4시간</th><th>4시간 초과</th></tr>
<tr><td>PC(노트북)</td><td>10,000</td><td>10,000</td><td>20,000</td><td>20,000</td><td>30,000</td></tr>
<tr><td>빔프로젝트</td><td>30,000</td><td>30,000</td><td>50,000</td><td>50,000</td><td>70,000</td></tr>
</table>

〈조 건〉

- 기본임대 시간은 2시간이며, 1시간 단위로 연장할 수 있습니다.
- 예약 시 최소 인원은 수용 인원의 과반수 이상이여야 합니다.
- 예약 가능한 회의실 중 비용이 저렴한 쪽을 선택해야 합니다.

〈환불규칙〉

- 결제완료 후 계약을 취소하시는 경우 다음과 같이 취소 수수료가 발생합니다.
  - 이용일 기준 7일 이전 : 취소수수료 없음
  - 이용일 기준 6일 ~ 3일 이전 : 취소수수료 10%
  - 이용일 기준 2일 ~ 1일 이전 : 취소수수료 50%
  - 이용일 당일 : 환불 없음
- 회의실에는 음식물을 반입하실 수 없습니다.
- 이용일 7일 전까지(7일 이내 예약 시에는 금일 중) 결제하셔야 합니다.
- 결제변경은 해당 회의실 이용시간 전까지 가능합니다.

① 162,900원 ② 183,600원 ③ 211,500원
④ 246,600원 ⑤ 387,000원

19 다음 자료는 C회사 신제품 개발1팀의 하루 업무 스케줄 표이다. 신입사원 A 씨는 스케줄을 바탕으로 금일 회의 시간을 정하려고 한다. 1시간 동안 진행될 팀 회의의 가장 적절한 시간대는 언제인가?

〈C사 신제품 개발1팀 스케줄〉

시 간	직급별 스케줄				
	부 장	차 장	과 장	대 리	사 원
09:00 ~ 10:00	업무회의				
10:00 ~ 11:00					비품요청
11:00 ~ 12:00			시장조사	시장조사	시장조사
12:00 ~ 13:00	점심식사				
13:00 ~ 14:00	개발전략수립		시장조사	시장조사	시장조사
14:00 ~ 15:00		샘플검수	제품구상	제품구상	제품구상
15:00 ~ 16:00			제품개발	제품개발	제품개발
16:00 ~ 17:00					
17:00 ~ 18:00			결과보고	결과보고	

① 09:00 ~ 10:00
② 10:00 ~ 11:00
③ 14:00 ~ 15:00
④ 16:00 ~ 17:00
⑤ 17:00 ~ 18:00

20 자동차 회사에서 기계설비를 담당하는 귀하는 12월 주말근무표 초안을 작성하였는데, 이를 토대로 대체근무자를 미리 반영하려고 한다. 다음 중 귀하가 배정한 인원으로 적절하지 않은 것은?

• 주말근무 규정

① 1 ~ 3팀은 순차적으로 주말근무를 실시한다.
② 주말근무 후에는 차주 월요일(토요일 근무자) 및 화요일(일요일 근무자)을 휴무일로 한다.
③ 주말 이틀 연속 근무는 금한다.
④ 주말근무 예정자가 개인사정으로 인하여 근무가 어려울 경우, 해당 주차 휴무이거나 혹은 근무가 없는 팀의 일원 1명과 대체한다.

• 12월 주말 근무표

구 분	1주차		2주차		3주차		4주차	
	5일(토)	6일(일)	12일(토)	13일(일)	19일(토)	20일(일)	26일(토)	27일(일)
근무자	1팀	2팀	3팀	1팀	2팀	3팀	1팀	2팀

• 기계설비팀 명단

1팀 : 강단해(팀장), 마징가, 차도선, 이방원, 황이성, 강의찬
2팀 : 사차원(팀장), 박정훈, 이도균, 김선우, 정선동, 박아천
3팀 : 마강수(팀장), 이정래, 하선오, 이광수, 김동수, 김대호

구 분	휴무예정일자	휴무예정자	사 유	대체근무자	대체근무일자
①	12/5(토)	차도선	가족여행	하선오	12/12(토)
②	12/12(토)	이정래	지인 결혼식	박정훈	12/27(일)
③	12/19(토)	이도균	건강 검진	이방원	12/13(일)
④	12/20(일)	이광수	가족여행	강의찬	12/26(토)
⑤	12/27(일)	박아천	개인사정	김대호	12/12(토)

정보능력

●● 정답 및 해설 p.620

01 다음은 〈조건〉에 따라 작성된 스프레드 시트(엑셀) 문서이다. 사용된 수식에 대한 설명으로 옳은 것을 〈보기〉에서 고른 것은?

〈조 건〉

- 평균([G4:G8])은 3월 ~ 7월까지의 사원 상점의 평균이다.
- 순위([H4:H8])는 평균을 기준으로 내림차순으로 구한 등수이다.
- 비고([I4:I8])는 순위가 1 ~ 3이면 "우수 사원"이고, 그 외에는 공백이다.
- 합계([B9:F9])는 월별 사원 상점의 합이다.
- 누적 합계([B10:F10])는 합계의 누적이다.
- [G4:I8] 셀은 [G4:I4] 셀에 수식을 각각 입력한 후 '자동 채우기'를 실행한다.
- [B9:F10] 셀은 [B9:B10] 셀에 수식을 각각 입력한 후 '자동 채우기'를 실행한다.

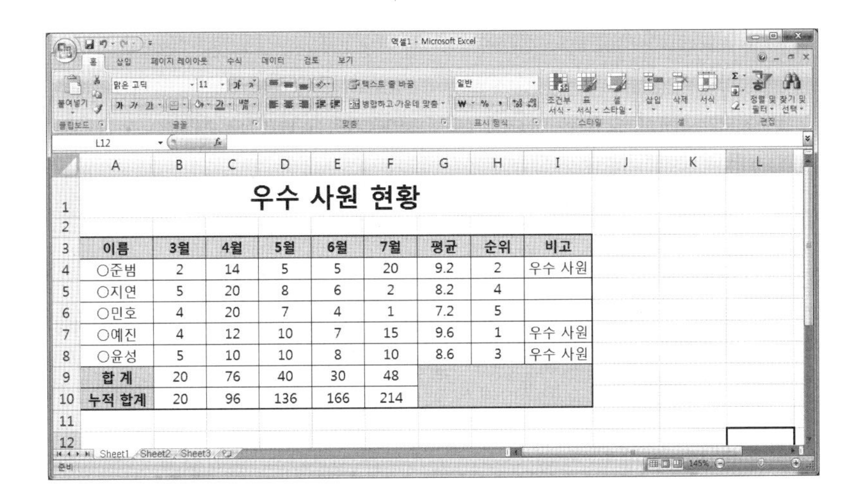

우수 사원 현황

이름	3월	4월	5월	6월	7월	평균	순위	비고
○준범	2	14	5	5	20	9.2	2	우수 사원
○지연	5	20	8	6	2	8.2	4	
○민호	4	20	7	4	1	7.2	5	
○예진	4	12	10	7	15	9.6	1	우수 사원
○윤성	5	10	10	8	10	8.6	3	우수 사원
합 계	20	76	40	30	48			
누적 합계	20	96	136	166	214			

보기

ㄱ. [G4] 셀은 '=AVERAGE(B4:F8)'로 구할 수 있다.
ㄴ. [H4] 셀은 '=RANK(G4,$G$4:$G$8)'로 구할 수 있다.
ㄷ. [I4] 셀은 '=IF(H4>=3,"우수 사원","")'로 구할 수 있다.
ㄹ. [B10] 셀은 '=SUM($B$9:B9)'로 구할 수 있다.

① ㄱ, ㄴ　② ㄱ, ㄷ　③ ㄴ, ㄷ　④ ㄴ, ㄹ　⑤ ㄷ, ㄹ

02 다음 중 아래의 워크시트를 참조하여 작성한 수식 '=INDEX(B2:D9,2,3)'의 결과는?

	A	B	C	D
1	코드	정가	판매수량	판매가격
2	L-001	25,400	503	12,776,000
3	D-001	23,200	1,000	23,200,000
4	D-002	19,500	805	15,698,000
5	C-001	28,000	3,500	98,000,000
6	C-002	20,000	6,000	96,000,000
7	L-002	24,000	750	18,000,000
8	L-003	26,500	935	24,778,000
9	D-003	22,000	850	18,700,000

① 19,500
② 23,200,000
③ 1,000
④ 805
⑤ 12,776,000

03 다음 중 데이터 유효성 검사에 대한 설명으로 옳지 않은 것은?

① 목록의 값들을 미리 지정하여 데이터 입력을 제한할 수 있다.
② 입력할 수 있는 정수의 범위를 제한할 수 있다.
③ 목록으로 값을 제한하는 경우 드롭다운 목록의 너비를 지정할 수 있다.
④ 유효성 조건 변경 시 변경 내용을 범위로 지정된 모든 셀에 적용할 수 있다.
⑤ 한 셀에 허용되는 텍스트의 길이를 제한할 수 있다.

04 다음 중 아래 워크시트의 [A1:E9] 영역에서 고급 필터를 실행하여 영어 점수가 영어 평균 점수를 초과하거나 성명의 두 번째 문자가 '영'인 데이터를 추출하고자 할 때, 조건으로 (가)와 (나)에 입력할 내용으로 옳은 것은?

	A	B	C	D	E	F	G	H
1	성명	반	국어	영어	수학		영어평균	성명
2	강동식	1	81	89	99		㉮	
3	남궁영	2	88	75	85			㉯
4	강영주	2	90	88	92			
5	이동수	1	86	93	90			
6	박영민	2	75	91	84			
7	윤영미래	1	88	80	73			
8	이순영	1	100	84	96			
9	명지오	2	95	75	88			

	(가)	(나)
①	=D2〉AVERAGE(D2:D9)	="=?영*"
②	=D2〉AVERAGE(D2:D9)	="=*영?"
③	=D2〉AVERAGE($D$2:$D$9)	="=?영*"
④	=D2〉AVERAGE($D$2:$D$9)	="=*영?"
⑤	=D2〉AVERAGE($A$2:$E$9)	="=*영*"

05 다음 차트에 대한 설명으로 옳지 않은 것은?

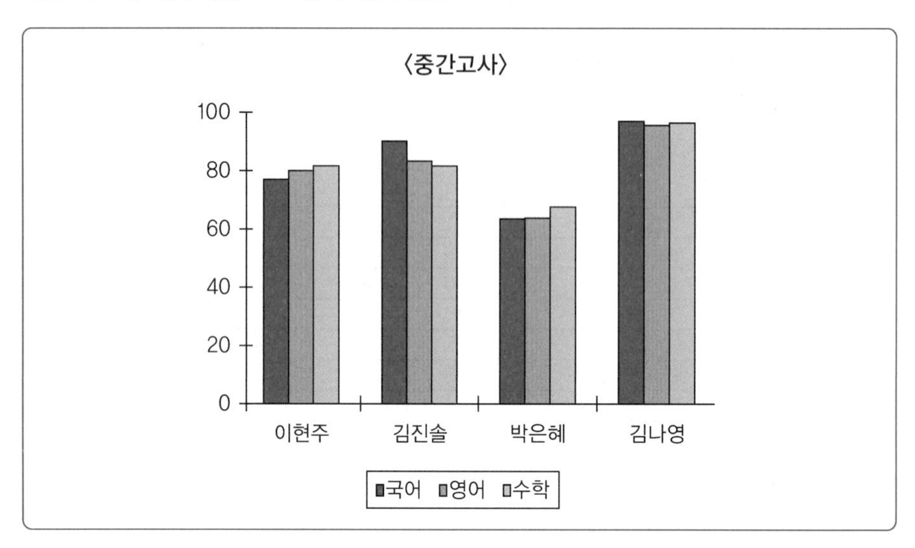

① 세로 축의 주 단위가 20으로 설정되어 있다.
② 범례는 4개로 구성되어 있다.
③ 범례의 위치는 아래쪽에 있다.
④ 주 단위의 가로 눈금선이 표시되어 있다.
⑤ 2차원 세로 막대형 그래프이다.

06 홍보팀 A 차장이 업무상 자주 사용하는 Coocle 포털사이트를 인터넷 익스플로러의 기본검색 공급자로 설정하고 싶다고 전산팀 소속인 귀하에게 문의를 하였다. 귀하가 A 차장에게 검색 공급자 변경 방법을 설명한다고 할 때, 아래의 모니터 화면에서 무엇을 클릭하라고 안내하여야 하는가?

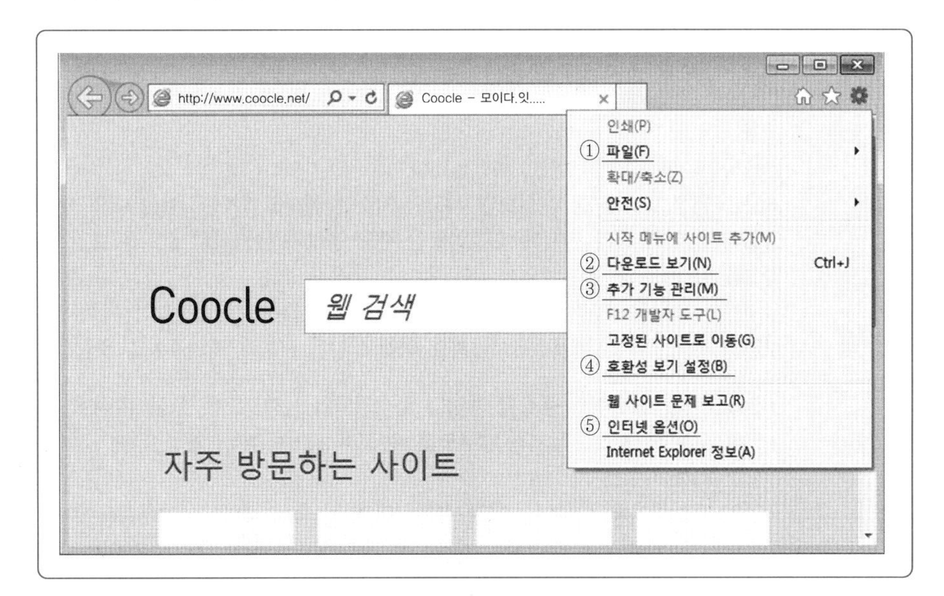

① 파일(F)
② 다운로드 보기(N)
③ 추가 기능 관리(M)
④ 호환성 보기 설정(B)
⑤ 인터넷 옵션(O)

07 **귀하는 최근 회사 내 업무용 개인 컴퓨터의 보안을 강화하기 위하여 다음과 같은 메일을 받았다. 메일 내용을 토대로 귀하가 취해야 할 행동으로 옳지 않은 것은?**

발신 : 전산보안팀
수신 : 전 임직원

제목 : 업무용 개인 컴퓨터 보안대책 공유

내용 :
안녕하십니까. 전산팀 OOO 팀장입니다.
최근 개인정보 유출 등 전산보안 사고가 자주 발생하고 있어 각별한 주의가 필요한 상황입니다. 이에 따라 자사에서도 업무상 주요 정보가 유출되지 않도록 보안프로그램을 업그레이드하는 등 전산보안을 더욱 강화하고 있습니다.
무엇보다 업무용 개인 컴퓨터를 사용하는 분들이 특히 신경을 많이 써주셔야 철저한 보안이 실천됩니다. 번거로우시더라도 아래와 같은 사항을 따라주시길 바랍니다.

- 인터넷 익스플로러를 종료할 때마다 검색기록이 삭제되도록 설정해주세요.
- 외출 또는 외근으로 장시간 컴퓨터를 켜두어야 하는 경우에는 인터넷 검색기록을 직접 삭제해주세요.
- 인터넷 검색기록 삭제 시, 기본 설정되어 있는 항목 외에도 '다운로드 기록', '양식 데이터', '암호', '추적방지, ActiveX필터링 및 Do Not Track 데이터'를 모두 체크하여 삭제해주세요(단, 즐겨찾기 웹 사이트 데이터 보존 부분은 체크 해제할 것).
- 인터넷 익스플로러에서 방문한 웹 사이트 목록을 저장하는 기간을 5일로 변경해주세요.
- 자사에서 제공 중인 보안프로그램은 항시 업데이트하여 최신 상태로 유지하여 주세요.

위 사항을 적용하는 데 어려움이 있을 경우에는 아래 첨부파일에 이미지와 함께 친절하게 설명되어 있으니 참고바랍니다.

〈첨부〉 업무용 개인 컴퓨터 보안대책 적용 방법 설명(이미지).zip

① 인터넷 익스플로러에서 「도구(또는 톱니바퀴 모양)」를 클릭하여 「인터넷옵션」의 '일반' 카테고리에 있는 「종료할 때 검색 기록 삭제」를 체크한다.
② 장시간 외출할 경우에는 「인터넷옵션」의 '일반' 카테고리에 있는 「삭제」를 클릭해 직접 삭제한다.
③ 검색기록 삭제 시 「인터넷옵션」의 '일반' 카테고리에 있는 「삭제」를 클릭하여 기존에 설정되어 있는 항목을 포함한 모든 항목을 체크하여 삭제한다.
④ 「인터넷옵션」의 '일반' 카테고리 중 검색기록 부분에서 「설정」을 클릭하고, '기록' 카테고리의 「페이지 보관일수」를 5일로 설정한다.
⑤ 자사의 보안프로그램을 실행하고 「설정」에서 업데이트를 실행한다.

08

귀하는 고객의 지출성향을 파악하기 위하여 다음과 같은 내역을 조사하여 파일을 작성하였다. 다음 중 외식비로 지출된 금액의 총액을 구하고자 할 때, [G5] 셀에 들어갈 함수식으로 올바른 것은?

	A	B	C	D	E	F	G
1							
2		날짜	항목	지출금액			
3		01월 02일	외식비	35,000			
4		01월 05일	교육비	150,000			
5		01월 10일	월세	500,000		외식비 합계	
6		01월 14일	외식비	40,000			
7		01월 19일	기부	1,000,000			
8		01월 21일	교통비	8,000			
9		01월 25일	외식비	20,000			
10		01월 30일	외식비	15,000			
11		01월 31일	교통비	2,000			
12		02월 05일	외식비	22,000			
13		02월 07일	교통비	6,000			
14		02월 09일	교육비	120,000			
15		02월 10일	월세	500,000			
16		02월 13일	외식비	38,000			
17		02월 15일	외식비	32,000			
18		02월 16일	교통비	4,000			
19		02월 20일	외식비	42,000			
20		02월 21일	교통비	6,000			
21		02월 23일	외식비	18,000			
22		02월 24일	교통비	8,000			
23							
24							

① =SUMIF(C4:C23, “외식비”, D4:D23)

② =SUMIF(C3:C22, “외식비”, D3:D22)

③ =SUMIF(C3:C22, “C3”, D3:D22)

④ =SUMIF(“외식비”, C3:C22, D3:D22)

⑤ =SUMIF(C3:C22, D3:D22, “외식비”)

09

아래 시트에서 [A2:A4] 영역의 데이터를 이용하여 [C2:C4] 영역처럼 표시하려고 할 때, [C2] 셀에 입력할 수식으로 옳은 것은?

	A	B	C
1	주소	사원 수	출신지
2	서귀포시	10	서귀포
3	여의도동	90	여의도
4	김포시	50	김포

① =LEFT(A2, LEN(A2)−1)
② =RIGHT(A2, LENGTH(A2))−1
③ =MID(A2, 1, VALUE(A2))
④ =LEFT(A2, TRIM(A2))−1
⑤ =MID(A2, LENGTH(A3))

10

다음 중 ㉠, ㉡에 들어갈 기능으로 옳은 것은?

(㉠)은/는 특정 값의 변화에 따른 결과 값의 변화 과정을 한 번의 연산으로 빠르게 계산하여 표의 형태로 표시해 주는 도구이고, (㉡)은/는 비슷한 형식의 여러 데이터의 결과를 하나의 표로 통합하여 요약해주는 도구이다.

	㉠	㉡
①	데이터 표	통합
②	정렬	시나리오 관리자
③	데이터 표	피벗 테이블
④	해 찾기	데이터 유효성 검사
⑤	통합	정렬

정답 및 해설

01 의사소통능력

1	2	3	4	5	6	7	8	9	10	11	12	13	14	15	16	17	18	19	20
②	①	②	⑤	③	②	④	①	②	③	⑤	①	③	④	③	⑤	④	①	④	⑤

01 해외사업연계 취업 지원 사업은 청년 인재를 선발하여 K-Move 스쿨 개설 및 맞춤 연수를 시행 후 ○○공사가 투자 및 운영자로 참여하고 있는 해외법인에 취업연계를 시켜주는 것이다. 따라서 시행처가 다르지 않다.

① 8월 중 공고예정이라고 되어 있으며 한국발전교육원 및 당진 발전기술 EDU센터에서 2017년 9 ~ 12월 3개월 동안 교육을 받는다고 되어 있지만 정확한 일정이 나와 있지 않으므로 확인하는 것이 옳다.

③ 최종 선발된 10명은 한국발전교육원 및 당진 발전기술 EDU센터에서 교육을 받는다.

④ ○○공사는 K-Move 스쿨 연수생 선발 · 맞춤연수 시행 · 해외 법인과의 협의를 통한 취업연계 지원을, △△공단은 연수비용 일부 및 취업 장려금을 지원한다.

⑤ ○○공사가 투자 및 운영자로 참여하고 있는 해외법인(인도네시아, 자메이카 등)에 취업을 하며 첫 기업은 인도네시아 기업이다.

02 ② 차량을 갓길로 이동시킨다고 2차 사고가 일어나지 않는 것이 아니다. 갓길에서도 2차 사고가 일어날 가능성이 크므로 빨리 견인조치를 해야 한다.

③ 도로에서 사고가 일어났을 경우 뒤따르는 차에 의해 2차 사고가 유발될 수 있으므로 신속하게 차량을 갓길로 이동시켜야 한다.

④ 돌발 상황 발견 시 비상등을 작동하여 후행차량에게 알려야 한다.

⑤ 돌발 상황 발생 시 사고수습을 위하여 고속도로 본선 · 갓길을 확보하는 것은 2차 사고로 이어질 수 있으므로 지양하여야 한다.

03 ○○공사가 독서경진대회를 개최했다는 내용의 (B), 참가 팀의 진행사항과 심사 결과에 대해 이야기하는 (A), 심사위원의 총평과 다양한 행사에 대해 말하는 (E), ○○공사에서 이전부터 진행해 온 독서경영 시스템에 대해 설명하는 (C), 독서경영을 통한 기대와 전망에 대해 이야기하는 (D) 순이 적절하다.

04 왐푸 수력발전사업은 연간 24만톤의 탄소배출권(CER)을 확보하였고 계약기간 동안 인도네시아 정부의 지급보증을 받는다.

05 • 왐푸 : 댐수로식
• 땅가무스 : 월류식

06 제시된 글에서는 '환경오염은 급격한 기후변화의 촉매제 역할을 하고 있으며, 이는 농어촌과 식량 자원에 악영향을 미치고 있다' 고 이야기하고 있다. 따라서 ②가 이 글의 주제로 적절하다.

07 우리나라는 식량의 75% 이상을 해외에서 조달해오고 있으며, 이러한 특성상 기후변화가 계속된다면 식량공급이 어려워져 식량난이 심각해질 수 있다.
① 기후변화가 환경오염의 촉매제가 된 것이 아니라, 환경오염이 기후변화의 촉매제가 되었다.
② 알프스나 남극 공기를 포장해 파는 시대가 올지도 모른다는 말은 그만큼 공기질 저하가 심각하다는 것을 나타낸 것이다.
③ 한정된 식량 자원에 의한 굶주림이 일부 저개발 국가에서 일반화되었지만, 저개발 국가에서 인구의 폭발적인 증가가 일어났다고는 볼 수 없다.
⑤ 친환경적인 안전 먹거리에 대한 수요가 증가하고 있지만 일손 부족 등으로 친환경 먹거리 생산량의 대량화는 어렵다. 따라서 친환경 먹거리로 식량난을 해결하기는 어렵다.

08 (가) 친환경 농업은 건강과 직결되어 있기 때문에 각광받고 있다. → (나) 병충해를 막기 위해 사용된 농약은 완전히 제거하기 어려우며 신체에 각종 손상을 입힌다. → (다) 생산량 증가를 위해 사용한 농약과 제초제가 오히려 인체에 해를 입힐 수 있다.

09 빈칸을 채우는 문제는 빈칸 앞뒤의 진술에 유의할 필요가 있다. 빈칸 앞에서는 제3세계 환자들과 제약회사 간의 신약 가격에 대한 딜레마를 이야기하며 제3의 대안이 필요하다고 한다. 빈칸 뒤에서는, 그 대안이 실현되기 어려운 이유는 '자신의 주머니에 손을 넣어 거기에 필요한 비용을 꺼내는 순간' 알게 될 것이라고 하였으므로 개인 차원의 대안을 제시했음을 추측할 수 있다. 따라서 ②가 적절하다.

10 ③은 교환되는 내용이 양과 질의 측면에서 정확히 대등하지 않기 때문에 (나)의 예시로 보는 것이 적절하다.

11 ㉠ 현재 주택을 소유한 노년층은 소득 축적 기회가 적었고 현재도 특별한 소득이 없다면 역시 금융소비자가 될 것이므로 역모기지론 정책이 효과적으로 시행될 수 있다.
㉡ 만 65세 이상인 가구주의 주택 소유 비율이 높을수록 역모기지론 정책이 효과적으로 시행될 수 있다.
㉢ 역모기지론을 이용할 수 있는 대상자는 공시가격 8억원 이하의 주택을 한 채만 소유하고 있는 만 65세 이상의 중산 · 서민층이므로, 만 65세 이상의 노인들이 보유하고 있는 주택의 공시가격이 대부분 8억원 이하라면 역모기지론 정책이 효과적으로 시행될 수 있다.

㉣ 86%에 달하는 노인들이 양로원이나 기타 사회복지시설을 이용하는 것보다 자기 집에 그대로 머물러 살기를 원한다고 응답했다면 노인들의 집을 담보삼아 금융을 소비하는 역모기지론 정책이 효과적으로 시행될 수 있다.

12 제시문은 우리 몸의 면역 시스템에서 중요한 역할을 하는 '킬러 T세포'가 있음을 알려주고, 이것의 역할과 작용 과정을 차례로 설명하고 있다. 마지막으로 킬러 T세포의 의의에 대해 설명하고 있는 글이다. 따라서 (D) 우리 몸의 면역 시스템에 중요한 역할을 하는 킬러 T세포 → (A) 킬러 T세포의 역할 → (E) 킬러 T세포가 작용하기 전 단계 → (C) 킬러 T세포의 작용 과정 → (B) 킬러 T세포의 의의로 연결되어야 한다.

13 ① '소외 계층'이라는 특정 계층에 대한 차별적 표현이 사용된 문장이므로 쉬운 공공언어 쓰기 길라잡이 1.-나 항목에 어긋난다.

② '글로벌, 글로벌 네트워크, 글로벌 스탠더드' 등 외국어를 남용하였으므로 쉬운 공공언어 쓰기 길라잡이 2.-나 항목에 어긋난다.

④ 스스로 움직이지 않는 사물이나 추상적 대상인 '설문조사 결과'가 능동적인 행위인 '말해주다'의 주어로 나오는 것은 영어 번역 투 표현에 해당되므로 쉬운 공공언어 쓰기 길라잡이 3.-바 항목에 어긋난다.

⑤ '적극 이용 바랍니다'와 같이 명사 나열 표현은 피해야 하므로 쉬운 공공언어 쓰기 길라잡이 3.-사 항목에 어긋난다.

14
- 상토적인 → 상투적인
- 다드머 → 다듬어
- 줄림말 → 줄임말
- 호웅하는가 → 호응하는가
- 베열되어 → 배열되어
- 전게되는가 → 전개되는가

15 실험 결과 콜레스테롤 수치를 떨어뜨리는 역할을 한 것으로 확인됐다.

① 기사의 다섯 번째 문장에서 하루에 3 ~ 4알 정도는 자유롭게 섭취해도 건강에 해가 되지 않음을 알 수 있다.

② 기사의 세 번째 문장에서 달걀 속의 루테인과 지아잔틴은 항산화 작용과 노화를 막는 역할을 한다는 정보를 찾을 수 있다.

④ 기사의 두 번째 문장에서 달걀의 열량을 알 수 있다.

⑤ 기사의 세 번째 문장에서 시력보호 물질인 루테인과 지아잔틴이 달걀에 함유되어 있음을 알 수 있다.

16 제시된 기사의 내용에서는 글로벌 시대에 맞는 외국어 구사능력을 강조했으며, 전통을 지켜야 한다는 내용은 찾아볼 수 없다.

17 ④는 제시된 기사에서 찾아볼 수 없는 내용이다.

18 제시문의 첫 문장은 많은 사람이 리더가 되고 싶어 하며, 리더가 되기 위해서는 리더십을 갖춰야 한다고 말한다. 따라서 다음 순서로는 리더십에 대해 설명하고 있는 (B)가 가장 적절하며, 이어서는 리더의 두 번째 덕목인 원만한 대인관계를 제시하는 (D)가 적절하다. (D)의 마지막 문장에서는 리더의 세 번째 덕목으로 독서를 제시하므로 이어지는 순서로는 독서의 효과를 제시하는 (A)가 적절하다. 다음으로는 (A)의 마지막 문장인 외국어 능력을 이어서 설명하는 (E), 리더의 낙천적 사고를 제시하는 (C)의 순서가 적절하다.

19 성과평가제도가 실현되면 능력 중심의 임금체계 구축과 성과평가가 이루어지게 되므로 청년실업 문제와 일자리 미스매칭 문제가 해결될 수 있다. 따라서 성과평가제도가 불합리하다고 한 ④가 적절하지 않다.

20 제시된 기사는 첫 직장의 수준이 평생을 좌우하는 한국 취업시장의 현실을 꼬집으며 능력 중심의 평가를 장려하고 있다. 따라서 가장 적절한 제목은 ⑤이다.

02 수리능력

1	2	3	4	5	6	7	8	9	10	11	12	13	14	15	16	17	18	19	20
④	③	①	②	⑤	③	③	④	④	④	④	②	③	③	②	①	③	②	④	②

01 10대의 인터넷 공유활동을 참여율이 큰 순서대로 나열하면 '커뮤니티 이용 → 퍼나르기 → 블로그 운영 → UCC게시 → 댓글달기' 이다. 반면 30대는 '커뮤니티 이용 → 퍼나르기 → 블로그 운영 → 댓글달기 → UCC게시' 이다. 따라서 활동순위가 서로 같지 않다.

① 20대가 다른 연령에 비해 참여율이 비교적 높은 편임을 자료에서 쉽게 확인할 수 있다.

② 대부분의 활동에서 남성의 참여율이 여성의 참여율보다 높지만, 블로그 운영에서는 여성의 참여율이 더 높다.

③ 남녀 간의 참여율 격차가 가장 큰 영역은 13.8%p로 댓글달기이며, 그 반대는 2.7%p로 커뮤니티 이용이다.

⑤ 40대는 다른 영역과 달리 댓글달기 활동에서 다른 연령대보다 높은 참여율을 보이고 있다.

02 생산량 대비 수출량은 2011년 약 76.5%, 2012년 약 75.4%이다. 따라서 생산량 대비 수출량이 가장 큰 해는 2011년이다.

① 2010년 국내 쌀 수출량의 전년 대비 증가율은 $\frac{6.7-3.3}{3.3}\times100 ≒ 103\%$로 가장 크다.

② 2010년에는 쌀 생산량이 늘지만 1인당 연간 쌀 소비량은 줄고, 2011년에는 쌀 생산량과 소비량이 늘어난다. 따라서 쌀 생산량과 소비량 사이에는 특별한 상관관계가 없다.

④ 2012년 1월 1일 쌀 비축량은 전년 생산량 16.2만톤에 수출량 12.4만톤과 소비량 3만톤을 제한 나머지이므로 0.8만톤이다.

⑤ 2011년 쌀 생산량은 16.2만톤이고 $162,000\times\frac{3}{4}=121,500$이다. 즉, 2011년 쌀 생산량의 75%는 12.15만톤이므로 옳은 설명이다.

03 2010년 쌀 소비량 4.2만톤은 4,200만kg이다. 2010년 1인당 연간 소비량이 28kg이므로 2010년 A국의 인구는 4,200만kg÷28kg/명=150만명이다.

04 기원이가 76kg인 경우 비만도는 $\frac{76}{73.8}\times100 ≒ 103\%$이므로 과체중에 도달하지 못한다.

기원이가 11kg 체중이 증가하였을 경우 71kg+11kg=82kg이다.

기원이 82kg인 경우 비만도는 $\frac{82}{73.8}\times100 ≒ 111\%$이므로 과체중에 도달한다.

그러므로 기원이가 과체중이 되기 위해서는 11kg 이상 체중이 증가하여야 한다.

① • 혜지의 표준체중 : (158−100)×0.9=52.2kg
• 기원이의 표준체중 : (182−100)×0.9=73.8kg

③ • 혜지의 비만도 : $\frac{58}{52.2}\times 100 ≒ 111\%$

• 기원이의 비만도 : $\frac{71}{73.8}\times 100 ≒ 96\%$

• 용준이의 표준체중 : $(175-100)\times 0.9=67.5$kg

• 용준이의 비만도 : $\frac{96}{67.5}\times 100 ≒ 142\%$

표준체중(100%) 기준에서 비만도가 ±10% 이내이면 정상체중이므로 3명의 학생 중 정상체중인 학생은 기원이뿐이다.

④ 용준이가 정상체중 범주에 속하려면 비만도 110% 이하이어야 한다.

$\frac{x}{67.5}\times 100\leq 110\% \rightarrow x\leq 74.25$

즉, 현재 96kg에서 정상체중이 되기 위해서는 약 22kg 이상 감량을 해야 한다.

⑤ 혜지의 현재 체중과 표준 체중의 비만도 차이는 111%−100%로 11%p이다. 용준이의 현재 체중과 표준 체중의 비만도 차이는 142%−100%=42%p이다. 혜지의 비만도 차이에 4배를 한 값은 44%p이므로 용준이의 비만도 차이 값인 42%p보다 더 크다.

05 • 슬로푸드 선물세트 : 28,000×0.71=19,880 → 19,800원(∵ 10원 단위 이하 절사)
- 마케팅부의 주문금액 : 19,800×13=257,400원
• 흑삼 에브리진생 : 75,000×0.66=49,500
- 인사부의 주문금액 : 49,500×16=792,000원
• 한과 선물세트 : 28,000×0.74=20,720 → 20,700원(∵ 10원 단위 이하 절사)
- 기술부의 주문금액 : 20,700×9=186,300원

따라서 총주문금액은 396,000+384,000+257,400+792,000+186,300=2,015,700원이다.

06 바레니클린의 정당 본인부담금은 1,767−1,000=767원이다. 하루에 2정씩 총 28일을 복용하므로 본인부담금은 767×2×28=42,952원이다. 금연 패치는 하루에 1,500원이 지원되기에 본인부담금이 없다.

07 ㄴ. 115,155×2>193,832이므로 옳은 설명이다.

ㄷ. 2008년 : $\frac{18.2}{53.3}\times 100 ≒ 34.1\%$, 2009년 : $\frac{18.6}{54.0}\times 100 ≒ 34.4\%$, 2010년 : $\frac{19.1}{51.9}\times 100 ≒ 36.8\%$

따라서 2008 ~ 2010년 동안 석유제품 소비량 대비 전력 소비량의 비율은 매년 증가한다.

ㄱ. 비율은 매년 증가하지만, 절대적인 소비량까지 증가하는지는 알 수 없다.

ㄹ. 4,750×4>15,317이므로, 산업부문의 유연탄 소비량 대비 무연탄 소비량의 비율은 25% 이상이다.

08 ㄴ. • 2009년 : 279×17.1≒4,771개
• 2010년 : 286×16.8≒4,805개

ㄹ. • 2008년 : 273×85=23,205억원
• 2009년 : 279×91=25,389억원

• 2010년 : 286×86.7=24,796.2억원

ㄱ. • 2010년 창업보육센터 지원금액의 전년 대비 증가율 : $\frac{353-306}{306}\times100\fallingdotseq15.4\%$

• 2010년 창업보육센터 수의 전년 대비 증가율 : $\frac{286-279}{279}\times100\fallingdotseq2.5\%$

ㄷ. 자료를 통해 쉽게 확인할 수 있다.

09 표준편차는 변량의 분산 정도를 표시하는 척도이다. 부가서비스별로 선호하는 비중은 남성의 경우 7 ~ 19% 사이에 위치하고, 여성의 경우 6 ~ 21%에 위치하고 있다. 평균이 약 11.1%(=100%/9 항목)인 것을 감안했을 때, 여성의 비중이 평균에 비해 더 멀리 떨어져 있으므로 표준편차의 값은 남성보다 여성이 더 큰 것을 알 수 있다.

① 성별 비율이 각각 50%라면, 포인트 적립 항목의 경우 전체 비율은 19%×0.5+21%×0.5 =20%이어야 한다. 하지만 자료에서 19.8%라고 하였으므로 P 대리의 말은 옳지 않다. 올바르게 설명하려면 남성의 비율은 60%, 여성은 40%라고 언급해야 한다.

② 무응답한 비율은 전체 8.4%이므로 1,000명×0.084=84명이 맞다. 하지만 남녀 비율이 6:4이므로 남성은 600명×10%=60명, 여성은 400명×6%=24명이라고 언급하여야 한다.

③ 남성이 두 번째로 선호하는 부가서비스는 무이자 할부(17%)이다.

⑤ 주어진 자료를 살펴보면 남성과 여성이 선호하는 부가서비스의 종류는 정반대가 아니며, 일부 차이는 있지만 선호하는 주요 부가서비스는 서로 일치한다.

10 ㄷ. 상식시험점수가 가장 낮은 지원자는 대호이고, 대호의 영어점수는 지원자 중에 두 번째로 높다.

ㄹ. 전체 지원자의 평균 영어점수는 (76+92+88+50+100+80)÷6=81점이다.

ㄱ. 각 3명으로 비율이 같다.

ㄴ. • 여자 지원자의 평균상식 점수 : (72+70)÷2=71점

• 남자 지원자의 평균상식 점수 : (72+48+69+57)÷4=61.5점

11 대호는 100m 달리기와 팔굽혀 펴기에서 과락이고, 근우는 제자리 멀리뛰기에서, 수진이는 윗몸 일으키기를 제외한 나머지 종목 전부 과락이다.

• 지희 : $88+50\times\left(1+\frac{10}{100}\right)+72+8+10+10+12=255$점

• 준혁 : 68+100+57+8+8+8+12=261점

따라서 합격 기준점을 넘은 준혁이 합격자이다.

12 (17+15+12+7+4)÷5=11개소

① 2011년 전통사찰 지정등록 수는 2010년보다 증가했다.

③ 2005년 전년 대비 지정등록 감소폭은 3개소, 2009년은 2개소이다.

④ 해당 자료만으로는 전통사찰 총등록현황을 알 수 없다.

⑤ 전년도(2004년)에 비해 오히려 감소했다.

13

휴일이 5일, 7일 간격이기 때문에 6번째 날과 8번째 날이 휴일이 된다.
두 회사 휴일의 최소공배수는 24이므로 두 회사는 24일마다 함께 휴일을 맞는다.
4번째로 함께 하는 휴일은 $24\times4=96$이므로 $96\div7=13\cdots5$이다.
따라서 금요일이 4번째로 함께 하는 휴일이다.

14

사원 수를 x명, 임원 수를 y명이라 하면
$4x+7y\le100$ … ㉠
$3x+4y=60 \rightarrow x=-\frac{4}{3}y+20$ … ㉡
㉡을 ㉠에 대입하면
$4\left(-\frac{4}{3}y+20\right)+7y\le100 \rightarrow \frac{5}{3}y\le20 \rightarrow y\le12$ … ㉢
x, y는 양의 정수이고, ㉡, ㉢을 만족해야 하므로 가능한 y값은 3, 6, 9, 12이고, 그에 따른 x값은 16, 12, 8, 4이다. 즉, 임원과 사원 수의 합의 최솟값은 $12+4=16$이다.

15

서울에서 부산까지 무정차로 걸리는 시간을 x시간이라고 하면
$x=\frac{400}{120}=\frac{10}{3}$
기차가 걸린 시간은 4시간 10분이므로 $\frac{25}{6}$시간이 걸렸다.
무정차 시간과 비교하면 $\frac{5}{6}$시간$=$50분이 더 걸렸고 역마다 정차하는 시간은 10분이다.
따라서 5개역에 정차하였다.

16

甲의 현재 나이를 x세, 乙의 현재 나이를 y세라고 하면,
$x=3y$ … ㉠
$7(x+11)=10(y+11)$ … ㉡
㉠의 $x=3y$를 ㉡에 대입해서 풀면,
$\therefore x=9$세, $y=3$세

17

50,000원을 넘지 않으면서 사과 10개들이 한 상자를 최대로 산다면 5상자($9{,}500\times5=47{,}500$원)를 살 수 있다. 나머지 금액으로 낱개의 사과를 2개까지 살 수 있으므로, 구매할 수 있는 사과의 최대 개수는 $10\times5+2=52$개이다.

18

부가세 15%를 포함하지 않은 원래의 피자 가격을 x라고 하면,
$x+\left(x\times\frac{15}{100}\right)=18{,}400 \rightarrow x=16{,}000$
따라서 부가세 10%를 포함한 피자의 가격은
$16{,}000+\left(16{,}000\times\frac{10}{100}\right)=17{,}600$원이다.

19 욕조를 가득 채우는 데 걸리는 시간을 x시간이라고 하자.

욕조를 가득 채우는 데 필요한 물의 양을 1이라 하면, 1분 동안 A, B관을 이용해 채우는 물의 양은 각각 $\frac{1}{30}$, $\frac{1}{40}$이고 1분 동안 배수되는 물의 양은 $\frac{1}{20}$이다.

A관과 B관을 동시에 틀고, 동시에 배수를 할 때는

$$\left(\frac{1}{30}+\frac{1}{40}-\frac{1}{20}\right)x=1$$

$$\frac{1}{120}x=1$$

$\therefore x=120$분

20 2의 배수가 적힌 공을 뽑는 경우는 5가지, 3의 배수가 적힌 공을 뽑는 경우는 3가지이다.

$\therefore$ 구하는 확률 : $\frac{5}{10}\times\frac{3}{10}=\frac{3}{20}$

03 문제해결능력

1	2	3	4	5	6	7	8	9	10	11	12	13	14	15	16	17	18	19	20
③	③	④	③	④	②	③	①	②	③	④	⑤	①	⑤	②	④	③	③	①	⑤

01 B안의 가중치는 전문성인데 자원봉사제도는 (−)이므로 부당한 판단이다.

02 (나) 휴게소가 없는 노선 중 평택충주선의 경우 영업소의 수가 17개이므로 옳지 않은 해석이다.

(라) 경부선은 영업소의 수가 휴게소의 수보다 많으므로 [(휴게소)/(영업소)] 비율은 1보다 작다. 그러나 호남선의 지선의 경우 영업소 수와 휴게소 수가 같으므로 [(휴게소)/(영업소)] 비율이 1이고, 중앙선의 경우 영업소 수가 휴게소 수보다 적으므로 [(휴게소)/(영업소)] 비율은 1보다 크다. 실제로 세 노선의 [(휴게소)/(영업소)] 비율을 구하면 다음과 같다.

- 경부선 : $\frac{31}{32}$≒0.97
- 중앙선 : $\frac{14}{6}$≒0.67
- 호남선의 지선 : 1

따라서 [(휴게소)/(영업소)] 비율이 가장 높은 노선은 중앙선이다.

(가)·(마) 제시된 자료를 통해 알 수 있다.

(다) 휴게소의 수와 주유소의 수가 일치하지 않는 노선은 경부선, 88올림픽선, 호남선으로 총 3개의 노선이다.

03 ① 분석 자료에서 자사의 유통 및 생산 노하우가 부족하다고 분석하였으므로 적절하지 않다.

② 20대 지향 디지털마케팅 전략을 구사하기에 역량이 미흡하다고 분석하였으므로 적절하지 않다.

③ 분석 자료를 살펴보면, 경쟁자들 중 상위업체가 하위업체와의 격차를 확대하기 위해서 파격적인 가격정책을 펼치고 있다고 하였으므로 적절하지 않다.

⑤ 브랜드 경쟁력을 유지하기 위해 20대 SPA 시장 진출이 필요하며 자사가 높은 브랜드 이미지를 가지고 있다는 내용은 자사의 상황분석과 맞지 않는 내용이기에 적절하지 않다.

04 A/S 접수 현황에 제품 시리얼 번호를 보면 네 번째 자리의 숫자가 분류1에는 '1', 분류2에는 '2', 분류3에는 '3', 분류4에는 '4'로 분류되어 있음을 알 수 있다. 따라서 네 번째 자리가 의미하는 메모리 용량이 시리얼 번호를 분류하는 기준이다.

05 제조년도는 시리얼 번호 중 앞에서 다섯 번째 알파벳으로 알 수 있다. 2012년도는 'A', 2013년도는 'B'로 표기되어 있으며, A/S 접수 현황에서 찾아보면 총 9개이다.

분류1	• ABD1A2001092 • CBL1BN000192 • MBD1A2012081
분류2	• SBD2B9001501 • BBL2BO010012 • CBD2B3000183
분류3	• BBD3B6000761 • SBD3B1004803
분류4	• ABD4B3007042

06 A/S 접수 현황에서 잘못 기록된 일련번호는 총 7개이다.

분류1	• ABE1C6100121 → 일련번호가 09999 이상인 것은 없음 • MBE1DB001403 → 제조월 표기기호 중 'B'는 없음
분류2	• MBP2CO120202 → 일련번호가 09999 이상인 것은 없음 • ABE2D0001063 → 제조월 표기기호 중 '0'은 없음
분류3	• CBL3S8005402 → 제조년도 표기기호 중 'S'는 없음
분류4	• SBE4D5101483 → 일련번호가 09999 이상인 것은 없음 • CBP4D6100023 → 일련번호가 09999 이상인 것은 없음

07 당사가 해결해야 할 전략과제를 고르는 문제이다. 때론 자사의 강점을 활용하는 것도 전략과제로 삼을 수 있지만, 일반적으로 전략과제란 자사의 부족한 부분 혹은 취약한 부분에 대해 보완하는 것이다. 따라서 자사에서 확보하고 있는 우수한 고객서비스 부문을 강화한다는 것은 전략과제로 삼기에 적절하지 않다.

① 해외 판매망이 취약하다고 분석되었으므로 중국 시장의 판매유통망을 구축하는 것을 전략과제로 삼는 것은 적절하다.

② 중국 시장에서의 ○○○제품의 구매방식이 대부분 온라인으로 이루어지는 데 반해, 자사의 온라인 구매시스템이 미흡하다는 자료를 통해서 온라인 구매시스템을 강화한다는 전략과제는 적절하다.

④ ○○○제품에 대한 중국기업들 간의 가격경쟁력 심화와 이를 생산하는 데 있어 자사의 높은 생산원가 구조라는 자료를 통해서 원가절감을 통한 가격경쟁력을 강화시키는 전략과제는 적절하다.

⑤ 자사의 생산관리체계가 미흡하다고 분석되었으므로 목표관리제도를 통해 생산관리체계를 강화하는 전략과제는 적절하다.

08 자동차의 용도별 구분을 보면 비사업용 자동차에 사용할 수 있는 문자기호는 'ㅏ, ㅓ, ㅗ, ㅜ' 뿐이다. 따라서 '겨'라고 한 ①은 적절하지 않다.

09 84배 7895는 사업용인 택배차량이며, ①·③·④·⑤는 개인용 화물이다.

10 모든 유통과정에서 최소 이윤만을 반영한다면, 10,000원×1.2×1.2×1.1×1.1=17,424원의 가격으로 구매할 수 있다. 이 가격은 권장 소비자가격인 25,000원보다 $\frac{25,000-17,242}{17,242}\times100 \fallingdotseq 30\%$ 정도 할인된 가격이다.

① 도매상은 제조업체로부터 제품을 구매하는 것이므로 10,000원×1.2=12,000원의 판매가격을 지불한다.

② 중간도매상이 얻을 수 있는 최대 이윤은 도매가격의 20%이다. 또한 중간도매상이 최대 이윤을 얻기 위해서는 도매가격도 최대이어야 한다.
- 도매상 판매가 : 12,000원×1.3=15,600원
- 중간도매상 판매가 : 15,600원×1.2=18,720원

∴ 중간도매상이 얻을 수 있는 최대 이윤 : 18,720원−15,600원 : 3,120원

④ 소비자가 가장 비싸게 구매하는 경우는 각 유통과정에서 최대 이윤을 매겼을 때이다.
- 소비자 구매가 : 10,000원×1.2×1.3×1.2×1.2=22,464원

∴ 22,464원÷12,000원=1.872 → 약 1.9배

⑤ 중간도매상을 거치지 않는다면 최소 15,840원(=12,000원×1.2×1.1)에서 최대 18,720원(=12,000원×1.3×1.2)의 가격으로 소비자는 제품을 구매할 수 있다.

11 「○○은행 100세 플랜 적금」 상품은 예금자 보호가 적용되는 상품이나, 예금자보호법에 따라 ○○은행에 있는 고객의 모든 예금보호대상 금융상품에 적용되므로 다른 상품과 구별하여 보호받는다는 설명은 적절하지 못하다.

12 해당 적금의 만기시점 세전금리는 '기본금리+우대금리' 이다.

기본금리는 상품설명서 내 [만기금리] → [기본금리] 항목에서 확인할 수 있는데, A 고객의 계약기간이 5년이므로 연 3.00%임을 확인할 수 있다.

우대금리는 A 고객의 상담내역에서 [우대금리] 중 우대조건 항목에 해당되는 것이 있는지 비교한 후, 해당되는 항목의 우대금리를 모두 합하면 된다.

- 우대조건 ① : A 고객은 ○○은행과 이전에 거래한 적이 없으며, 해당 적금상품만을 가입하였으므로 우대조건에 해당되지 않는다.
- 우대조건 ② : A 고객은 배우자와 함께 가입하였고, 신규금액이 10만원 이상이므로 우대조건에 해당된다.
- 우대조건 ③ : A 고객은 매월 20만원씩 납입, 계약기간 5년이고 만기까지 연체없이 납입할 예정이므로 우대조건에 해당된다.
- 우대조건 ④ : A 고객은 행원의 추천에 따라 「○○은행 100세 플랜 연금」을 신규로 가입하여 6개월 이상 보유할 예정이므로 우대조건에 해당된다.
- 우대조건 ⑤ : A 고객은 ○○은행에 방문하여 행원과 해당 적금에 대해 상담을 받아 계약을 하였으므로, 우대조건에 해당되지 않는다.

따라서, 우대조건 ② (0.1%p)·③ (0.2%p)·④ (0.2%p)를 충족하였으므로 우대금리는 0.5%p이며, 만기시점 세전이자는 3.00%+0.5%=3.50%이다.

13 시설물 전체를 교체하는 경우, 최종 부과비용은 시설물 경과연수에 따른 감가상각률을 적용하여 산출한다.

② 임차인에게 부과하는 수선비는 실제 소요되는 실비를 기준으로 산정한다.
③ 시설물의 일부분을 보수하는 경우 감가상각률을 적용하지 않고 수선비용 전체를 부과한다.
④ 빌트인 제품에 대해서도 임차인 부담 사유가 발생하는 경우가 있다.
⑤ 시설물경과연수는 해당 시설물의 최초 설치 시점부터 산정한 시설물의 전체 경과연수로서 임차인의 거주기간과 다를 수 있다.

14 침대는 빌트인 제품에 포함되는 항목이며, 신규 구입을 하였으므로 계산식을 세워 임차인 부담비용을 산정하면

$420,000$원$-\frac{4}{8}\times 420,000$원$=210,000$원이다.

15 주어진 자료를 토대로 민원처리 시점을 구하면 다음과 같다.

- A 씨는 4/29(금)에 '부동산중개사무소 등록'을 접수하였고 민원처리기간은 7일이다. 민원사무처리기간이 6일 이상일 경우, 초일을 산입하고 '일' 단위로 계산하되 토요일은 포함하고 공휴일은 포함하지 않는다. 따라서 민원사무처리가 완료되는 시점은 5/9(월)이다.
- B 씨는 4/29(금)에 '토지거래계약허가'를 접수하였고 민원처리기간은 15일이다. 민원사무처리기간이 6일 이상일 경우, 초일을 산입하고 '일' 단위로 계산하되 토요일은 포함하고 공휴일은 포함하지 않는다. 따라서 민원사무처리가 완료되는 시점은 5/19(목)이다.
- C 씨는 4/29(금)에 '등록사항정정'을 접수하였고 민원처리기간은 3일이다. 민원사무처리기간이 5일 이하일 경우, '시간' 단위로 계산하되 토요일과 공휴일은 포함하지 않는다. 따라서 민원사무처리가 완료되는 시점은 5/4(수) 14시이다.

일	월	화	수	목	금	토
					4/29	30
5/1	2	3	4	5	6	7
8	9	10	11	12	13	14
15	16	17	18	19	20	21
22	23	24	25	26	27	28
29	30	31				

16
- 첫 번째 조건에 의해, A가 받는 상여금은 75만원이다.
- 두 번째, 네 번째 조건에 의해, B<C, B<D<E이므로 B가 받는 상여금은 25만 원이다.
- 세 번째 조건에 의해, C가 받는 상여금은 50만 원 또는 100만 원이다.

이를 정리하여 가능한 경우를 표로 나타내면 다음과 같다.

구분	A	B	C	D	E
Case 1	75만원	25만원	50만원	100만원	125만원
Case 2	75만원	25만원	100만원	50만원	125만원

17 제품 특성상 테이크 아웃이 불가능했던 위협 요소를 피하기 위해 버거의 사이즈를 줄이는 대신 무료로 사이드 메뉴를 제공하는 것은 독창적인 아이템을 활용하면서도 위협 요소를 보완하는 전략으로 적절하다.

① 해당 상점의 강점은 주변 외식업 상권과 차별화된 아이템 선정이다. 그러므로 주변 상권에서 이미 판매하고 있는 상품을 벤치마킹해 판매하는 것은 강점을 활용하는 전략으로 적절하지 않다.

② 높은 단가 재료를 낮추기 위해 유기농 채소와 유기농이 아닌 채소를 함께 사용하는 것은 웰빙을 추구하는 소비 행태가 확산되고 있는 기회를 활용하지 못하는 전략이므로 적절하지 않다.

④ 커스터마이징 형식의 고객 주문 서비스 및 주문 즉시 조리하는 방식은 해당 상점의 강점이다. 약점을 보완하기 위해 강점을 모두 활용하지 못하는 전략이므로 적절하지 않다.

⑤ SW전략에 해당한다.

18 **[부서배치]**

- 성과급 평균은 48만원이므로, A는 영업부 또는 인사부에서 일한다.
- B와 D는 비서실, 총무부, 홍보부 중 한 곳에서 일한다.
- C는 인사부에서 일한다.
- D는 비서실에서 일한다.

따라서 A-영업부, B-총무부, C-인사부, D-비서실, E-홍보부에서 일한다.

[휴 가]

A는 D보다 휴가를 늦게 간다.

따라서 C - D - B - A 또는 D - A - B - C순으로 휴가를 간다.

① A : 20×3=60만 원, C : 40×2=80만 원

② C가 제일 먼저 휴가를 갈 경우, A가 제일 마지막으로 휴가를 가게 된다.

④ 휴가를 가지 않은 E는 두 배의 성과급을 받기 때문에 총 120만원의 성과급을 받게 되고, D의 성과급은 60만원이기 때문에 두 사람의 성과급 차이는 두 배이다.

⑤ C가 제일 마지막에 휴가를 갈 경우, B는 A보다 늦게 출발한다.

19

- A : 현아의 신발 사이즈가 230mm라면 소영이는 225mm, 지영이는 235mm이므로 보미의 신발 사이즈는 240mm 혹은 245mm로 두 번째로 크다고 할 수 있다.
- B : 보미의 신발 사이즈가 240mm라면 현아의 신발 사이즈는 230mm 혹은 245mm가 된다. 둘 중 현아의 신발 사이즈가 230mm일 때만 소영이의 신발 사이즈가 225mm임을 확신할 수 있으므로 B는 옳은지 틀린지 판단할 수 없다.

20 닭고기<소고기<오리고기<생선, 닭고기<돼지고기

- A : 태민이가 돼지고기보다 오리고기를 좋아하는지는 알 수 없다.
- B : 생선보다 돼지고기를 더 좋아할 가능성도 있기 때문에 생선을 가장 좋아하는지도 알 수 없다.

04 자원관리능력

1	2	3	4	5	6	7	8	9	10	11	12	13	14	15	16	17	18	19	20
③	③	①	②	④	①	②	③	②	⑤	②	⑤	③	③	②	⑤	①	①	④	①

01 모든 회의실에 2인용 테이블이 4개 있었고 첫 번째 주문 후 2인용 테이블 4개가 생겨 총 8개지만 16명만 앉을 수 있기 때문에 테이블 하나를 더 주문해야 한다. 의자는 모든 회의실에 9개, 창고에 2개, 주문한 1개를 더하면 총 12개로 5개를 더 주문해야 한다.

02 공연은 고전극(Classic Play)인 셰익스피어의 "햄릿"을 상연하므로 연극이다.

- 공연대관료(19:00 ~ 22:00) : 850,000 × 10회 = 8,500,000원
- 리허설대관료(14:00 ~ 17:00) : 550,000 × 10회 = 5,500,000원

12월 장기공연 할증 50%와 VAT 10% 추가 금액을 더해 정기대관료를 구하면 총 23,100,000원이다.
따라서 A 사원이 청구해야 할 계약금은 23,100,000 × 0.3 = 6,930,000원이다.

03 노선지수를 계산하기 위해선 총거리와 총시간, 총요금을 먼저 계산한 후 순위에 따라 다시 한 번 계산해야 한다.

경유지	합산거리	총거리 순위	합산시간	총시간 순위	합산요금	총요금 순위	노선 지수
베이징	9,084km	1	10시간	1	150만원	7	2.9
하노이	11,961km	4	15시간	6	120만원	4	8.2
방 콕	13,242km	7	16시간	7	105만원	1	10.7
델 리	11,384km	3	13시간	4	110만원	2	5.6
두바이	12,248km	6	14시간	5	115만원	3	8.9
카이로	11,993km	5	12시간	3	125만원	5	7.1
상하이	10,051km	2	11시간	2	135만원	6	4.2

베이징 노선은 잠정 폐쇄되었으므로 그다음으로 노선지수가 낮은 상하이를 경유하는 노선이 가장 적합한 노선이다.

04 11:00 ~ 11:30에는 20명의 고객이 식사를 하고 있다. 그리고 11:30부터 1시간 동안은 2분당 +3명, 5분당 −1명이 출입한다. 2와 5의 최소공배수는 10이고, 10분당 출입하는 고객 수는 3×5−1×2=+13명이다. 따라서 12:00에는 20+13×3=59명이 매장에서 식사를 하고 있다.

05 매출액은 매장에 방문한 고객 수에 타임별 가격을 곱한 값을 모두 더하면 알 수 있다.

- 런치타임 때 방문한 고객 수
  : 20명+(3명×60/2분)+(2명×60/1분)+(6명×60/5분)=302명

• 디너타임 때 방문한 고객 수
: 20명+(7명×60/2분)+(3명×60/1분)+(4명×60/5분)=458명
∴ 하루 매출액 : (302명×10,000원)+(458명×15,000원)=9,890,000원

06 조사 당일에 만석이었던 적이 한 번 있었다고 하였으므로, 가장 많은 고객이 있었던 시간대의 고객 수가 한식뷔페의 좌석 수가 된다.
시간대별 고객의 증감은 최소공배수를 활용하여 다음과 같이 계산한다.
[런치타임]

시간	내용
11:30 ~ 12:30	• 2분과 5분의 최소공배수 : 10분 • (3명×10/2분)−(1명×10/5분)=+13명 ∴ 10분당 13명 증가
12:30 ~ 13:30	• 1분과 6분의 최소공배수 : 6분 • (2명×6/1분)−(5명×6/6분)=+7명 ∴ 6분당 7명 증가
13:30 ~ 14:30	• 5분과 3분의 최소공배수 : 15분 • (6명×15/5분)−(2명×15/3분)=+8명 ∴ 15분당 8명 증가

즉, 런치타임에는 시간이 흐를수록 고객의 수가 계속 증가함을 알 수 있다.
[디너타임]

시간	내용
16:30 ~ 17:30	• 2분과 3분의 최소공배수 : 6분 • (7명×6/2분)−(7명×6/3분)=+7명 ∴ 6분당 7명 증가
17:30 ~ 18:30	• 1분과 5분의 최소공배수 : 5분 • (3명×5/1분)−(6명×5/5분)=+9명 ∴ 5분당 9명 증가
18:30 ~ 19:30	• 5분과 3분의 최소공배수 : 15분 • (4명×15/5분)−(3명×15/3분)=−3명 ∴ 15분당 3명 감소

즉, 디너타임에는 18:30 이전까지는 고객 수가 계속 증가함을 알 수 있다.
• 런치타임 최대 고객 수(14:30)
: 20+(13명×60/10분)+(7명×60/6분)+(8명×60/15분)=200명
• 디너타임 최대 고객 수(18:30)
: 20명+(7명×60/6분)+(9명×60/5분)=198명
따라서 한식 뷔페 좌석 수는 200석이다.

07 C는 혁신성, 친화력, 책임감이 '상 – 상 – 중'으로 영업팀의 중요도에 적합하며 창의성과 윤리성은 '하'이지만 영업팀에서 중요하게 생각하지 않는 역량이기에 영업팀으로의 부서배치가 적절하다.
E 또한 혁신성, 친화력, 책임감, 윤리성이 '중 – 중 – 상 – 하'로 지원팀의 핵심역량가치에 부합하기에 지원팀으로의 부서배치가 적절하다.

08 대화내용을 살펴보면 A 과장은 패스트푸드점, B 대리는 화장실, C 주임은 은행, 귀하는 편의점을 이용한다. 이는 동시에 이루어지는 일이므로 가장 오래 걸리는 일의 시간만을 고려하면 된다. 따라서 은행이 30분으로 가장 오래 걸리므로 17:20에 모두 모이게 된다. 따라서 17:00, 17:15에 출발하는 버스는 이용하지 못한다. 그리고 17:30에 출발하는 버스는 잔여석이 부족하여 이용하지 못한다. 최종적으로 17:45에 출발하는 버스를 탈 수 있다. 그러므로 서울에 도착 예정시각은 19:45이다.

09
- A : 1인당 신청 가능한 입장권의 총수량은 50매이지만 조직위원회가 지정한 인기경기는 1인당 최대 4매까지, 이외 경기는 최대 8매이다. 따라서 인기경기인 피겨스케이팅 경기는 4매까지만 신청 가능하므로 전체 인원인 48명의 티켓을 한 사람이 모두 신청할 수 없다.
- D : 한 경기(세션) 내에서 당첨된 입장권은 전부 결제해야 구매가 확정된다. 따라서 부분결제는 불가능하므로 적절하지 않다.
- B : 예매 시 외국인의 경우 외국인 등록번호가 필요하다.
- C : 캐스케이드(Cascade) 옵션을 선택하면 추첨에서 탈락한 경우 하위 등급 추첨에 자동적으로 참여하게 된다.
- E : 결제는 5월 8일 당첨자 발표 후 14일 이내에 해야 하므로 5월 21일까지 결제하여야 한다.

10
- 갑이 화장품 세트를 구매하는 데 든 비용
  - 화장품 세트 : 29,900원
  - 배송비 : 3,000원(일반배송상품이지만 화장품 상품은 30,000원 미만 주문 시 배송비 3,000원 부담)
- 을이 책 3권을 구매하는 데 든 비용
  - 책 3권 : 30,000원(각 10,000원)
  - 배송비 : 무료(도서상품은 배송비 무료)

따라서 갑은 32,900원, 을은 30,000원이 들었다.

11
- 사과 한 박스의 가격 : 32,000×(1－0.25)＝24,000원
- 배송비 : 무료(일반배송상품, 도서지역에 해당되지 않음)
- 최대 배송 날짜 : 일반배송상품은 결제완료 후 평균 2 ~ 4일 이내 배송되므로(공휴일 및 연휴 제외) 금요일 결제 완료 후 토요일, 일요일을 제외하고 늦어도 목요일까지 배송될 예정이다.

12 ㄱ. 표를 통해 쉽게 확인할 수 있다.

ㄴ. 각 6,570백만 원으로 동일하다.

ㄷ. (1kWh당 전기요금)＝(연간 절감 전기요금)÷(연간 절감 전력량)

∴ 3,942백만 원÷3,942만kWh＝100원

ㄹ. (필요한 LED 전구 수)÷(적용 비율)＝900천 개÷0.3＝300만개

13 (17,520－10,950)×3＝19,710백만원

14 1회 구입 시 드는 비용은 (1회 구입 가격)+(운송비용)이다. 단위를 '천원'으로 맞추어 계산하면 다음과 같다.

- A사 : 890+15×90=2,240천원
- B사 : 1,490+12×60=2,210천원
- C사 : 1,150+14×75=2,200천원
- D사 : 1,860+11×35=2,245천원
- E사 : 1,630+12×50=2,230천원

따라서 C사가 가장 적은 비용이 든다.

15
- 본부에서 36개월 동안 연구원으로 근무 → 0.03×36개월=1.08점
- 지역 본부에서 24개월 근무 → 0.015×24개월=0.36점
- 특수지에서 12개월 동안 파견근무(지역본부 근무경력과 중복되어 절반만 인정) → 0.02×12개월÷2=0.12점
- 본부로 복귀 후 현재까지 총 23개월 근무 → 0.03×23개월=0.69점
- 현재 팀장(과장) 업무 수행 중
  - 내부평가결과 최상위 10퍼센트 총 12회 → 0.012×12=0.144점
  - 내부평가결과 차상위 10퍼센트 총 6회 → 0.01×6=0.06점
  - 금상 2회, 은상 1회, 동상 1회 수상 → (0.25×2)+(0.15×1)+(0.1×1)=0.75점(그러나 인정범위 조건에 따라 최대 0.5점 인정)
  - 시행결과평가 탁월 2회, 우수 1회 → (0.25×2)+(0.15×1)=0.65점(그러나 인정범위 조건에 따라 0.5점 인정)

따라서 K 과장의 가점은 3.454점이다.

16 2016년 3분기의 이전 분기 대비 수익 변화량(−108)이 가장 크다.

① 수익의 증가는 2016년 2분기에 유일하게 관찰된다.
② 재료비를 제외한 금액은 2016년 4분기가 2015년 4분기보다 낮다.
③ 수익의 변화량은 제품가격의 변화량과 밀접한 관계가 있다.
④ 조사기간 중 수익이 가장 높은 때는 재료비보다 제품가격의 영향을 받는다.

17 2017년 1분기의 재료비는 (1.6×70,000)+(0.5×250,000)+(0.15×200,000)=267,000원이다. 2017년 1분기의 제품가격은 '2017년 1분기의 수익+2017년 1분기의 재료비'이며 2017년 1분기의 수익은 2016년 4분기와 동일하게 유지된다고 하였으므로 291,000원이다.
따라서 291,000+267,000=558,000원이므로 책정해야 할 제품가격은 558,000원이다.

18 35명의 수용 인원과 최소 인원을 모두 충족하는 회의실은 별실이다.
따라서 오전 사용료는 400,000+10,000+30,000=440,000원이다.
10명의 수용 인원과 최소 인원을 모두 충족하는 회의실은 세미나 3·4 회의실이며 예약 가능한 회의실 중 비용이 저렴한 쪽을 선택해야하므로 세미나 3 회의실을 선택한다.
따라서 오후 사용료는 74,000+37,000+50,000+20,000=181,000원이다.

B 기업이 이용일 4일 전 오후 회의실을 취소하였으므로 181,000원에서 10%를 차감한 162,900원을 환불해줘야 한다.

19 팀원의 모든 스케줄이 비어 있는 시간은 16:00 ~ 17:00이므로 답은 ④이다.

20 12/5(토)에 근무하기로 예정된 1팀 차도선이 개인사정으로 근무 일자를 대체하려고 할 경우, 그 주에 근무가 없는 3팀의 한 명과 대체하여야 한다. 대체근무자인 하선오는 3팀에 소속된 인원이긴 하나, 대체근무일자가 12/12(토)로 1팀인 차도선이 근무하게 될 경우 12/13(일)에도 1팀이 근무하는 날이기 때문에 주말근무 규정에 어긋나 적절하지 못하다.

05 정보능력

1	2	3	4	5	6	7	8	9	10
④	②	③	③	②	③	③	②	①	①

01 ㄱ. [G4] 셀은 '=AVERAGE(B4:F4)' 로 구할 수 있다.
ㄷ. [I4] 셀은 '=IF(H4<=3,"우수 사원","")' 로 구할 수 있다.

02 INDEX(범위,행,열) : 해당하는 범위 안에서 지정한 행, 열의 위치에 있는 값을 출력한다.
따라서 [B2:D9]의 범위에서 2행 3열에 있는 값 ② 23,200,000이 적절하다.

03 유효성 검사에서 제한 대상을 목록으로 설정을 했을 경우, 드롭다운 목록의 너비는 데이터 유효성 설정이 있는 셀의 너비에 의해 결정된다.

04 (가) 영어점수가 평균을 초과하는 데이터를 추출할 때는 AVERAGE 함수에서 범위에 반드시 절대 참조가 들어가야 한다.
(나) 성명의 두 번째 문자가 '영' 인 데이터를 추출해야 하므로 '?영*' 이 되어야 한다.

05 범례는 3개(국어, 영어, 수학)로 구성되어 있다.

06 인터넷 익스플로러의 기본검색 공급자는 「도구」의 「추가 기능 관리(M)」에서 변경할 수 있다. 먼저 「추가 기능 관리(M)」를 클릭한다. 그 다음 「검색 공급자(S)」 탭에서 하단에 위치한 「추가 검색 공급자 찾기(F)」를 클릭해 원하는 검색 공급자를 추가하여 사용하면 된다.

07 주어진 메일 내용에서 검색기록 삭제 시, 기존에 체크되어 있는 항목 외에도 모든 항목을 체크하라고 되어 있으나, 괄호 안에 '즐겨찾기 웹 사이트 데이터 보존 부분은 체크 해제할 것' 이라고 명시되어 있으므로 모든 항목을 체크하는 행동은 적절하지 못하다.

08 주어진 자료에서 원하는 항목만을 골라 해당하는 금액의 합계를 구하기 위해서는 SUMIF 함수를 사용하는 것이 적절하다. SUMIF 함수는 「=SUMIF(범위,조건,합계를 구할 범위)」형식으로 작성한다. 따라서 「=SUMIF(C3:C22,"외식비",D3:D22)」로 입력하면 원하는 값을 도출할 수 있다.

09 LEN 함수는 문자열의 문자 수를 구하는 함수이므로 숫자를 반환한다. LEN(A2)는 '서귀포시' 로 문자 수가 4이며 여기서 −1을 하면 A2열의 3번째 문자까지를 지정하는 것이므로 [C2] 셀과 같이 나온다. 텍스트 문자열의 시작지점부터 지정한 수만큼의 문자를 반환하는 LEFT 함수를 사용하면 LEFT(A2, LEN(A2)−1)이 적절하다.

10 특정 값의 변화에 따른 결과 값의 변화를 알아보는 경우는 '시나리오' 와 '데이터 표' 2가지가 있다. 2가지(시나리오, 데이터 표) 중 표 형태로 표시해주는 것은 '데이터 표' 에 해당한다. 비슷한 형식의 여러 데이터 결과를 요약해주는 경우는 '부분합' 과 '통합' 이 있다. 2가지(부분합, 통합) 중 통합하여 요약해주는 것은 '통합' (데이터 통합)에 해당한다. 참고로 '부분합' 은 하나로 통합하지 않고 그룹끼리 모아서 계산한다.

PART

6

인성검사

인성검사 소개

01 인성검사 유형

인성검사는 지원자의 성격 특성을 객관적으로 파악하고 그것이 각 기업에서 필요로 하는 인재상과 가치에 부합하는가를 평가하기 위한 검사이다. 대표적으로 KPDI(한국인재개발진흥원), KAD(한국사회적성개발원), KIRBS(한국행동과학연구소), SHR(에스에이치알) 등의 전문기관을 통해 각 기업의 특성에 맞는 검사를 선택하여 실시한다. 대표적인 인성검사의 유형에는 다음과 같은 세 가지가 있다.

1. KPDI

개인의 심리적 특성을 개별적으로 해석하고 판단하기보다는 여러 특성을 종합적으로 해석하는 프로파일 패턴 분석(Profile Pattern Analysis)을 통한 성격진단법을 채택하고 있다. 개인의 성격에 대한 종합적인 이해가 가능하다.

2. KAD(Korea Aptitude Development)

남녀 간의 성향별 유형을 파악하고 비정상적으로 행동하는 대상을 면밀히 관찰·분석하여 정상인들과의 차이점을 수치로 표시함으로써 사회에서 필요로 하는 정상적인 인성의 형성 정도를 파악하는 데 주력한 검사이다. 개인의 성향과 지적인 능력, 기호·관심·흥미도를 종합적으로 분석하여 가장 적성에 맞는 업무가 무엇인가를 파악한다.

3. SHR

다양한 직업영역의 지원자들에게 포괄적으로 사용될 수 있으며 대인관계·사고유형·감정 및 정서의 3개 영역과 30개의 하위 성격차원들로 구성된다. 또한, 성격차원별 측정결과에 근거하여 직무별 해당 역량의 프로파일을 제공한다.

02 인성검사와 면접

인성검사는 특히 면접 질문과 관련성이 높다. 면접관은 지원자의 인성검사 결과를 토대로 질문을 하기 때문이다. 일관적이고 이상적인 답변을 하는 것이 가장 좋지만, 실제 시험은 매우 복잡하여 전문가라 해도 일정 성격을 유지하면서 답변을 하는 것은 힘들다. 또한, 인성검사에는 라이 스케일 설문이 전체 설문 속에 교묘하게 섞여 들어가 있으므로 겉치레적인 답을 하게 되면 회답태도의 허위성이 그대로 드러나게 된다. 예를 들어 "거짓말을 한 적이 한 번도 없다"에 '예'로 답하고, "때로는 거짓말을 하기도 한다"에 '예'라고 답하여 라이 스케일의 득점이 올라가게 되면 모든 회답에 신빙성이 사라지고 '자신을 돋보이게 하려는 사람'이라는 평가를 받을 수 있으므로 주의해야 한다. 따라서 모의테스트를 통해 인성검사의 유형을 파악하고 실제 시험 시 어떻게 문제를 풀어야 하는지 연습해본다. 또 체크한 부분 중 자신의 단점과 연결되는 부분은 면접에서 질문이 들어왔을 때 어떻게 대처해야 하는지 생각해보는 것이 좋다.

03 유의사항

1. 기업의 인재상을 파악하라!

인성평가를 통해 개인의 성격특성을 파악하고 그것이 기업의 인재상과 가치에 부합하는가를 평가하는 시험이기 때문에 해당 기업의 인재상을 먼저 파악하고 시험에 임하는 것이 좋다. 모의테스트에서 인재상에 맞는 가상의 인물을 설정하고 문제에 답해보는 것도 많은 도움이 된다.

2. 일관성 있는 대답을 하라!

짧은 시간 안에 다양한 질문에 답을 해야 하는데, 그 안에는 중복되는 질문이 여러 번 나온다. 이때 앞서 자신이 체크했던 대답을 잘 기억해뒀다가 일관성 있는 답을 하는 것이 중요하다.

3. 모든 문항에 대답하라!

많은 문제를 짧은 시간 안에 풀려다 보니 다 못 푸는 경우도 종종 생긴다. 하지만 대답을 누락하거나 끝까지 다 못 끝냈을 경우 안 좋은 결과를 가져올 수도 있으니 최대한 주어진 시간 안에 모든 문제를 풀 수 있도록 해야 한다.

CHAPTER

02 인성검사 모의테스트

01 KPDI 모의테스트

번호	내용	예	아니오
001	나는 솔직한 편이다.		
002	나는 리드하는 것을 좋아한다.		
003	법을 어겨서 말썽이 된 적이 한 번도 없다.		
004	거짓말을 한 번도 한 적이 없다.		
005	나는 눈치가 빠르다.		
006	나는 일을 주도하기보다는 뒤에서 지원하는 것을 선호한다.		
007	앞일은 알 수 없기 때문에 계획은 필요하지 않다.		
008	거짓말도 때로는 방편이라고 생각한다.		
009	사람이 많은 술자리를 좋아한다.		
010	걱정이 지나치게 많다.		
011	일을 시작하기 전 재고하는 경향이 있다.		
012	불의를 참지 못한다.		
013	처음 만나는 사람과도 이야기를 잘 한다.		
014	때로는 변화가 두렵다.		
015	나는 모든 사람에게 친절하다.		
016	힘든 일이 있을 때 술은 위로가 되지 않는다.		
017	결정을 빨리 내리지 못해 손해를 본 경험이 있다.		
018	기회를 잡을 준비가 되어 있다.		
019	때로는 내가 정말 쓸모없는 사람이라고 느낀다.		
020	누군가 나를 챙겨주는 것이 좋다.		
021	자주 가슴이 답답하다.		
022	나는 내가 자랑스럽다.		
023	경험이 중요하다고 생각한다.		
024	전자기기를 분해하고 다시 조립하는 것을 좋아한다.		
025	감시받고 있다는 느낌이 든다.		
026	난처한 상황에 놓이면 그 순간을 피하고 싶다.		
027	세상엔 믿을 사람이 없다.		
028	잘못을 빨리 인정하는 편이다.		
029	지도를 보고 길을 잘 찾아간다.		

030	귓속말을 하는 사람을 보면 날 비난하고 있는 것 같다.		
031	막무가내라는 말을 들을 때가 있다.		
032	장래의 일을 생각하면 불안하다.		
033	결과보다 과정이 중요하다고 생각한다.		
034	운동은 그다지 할 필요가 없다고 생각한다.		
035	새로운 일을 시작할 때 좀처럼 한 발을 떼지 못한다.		
036	기분 상하는 일이 있더라도 참는 편이다.		
037	업무능력은 성과로 평가받아야 한다고 생각한다.		
038	머리가 맑지 못하고 무거운 느낌이 든다.		
039	가끔 이상한 소리가 들린다.		
040	타인이 내게 자주 고민상담을 하는 편이다.		

02 SHR 모의테스트

※ 지문을 읽고 보기에서 자신과 가장 가까운 것(ㄱ)과 가장 먼 것(ㅁ)을 선택하시오.

01 **나는 친구들과 어울리는 것을 좋아한다.**

① 자주 어울리는 편은 아니다.
② 가끔 어울린다.
③ 자주 어울린다.
④ 거의 매일 만난다.

ㄱ. ① ② ③ ④
ㅁ. ① ② ③ ④

02 **나는 일의 능률을 위해서는 계획이 중요하다고 생각한다.**

① 계획 없이는 일을 할 수 없다.
② 어느 정도 중요하다.
③ 별로 중요하지 않다.
④ 계획은 필요하지 않다.

ㄱ. ① ② ③ ④
ㅁ. ① ② ③ ④

03 **나는 스트레스를 잘 푼다.**

① 스트레스 때문에 일을 진행하지 못한다.
② 어느 정도 스트레스를 견딘다.
③ 거의 스트레스를 이겨낼 수 있다.
④ 언제나 스트레스를 잘 푼다.

ㄱ. ① ② ③ ④
ㅁ. ① ② ③ ④

04 **매표소에서 줄을 서고 있는데, 누군가 당신 앞에서 새치기를 한다면 어떻게 하겠는가?**

① 바로 항의한다.
② 상황에 따라서 무시한다.
③ 그냥 무시한다.
④ 전혀 신경 쓰지 않는다.

ㄱ. ① ② ③ ④
ㅁ. ① ② ③ ④

05 **열띤 논쟁에서 나는 한번 결정한 것을 좀처럼 바꾸지 않는다.**

① 내 생각을 고수하는 편이다.
② 가끔 그런 편이다.
③ 그렇지 않다.
④ 상황에 따라서 얼마든지 생각을 바꿀 수 있다.

ㄱ. ① ② ③ ④
ㅁ. ① ② ③ ④

06 **창의적으로 일하는 것을 좋아한다.**

① 매우 그렇다.
② 보통 그런 편이다.
③ 가끔 그렇다.
④ 주어진 일만 열심히 한다.

ㄱ. ① ② ③ ④
ㅁ. ① ② ③ ④

07 사람들과 함께 일하는 것이 효율적이다.

① 팀에서 일할 때 더 능률이 오른다.
② 대체로 그런 편이다.
③ 별로 개의치 않는다.
④ 혼자 일할 때 더 효율적이다.

ㄱ. ① ② ③ ④
ㅁ. ① ② ③ ④

08 일을 처리할 때 나만의 원칙이 있다.

① 매우 그렇다.
② 보통 그런 편이다.
③ 그때그때 다르다.
④ 전혀 없다.

ㄱ. ① ② ③ ④
ㅁ. ① ② ③ ④

09 집단에서 주도하는 역할을 선호한다.

① 어떤 자리든 늘 주도한다.
② 대체로 그런 편이다.
③ 나설 사람이 없으면 나선다.
④ 조용히 있는다.

ㄱ. ① ② ③ ④
ㅁ. ① ② ③ ④

10 **내 의견보다는 전체 의견을 따른다.**

① 내 의견을 설득시킨다.
② 절충안을 찾는다.
③ 반응이 없으면 전체 의견을 따른다.
④ 의견을 내지 않는다.

ㄱ. ① ② ③ ④
ㅁ. ① ② ③ ④

11 **빠르게 상황을 판단하고 결정을 내린다.**

① 매우 그렇다.
② 보통 그런 편이다.
③ 가끔 그렇다.
④ 결정을 잘 내리지 못한다.

ㄱ. ① ② ③ ④
ㅁ. ① ② ③ ④

12 **낯선 환경에서도 잘 적응한다.**

① 낯선 환경에서도 자신감을 잃지 않는다.
② 보통 그런 편이다.
③ 가끔 그렇다.
④ 낯을 많이 가린다.

ㄱ. ① ② ③ ④
ㅁ. ① ② ③ ④

13 **옷맵시나 머리 모양에서 최신 유행을 따른다.**

① 언제나 최신 유행을 따른다.
② 적당히 따르는 편이다.
③ 가끔 그렇다.
④ 유행을 신경쓰지 않는다.

ㄱ. ① ② ③ ④
ㅁ. ① ② ③ ④

14 **육교나 횡단보도가 있는데 거리가 멀면 어떻게 하겠는가?**

① 망설임 없이 무단횡단을 한다.
② 너무 바쁘다면 무단횡단을 한다.
③ 아무도 안 본다면 무단횡단을 한다.
④ 멀더라도 육교나 횡단보도를 이용한다.

ㄱ. ① ② ③ ④
ㅁ. ① ② ③ ④

15 **토론을 할 때 한 사람과 유독 의견대립이 된다면 어떻게 하겠는가?**

① 끝까지 내 의견을 설득한다.
② 한발 양보해 그 사람의 의견에 동의한다.
③ 절충안을 찾는다.
④ 무시한다.

ㄱ. ① ② ③ ④
ㅁ. ① ② ③ ④

채용 요모 조모

CHAPTER 01 블라인드 채용 소개

블라인드 채용이란 영어 '블라인드(Blind)'와 '채용'의 합성어로 직원을 채용함에 있어 **불필요한 스펙을 배제하고 직무능력만을 평가하여 채용**하는 방식을 말합니다.

01 블라인드 채용 소개

■ 블라인드 채용이란?

- 채용과정(서류 · 필기 · 면접)에서 편견이 개입되어 불합리한 차별을 야기할 수 있는 출신지, 가족관계, 학력, 외모 등의 편견 요인은 제외하고 지원자의 실력(직무능력)을 평가하여 인재를 채용하는 방식을 의미합니다.
- 블라인드 채용은 ① '차별적인 평가요소를 제거'하고, ② '직무능력을 중심으로 평가하는 것'으로 구분됩니다.
- 즉, 기존 NCS기반 능력중심채용 프로세스와 동일하되, 모든 과정에서 차별적인 요소를 제외하는 활동이 추가된 것입니다.

■ 블라인드 채용의 필요성

기존 채용제도의 불공정 해소

- 기업의 불공정 채용관행에 관한 사회적 불신 해소
- 차별적 채용은 기업 경쟁력 저해요소라는 인식 유도
- 직무중심 인재선발을 통한 공정한 채용제도 구축

직무중심채용을 통한 사회적 비용 감소 필요

- 직무중심채용을 통한 지원자의 취업준비 비용 감소
- 직무재교육, 조기 퇴사율의 감소 등을 통한 기업의 채용 비용 감소실현

■ 블라인드 채용의 특징

블라인드 채용이 지원자를 평가하지 않는다는 것은 아니다.

NCS 능력중심평가+차별요소 제외=블라인드 채용

블라인드 채용의 평가요소(평가항목, 평가기준)는 직무를 수행하는 데 필요한 역량이다.

평가기준=직무수행에 필요한 직무능력

02 블라인드 채용 핵심내용

인적사항 요구 금지	입사지원서에 출신지, 가족관계, 신체적 조건(키, 체중, 사진 포함), 학력(학과, 성적) 등에 대한 요구를 원칙적으로 할 수 없음
직무와 관련된 사항만 요구	직무와 관련 있는 교육, 훈련, 자격, 경험 등의 항목만으로 구성
체계화된 면접	경험, 상황, 발표면접 등을 실시하여 공정한 평가를 진행
시행시기	• 공공부문 : 2017년 하반기부터 약 300여 개의 주요 공공기관에서 블라인드 채용 전면 시행, 이후 150여 개의 지방공기업에도 도입될 예정 • 민간부문 : 정부에서는 블라인드 채용 가이드북을 통해 블라인드 채용이 확산되도록 추진할 예정

03 블라인드 채용 평가요소

선발 단계	NCS 능력중심채용 평가요소
서류전형	• 서류를 평가하지 않는 전형(무서류 전형) • 직무와 관련 있는 요소들만 평가 e.g. 교육사항, 경험사항, 자격사항 등
필기전형	• 직무와 관련된 지식, 기술, 인성(태도) 등을 주로 평가 e.g. 조직적합성, 인지능력, 전공지식 등
면접전형 (실기포함)	• 직무수행에 필요한 전문성, 인성(태도), 기술 등을 주로 평가 e.g. 비판적 사고, 창의력 등

+

편견요소 제외
채용단계별 편견이 개입되는 요소, 직무와 관련 없는 항목과 질문 등 배제

CHAPTER 02 서류전형 가이드

01 채용공고문

채용공고문이란 기업이 지원자에게 직무내용, 필요 직무능력, 채용절차, 근무조건 등을 안내하는 것으로 지원자들은 채용공고문을 확인하여 채용 준비 및 지원에 활용하는 자료입니다.

■ 채용공고문의 변화

구 분	기존 채용공고문	NCS 채용공고문	블라인드 채용공고문
목 적	일반적인 채용계획 및 지원방법을 알림	지원자가 직무를 이해하고 자신의 적합성 판단에 도움을 줌	지원자에겐 공정한 채용기회, 기업엔 적합한 인재 선발에 도움
내 용	[채용계획 및 지원방법] • 채용분야, 채용인원 • 응시자격, 우대사항 • 채용절차 및 추진일정 • 기타 유의사항 등	기존 채용공고문에서 채용분야의 직무내용, 직무수행 요건(직무능력)을 추가	NCS 채용공고문에서 편견적요소(출신지, 연령, 성별 등)를 배제

■ 예 시

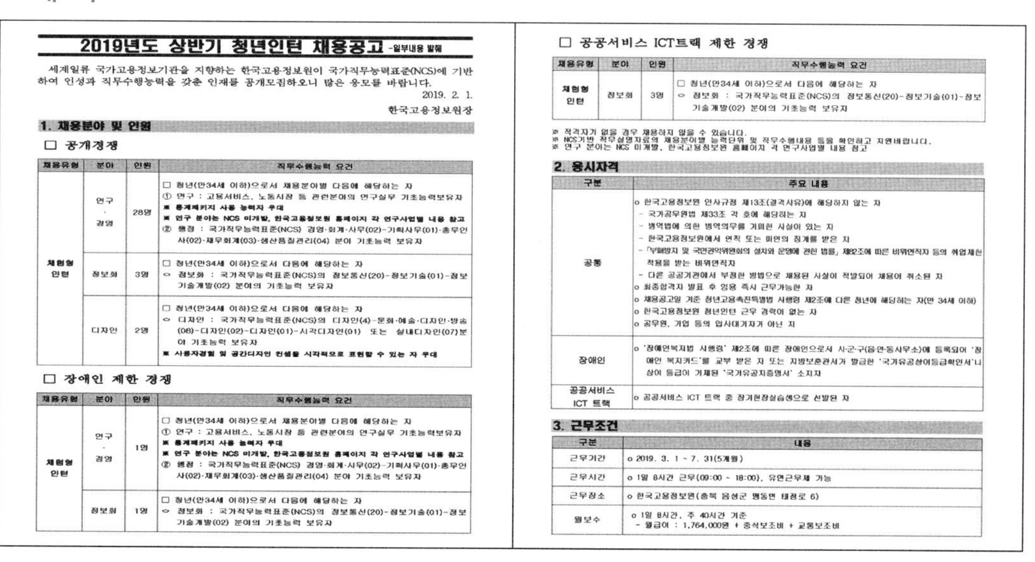

2019년도 상반기 청년인턴 채용공고 -일부내용 발췌

세계일류 국가고용정보기관을 지향하는 한국고용정보원이 국가직무능력표준(NCS)에 기반하여 인성과 직무수행능력을 갖춘 인재를 공개모집하오니 많은 응모를 바랍니다.

2019. 2. 1.

한국고용정보원장

1. 채용분야 및 인원

□ 공개경쟁

채용유형	분야	인원	직무수행능력 요건
체험형 인턴	연구·경영	28명	□ 청년(만34세 이하)으로서 채용분야별 다음에 해당하는 자 ① 연구 : 고용서비스, 노동시장 등 관련분야의 연구실무 기초능력보유자 ※ 통계패키지 사용 능력자 우대 ※ 연구 분야는 NCS 미개발, 한국고용정보원 홈페이지 각 연구사업별 내용 참고 ② 행정 : 국가직무능력표준(NCS) 경영·회계·사무(02)-기획사무(01)·총무인사(02)·재무회계(03)·생산품질관리(04) 분야 기초능력 보유자
	정보화	3명	□ 청년(만34세 이하)으로서 다음에 해당하는 자 ○ 정보화 : 국가직무능력표준(NCS)의 정보통신(20)-정보기술(01)-정보기술개발(02) 분야의 기초능력 보유자
	디자인	2명	□ 청년(만34세 이하)으로서 다음에 해당하는 자 ○ 디자인 : 국가직무능력표준(NCS)의 디자인(4)-문화·예술·디자인·방송(08)-디자인(02)-디자인(01)-시각디자인(01) 또는 실내디자인(07)분야 기초능력 보유자 ※ 사용자경험 및 공간디자인 컨셉을 시각적으로 표현할 수 있는 자 우대

□ 장애인 제한 경쟁

채용유형	분야	인원	직무수행능력 요건
체험형 인턴	연구·경영	1명	□ 청년(만34세 이하)으로서 채용분야별 다음에 해당하는 자 ① 연구 : 고용서비스, 노동시장 등 관련분야의 연구실무 기초능력보유자 ※ 통계패키지 사용 능력자 우대 ※ 연구 분야는 NCS 미개발, 한국고용정보원 홈페이지 각 연구사업별 내용 참고 ② 행정 : 국가직무능력표준(NCS) 경영·회계·사무(02)-기획사무(01)·총무인사(02)·재무회계(03)·생산품질관리(04) 분야 기초능력 보유자
	정보화	1명	□ 청년(만34세 이하)으로서 다음에 해당하는 자 ○ 정보화 : 국가직무능력표준(NCS)의 정보통신(20)-정보기술(01)-정보기술개발(02) 분야의 기초능력 보유자

□ 공공서비스 ICT트랙 제한 경쟁

채용유형	분야	인원	직무수행능력 요건
체험형 인턴	정보화	3명	□ 청년(만34세 이하)으로서 다음에 해당하는 자 ○ 정보화 : 국가직무능력표준(NCS)의 정보통신(20)-정보기술(01)-정보기술개발(02) 분야의 기초능력 보유자

※ 적격자가 없을 경우 채용하지 않을 수 있습니다.
※ NCS기반 직무설명자료의 채용분야별 능력단위 및 직무수행내용 등을 확인하고 지원바랍니다.
※ 연구 분야는 NCS 미개발, 한국고용정보원 홈페이지 각 연구사업별 내용 참고

2. 응시자격

구분	주요 내용
공통	o 한국고용정보원 인사규정 제13조(결격사유)에 해당하지 않는 자 - 국가공무원법 제33조 각 호에 해당하는 자 - 병역법에 의한 병역의무를 기피한 사실이 있는 자 - 한국고용정보원에서 면직 또는 파면의 징계를 받은 자 - 「부패방지 및 국민권익위원회의 설치와 운영에 관한 법률」 제82조에 따른 비위면직자 등의 취업제한 적용을 받는 비위면직자 - 다른 공공기관에서 부정한 방법으로 채용된 사실이 적발되어 채용이 취소된 자 o 최종합격자 발표 후 임용 즉시 근무가능한 자 o 채용공고일 기준 청년고용촉진특별법 시행령 제2조에 다른 청년에 해당하는 자(만 34세 이하) o 한국고용정보원 청년인턴 근무 경력이 없는 자 o 공무원, 기업 등의 입사대기자가 아닌 자
장애인	o '장애인복지법 시행령' 제2조에 따른 장애인으로서 시·군·구(읍·면·동사무소)에 등록되어 '장애인 복지카드'를 교부 받은 자 또는 지방보훈관서가 발급한 '국가유공상이등급확인서'나 상이 등급이 기재된 '국가유공자증명서' 소지자
공공서비스 ICT 트랙	o 공공서비스 ICT 트랙 중 장기현장실습생으로 선발된 자

3. 근무조건

구분	내용
근무기간	o 2019. 3. 1 ~ 7. 31(5개월)
근무시간	o 1일 8시간 근무(09:00 ~ 18:00), 유연근무제 가능
근무장소	o 한국고용정보원(충북 음성군 맹동면 태정로 6)
월보수	o 1일 8시간, 주 40시간 기준 - 월급여 : 1,764,000원 + 중식보조비 + 교통보조비

※ 한국고용정보원 청년인턴 채용공고(2019년도 상반기) 일부내용 발췌

02 직무기술서

직무기술서란 직무수행의 내용과 필요한 능력(지식·기술·태도), 관련 자격, 직업기초능력 등을 상세히 기재한 것으로 입사 후 수행하게 될 업무에 대한 정보가 수록되어 있는 자료입니다.

■ 채용분야

설명 NCS 직무분류 체계에 따라 직무에 대한 「대분류 – 중분류 – 소분류 – 세분류」 체계를 확인할 수 있습니다. 채용직무에 대한 모든 직무기술서를 첨부하게 되며 실제 수행 업무를 기준으로 세부적인 분류정보를 제공합니다.

채용분야	행 정	대분류	중분류	소분류	세분류
		02. 경영회계사무	01. 기획사무	01. 경영기획	01. 경영기획
				02. 홍보광고	01. 기업홍보
				03. 마케팅	02. 고객관리
			02. 총무인사	01. 총무	01. 총무
					03. 비상기획
				02. 인사조직	01. 인사
					02. 노무관리
				03. 일반사무	02. 사무행정
			03. 재무회계	02. 회계	01. 회계감사
			04. 생산품질관리	01. 생산관리	01. 구매조달

■ 능력단위

설명 직무분류체계의 세분류의 하위능력단위 중 실질적으로 수행할 업무의 능력만 구체적으로 파악할 수 있습니다.
※ NCS 홈페이지에서 능력단위별 정의 확인 가능

능력단위	• (경영기획) 06. 예산 관리, 07. 경영실적 분석 • (기업홍보) 02. 홍보전략 수립, 03. 온라인 홍보, 04. 출판 홍보, 05. 언론 홍보 • (고객관리) 04. 고객관리 실행, 05. 고객지원, 06. 고객 필요정보 제공 • (총무) 02. 행사지원관리, 03. 부동산관리, 04. 비품관리 06. 용역관리, 08. 총무문서관리 • (비상기획) 06. 민방위관리, 07. 보안관리, 08. 위기관리 • (인사) 01. 인사기획, 03. 인력채용, 04. 인력이동관리, 05. 인사평가, 07. 교육훈련, 09. 급여지급, 10. 복리후생 • (노무관리) 07. 노사협의회 운영, 09. 노사관계 개선 • (사무행정) 01. 문서작성, 02. 문서관리, 06. 회의 운영지원 • (회계감사) 01. 전표관리, 02. 자금관리, 04. 결산관리 • (구매조달) 04. 발주관리, 09. 구매 계약

■ 직무수행내용

설명 세분류 영역의 기본정의를 통해 직무수행내용을 확인할 수 있습니다. 입사 후 수행할 직무내용을 구체적으로 확인할 수 있으며, 이를 통해 입사서류 작성부터 면접까지 직무에 대한 명확한 이해를 바탕으로 자신의 희망직무인지 아닌지 해당 직무가 자신이 알고 있던 직무가 맞는지 확인할 수 있습니다.

구분	내용
직무수행 내용	• (경영기획) 경영목표를 효과적으로 달성하기 위한 전략을 수립하고 최적의 자원을 효율적으로 배분하도록 경영진의 의사결정을 체계적으로 지원 • (기업홍보) 기업의 위기 상황에 대응하고 긍정적 이미지를 높이기 위하여 전략과 계획의 수립, 온·오프라인 채널을 이용한 활동의 수행, 효과 측정과 피드백 등을 수행 • (고객관리) 현재의 고객과 잠재고객의 이해를 바탕으로 고객이 원하는 제품과 서비스를 지속해서 제공함으로써 기업과 브랜드에 호감도가 높은 고객의 유지와 확산을 위해 고객과의 관계를 관리 • (총무) 조직의 경영목표를 달성하기 위하여 자산의 효율적인 관리, 임직원에 대한 원활한 업무 지원 및 복지지원, 대·내외적인 회사의 품격 유지를 위한 제반 업무를 수행 • (인사) 조직의 목표 달성을 위해 인적 자원을 효율적으로 활용하고 육성하기 위하여 직무조사 및 직무분석을 통해 채용, 배치, 육성, 평가, 보상, 승진, 퇴직 등의 제반 사항을 담당하며, 조직의 인사제도를 개선 및 운영하는 업무를 수행 • (회계감사) 기업 및 조직 내·외부에 있는 의사결정자들이 효율적인 의사결정을 할 수 있도록 유용한 정보를 제공하며, 제공된 회계정보의 적정성을 파악 • (구매조달) 조직의 경영에 필요한 자재, 장비, 장치를 조달하기 위해 구매전략 수립, 구매계약의 체결, 구매 협력사 관리, 구매품 품질, 납기, 원가 관리를 수행

■ 필요지식 · 필요기술 · 직무수행태도

설명 원활한 직무수행을 위해 필요한 지식(K), 기술(S), 태도(A)를 구조화하여 정리한 것입니다. 구직자는 이 내용을 탐색하여 서류전형부터 면접까지 자신의 역량 중 어떤 부분을 더욱 중점적으로 강조해야 하는지 방향 수립이 가능합니다. 채용 과정을 통해 직무에 대한 분석은 되어 있는지, 직무수행에 적합한 역량을 가졌는지를 객관적으로 증명해야 합니다.

구분	내용	내용
필요지식	• 예산계획 수립원칙 및 예산 편성 지침 • 경영 전략과 사업 핵심 활동 • 환경분석 기법 • 홍보전략 • 커뮤니케이션 방법 및 채널별 특성 • 성과지표요소 • 홈페이지 운영방법 • 고객 관계관리 • 고객 세분화에 대한 이해 • 고객 응대 매뉴얼 작성 및 프로세스 모델링 방법 • 고객 요구분석 방법 • 행사 기획 및 운영 • 부동산 관련 법률 • 비품관리 규정	• 통계분석법 • 보안업무 관련 지침 • 정부 기관 감사 지침 • 인사전략 환경 분석법 • 채용, 인·적성 검사, 면접기법 • 취업 규칙 및 단체협약 • 근로자참여 및 협력증진에 관한 법률 • 문서관리 및 보안 규정 • 문서대장 관리 규정 • 대금의 지급방법 및 지급기준 • 기업 실무에 적용되는 회계 관련 규정 • 계정과목에 대한 지식 • 계약 프로세스 및 계약서 구성체계 • 구매 계약 관련 법규

필요기술	• 회계 계정 · 세목 분류 기술 • 기획력 및 기획서 작성 기술 • 문제 해결 방법론(로직 트리, MECE) • 정보수집 능력 • 홍보방법 개발능력 • 이슈 분석 및 개선안 도출 능력 • 다양한 요구에 대응하기 위한 고객 응대 기술 • 문제 상황 분석 및 문제 해결 능력 • 고객 프로파일링 기법 • 행사 운영기술 • 위기 대비 업무수행계획 수립 기술	• 컴퓨터 활용기술 • 문서 기안 · 작성 능력, Spread Sheet 기술 • 커뮤니케이션 및 협상 기술 • 제안서 검토를 위한 정보 분석력 • 근로계약서 및 취업규칙 작성 기술 • 의사 표현 능력 • 거래 유형별 전표 작성 능력 • 손익산정 능력 • 재무제표 작성과 표시 능력 • 구매 견적서 검토 능력 • 구매계약서 작성 능력
직무수행 태도	• 예산 편성 우선순위에 대한 전략적 사고 • 예산 편성 기준을 준수하려는 자세 • 분석적 사고 및 체계적 사고 • 현황파악을 위한 주의 깊은 관찰 노력 • 다양한 의견의 경청 • 피드백에 대한 수용성 • 편집과 교정의 꼼꼼함 • 문제점에 대한 개선 의지 • 고객을 대하는 매너와 서비스 마인드 • 고객 대응을 위한 고객과 공감하려는 자세 • 종합적으로 사고하려는 자세 • 타부서와의 협업 자세	• 보안을 준수하려는 태도 • 안전을 고려한 태도 • 정확성을 높이기 위한 적극적 태도 • 공정하고 객관적인 자세 • 윤리의식 및 도덕성 • 성취 지향성 • 법률을 세심하게 검토하는 자세 • 자료의 객관성 유지 • 거래를 신속하고 정확하게 구분하려는 태도 • 주인의식을 가지는 태도 • 조직의 목표와 연계된 협상 전략을 계획하려는 체계적인 사고(Systemic Thinking)

■ 관련자격사항 · 직업기초능력 · 참고

설명
- 관련자격사항 : 해당 직무와 직접적인 연관성이 있는(우대되는) 자격증을 확인할 수 있습니다.
- 직업기초능력 : 직업인의 기본 소양 10가지를 정의해 놓은 것으로 그중 꼭 필요한 능력을 기재해 놓은 항목입니다.

직무수행에 필요한 기본 소양으로 업무 중 발생하는 환경에 빠르게 적응하고 대처할 수 있는 능력을 갖추었는지의 기준이 됩니다. 직업기초능력 또한 채용을 진행하며 증명해야 하는 역량 중 하나입니다.

관련 자격사항	공인노무사, 경영지도사, 재경관리사, CPSM, 워드프로세서, 컴퓨터활용능력
직업기초능력	의사소통능력, 문제해결능력, 자원관리능력, 정보능력, 조직이해능력
참 고	http://www.ncs.go.kr

03 이력서

이력서란 인사담당자에게 수많은 지원자 중에서 자신이 가장 적합한 후보자라는 것을 인식시키는 서류입니다. 지원하는 직무를 수행하기 위해 쌓아온 능력을 객관적인 근거를 바탕으로 구체적으로 작성해야 하며, 충분한 시간적 여유를 갖고 차분하게 작성해야만 군더더기 없는 이력서가 될 수 있습니다.

■ 개인정보

<table>
<tr><td>성명(한글)</td><td></td><td>성명(한자)</td><td></td></tr>
<tr><td>성명(영문)</td><td colspan="3">이름 : 성 :</td></tr>
<tr><td>이메일</td><td colspan="3"></td></tr>
<tr><td>휴대전화</td><td colspan="3">( )-( )-( )</td></tr>
<tr><td>긴급연락처</td><td colspan="3">( )-( )-( )</td></tr>
<tr><td>청년여부</td><td colspan="3">대상 ( ) 비대상 ( )
※ 청년고용촉진 특별법 시행령 제2조에 따른 만 15세 이상 만 34세 이하인 자</td></tr>
<tr><td>비수도권/
지역인재 여부</td><td colspan="3">비수도권 ( ) 이전지역인재 ( ) 비대상 ( )
※ 대학까지의 최종학력을 기준으로 비수도권 지역/○○지역 소재의 학교를 졸업(예정)·중퇴한 자 또는 재학·휴학 중인 자
※ 석사 이상 학위 소지자는 학사 대학 소재지 기준</td></tr>
<tr><td rowspan="2">보훈여부</td><td colspan="3">대상 ( ) 비대상( )</td></tr>
<tr><td colspan="3">보훈번호 ( ) 가점 5% ( ) 가점 10% ( )
※ 보훈대상자는 주소지 관할 보훈지청에서 발급받은 취업지원대상자 증명서를 확인 후 보훈번호 및 가점을 정확히 기재하여 주시기 바랍니다.</td></tr>
<tr><td>기초생활수급자</td><td colspan="3">대상 ( ) 비대상 ( )</td></tr>
<tr><td rowspan="2">장애여부</td><td colspan="3">대상 ( ) 비대상 ( )</td></tr>
<tr><td colspan="3">장애종류 ( ) 급수 ( )급</td></tr>
</table>

작성요령

- 이름, 성별, 생년월일, 주소, 연락처(이메일, 휴대전화, 집 전화번호 등)는 지원자의 인적사항을 알아보기 위한 정보이므로 주민등록에 기재된 것을 기준으로 하는 것이 좋습니다.
- 연락처는 명확히 기재하고 면접을 위한 연락 시 분실이나 번호가 바뀌는 등의 바로 연락이 어려울 경우를 대비하여 비상연락망을 기재하는 것도 좋으며, 비상연락망은 가족이나 친구도 무방하나 구직활동 중임을 인지하여 기업의 전화를 응대할 수 있게 이야기를 해 두어야 합니다.
- 보훈 및 장애 여부 우대는 사내규정에 따라 적용될 수 있으며 증명서를 첨부해야 합니다. 가산 기준 등은 기관마다 차이가 있습니다.

■ 병역사항

병역구분	군필 ( ) 미필 ( ) 면제 ( )
면제사유	

작성요령

• 여성의 경우 병역사항은 해당 사항이 없으며, 남성의 경우 평가를 위한 기준이 아닌 군필 여부를 확인하는 용도로 작성하게 됩니다. 면제 시 사유를 기재하시기 바랍니다.

■ 최종학력

최종학력	고졸 ( ) 대졸예정 ( ) 대졸 ( ) 대학원졸예정 ( ) 대학원졸 ( )		
학 력	전공(계열)	학교소재지	비 고
고등학교			
대학교			
대학원(석사)			
대학원(박사)			

작성요령

• 학력사항은 최종학력부터 기재하도록 합니다. 일반적으로 고교시절과 대학시절의 학력을 기술하는데 대학명과 전공명, 본교 및 분교 여부, 재학기간(년/월) 등을 정확히 써야 합니다.
• 또한, 편입한 경우에는 전 학교 및 현재의 학교명을 기재하고, 학점을 기재해야 할 경우 기업마다 만점의 기준이 다른 경우가 있으니 기업에서 제시한 기준을 확인하여 기재합니다.
• 최종학력은 졸업을 기준으로 체크하시기 바랍니다(수료는 해당하지 않음).
• NCS기반 능력중심채용의 불필요한 스펙에는 출신학교, 학교소재지 등이 포함되고 만약 '학교소재지'란이 있다면 지역인재 확인의 용도입니다.
  ※ NCS기반 능력중심채용을 학력초월 채용으로 인식하면 안 됩니다. 또한 블라인드 채용으로 기타 불필요한 항목은 삭제될 수 있습니다.

■ 직업교육

교육명	교육기관	이수시간(h)	주요내용

작성요령

- 직무 관련 지식 중에서 학교 교육(수업) 외 전문성을 키우기 위해 노력했던 교육 사항에 대해 작성하는 항목입니다.
  어떤 교육을 통해 어떤 지식을 습득했는지 파악할 수 있게 작성하시기 바랍니다.

Tip 1. 자격증을 취득하기 위해 받은 교육도 작성합니다(자격증을 취득하지 못했더라도 관련 지식을 인정받을 수 있습니다).
2. 온라인 교육(수료증 발급)도 가능하고 학회에서 진행하는 단기교육도 가능합니다.

■ 자격사항

자격증명	자격(면허)번호	발행처	취득일자

작성요령

- 직무와 관련 있는 자격증을 작성하는 항목으로 직무기술서의 관련 자격 사항을 참고하여 작성하고, 자격증별 세부내용은 정확해야 합니다(추후 사본제출 시 이력서와 다른 점은 불이익을 받을 수 있습니다).

Tip 1. 자격증의 변동사항을 체크합니다(해당등급의 폐지, 자격증 유효기간 만료 등).
2. 동일 자격증에 대해 복수 등급 소지 시 가장 높은 등급의 자격증만 기재합니다.

■ 경력사항

기관명	근무기간	직 위	담당업무

작성요령

- 근로관계에 의해 정식 급여를 받았으며, 근로했던 기간이 있을 시 작성하는 항목입니다.
- 경력사항은 학력사항과 마찬가지로 가장 최근의 경력부터 기술하며 지원하는 직무와 관련된 업무일 경우 다른 경력사항 보다 더 상세하게 적는 것이 좋습니다. 자신의 경력과 해당 직무의 연관성을 파악하여 담당 업무를 작성하고 경력기간을 충족하는지 확인해야 합니다(세부내용은 정확하게 기재되어야 합니다).
- 자신이 근무한 회사명과 주요사업, 소속 부서, 최종직급, 근무기간, 주요업무 및 성과 등을 표기하며, 근무 기간은 연도와 월을 기재하고 만약 부서이동이나 직책 승진, 해외 근무 등이 있었다면 별도로 표기합니다.

Tip 1. 인턴도 경력 사항에 기재합니다(정해진 기간에 금전적 보수를 받고 근무했던 이력 조건에 부합).
2. 담당업무는 직무기술서에 나와 있는 용어와 단어를 활용해야 합니다.

■ 경험사항

소속조직	활동기간	주요역할	경험내용

작성요령

- 일정한 금전적인 보수 없이 직무 관련 활동을 작성하는 항목으로 다양한 영역의 경험을 떠올려 작성합니다.
- 경험은 직업 외적인(금전적 보수를 받지 않고 수행한) 활동을 의미하며, 산학협력, 프로젝트 참여, 자문위원회 참여, 일·경험 수련생 활동, 연구회, 동아리/동호회 등에서 수행한 활동이 포함될 수 있습니다.

Tip 1. 다양한 경험 중 특정 경험을 지정하여 직업기초능력을 어필해 봅니다.
2. '주요역할=핵심역량'으로 어필되도록 작성합니다(경험이 가진 역량과 직무역량의 연관성 찾기).

04 경력 및 경험 기술서와 자기소개서

■ 경력 및 경험 기술서

- 입사지원서에 기술한 경력 및 경험 중 대표적인 것에 대해 구체적으로 기술하십시오.
- 경력을 기술할 경우 구체적으로 직무영역, 활동·경험·수행 내용, 역할, 주요성과 등에 대해 작성하시기 바랍니다.
- 경험을 기술할 경우 구체적으로 학습경험 혹은 활동 내용, 활동 결과에 대해 작성하시기 바랍니다.

작성요령
- 지원자의 직무역량, 관심도, 준비도 등을 확인할 수 있는 항목입니다.
- 담당업무에 자신의 업무를 단순 기술하는 것은 지양하는 것이 좋으며, 지원하는 직무와 관련된 주요업무를 기술하고 이를 통해 자신이 만들어낸 성과를 수치를 활용해 어필해야 합니다.

Tip 1. 직무 연관성이 높은 최근의 경험 및 경력 위주로 작성합니다.
2. 규칙을 준수하고 높은 윤리의식을 강조하는 것도 효과적입니다.

■ 자기소개서

자기소개서는 인사담당자가 지원자의 성격과 태도, 회사에 대한 지원동기와 직무역량 등의 정보를 얻기 위해 활용하는 서류입니다. 지원하는 기업이 자신을 채용하도록 설득하기 위해서는 지원 직무를 분석하여 직무에 맞는 지식과 역량, 경험을 구체적인 사례로 뒷받침할 때 더욱 의미 있는 자기소개서가 될 수 있습니다.

1. ○○공사에 지원하게 된 동기 및 지원 분야의 직무수행을 위해 준비해 온 과정에 대해 자유롭게 기술하십시오.

2. 공동의 목표를 달성하기 위해 다른 사람들과 긴밀하게 소통하며 성공적으로 협업을 이루었던 경험에 대하여 기술하십시오.

3. 다양한 정보 또는 데이터를 체계적으로 수집・분석・조직하여 활용해 본 경험에 대하여 기술하십시오.

작성요령

- 사기소개서는 직무수행에 필요한 역량을 파악하기 위한 항목과 직업인으로서 기본적으로 갖춰야 하는 소양(직업기초능력 10가지)을 판단하기 위한 항목으로 구성됩니다.
- 기관마다 자체 평가기준에 맞춰 필요한 역량이 무엇인지 제시하고 지원자가 이를 충족시킬 수 있는 자질을 얼마나 갖추고 있는지를 평가하고자 하는 것으로 취지에 적합하게 작성해야 합니다.

Tip

1. 지원하는 기업 및 직무에 대한 다각적인 분석이 먼저 이루어진 후 작성해야 합니다.
2. 자신만의 핵심 역량이 무엇이고 그 역량을 갖추기 위해 어떤 노력과 준비를 해왔는지, 입사 후 어떻게 활용할 것인지 작성해야 합니다.
3. 공공기관의 경우 책임의식, 도덕성 등 높은 직업윤리가 필요합니다.
4. 기업별 이력서 상에서 배제하는 항목 및 내용을 언급하지 않아야 합니다.
5. 억지로 부풀린 내용이 없어야 하며, 설득력 있게 작성해야 합니다.
6. 읽는 이의 입장을 고려하여 읽기 편하게, 요점을 정확히 강조하여 작성합니다.

CHAPTER

03 면접전형 가이드

01 면접전형 소개

■ 소 개

- NCS 면접전형은 업무를 수행하는 데 있어 꼭 필요한 역량(지식, 기술, 태도, 인성)을 갖추고 있는지, 갖추고 있다면 기업(관)에 입사하여 발휘될 수 있는지를 평가하는 절차입니다.
- 면접전형에서는 면접관이 서류나 필기 전형에서 볼 수 없었던 행동에 대해 면접자를 평가할 수 있으며, 이전 과정을 통해 생긴 궁금한 부분을 직접 확인하고 지원자를 심층적으로 파악하기가 쉽습니다. 또한, 의사소통방식 및 언어적 특성(습관)에 대한 정보를 얻을 수 있습니다.
- 평가 방법은 구조화 면접의 성격으로 사전에 필요한 기본 질문 및 추가 질문을 계획해 놓고 역량 검증에 집중한 면접 방식으로 진행되고 있습니다.

■ 면접전형의 구성

NCS 직업기초능력 면접

- 해당 직무수행 시 요구하는 직업기초능력(기초 소양)을 평가하기 위한 과정입니다.
- 직무기술서에 언급된 직업기초능력을 검증하기 위한 문항을 개발하고 객관적으로 평가할 수 있는 문항으로 구성됩니다.

NCS 직무능력 면접

- 실제 직무수행과 관련한 지식, 기술, 태도를 객관적으로 평가할 수 있는 평가 문항들로 구성됩니다.
- 실질적인 업무 능력 파악을 위해 가지고 있는 능력(지식, 기술, 태도)을 업무수행 중 적용할 수 있는지를 평가하기 위한 내용으로 구성되어 있습니다.

02 NCS 구조화 면접 유형 소개

■ 경험면접

- 방 식
  직무역량이 필요한 상황을 제시하고, 과거 경험 중 해당 역량을 발휘하여 행동했던 사례를 파악
- 판단기준
  구체적인 경험, 필요역량과 과거 경험의 일치도
- 특 징
  자신의 과거 경험별 직무역량을 정리하여 질문에서 파악하고자 하는 역량에 맞는 과거 경험을 답변하는 것이 중요

Tip

답변을 통해 알고자 하는 역량이 명확하게 정해져 있으며 답변의 질에 따라 평가 기준이 확실한 것이 구조화 면접의 특징입니다. 면접자는 해당 역량이 돋보일 수 있는 답변 프로세스를 구축하는 것이 좋습니다.

- 답변 프로세스 구축 팁 : 상황 및 문제점 제시 → 자신의 행동 → 결과 → 결론

■ 발표(프레젠테이션)면접

- 방 식
  특정주제에 관련 자료를 검토하여 자기 생각을 면접관 앞에서 발표하는 방식으로 추가 질의응답이 발생함
- 판단기준
  논리력, 자신감, 자료 분석 능력, 이야기 전달력
- 특 징
  지원자의 다양한 부분의 능력을 동시에 파악할 수 있음

Tip

자료 분석부터 발표까지 일련의 과정으로 준비해야 합니다.

- 발표면접 팁
  ① 모든 기준을 지켜야 한다.
  이미 알고 있던 지식, 정보를 총망라해서 만드는 것이 아닌 제공한 과제 자료를 활용해야 함을 명심하시기 바랍니다.
  또한, 발표 시간을 지키는 것도 기억해야 합니다. 면접도 순서가 있고 정해진 시간이 있으므로 다른 면접자에게 피해를 줄 수 있는 행동은 금해야 합니다.
  ② 질문을 예상해야 한다.
  발표가 끝나면 통상적으로 질의응답이 이뤄지게 됩니다. 이때 예상 질문을 생각해보고 답변을 준비하는 것이 좋고, 발표 시간을 고려하여 주요내용을 질의할 수 있게 유도하는 것도 좋은 방법이 됩니다.

■ 토론면접

- 방 식
  공통의 주제를 바탕으로 토론을 진행하고, 그 과정에서 개인의 소통방식, 사고방식, 상호작용 등의 행동을 관찰함
- 판단기준
  의사소통능력, 갈등조정, 타인에 대한 배려
- 특 징
  주제에 대한 결과를 도출해내는 능력뿐 아니라 그 과정에 대해서도 함께 평가함(경청, 공감)

Tip

- 토론면접 핵심 3요소
  ① 배려심 : 말이 겹쳤을 시 타인에게 발언권을 양보하거나 대화에 참여하지 못하는 지원자에게 발언 기회를 준다면 타인에 대한 배려심을 보여줄 수 있습니다.
  ② 경청의 자세 : 타인이 말을 할 때 허공을 바라보거나 땅을 보는 것보다, 고개를 끄덕이고 중요한 것은 메모하며 적극적으로 타인의 이야기를 듣고 있다는 표현을 한다면 경청의 자세를 보여줄 수 있습니다.
  ③ 논리정연 : 주장에 대한 근거가 없다면? 타인의 생각과 다른데 자신의 주장이 없다면? 장황하게 말이 늘어진다면? 자기 생각을 잘 정리하여 근거와 함께 이야기하는 것이 중요합니다.

■ 상황면접

- 방 식
  업무 중 발생할 수 있는 실제 상황을 제시하고, 자신은 어떻게 행동할 것인지 파악(상황대처)
- 판단기준
  상황판단능력, 명확한 행동지표
- 특 징
  개인의 신념 및 가치관, 사고방식 등을 파악하는 데 용이

Tip

바로 해결책을 제시하려는 다급함이 아닌 상황을 인지하고 어떻게 대처해야 할지 인식하려는 노력이 중요합니다.

03 NCS 구조화 면접 예시

■ 경험면접 질문 예시

- 학창시절 리더로서 이끌어간 경험이 있는가?
- 행사준비 과정에서 어려움이 있을 때 어떻게 극복했는가? (총무 – 행사지원 – 행사운영)

직무수행능력 평가요소	수행태도	직업기초능력 평가요소	문제해결능력

- 취업준비를 하며 정보를 검색하고 수집한 내용을 쉽게 찾기 위해 관리한 방법이 있다면 무엇인가? (사무행정 – 문서관리 – 문서 수·발신)

직무수행능력 평가요소	업무역량, 전문지식	직업기초능력 평가요소	자원관리능력

- 다른 사람과 갈등이 생기는 상황을 어떻게 해결했고 느낀 점은 무엇인가? (직업기초 – 대인관계 – 갈등관리능력)

직무수행능력 평가요소	수행태도	직업기초능력 평가요소	대인관계능력

■ 상황면접 질문 예시

- 금주 금요일 창립기념일 행사 예정인데 수요일 현재 30% 정도만이 참여 의사를 밝혔다면, 참여를 독려하기 위한 방법은 어떤 것이 있는가? (총무 – 행사지원 – 행사운영)

직무수행능력 평가요소	업무역량	직업기초능력 평가요소	조직이해능력, 문제해결능력

- 회사 내 많은 공문서를 효율적으로 관리하고 쉽게 찾는 방법에는 어떤 것이 있는가? (사무행정 – 문서관리 – 문서 수·발신)

직무수행능력 평가요소	업무역량, 전문지식	직업기초능력 평가요소	자원관리능력

- 워크숍 진행 중 약속된 강사가 갑작스러운 사정으로 강의를 진행하지 못하게 되었을 때 어떻게 대처하겠는가? (직업기초 – 문제해결능력 – 문제처리능력)

직무수행능력 평가요소	업무역량, 수행태도	직업기초능력 평가요소	문제해결능력

CHAPTER
04 경기도 공공기관 최신기출면접

※ 기관마다의 채용기준에 따라 면접 전형이 변경될 수 있으므로 해당 공공기관의 채용공고와 실제 면접시 안내사항을 반드시 확인하시길 바랍니다.

경기연구원

경기연구원 면접은 한 명씩 들어가 면접관 3명과 함께 약 20분간 진행되며, 심층면접이 아닌 지원자의 가치관과 회사에 대한 애정 등을 평가한다.

평가항목

- 전문지식과 업무 수행능력(40점)
- 직원으로서의 정신자세(20점)
- 예의 · 품행 및 성실성(20점)
- 지역에 대한 이해(10점)
- 창의력 · 기타 발전가능성(10점)

〈기출질문〉

- 간단한 자기소개와 함께 지원 사유와 입사했을 경우 하고 싶은 일을 말해보시오.
- 경기도와 현재 거주하는 지역의 차이를 말해보시오.
- 경기연구원 홈페이지를 보면서 개선했으면 하는 점이나 어떻게 하면 도민들에게 쉽게 다가갈 수 있을지에 대한 생각을 말해보시오.
- 자신의 장점을 이용해 문제를 해결한 경험을 말해보시오.
- 마지막으로 하고 싶은 한마디를 말해보시오.

경기문화재단

경기문화재단 면접은 '토론면접, 조별과제면접, 역량면접' 순으로 진행되며, 토론면접은 주제에 대한 찬 · 반 토론을 미리 A4용지에 논지를 작성한 후 진행된다. 조별과제면접은 주어진 과제를 통해 인화력 및 문제해결 능력 등을 평가하며, 역량면접은 4명의 면접관이 업무 위주의 압박 면접을 진행한다.

평가항목

- 담당 예정직무, 실무능력의 연관성 및 관련분야 자격증, 전문성 등 평가
- 지식과 태도, 표현력, 발전 가능성 등을 인터뷰 평가
- 영어회화가 필요하다고 인정되면 영어회화 면접을 실시
- 면접은 2회(1차 : 직무적성면접, 2차 : 일반면접)로 나누어 진행함

※ 면접전형은 70점 이상인자 중 고득점자 순으로 합격처리하며, 1차 직무적성면접 합격자 배수는 채용인원의 3배수로 함(동점자는 모두 합격처리)

〈토론면접〉

- 큰 비용이 투입되는 대형 공연의 필요성에 대해 찬성과 반대의 입장에서 토론하시오.

〈조별과제면접〉

- 교각 만들기 (빨대와 스카치테이프 등 재료 제공)

〈역량면접〉

- HR 관련 경험이 있는지 말해보시오.
- 교육기획이 HRD인지 HRM인지 말해보시오.
- 현재 GE, 삼성 등 세계적 규모의 대기업에서 주로 사용되고 있는 HR 기법에 대해 말해보시오.
- (경력)채용 전형을 수행한 경험이 있는가? 있다면 어떻게 진행하였는지 말해보고, 입사 후에는 무엇을 중점으로 진행할지 말해보시오.
- (경력)노사갈등을 조정한 경험이 있는가? 있다면 노사갈등 조정에서 중요한 것을 말해보시오.
- (경력)이직하려는 사유에 대해 말해보시오.
- 지원한 다른 기관은? 안정성만 보고 공공기관 위주로 진행하는건 아닌지 말해보시오.
- (경력)급여 업무 경험이 있는가? 있다면 경기문화재단에 적합한 급여 시스템에 대해 말해보시오.
- 2018년은 경기도 1000년 정명의 해인데, 경기문화재단은 이와 관련하여 어떠한 사업을 수행하면 좋을지 말해보시오.

경기도자재단

평가항목

- 담당 예정직무, 실무능력의 연관성 및 관련분야 자격증, 전문성 등 평가
- 지식과 태도, 표현력, 발전 가능성 등을 인터뷰 평가

경기복지재단

평가항목

업무수행능력, 조직적응력, 종합평가

〈기출질문〉
- 자기소개를 해보시오.
- 최근 관심사는 무엇인가?
- 팀장과 부서장이 의견대립이 있는 경우, 이 사실을 어떻게 파악하고 대응할 것인가?
- 정말 꼭 지출해야 하는 비용이 있었는데 지출하지 못하고 연도가 끝났다. 어떻게 할 것인가?
- 경기복지재단의 장단점은?
- 지원한 기획업무가 아닌 다른 부서로 가서 다른 업무를 맡게 된다면 어떤 업무에 자신 있는가?
- 자신이 어떤 역량을 발휘하여 복지재단에 기여할 수 있겠는가?
- 마지막으로 하고 싶은 말은?

경기도청소년수련원

평가항목

용모, 예의 품행 및 성실성, 응시부문 전문지식, 청소년수련원 직원으로서의 봉사자세 · 열의 및 구체적 포부, 의사발표의 정확성과 논리성, 창의력, 의지력, 기타발전 가능성

경기도평생교육진흥원

평가항목

전문지식, 창의력, 성실성 등 종합평가를 통해 당해 직무수행에 필요한 능력 및 적격성 검정
※ 평균평가점수가 70점 미만인 경우, 예비합격자 대상에서 제외

경기관광공사

경기관광공사의 면접은 외국어 PT면접과 최종면접으로 진행된다. 외국어 PT면접은 제작시간을 별도로 주며, 10분 동안 PT 발표 후 그에 대한 질문을 받게 된다. 최종면접에서는 인성과 직무적합성 등의 질문을 받게 된다.

〈외국어 PT면접〉
- 경기도 MICE 유치를 위한 방안에 대해 발표하시오.

〈최종면접〉
- 경기관광공사에서 진행하는 사업들에 대해서 알고 있는 것을 말해보시오.

경기도장애인체육회

평가항목

직무, 경력, 자격사항, 전문성 등 적격여부 면접(블라인드) 심사

〈기출질문〉
- 자기소개를 하시오.
- 상사가 과도한 업무를 부여했을 때 어떻게 대처하겠는가?
- 자기를 채용해야 하는 이유에 대해 말해보시오.
- 생활체육을 장애인체육회에서 담당하게 된 이유는?
- 김영란법의 필요성에 대해 말하시오.
- 상사가 부당한 지시를 할 경우 어떻게 대처하겠는가?
- 자기자랑을 해보시오(30초).

경기도일자리재단

평가항목

多 대 多 면접으로 진행되며 토론, PT, 인성을 통해 당해 직무수행에 필요한 능력 및 적격성을 검정

〈토론 면접〉
- 4차 산업혁명을 대비하여 교육의 방향과 인재상에 대해 말해보시오.

〈PT 면접〉
- 지금까지 경력에 대해 말해보시오.

〈인성 면접〉
- 실적을 향상시키기 위한 방안에는 어떤 것이 있는가?
- 본인이 중요시하는 가치관과 직무수행 중 이들이 충돌할 시 어떻게 대처하겠는가?
- 멘토로 생각하는 인물과 그 이유는 무엇인가?
- 최근에 읽은 책은 무엇이며 무엇을 느꼈는가?
- 본인이 가장 잘 하는 일을 무엇인가?
- 구독하는 신문과 가장 눈여겨보는 부분은 무엇인가?
- 일자리재단에서 하고 싶은 직무는 무엇인가?

경기도경제과학진흥원

평가항목

사무직은 심층면접, 전산직은 PT(직무수행계획 발표) 역량면접

경기도시공사

경기도시공사 면접은 직무역량면접과 직업인성면접으로 이루어져 있다.

경기신용보증재단

경기신용보증재단 면접은 1차 면접에서 多 대 多로 그룹토론과 실무진 면접을, 2차 면접에서 임원 및 외부심사관 면접으로 진행된다.

〈1차 면접〉
- 1분 동안 자기소개 및 지원 동기에 대해 말해보시오.
- 4차 산업혁명에 대해서 가장 관심 있는 분야에 대해 말해보시오.
- 현재의 기준금리는?
- 중소 · 소상공인을 구분하는 기준에 대해 설명하시오.

〈2차 면접〉
- 재보증에 대해 설명해보시오.
- 대위변제에 대해 설명해보시오.
- 경기신용보증재단의 서비스에 대해 말해보시오.

경기테크노파크

경기테크노파크 면접은 PT와 인성 면접으로 진행된다.

- 4차산업과 전공을 어떻게 연계시킬 수 있는가?
- 4차산업과 경기테크노파크 사업과 연계해서 설명해보시오.
- 혁신형 중소기업이 무엇이라고 생각하는가?
- 상대방을 감동시켰던 경험에는 무엇이 있는가?
- 조직 내 경험했던 갈등 사례에는 무엇이 있는가?

좋은 책을 만드는 길
독자님과 함께하겠습니다.

도서나 동영상에 궁금한 점, 아쉬운 점, 만족스러운 점이
있으시다면 어떤 의견이라도 말씀해 주세요.
시대고시기획은 독자님의 의견을 모아 더 좋은 책으로 보답하겠습니다.

www.sidaegosi.com

2020 경기도 공공기관 열린채용 일반상식 + 인적성검사 + NCS

개정4판1쇄 발행	2020년 04월 10일 (인쇄 2020년 02월 07일)
초 판 발 행	2018년 05월 10일 (인쇄 2018년 04월 30일)
발 행 인	박영일
책 임 편 집	이해욱
편 저	SD적성검사연구소
편 집 진 행	김준일 · 이보영
표지디자인	안병용
편집디자인	안시영 · 안아현
발 행 처	(주)시대고시기획
출 판 등 록	제 10-1521호
주 소	서울시 마포구 큰우물로 75 [도화동 538 성지 B/D] 9F
전 화	1600-3600
팩 스	02-701-8823
홈 페 이 지	www.sidaegosi.com
I S B N	979-11-254-6841-7 (13320)
정 가	25,000원